GRUNDRISSE DES RECHTS

Brox/Walker · Besonderes Schuldrecht

Besonderes Schuldrecht

von

Dr. iur. Hans Brox

Bundesverfassungsrichter a. D.
em. o. Professor der Rechte
an der Westfälischen Wilhelms-Universität Münster

seit der 25. Auflage fortgeführt von

Dr. iur. Wolf-Dietrich Walker

Universitätsprofessor an der
Justus-Liebig-Universität Gießen

28., aktualisierte Auflage

Verlag C. H. Beck München 2003

Verlag C. H. Beck im Internet:
beck.de

ISBN 3 406 50401 9

© 2003 Verlag C. H. Beck oHG
Wilhelmstraße 9, 80801 München
Satz und Druck: Druckerei C. H. Beck
(Adresse wie Verlag)

Gedruckt auf säurefreiem, alterungsbeständigem Papier
(hergestellt aus chlorfrei gebleichtem Zellstoff)

Vorwort zur 28. Auflage

Seit der Schuldrechtsreform zum 1. 1. 2002 (BGBl. I, 3183) haben sich verschiedene Vorschriften des Schuldrechts bereits wieder geändert. Das zweite Schadensersatzrechtsänderungsgesetz vom 19. 7. 2002 (BGBl. I, 2674, in der Vorauflage noch auf Grundlage des Regierungsentwurfs dargestellt) sowie das OLG-Vertretungsänderungsgesetz vom 23. 7. 2002 (BGBl. I, 2850), das unter anderem zu Änderungen bei den besonderen Vertriebsformen und im Darlehensrecht geführt hat, sind ebenso berücksichtigt wie die Änderungen der BGB-Informationspflichten-Verordnung zuletzt durch Verordnung vom 1. 8. 2002 (BGBl. I, 2958). Die Rechtsprechung und das insbesondere zu den Folgen der Schuldrechtsreform umfangreiche Schrifttum sind in dem Umfang, wie es dem Konzept des Buches entspricht, bis Dezember 2002 nachgewiesen.

Gießen, im Dezember 2002   Wolf-Dietrich Walker

Inhaltsübersicht

	Seite
Abkürzungsverzeichnis	LIII
Schrifttum	LIX
Einführung	LXIII

Erstes Kapitel. Kauf, Tausch und Schenkung 1

§ 1. Begriff und Abschluss des Kaufvertrages 1
§ 2. Pflichten der Parteien des Kaufvertrages 5
§ 3. Verletzung der Pflichten des Verkäufers aus § 433 I 1 13
§ 4. Verletzung der Pflichten des Verkäufers aus § 433 I 2 24
§ 5. Verletzung der Pflichten des Käufers aus § 433 II 79
§ 6. Verletzung von Nebenleistungspflichten und Schutzpflichten 80
§ 7. Besondere Arten des Kaufs 82
§ 8. Tausch 112
§ 9. Schenkung 113

Zweites Kapitel. Mietvertrag, Pachtvertrag, Leasing, Leihe und Darlehen 124

§ 10. Das Mietverhältnis und seine Begründung 124
§ 11. Rechte und Pflichten der Mietvertragsparteien 130
§ 12. Stellung des besitzenden Mieters gegenüber Vermieter und Dritten 151
§ 13. Beendigung des Mietverhältnisses 157
§ 14. Pachtvertrag 169
§ 15. Leasing 172
§ 16. Leihe 182
§ 17. Darlehensrecht 185
§ 18. Finanzierungshilfen und Ratenlieferungsverträge 208

Seite

**Drittes Kapitel. Dienstvertrag, Werkvertrag und ähnliche
Verträge** 218

§ 19. Dienstvertrag und seine Begründung 218
§ 20. Pflichten der Dienstvertragsparteien und Folgen einer
    Nicht- oder Schlechterfüllung 227
§ 21. Beendigung des Dienstverhältnisses 238
§ 22. Werkvertrag und seine Begründung 244
§ 23. Pflicht des Unternehmers zur Herstellung des Werkes
    und Folgen einer Pflichtverletzung 249
§ 24. Pflicht des Unternehmers zur Verschaffung eines man-
    gelfreien Werkes und Folgen eines Werkmangels 254
§ 25. Pflichten des Bestellers und Folgen einer Pflichtverlet-
    zung 271
§ 26. Vorzeitige Beendigung des Werkvertrages 277
§ 27. Arztvertrag 279
§ 28. Reisevertrag 292

**Viertes Kapitel. Auftrag, Geschäftsbesorgungsvertrag, Mak-
lervertrag, Verwahrung und Gastwirtshaftung** 307

§ 29. Auftrag, Geschäftsbesorgungsvertrag, Maklervertrag ... 307
§ 30. Verwahrung 332
§ 31. Gastwirtshaftung 339

**Fünftes Kapitel. Bürgschaft und sonstige vertragliche Schuld-
verhältnisse** 341

§ 32. Bürgschaft 341
§ 33. Vergleich, Schuldversprechen und Schuldanerkenntnis .. 361
§ 34. Spiel und Wette 369

Sechstes Kapitel. Geschäftsführung ohne Auftrag 373

§ 35. Geschäftsführung ohne Auftrag 373

Seite

Siebtes Kapitel. Ungerechtfertigte Bereicherung 394

§ 36. Überblick über das Bereicherungsrecht 394
§ 37. Leistungskondiktion 397
§ 38. Ansprüche wegen Bereicherung in sonstiger Weise 416
§ 39. Umfang des Bereicherungsanspruchs 429

Achtes Kapitel. Unerlaubte Handlungen 440

§ 40. Überblick über das Deliktsrecht 440
§ 41. Grundtatbestände der Verschuldenshaftung 445
§ 42. Sondertatbestände der Verschuldenshaftung 479
§ 43. Haftung mehrerer Personen 500
§ 44. Schadensersatz bei unerlaubter Handlung 506
§ 45. Unterlassungs- und Beseitigungsanspruch 524
§ 46. Gefährdungshaftung 530

Inhaltsverzeichnis

	Seite
Abkürzungsverzeichnis	LIII
Schrifttum	LIX
Einführung	**LXIII**
Erstes Kapitel. Kauf, Tausch und Schenkung	1
§ 1. Begriff und Abschluss des Kaufvertrages	1
I. Begriff	2
II. Abschluss	2
1. Kaufgegenstand	3
a) Sachen	3
b) Rechte	4
c) Sonstige verkehrsfähige Güter	4
2. Kaufpreis	5
3. Form	5
§ 2. Pflichten der Parteien des Kaufvertrages	5
I. Hauptleistungspflichten des Verkäufers beim Sachkauf	6
1. Pflicht zur Eigentumsverschaffung	6
2. Pflicht zur Übergabe	7
3. Pflicht zur mangelfreien Verschaffung	7
a) Frei von Sachmängeln	7
b) Frei von Rechtsmängeln	8
II. Hauptleistungspflichten des Verkäufers beim Rechtskauf	8
1. Pflicht zur Verschaffung des Rechts	9
2. Pflicht zur Übergabe	9
3. Pflicht zur mangelfreien Verschaffung	9
III. Nebenleistungspflichten und Schutzpflichten des Verkäufers	10
IV. Pflicht des Käufers zur Kaufpreiszahlung	10
V. Abnahmepflicht des Käufers	11

Seite

VI. Nebenleistungspflichten und Schutzpflichten des Käufers 12
  1. Vertragliche Nebenleistungspflichten 12
  2. Gesetzliche Nebenleistungspflichten 12

§ 3. Verletzung der Pflichten des Verkäufers aus § 433 I 1 13
  I. Erfüllungsanspruch des Käufers 14
  II. Schicksal der Gegenleistungspflicht des Käufers 15
    1. Bei Fortbestand der Leistungspflicht des Verkäufers 15
    2. Bei Ausschluss der Leistungspflicht des Verkäufers 16
      a) Wegfall der Gegenleistungspflicht 16
      b) Fortbestand der Gegenleistungspflicht bei Verantwortlichkeit des Käufers 16
      c) Fortbestand der Gegenleistungspflicht bei Geltendmachung des stellvertretenden commodums 16
      d) Fortbestand der Gegenleistungspflicht nach Gefahrübergang 16
  III. Schadensersatzanspruch des Käufers 21
    1. Bei Verzögerung der Leistung 21
    2. Bei Unmöglichkeit der Leistung 21
  IV. Rücktritt 22
    1. Bei Verzögerung der Leistung 22
    2. Bei Unmöglichkeit der Leistung 23

§ 4. Verletzung der Pflichten des Verkäufers aus § 433 I 2 24
  I. Überblick 27
    1. Einrede des nicht erfüllten Vertrages und Mängelrechte 27
    2. Anwendungsbereich der §§ 437 ff. über die Mängelrechte des Käufers 28
  II. Mangel der Kaufsache 29
    1. Sachmangel 29
      a) Beschaffenheitsabweichung bei Gefahrübergang 30
      b) Montagefehler 35
      c) Falsch- und Zuveniglieferung 36
    2. Rechtsmangel 37

Seite

III. Ausschluss und Einschränkung der Mängelrechte 38
  1. Vertraglicher Ausschluss 38
  2. Kenntnis oder grob fahrlässige Unkenntnis des Käufers vom Mangel 40
  3. Verkauf durch öffentliche Versteigerung 40
  4. Verletzung der Rügepflicht beim beiderseitigen Handelsgeschäft 41

IV. Nacherfüllung 41
  1. Nachbesserung oder Nachlieferung 42
  2. Rechtsfolgen der Nacherfüllung 42
  3. Ausschluss oder Einschränkung des Nacherfüllungsanspruchs 42
    a) Unmöglichkeit 43
    b) Unverhältnismäßige Kosten 43
    c) Grobes Missverhältnis zwischen Aufwand und Leistungsinteresse 44
    d) Unzumutbarkeit 45

V. Rücktritt 45
  1. Erfolglose Bestimmung einer Nachfrist 45
    a) Bedeutung der Nachfrist 45
    b) Angemessenheit der Nachfrist 46
    c) Entbehrlichkeit der Nachfrist 46
  2. Erklärung des Rücktritts 48
  3. Rechtsfolgen des Rücktritts 49
    a) Rückabwicklungsschuldverhältnis 49
    b) Folgen für die anderen Mängelrechte 49
  4. Ausschluss des Rücktrittsrechts 49
    a) Unerheblichkeit des Mangels 49
    b) Bagatellgrenze beim Quantitätsmangel 50
    c) Verantwortlichkeit des Käufers für den Mangel 51
    d) Mangeleintritt bei Annahmeverzug des Käufers 51
    e) Treu und Glauben 52
  5. Teilrücktritt 52

VI. Minderung 52
  1. Erfolglose Bestimmung einer Nachfrist 53

Seite

2. Berechnung der Minderung 53
3. Geltendmachung und Folgen der Minderung 54
   a) Ausübung des Minderungsrechts 54
   b) Einrede vor Zahlung des Kaufpreises 54
   c) Erstattung des Minderungsbetrages nach Zahlung
      des Kaufpreises 54
   d) Folgen der Minderung für die anderen Mängel-
      rechte 55
4. Ausschluss des Minderungsrechts 55

VII. Schadensersatz 56
1. Schadensersatz statt der Leistung 56
   a) Schadensersatz wegen eines behebbaren Mangels .. 56
   b) Schadensersatz wegen eines unbehebbaren Man-
      gels 62
2. Schadensersatz wegen Verzögerung der mangelfreien
   Leistung 65
3. Schadensersatz wegen Verletzung sonstiger Rechts-
   güter (Mangelfolgeschaden) 66
   a) Voraussetzungen des Anspruchs 67
   b) Ersatzfähiger Schaden 67

VIII. Aufwendungsersatz 68
1. Voraussetzungen des Anspruchs 68
2. Ersatzfähige Aufwendungen 68

IX. Rechte aus einer Beschaffenheits- und Haltbarkeitsga-
    rantie 69
1. Voraussetzungen einer unselbstständigen Garantie 69
   a) Abschluss des Garantievertrages 69
   b) Inhalt des Garantievertrages 70
2. Beweislast für den Garantiefall 70
3. Besonderheiten beim Verbrauchsgüterkauf 71
4. Rechte des Käufers im Garantiefall 71

X. Verjährung 72
1. Ansprüche auf Nacherfüllung, Schadensersatz und
   Aufwendungsersatz 72
   a) Dauer der Verjährungsfrist 73

Seite

b) Beginn der Verjährungsfrist 74

c) Vertragliche Vereinbarkeit der Verjährung 74

2. Folge der Verjährung des Nacherfüllungsanspruchs für das Rücktritts- und das Minderungsrecht 75

a) Ausschluss von Rücktritt und Minderung 75

b) Fortbestand der Mängeleinrede 75

XI. Konkurrenzen 75

1. Anfechtung 76

a) Irrtum über verkehrswesentliche Eigenschaft 76

b) Arglistige Täuschung 77

c) Sonstige Anfechtungsgründe 77

2. Culpa in contrahendo 77

3. Unerlaubte Handlung 78

§ 5. Verletzung der Pflichten des Käufers aus § 433 II 79

I. Erfüllungsanspruch 79

II. Einrede des nicht erfüllten Vertrages 79

III. Schadensersatz 79

IV. Rücktritt 80

§ 6. Verletzung von Nebenleistungspflichten und Schutzpflichten ... 80

I. Erfüllungsanspruch 80

II. Schadensersatzanspruch 81

III. Rücktritt 82

§ 7. Besondere Arten des Kaufs 82

I. Verbrauchsgüterkauf 83

1. Anwendungsbereich der §§ 474 ff. 84

2. Haftungsbegrenzung und Gefahrtragung 84

3. Vertragliche Einschränkung der Mängelrechte 85

4. Vermutung der Mangelhaftigkeit bei Gefahrübergang 86

5. Formelle Voraussetzungen für Garantieerklärungen 86

6. Rückgriff des Unternehmers in einer Lieferkette 87

a) Erleichterter Rückgriff beim Lieferanten 87

Seite

    b) Aufwendungsersatzanspruch gegen den Lieferan-
       ten 88
    c) Beweislast 89
    d) Einschränkung der Vertragsfreiheit 89
  II. Kauf unter Eigentumsvorbehalt 90
    1. Bedeutung 90
    2. Voraussetzungen 91
      a) Inhalt des Kaufvertrages 92
      b) Bedingte Übereignung der Kaufsache 92
    3. Wirkungen 92
      a) Schuldrechtliche Folgen 92
      b) Sachenrechtliche Folgen 93
    4. Erweiterter und verlängerter Eigentumsvorbehalt 94
      a) Erweiterter Eigentumsvorbehalt 94
      b) Verlängerter Eigentumsvorbehalt 95
  III. Kauf als Teilzahlungsgeschäft 96
  IV. Besondere Vertriebsformen beim Kauf 97
    1. Haustürgeschäfte 97
    2. Fernabsatzverträge 98
    3. Verträge im elektronischen Geschäftsverkehr 98
  V. Kauf auf Probe 99
  VI. Wiederkauf 100
    1. Voraussetzungen 100
      a) Vereinbarung eines Wiederkaufrechts 100
      b) Ausübung des Wiederkaufrechts 101
    2. Folgen 101
      a) Vor Ausübung des Wiederkaufrechts 101
      b) Nach Ausübung des Wiederkaufrechts 101
  VII. Vorkauf 102
    1. Voraussetzungen 102
      a) Begründung des Vorkaufsrechts 102
      b) Vorkaufsfall 102
      c) Ausübung des Vorkaufsrechts 103
    2. Folgen 103
      a) Beziehung zwischen dem Vorkaufsberechtigten
        und dem -verpflichteten 103

Seite

b) Beziehung zwischen dem Vorkaufsverpflichteten
und dem Dritten 104

c) Beziehung zwischen dem Vorkaufsberechtigten
und dem Dritten 104

VIII. Internationaler Kauf 105

IX. Factoring 106

1. Bedeutung 106

2. Abschluss und Arten des Vertrages 107

a) Abschluss 107

b) Arten 107

3. Kollision zwischen Factoring und verlängertem Eigentumsvorbehalt 108

a) Beim echten Factoring 108

b) Beim unechten Factoring 109

X. Teilzeit-Wohnrechteverträge 109

1. Begriff und rechtliche Einordnung 109

2. Besondere Regeln zum Schutz des Verbrauchers 110

a) Prospektpflicht 110

b) Amtssprache 111

c) Schriftform 111

d) Widerrufsrecht 111

e) Anzahlungsverbot 111

§ 8. Tausch 112

I. Begriff und gesetzliche Regelung 112

II. Besonderheiten 112

1. Minderung 112

2. Schadensersatz statt der Leistung 113

§ 9. Schenkung 113

I. Voraussetzungen 114

1. Handschenkung 114

2. Vertragsschenkung 115

a) Schenkungsvertrag 115

b) Form des Schenkungsvertrages 115

c) Form bei Schenkung von Todes wegen 115

Seite

3. Gegenstand der Schenkung 116
   a) Zuwendung 116
   b) Unentgeltlichkeit 117
II. Rechtsfolgen 118
   1. Erfüllungsanspruch 118
   2. Haftung für Leistungsstörungen 119
   3. Haftung für Rechts- und Sachmängel 119
      a) Haftungsausschluss 119
      b) Ausnahmen 119
III. Rückgabepflicht des Beschenkten 120
   1. Bedürftigkeit des Schenkers 120
   2. Widerruf der Schenkung durch den Schenker 120
IV. Sonderformen der Schenkung 121
   1. Schenkung unter Auflage 121
      a) Begriff und Abgrenzung 121
      b) Rechtliche Besonderheiten 122
   2. Gemischte Schenkung 122

Zweites Kapitel. Mietvertrag, Pachtvertrag, Leasing, Leihe
und Darlehen 124

§ 10. Das Mietverhältnis und seine Begründung 124

   I. Begriff 125
      1. Gebrauchsüberlassung 125
         a) Sache als Vertragsgegenstand 126
         b) Pflicht zur Gebrauchsüberlassung 126
      2. Miete 126
   II. Bedeutung und gesetzliche Regelung 127
      1. Bedeutung 127
      2. Gesetzliche Regelung 127
         a) Wohnungszwangswirtschaft 127
         b) Soziales Mietrecht 128
         c) Mietrechtsreform 2001 128
   III. Abschluss des Mietvertrages 129
      1. Vertragsschluss 129

Seite

2. Form 129
   a) Grundsatz: Formfrei 129
   b) Ausnahme: Schriftform 129

§ 11. Rechte und Pflichten der Mietvertragsparteien 130
 I. Pflichten des Vermieters 131
   1. Pflicht zur Gewährung des Gebrauchs 131
      a) Gebrauchsüberlassung 131
      b) Gebrauchserhaltung 132
   2. Nebenleistungspflichten und Schutzpflichten 133
      a) Aufwendungsersatz 133
      b) Duldung der Wegnahme von Einrichtungen 134
      c) Schutzpflichten 134
 II. Folgen der Nicht- oder Schlechterfüllung der Vermieter-
     pflichten 135
   1. Erfüllungsanspruch 135
   2. Mängelhaftungsansprüche 135
      a) Voraussetzungen 135
      b) Folgen 135
   3. Haftung des Vermieters nach allgemeinen Vorschrif-
      ten 138
 III. Pflichten des Mieters 139
   1. Pflicht zur Zahlung der Miete 139
      a) Entrichtung in Zeitabständen 139
      b) Fälligkeit 139
      c) Höhe 140
      d) Mieterhöhung 140
   2. Nebenleistungspflichten und Schutzpflichten 141
      a) Einhaltung des vertragsgemäßen Gebrauchs 141
      b) Obhut und Sorgfalt 142
      c) Duldung von Maßnahmen des Vermieters 142
      d) Rückgabe der Mietsache 142
 IV. Folgen der Nicht- oder Schlechterfüllung der Mieter-
     pflichten 143
   1. Verletzung der Zahlungspflicht 143
      a) Kündigungsrecht des Vermieters 143

Seite

    b) Keine Befreiung des Mieters bei persönlichem Hin-
       derungsgrund 143
    c) Zahlungspflicht bei anderweitiger Vermietung nach
       Auszug des Mieters 144
  2. Überschreitung des Gebrauchs 144
    a) Schadensersatzanspruch des Vermieters 144
    b) Unterlassungsanspruch des Vermieters 144
    c) Kündigungsrecht des Vermieters 144
  3. Verletzung der Rückgabepflicht 145
  4. Verletzung sonstiger Pflichten 146
    a) Verletzung der Anzeigepflicht 146
    b) Unterlassung von Schönheitsreparaturen 146
V. Vermieterpfandrecht 146
  1. Entstehung des Vermieterpfandrechts 147
    a) Gültiger Mietvertrag 147
    b) Forderungen aus dem Mietverhältnis 147
    c) Eingebrachte Sachen des Mieters 147
  2. Erlöschen des Vermieterpfandrechts 148
    a) Erlöschensgründe des Vertragspfandrechts 148
    b) Entfernung der Sache vom Grundstück 149
  3. Rechte aus dem Vermieterpfandrecht 149
    a) Selbsthilferecht 149
    b) Verwertungsrecht 150
    c) Vorzugsweise Befriedigung aus Verwertungserlös 150
VI. Sonstige Mietsicherheiten 150
  1. Zweck 150
  2. Gesetzliche Regelung für vereinbarte Mietsicherheiten   150
    a) Zulässige Höhe 151
    b) Anlagepflicht des Vermieters 151
    c) Folgen bei Veräußerung der Mietsache 151

§ 12. Stellung des besitzenden Mieters gegenüber Vermieter
und Dritten 151
  I. Schutz des Mieters als Besitzer 152
    1. Schutz gegenüber dem Eigentumsherausgabeanspruch
      des Vermieters 152

Seite

2. Besitzschutzrechte 152

3. Ansprüche aus § 823 und § 812 153

II. Schutz des Mieters bei Veräußerung beweglicher Mietsachen 153

III. Schutz des Mieters bei Veräußerung unbeweglicher Mietsachen 154

1. Voraussetzungen des Vertragsübergangs 154

2. Wirkungen des gesetzlichen Vertragsübergangs 154

   a) Eintritt des Erwerbers in das Mietverhältnis 154

   b) Weiterhaftung des Veräußerers 155

   c) Folgen für Vorausverfügungen des Veräußerers und für Rechtsgeschäfte über zukünftige Mietansprüche 155

§ 13. Beendigung des Mietverhältnisses 157

I. Beendigung durch Zeitablauf 158

1. Wirksame Befristungsvereinbarung 159

2. Besonderheiten bei befristeten Mietverhältnissen über Wohnraum 159

II. Beendigung durch ordentliche Kündigung 160

1. Kündigungserklärung 160

   a) Rechtliche Einordnung 160

   b) Kein Formerfordernis 160

2. Kündigungsfristen 161

3. Besonderheiten bei Wohnraummietverhältnissen 161

   a) Berechtigtes Interesse des Vermieters 161

   b) Entbehrlichkeit eines berechtigten Interesses 163

   c) Widerspruchsrecht des Mieters in Härtefällen 164

   d) Eintritt von Familienangehörigen in das Mietverhältnis bei Tod des Mieters 165

4. Besonderheiten bei möbliertem und vorübergehend überlassenem Wohnraum 165

   a) Möblierter Wohnraum 165

   b) Wohnraum zu vorübergehendem Gebrauch 166

5. Besonderheiten bei Werkmietwohnungen 167

Seite

III. Beendigung durch außerordentliche Kündigung 167
   1. Außerordentliche befristete Kündigung 167
   2. Außerordentliche fristlose Kündigung 167
IV. Folgen der Beendigung 168
   1. Rechte und Pflichten der Vertragsparteien 168
   2. Besonderheit bei gewerblicher Weitervermietung 169

§ 14. Pachtvertrag 169

I. Begriff 170

II. Rechte und Pflichten der Vertragsparteien 170
   1. Gewährung von Gebrauch und Fruchtgenuss 170
   2. Besonderheiten 171
     a) Kündigung des Pachtvertrages 171
     b) Besonderheiten bei mitverpachtetem Inventar 171
     c) Besonderheiten beim Landpachtvertrag 172

§ 15. Leasing 172

I. Begriff und Bedeutung 174

II. Arten 174
   1. Operating-Leasing 174
   2. Finanzierungs-Leasing 175
   3. Hersteller-Leasing 176
III. Vertragspflichten und Folgen ihrer Verletzung 176
   1. Pflichten im Verhältnis zwischen Hersteller/
     Lieferant und Leasinggeber 176
     a) Anwendbarkeit des Kaufrechts 176
     b) Rechtsfolgen bei Pflichtverletzungen des Herstel-
     lers/Lieferanten 177
   2. Pflichten im Verhältnis zwischen Leasinggeber und
     Leasingnehmer 177
     a) Pflichten des Leasinggebers 177
     b) Folgen der Nicht- oder Schlechterfüllung durch den
     Leasinggeber 178
     c) Pflichten des Leasingnehmers 179

Seite

d) Folgen der Nicht- oder Schlechterfüllung durch den
   Leisingnehmer 180
e) Anwendbarkeit von Verbraucherschutzvorschriften 181
3. Pflichten im Verhältnis zwischen Hersteller/Lieferant
   und Leasingnehmer 182

§ 16. Leihe 182
I. Begriff 182
II. Vertragspflichten und Folgen ihrer Verletzung 183
   1. Pflichten des Verleihers 183
      a) Gestattung des Gebrauchs 183
      b) Ersatz von Verwendungen 183
   2. Folgen der Nicht- oder Schlechterfüllung 183
   3. Pflichten des Entleihers 184
      a) Einhaltung des vertragsgemäßen Gebrauchs, Rück-
         gabe, Schutzpflichten 184
      b) Tragung der gewöhnlichen Erhaltungskosten 184
   4. Folgen der Nicht- oder Schlechterfüllung 184
III. Beendigung der Leihe 185

§ 17. Darlehensrecht 185
I. Begriff und Bedeutung 186
   1. Begriff 186
   2. Bedeutung 186
II. Abgrenzung, Arten und gesetzliche Regelung 187
   1. Abgrenzung 187
      a) Andere Gebrauchsüberlassungsverträge 187
      b) Verwahrung 187
      c) Schenkung 188
   2. Arten und gesetzliche Regelung 188
      a) Gelddarlehensvertrag 188
      b) Sachdarlehensvertrag 189
III. (Geld-)Darlehensvertrag 189
   1. Begründung des Darlehensverhältnisses 189
      a) Vertragsschluss durch Einigung 189

Seite

b) Inhalt der Einigung 190
c) Wirksamkeit der Einigung 191
2. Arten des Gelddarlehens 193
a) Verzinsliches Darlehen 193
b) Zinsloses Darlehen 194
3. Pflicht des Darlehensgebers 194
4. Pflichten des Darlehensnehmers 195
a) Zinszahlungspflicht 195
b) Rückerstattungspflicht 195
5. Die ordentliche Kündigung des Darlehensvertrages 196
a) Kein bestimmter Zeitpunkt für die Rückzahlung 196
b) Bestimmter Zeitpunkt für die Rückzahlung 196
6. Die außerordentliche Kündigung des Darlehensvertrages 197
a) Fristlose Kündigung des Darlehensgebers 197
b) Außerordentliche Kündigung des Darlehensnehmers 198
c) Weitere Möglichkeiten der außerordentlichen Kündigung 199
IV. Verbraucherdarlehensvertrag 199
1. Anwendungsbereich der Vorschriften über Verbraucherdarlehensverträge 200
a) Verbraucherdarlehensverträge 200
b) Zahlungsaufschub und sonstige Finanzierungshilfen 202
2. Form und Inhalt 202
a) Verbraucherdarlehensvertrag 202
b) Vollmachtserteilung durch den Darlehensnehmer 203
c) Rechtsfolgen von Formmängeln 203
3. Widerrufsrecht des Darlehensnehmers 204
4. Einwendungen des Darlehensnehmers aus dem
Verbraucherdarlehensvertrag 204
a) Bei der Abtretung der Darlehensforderung 204
b) Bei Eingehung einer Wechselverbindlichkeit 205
c) Bei Eingehung einer Scheckverbindlichkeit 205
5. Verzugszinsen 205

Seite

6. Tilgungsreihenfolge 206
7. Kündigungsrecht des Darlehensgebers 206
   a) Voraussetzungen 206
   b) Rechtsfolgen 207

V. Sachdarlehen 207
1. Begründung des Sachdarlehensverhältnisses 207
2. Arten 207
3. Rechte und Pflichten der Vertragsparteien 208
   a) Pflichten des Darlehensgebers 208
   b) Pflichten des Darlehensnehmers 208
4. Kündigung des Sachdarlehensvertrages 208

§ 18. Finanzierungshilfen und Ratenlieferungsverträge 208

I. Finanzierungshilfen 209
1. Begriff und gesetzliche Regelung 209
   a) Zahlungsaufschub 209
   b) Sonstige Finanzierungshilfen 210
2. Besondere Regelungen für Finanzierungsleasingverträge 210
3. Besondere Regelung für Teilzahlungsgeschäfte 211
   a) Anwendbarkeit von Regelungen über das Verbraucherdarlehen 211
   b) Mindestinhalt 211
   c) Ersetzung des Widerrufsrechts des Verbrauchers durch ein Rückgaberecht 212
   d) Rücktrittsrecht des Unternehmers 213
   e) Folgen vorzeitiger Zahlung 213

II. Ratenlieferungsverträge 213
1. Erfasste Verträge 214
   a) Verträge über die Lieferung von Teilleistungen 214
   b) Verträge über die regelmäßige Lieferung von Sachen gleicher Art 215
   c) Verträge mit wiederkehrender Erwerbs- oder Bezugsverpflichtung 215

Seite

2. Regelungen zum Schutz des Verbrauchers 216
   a) Widerrufsrecht des Verbrauchers 216
   b) Formerfordernisse 217
   c) Mitteilung des Vertragsinhaltes 217

Drittes Kapitel. Dienstvertrag, Werkvertrag und ähnliche Verträge 218

§ 19. Dienstvertrag und seine Begründung 218
I. Begriff 218
   1. Dienste 219
      a) Freier Dienstvertrag 219
      b) Arbeitsvertrag 219
   2. Vergütung 219
II. Bedeutung und gesetzliche Regelung 220
III. Abgrenzung 221
   1. Dienst- und Werkvertrag 221
   2. Dienstvertrag und Auftrag 223
IV. Abschluss 223
   1. Einschränkung der Vertragsfreiheit 223
   2. Einigung über Dienstleistung und Vergütung 224
      a) Fiktion der Vergütungsvereinbarung 224
      b) Höhe der Vergütung bei fehlender Vereinbarung 225
   3. Form 225
   4. Besonderheiten bei Fernabsatzgeschäften 225
V. Abschlussmängel 226
   1. Vor Dienstantritt 226
   2. Nach Dienstantritt 226

§ 20. Pflichten der Dienstvertragsparteien und Folgen einer Nicht- oder Schlechterfüllung 227
I. Pflichten des Dienstverpflichteten 227
   1. Hauptleistungspflicht zur Dienstleistung 228
      a) Inhalt 228
      b) Konkretisierung durch Direktionsrecht 228
      c) Persönliche Erbringung 228

Seite

2. Nebenleistungspflichten und Schutzpflichten 229
   a) Handlungspflichten 229
   b) Unterlassungspflichten 230

II. Rechtsfolgen der Nicht- oder Schlechterfüllung durch den Dienstverpflichteten 230
   1. Klage auf Erfüllung 230
   2. Verweigerung der Lohnzahlung 230
   3. Schadensersatzansprüche 231
      a) Wegen schuldhafter Nichtleistung 231
      b) Wegen schuldhafter Schlechtleistung 231

III. Pflichten des Dienstberechtigten 232
   1. Pflicht zur Gewährung der Vergütung 232
      a) Art und Umfang der Vergütung 232
      b) Fälligkeit der Vergütung 233
   2. Vergütungspflicht ohne Dienstleistung 233
      a) Annahmeverzug des Dienstberechtigten 233
      b) Betriebsstörung 234
      c) Persönliche Verhinderung und Krankheit 234
   3. Sonstige Pflichten 235
      a) Schutzpflichten 236
      b) Gleichbehandlungspflicht 236
      c) Beschäftigungspflicht 236

IV. Rechtsfolgen der Nicht- oder Schlechterfüllung durch den Dienstberechtigten 237
   1. Verletzung der Schutzpflichten nach § 618 237
   2. Besonderheiten bei Arbeitsunfällen 237

§ 21. Beendigung des Dienstverhältnisses 238

I. Kündigung 238
   1. Ordentliche Kündigung 239
      a) Kündigungsfristen 239
      b) Kündigungseinschränkungen 240
   2. Außerordentliche Kündigung 240
      a) Kündigung aus wichtigem Grund 240

Seite

b) Kündigung bei Vertrauensstellung 241
c) Rechtsfolgen 241
II. Sonstige Beendigungsgründe 242
1. Aufhebungsvertrag 242
2. Zeitablauf 242
3. Tod des Dienstverpflichteten 242
III. Pflichten bei der Beendigung des Dienstverhältnisses 243
1. Freizeitgewährung für die Stellensuche 243
2. Erteilung eines Zeugnisses 243

§ 22. Werkvertrag und seine Begründung 244
I. Begriff und Begründung 245
1. Werk 245
2. Vergütung 246
a) Fehlen einer Vereinbarung über die Vergütungspflicht oder -höhe 246
b) Keine Vergütungspflicht beim Kostenanschlag 247
c) Abschlagszahlungen 247
II. Abgrenzung zum Kaufvertrag 248
III. Bedeutung und gesetzliche Regelung 248

§ 23. Pflicht des Unternehmers zur Herstellung des Werkes
und Folgen einer Pflichtverletzung 249
I. Pflicht des Unternehmers zur Herstellung des Werkes 250
II. Folgen einer Pflichtverletzung 250
1. Erfüllungsanspruch des Bestellers 251
2. Schicksal der Gegenleistungspflicht des Bestellers 251
a) Bei Fortbestand der Leistungspflicht des Werkunternehmers 251
b) Bei Ausschluss der Leistungspflicht des Werkunternehmers 251
3. Schadensersatzanspruch des Bestellers 253
a) Bei Verzögerung der Leistung 253
b) Bei Unmöglichkeit der Leistung 253

Seite

4. Rücktrittsrecht des Bestellers 254
   a) Bei Verzögerung der Leistung 254
   b) Bei Unmöglichkeit der Leistung 254

§ 24. **Pflicht des Unternehmers zur Verschaffung eines mangelfreien Werkes und Folgen eines Werkmangels** 254
I. Pflicht zur Verschaffung des Werkes frei von Sach- und Rechtsmängeln 255
   1. Sachmangel 255
      a) Beschaffenheitsabweichung 256
      b) Aliud und Werk in zu geringer Menge 256
   2. Rechtsmangel 256
II. Folgen eines Werkmangels 257
   1. Überblick über die Rechte des Bestellers und ihre allgemeinen Voraussetzungen 257
      a) Rechte zur Verweigerung der Abnahme und der Vergütungszahlung 257
      b) Mängelrechte 257
      c) Voraussetzungen aller Mängelrechte 258
   2. Nacherfüllung 259
      a) Inhalt und Folgen des Nacherfüllungsanspruches 259
      b) Ausschluss des Nacherfüllungsanspruchs 260
   3. Selbstvornahme und Aufwendungsersatz 260
      a) Erfolglose Bestimmung einer Nachfrist 260
      b) Inhalt des Anspruches 261
      c) Ausschluss des Aufwendungsersatzanspruchs 261
   4. Rücktritt 262
      a) Erfolglose Bestimmung einer Nachfrist 262
      b) Erklärung des Rücktritts 262
      c) Rechtsfolgen des Rücktritts 263
      d) Ausschluss des Rücktrittsrechts 263
   5. Minderung 263
      a) Erfolglose Bestimmung einer Nachfrist 263
      b) Berechnung der Minderung 264
      c) Geltendmachung und Folgen der Minderung 264
      d) Ausschluss des Minderungsrechts 265

Seite

6. Schadensersatz 265
   a) Schadensersatz statt der Leistung 265
   b) Schadensersatz wegen Verzögerung der mangelfreien
      Leistung 267
   c) Schadensersatz wegen Verletzung sonstiger Rechts-
      güter (Mangelfolgeschaden) 267
7. Aufwendungsersatz 268
8. Verjährung 268
   a) Ansprüche auf Nacherfüllung, Schadensersatz und
      Aufwendungsersatz 268
   b) Folge der Verjährung des Nacherfüllungsanspruchs
      für das Rücktritts- und das Minderungsrecht 270
9. Konkurrenzen 270
   a) Culpa in contrahendo 270
   b) Verletzung eines anderen Rechtsgutes 270
   c) Unerlaubte Handlung 271

§ 25. Pflichten des Bestellers und Folgen einer Pflichtverletzung 271

I. Pflichten des Bestellers 271
   1. Pflicht zur Entrichtung der Vergütung 272
      a) Fälligkeit der Vergütung 272
      b) Schlussrechnung und Schlusszahlung der Vergütung
         nach der VOB 272
      c) Sicherung des Unternehmers wegen seines Vergü-
         tungsanspruches 273
   2. Pflicht zur Abnahme des Werkes 275
      a) Begriff und Bedeutung der Abnahme 275
      b) Abnahme nach der VOB 276
   3. Obliegenheit zur Mitwirkung bei der Herstellung des
      Werkes 276
II. Folgen einer Pflichtverletzung des Bestellers 276
   1. Verletzung der Vergütungspflicht 276
   2. Verletzung der Abnahmepflicht 277
   3. Verletzung der Mitwirkungsobliegenheit 277

Seite

§ 26. Vorzeitige Beendigung des Werkvertrages 277
I. Beendigung durch Kündigung 278
  1. Kündigung durch den Besteller 278
    a) Jederzeitiges Kündigungsrecht 278
    b) Besonderheiten bei Kündigung wegen Überschreitung eines Kostenanschlages 278
  2. Vorzeitige Beendigung durch den Unternehmer 279
II. Beendigung durch Vereinbarung 279

§ 27. Arztvertrag 279
I. Begriff und Abschluss des Arztvertrages 281
  1. Begriff 281
  2. Abschluss 282
    a) Vertrag mit Privatpatienten 282
    b) Vertrag mit Kassenpatienten 283
    c) Kein Vertrag mit bewusstlosen Patienten 283
II. Besonderheiten bei der Krankenhausbehandlung 284
  1. Regelfall 284
  2. Sonderfälle 285
    a) Gespaltener Krankenhausaufnahmevertrag 285
    b) Totaler Krankenhausaufnahmevertrag mit Arztzusatzvertrag 285
III. Pflichten des Arztes und Folgen einer Pflichtverletzung 286
  1. Pflichten 286
    a) Behandlungspflicht 286
    b) Aufklärungspflicht 287
    c) Dokumentationspflicht 288
    d) Pflicht zur Gestattung der Einsichtnahme in Krankenunterlagen 288
    e) Schweigepflicht 289
  2. Folgen einer Pflichtverletzung 290
IV. Pflichten des Patienten und Folgen einer Pflichtverletzung 291
  1. Pflichten 291
    a) Pflichten des Privatpatienten 291
    b) Pflichten des Kassenpatienten 292
  2. Folgen einer Pflichtverletzung 292

Seite

§ 28. Reisevertrag 292
  I. Begriff und Parteien des Reisevertrages 294
    1. Begriff 294
    2. Vertragsparteien 294
      a) Reiseveranstalter 294
      b) Reisender 295
  II. Zweck und gesetzliche Regelung 295
  III. Hauptleistungspflichten der Parteien 295
    1. Gesamtheit von Reiseleistungen 296
    2. Reisepreis 296
  IV. Vertragsänderungen bei Rücktrittsrecht 296
    1. Vertragsänderungen durch den Reiseveranstalter 297
      a) Möglicher Inhalt einer Vertragsänderung 297
      b) Rechte des Reisenden bei einer Vertragsänderung   297
    2. Vertragsänderungen durch den Reisenden 297
    3. Rücktrittsrecht 298
  V. Reisemangel 298
  VI. Rechtsfolgen eines Reisemangels 299
    1. Recht auf Abhilfe 299
    2. Minderung des Reisepreises 299
      a) Mängelanzeige als Voraussetzung 299
      b) Berechnung der Minderung 300
    3. Kündigungsrecht 300
      a) Voraussetzungen der Kündigung 300
      b) Rechtsfolgen der Kündigung 300
    4. Schadensersatzanspruch 301
      a) Voraussetzungen 301
      b) Verhältnis zu anderen Mängelrechten 301
      c) Vertragliche Haftungsbeschränkung 302
  VII. Kündigungsrecht wegen höherer Gewalt 303
  VIII. Insolvenzschutz des Reisenden 303
    1. Insolvenzsicherungspflicht des Reiseveranstalters 303
    2. Ausnahmen von der Insolvenzsicherungspflicht 304
  IX. Besonderheiten bei Verträgen über internationale Gast-
    schulaufenthalte 304

Seite

1. Begriff und Parteien des Vertrages über Gastschulaufenthalte 304
2. Besondere Pflichten des Reiseveranstalters 305
3. Rechte des Reisenden 305
   a) Rücktrittsrecht 305
   b) Kündigungsrecht 306

Viertes Kapitel. Auftrag, Geschäftsbesorgungsvertrag, Maklervertrag, Verwahrung und Gastwirtshaftung 307

§ 29. Auftrag, Geschäftsbesorgungsvertrag, Maklervertrag ... 307
   I. Begriff des Auftrags 308
      1. Geschäftsbesorgung für einen anderen 308
      2. Unentgeltlichkeit 309
   II. Bedeutung und Abgrenzung des Auftrages 309
      1. Bedeutung 309
      2. Abgrenzung 309
         a) Gefälligkeitsverhältnis 309
         b) Entgeltliche Verträge 310
         c) Schenkung 310
         d) Vollmacht 310
   III. Abschluss des Auftrages 311
   IV. Pflichten des Beauftragten und Folgen ihrer Verletzung ... 311
      1. Pflicht zur Besorgung eines Geschäfts 311
         a) Sorgfältige Ausführung 311
         b) Beachtung von Weisungen 311
         c) Persönliche Ausführung oder Übertragung der Ausführung 312
      2. Nebenleistungspflichten und Schutzpflichten 312
      3. Herausgabepflicht 313
         a) Das vom Auftraggeber Erhaltene 313
         b) Das aus der Geschäftsbesorgung Erlangte 313
         c) Zinsen 314
      4. Folgen der Nicht- oder Schlechterfüllung 314
         a) Allgemeine Vorschriften über Leistungsstörungen ... 314
         b) Besonderheiten des Auftragsrechts 314

Seite

V. Pflichten des Auftraggebers und Folgen ihrer Verletzung 315
    1. Aufwendungsersatz 315
      a) Aufwendungen 315
      b) Erforderlichkeit 316
      c) Schäden 316
    2. Schutzpflichten 317
    3. Folgen der Nicht- oder Schlechterfüllung 318

VI. Beendigung des Auftrags 318
    1. Widerruf und Kündigung 318
      a) Widerruf 318
      b) Kündigung 318
    2. Beendigung bei Tod oder Geschäftsunfähigkeit 319
      a) Tod des Beauftragten 319
      b) Geschäftsunfähigkeit des Beauftragten 319
      c) Tod oder Geschäftsunfähigkeit des Auftraggebers 319
    3. Schutz des Beauftragten bei Erlöschen des Auftrags ... 320

VII. Geschäftsbesorgungsvertrag 320
    1. Begriff und Bedeutung 320
      a) Begriff der Geschäftsbesorgung 320
      b) Bedeutung des Geschäftsbesorgungsvertrages 321
    2. Rechte und Pflichten der Parteien 321
      a) Vertragliche Vereinbarung 321
      b) Besondere gesetzliche Bestimmungen 321
      c) Auftragsrecht 322
    3. Besonderheiten beim Überweisungsvertrag, Zahlungsvertrag, Girovertrag und Übertragungsvertrag .. 323
      a) Überweisungsvertrag 323
      b) Zahlungsvertrag 326
      c) Girovertrag 326
      d) Übertragungsvertrag 327

VIII. Maklervertrag 327
    1. Begriff und Bedeutung 328
      a) Begriff 328
      b) Bedeutung 328

Seite

2. Abweichende Vereinbarungen 328
   a) Verpflichtung zum Tätigwerden 329
   b) Alleinauftrag 329
   c) Maklerlohn ohne Maklerleistung 329
   d) Doppelmakler 330
3. Sonderfälle 330
   a) Wohnungsvermittlung 330
   b) Darlehensvermittlung 330
   c) Heiratsvermittlung 331

§ 30. Verwahrung 332
  I. Begriff und Gegenstand 332
  II. Abgrenzung und Arten 332
   1. Abgrenzung 332
     a) Gefälligkeit 333
     b) Mietvertrag und Leihvertrag 333
     c) Darlehen 333
     d) Aufbewahrungspflicht als Nebenleistungs- oder
        Schutzpflicht 333
   2. Arten 334
     a) Unentgeltliche Verwahrung 334
     b) Entgeltliche Verwahrung 334
     c) Unregelmäßige Verwahrung 334
  III. Vertragsschluss 335
  IV. Pflichten des Verwahrers und Folgen ihrer Verletzung 336
   1. Pflicht zur Verwahrung 336
   2. Nebenleistungspflichten und Schutzpflichten 336
   3. Rückgabepflicht 336
   4. Folgen der Nicht- oder Schlechterfüllung 337
     a) Allgemeine Vorschriften über Leistungsstörungen ... 337
     b) Besonderheiten des Verwahrungsrechts 337
  V. Pflichten des Hinterlegers und Folgen ihrer Verletzung 338
   1. Pflichten des Hinterlegers 338
     a) Vergütung 338
     b) Aufwendungsersatz 338

Seite

c) Unterrichtung 338
d) Rücknahme 338
2. Folgen der Nicht- oder Schlechterfüllung 339

§ 31. Gastwirtshaftung 339
I. Voraussetzungen für die gesetzliche Haftung 340
II. Umfang der gesetzlichen Haftung 340

Fünftes Kapitel. Bürgschaft und sonstige vertragliche Schuldverhältnisse 341

§ 32. Bürgschaft 341
I. Begriff und Abgrenzung 343
    1. Begriff 343
    2. Abgrenzung von anderen Vertragstypen 344
        a) Schuldbeitritt 344
        b) Garantie 345
        c) Kreditauftrag 345
        d) Patronatserklärung 345
II. Voraussetzungen des Bürgschaftsanspruchs 346
    1. Bürgschaftsvertrag 346
        a) Allgemeine Wirksamkeitsvoraussetzungen 346
        b) Sittenwidrigkeit 347
        c) Widerrufsmöglichkeit 349
        d) Form 349
    2. Bestehen der Hauptforderung 350
        a) Hauptforderung nicht entstanden 350
        b) Hauptforderung vermindert oder erloschen 351
        c) Hauptforderung erhöht 351
III. Gegenrechte des Bürgen 352
    1. Gegenrechte aus dem Verhältnis des Bürgen zum
       Gläubiger 352
        a) Allgemeine Einwendungen und Einreden 352
        b) Sonderfall: Einrede der Vorausklage 352

Seite

2. Gegenrechte des Bürgen aus dem Verhältnis des Schuldners zum Gläubiger 353
   a) Einreden nach § 768 353
   b) Einreden nach § 770 I 354
   c) Einrede nach § 770 II 354
3. Keine Gegenrechte aus dem Verhältnis des Bürgen zum Schuldner 355
IV. Ansprüche des Bürgen gegen den Schuldner 355
   1. Ersatzansprüche 355
     a) Aus Rechtsverhältnis Bürge – Schuldner 355
     b) Aus Rechtsverhältnis Gläubiger – Schuldner (gesetzlicher Forderungsübergang) 355
   2. Befreiungsanspruch 356
     a) Voraussetzungen 356
     b) Erfüllung 357
V. Erlöschen der Bürgschaft 357
   1. Allgemeine Erlöschensgründe 357
   2. Besondere Erlöschensgründe 357
VI. Besondere Arten der Bürgschaft 358
   1. Mitbürgschaft 358
   2. Ausfallbürgschaft 359
   3. Nachbürgschaft 359
   4. Rückbürgschaft 359
   5. Bürgschaft zur Zahlung auf erstes Anfordern 360
   6. Sicherheitsbürgschaft 360

§ 33. Vergleich, Schuldversprechen und Schuldanerkenntnis .. 361

I. Vergleich 362
   1. Begriff und Bedeutung 362
     a) Begriff 362
     b) Bedeutung 362
   2. Voraussetzungen des Vergleichs 362
   3. Folgen des Vergleichs 363
     a) Regelung des streitigen Rechtsverhältnisses 363
     b) Schicksal des ursprünglichen Schuldverhältnisses 363

Seite

4. Irrtum beim Vergleich 364
    a) Irrtum über unstreitigen Sachverhalt 364
    b) Irrtum über streitigen oder ungewissen Sachverhalt .. 365
II. Schuldversprechen und Schuldanerkenntnis 365
  1. Begriff 365
  2. Voraussetzungen 366
    a) Vertrag zwischen Gläubiger und Schuldner 366
    b) Schriftform der Erklärung des Schuldners 366
  3. Folgen 367
    a) Einseitige Leistungsverpflichtung des Schuldners 367
    b) Wirksamkeit trotz Mängeln beim Grundgeschäft 367
    c) Bereicherungsausgleich beim Fehlen des Schuld-
       grundes 367
  4. Abgrenzung von abstraktem und kausalem Schuldaner-
     kenntnis 368

§ 34. Spiel und Wette 369
I. Begriff, Abgrenzung und gesetzliche Regelung 369
  1. Begriff 369
  2. Abgrenzung 370
    a) Auslobung 370
    b) Sportliche Kampfspiele 370
  3. Gesetzliche Regelung 370
    a) Kein Erfüllungsanspruch 370
    b) Kein Rückforderungsanspruch 371
    c) Keine Aufrechnung, kein Zurückbehaltungsrecht 371
    d) Unverbindlichkeit von Sicherungsrechten 371
    e) Neu eingegangene Verbindlichkeiten 371
II. Besonderheiten bei Lotterie- und Ausspielverträgen 372

Sechstes Kapitel. Geschäftsführung ohne Auftrag 373

§ 35. Geschäftsführung ohne Auftrag 373
A) Überblick 374
   I. Begriff 374
  II. Bedeutung 374

Seite

III. Gesetzliche Regelung 375
  1. Echte GoA 375
  2. Eigengeschäftsführung 375

B) Berechtigte Geschäftsführung ohne Auftrag 375
  I. Voraussetzungen 375
    1. Geschäftsbesorgung 375
    2. Fremdgeschäftsführungswille 376
      a) Objektiv fremdes Geschäft 377
      b) Subjektiv fremdes Geschäft 377
      c) Auch-fremdes Geschäft 377
    3. Ohne Auftrag oder sonstige Berechtigung 380
    4. Berechtigung zur Übernahme der Geschäftsbesor-
      gung 380
      a) Übernahme im Interesse und mit Willen des Ge-
        schäftsherrn 381
      b) Übernahme im Widerspruch zum Willen des Ge-
        schäftsherrn 382
      c) Genehmigung durch den Geschäftsherrn 383
    5. Geschäftsfähigkeit der Beteiligten? 384
      a) Beim Geschäftsherrn 384
      b) Beim Geschäftsführer 384
  II. Folgen der berechtigten Geschäftsführung ohne Auf-
    trag 385
    1. Pflichten des Geschäftsführers 385
      a) Ordnungsgemäße Geschäftsführung 385
      b) Sonstige Pflichten 385
      c) Schadensersatzpflicht 386
    2. Pflicht des Geschäftsherrn zum Aufwendungser-
      satz 387
      a) Erstattung der erforderlichen Aufwendungen 387
      b) Wegfall oder Einschränkung der Aufwendungs-
        ersatzpflicht 389

C) Unberechtigte Geschäftsführung ohne Auftrag 389
  I. Voraussetzungen 389
  II. Folgen 390

Seite

1. Ansprüche des Geschäftsherrn 390
   a) Ansprüche aus ungerechtfertigter Bereicherung
      und unerlaubter Handlung 390
   b) Schadensersatz aus GoA 390
2. Ansprüche des Geschäftsführers 391

D) Eigengeschäftsführung 391
   I. Irrtümliche Eigengeschäftsführung 392
   II. Unerlaubte Eigengeschäftsführung 392
   1. Ansprüche des Geschäftsherrn 393
      a) Ansprüche aus unerlaubter Handlung und unge-
         rechtfertigter Bereicherung 393
      b) Ansprüche aus GoA 393
   2. Ansprüche des Geschäftsführers 393

Siebtes Kapitel. Ungerechtfertigte Bereicherung 394

§ 36. Überblick über das Bereicherungsrecht 394
   I. Grundtatbestände 394
   1. Leistungskondiktion 395
   2. Bereicherung in sonstiger Weise 395
   II. Umfang des Bereicherungsanspruchs 396
   III. Verweisungen auf das Bereicherungsrecht 396

§ 37. Leistungskondiktion 397
A) Grundtatbestand 398
   I. Bereicherung des Schuldners 398
   1. Erwerb einer Rechtsposition 399
   2. Befreiung von Schulden und Lasten 399
   3. Gebrauchsvorteile und Dienstleistungen 399
   II. Leistung des Gläubigers 400
   1. Begriff der Leistung 400
      a) Bewusste und zweckgerichtete Mehrung fremden
         Vermögens 400
      b) Kritik am Leistungsbegriff 401
   2. Leistung bei Beteiligung Dritter 402
      a) Beteiligung einer Hilfsperson 402

Seite

b) Beteiligung mehrerer bei einer Leistungskette 402
c) Beteiligung mehrerer im Dreiecksverhältnis.......... 403
d) Leistungsbestimmung aus Sicht des Empfänger-
horizontes 406
III. Mangel des rechtlichen Grundes 407
1. Fehlen des Rechtsgrundes 408
a) Nichtbestehen oder Nichtdurchsetzbarkeit eines
Anspruches 408
b) Ausschluss der Leistungskondiktion 409
2. Späterer Wegfall des Rechtsgrundes 409
a) Wegfall auf Grund Parteivereinbarung 409
b) Wegfall auf Grund einseitiger Erklärung 410
3. Nichteintritt des bezweckten Erfolges 410
a) Voraussetzungen 410
b) Regeln über die Geschäftsgrundlage 411
c) Ausschluss der Leistungskondiktion 412
B) Sonderfall: Leistungskondiktion wegen verwerflichen
Empfanges 412
I. Bedeutung und Voraussetzungen 413
1. Bedeutung 413
2. Voraussetzungen 414
II. Ausschluss des Bereicherungsanspruchs 414
1. Sinn des § 817 S. 2 415
2. Einzelfragen 415

§ 38. Ansprüche wegen Bereicherung in sonstiger Weise 416
A) Verhältnis zur Leistungskondiktion 417
B) Einzeltatbestände 418
I. Eingriffskondiktion 418
1. Begriff und Bedeutung 418
2. Voraussetzungen 419
a) Etwas erlangt 419
b) In sonstiger Weise 419
c) Auf Kosten des Anspruchstellers 419
d) Ohne rechtlichen Grund 420

  Seite

  II. Rückgriffskondiktion 420
 III. Verwendungskondiktion 422
   1. Rechtsgrundlose Verwendungen 422
   2. Gesetzlicher Fall der Verwendungskondiktion 422
   3. Keine Verwendungskondiktion bei aufgedrängter
      Bereicherung 423
C) Sondertatbestände 424
  I. Entgeltliche Verfügung eines Nichtberechtigten 424
   1. Bedeutung 424
   2. Voraussetzungen 424
      a) Gläubiger und Schuldner des Anspruches 424
      b) Verfügung des Nichtberechtigten 425
      c) Wirksamkeit der Verfügung 425
      d) Entgeltlichkeit der Verfügung 425
   3. Folgen 425
 II. Unentgeltliche Verfügung eines Nichtberechtigten 426
   1. Bedeutung und Voraussetzung des § 816 I 2 426
   2. Abgrenzung des § 816 I 2 von § 822 427
   3. Voraussetzungen des § 822 427
   4. Analoge Anwendung des § 816 I 2? 428
III. Leistung an einen Nichtberechtigten 429

§ 39. Umfang des Bereicherungsanspruchs 429
  I. Gegenstand der Bereicherung 430
   1. Herausgabe 430
      a) Das Erlangte 430
      b) Die gezogenen Nutzungen 430
      c) Die Surrogate 431
   2. Wertersatz 431
 II. Wegfall der Bereicherung 431
   1. Bedeutung und Voraussetzungen 431
      a) Bedeutung des Wegfalls der Bereicherung 431
      b) Voraussetzungen für die Beachtlichkeit des Berei-
         cherungswegfalls 432
   2. Berücksichtigung von Einbußen des Schuldners 433

Seite

3. Berücksichtigung der Gegenleistung 433
   a) Zweikondiktionentheorie 434
   b) Saldotheorie 434
   c) Ausnahmen von der Saldotheorie 435
III. Besonderheiten bei verschärfter Haftung 437
  1. Voraussetzungen 437
   a) Kenntnis des Empfängers von der Rechtsgrundlosigkeit 437
   b) Rechtshängigkeit des Bereicherungsanspruches 438
   c) Verstoß des Empfängers gegen die guten Sitten 438
   d) Ungewisser Erfolgseintritt 438
  2. Folgen 438
IV. Bereicherungseinrede 439

Achtes Kapitel. Unerlaubte Handlungen 440

§ 40. Überblick über das Deliktsrecht 440
  I. Bedeutung 440
 II. Gesetzliche Regelung 441
III. Aufbau des Tatbestandes 441
  1. Objektiver Tatbestand 442
   a) Menschliches Verhalten 442
   b) Rechts- oder Rechtsgutverletzung 442
   c) Haftungsbegründende Kausalität 442
  2. Rechtswidrigkeit 443
  3. Verantwortlichkeit 443
   a) Verschuldenshaftung 443
   b) Billigkeitshaftung 444
  4. Schaden 444
   a) Ersatzfähiger Schaden 445
   b) Haftungsausfüllende Kausalität 445

§ 41. Grundtatbestände der Verschuldenshaftung 445
A) Verletzung von Rechtsgütern und absoluten Rechten
  (§ 823 I) 448
  I. Schutzobjekte des § 823 I 448
   1. Rechtsgüter 448

Seite

    a) Leben 448
    b) Körper, Gesundheit 449
    c) Freiheit 449
  2. Absolute Rechte 449
    a) Eigentum 450
    b) Sonstige Rechte 451

II. Haftungsbegründende Kausalität 458
  1. Kausalität nach der Äquivalenztheorie 458
  2. Objektive Zurechnung 458
    a) Adäquanztheorie 459
    b) Schutzzweck der Norm 459
    c) Verkehrs(sicherungs)pflichten 460

III. Rechtswidrigkeit 464
  1. Erfolgsunrecht oder Verhaltensunrecht 465
  2. Fallgruppen 466
    a) Unmittelbare Rechts(gut)verletzung 466
    b) Mittelbare Rechts(gut)verletzung 467
    c) Verletzung von Rahmenrechten 467

IV. Verantwortlichkeit 469

V. Schaden 470

VI. Haftungsausfüllende Kausalität 470

VII. Deliktische Arzthaftung 470

B) Verletzung eines Schutzgesetzes (§ 823 II) 472
  I. Tatbestand 472
    1. Schutzgesetz 472
      a) Rechtsnorm 472
      b) Zweck: Schutz eines anderen 472
    2. Verstoß gegen ein Schutzgesetz 473
    3. Schadenszurechnung 474
      a) Adäquat verursachter Schaden 474
      b) Persönlicher und sachlicher Schutzbereich des
        Schutzgesetzes 474
  II. Rechtswidrigkeit und Verantwortlichkeit 475

Seite

C) Sittenwidrige Schädigung (§ 826) 475

    I. Schaden 476

    II. Sittenwidrige Handlung 476

       1. Begriff 476

       2. Fallgruppen 477

          a) Arglistiges Verhalten zwecks Abschlusses eines
Vertrages 477

          b) Verleiten zum Vertragsbruch 477

          c) Erteilen wissentlich falscher Auskünfte 477

          d) Ausnutzen einer formalen Rechtsstellung zur
Schädigung 477

          e) Ausnutzen einer wirtschaftlichen Machtstel-
lung 478

    III. Vorsatz 478

§ 42. Sondertatbestände der Verschuldenshaftung 479

A) Haftung für vermutetes eigenes Verschulden 479

    I. Haftung für Verrichtungsgehilfen 480

       1. Voraussetzungen 480

          a) Verrichtungsgehilfe 480

          b) Objektiv tatbestandsmäßige und rechtwidrige
unerlaubte Handlung 481

          c) In Ausführung der Verrichtung 481

       2. Ausschluss der Haftung 481

          a) Exculpationsbeweis 481

          b) Widerlegung der Kausalitätsvermutung 483

       3. Konkurrenzen 483

          a) Verhältnis zu § 278 483

          b) Verhältnis zu §§ 31, 89 483

          c) Verhältnis zu § 839, Art. 34 GG 484

    II. Haftung für Aufsichtsbedürftige 484

       1. Voraussetzungen 484

       2. Ausschluss der Haftung 485

    III. Haftung für Schäden durch Tiere 485

       1. Voraussetzungen 486

Seite

a) Schadensverursachung durch ein Tier 486

b) Tierhalter oder Tierhüter 486

2. Ausschluss der Haftung 487

a) Ausschluss der Tierhalterhaftung 487

b) Ausschluss der Tierhüterhaftung 488

IV. Haftung für Schäden durch Gebäude 488

1. Voraussetzungen 488

2. Ausschluss der Haftung 489

B) Amtspflichtverletzung 489

I. Bedeutung des § 839 und des Art. 34 GG 489

II. Haftung bei hoheitlichem Handeln 490

1. Allgemeine Voraussetzungen 490

a) Hoheitliches Handeln 490

b) In Ausübung eines öffentlichen Amtes 491

c) Verletzung einer Amtspflicht gegenüber dem Geschädigten 491

d) Rechtwidrigkeit 492

e) Verschulden 493

f) Schaden 493

g) Sonderfall: Nicht rechtzeitige Umsetzung einer
EG-Richtlinie 493

2. Besondere Voraussetzungen 493

a) Unmöglichkeit anderweitigen Ersatzes 493

b) Urteilsprivileg 494

3. Ausschluss der Haftung 495

4. Folgen 495

a) Schadensersatzpflicht des Staates oder der Anstellungskörperschaft 495

b) Schadensersatz in Geld 496

c) Rückgriffsmöglichkeit des Staates 496

III. Beamtenhaftung bei fiskalischem Handeln 496

1. Voraussetzungen 496

a) Beamter im staatsrechtlichen Sinne 496

b) Wahrnehmung fiskalischer Interessen 497

Seite

2. Folgen 497
   a) Haftung des Beamten 497
   b) Haftung der Körperschaft 497
IV. Haftung des gerichtlichen Sachverständigen 497
C) Sonstige Sondertatbestände 498
   I. Kredit- und Erwerbsschädigung 498
      1. Objektiver Tatbestand 498
      2. Rechtswidrigkeit 499
      3. Verschulden 499
      4. Schaden 499
   II. Verletzung der Geschlechtsehre 500

§ 43. Haftung mehrerer Personen 500
I. Verantwortlichkeit von Teilnehmern, Beteiligten und Ne-
   bentätern 501
   1. Teilnehmer 501
      a) Mittäter 501
      b) Anstifter 502
      c) Gehilfe 502
   2. Beteiligte 502
      a) Kein Teilnehmer 502
      b) Rechtswidriges und schuldhaftes Handeln 503
   3. Nebentäter 504
II. Gesamtschuldnerschaft 504
   1. Außenverhältnis 504
   2. Innenverhältnis 505
      a) Anteilige Haftung aller Gesamtschuldner 505
      b) Alleinige Verpflichtung einzelner Gesamtschuldner ... 505

§ 44. Schadensersatz bei unerlaubter Handlung 506
I. Ersatzansprüche des unmittelbar Geschädigten bei Personenschäden 506
   1. Nachteile für Erwerb oder Fortkommen 507
      a) Unerlaubte Handlung gegen die Person 507
      b) Nachteile für den Erwerb oder das Fortkommen 507
      c) Höhe und Dauer der Rente 508

Seite

2. Ersatz immaterieller Schäden (Schmerzensgeld) nach
§ 253 II 509
   a) Begriff des immateriellen Schadens 509
   b) Funktion des Schmerzensgeldes 509
   c) Voraussetzungen 510
   d) Rechtsfolge 511
3. Geldentschädigung bei Verletzungen des allgemeinen
Persönlichkeitsrechts 511
   a) Anspruchsgrundlage 511
   b) Voraussetzungen 513
   c) Maßstab für die Höhe des Anspruches 513

II. Ersatzansprüche mittelbar Geschädigter bei Personenschäden 514
1. Beerdigungskosten (§ 844 I) 514
2. Unterhalt (§ 844 II) 514
   a) Gesetzliche Unterhaltspflicht des Getöteten 515
   b) Im Zeitpunkt der Verletzung 515
   c) Unerheblichkeit der Unterhaltspflicht einer anderen
      Person 515
   d) Höhe der Schadensersatzrente 515
3. Entgangene Dienste (§ 845) 516
   a) Pflicht zur Dienstleistung gegenüber dem Verletzten 516
   b) Wertersatz für die entgehenden Dienste 516
4. Mitverschulden und Schadensminderungspflicht 517

III. Ersatzansprüche bei Sachschäden 517

IV. Verjährung 517
1. Regelverjährung 517
2. Verjährungshöchstfristen 518
3. Verjährung bei Anspruchskonkurrenz 519
4. Deliktischer Bereicherungsanspruch 520

V. Konkurrenzen 520
1. Anspruch aus Vertrag und Delikt 520
   a) Grundsatz: Anspruchskonkurrenz 520
   b) Auswirkungen des Vertragsverhältnisses auf die de-
      liktische Haftung 521

Seite

2. Anspruch aus Geschäftsführung ohne Auftrag und
   Delikt 521
   a) Berechtigte GoA 521
   b) Unberechtigte GoA 521
   c) Irrtümliche Eigengeschäftsführung 522
   d) Unerlaubte Eigengeschäftsführung 522
3. Anspruch aus Bereicherung und Delikt 522
4. Anspruch aus §§ 989 ff. und Delikt 522
   a) Kein Konkurrenzproblem bei Nichtvorliegen eines
      EBV 522
   b) Konkurrenzverhältnis bei Vorliegen eines EBV 523

§ 45. Unterlassungs- und Beseitigungsanspruch 524
I. Unterlassungsanspruch 525
   1. Überblick 525
   2. Voraussetzungen des Unterlassungsanspruchs 526
      a) Betroffenheit absoluter Rechte oder Rechtsgüter 526
      b) Wiederholungs- oder Erstbegehungsgefahr 526
      c) Rechtswidriges Verhalten des Störers 527
II. Beseitigungsanspruch 527
   1. Überblick 527
   2. Voraussetzungen des Beseitigungsanspruchs 528
      a) Betroffenheit absoluter Rechte oder Rechtsgüter 528
      b) Störung 528
      c) Rechtswidrige Verursachung 528
      d) Beseitigung 528
      e) Abgrenzung des Beseitigungs- vom Schadensersatz-
         anspruch 529

§ 46. Gefährdungshaftung 530
   I. Grundgedanke der Gefährdungshaftung 530
   II. Haftung des Kraftfahrzeughalters 532
      1. Voraussetzungen der Halterhaftung 532
         a) Halter eines Kraftfahrzeuges 532
         b) Personen- oder Sachschaden 533
         c) Schadensverursachung bei dem Betrieb eines Kraft-
            fahrzeuges 533

Seite

2. Ausschluss der Halterhaftung 534
   a) Höhere Gewalt 534
   b) Schwarzfahrt 535
   c) Versäumung rechtzeitiger Schadensanzeige 535
3. Mitverschulden des Verletzten 536
4. Umfang des Ersatzanspruchs 536
5. Konkurrenzen 537
6. Ausgleichspflicht mehrerer Haftpflichtiger 537
III. Haftung nach dem Haftpflichtgesetz 537
1. Haftung des Bahnunternehmers 537
   a) Voraussetzungen der Haftung 537
   b) Haftungsausschluss bei höherer Gewalt 538
   c) Haftungshöchstbeträge 539
2. Haftung bei Elektrizitäts- und Rohrleitungsanlagen 539
IV. Haftung nach dem Produkthaftungsgesetz 539
1. Voraussetzungen 540
   a) Hersteller eines fehlerhaften Produkts 540
   b) Tötung oder Verletzung eines Menschen oder Be-
      schädigung einer Sache 542
2. Ausschluss der Haftung und Erlöschen des Anspruchs   543
   a) Ausschluss 543
   b) Erlöschen 545
3. Mitverschulden des Geschädigten 545
4. Umfang des Ersatzanspruchs 545
   a) Bei der Tötung eines Menschen 545
   b) Bei der Verletzung eines Menschen 546
   c) Bei Sachbeschädigungen 546
5. Konkurrenzen 546
6. Ausgleichspflicht mehrerer Hersteller 547
V. Sonstige Fälle der Gefährdungshaftung 547
1. Tierhalter- und Wildschadenshaftung 547
   a) Haftung des Tierhalters 547
   b) Haftung für Wildschäden 548
2. Luftverkehrshaftpflicht 548
   a) Haftung des Halters eines Luftfahrzeuges 548

Seite

b) Haftung des Luftfrachtführers 548
c) Schmerzensgeld und Haftungshöchstbeträge 549
3. Haftung nach dem Atomgesetz 549
  a) Haftung des Inhabers einer ortsfesten Anlage 549
  b) Haftung des Besitzers von radioaktiven Stoffen 549
4. Haftung nach dem Wasserhaushaltsgesetz 549
5. Haftung nach dem Umwelthaftungsgesetz 550
  a) Voraussetzungen der Haftung 551
  b) Ausschluss der Haftung 552
  c) Mitverschulden 552
  d) Haftung nach anderen Vorschriften 552
6. Haftung nach dem Gentechnikgesetz 552
  a) Voraussetzungen der Haftung 552
  b) Ersatzfähige Schäden 553
  c) Auskunftsanspruch 553
  d) Mitverschulden 553
  e) Haftung nach anderen Vorschriften 554
7. Haftung nach dem Arzneimittelgesetz 554
  a) Voraussetzungen der Haftung 554
  b) Verursachungsvermutung 555
  c) Mitverschulden 555
  d) Umfang der Ersatzpflicht 555
  e) Haftung nach anderen Vorschriften 555

Abkürzungsverzeichnis

a. A.	anderer Ansicht
a. a. O.	am angegebenen Ort
Abs.	Absatz
AcP	Archiv für die civilistische Praxis
a. E.	am Ende
AfP	Archiv für Presserecht
AG	Aktiengesellschaft
AGB	Allgemeine Geschäftsbedingungen
AGBG	Gesetz zur Regelung des Rechts der Allgemeinen Geschäftsbedingungen
AktG	Aktiengesetz
AMG	Arzneimittelgesetz
Anm.	Anmerkung
AP	Arbeitsrechtliche Praxis
ArbR	Brox/Rüthers, Arbeitsrecht
ArchBürgR	Archiv für Bürgerliches Recht
arg. e	Argument aus
Art.	Artikel
AS	Brox/Walker, Allgemeines Schuldrecht
AT	Brox, Allgemeiner Teil des BGB
AtomG	Gesetz über die friedliche Verwendung der Kernenergie und den Schutz gegen ihre Gefahren (Atomgesetz)
Aufl.	Auflage
BAG	Bundesarbeitsgericht
BAGE	Entscheidungen des Bundesarbeitsgerichts
BauGB	Baugesetzbuch
BayObLG	Bayerisches Oberstes Landesgericht
BB	Betriebs-Berater
BBG	Bundesbeamtengesetz
Bd.	Band
Bearb.	Bearbeiter
Beil.	Beilage
BeschFG	Beschäftigungsförderungsgesetz
BeurkG	Beurkundungsgesetz
BG	Die Berufsgenossenschaft
BGB	Bürgerliches Gesetzbuch
BGB-InfoV	BGB-Informationspflichten-Verordnung

BGBl.	Bundesgesetzblatt
BGH	Bundesgerichtshof
BGHZ	Entscheidungen des Bundesgerichtshofes in Zivilsachen
BMV-Ä	Bundesmanteltarifvertrag Ärzte
BPflV	Bundespflegesatzverordnung
BRRG	Beamtenrechtsrahmengesetz
BSHG	Bundessozialhilfegesetz
BT-Drucks.	Bundestagsdrucksache
BVerfG	Bundesverfassungsgericht
BVerfGE	Entscheidungen des Bundesverfassungsgerichts
c. i. c.	culpa in contrahendo
CISG	Convention on Contracts for International Sale of Goods
CR	Computer und Recht
DAR	Deutsches Autorecht
DB	Der Betrieb
ders.	derselbe
d. h.	das heißt
dies.	dieselbe(n)
Diss.	Dissertation
DNotZ	Deutsche Notar-Zeitschrift
DRiZ	Deutsche Richterzeitung
DStR	Deutsches Steuerrecht
DZWiR	Deutsche Zeitschrift für Wirtschaftsrecht
EG	Europäische Gemeinschaft
EGBGB	Einführungsgesetz zum Bürgerlichen Gesetzbuch
EFZG	Entgeltfortzahlungsgesetz
Einf.	Einführung
Einl.	Einleitung
Einzelh.	Einzelheiten
ErbbRVO	Verordnung über das Erbbaurecht
ErbR	Brox, Erbrecht
Erman/(Bearb.)	Erman, Handkommentar zum Bürgerlichen Gesetzbuch
ESJ	Entscheidungssammlung für junge Juristen
Esser/Weyers	Esser/Weyers, Schuldrecht, Bd. II, Besonderer Teil
etc.	et cetera
EU	Europäische Union
EuGH	Gerichtshof der Europäischen Gemeinschaften
evtl.	eventuell
EWiR	Entscheidungen zum Wirtschaftsrecht

f.	folgend (-er, -e, -es)
FamRZ	Zeitschrift für das gesamte Familienrecht
ff.	fortfolgende
FN	Fußnote
G	Gesetz
GBO	Grundbuchordnung
gem.	gemäß
GenTG	Gentechnikgesetz
GewO	Gewerbeordnung
GG	Grundgesetz
ggf.	gegebenenfalls
GmbHG	Gesetz betreffend die Gesellschaften mit beschränkter Haftung
GoA	Geschäftsführung ohne Auftrag
Gruchot	Beiträge zur Erläuterung des Deutschen Rechts, begründet von Gruchot
Grundz.	Grundzüge
GSZ	Großer Senat in Zivilsachen
GVG	Gerichtsverfassungsgesetz
GWB	Gesetz gegen Wettbewerbsbeschränkungen
HaftpflG	Haftpflichtgesetz
Halbs.	Halbsatz
HausTWG	Gesetz über den Widerruf von Haustürgeschäften und ähnlichen Geschäften
HGB	Handelsgesetzbuch
h. L.	herrschende Lehre
h. M.	herrschende Meinung
HOAI	Honorarordnung für Architekten und Ingenieure
HRefG	Handelsrechtsreformgesetz
HR	Brox, Handelsrecht und Wertpapierrecht
i. d. F.	in der Fassung
i. d. R.	in der Regel
InsO	Insolvenzordnung
i. S. d.	im Sinne des, der
IuR	Informatik und Recht
i. V. m.	in Verbindung mit
JA	Juristische Arbeitsblätter
Jauernig/(Bearb.)	Jauernig, Bürgerliches Gesetzbuch
JherJb	Jherings Jahrbücher für die Dogmatik des bürgerlichen Rechts
JR	Juristische Rundschau
JurA	Juristische Analysen

Jura .... Juristische Ausbildung
JuS .... Juristische Schulung
JZ .... Juristenzeitung

KG .... Kommanditgesellschaft

Larenz .... Lehrbuch des Schuldrechts, Bd. II, 1. Halbband
Larenz/Canaris ...... Larenz/Canaris, Lehrbuch des Schuldrechts, Bd. II, 2. Halbband
LM .... Lindenmaier/Möhring, Nachschlagewerk des Bundesgerichtshofs
LuftVG .... Luftverkehrsgesetz
LZ .... Leipziger Zeitschrift für Deutsches Recht

m. a. W. .... mit anderen Worten
MDR .... Monatsschrift für Deutsches Recht
m. E. .... meines Erachtens
Medicus BürgR ...... Medicus, Bürgerliches Recht
Medicus SBT .... Medicus, Schuldrecht II: Besonderer Teil
MedR .... Medizinrecht
MHbeG .... Minderjährigenhaftungsbeschränkungsgesetz
MHG .... Gesetz zur Regelung der Miethöhe
m. N. .... mit Nachweisen
Mot. .... Motive zum Entwurf eines Bürgerlichen Gesetzbuches
MünchKomm/
(Bearb.) .... Münchener Kommentar zum Bürgerlichen Gesetzbuch
m. w. N. .... mit weiteren Nachweisen

NJW .... Neue Juristische Wochenschrift
NJW-CoR .... Computerreport der Neuen Juristischen Wochenschrift
NJW-RR .... Neue Juristische Wochenschrift – Rechtsprechungs-Report
Nr. .... Nummer
NZA .... Neue Zeitschrift für Arbeits- und Sozialrecht
NZM .... Neue Zeitschrift für Miet- und Wohnungsrecht
NZV .... Neue Zeitschrift für Verkehrsrecht

OGHZ .... Entscheidungen des Obersten Gerichtshofes für die Britische Zone in Zivilsachen
OHG .... Offene Handelsgesellschaft
OLG .... Oberlandesgericht

Palandt/(Bearb.) ..... Palandt, Bürgerliches Gesetzbuch
PatG .... Patentgesetz

PdW	Prüfe dein Wissen
PostG	Gesetz über das Postwesen
ProdHaftG	Produkthaftungsgesetz
Prot.	Protokolle der Kommission für die 2. Lesung des Entwurfs des Bürgerlichen Gesetzbuches
RabelsZ	Zeitschrift für ausländisches und internationales Privatrecht
Rdnr.	Randnummer
RE	Regierungsentwurf zur Schuldrechtsreform
RG	Reichsgericht
RGRK/(Bearb.)	Das Bürgerliche Gesetzbuch, Kommentar hrsgg. v. Reichsgerichtsräten und Bundesrichtern
RGZ	Entscheidungen des Reichsgerichts in Zivilsachen
RiW	Recht der internationalen Wirtschaft
Rpfleger	Der Deutsche Rechtspfleger
RRa	Reiserecht aktuell
Rspr.	Rechtsprechung
RVO	Reichsversicherungsordnung
s.	siehe
S.	Seite
SAE	Sammlung Arbeitsrechtlicher Entscheidungen
SeuffBl.	Seufferts Blätter für Rechtanwendung
SGB	Sozialgesetzbuch
SJZ	Süddeutsche Juristenzeitung
Soergel/(Bearb.)	Soergel, Bürgerliches Gesetzbuch
sog.	sogenannt
Sonderbeil.	Sonderbeilage
Staudinger/ (Bearb.)	Staudinger, Kommentar zum Bürgerlichen Gesetzbuch
StGB	Strafgesetzbuch
StPO	Strafprozessordnung
str.	streitig
st. Rspr.	ständige Rechtsprechung
StVG	Straßenverkehrsgesetz
StVO	Straßenverkehrs-Ordnung
StVZO	Straßenverkehrs-Zulassungs-Ordnung
TVG	Tarifvertragsgesetz
u.	und
u. a.	unter anderem
UmweltHG	Umwelthaftungsgesetz

UStG	Umsatzsteuergesetz
usw.	und so weiter
u. U.	unter Umständen
UWG	Gesetz gegen den unlauteren Wettbewerb
v.	vom, von
VerbrKrG	Verbraucherkreditgesetz
VersR	Versicherungsrecht (Zeitschrift)
vgl.	vergleiche
VO	Verordnung
VOB	Verdingungsordnung für Bauleistungen
Vorbem.	Vorbemerkung
VuR	Verbraucher und Recht
VVG	Versicherungsvertragsgesetz
VwGO	Verwaltungsgerichtsordnung
WG	Wechselgesetz
WHG	Wasserhaushaltsgesetz
WM	Wertpapiermitteilungen
WuM	Wohnungswirtschaft und Mietrecht
z. B.	zum Beispiel
ZBB	Zeitschrift für Bankrecht und Bankwirtschaft
ZEuP	Zeitschrift für Europäisches Privatrecht
ZEV	Zeitschrift für Erbrecht und Vermögensnachfolge
ZfA	Zeitschrift für Arbeitsrecht
ZGS	Zeitschrift für das gesamte Schuldrecht
ZHR	Zeitschrift für das Gesamte Handelsrecht und Konkursrecht, ab 1962 für das gesamte Handelsrecht und Wirtschaftsrecht
ZIP	Zeitschrift für Wirtschaftsrecht und Insolvenzpraxis
zit.	zitiert
ZMR	Zeitschrift für Miet- und Raumrecht
ZPO	Zivilprozessordnung
ZRP	Zeitschrift für Rechtspolitik
z. T.	zum Teil
ZVG	Zwangsversteigerungsgesetz
ZVR	Brox/Walker, Zwangsvollstreckungsrecht
ZZP	Zeitschrift für Zivilprozess

Paragraphen ohne Gesetzesangaben sind solche des BGB.

Schrifttum

1. Lehrbücher, Grundrisse, Grundkurse und Repetitorien:

Däubler, BGB kompakt, 2002;
Däubler, Das Zivilrecht 2, Ein Leitfaden durch das BGB, 1997;
Dauner-Lieb/Heidel/Lepa/Ring, Das neue Schuldrecht, 2002;
V. Emmerich, BGB-Schuldrecht, Besonderer Teil, 9. Aufl., 1999;
Esser/Weyers, Schuldrecht, Bd. II, Besonderer Teil, Teilband 1, 8. Aufl., 1998; Teilband 2, 8. Aufl., 2000;
Fezer, Schuldrecht, Besonderer Teil, 4. Aufl., 1996;
Fikentscher, Schuldrecht, 9. Aufl., 1997;
Grunewald, Bürgerliches Recht, 5. Aufl., 2002;
Gursky, Schuldrecht, Besonderer Teil, 4. Aufl., 2002;
Kittner, Schuldrecht, 2. Aufl., 2002;
Köbler, Schuldrecht, Allgemeiner und Besonderer Teil, 2. Aufl., 1995;
Larenz, Lehrbuch des Schuldrechts, Zweiter Band: Besonderer Teil, 1. Halbband, 13. Aufl., 1986;
Larenz/Canaris, Lehrbuch des Schuldrechts, Zweiter Band: Besonderer Teil, 2. Halbband, 13. Aufl., 1994;
Medicus, Bürgerliches Recht, 19. Aufl., 2002 (zit.: BürgR);
Medicus, Gesetzliche Schuldverhältnisse, 3. Aufl., 1996;
Medicus, Schuldrecht II, Besonderer Teil, 11. Aufl., 2002 (zit.: SBT);
K. Müller, Schuldrecht – Besonderer Teil –, 1990;
Musielak, Grundkurs BGB, 7. Aufl., 2002;
Oechsler, Schuldrecht Besonderer Teil Vertragsrecht, 2003;
Oetker/Maultzsch, Vertragliche Schuldverhältnisse, 2002;
Schellhammer, Zivilrecht nach Anspruchsgrundlagen, 4. Aufl., 2002;
Schlechtriem, Schuldrecht, Besonderer Teil, 6. Aufl., 2002;
Schmidt/Brüggemeier, Zivilrechtlicher Grundkurs, 5. Aufl., 1998;
Wörlen, Schuldrecht BT, 5. Aufl., 2002.

2. Kommentare:

Alternativkommentar zum Bürgerlichen Gesetzbuch, Bd. 3, Besonderes Schuldrecht, 1979
Anwaltkommentar Schuldrecht, 2002;
Dörner/Ebert/Eckert/Hoeren/Kemper/Schulze/Staudinger, Handkommentar zum Bürgerlichen Gesetzbuch, 2. Aufl., 2002;
Erman, Handkommentar zum Bürgerlichen Gesetzbuch, 10. Aufl., Bd. 1, 2000;

Jauernig, Bürgerliches Gesetzbuch, 10. Aufl., 2003;
Kropholler, Studienkommentar BGB, 5. Aufl., 2002;
Münchener Kommentar zum Bürgerlichen Gesetzbuch, Bd. 3 (§§ 433–606),
    Bd. 4 (§§ 607–704), Bd. 5 (§§ 705–853), 3. Aufl., 1995/7;
Palandt, Bürgerliches Gesetzbuch, 62. Aufl., 2003;
RGRK, Das Bürgerliche Gesetzbuch, Kommentar, herausgegeben von Reichs-
    gerichtsräten und Bundesrichtern, II. Bd., 12. Aufl., 1978 ff.;
Soergel, Bürgerliches Gesetzbuch, Bd. 3, Schuldrecht II, 12. Aufl., 1991;
    Bd. 4/1, Schuldrecht III/1, 12. Aufl., 1998; Bd. 4/2, Schuldrecht III/2,
    12. Aufl., 2000; Bd. 5/2, Schuldrecht IV/2, 12. Aufl., 1999; Schuldrecht-
    liche Nebengesetze 2, 13. Aufl., 2000;
v. Staudinger, Kommentar zum Bürgerlichen Gesetzbuch, Teilbände zum
    Zweiten Buch, Recht der Schuldverhältnisse, 13. Bearb., 1994 ff.

3. Fallsammlungen:

Braun, Der Zivilrechtsfall, 2000;
Dauner-Lieb/Arnold/Dötsch/Kitz, Fälle zum Neuen Schuldrecht, 2002;
Dörner, Schuldrecht 2, Gesetzliche Schuldverhältnisse, 5. Aufl., 2002;
Köhler, BGB – Recht der Schuldverhältnisse II (Prüfe dein Wissen), 16. Aufl.,
    2001;
Marburger, 20 Probleme aus dem BGB, Schuldrecht – Besonderer Teil I,
    5. Aufl., 1998;
Martinek, Grundlagenfälle zum BGB – Die Wilhelm-Busch-Fälle, 2000;
Olzen/Wank, Zivilrechtliche Klausurenlehre mit Fallrepetitorium, 3. Aufl.,
    2001;
Schack/Ackmann, Höchstrichterliche Rechtsprechung zum Bürgerlichen
    Recht, 4. Aufl., 1997;
Wieling/Finkenauer, Fälle zum Besonderen Schuldrecht, 4. Aufl., 2002.

4. Ausgewählte Werke zur Schuldrechtsreform im Allgemeinen:

Canaris, Schuldrechtsmodernisierung 2002, 2002;
Dauner-Lieb/Heidel/Lepa/Ring, Das neue Schuldrecht, 2002;
Dauner-Lieb/Konzen/Schmidt, Das neue Schuldrecht in der Praxis, 2003;
Ehmann/Sutschet, Modernisiertes Schuldrecht, 2002;
Ernst/Zimmermann (Hrsg.), Zivilrechtwissenschaft und Schuldrechtsreform,
    Tübingen, 2001, mit Beiträgen zum Besonderen Schuldrecht von Ernst,
    Köndgen, Mansel, Peters, Pfeiffer, W.-H. Roth, Schlechtriem, Seiler und
    Zimmer;
Henssler/v. Westphalen, Praxis der Schuldrechtsreform, 2002;
Huber/Faust, Schuldrechtsmodernisierung, 2002;
Kohte/Micklitz/Rott/Tonner/Willingmann, Das neue Schuldrecht – Kom-
    paktkommentar, 2003;

Lorenz/Riehm, Lehrbuch zum neuen Schuldrecht, 2002;

Olzen/Wank, Die Schuldrechtsreform, 2002;

Schmidt-Räntsch, Das neue Schuldrecht, 2002;

Schulze/Schulte-Nölke (Hrsg.) Schuldrechtsreform vor dem Hintergrund des Gemeinschaftsrechts, Tübingen, 2001, mit Beiträgen zum Besonderen Schuldrecht von Bülow, P. Bydlinski, Dörner, Eidenmüller, Schmidt-Räntsch und Westermann;

Schwab/Witt, Einführung in das neue Schuldrecht, 2002;

H. P. Westermann, Das Schuldrecht 2002, 2002.

Einführung

Das Schuldrecht ist im zweiten Buch des BGB in den §§ 241 bis 853 geregelt. Die ersten sieben Abschnitte mit den §§ 241 bis 432 bilden das Allgemeine Schuldrecht. Diese Vorschriften gelten nicht nur für ein bestimmtes Schuldverhältnis, sondern für alle oder jedenfalls für mehrere Arten von Schuldverhältnissen. Das Besondere Schuldrecht ist im achten Abschnitt mit den §§ 433 bis 853 geregelt. Es enthält Vorschriften über einzelne Schuldverhältnisse. Dazu gehören die vertraglichen Schuldverhältnisse wie vor allem aus Kaufvertrag, Mietvertrag, Darlehensvertrag, Dienstvertrag und Werkvertrag sowie die gesetzlichen Schuldverhältnisse der Geschäftsführung ohne Auftrag, der ungerechtfertigten Bereicherung und der unerlaubten Handlung. Die Darstellung in diesem Buch orientiert sich weitgehend am Aufbau des Gesetzes und behandelt zuerst die vertraglichen und anschließend die gesetzlichen Schuldverhältnisse.

Die gesetzliche Regelung des Schuldrechts ist seit dem Inkrafttreten des BGB am 1. 1. 1900 bis zum 31. 12. 2001 im Kern unverändert geblieben. Der Gesetzgeber hat im Jahr 2001 die Verpflichtung zur Umsetzung von drei EU-Richtlinien, namentlich der Verbrauchsgüterkaufrichtlinie 1999/94/EG vom 25. 5. 1999, der E-Commerce-Richtlinie 2000/31/EG vom 8. 6. 2000 und der Zahlungsverzugsrichtlinie 2000/35/EG vom 29. 6. 2000 zum Anlass genommen, das verbreitet als reformbedürftig angesehene Schuldrecht grundlegend umzugestalten. Das Schuldrechtsmodernisierungsgesetz ist am 1. 1. 2002 in Kraft getreten. Es hat zu tiefgreifenden Änderungen des Allgemeinen und des Besonderen Schuldrechts, insbesondere des Kaufrechts, geführt. Ferner wurden die vorher selbstständigen Verbraucherschutzgesetze wie das Gesetz über die Allgemeinen Geschäftsbedingungen, das Verbraucherkreditgesetz, das Gesetz über den Widerruf von Haustürgeschäften, das Fernabsatzgesetz und das Teilzeitwohnrechtegesetz in das BGB integriert. Dadurch sollte das Recht für den Bürger übersichtlicher gestaltet und einer Rechtszersplitterung vorgebeugt werden. Darüber hinaus wurden zahlreiche Vorschriften des bis dahin geltenden BGB ersatzlos gestrichen. Viele haben eine neue Zählung erhalten.

Die Schuldrechtsreform wurde von zahlreichen, zum Teil sehr kritischen Stellungnahmen aus dem Schrifttum begleitet (siehe die ausgewählten Literaturhinweise speziell zur Schuldrechtsreform auf S. LX). Zwar gab es im Grundsatz für die Reform des Schuldrechts eine durchaus breite Zustimmung. Kritik wurde aber vor allem an dem Zeitdruck geübt, unter dem das Reformvorhaben innerhalb kurzer Zeit verwirklicht wurde. Vielfach wurde befürchtet, dass das immer als gesetzestechnisch vorbildlich angesehene BGB durch die zahlreichen Änderungen und Einfügungen an ganz verschiedenen Stellen seine innere Geschlossenheit verliert. Ob diese Befürchtung sich als berechtigt erweist, wird erst nach mehrjähriger Anwendung des neuen Rechts in der Praxis und nach seiner Ausfüllung durch die Rechtsprechung feststellbar sein.

Erstes Kapitel
Kauf, Tausch und Schenkung

Das Besondere Schuldrecht des BGB enthält drei Typen von Ver- 1
trägen, die auf die Veräußerung eines Vermögensgegenstandes gerichtet sind, nämlich Kauf, Tausch und Schenkung. Im Kaufvertrag
(§§ 433 ff.; dazu §§ 1 ff.) verpflichtet sich der Verkäufer zur Übertragung eines Gegenstandes und der Käufer zur Zahlung des Kaufpreises. Beim Tauschvertrag (§ 515; dazu § 8) bestehen die Verpflichtungen beider Vertragsparteien jeweils in der Übertragung eines
Gegenstandes. Auch der Schenkungsvertrag (§§ 516 ff.; dazu § 9) ist
meist auf die Veräußerung eines Gegenstandes gerichtet; sie soll aber
nach der Vereinbarung der Parteien unentgeltlich erfolgen. Der
wirtschaftlich wichtigste Vertragstyp ist der Kauf.

§ 1. Begriff und Abschluss des Kaufvertrages

Schrifttum: Bergerfurth/Menard, Das Kaufrecht, 4. Aufl., 1992; Giesen, 2
Grundsätze der Konfliktlösung im Besonderen Schuldrecht, Teil A: Das Recht
des Kaufvertrags (Teil 1: Grundlagen), Jura 1993, 169; 1993, 354; 1994, 194;
Dörner/Jersch, Die Rechtsnatur der Software-Überlassungsverträge, IuR 1988,
137; Eickmeier, Verkauf von Standardsoftware mit Installationsverpflichtung,
CR 1993, 73; Eidenmüller, Rechtskauf und Unternehmenskauf, ZGS 2002,
290; Fritzsche, Rechtsfragen der Herstellung und Überlassung von Software,
JuS 1995, 497; Hagen/Brambring, Der Grundstückskauf und ähnliche Verträge in der neueren höchstrichterlichen Rechtsprechung, 6. Aufl., 1994; Henssler,
Die zivil- und urheberrechtliche Behandlung von Software, MDR 1993, 489;
Hoeren, Softwareüberlassung als Sachkauf, 1989; Huber, Die Praxis des Un-
ternehmenskaufs im System des Kaufrechts, AcP 2002, 179; Junker, Ist Soft-
ware, Ware?, WM 1988, 1217 u. 1249; Kort, Software – eine Sache?, DB 1994,
1505; Marly, Softwareüberlassungsverträge, 1992; Knöpfle, Konzept und
Grundprinzipien des Bürgerlichen Kaufrechts, JA 1990, 213, 285; Martis,
Aktuelle Entwicklungen im Kaufrecht, zuletzt MDR 2000, 485; Medicus,
Kaufvertrag und Werkvertrag, JuS 1992, 273; ders., Ein neues Kaufrecht für
Verbraucher?, ZIP 1996, 1925; Pfeiffer, Gebrauchtwagenkauf, in: v. Westphalen, Vertragsrecht und AGB-Klauselwerke, 1995; Reinicke/Tiedtke, Kauf-
recht, 6. Aufl., 1997; Triebel/Hölzle, Schuldrechtsreform und Unternehmens-
kaufverträge, BB 2002, 521; Walter, Kaufrecht, 1987; W. Weitnauer, Der
Unternehmenskauf nach neuem Kaufrecht, NJW 2002, 2511.

Fälle:

a) V, der Eigentümer einer trächtigen Stute, verkauft an K das erwartete Fohlen. Als dieses tot geboren wird, verlangt V den Kaufpreis.

b) A gibt seiner Bank B einen Wechsel über 500 Euro, der erst in drei Monaten fällig wird. B zahlt dem A die Summe, abzüglich des Zinses für die Zwischenzeit, aus. Kauf?

c) Witwe A überlässt die Arztpraxis ihres verstorbenen Mannes dem Arzt B für 200 000 Euro. Sind die Kaufregeln anwendbar?

I. Begriff

Der Kauf ist ein gegenseitiger Vertrag, in dem sich der eine Vertragspartner (Verkäufer) zur Veräußerung eines Vermögensgegenstandes und der andere (Käufer) zur Zahlung einer Geldsumme verpflichtet (vgl. § 433).

Der Kauf ist ein schuldrechtliches Verpflichtungsgeschäft. Durch ihn wird die sachenrechtliche Zuordnung des Kaufgegenstandes nicht verändert.

Das Eigentum an der Kaufsache geht erst durch das Verfügungsgeschäft, d. h. durch die Übereignung nach §§ 929 ff., vom Verkäufer auf den Käufer über.

Soweit die Vertragsbestimmungen oder die gesetzlichen Regeln über den Kauf nichts anderes vorschreiben, greifen die Vorschriften des Allgemeinen Schuldrechts ein.

Da der eine Vertragspartner sich mit Rücksicht auf die Gegenleistung des anderen zur Leistung verpflichtet, handelt es sich beim Kauf um einen gegenseitigen Vertrag (AS § 3 Rdnr. 2). Wegen der gegenseitigen Abhängigkeit der beiderseitigen Verpflichtungen greifen die Regeln der §§ 320 bis 326 ein, sofern das Kaufrecht keine Spezialvorschriften enthält.

Beispiel: Der Käufer ist nach § 320 I berechtigt, die Kaufpreiszahlung zu verweigern, bis der Verkäufer die Kaufsache liefert (AS § 13 Rdnr. 12 ff.).

II. Abschluss

3   Der Kaufvertrag setzt voraus, dass die Parteien sich mindestens über den Kaufgegenstand und den Kaufpreis einig sind.

Anwendbar sind die Regeln des Allgemeinen Teils des BGB über den Vertrag (§§ 145 ff.), die Willenserklärung (§§ 116 ff.) und die Geschäftsfähigkeit (§§ 104 ff.). Allein durch die Lieferung unbestellter Sachen kommt kein Kaufvertrag zustande. Der Lieferant hat deshalb keine vertraglichen Ansprüche. Wenn es sich bei dem Lieferanten um einen Unternehmer i. S. v. § 14 und bei dem Empfänger um einen Verbraucher i. S. v. § 13 handelt, ist dieser nicht einmal kraft Gesetzes zur Herausgabe oder zum Nutzungsersatz verpflichtet (dazu Berger, JuS 2001, 649). Das ergibt sich aus § 241 a I, der durch Gesetz vom 27. 6. 2000 eingefügt wurde (BGBl. I, 897, 899). Solche gesetzlichen Ansprüche des Unternehmers bestehen nur dann, wenn die Lieferung an den Empfänger irrtümlich erfolgte und der Empfänger dies erkannt hat oder zumindest hätte erkennen können (§ 241 a II). Eine Zusendung unbestellter Waren liegt nicht vor, wenn dem Verbraucher statt der bestellten eine nach Qualität und Preis gleichartige Ware angeboten und er auf sein Recht zur kostenlosen Rücksendung hingewiesen wird (§ 241 a III).

1. Kaufgegenstand

Kaufgegenstand können nach §§ 433 I, 453 Sachen und Rechte 4
sein. Es ist nicht erforderlich, dass der Verkäufer Eigentümer der
Sache oder Inhaber des Rechts ist.

a) Sachen

Sachen sind sowohl Mobilien als auch Grundstücke. Auch Tiere
können Gegenstand eines Kaufvertrages sein; denn § 90 a erklärt auf
sie die für Sachen geltenden Vorschriften für entsprechend anwendbar.
Die Kaufsache kann im Vertrag nach individuellen Merkmalen konkret bestimmt (= Stückkauf; z. B. ein bestimmtes gebrauchtes Kraftfahrzeug) oder aber nur nach allgemeinen Merkmalen gekennzeichnet
sein (= Gattungskauf; z. B. ein neuer VW Golf; AS § 8 Rdnr. 1 ff.).

Selbst eine zukünftige Sache, die also zur Zeit des Vertragsschlus- 5
ses noch gar nicht besteht, kann verkauft werden.

Im **Fall a** kann ein aufschiebend bedingter Kauf vereinbart sein (emtio rei
speratae), wenn der Vertrag unter der Bedingung steht, dass das Fohlen
lebend zur Welt kommt. Tritt diese Bedingung nicht ein, braucht der Kaufpreis nicht gezahlt zu werden. Ergibt aber die Auslegung des Vertrages, dass
K eine Chance gekauft hat (Hoffnungskauf; emtio spei), so liegt ein unbedingter Kaufvertrag vor, und K muss den Kaufpreis zahlen. Haben die Parteien einen Kaufpreis vereinbart, der üblicherweise für ein lebendes Fohlen
gezahlt wird, so spricht das für einen aufschiebend bedingten Kauf. Ist dagegen der Preis geringer, so kann daraus möglicherweise auf ein Spekulationsgeschäft, also auf einen Hoffnungskauf, geschlossen werden.

b) Rechte

6   Rechte können verkauft werden, sofern sie übertragbar sind. In Betracht kommen z. b. Forderungen, Grundpfandrechte (Hypothek, Grund- und Rentenschuld), Erbbaurechte, Immaterialgüterrechte (Patent, Gebrauchsmuster, Marke). Auch zukünftige und dem Verkäufer nicht zustehende Rechte können Gegenstand des Kaufvertrages sein.

Bei der Diskontierung eines Wechsels (**Fall b**) kauft die Bank einen noch nicht fälligen Wechsel an. Kaufgegenstand ist die in dem Wertpapier verkörperte Forderung, so dass insoweit die Regeln des Rechtskaufs anwendbar sind. – Zum Factoring: § 7 Rdnr. 59 ff.

c) Sonstige verkehrsfähige Güter

7   Darüber hinaus sind alle verkehrsfähigen Güter als Kaufgegenstände anerkannt (vgl. Prot. II, 51), selbst wenn sie weder Sache noch Recht sind (z. B. Elektrizität).

Auch *Standardsoftware* kann Gegenstand eines Kaufvertrages sein (vgl. BGHZ 110, 130; BGH DB 2000, 567). Das sind solche Computerprogramme, die für eine Vielzahl von Anwendern entwickelt wurden, ohne auf die speziellen Bedürfnisse Einzelner Rücksicht zu nehmen.

Beispiele: Textverarbeitungs-, Spielprogramme, Datenbank.

Wenn Software dagegen nach genauen Anforderungen des Bestellers erst entwickelt oder wenn ein bereits vorhandenes „Grundprogramm" nach den individuellen Wünschen des Bestellers umgearbeitet wird, ist dagegen Werkvertragsrecht anwendbar (BGH NJW 1987, 1259; OLG Köln, NJW 1988, 2477). Dann wird nämlich mit der Herstellung des Programms ein Erfolg geschuldet.

8   Der Verkauf eines Unternehmens kann in *einem* Kaufvertrag erfolgen. Die Erfüllung geschieht durch *mehrere* Verfügungsgeschäfte (Übereignung der einzelnen Gegenstände, z. B. des Geschäftsgrundstücks, der Ladeneinrichtung, der Waren, Abtretung der noch ausstehenden Forderungen). Auch der Verkauf einer Arzt- oder Anwaltspraxis (**Fall c**) ist möglich (vgl. BGHZ 43, 46). Allerdings ist die Übertragung der Patientenkartei oder der Handakten nur mit Einwilligung des Patienten oder Mandanten zulässig (vgl. BGHZ 116, 268, 274). – Zum Leasing: § 15.

2. Kaufpreis

Der vom Käufer zu entrichtende Kaufpreis (§ 433 II) muss *in Geld* 9
bestehen (zur Geldschuld: AS § 9 Rdnr. 1 ff.). Wird als Gegenleistung eine Sache oder ein Recht geschuldet, liegt Tausch vor. Hat der
Käufer dagegen außer dem Kaufpreis noch Nebenleistungen anderer
Art zu erbringen, so handelt es sich dennoch um einen Kaufvertrag.

Ist ein Vertrag zwar auf Veräußerung eines Gegenstandes gerichtet, besteht 10
aber das Entgelt nicht in einem Kaufpreis, sondern z. B. in einer Dienstleistung, ist kein Kauf, sondern ein gemischter Vertrag gegeben (AS § 4
Rdnr. 12 ff.). Dennoch ist es gerechtfertigt, die Kaufregeln entsprechend
anzuwenden; das gilt vor allem für die Mängelhaftung dessen, der wie ein
Verkäufer zur Veräußerung eines Gegenstandes verpflichtet ist. – Kein gemischter Vertrag, sondern ein Kaufvertrag liegt nach der Rechtsprechung des
BGH in der Regel vor, wenn beim Kauf eines Neuwagens vereinbart wird,
dass der Verkäufer den Altwagen des Käufers unter Anrechnung auf den
Kaufpreis in Zahlung nimmt (BGHZ 46, 338; vgl. AS § 8 Rdnr. 15).

3. Form

Regelmäßig kann der Kaufvertrag formlos, also auch mündlich 11
geschlossen werden. Nur in besonderen Fällen verlangt das Gesetz
eine bestimmte Form.

Wichtige gesetzliche Formvorschriften: § 311 b I (Grundstückskaufvertrag;
AS § 4 Rdnr. 20 ff.), § 311 b III (Kauf des gegenwärtigen Vermögens des
Verkäufers; AS § 4 Rdnr. 25), § 311 b V, IV (Kaufvertrag zwischen gesetzlichen Erben über den Nachlass eines noch lebenden Dritten; AS § 4 Rdnr. 27),
§ 2371 (Erbschaftskauf; Brox, ErbR Rdnr. 797).

§ 2. Pflichten der Parteien des Kaufvertrages

Fälle:

a) V verkauft dem K ein Bild, das er dem D geliehen hat. K soll sich nach 1
dem Kaufvertrag selbst darum kümmern, das Bild von D zu erhalten. Wie
erfüllt V den Vertrag?
b) K kauft sein Fahrrad, das ihm vor einiger Zeit gestohlen worden ist,
dem V ab. Später weigert er sich, den Kaufpreis zu zahlen.
c) Das verkaufte Grundstück ist mit einer Hypothek belastet, die aus Versehen im Grundbuch gelöscht worden war. Der Käufer beruft sich auf
§ 433 I 2.
d) K überweist den Kaufpreis auf das Konto des V bei der Postbank, das
auf der Rechnung angegeben ist. V verlangt Barzahlung.

Die wichtigsten Pflichten der Kaufvertragsparteien sind in § 433 geregelt. § 433 I behandelt die Pflichten des Verkäufers. § 433 II bestimmt die Pflichten des Käufers.

I. Hauptleistungspflichten des Verkäufers beim Sachkauf

2   Beim Sachkauf ist der Verkäufer verpflichtet, dem Käufer die Sache zu übergeben und das Eigentum an ihr frei von Sach- und Rechtsmängeln zu verschaffen (§ 433 I 1, 2).

1. Pflicht zur Eigentumsverschaffung

Die Pflicht zur Verschaffung des Eigentums bedeutet, dass der Verkäufer den Käufer zum Eigentümer der gekauften Sache machen muss.

3   Wie das Eigentum übergeht, bestimmt sich nach dem Sachenrecht: Zum Erwerb des Eigentums an einem Grundstück sind Auflassung und Eintragung im Grundbuch erforderlich (§§ 925, 873). – An einer beweglichen Sache erlangt der Käufer das Eigentum, wenn er sich mit dem Eigentümer darüber einigt, dass das Eigentum auf ihn übergehen soll, und der Verkäufer ihm die Sache übergibt (§ 929 S. 1). Außer der Einigung ist eine Besitzübergabe nicht erforderlich, wenn der Käufer schon im Besitz der Sache ist (§ 929 S. 2). Soll das Eigentum auf den Käufer übergehen, der Verkäufer aber z. B. noch einen Monat lang leihweise im Besitz der Kaufsache bleiben, kann die Übereignung durch Einigung und Vereinbarung eines Besitzmittlungsverhältnisses (hier: Leihe) erreicht werden (§§ 929, 930). Ist ein Dritter im Besitz der Kaufsache (Fall a), kann der Verkäufer durch Einigung und Abtretung des Herausgabeanspruchs gegen den Dritten das Eigentum auf den Käufer übertragen (§§ 929, 931). – Ist der Verkäufer nicht Eigentümer der Kaufsache, kann er trotzdem seine Eigentumsverschaffungspflicht erfüllen, wenn nämlich der Käufer durch gutgläubigen Erwerb vom Nichtberechtigten das Eigentum erlangt (§ 892; §§ 932 ff.; § 366 HGB). Das Gleiche gilt, wenn ein Dritter auf Veranlassung des Verkäufers dem Käufer das Eigentum überträgt.

4   Ist beim Vertragsabschluss nicht der Verkäufer, sondern – wie im Fall b – der Käufer schon Eigentümer der Kaufsache, dann besteht keine Eigentumsverschaffungspflicht. Der Kaufvertrag ist zwar wirksam (vgl. § 311a I), aber der V braucht gem. § 275 I nicht zu leisten. Die Übereignung an K ist unmöglich. K hat sein Eigentum am Fahrrad nämlich weder durch den Diebstahl noch durch eine eventuelle Veräußerung des Diebes an V verloren (vgl. § 935). V muss dem K allerdings nach § 985 den Besitz an dem Fahrrad verschaffen.

2. Pflicht zur Übergabe

Die Pflicht zur Übergabe bedeutet, dass der Verkäufer (oder auf 5 seine Veranlassung ein Dritter) dem Käufer den unmittelbaren Besitz an der Kaufsache zu verschaffen hat.

Wie das erreicht wird, ergibt sich aus § 854; der Käufer muss die tatsächliche Gewalt über den Gegenstand erlangen (§ 854 I). Erfolgt die Übereignung einer beweglichen Kaufsache durch Einigung und Übergabe (§ 929 S. 1), so ist die Besitzverschaffung schon ein Teilstück der Übereignung.

Die Parteien können auch vereinbaren, dass die Übergabe nicht an 6 den Käufer, sondern an einen Dritten erfolgen soll (z. B. beim Weiterverkauf). Ferner kann die Übergabeverpflichtung vertraglich ausgeschlossen werden, ohne dass dadurch das Rechtsgeschäft den Charakter des Kaufvertrages verliert.

Soll z. B. der Verkäufer durch Einigung und Vereinbarung eines Besitzmittlungsverhältnisses (§§ 929, 930) übereignen dürfen, so kann damit die Pflicht zur Verschaffung des unmittelbaren Besitzes abbedungen sein. – Im **Fall a** hat V mit der Übereignung nach §§ 929, 931 seine Pflichten erfüllt; es soll Sache des K sein, die Kaufsache von D herauszuverlangen und sich so den unmittelbaren Besitz zu verschaffen.

3. Pflicht zur mangelfreien Verschaffung

Der Verkäufer hat dem Käufer die Sache frei von Sach- und 7 Rechtsmängeln zu verschaffen (§ 433 I 2). Da bei der Lieferung einer mangelhaften Sache für die Rechte des Käufers nach den §§ 437 ff. besondere Regeln gelten, werden Einzelheiten zu den Sach- und Rechtsmängeln im Zusammenhang mit den Rechtsfolgen der Verletzung der Verkäuferpflicht aus § 433 I 2 behandelt (§ 4 Rdnr. 6 ff.). An dieser Stelle soll für die Bedeutung der Verkäuferpflicht aus § 433 I 2 folgender Überblick gegeben werden:

a) Frei von Sachmängeln

Die verkaufte Sache ist frei von Sachmängeln, wenn sie bei 8 Gefahrübergang die vereinbarte Beschaffenheit hat (§ 434 I 1) oder – falls es an einer Beschaffenheitsvereinbarung fehlt – wenn sie sich für die nach dem Vertrag vorausgesetzte oder für die gewöhnliche Verwendung eignet (§ 434 I 2).

Beispiele für Sachmängel: Eine Brauerei liefert einem Gastwirt ungenießbares Bier. Der verkaufte PC hat eine defekte Festplatte. Das Bügeleisen wird nicht warm.

9   Der Wortlaut des § 433 I 2 stellt nunmehr ausdrücklich klar, dass auch die Sachmängelfreiheit zur Hauptleistungspflicht des Verkäufers gehört. Vor der Schuldrechtsmodernisierung wurde von der h. M. im Schrifttum vertreten, beim Stückkauf gehöre die Sachmängelfreiheit nicht zur Erfüllungspflicht, so dass der Verkäufer auch mit einer mangelhaften Sache den Kaufvertrag erfüllen könne. Er sei lediglich Gewährleistungsansprüchen des Käufers ausgesetzt (zur Problematik siehe 26. Aufl. Rdnr. 58). Diese Ansicht ist jedenfalls seit der Schuldrechtsreform überholt. Zu den Konsequenzen, die sich aus der Einbeziehung der Sachmängelfreiheit in die Erfüllungspflicht des Verkäufers ergeben, s. § 4 Rdnr. 1 f., 40.

b) Frei von Rechtsmängeln

10   Die Sache ist frei von Rechtsmängeln, wenn Dritte in Bezug auf die Sache keine oder nur die im Kaufvertrag übernommenen Rechte gegen den Käufer geltend machen können (§ 435 S. 1).

Beispiel: Ein verkauftes Grundstück darf nicht mit einer Hypothek zu Gunsten eines Dritten belastet sein. Eine Ausnahme gilt nur, wenn die Parteien im Grundstückskaufvertrag vereinbart haben, dass der Käufer die auf dem Grundstück lastenden Hypotheken unter Anrechnung auf den Kaufpreis übernimmt. Dann liegt in der Belastung des Grundstücks mit einer Hypothek kein Rechtsmangel (vgl. § 435 S. 1). Im **Fall c** haben die Parteien eine solche Vereinbarung nicht getroffen. Allein durch die versehentliche Löschung war die Hypothek nicht untergegangen. Allerdings erwirbt K das Grundstück lastenfrei, wenn er beim Erwerb die Existenz der Hypothek nicht kennt (§ 892). Dann hat V seine Verkäuferpflicht aus § 433 I 2, dem K das Grundstück frei von Rechtsmängeln zu verschaffen, erfüllt. Ist K dagegen bösgläubig, erwirbt er nur das mit der Hypothek belastete Grundstück. Dieses hat dann einen Rechtsmangel, so dass V seine Verpflichtung aus § 433 I 2 nicht erfüllt hat.

II. Hauptleistungspflichten des Verkäufers beim Rechtskauf

11   Beim Rechtskauf (§ 1 Rdnr. 6) finden gem. § 453 I die Vorschriften über den Kauf von Sachen entsprechende Anwendung. Mithin ist der Verkäufer verpflichtet, dem Käufer das Recht mangelfrei zu verschaffen (§ 433 I 1, 2) und, wenn das Recht zum Besitz einer Sache berechtigt, die Sache frei von Sach- und Rechtsmängeln zu übergeben (§ 453 III).

1. Pflicht zur Verschaffung des Rechts

Die Pflicht zur Verschaffung des Rechts bedeutet, dass der Verkäufer den Käufer zum Inhaber des Rechts machen muss.

Wie der Käufer das Recht erwirbt, richtet sich nach der Art des zu übertragenden Rechts. So geht z. B. eine Forderung durch Abtretungsvertrag über (§ 398); auch wenn bei dem Forderungskauf und seiner Erfüllung durch den Verkäufer äußerlich nur ein einziger Vertrag geschlossen wird, so ist rechtlich doch zwischen dem Kaufvertrag (= Kausalgeschäft, Verpflichtungsgeschäft) und dem Abtretungsvertrag (= Erfüllungsgeschäft, Verfügungsgeschäft) zu unterscheiden. – Eine Hypothekenforderung geht, wenn es sich um eine Buchhypothek handelt, durch Einigung und Eintragung im Grundbuch über (§§ 873, 1154 III). Zur Übertragung einer Briefhypothek sind eine schriftliche Abtretungserklärung und die Übergabe des Hypothekenbriefs erforderlich (§ 1154 I, II).

2. Pflicht zur Übergabe

Die Pflicht zur Übergabe, die beim Rechtskauf für den Verkäufer **12** dann besteht, wenn das Recht zum Besitz einer Sache berechtigt, bedeutet, dass der Verkäufer dem Käufer den unmittelbaren Besitz an der rechtszugehörigen Sache zu verschaffen hat. Sie entspricht der Übergabepflicht beim Sachkauf.

Beispiele: Erbbaurecht (§ 1 ErbbauV), Nießbrauch (§§ 1036 I, 1059), Wohnungsrecht (§ 1093).

3. Pflicht zur mangelfreien Verschaffung

Auch beim Rechtskauf gehört die Mangelfreiheit zur Erfüllungs- **13** pflicht des Verkäufers (§§ 453 I, 433 I 2). Die Pflicht zur mangelfreien Verschaffung bedeutet hier grundsätzlich nur die Freiheit von Rechtsmängeln; denn das verkaufte Recht als solches kann keinen Sachmangel haben.

Wenn allerdings das verkaufte Recht zum Besitz einer Sache be- **14** rechtigt, muss der Verkäufer dem Käufer auch die Sache selbst frei von Sach- und Rechtsmängeln übergeben (§ 453 III). Obwohl es sich um einen Rechtskauf handelt, gehört insoweit also auch die Freiheit von Sachmängeln zur Erfüllungspflicht.

Beispiele: Beim Verkauf eines Erbbaurechts, das gem. § 1 I ErbbauV dazu berechtigt, auf einem fremden Grundstück ein eigenes Gebäude zu haben, muss der Verkäufer dem Käufer auch das mit dem Erbbaurecht belastete

Grundstück frei von Sach- und Rechtsmängeln übergeben. Entsprechendes gilt beim Verkauf eines Miet- oder Pachtrechts für die Mangelfreiheit der Miet- oder Pachtsache.

III. Nebenleistungspflichten und Schutzpflichten des Verkäufers

15   Außer den genannten Hauptleistungspflichten können sich für den Verkäufer Nebenleistungspflichten und Schutzpflichten (zur Abgrenzung AS § 2 Rdnr. 11) aus dem Gesetz oder durch Vertragsauslegung unter Berücksichtigung des Grundsatzes von Treu und Glauben (§§ 133, 157, 242) ergeben (vgl. auch § 241 II).

Die Pflicht kann in einem positiven Tun, aber auch in einem Unterlassen bestehen. Im Einzelnen kommen z. B. in Betracht: Tragung der Kosten für die Übergabe der Sache (§ 448 I) oder für die Begründung und Übertragung des verkauften Rechts (§ 453 II), Verpacken, Versenden oder Versichern der Ware, Erteilen von Auskünften, Übergabe einer Gebrauchsanweisung (dazu Kreber, AcP 201, 333), Unterweisen in Handhabung und Wartung (vgl. BGHZ 47, 312), Bereithalten von Ersatzteilen, Vorlage richtiger Bilanzen beim Unternehmenskauf, Unterlassen von Wettbewerb beim Verkauf eines Unternehmens.

IV. Pflicht des Käufers zur Kaufpreiszahlung

16   Die Pflicht zur Kaufpreiszahlung (§ 433 II) ist Hauptleistungspflicht des Käufers. Sie bedeutet, dass der Käufer den Preis in bar zu entrichten hat. Er muss also Geldscheine und Geldstücke in der vereinbarten Höhe an den Verkäufer übereignen (§ 929).

Ist der Marktpreis als Kaufpreis bestimmt, so wird – wenn nichts anderes vereinbart ist – nach allgemeinen Auslegungsgrundsätzen im Zweifel der Marktpreis am Erfüllungsort zur Erfüllungszeit gemeint sein (§§ 133, 157). Preisänderungsvorbehalte in AGB (AS § 4 Rdnr. 28 ff.) für Waren, die innerhalb von vier Monaten nach Vertragsabschluss geliefert werden sollen, sind unwirksam (Einzelheiten: § 309 Nr. 1).

17   Sofern der Vertrag für die Kaufpreiszahlung keinen Zeitpunkt vorsieht, besteht die Zahlungspflicht mit Abschluss des Vertrags (vgl. § 271 I). Da der Käufer aber nicht vorleistungspflichtig ist, steht ihm gegenüber dem Zahlungsanspruch des Verkäufers die Einrede des nicht erfüllten Vertrags zu (§ 320; AS § 13 Rdnr. 12 ff.).

Im Übrigen können die Parteien eine Vorleistungspflicht des Käufers oder des Verkäufers vereinbaren. So bedeuten z. B. die Klauseln „Kasse gegen Dokumente" oder „Kasse gegen Lieferschein", dass der Käufer gegen Aushändigung des entsprechenden Papiers zahlen muss, ohne die Kaufsache erhalten zu haben (vgl. BGHZ 41, 215; BGH WM 1987, 505). Nimmt der Verkäufer vom Käufer einen Wechsel entgegen, so ist darin regelmäßig die Vereinbarung einer Stundung der Kaufpreisforderung bis zur Fälligkeit des Wechsels zu erblicken.

Gibt der Verkäufer auf seinen Briefen oder Rechnungen eine Kontonummer (**Fall d**) an, so darf der Käufer mit Recht daraus schließen, dass sein Vertragspartner statt mit Barzahlung auch mit einer Überweisung des Kaufpreises einverstanden ist. Der Kaufpreisanspruch ist mit der Gutschrift auf dem Konto des Verkäufers erfüllt; denn von diesem Zeitpunkt an kann der Verkäufer über den Betrag verfügen. 18

V. Abnahmepflicht des Käufers

Die Pflicht zur Abnahme, die nach § 433 II nur beim Sachkauf von Bedeutung ist, besagt, dass der Käufer die vom Verkäufer bereitgestellte Kaufsache an sich zu nehmen hat. 19

Aus dem Wortlaut des § 433 II und der Entstehungsgeschichte (Mot. II, 318; Prot. II, 52 ff.) ergibt sich, dass es sich um eine (einklagbare) Pflicht des Käufers handelt (RGZ 57, 108). Der Verkäufer soll von der Sorge um Erhaltung und Aufbewahrung der Kaufsache befreit werden. Diese Pflicht besteht aber nicht, wenn die Sache mit einem Rechts- oder Sachmangel behaftet ist.

Regelmäßig wird die Abnahmepflicht lediglich als Nebenleistungspflicht des Käufers eingeordnet. Nur ausnahmsweise haben die Parteien die Abnahme als Hauptleistungspflicht begründet. Das ist der Fall, wenn der Verkäufer für den Käufer erkennbar an der Räumung des Lagers ein besonderes Interesse hat. Die Unterscheidung ist jedoch (anders als vor der Schuldrechtsreform; vgl. dazu 26. Aufl. Rdnr. 16) bei der Abnahmepflicht kaum von Bedeutung, da auch Nebenleistungspflichten eingeklagt werden können (AS § 2 Rdnr. 8) und die Verletzung der Abnahmepflicht den Verkäufer unabhängig von deren Einordnung als Haupt- oder Nebenleistungspflicht nach § 323 zum Rücktritt berechtigt. 20

VI. Nebenleistungspflichten und Schutzpflichten des Käufers

21   Außer der soeben erörterten Abnahmepflicht können sich weitere Nebenleistungspflichten und Schutzpflichten (vgl. § 241 II) aus der getroffenen Vereinbarung unter Berücksichtigung der Verkehrssitte (Handelsbräuche!) und aus dem Gesetz ergeben. Die gesetzlich bestimmten Pflichten sind abdingbar. Es ist bei der Prüfung zunächst immer von der Parteivereinbarung auszugehen.

1. Vertragliche Nebenleistungspflichten

22   Aus dem Vertrag ist z. B. zu entnehmen, ob der Käufer den Kaufpreis zu verzinsen, die Transportkosten zu bezahlen und das Verpackungsmaterial zurückzugeben hat.

Beim Kauf von Flaschenbier können die Flaschen mitverkauft sein, so dass keine Rückgabepflicht besteht. Möglich ist aber auch, dass der Käufer verpflichtet sein soll, Flaschen derselben Brauerei oder aber andere Einheitsbierflaschen zurückzugeben (darlehensähnliche Gattungsschuld; BGH NJW 1956, 298). Das beim Kauf neben dem Kaufpreis gezahlte „Flaschenpfand" kann als Vertragsstrafe vereinbart sein (BGH BB 1963, 1400). Einzelheiten: Martinek, JuS 1987, 514; Kollhosser/Bork, BB 1987, 909.

2. Gesetzliche Nebenleistungspflichten

23   Aus dem Gesetz ergeben sich abgesehen von der allgemeinen Rücksichtnahmepflicht (vgl. § 241 II) folgende Nebenleistungspflichten des Käufers:

Er hat die *Kosten der Abnahme* und der *Versendung* der Kaufsache nach einem anderen Ort als dem *Erfüllungsort* zu tragen (§ 448 I; zum Versendungskauf: § 3 Rdnr. 19 ff.).

Beim Kauf eines Grundstücks oder Grundstücksrechts fallen ihm die *Kosten für Beurkundung des Kaufvertrags,* für die *Auflassung* und die *Eintragung im Grundbuch* zur Last (§ 448 II).

Die genannten Regeln sind auch beim Rechtskauf anwendbar, wenn das Recht zum Sachbesitz berechtigt (§ 453 I).

§ 3. Verletzung der Pflichten des Verkäufers aus § 433 I 1

Schrifttum: Siehe die Angaben zu § 4. Ferner: Braun, Der Doppelverkauf **1**
einer Sache zwischen den selben Parteien, AcP 193, 556; Brox, Die Einrede
des nicht erfüllten Vertrages beim Kauf, 1948; Dubischar, Der fehlgeschla-
gene Grundstückskauf, JuS 2002, 131, 231; Ernst, Die Zurückweisung der
Ware, NJW 1997, 896; Koller, Die Risikozurechnung bei Vertragsstörungen
in Austauschverträgen, 1979.

Fälle:

a) Die von V an K verkaufte Vase gehört dem E, dem sie gestohlen worden
war. V hielt sich für den Eigentümer. Rechte des K?

b) V verkauft während einer Bootsfahrt an K einen Ring. Als er dem K den
Ring übergeben will, fällt dieser über die Reling und versinkt im Wasser. K
besteht auf Erfüllung des Kaufvertrages.

c) Bevor V den verkauften Gebraucht-PKW an K übergibt, wird das Fahrzeug durch einen von V verursachten Verkehrsunfall zerstört.

d) Wie ist die Rechtslage, wenn im Fall c der K für den Verkehrsunfall verantwortlich ist?

e) K holt die gekaufte Vase (Einzelstück) nicht zum vereinbarten Termin
bei V ab. Danach wird sie im Lager des V aus einem von ihm nicht zu vertretenden Grund gestohlen. Kann K vom Vertrag zurücktreten?

f) V in Mainz verkauft an den Händler K in Wiesbaden 100 Herrenanzüge
(Erfüllungsort Mainz). Auf Bitten des K schickt V durch den D die Ware
nach Wiesbaden. Bei einem von D verschuldeten Verkehrsunfall verbrennen
die Anzüge. Muss K trotzdem den Kaufpreis zahlen?

g) V teilt dem K mit, dass er ihm das verkaufte Kopiergerät nicht liefern
werde, weil er sich wegen der schlechten Geschäftslage kein neues Gerät
kaufen könne und den verkauften Kopierer weiter selbst benötige. Möglichkeiten des K?

h) Als V an dem vereinbarten Kalendertag versucht, die Kaufsache bei K ab-
zuliefern, trifft er diesen nicht an. Bei dem nächsten Ablieferungsversuch zwei
Tage später erklärt K den Rücktritt vom Vertrag und verweigert die Annahme.

Wie bei jedem Schuldverhältnis können auch beim Kauf bei der **2**
Erfüllung der beiderseitigen Pflichten Störungen auftreten. Sie werden meist verkürzt als „Leistungsstörungen" bezeichnet. Für sie
gelten grundsätzlich die Normen des Allgemeinen Schuldrechts. Für
die Leistungspflicht und die Schadensersatzpflicht sind also die Bestimmungen der §§ 275 ff. maßgeblich. Da es sich um einen gegenseitigen Vertrag handelt, gelten ferner die §§ 320 ff. für die Einrede
des nicht erfüllten Vertrages, für das Rücktrittsrecht sowie für den
Anspruch auf die Gegenleistung. Diese allgemeinen Regeln werden
allerdings für den Kauf durch die §§ 437 ff. ergänzt.

3   Leistungsstörungen beim Kauf können sowohl auf Seiten des Verkäufers als auch auf Seiten des Käufers auftreten. Im Folgenden soll mit den Leistungsstörungen beim Verkäufer begonnen werden, und zwar mit der Nichterfüllung der Pflichten aus § 433 I 1 zur Übereignung und Übergabe der Kaufsache an den Käufer. Danach ist der Verkäufer nicht nur verpflichtet, Handlungen vorzunehmen, die etwa zur Übereignung der Kaufsache oder zum Übergang des verkauften Rechts auf den Käufer erforderlich sind. Er schuldet vielmehr den Erfolg, also den Eigentums- oder den Rechtsübergang sowie den Übergang des Besitzes an der verkauften Sache. Sofern dieser Erfolg nicht eintritt, hat der Verkäufer seine Pflichten aus dem Kaufvertrag nicht, jedenfalls nicht vollständig, erfüllt.

Im **Fall a** liegt wegen des Dritteigentums von E nicht nur ein Rechtsmangel i. S. v. §§ 433 I 2, 435 vor. Vielmehr hat V seine Pflicht zur Übereignung aus § 433 I 1 nicht erfüllt. K kann wegen § 935 selbst bei Gutgläubigkeit kein Eigentum an dem Buch erwerben.

Bei Verletzung der Verkäuferpflichten aus § 433 I 1 ergeben sich folgende Rechte des Käufers:

I. Erfüllungsanspruch des Käufers

4   Solange der Verkäufer eine seiner Hauptleistungspflichten aus § 433 I 1 (§ 2 Rdnr. 2 ff.) nicht erfüllt hat, steht dem Käufer ein (klagbarer) Anspruch auf Vertragserfüllung zu.

Beispiele: Anspruch auf Übereignung der Kaufsache oder auf Abtretung der verkauften Forderung. Anspruch auf Übergabe des verkauften Grundstücks.

5   Der Anspruch des Käufers auf Übereignung und Übergabe gegen den Verkäufer ist allerdings gem. § 275 I ausgeschlossen, soweit die Erfüllung dem Verkäufer objektiv oder subjektiv unmöglich ist (§ 275 I). Das gilt unabhängig davon, ob die Unmöglichkeit schon bei Vertragsschluss gegeben war (anfängliche Unmöglichkeit) oder erst nach Vertragsschluss eingetreten ist (nachträgliche Unmöglichkeit).

Im **Fall a** wird V nur dann wegen Unmöglichkeit von seiner Pflicht zur Übereignung frei, wenn es sich bei der verkauften Vase um eine Stückschuld (z. B. handgefertigtes Einzelstück) handelte. Bei einer Gattungsschuld muss er dem K eine vergleichbare Vase verschaffen.

Der Verkäufer wird auch dann frei, wenn die Erfüllung in einem   6
groben Missverhältnis zum Leistungsinteresse des Käufers steht und
der Verkäufer deshalb die Erfüllung verweigert (§ 275 II). Der Anwendungsbereich dieser Vorschrift ist gering, zumal der Gesetzgeber
die Fälle der wirtschaftlichen Unmöglichkeit i. S. e. bloßen Leistungs-
erschwerung nicht über § 275 II, sondern nach den Grundsätzen des
Wegfalls der Geschäftsgrundlage (§ 313) lösen will (BT-Drucks.
14/6040, S. 130).

Fall b wird als Schulbeispiel für § 275 II angesehen. Das Suchen und Ber-
gen des Ringes steht in einem groben Missverhältnis zum Leistungsinteresse
des K.

Wenn der Verkäufer in Folge des Umstandes, der zur Unmöglich-   7
keit geführt hat, anstelle des geschuldeten Kaufgegenstandes einen
Ersatz oder einen Ersatzanspruch erlangt hat (sog. stellvertretendes
commodum, z. B. eine Versicherungsforderung), kann der Käufer
gem. § 285 I die Herausgabe dieses Ersatzgegenstandes oder die
Abtretung des Ersatzanspruches verlangen.

II. Schicksal der Gegenleistungspflicht des Käufers

Fraglich ist, welche rechtlichen Folgen sich aus der Verletzung der   8
Verkäuferpflichten aus § 433 I 1 für die Gegenleistungspflicht des
Käufers zur Zahlung des Kaufpreises aus § 433 II ergeben. Insoweit
ist zu unterscheiden:

1. Bei Fortbestand der Leistungspflicht des Verkäufers

Dem Käufer steht die *Einrede des nicht erfüllten Vertrages nach*   9
§ 320 zu. Danach kann er die Kaufpreiszahlung verweigern, bis der
Verkäufer seine Verpflichtungen zur Übereignung und Übergabe der
Kaufsache erfüllt (AS § 13 Rdnr. 12 ff.). § 320 greift allerdings nur
ein, wenn die Leistungspflicht des Verkäufers noch fortbesteht, nicht
dagegen, wenn sie gem. § 275 ausgeschlossen ist.

Außerdem kommt sie dem Käufer nur dann zugute, wenn er den Kaufpreis
noch nicht gezahlt hat. Andernfalls muss er vom Vertrag zurücktreten
(§ 323 I), um den gezahlten Kaufpreis nach § 346 I zurückfordern zu können.

2. Bei Ausschluss der Leistungspflicht des Verkäufers

a) Wegfall der Gegenleistungspflicht

10   Falls der Verkäufer wegen Unmöglichkeit (§ 275 I), groben Miss-
verhältnisses zwischen Aufwand und Leistungsinteresses des Käufers
(§ 275 II) oder wegen Unzumutbarkeit (§ 275 III) von seiner Leistungspflicht frei wird, entfällt gem. § 326 I 1 sein Anspruch auf die
Kaufpreiszahlung (Fälle a, b, c; AS § 22 Rdnr. 30 ff.).

b) Fortbestand der Gegenleistungspflicht bei Verantwortlichkeit des Käufers

11   Allerdings bleibt der Käufer gem. § 326 II 1, 1. Fall zur Kaufpreiszahlung verpflichtet, wenn er für den zur Unmöglichkeit führenden Umstand allein oder weit überwiegend verantwortlich ist
(Fall d; AS § 22 Rdnr. 37 ff.).

Dagegen spielt § 326 II 1, 2. Fall (Fortbestand der Gegenleistungspflicht
bei Annahmeverzug des Käufers) bei der Unmöglichkeit der Verkäuferpflichten aus § 433 I 1 wegen der Sonderregelung des § 446 S. 3 zum Übergang der
Preisgefahr (Rdnr. 14 ff.) keine Rolle.

c) Fortbestand der Gegenleistungspflicht bei Geltendmachung des stellvertretenden commodums

12   Ferner bleibt der Käufer zur Kaufpreiszahlung verpflichtet, wenn
er nach § 285 vom Verkäufer die Herausgabe des Ersatzgegenstandes oder die Abtretung des Ersatzanspruches verlangt, den der Verkäufer für den geschuldeten Kaufgegenstand erlangt hat (§ 326 III 1;
AS § 22 Rdnr. 46).

d) Fortbestand der Gegenleistungspflicht nach Gefahrübergang

13   Schließlich muss der Käufer den Kaufpreis auch dann zahlen,
wenn die Übereignungspflicht des Verkäufers wegen zufälligen Untergangs der Kaufsache ausgeschlossen ist und dieser Untergang erst
nach dem Zeitpunkt eingetreten ist, in dem die sog. Preisgefahr
(= Gegenleistungsgefahr) schon auf den Käufer übergegangen war.
Der *Zeitpunkt des Übergangs der Preisgefahr* ist für den Kauf in den

§§ 446, 447 geregelt. Danach geht beim Kauf die Preisgefahr nicht erst im Zeitpunkt der vollständigen Vertragserfüllung, sondern u. U. schon früher auf den Käufer über. Zwei Fälle sind zu unterscheiden:

aa) Gem. *§ 446 S. 1* geht die Preisgefahr grundsätzlich schon *mit*   14
der Übergabe der verkauften Sache auf den Käufer über.

Gemeint ist der Fall, dass zwar der Besitz, nicht aber auch schon das Eigentum auf den Käufer übertragen worden ist. Wenn nämlich der Verkäufer sowohl seine Besitz- als auch seine Eigentumsverschaffungspflicht erfüllt hat, liegt keine Verletzung der Verkäuferpflichten aus § 433 I 1 vor.

Der Grund für die Regelung des § 446 S. 1 besteht darin, dass der Käufer von der Übergabe an die Sache nutzen kann; dann soll er auch den Nachteil tragen, wenn die Sache nachträglich untergeht, zumal sie sich in seinem Machtbereich befindet und er selbst am besten auf ihren Schutz achten kann.

(1) Unter *Übergabe* ist die Verschaffung des *unmittelbaren Besit-*   15
zes zu verstehen. Mittelbarer Besitz reicht nicht aus, weil damit die Sache noch nicht in den tatsächlichen Machtbereich des Käufers gelangt.

Das schließt nicht aus, dass die Parteien die nachgiebige Bestimmung des § 446 S. 1 vertraglich abbedingen und mittelbaren Besitz für den Gefahrübergang ausreichen lassen. Ob das gewollt ist, muss durch Vertragsauslegung ermittelt werden. Ist z. B. eine Übereignung nach den §§ 929, 930 vorgesehen, kann die Vereinbarung eines Besitzmittlungsverhältnisses die Gefahr auf den Käufer dann übergehen lassen, wenn dieser vom Verkäufer für die Überlassung eine Miete zu verlangen berechtigt ist, ihm also die Nutzungen und damit der wirtschaftliche Wert der Kaufsache zustehen.

Scheitert die Übergabe, weil der Käufer trotz ordnungsgemäßen   16
Angebots (§§ 294 ff.) die Kaufsache nicht annimmt, geht nach § 446 S. 3 die Gefahr schon mit dem *Annahmeverzug* (§ 293) auf den Käufer über. Wegen dieser Regelung hat § 326 II 1, 2. Fall bei der Verletzung der Verkäuferpflichten im Annahmeverzug des Käufers nur eine eingeschränkte Bedeutung.

Im **Fall e** ist K in Annahmeverzug geraten (vgl. § 296), als er die Vase nicht zum vereinbarten Termin bei V abgeholt hat. Damit ist gem. § 446 S. 3 die Gefahr des zufälligen Untergangs auf ihn übergegangen. Der erst nachher erfolgte Diebstahl der Vase lässt die Zahlungspflicht des K nicht entfallen.

(2) Dem *Untergang* der Kaufsache, also deren Vernichtung, ist   17
trotz des engen Wortlauts des § 446 I 1 wegen der gleichen Interes-

senlage auch der endgültige Besitzverlust der Sache (z. B. Entziehung durch einen Dritten) gleichzustellen. Es genügt, dass der Verkäufer nach § 275 I – III von seiner Leistungspflicht frei geworden ist (vgl. § 326 I 1).

18   (3) Der Untergang der Kaufsache, der zum Ausschluss der Leistungspflicht des Verkäufers führt, muss *zufällig* erfolgen. Zufall bedeutet in diesem Zusammenhang, dass der Untergang weder vom Käufer (sonst bleibt die Zahlungspflicht schon nach § 326 II 1, 1. Fall bestehen) noch vom Verkäufer zu vertreten sein darf. Das Verhalten eines Dritten (Dieb im **Fall e**) schließt den Zufall i. S. v. § 446 S. 1 (vorbehaltlich § 278) nicht aus.

19   bb) Beim *Versendungskauf* geht die Gefahr gem. *§ 447 I* schon dann auf den Käufer über, wenn der Verkäufer die Sache an die Transportperson ausgeliefert hat, obwohl die Sache dem Käufer zu diesem Zeitpunkt weder übereignet noch übergeben ist. Der Zeitpunkt des Gefahrübergangs ist also in § 447 I gegenüber § 446 S. 1 weiter vorverlegt. Grund: Die Versendung erfolgt im Interesse des Käufers.

20   § 447 hat allerdings durch die Schuldrechtsreform an Bedeutung verloren. Die Vorschrift gilt nämlich gem. § 474 II *nicht beim* Verkauf einer beweglichen Sache von einem Unternehmer an einen Verbraucher (*Verbrauchsgüterkauf;* § 7 Rdnr. 4 f.). In diesem Fall bleibt es gem. § 446 dabei, dass die Gefahr erst übergeht, wenn der Käufer Besitz an der Sache erlangt.

21   (1) Der Gefahrübergang nach § 447 I setzt zunächst voraus, dass die Kaufsache *an einen anderen Ort als an den Erfüllungsort* versendet wird. Erfüllungs- oder Leistungsort ist der Ort, an dem die Leistungshandlung des Schuldners (hier des Verkäufers) erbracht werden muss (AS § 12 Rdnr. 11). Wenn der Verkäufer also verpflichtet ist, dem Käufer die Kaufsache zu bringen (Bringschuld), so ist der Wohnsitz des Käufers der Erfüllungsort. Demgemäß greift § 447 I im Fall der Bringschuld bei einer Versendung an den Käufer nicht ein, da die Sache nicht an einen anderen als den Erfüllungsort versandt wird. Die Gefahr geht dann nach § 446 S. 1 über. Handelt es sich jedoch um eine Hol- oder um eine Schickschuld (AS § 12 Rdnr. 12, 14), ist in beiden Fällen der Wohnsitz des Verkäufers der Erfüllungsort, so dass bei einer Versendung an den Käufer die erste Voraussetzung für die Anwendung des § 447 I gegeben ist.

Ob es sich im Einzelfall um eine Bringschuld handelt oder nicht, muss 22 durch Auslegung des Vertrages unter Berücksichtigung der Verkehrssitte ermittelt werden. Die Holschuld ist als gesetzlicher Regelfall anzusehen (§ 269 I, II). Selbst wenn der Verkäufer verpflichtet ist, auf seine Kosten die Kaufsache dem Käufer zu schicken (Nebenleistungspflicht des Verkäufers), ändert das am Erfüllungsort (beim Verkäufer) nichts (vgl. § 269 III).

Im **Fall f** handelt es sich um einen Versendungskauf nach § 447 I, da der Ort der gewerblichen Niederlassung des Verkäufers nach der Parteivereinbarung Erfüllungsort sein soll.

Eine Versendung „nach einem anderen Ort" liegt nicht nur beim 23 Transport in eine andere Stadt vor, sondern auch bei einem Transport innerhalb derselben Stadt (Platzgeschäft); denn Erfüllungsort ist nach § 269 die Wohnung oder die Niederlassung des Schuldners. Außerdem ist kein einleuchtender Grund dafür vorhanden, die Versendung etwa innerhalb einer Großstadt anders zu behandeln als das Verschicken in eine benachbarte Stadt.

§ 447 geht davon aus, dass die Kaufsache vom Erfüllungsort 24 (Wohnsitz, gewerbliche Niederlassung des Verkäufers) versandt wird. Falls sie dagegen von einem anderen Ort verschickt wird, greift § 447 nicht ein. Ist der Käufer jedoch mit einer Versendung von einem anderen Ort einverstanden, so ist es nicht unbillig, mit der Absendung die Gefahr auf ihn übergehen zu lassen. Eine solche Vereinbarung ist möglicherweise in Klauseln wie „ab Werk" oder „ab Hafen" zu sehen.

(2) Die Versendung muss auf ausdrückliches oder stillschwei- 25 gendes *Verlangen des Käufers* erfolgen. Dafür genügt es, wenn der Käufer nach Vertragsschluss diesen Wunsch äußert. Verschickt der Verkäufer dagegen eigenmächtig, z.B. um in seinem Lager Platz zu bekommen, scheidet § 447 aus.

In der Art der Versendung ist der Verkäufer frei. Selbst wenn er von einer besonderen Anweisung des Käufers abweicht, ändert das am Gefahrübergang nach § 447 I nichts. Jedoch ist der Verkäufer dem Käufer für den Schaden verantwortlich, der dadurch entsteht, dass er von einer solchen Anweisung ohne dringenden Grund abgewichen ist (§ 447 II).

(3) Der Gefahrübergang tritt mit *Auslieferung der Kaufsache an* 26 *die Transportperson* (Spediteur, Frachtführer, Post, Bahn) ein. „Auslieferung" bedeutet Übergabe an die Transportperson. Der Verkäufer muss alles getan haben, damit die Ablieferung beim Käufer bewirkt werden kann. So muss er unter anderem die Anschrift des

Käufers angeben. Der Abschluss eines Beförderungsvertrags genügt nicht; denn damit scheidet die Sache noch nicht aus dem Machtbereich des Verkäufers aus. Es reicht aber aus, dass die Sache an eigene Leute übergeben worden ist, welche die Sache zur Transportperson bringen sollen (str.; vgl. MünchKomm/Westermann, § 447 Rdnr. 14).

27   (4) Nach § 447 I i. V. m. § 446 geht nur die Gefahr des *zufälligen Untergangs* auf den Käufer über. Wie bei § 446 S. 1 ist kein Zufall gegeben, wenn den Verkäufer ein Verschulden trifft.

> Das ist z. B. der Fall, wenn er die Kaufsache unsachgemäß verpackt oder der Transportperson eine fehlerhafte Weisung erteilt hat und dadurch der Transportschaden entsteht. Eine Verletzung der Sorgfaltspflicht des Verkäufers kann darin bestehen, dass er die Kaufsache zu einer Zeit abschickt, in der er damit rechnen musste, dass sie ihr Ziel nicht erreicht (z. B. Naturkatastrophe). Ein Verschulden des Verkäufers kann auch dann vorliegen, wenn er die Transportperson nicht sorgfältig ausgewählt hat (culpa in eligendo: AS § 20 Rdnr. 38) und dadurch ein Schaden entsteht.

28   Im **Fall f** muss K den Kaufpreis zahlen. Zur Zeit des Gefahrübergangs (§ 447 I) waren die Anzüge noch nicht verbrannt. Der V ist für die Zerstörung der Anzüge auch nicht verantwortlich. Durch diese Zerstörung entsteht dem K ein Schaden, da er für sein Geld keine Ware bekommt. Er hat jedoch (sofern nicht § 421 HGB eingreift) keinen Anspruch auf Schadensersatz gegen D, da er mit ihm keinen Vertrag geschlossen hat. Dagegen hat V gegen D einen Anspruch, jedoch (wegen § 447 I) keinen Schaden. Nach den Regeln über die sog. Drittschadensliquidation kann der Anspruchsberechtigte V aber den Schaden des K bei D liquidieren, und er muss den Ersatz oder Ersatzanspruch an K weitergeben.

29   Wenn der Verkäufer die *Versendung durch eigene Leute* durchführt und diese den Untergang der Kaufsache schuldhaft verursachen, wird deren Verschulden nach § 278 dem Verkäufer zugerechnet (str.). Es handelt sich dann nicht um einen zufälligen Untergang. Beim Versendungsverkauf gehört der Transport zwar nicht zur Leistungspflicht des Verkäufers. Ihn trifft aber die Schutzpflicht (§ 241 II), die Rechtsgüter und Interessen des Gläubigers nicht zu beeinträchtigen. Würde bei einem Eigentransport § 278 nicht eingreifen, käme lediglich eine Haftung des Verkäufers nach § 831 in Betracht, die jedoch oft an der Entlastungsmöglichkeit des Verkäufers aus § 831 I 2 scheitern würde (vgl. § 42 Rdnr. 6 ff.).

III. Schadensersatzanspruch des Käufers

1. Bei Verzögerung der Leistung

Kommt der Verkäufer mit der Erfüllung einer Pflicht aus § 433 I 1   30
in Schuldnerverzug (§ 286), so kann der Käufer außer der Erfüllung
auch Schadensersatz wegen Verzögerung der Leistung verlangen
(§§ 280 I, II, 286; AS § 23 Rdnr. 30). Unter den weiteren Voraussetzungen des § 281 (erfolgloser Ablauf einer angemessenen Frist zur
Leistung) kann der Käufer bei Verzögerung der Leistung des Verkäufers auch Schadensersatz statt der Leistung verlangen. Anstelle
des Schadensersatzes steht dem Käufer ein Anspruch auf Ersatz der
Aufwendungen zu, die er im Vertrauen auf Erhalt der Leistung gemacht hat und billigerweise machen durfte (§ 284).

2. Bei Unmöglichkeit der Leistung

Der Käufer hat auch dann einen Schadensersatzanspruch gegen   31
den Verkäufer, wenn dessen Leistung nach Vertragsschluss unmöglich geworden ist (nachträgliche Unmöglichkeit). Dieser Anspruch
setzt aber gem. § 280 I voraus, dass der Verkäufer die Unmöglichkeit zu vertreten hat (**Fall c**). Der Anspruch ist dann auf Schadensersatz statt der Leistung gerichtet (§ 283; AS § 22 Rdnr. 50 ff.). Wie
sich im Umkehrschluss aus § 283 S. 2 ergibt, muss der Käufer dem
Verkäufer in diesem Fall keine angemessene Frist zur Leistung setzen; eine solche Fristsetzung wäre im Fall einer unmöglichen Leistung auch sinnlos. Die Schadensberechnung erfolgt nach der Differenztheorie, wenn der Käufer wegen § 326 I 1 keinen Kaufpreis
zahlt (Schaden = Wertdifferenz zwischen Kaufsache und Kaufpreis).

Ein Anspruch auf Schadensersatz statt der Leistung ist auch dann   32
gegeben, wenn die Unmöglichkeit schon bei Vertragsschluss vorlag
(anfängliche oder ursprüngliche Unmöglichkeit). In diesem Fall
ergibt sich der Anspruch aus § 311 a II 1 (AS § 22 Rdnr. 64 ff.). Der
Schadensersatzanspruch wegen anfänglicher Unmöglichkeit setzt
nicht voraus, dass diese vom Verkäufer zu vertreten ist, sondern nur,
dass dieser das Leistungshindernis bei Vertragsschluss kannte oder
kennen musste (§ 311 a II 2).

Im **Fall a** lag das Übereignungshindernis (Dritteigentum des E) schon bei Vertragsschluss vor. Wenn V, der sich für den Eigentümer hielt, seine Unkenntnis vom Eigentum des E nicht zu vertreten hat, haftet er nicht nach § 311 a II auf Schadensersatz.

33   Auch bei Unmöglichkeit steht dem Käufer anstelle des Anspruchs auf Schadensersatz statt der Leistung ein Aufwendungsersatzanspruch zu (§§ 284, 311 a II 1).

Diese Rechtsfolgen der anfänglichen objektiven und subjektiven Unmöglichkeit gelten seit der Schuldrechtsmodernisierung gleichermaßen für den Sachkauf und für den Rechtskauf. Bis zum 31. 12. 2001 waren die Rechtsfolgen der anfänglichen objektiven Unmöglichkeit für den Sachkauf (Nichtigkeit des Kaufvertrages nach § 306 a.F.) und für den Rechtskauf (Schadensersatzpflicht des Verkäufers nach § 437 a.F.; dazu 26. Aufl. Rdnr. 27 ff.) verschieden geregelt. Mit dem Wegfall des § 306 a.F. ist auch die davon abweichende Regelung des § 437 a.F. für die Gewährleistung beim Rechtskauf entfallen.

IV. Rücktritt

1. Bei Verzögerung der Leistung

34   Verzögert der Verkäufer die Erfüllung seiner Pflichten aus § 433 I 1, kann der Käufer unter den Voraussetzungen des § 323 vom Vertrag zurücktreten (AS § 23 Rdnr. 57 ff.). Voraussetzung dafür ist in der Regel, dass er dem Verkäufer erfolglos eine angemessene Frist zur Leistung bestimmt hat. Diese Fristsetzung ist gem. § 323 II entbehrlich, wenn der Verkäufer die Leistung ernsthaft und endgültig verweigert (**Fall e**), wenn er die Leistung nicht zu einem vertraglich vereinbarten Termin oder innerhalb einer vereinbarten Frist bewirkt und der Käufer im Vertrag den Fortbestand seines Leistungsinteresses an die Rechtzeitigkeit der Leistung gebunden hat (relatives Fixgeschäft) oder wenn besondere Umstände unter Abwägung der beiderseitigen Interessen den sofortigen Rücktritt rechtfertigen (die Kaufsache ist für den Käufer auf Grund der Verspätung nicht mehr verwendbar).

35   Hat der Verkäufer nur eine Teilleistung rechtzeitig erbracht, kommt ein Rücktritt des Käufers von dem ganzen Vertrag gem. § 323 V 1 nur in Betracht, wenn er an dieser Teilleistung kein Interesse hat. Andernfalls ist nur ein Teilrücktritt möglich.

Der Rücktritt des Käufers wegen Leistungsverzögerung des Ver- **36**
käufers ist ausgeschlossen, wenn der Käufer für die Verspätung
allein oder weit überwiegend verantwortlich ist oder wenn der
Grund für die vom Verkäufer nicht zu vertretende Verspätung zu
einer Zeit eintritt, in welcher der Käufer sich im Annahmeverzug
(§§ 293 ff.) befindet (§ 323 VI).

2. Bei Unmöglichkeit der Leistung

Der Käufer kann ferner dann vom Kaufvertrag zurücktreten, **37**
wenn dem Verkäufer die Erfüllung seiner Pflichten aus § 433 I 1
unmöglich ist und er deshalb nach § 275 I von seiner Leistungspflicht frei wird (§ 326 V; AS § 22 Rdnr. 81 ff.). Gleiches gilt, wenn
der Verkäufer deshalb von seiner Übereignungs- und Übergabepflicht frei wird, weil die Erfüllung dieser Pflichten zwar möglich ist,
aber einen unverhältnismäßigen Aufwand erfordert oder dem Verkäufer aus anderen Gründen nicht zugemutet werden kann (§ 326 V
i. V. m. § 275 II, III).

Das Rücktrittsrecht nach § 326 V ist insbesondere bei der irreparablen **38**
Schlechtleistung von Bedeutung; denn gem. § 326 I 2 behält in diesem Fall
der Verkäufer den Anspruch auf den Kaufpreis, so dass der Käufer am Rücktritt interessiert sein kann. Gleiches gilt bei einer teilweisen Unmöglichkeit,
weil der Verkäufer gem. § 326 I 1, 2. Halbs. dann den Kaufpreisanspruch,
der auf den geleisteten Teil entfällt, behält. Der Käufer kann dann gem.
§§ 326 V, 323 V 1, zurücktreten, wenn er an der Teilleistung kein Interesse
hat. Schließlich mag das Rücktrittsrecht nach § 326 V für den Käufer eine
Rolle spielen, wenn er den Grund für die Nichtleistung des Verkäufers nicht
kennt und deshalb auch nicht weiß, ob seine Pflicht zur Kaufpreiszahlung
schon nach § 326 I 1 entfallen ist. Falls allerdings klar ist, dass der Käufer
nach § 326 I 1 von der Zahlungspflicht frei wird, bringt ihm der Rücktritt
vom Vertrag keine zusätzlichen Vorteile (**Fälle a, b, c**). Deshalb hat der
§ 326 V insgesamt nur eine begrenzte Bedeutung.

Für den Rücktritt des Käufers wegen Befreiung des Verkäufers **39**
von seiner Leistungspflicht nach § 275 I – III gelten gem. § 326 V
grundsätzlich die Voraussetzungen des § 323. Deshalb ist der Rücktritt ausgeschlossen, wenn etwa die Unmöglichkeit der Verkäufer-
leistung allein oder weit überwiegend vom Käufer zu vertreten ist
(**Fall d**) oder zu einer Zeit eingetreten ist, in der sich der Käufer im
Annahmeverzug befand (**Fall e**). Allerdings ist entgegen § 323 I eine
Fristsetzung entbehrlich; sie wäre bei Unmöglichkeit auch sinnlos.

§ 4. Verletzung der Pflichten des Verkäufers aus § 433 I 2

1   **Schrifttum:** Ackermann, Die Nacherfüllungspflicht des Stückverkäufers,
JZ 2002, 378; Arnold, Der neue § 438 BGB – Eine Zwischenbilanz, ZGS
2002, 438; Auktor, Die Verjährung der Gewährleistungsrechte bei mangelhafter Nacherfüllung nach § 439 BGB, NJW 2003, 120; Bitter/Meidt, Nach-
erfüllungsrecht und Nacherfüllungspflicht des Verkäufers im Schuldrecht,
ZIP 2001, 2114; Boerner, Kaufrechtliche Sachmängelhaftung und Schuld-
rechtsreform, ZIP 2001, 2264; Brambring, Schuldrechtsreform und Grundstückskaufvertrag, DNotZ 2001, 590; Brors, Die Falschlieferung in der
Schuldrechtsreform, JR 2002, 133; dies., Zu den Konkurrenzen im neuen
Kaufgewährleistungsrecht, WM 2002, 1780; Brüggemeier, Das neue Kaufrecht des Bürgerlichen Gesetzbuches – Eine kritische Bestandsaufnahme –,
WM 2002, 1376; Büdenbender, Der Kaufvertrag, in: Dauner-Lieb/Heidel/
Lepa/Ring, Das neue Schuldrecht, 2002, § 8; Czeguhn, Das neue Kaufrecht –
Fristsetzung auf Nacherfüllung trotz drohender Verjährung, MDR 2002,
1041; Dauner-Lieb/Arnold, Die Falschlieferung beim Stückkauf, JuS 2002,
1175; Dauner-Lieb/Thiessen, Garantiebeschränkungen in Unternehmens-
kaufverträgen nach der Schuldrechtsreform, ZIP 2002, 108; Derleder, Das
ius variandi des Käufers bei Sach- und Rechtsmängeln, in: Dauner-
Lieb/Konzen/Schmidt, Das neue Schuldrecht in der Praxis, 2003, 411; Faust,
Garantie und Haftungsbeschränkung in § 444 BGB, ZGS 2002, 271; Foerste,
Unklarheit im künftigen Schuldrecht: Verjährung von Kaufmängel-Ansprü-
chen in zwei, drei oder 30 Jahren?, ZRP 2001, 342; Grigoleit/Riehm, Grenzen der Gleichstellung von Zuwenig-Leistung und Sachmangel, ZGS 2002,
115; Gruber, Die Nacherfüllung als zentraler Rechtsbehelf im neuen deutschen Kaufrecht – eine methodische und vergleichende Betrachtung zur
Auslegung, Jb. J.ZivRWiss 2001, 187; ders., Neues Kaufrecht – Umsatz- und
Ertragsangaben beim Unternehmenskauf, MDR 2002, 433; Gsell, Kaufrechtsrichtlinie und Schuldrechtsmodernisierung, JZ 2001, 65; Haas, Entwurf
eines Schuldrechtsmodernisierungsgesetzes: Kauf- und Werkvertragsrecht, BB
2001, 1313; Hager, Das geplante Recht des Rücktritts- und des Widerrufs,
in: Ernst/Zimmermann (Hrsg.), Zivilrechtswissenschaft und Schuldrechtsreform, 2001, 429; Heinrichs, Entwurf eines Schuldrechtsmodernisierungsgesetzes: Neuregelung des Gewährleistungsrechts, BB 2001, 1417; Hilgard/
Kraayvanger, Unternehmenskauf – Rechtsfolgen eines selbständigen Garan-
tieversprechens nach der Reform, MDR 2002, 678; Hoeren, Gewährleistung
bei Softwareüberlassungsverträgen, in: Dauner-Lieb/Konzen/Schmidt, Das
neue Schuldrecht in der Praxis, 2003, 515; Hoffmann, Verbrauchsgüterkaufrechtsrichtlinie und Schuldrechtsmodernisierungsgesetz, ZRP 2001, 347;
Honsell, Die EU-Richtlinie über den Verbrauchsgüterkauf und ihre Umset-
zung ins BGB, JZ 2001, 278; Huber, Der Nacherfüllungsanspruch im neuen
Kaufrecht, NJW 2002, 1004; Jacobs, Die kaufrechtliche Nacherfüllung, in:
Dauner-Lieb/Konzen/Schmidt, Das neue Schuldrecht in der Praxis, 2003,
371; Jansen, Gewährleistung trotz Annahmeverzugs und Untergangs der
Kaufsache?, ZIP 2002, 877; Jaques, Haftung des Verkäufers für arglistiges
Verhalten beim Unternehmenskauf – zugleich eine Stellungnahme zu § 444
BGB n. F., BB 2002, 417; Jorden/Lehmann, Verbrauchsgüterkauf und Schuld-
rechtsmodernisierung, JZ 2001, 952; Kesseler, Der Kauf gebrauchter Waren

nach dem Diskussionsentwurf eines Schuldrechtsmodernisierungsgesetzes, ZRP 2001, 70; Kohler, Das Werk im Kauf, Festschrift f. Jagenburg, 2002, 379; Lehmann-Richter, Die Anwendbarkeit von § 320 I 1 BGB im Kaufrecht bei vereinbartem Ausschluss der Mängelrechte des Käufers, Jura 2002, 585; Lamprecht, Nochmals: Gewährleistung trotz Annahmeverzugs und Untergangs der Kaufsache?, ZIP 2002, 1790; Lettl, Die Falschlieferung durch den Verkäufer nach der Schuldrechtsreform, JuS, 2002, 866; Litzenburger, Das Ende des vollständigen Gewährleistungsausschlusses beim Kaufvertrag über gebrauchte Imobilien, NJW 2002, 1244; Looschelders, Beschaffenheitsvereinbarung, Zusicherung, Garantie, Gewährleistungsausschluss, in: Dauner-Lieb/Konzen/Schmidt, Das neue Schuldrecht in der Praxis, 395; St. Lorenz, Rücktritt, Minderung und Schadensersatz wegen Sachmängeln im neuen Kaufrecht: Was hat der Verkäufer zu vertreten?, NJW 2002, 2497; ders., Aliud, peius und indebitum im neuen Kaufrecht, JuS 2003, 36; Motsch, Neues Schuldrecht: Rücktritt vom Kauf, JR 2002, 221; Müller, Unternehmenskauf, Garantie und Schuldrechtsreform – ein Sturm im Wasserglas?, NJW 2002, 1026; Müller, Erhaltung der Mängeleinrede nach § 438 Abs. 4 BGB durch Bürgschaft auf erstes Anfordern?, ZGS 2002, 406; Musielak, Die Falschlieferung beim Stückkauf nach dem neuen Schuldrecht, NJW 2003, 89; Niebling, Fahrzeugkauf in der Europäischen Union – Garantie- und Mängelansprüche nach der Schuldrechtsreform, MDR 2002, 853; von Olshausen, Voraussetzungen und Verjährung des Anspruchs auf stellvertretendes commodum bei Sachmängeln, ZGS 2002, 194; ders., Einrede- und Aufrechnungsbefugnisse bei verjährten Sachmängelansprüchen, JZ 2002, 385; Peifer, Die Haftung des Verkäufers für Werbeangaben, JR 2001, 265; Pfeiffer, Systemdenken im neuen Leistungsstörungs- und Gewährleistungsrecht, ZGS 2002, 23; Rehberg, Mängel beim Unternehmenskauf: Ein Share-Deal mit Tücken, ZGS 2002, 456; Reinking, Auswirkungen des Schuldrechtsmodernisierungsgesetzes auf den Neu- und Gebrauchtwagenkauf, DAR 2001, 8; Schellhammer, Das neue Kaufrecht – Die Sachmängelrechte des Käufers, MDR 2002, 301; ders., Das neue Kaufrecht – Rechtsmängelhaftung, Rechtskauf und Verbrauchsgüterkauf, MDR 2002, 485; Schlechtriem, Das geplante Gewährleistungsrecht im Licht der europäischen Richtlinie zum Verbrauchsgüterkauf, in: Ernst/Zimmermann (Hrsg.), Zivilrechtswissenschaft und Schuldrechtsreform, 2001, 205; Schubel, Schuldrechtsmodernisierung 2001/2002 – Das neue Kaufrecht, JuS 2002, 313; Schulte-Nölke/Behren, Neues Kaufrecht: Wärmepumpe I–V, ZGS 2002, 33; Schur, Der Anspruch des Käufers auf Schadensersatz wegen eines Sachmangels, ZGS 2002, 243; Schwab, Das neue Schuldrecht im Überblick, JuS 2002, 1; Triebel/Hölzle, Schuldrechtsreform und Unternehmenskaufverträge, BB 2002, 521; Weiler, Haftung für Werbeangaben nach neuem Kaufrecht, WM 2002/1784; ders. Culpa in Contrahendo, Anfechtung und Kaufrecht – Alle Konkurrenzfragen in neuem Licht, ZGS 2002, 249; Wertenbruch, Die eingeschränkte Bindung des Käufers an Rücktritt und Minderung, JZ 2002, 862; ders., Gewährleistung beim Unternehmenskauf, in: Dauner-Lieb/Konzen/Schmidt, Das neue Schuldrecht in der Praxis, 2003, 493; H.P. Westermann, Das neue Kaufrecht einschließlich des Verbrauchsgüterkaufs, JZ 2001, 530; ders., Das neue Kaufrecht, NJW 2002, 241; v. Westphalen, „Garantien" bei Lieferung von Maschinen und Anlagen – Todesstoß für Haftungsbegrenzungen durch §§ 444, 639 BGB?, ZIP 2002, 545; ders., Die Neuregelungen des Entwurfs eines Schuldrechtsmodernisierungsgesetzes für das Kauf- und Werkvertragsrecht, DB 2001, 799; Wieser, Leistungsstörungen bei der Nacherfüllung des Kaufvertrags, JR 2002, 269; v. Wilmowsky, Pflichtverletzungen im Schuldverhältnis, JuS 2002, Beil. zu Heft 1/2002; Wolf/Kaiser, Die Mängelhaftung beim Unternehmenskauf nach neuem Recht, DB 2002, 411; Zerres, Der Begriff des Sachmangels im neuen Kaufrecht, JA 2002, 713; Zimmer, Das geplante Kaufrecht, in: Ernst/Zimmermann (Hrsg.), Zivilrechtswissenschaft und Schuldrechtsreform, 2001, 191; Zimmer/Eckhold, Das neue Mängelgewährleistungsrecht beim Kauf, Jura 2002, 145.

Fälle:

a) V verkauft an K die Ladung eines bestimmten Schiffes. Beide gehen davon aus, dass es sich um Walfischfleisch handelt. Bei der Ablieferung stellt sich heraus,
1. dass das Walfischfleisch verdorben ist,
2. dass es sich um genießbares Haifischfleisch handelt.

b) Der gekaufte Pkw ist bereits 60 000 km gelaufen, obwohl der Kilometerzähler nur 20 000 km anzeigt. Außerdem wird das Fahrzeug nicht zugelassen, weil die Bremsen nicht funktionieren und die Fahrzeug-Ident.Nr. nicht mit der Eintragung im Kraftfahrzeugbrief übereinstimmt. K will mindern.

c) K entdeckt bei der Lieferung des gekauften Kühlschrankes an dessen Seitenwand einen kleinen Lackfehler und will am liebsten vom Kaufvertrag zurücktreten, jedenfalls aber den Kaufpreis herabgesetzt haben. V meint, wegen einer solchen Bagatelle habe K überhaupt keine Rechte.

d) K kauft bei V ein Fernsehgerät des Herstellers H, nachdem er in einer Fernsehwerbung des H gesehen hat, dass dieses Gerät auch über eine Kindersicherung verfüge. Das erweist sich später als unzutreffend. Als K das Gerät gegen Rückzahlung des Kaufpreises zurückgeben will, verweist V ihn auf eventuelle Ansprüche gegen H.

e) Schreinermeister K, der von V einen Festmeter Eichenholz gekauft hat, schickt das Holz, weil es morsch ist, an V zurück und verlangt mangelfreies Eichenholz. V ist nur bereit, den Kaufpreis zurückzuzahlen, weil ihn die Beschaffung von Ersatzholz unverhältnismäßig teuer käme.

f) K erwirbt beim Autohändler V einen gebrauchten Pkw. Dieser weist solche technischen Veränderungen auf, dass er nicht zum Verkehr zugelassen wird. Als K deshalb vom Vertrag zurücktreten will, beruft V sich darauf, er habe selbst von diesen Veränderungen keine Kenntnis gehabt. Außerdem sei im Kaufvertrag „gekauft wie besichtigt" vereinbart.

g) K, der von V eine Vase für 90 Euro gekauft hat, will wegen eines Fehlers der Vase mindern. V verlangt deshalb von K 80 Euro, da die fehlerhafte Vase diesen Wert hat. K meint, er habe weniger zu zahlen, da die Vase ohne den Fehler einen Wert von 120 Euro habe.

h) Der beim Fachhändler gekaufte PC hat ein defektes Netzteil. Kann K nach erfolgloser Fristsetzung für die Lieferung eines anderen Gerätes den PC zurückgeben sowie Rückzahlung des Kaufpreises und Ersatz der (höheren) Kosten verlangen, die er für eine Beschaffung bei einem anderen Händler aufwenden muss?

i) Im Schaufenster des V liest K ein Schild „Garantiert frische Bücklinge eingetroffen". K kauft einen Bückling und erkrankt nach dessen Genuss an einer Fischvergiftung. Er verlangt von V Ersatz der Arztkosten.

j) V verkauft dem K 100 Flaschen eines bestimmten Weines, obwohl er von diesem Wein nur noch 50 Flaschen vorrätig hat und eine Ersatzbeschaffung nicht möglich ist. Kann der erboste K die gelieferten 50 Flaschen zurückgeben und Schadensersatz wegen Nichterfüllung des ganzen Vertrages verlangen?

I. Überblick

1. Einrede des nicht erfüllten Vertrages und Mängelrechte

Nach § 433 I 2 hat der Verkäufer die verkaufte Sache dem Käufer frei von Sach- und Rechtsmängeln zu verschaffen. Die Sach- und Rechtsmängelfreiheit gehört zu den Hauptleistungspflichten des Verkäufers (§ 2 Rdnr. 7 ff.). Die Lieferung einer mangelhaften Sache ist keine ordnungsgemäße Erfüllung. Der Käufer kann also die Annahme einer mangelhaften Kaufsache verweigern, ohne in Annahmeverzug (§§ 293 ff.) zu kommen. Außerdem steht ihm die Einrede des nicht erfüllten Vertrages nach § 320 zu, so dass er berechtigt ist, die Bezahlung des Kaufpreises abzulehnen.

Die weiteren Rechte des Käufers nach Übergabe und Übereignung 2 der mangelhaften Kaufsache ergeben sich aus den §§ 437 ff. Diese Vorschriften wurden im Rahmen der Schuldrechtsreform zum 1. 1. 2002 vollständig neu gefasst. Danach kann der Käufer vorrangig Nacherfüllung verlangen (§§ 437 Nr. 1, 439). Insoweit hat er grundsätzlich ein Wahlrecht, ob er die Beseitigung des Mangels oder die Lieferung einer mangelfreien Sache verlangt (§ 439 I). Die anderen in § 437 genannten Rechte stehen ihm grundsätzlich erst nach dem fruchtlosen Ablauf einer dem Verkäufer zur Nacherfüllung gesetzten Frist zu. Er kann entweder nach §§ 440, 323 und 326 V von dem Vertrag zurücktreten (§ 437 Nr. 2, 1. Fall) oder nach § 441 den Kaufpreis mindern (§ 437 Nr. 2, 2. Fall). Rücktritt und Minderung stehen nach dem Gesetzeswortlaut in einem Alternativverhältnis zueinander. Daneben kann der Käufer nach Maßgabe der §§ 440, 280, 281, 283 und 311 a Schadensersatz oder nach § 284 Ersatz vergeblicher Aufwendungen verlangen (§ 437 Nr. 3). Schadensersatz und Aufwendungsersatz können grundsätzlich neben Rücktritt oder Minderung geltend gemacht werden. Das ergibt sich daraus, dass § 437 Nr. 3 durch ein „und" mit der vorhergehenden Nummer 2 dieser Vorschrift verbunden ist (vgl. auch § 325).

3   Soweit § 437 auf die allgemeinen Vorschriften zum Rücktrittsrecht, zum
Schadensersatz und zum Aufwendungsersatz verweist, hat der Gesetzgeber
die Mängelrechte des Käufers in das allgemeine Leistungsstörungsrecht der
§§ 280 ff., 323 ff. integriert. Das ist konsequent, weil die Lieferung einer
mangelhaften Sache eine Form der Nichterfüllung der Verkäuferpflichten ist
(§ 433 I 2) und die Nichterfüllung eine Pflichtverletzung i. S. v. § 280 bzw.
eine nicht vertragsgemäß erbrachte Leistung i. S. v. § 323 bedeutet. Diese Regelungen werden lediglich durch besondere Bestimmungen für Rücktritt und
Schadensersatz in § 440 ergänzt. Auch der Nacherfüllungsanspruch ist nichts
anderes als der Erfüllungsanspruch des Käufers; er ist gegenüber dem origina-
ren Erfüllungsanspruch aus § 433 I 2 in § 439 lediglich besonders ausgestaltet. Nur das Recht des Käufers auf Minderung des Kaufpreises (§ 441) ist
eine kaufrechtliche Besonderheit, die über das allgemeine Leistungsstörungsrecht hinausgeht.

2. Anwendungsbereich der §§ 437 ff. über die Mängelrechte des Käufers

4   Die §§ 437 ff. über die Mängelrechte des Käufers gelten unmittelbar für den Sachkauf i. S. v. § 433. Als Kaufsache kommen alle beweglichen und unbeweglichen Sachen in Betracht. Unerheblich ist,
ob es sich um einen Stückkauf oder um einen Gattungskauf handelt.
Die §§ 437 ff. finden über § 453 I ferner auf den Kauf von Rechten
und sonstigen Gegenständen entsprechende Anwendung.

Mit der Ausdehnung des Kaufrechts einschließlich der Mängelrechte des
Käufers auf „sonstige Gegenstände" folgt der Gesetzgeber der bisherigen
Rechtsprechung, die die Vorschriften des Kaufrechts z. B. auf die entgeltliche
Übertragung von Unternehmen oder Unternehmensteilen, von freiberuflichen
Praxen, von Elektrizität und Fernwärme, von (nicht geschützten) Erfindun-
gen, technischem Know-how, Software, Werbeideen usw. angewendet hat
(BT-Drucks. 14/6040, S. 242).

5   Weiterhin gilt die kaufrechtliche Mängelhaftung über die Verweisungsnorm des § 480 für Tauschverträge und gem. § 651 S. 1 für
Verträge, die die Lieferung herzustellender oder zu erzeugender
beweglicher Sachen zum Gegenstand haben. Schließlich fallen auch
kaufähnliche Verträge, die auf die entgeltliche Veräußerung oder
Belastung eines Gegenstandes gerichtet sind (z. B. Lieferung von
Sachen gegen Leistung von Diensten), in den Anwendungsbereich
der Vorschriften über Sach- und Rechtsmängel beim Kauf.

Zwar hat der Gesetzgeber im Rahmen der Schuldrechtsreform die vorher für kaufähnliche Verträge geltenden §§ 445, 493 a. F., die für die Rechte
des Käufers bei Rechts- und Sachmängeln auf das Kaufrecht verwiesen haben, gestrichen. Er hat aber ausdrücklich klargestellt, dass die An-

wendung des Kaufrechts auf kaufähnliche Verträge eine Selbstverständlichkeit sei und nicht besonders geregelt werden müsse (BT-Drucks. 14/6040, S. 203).

II. Mangel der Kaufsache

Alle Rechte des Käufers aus § 437 haben zur Voraussetzung, dass 6 die Kaufsache mangelhaft ist. Ein Mangel kann in Form eines Sachmangels (§ 434) oder eines Rechtsmangels (§ 435) vorliegen. Die im Einzelfall möglicherweise schwierige Abgrenzung zwischen Sach- und Rechtsmängeln ist ohne besondere Bedeutung, da an beide Mängelarten identische Rechtsfolgen geknüpft sind.

Die rechtliche Gleichstellung von Sach- und Rechtsmängeln wurde erst durch die Schuldrechtsreform mit Wirkung zum 1. 1. 2002 hergestellt. Bis dahin galten bei Rechtsmängeln gem. §§ 434 ff., 440 a. F. die Regeln des allgemeinen Leistungsstörungsrechts über Unmöglichkeit, während bei Sachmängeln das besondere Gewährleistungsrecht der §§ 459 ff. a. F. maßgeblich war. Einzelheiten dazu siehe 26. Aufl., Rdnr. 19 ff., 57 ff.

Die *Beweislast* für das Vorhandensein von Mängeln richtet sich 7 grundsätzlich nach § 363 (vgl. BGH NJW 1985, 2328, 2329). Daran hat sich durch die Neuregelung der Mängelrechte des Käufers zum 1. 1. 2002 nichts geändert (BT-Drucks. 14/6040, S. 217). Danach trifft die Beweislast für Mängel den Käufer, sobald dieser die Kaufsache als Erfüllung angenommen hat. Bis zu diesem Zeitpunkt muss der Verkäufer den Negativbeweis erbringen, dass kein Mangel vorliegt.

1. Sachmangel

Der Begriff des Sachmangels ist in § 434 ausführlich geregelt. Er 8 setzt eine Beschaffenheitsabweichung bei Gefahrübergang (§ 434 I), einen Montagefehler (§ 434 II) oder eine Falsch- bzw. Zuweniglieferung (§ 434 III) voraus.

Für das Vorliegen eines Sachmangels spielt es – in Abweichung zur Gesetzeslage vor dem 1. 1. 2002 (vgl. § 459 I 2 a. F.) – keine Rolle mehr, ob es sich nur um einen geringfügigen Mangel handelt (**Fall c**). Daher stellt *jede* Abweichung von der vereinbarten Beschaffenheit einen Sachmangel dar. Allerdings ist ein Rücktritt bei Unerheblichkeit des Mangels ausgeschlossen (Rdnr. 61 ff.).

a) Beschaffenheitsabweichung bei Gefahrübergang

9   aa) Nach § 434 I 1 ist die Sache mangelhaft, wenn sie bei Gefahrübergang die *vereinbarte Beschaffenheit* nicht hat.

Die Norm legt den bisher von der h. M. vertretenen sog. *subjektiven Fehlerbegriff* zu Grunde, indem in erster Linie auf den Inhalt der getroffenen Vereinbarung abgestellt wird (zu dem vor der Gesetzesänderung bestehenden Meinungsstreit bezüglich der verschiedenen damaligen Fehlerbegriffe vgl. 26. Aufl., Rdnr. 61 f.). Beschreibt der Verkäufer bei Vertragsschluss die Eigenschaften der verkauften Sache in einer bestimmten Weise, so werden, wenn der Käufer vor diesem Hintergrund seine Kaufentscheidung trifft, die Erklärungen des Verkäufers ohne Weiteres zum Inhalt des Vertrags und damit zum Inhalt einer Beschaffenheitsvereinbarung (BT-Drucks. 14/6040, S. 212).

Beispiele: Im **Fall a, 2** ist das Haifischfleisch mangelhaft i. S. d. § 434 I 1, da es als Walfischfleisch verkauft wurde; es mag sich im Übrigen um genießbares Fleisch handeln. Im **Fall b** wird man mangels abweichender Vereinbarung davon ausgehen können, dass die auf dem Kilometerzähler angegebene Laufleistung zu der zwischen den Parteien vereinbarten Beschaffenheit gehört. Die tatsächlich höhere Laufleistung fällt daher unter § 434 I 1. Gleiches gilt für den Lackfehler am Kühlschrank im **Fall c**; denn beim Kauf eines neuen Kühlschrankes ist die einwandfreie Lackierung zumindest stillschweigend vereinbart. Wird ein Neuwagen gekauft, liegt ein Sachmangel i. S. v. § 434 I vor, wenn das Fahrzeug nicht aus der neuesten Serie des laufenden Jahrgangs geliefert wird. Steht ein fabrikneues Fahrzeug vor seiner Auslieferung längere Zeit unbenutzt beim Verkäufer, kann allein dieser Umstand einen Mangel begründen; der Käufer eines Neuwagens will regelmäßig kein Lagerfahrzeug erwerben, das überdurchschnittlich lange beim Händler gestanden hat.

10   Auch dann, wenn ein Muster oder eine Probe vor oder bei dem Vertragsschluss nicht nur zu Werbezwecken vorgelegen hat, sondern zur Darstellung und Festlegung der Eigenschaften der Kaufsache, ist die Beschaffenheit des Musters oder der Probe als Beschaffenheit der verkauften Sache vereinbart worden. Eine Abweichung von dem Muster oder der Probe in der Beschaffenheit stellt dann einen Sachmangel nach § 434 I 1 dar (BT-Drucks. 14/6040, S. 212).

11   Den Begriff der *Beschaffenheit* hat der Gesetzgeber bewusst nicht definiert. Insbesondere sollte nicht entschieden werden, ob er nur Eigenschaften umfasst, die der Kaufsache unmittelbar physisch anhaften oder ob auch Umstände heranzuziehen sind, die außerhalb der Sache selbst liegen. Bis zur

Schuldrechtsreform waren als Fehler der Kaufsache (Sachmängel) nicht nur körperliche Mängel (z.B. Hausschwamm, Ungenießbarkeit von Lebensmitteln, Sprung in der Vase) anerkannt. Sie konnten sich auch aus Beziehungen der Kaufsache zur Umwelt ergeben, sofern sie in der tatsächlichen Beschaffenheit der Kaufsache ihren Grund hatten.

Beispiele: Eine Eigentumswohnung in einem Gewerbegebiet darf auf Grund öffentlich-rechtlicher Vorschriften nur von einem bestimmten Personenkreis benutzt werden (BGH NJW 2001, 65); Unbewohnbarkeit eines Hauses aus gesundheitspolizeilichen Gründen; das als „echter Jawlensky" verkaufte Bild stammt von einem unbekannten Maler (BGHZ 63, 369); das als Bauland verkaufte Grundstück darf wegen eines öffentlich-rechtlichen Bauverbotes nicht bebaut werden. Die Abgrenzung zu einem Rechtsmangel, der z.B. bei privatrechtlichen Baubeschränkungen eines Grundstückes angenommen wird, kann schwierig sein. Sie hat aber wegen der identischen Rechtsfolgen für Sach- und Rechtsmängel (§ 437) keine besondere Bedeutung mehr. Die Entwicklung der Rechtsprechung zum Beschaffenheitsbegriff bleibt abzuwarten.

bb) Soweit die Beschaffenheit nicht vereinbart ist, liegt ein Sach- **12** mangel vor, wenn die Sache sich nicht für die *nach dem Vertrag vorausgesetzte Verwendung* eignet (§ 434 I 2 Nr. 1). Auch diesem Fall liegt der subjektive Fehlerbegriff zu Grunde.

Dieser Vorschrift kommt in der Praxis durchaus eine Bedeutung zu, weil zwischen den Parteien vielfach keine Beschaffenheit der Sache vereinbart wird. Je alltäglicher ein Geschäft ist, um so häufiger fehlt es an einer (vollständigen) Vereinbarung über die Beschaffenheit der Sache im Einzelnen. Die Vorstellungen der Parteien richten sich vielmehr darauf, dass die Sache für einen bestimmten Verwendungszweck tauglich sein soll. In den Fällen, in denen der Käufer bei Vertragsabschluss dem Verkäufer den Verwendungszweck mitteilt, ist zwar möglicherweise – je nach den Umständen des Einzelfalls – bereits eine konkludent *vereinbarte Beschaffenheit* i.S.d. § 434 I 1 anzunehmen. Wenn eine solche vereinbarte Beschaffenheit nicht angenommen werden kann, die Parteien aber dennoch nach ihrer Vorstellung im Vorfeld des Vertrages von einer bestimmten Verwendung ausgegangen sind, kann auf § 434 I 2 Nr. 1 zurückgegriffen werden. Nach dem Gesetzeswortlaut und dem Willen des Gesetzgebers soll für § 434 I 2 Nr. 1 gerade eine gemeinsame Vorstellung vom Verwendungszweck der Parteien ausreichen (vgl. BT-Drucks. 14/6040, S. 213).
Im **Fall b** dürfte die Abweichung zwischen der Fahrzeug-Ident.Nr. und der Eintragung im Kfz-Brief einen Sachmangel in diesem Sinne darstellen (so früher schon BGHZ 10, 242); denn die Zulassungsfähigkeit des Fahrzeugs gehört (mangels abweichender Vereinbarung) jedenfalls zu der nach dem Vertrag vorausgesetzten Verwendungseignung. Das gilt auch im **Fall f.**

cc) Haben die Parteien weder die Beschaffenheit vereinbart noch **13** eine bestimmte Verwendung vorausgesetzt, hat die Sache einen Sachmangel, wenn sie sich nicht *für die gewöhnliche Verwendung eignet* und nicht diejenige Beschaffenheit aufweist, die bei *Sachen der gleichen Art üblich* ist und die der Käufer nach der Art der Sache *erwarten kann* (§ 434 I 2 Nr. 2). Hierbei geht es um einen objektiven Fehlerbegriff, für den es auf die Vorstellung der Vertragsparteien nicht ankommt.

14   Welche Beschaffenheit erwartet werden kann, bestimmt sich nach dem Erwartungshorizont eines Durchschnittskäufers (BT-Drucks. 14/6040, S. 214). Den Vergleichsmaßstab bilden dabei Sachen der gleichen Art, was vor allem beim Kauf gebrauchter Sachen zu berücksichtigen ist. Ein gebrauchter Pkw etwa ist nicht von der gleichen Art wie ein Neuwagen desselben Typs, darf also nicht mit diesem verglichen werden. Bei einem Gebrauchtwagen wird beispielsweise das Alter und die Laufleistung die berechtigten Erwartungen des Käufers wesentlich beeinflussen, während diese Umstände bei einem Neuwagen keine Rolle spielen.
Danach ist die Ungenießbarkeit des Fleisches (**Fall a, 1**) auf jeden Fall zumindest ein Sachmangel der Kaufsache i. S. d. § 434 I 2 Nr. 2, wenn die genauen Absprachen und Vorstellungen der Parteien bei Vertragsschluss nicht feststellbar sein sollten, so dass nicht schon § 434 I 1 oder I 2 Nr. 1 einschlägig ist. Auch in den **Fällen b und f** liegt in den Gründen, aus denen der gekaufte Pkw nicht zugelassen wird, jedenfalls ein Sachmangel nach § 434 I 2 Nr. 2, wenn man eine vertraglich vorausgesetzte Verwendung i. S. v. Nr. 1 verneinen sollte. Entsprechendes gilt im **Fall h** für den PC mit dem defekten Netzteil.

15   Beim Unternehmenskauf (§ 1 Rdnr. 8) ist ein Sachmangel z. B. dann anzunehmen, wenn die zum Unternehmen gehörenden Einzelgegenstände und Rechte einen Zustand aufweisen, der die vorausgesetzte Tauglichkeit des Unternehmens in Frage stellt (vgl. BGH NJW 1969, 184; 1979, 33). Dagegen soll nach der Rechtsprechung vor der Schuldrechtsreform kein Sachmangel vorliegen, wenn Umsatz oder Ertragsfähigkeit des Unternehmens hinter den Erwartungen der Parteien zurückbleiben (BGHZ 69, 53; BGH NJW 1977, 1538; a. A. Immenga, AcP 171, 1) bzw. bestimmte Charaktereigenschaften eines maßgeblichen Mitarbeiters des verkauften Unternehmens fehlen (BGH NJW 1991, 1223). Seit der Neufassung des § 434 dürften auch unrichtige Angaben des Veräußerers zum Ertrag oder Umsatz des Unternehmens einen Beschaffenheitsmangel darstellen.

16   dd) Zu der Beschaffenheit nach § 434 I 2 Nr. 2 gehören auch Eigenschaften, die der Käufer nach den *öffentlichen Äußerungen* des Verkäufers, des Herstellers (§ 4 I, II ProdHaftG) oder seines Gehilfen insbesondere in der *Werbung* oder bei der *Kennzeichnung* über bestimmte Eigenschaften der Sache erwarten kann (434 I 3, 1. Halbs.).

17   § 434 I 3 dient in systematischer Hinsicht der Ergänzung des § 434 I 2 Nr. 2 („gehören auch"). Er bezieht sich auf besondere, in der Sphäre des Verkäufers liegende Umstände, die die Erwartungen des Käufers beeinflussen können, ohne jedoch Inhalt des Verkaufsgesprächs zu sein. § 434 I 3 ist damit gegenüber § 434 I 2 Nr. 2 lex specialis.

Bei Äußerungen des Verkäufers selbst ist der Anwendungsbereich des § 434 I 3 daher eher gering. Macht nämlich der Verkäufer während des Verkaufsgesprächs selbst Werbeaussagen, die konkrete, die Kaufentscheidung der Kaufsache beeinflussende Eigenschaften der Kaufsache betreffen, wird regelmäßig eine entsprechende Beschaffenheitsvereinbarung anzunehmen sein. Eine Abweichung der tatsächlichen Beschaffenheit der gelieferten Sache begründet dann schon einen Sachmangel nach § 434 I 1.

Bedeutung kommt § 434 I 3 in erster Linie bei öffentlichen Äuße-   18
rungen des Herstellers oder seines Gehilfen zu, da diese häufig keinen unmittelbaren Einfluss auf die zwischen den Parteien getroffene Vereinbarung über die Beschaffenheitsmerkmale der Kaufsache haben. Derjenige, der aber seiner Kaufentscheidung derartige öffentliche Äußerungen zu Grunde legt, soll auf die inhaltliche Richtigkeit vertrauen können (BT-Drucks. 14/6040, S. 214). Der Gesetzgeber setzt mit dieser Vorschrift den von der Rechtsprechung schon vor der Schuldrechtsreform eingeschlagenen Weg fort, z. B. fehlerhafte Angaben des Herstellers eines neuen Pkw über den Kraftstoffverbrauch als Sachmangel zu werten (BGHZ 132, 55).

Im **Fall d** hat das Fernsehgerät einen Sachmangel nach § 434 I 2 Nr. 2 i. V. m. Satz 3. Der Verkäufer wird durch die Bindung an Werbeaussagen des Herstellers über konkrete Eigenschaften der Kaufsache und die damit verbundene Haftung für ein Drittverhalten auch nicht in unzumutbarer Weise in seiner Rechtsstellung beeinträchtigt. Denn schließlich profitiert er von der Werbung durch Dritte, weil sie seinen Absatz fördert und Werbeaussagen kaufentscheidend sein können.
Der Herstellerbegriff bestimmt sich nach § 4 I, II ProdHaftG. Danach ist Hersteller derjenige, der das Endprodukt, einen Grundstoff oder ein Teilprodukt hergestellt hat (§ 4 I 1 ProdHaftG). Vom Herstellerbegriff ist aber auch derjenige erfasst, der sich durch das Anbringen seines Namens, seiner Marke oder eines anderen unterscheidungskräftigen Kennzeichens als Hersteller ausgibt. Auch der Importeur von Verbrauchsgütern gilt unter den Voraussetzungen des § 4 II ProdHaftG als Hersteller.
Gehilfen i. S. d. § 434 I 3 sind Hilfspersonen, die für den Hersteller bei Äußerungen über Tatsachen (Eigenschaften der Sache) eingeschaltet werden.

Der Verkäufer haftet aber nicht für Werbeaussagen von Dritten,   19
wenn er die Äußerung des Herstellers bzw. dessen Gehilfen *nicht kannte* und auch *nicht kennen musste* (§ 434 I 3, 2. Halbs., 1. Fall). Die Unkenntnis des Verkäufers darf also nicht auf Fahrlässigkeit beruhen (vgl. § 122 II). Von ihm ist zu erwarten, dass er sich – soweit möglich und zumutbar – über fremde Werbung hinsichtlich der von ihm verkauften Produkte informiert.

20   Der Verkäufer *haftet auch dann nicht* über § 434 I 3, wenn die Äußerung des Herstellers bzw. dessen Gehilfen im Zeitpunkt des Vertragsschlusses *in gleichwertiger Weise berichtigt* war (§ 434 I 3, 2. Halbs., 2. Fall) oder sie die *Kaufentscheidung nicht beeinflussen* konnte (§ 434 I 3, 2. Halbs., 3. Fall).

Die Berichtigung der Werbeaussage ist dann in gleichwertiger Weise gemacht, wenn sie in der selben oder einer vergleichbar wirksamen Aufmachung vorgenommen wurde. Dazu reicht z. B. die Berichtigung der Werbeaussage in einer bedeutenden überregionalen Tageszeitung, wenn auch die Werbeaussage selbst in einer solchen erfolgt ist. Dagegen wäre es unzureichend, wenn eine groß angelegte fehlerhafte Plakatwerbung durch eine eher unauffällige Anzeige in einer Tageszeitung berichtigt würde (BT-Drucks. 14/6857, S. 59). Nach dem Zweck dieser Bestimmung kommt es also darauf an, dass die ursprünglich unzutreffende Werbeaussage im Zeitpunkt des Kaufs so berichtigt ist, dass sie keinen Einfluss mehr auf die Kaufentscheidung haben kann. Dann sind aber auch die Voraussetzungen des dritten Ausnahmetatbestandes erfüllt, weil eine derart berichtigte Werbeaussage nicht mehr geeignet ist, die Kaufentscheidung zu beeinflussen. Der 2. Ausnahmefall (Berichtigung) ist praktisch ein Sonderfall des 3. Ausnahmetatbestandes (keine Einflussmöglichkeit).

21   ee) Die Beschaffenheitsabweichung muss *im Zeitpunkt des Gefahrübergangs* vorliegen (§ 434 I 1).

Beim *Verbrauchsgüterkauf* (§§ 474 ff.; dazu § 7 Rdnr. 1 ff.) ist § 476 zu beachten. Danach wird bei einem Sachmangel, der sich innerhalb von sechs Monaten seit Gefahrübergang zeigt, kraft Gesetzes (§ 476) *vermutet*, dass die Sache *bereits bei Gefahrübergang mangelhaft* war. Eine Ausnahme gilt nur, wenn diese Vermutung mit der Art der Sache oder des Mangels unvereinbar ist (so im Zweifel bei Gebrauchtwaren).

Mit Gefahrübergang i. S. v. § 434 I 1 ist der Übergang der Preisgefahr gemeint, der für den Kauf in den §§ 446, 447 geregelt ist. Danach ist der maßgebliche Zeitpunkt, in dem die Beschaffenheitsabweichung vorliegen muss, weder derjenige des Vertragsschlusses noch derjenige der vollständigen Vertragserfüllung. Vielmehr ist wie folgt zu unterscheiden:

22   (1) Gem. § 446 S. 1 geht die Gefahr (Preisgefahr) der zufälligen Verschlechterung der Kaufsache grundsätzlich schon *mit der Übergabe der verkauften Sache* oder mit dem *Annahmeverzug* des Käufers auf diesen über. Einzelh. zu § 446: § 3 Rdnr. 14 ff.

Beispiel: Wenn K die Kaufsache nicht zum vereinbarten Termin bei V abholt, kommt er in Annahmeverzug. Damit geht gem. § 446 S. 3 die Gefahr der zufälligen Verschlechterung auf ihn über. Falls danach die bei V bereitgestellte Kaufsache durch Unachtsamkeit eines Kunden beschädigt wird, werden dadurch keine Mängelrechte gegen V ausgelöst.

(2) Beim *Versendungskauf* geht die Gefahr der zufälligen Verschlechterung gem. § 447 I schon dann auf den Käufer über, wenn der Verkäufer die Sache auf Verlangen des Käufers an die Transportperson ausgeliefert hat, obwohl die Sache dem Käufer zu diesem Zeitpunkt weder übereignet noch übergeben ist. Einzelh. zu § 447: § 3 Rdnr. 19 ff.   23

Beispiel: V lässt auf Wunsch des Händlers K die von diesem gekauften 100 Herrenanzüge durch D an den Sitz des K transportieren, obwohl als Erfüllungsort der Sitz des V vereinbart ist. Wenn die Anzüge bei einen von D verschuldeten Verkehrsunfall verschmutzt werden, kann K nicht mindern, sondern muss den vollen Kaufpreis zahlen. Zur Zeit des Gefahrübergangs (§ 447 I) hatten die Anzüge noch keinen Mangel. Dadurch entsteht dem K ein Schaden, da er für sein Geld keine einwandfreie Ware bekommt. Diesen Schaden kann V nach den Regeln der Drittschadensliquidation bei D liquidieren, und er muss den Ersatz an K weitergeben (s. schon § 3 Rdnr. 28).

b) Montagefehler

aa) Ein Sachmangel ist ferner dann gegeben, wenn die vereinbarte *Montage* durch den Verkäufer oder dessen Erfüllungsgehilfen *unsachgemäß durchgeführt* worden ist (§ 434 II 1).   24

Die Vorschrift stellt Montagefehler ausdrücklich einem Sachmangel gleich. Dabei ist vor allem an Fälle zu denken, in denen eine zunächst mangelfreie Sache geliefert wird, die nur dadurch mangelhaft wird, dass der Verkäufer sie sodann unsachgemäß montiert oder aufstellt. Dazu gehört z.B. die Beschädigung einer Waschmaschine infolge fehlerhaften Wasseranschlusses durch den Verkäufer, wodurch Wasser in Teile der Maschine eindringt, die eigentlich trocken bleiben sollten (BT-Drucks. 14/6040, S. 215). Darüber hinaus sollen aber auch die Fälle erfasst werden, bei denen allein die Montage selbst fehlerhaft ist, ohne dass dies zu einer Beeinträchtigung der Beschaffenheit führt. Beispielsweise ist daran zu denken, dass bei einer vom Verkäufer einzubauenden Küche einzelne Schränke unsachgemäß (schief), an der Wand angebracht werden, auch wenn die Schränke als solche ohne Weiteres genutzt werden können und diese Montage nicht zu Qualitätsmängeln wie Rissen oder Kratzern geführt hat (BT-Drucks. 14/6040, S. 215).
Durch die Vorschrift des § 434 II 1 werden auch schwierige Abgrenzungsprobleme zu anderen Vertragstypen vermieden. Hat der Verkäufer im Kaufvertrag die Montageverpflichtung übernommen, bestimmen sich die Sachmängelrechte nach dem Kaufrecht, ohne dass eine exakte dogmatische Einordnung des Vertrages als Kauf- oder Werkvertrag oder als gemischter Vertrag vorgenommen werden muss.

bb) Ein Sachmangel liegt bei einer zur Montage bestimmten Sache auch dann vor, wenn die *Montageanleitung mangelhaft* ist, es sei   25 denn, die Sache ist fehlerfrei montiert worden (§ 434 II 2; sog. „IKEA-Klausel").

Diese Norm knüpft *allein* an den Umstand der Mangelhaftigkeit der Montageanleitung an. Es spielt keine Rolle, ob der Verkäufer die Anleitung selbst erstellt hat oder den Mangel aus sonstigen Gründen zu vertreten hat. Allerdings muss der Verkäufer für einen derartigen Mangel der Montageanleitung nicht einstehen, wenn der Mangel sich nicht ausgewirkt hat, weil z. B. der Käufer auf Grund eigener Sachkenntnis die Montageanleitung nicht benötigt und fehlerfrei montiert. Die Beweislast für den Ausnahmetatbestand einer fehlerfreien Montage liegt beim Verkäufer („es sei denn").

Nicht erfasst werden von § 434 II 2 fehlerhafte *Bedienungs- und Gebrauchsanleitungen*. Allerdings kommen Schadensersatzansprüche gem. § 280 wegen Schutzpflichtverletzung in Betracht.

c) Falsch- und Zuweniglieferung

26 Schließlich steht es – anders als nach dem bis zur Schuldrechtsreform geltenden Recht – einem Sachmangel gleich, wenn der Verkäufer eine andere Sache (aliud) oder eine zu geringe Menge (Quantitätsmangel) liefert (§ 434 III).

Umstritten ist, ob § 434 III nur bei der Falschlieferung beim Gattungskauf (so z. B. Lettl, JuS 2002, 866, 871 m. w. N.) oder auch bei derjenigen beim Stückkauf (sog. Identitätsaliud; so z. B. Dauner-Lieb/Arnold, JuS 2002, 1175 f.) anwendbar ist. Falls man die Anwendbarkeit beim Stückkauf verneint, hat der Käufer, dem eine falsche Sache geliefert worden ist, weiterhin seinen Erfüllungsanspruch, der gem. § 195 in drei Jahren verjährt. Stellt man dagegen gem. § 434 III auch in diesem Fall die Lieferung eines aliud einem Sachmangel gleich, hat der Käufer in erster Linie einen Nacherfüllungsanspruch (Rdnr. 40 ff.), der gem. § 438 I Nr. 3 regelmäßig in zwei Jahren verjährt (Rdnr. 124). Der Gesetzeswortlaut, der nicht zwischen Gattungskauf und Stückkauf unterscheidet, sowie die Absicht des Gesetzgebers, schwierige Abgrenzungen zwischen Schlechtleistung und aliud entbehrlich zu machen (BT-Drucks. 14/6040, 216), sprechen für die letztgenannte Ansicht.

Die Interessenlage von Käufer und Verkäufer ist bei Falschlieferung (z. B. Zusendung eines Lehrbuchs zum Sachenrecht, obwohl der Studierende ein bestimmtes Schuldrechtslehrbuch bestellt hatte) und Zuweniglieferung (**Fall j**) nicht grundsätzlich anders als beim Sachmangel im engeren Sinne. Deshalb erscheint die gleiche Behandlung beider Fälle sachgerecht (BT-Drucks. 14/6040, S. 216).

Eine *Zuviellieferung* wird von § 434 III nicht erfasst. In diesen Fällen kann   27
der Verkäufer das zuviel Geleistete nach bereicherungsrechtlichen Grundsätzen zurückfordern, es sei denn, die Parteien haben den ursprünglichen Kaufvertrag entsprechend erweitert. Umgekehrt braucht der Käufer das zuviel Geleistete nicht zu zahlen, und er kann vom Verkäufer die Rücknahme verlangen. Zu den Besonderheiten gem. § 377 HGB bei nicht ordnungsgemäßer Rüge beim Handelskauf siehe Brox, HR Rdnr. 399.

2. Rechtsmangel

Die Mängelrechte des Käufers nach § 437 bestehen auch dann,   28
wenn die Kaufsache mit einem Rechtsmangel behaftet ist (§ 433 I 2).
Dieser ist in § 435 definiert. Danach liegt ein Rechtsmangel vor,
wenn ein Dritter in Bezug auf die Kaufsache Rechte gegenüber dem
Käufer geltend machen kann, die nicht bei der Vereinbarung zwischen Verkäufer und Käufer berücksichtigt wurden. Damit sind zunächst dingliche Rechte eines Dritten (z.B. Pfandrecht, Nießbrauch,
Dienstbarkeit [BGH DB 2000, 569], Hypothek) gemeint. Aber auch
das allgemeine Persönlichkeitsrecht eines Dritten (BGHZ 110, 196)
und schuldrechtliche Rechte eines Dritten, die dieser gegenüber dem
Käufer geltend machen kann (z.B. Miet- oder Pachtrecht wegen
§§ 566 I, 581 II; § 12 Rdnr. 5 ff.), können die Mängelrechte des
Käufers auslösen. Gleiches gilt für öffentlich-rechtliche Befugnisse
am Kaufgegenstand (z.B. Veräußerungsverbot, Beschlagnahmerecht;
vgl. RGZ 105, 390 f.; BGH NJW 1991, 915, 916).

Vielfach wird im Grundstückskaufvertrag vereinbart, dass der Käufer die auf den Grundstück lastenden Hypotheken oder Grundschulden unter Anrechnung auf den Kaufpreis übernimmt. Die Existenz solcher „im Kaufvertrag übernommenen Rechte" stellt keinen Rechtsmangel dar (vgl. § 435 S. 1).

Wenn der Verkäufer das verkaufte Grundstück oder Grund-   29
stücksrecht zwar lastenfrei (frei von Rechten Dritter) übertragen hat,
im Grundbuch aber ein in Wirklichkeit nicht bestehendes Recht
eingetragen ist, steht das gem. § 435 S. 2 einem Rechtsmangel gleich.
Der Grund dafür liegt in der Gefahr, dass ein Dritter das zwar nicht
existierende, aber im Grundbuch eingetragene Recht gutgläubig
erwirbt (§ 892).

Im Umkehrschluss aus § 435 S. 2 folgt, dass die unberechtigte Geltendmachung von solchen Rechten, die nicht im Grundbuch eingetragen sind, keinen Rechtsmangel bedeutet.

30 Schließlich stellt § 436 II klar, dass öffentlich-rechtliche Abgaben und Lasten keine Rechtsmängel nach § 435 sind und damit auch keine Mängelrechte des Käufers auslösen. Das betrifft etwa die Pflicht des Eigentümers zur Zahlung von Grundsteuern und Anliegerbeiträgen. Derartige Abgaben und Lasten kann der Verkäufer ohnehin nicht beseitigen. Außerdem muss der Käufer mit ihnen rechnen.

III. Ausschluss und Einschränkung der Mängelrechte

31 Die Mängelrechte des Käufers setzen voraus, dass sie nicht im Einzelfall vertraglich oder gesetzlich ausgeschlossen sind.

1. Vertraglicher Ausschluss

Die Vorschriften der §§ 437 ff. sind grundsätzlich abdingbar. Die Mängelrechte können ausdrücklich oder stillschweigend durch Vertrag zwischen Verkäufer und Käufer ausgeschlossen oder beschränkt werden (§ 311 I und arg. e §§ 444, 475 I, III; vgl. BGH NJW 1984, 1452). Das geschieht meist in Kaufverträgen über Grundstücke und oft beim Verkauf gebrauchter Sachen („gekauft wie besichtigt").

32 Auf eine Vereinbarung, durch welche die Rechte des Käufers wegen eines Mangels ausgeschlossen oder beschränkt werden, kann sich jedoch der Verkäufer nicht berufen, wenn er den Mangel *arglistig verschwiegen* oder eine *Garantie für die Beschaffenheit der Sache übernommen* hat (§ 444).

Ein Verkäufer handelt dann arglistig, wenn er in Kenntnis des Mangels die Unkenntnis des Käufers bewusst ausnutzt. Daran fehlt es im **Fall f.** Die Übernahme einer Garantie (siehe dazu auch Rdnr. 84 ff.; vgl. ferner Rdnr. 115 fff.) für die Beschaffenheit der Sache ist dann anzunehmen, wenn der Verkäufer erklärt, dass die Kaufsache bei Gefahrübergang eine bestimmte Eigenschaft habe, verbunden mit der Erklärung, verschuldensunabhängig für alle Folgen ihres Fehlens einstehen zu wollen (BT-Drucks. 14/6040, S. 236). Der Begriff der Beschaffenheits-Garantie i. S. d. § 444 entspricht daher dem bisherigen Begriff der Zusicherung einer Eigenschaft i. S. d. § 463, 1 a. F. (so BT-Drucks. 14/6040, S. 236). Der Käufer ist für das Vorliegen des arglistigen Verhaltens oder der Übernahme einer Beschaffenheitsgarantie beweispflichtig. Gelingt ihm der Beweis, bleibt der Kaufvertrag mit seinem übrigen Inhalt trotzdem wirksam („nicht berufen"; vgl. auch BT-Drucks. 14/6040, S. 240). Die Teilnichtigkeit soll nach dem Willen des Gesetzgebers grundsätzlich – abweichend von § 139 – nicht zur Gesamtnichtigkeit führen.

Der Anwendungsbereich des § 444 erfährt eine erhebliche *Einschränkung beim Verbrauchsgüterkauf* i. S. d. § 474 über neue oder gebrauchte Sachen (§ 7 Rdnr. 1, 3). In diesem Fall kann sich der Unternehmer auf eine vor Mitteilung eines Mangels an ihn getroffene Vereinbarung, die zum Nachteil des Verbrauchers von den §§ 433 bis 435, 437, 439 bis 443 abweicht, nicht berufen (§ 475 I 1). Damit sind die Mängelrechte in dem für die Praxis bedeutsamen Fall des Verbrauchsgüterkaufs nicht zum Nachteil des Käufers abdingbar, sondern (einseitig) zwingendes Recht. Eine Ausnahme von dem zwingenden Charakter der gesetzlichen Regelung der Käuferrechte macht § 475 III jedoch für den Schadensersatzanspruch (§ 437 Nr. 3) des Verbrauchers. Dieser kann also auch beim Verbrauchsgüterkauf nach Maßgabe des § 444 ausgeschlossen bzw. beschränkt werden.   33

Beim Verkauf eines Gebrauchtwagens durch einen Händler an einen Verbraucher kann daher die Haftung für Mängel nicht ausgeschlossen werden (**Fall f**). Gibt dagegen der kaufende Verbraucher beim Kauf eines Neuwagens seinen Gebrauchtwagen in Zahlung (AS § 8 Rdnr. 15), so ist die Haftung des Käufers wegen der normalen Verschleißmängel regelmäßig stillschweigend ausgeschlossen. Dem Händler, der über hinreichende technische Kenntnisse verfügt, ist es zuzumuten, den Altwagen vor der Inzahlungnahme zu untersuchen. § 475 I steht dem Haftungsausschluss in dieser Konstellation nicht entgegen. Diese Vorschrift bezweckt nämlich nur den Schutz des kaufenden Verbrauchers, dem seine gesetzlichen Mängelrechte bleiben sollen (vgl. BT-Drucks. 14/6040, S. 244). Dagegen will § 475 I nicht verhindern, dass Mängelrechte gegen den Verbraucher wegen der von ihm erbrachten Gegenleistung ausgeschlossen werden. Vielmehr steht ein solches Ergebnis mit dem Verbraucherschutzgedanken gerade in Einklang.   34

Werden beim Verkauf neu hergestellter Sachen die Mängelrechte des Käufers durch AGB ausgeschlossen bzw. beschränkt, kann auch ein Verstoß gegen § 309 Nr. 8 b vorliegen.   35

Der Anwendungsbereich dieser Vorschrift ist allerdings eher gering. Beim Verbrauchsgüterkauf i. S. d. § 474 sind schon nach § 475 I grundsätzlich keine abweichenden Regelungen zum Nachteil des kaufenden Verbrauchers zulässig. Nur soweit in AGB das Recht auf Schadensersatz ausgeschlossen bzw. beschränkt wird (vgl. § 475 III), findet auch beim Verbrauchsgüterkauf eine Inhaltskontrolle nach §§ 307 bis 309 statt, also auch nach § 309 Nr. 8 b (§ 475 III). Bei Geschäften zwischen Unternehmern findet die Vorschrift wegen § 310 I keine Anwendung. Ein formularmäßiger Ausschluss der Mängelrechte in Kaufverträgen zwischen Verbrauchern fällt zwar in den Anwendungsbereich des § 309 Nr. 8 b, Formularverträge im Verhältnis Verbraucher-Verbraucher über die Lieferung neuer Waren kommen aber in der Praxis sehr selten vor.

2. Kenntnis oder grob fahrlässige Unkenntnis des Käufers vom Mangel

36   Wenn der Käufer den *Mangel der Kaufsache bereits beim Vertragsschluss kennt*, bedarf er keines Schutzes (§ 442 I 1). Das gilt selbst dann, wenn der Verkäufer den Mangel arglistig verschweigt (RGZ 102, 394 f.); denn dieses Verschweigen wird wegen der Kenntnis des Käufers für den Abschluss des Vertrages nicht ursächlich.

Erlangt der Käufer erst nach dem Vertragsschluss Kenntnis von dem Mangel, führt dies nicht zu einem Haftungsausschluss. Der Gesetzgeber hat den bis 31. 12. 2001 geltenden § 464 a. F., nach dem die Annahme einer mangelhaften Sache in Kenntnis des Mangels zu einem Verlust der Mängelrechte führte, im Hinblick auf die Verbrauchsgüterkaufrichtlinie bewusst gestrichen.

37   *Grob fahrlässige Unkenntnis* des Käufers von einem Mangel der Kaufsache schließt die Mängelhaftung ebenfalls regelmäßig aus (§ 442 I 2). Grobe Fahrlässigkeit liegt vor, wenn die Unkenntnis auf einer besonders schweren Vernachlässigung der im Verkehr erforderlichen Sorgfalt beruht. Von der Regel, dass grob fahrlässige Unkenntnis die Rechte des Käufers ausschließt, macht das Gesetz zwei *Ausnahmen* (§ 442 I 2):

Wenn der Verkäufer den Mangel arglistig verschwiegen hat, soll er wegen seines zu missbilligenden Verhaltens trotz der groben Fahrlässigkeit des Käufers für den Fehler einstehen.

Wenn der Verkäufer eine Garantie für die Beschaffenheit der Sache übernommen hat (dazu Rdnr. 84 ff.), soll sich der Käufer auf die Richtigkeit der abgegebenen Erklärung verlassen dürfen. Deshalb sind die Mängelrechte gegeben, selbst wenn der Käufer den Fehler grob fahrlässig nicht erkannt hat.

3. Verkauf durch öffentliche Versteigerung

38   Beim *Pfandverkauf in öffentlicher Versteigerung* unter der Bezeichnung als Pfand ist die Mängelhaftung im Interesse des Pfandgläubigers grundsätzlich

ausgeschlossen (§ 445). Gemeint ist der Pfandkauf nach §§ 1235 I, 1236 ff. Für die Versteigerung in der Zwangsvollstreckung bestimmen § 806 ZPO (Brox/Walker, ZVR Rdnr. 408 f.) und § 56 S. 3 ZVG dieselbe Rechtsfolge. Um jedoch den schutzwürdigen Belangen des Erstehers Rechnung zu tragen, lässt § 445 zwei Ausnahmen zu, die denen des § 442 I 2 entsprechen. Danach haftet der Verkäufer beim Pfandverkauf für einen Mangel, den er arglistig verschwiegen hat, sowie dann, wenn er eine Garantie für die Beschaffenheit der Sache übernommen hat.

4. Verletzung der Rügepflicht beim beiderseitigen Handelsgeschäft

Ist der Kauf für beide Vertragsparteien ein Handelsgeschäft (§ 343   **39** HGB), muss der Käufer die gelieferte Ware unverzüglich untersuchen und gefundene Mängel dem Verkäufer unverzüglich anzeigen (§ 377 I HGB). Andernfalls verliert er seine Mängelansprüche, sofern es sich nicht um einen unerkennbaren Mangel handelt (§ 377 II HGB). Einzelh.: Brox, HR Rdnr. 345 ff.

IV. Nacherfüllung

Falls die genannten Voraussetzungen (Sachmangel oder Rechts-   **40** mangel, kein Ausschlussgrund) vorliegen, kann der Käufer in erster Linie Nacherfüllung nach §§ 437 Nr. 1, 439 verlangen. Dagegen kommen Rücktritt, Minderung und Schadensersatz grundsätzlich erst dann in Betracht, wenn zuvor eine dem Verkäufer gesetzte Frist zur Nacherfüllung fruchtlos verstrichen ist. Dadurch ist mit dem Nacherfüllungsanspruch des Käufers – anders als vor der Schuldrechtsreform – gleichzeitig ein *Recht des Verkäufers zur zweiten Andienung* i. S. e. letzten Chance verbunden. Der Vorrang der Nacherfüllung entspricht auch den Interessen der Vertragsparteien in der Rechtswirklichkeit; denn beide Parteien sind bei Auftreten eines Mangels in erster Linie an einer Reparatur oder einem Umtausch und nicht an einer Rückabwicklung des Vertrages oder an einer Herabsetzung des Kaufpreises interessiert.

Da die Mängelfreiheit nunmehr zur Leistungspflicht des Verkäufers gehört (vgl. § 433 I 2), ist es vom Gesetzgeber konsequent, dem Käufer grundsätzlich vorrangig einen Anspruch auf Nacherfüllung zu gewähren (§§ 437 Nr. 1, 439). Im **Fall e** braucht K sich nicht von vornherein auf eine Rückabwicklung des Vertrages einzulassen (s. aber noch Rdnr. 46). Bei dem Anspruch auf Nacherfüllung handelt es sich um einen Erfüllungsanspruch, der durch die Vorschrift des § 439 näher ausgestaltet ist und gegenüber dem originären Erfüllungsanspruch gem. § 433 I 2 besonderen Regelungen unterworfen ist.

1. Nachbesserung oder Nachlieferung

41   Bei der Geltendmachung des Nacherfüllungsanspruchs hat der Käufer ein *Wahlrecht*. Er kann entweder die Beseitigung des Mangels *(Nachbesserung)* oder die Lieferung einer mangelfreien Sache *(Nachlieferung)* verlangen (§ 439 I). Dieses *Wahlrecht* des Käufers ist im Grundsatz nicht beschränkt.

Der Gesetzgeber wollte es in erster Linie dem Käufer überlassen, auf welche Weise das Vertragsziel der Lieferung einer mangelfreien Sache doch noch erreicht werden kann. Er soll nicht damit belastet werden, sich auf Nachbesserungsversuche eines als unzuverlässig erkannten Verkäufers einlassen zu müssen (BT-Drucks. 14/6040, S. 231).

Die zum Zwecke der Nacherfüllung erforderlichen Aufwendungen, insbesondere Transport-, Wege-, Arbeits- und Materialkosten hat der Verkäufer zu tragen (§ 439 II).

2. Rechtsfolgen der Nacherfüllung

42   Wenn der Verkäufer zum Zwecke der Nacherfüllung eine mangelfreie Sache liefert, führt dies zum Erlöschen seiner Leistungspflicht (§§ 433 I, 437 Nr. 1, 362). Das gilt auch bei verspäteter Nacherfüllung, sofern der Käufer noch nicht wirksam auf die Mängelrechte des § 437 Nrn. 2 (Rücktritt oder Minderung) und 3 (Schadensersatz statt der Leistung) übergegangen ist (dazu Rdnr. 60, 77, 93). Zudem hat der Verkäufer gegen den Käufer einen Anspruch auf Rückgewähr der zuvor gelieferten mangelhaften Sache nach Maßgabe der §§ 346 bis 348 (§ 439 IV). In diesem Fall kann der Verkäufer auch die Herausgabe der gezogenen Nutzungen, also die Gebrauchsvorteile, verlangen (§§ 439 IV, 346 I, 100).

3. Ausschluss oder Einschränkung des Nacherfüllungsanspruchs

43   Der Anspruch auf Nacherfüllung kann im Einzelfall *ausgeschlossen oder beschränkt* sein:

a) Unmöglichkeit

Ein Ausschluss des Nacherfüllungsanspruchs kommt zunächst nach allgemeinen Regeln wegen *objektiver oder subjektiver Unmöglichkeit* nach § 275 I in Betracht. Die Unmöglichkeit des Nacherfüllungsanspruchs setzt voraus, dass der Verkäufer *weder nachbessern noch einen mangelfreien Ersatz liefern kann.* Beide Formen der Nacherfüllung müssen ihm unmöglich sein. Dies ist insbesondere der Fall, wenn bestimmte Individualisierungsmerkmale zum Inhalt des Kaufvertrages gemacht wurden, die der Verkäufer nicht erfüllen kann (z. B. Verkauf einer gefälschten „Mona Lisa").

Wenn sich die Unmöglichkeit dagegen nur auf *eine Form der Nacherfüllung,* also auf die Nachlieferung oder Nachbesserung beschränkt, so ist auch nur insoweit ein Ausschluss des Nacherfüllungsanspruchs anzunehmen (vgl. „soweit" in § 275 I). Der Anspruch des Käufers beschränkt sich dann auf die noch mögliche Form der Nacherfüllung. Dies kommt beispielsweise beim Kauf einer bestimmten mangelhaften gebrauchten Sache (z. B. Gebrauchtwagen mit Getriebeschaden) in Betracht, bei dem eine Nachlieferung – im Gegensatz zu vertretbaren neuen Sachen – zumeist von vornherein ausscheiden wird (BT-Drucks. 14/6040, S. 232). Dem Käufer bleibt dann nur noch sein Recht auf Nachbesserung. Ausnahmen sind aber dann denkbar, wenn es dem Käufer eines gebrauchten Gegenstandes nicht auf die Individualisierung ankommt, so dass sein Leistungsinteresse auch durch die Lieferung eines anderen gleichwertigen gebrauchten Gegenstandes befriedigt werden kann. Dann bleibt sein Nachlieferungsanspruch neben dem Nachbesserungsanspruch bestehen. **44**

b) Unverhältnismäßige Kosten

Nach § 439 III 1 kann der Verkäufer die vom Käufer gewählte Art der Nacherfüllung bereits dann verweigern, wenn sie nur mit *unverhältnismäßigen Kosten* möglich ist. Die Vorschrift ist eine besondere Ausprägung des Grundsatzes von Treu und Glauben. Sie dient insbesondere dem nicht gewerblichen Verkäufer und dem Händler ohne Reparaturwerkstatt. Für die Beurteilung der Unverhältnismäßigkeit der Kosten sind insbesondere der Wert der Sache **45** in mangelfreiem Zustand, die Bedeutung des Mangels und die Frage zu berücksichtigen, ob auf die andere Art der Nacherfüllung ohne erhebliche Nachteile für den Käufer zurückgegriffen werden könnte (§ 439 III 2).

Bei geringwertigen Sachen des Alltags (z. B. Armbanduhr für 10 Euro) wird beispielsweise eine Nachbesserung in der Regel mit unverhältnismäßigen Aufwendungen verbunden sein, so dass dann nur eine Nachlieferung in Betracht kommen wird (BT-Drucks. 14/6040, S. 232). Kann umgekehrt z. B. der Mangel einer Waschmaschine durch einfaches Auswechseln einer Schraube behoben werden, so könnte eine vom Käufer verlangte Lieferung einer neuen Waschmaschine vom Verkäufer wegen damit verbundener unverhältnismäßiger Aufwendungen verweigert werden (BT-Drucks. 14/6040, S. 232).

46   Unter den Voraussetzungen des § 439 III 1 beschränkt sich der Anspruch des Käufers auf die *andere Art der Nacherfüllung* (§ 439 III 3, 1. Halbs.). Der Gesetzgeber stellt damit ausdrücklich klar, was ohnehin aus § 439 III 1 folgt.

Der Verkäufer ist berechtigt, auch die andere als die gewählte Art der Nacherfüllung zu verweigern, falls sie ebenfalls nur mit unverhältnismäßigen Kosten möglich wäre (§ 439 III 3, 2. Halbs.). In diesem Fall steht der Einwand unverhältnismäßiger Kosten dem Nacherfüllungsanspruch in Gestalt beider Formen entgegen. Der Käufer ist dann auf die Rechte aus § 437 Nr. 2 und 3 beschränkt. Diese kann er allerdings sofort geltend machen, ohne dass es einer Nachfristsetzung zur Nacherfüllung bedarf (vgl. § 440 S. 1).

Im **Fall e** ist eine Nachbesserung des Eichenholzes unmöglich und eine Nachlieferung mit unverhältnismäßigen Kosten verbunden. V kann deshalb die Nacherfüllung verweigern. Andererseits ist K nicht auf die Möglichkeit des Rücktritts beschränkt; er kann auch Schadensersatz geltend machen.

c) Grobes Missverhältnis zwischen Aufwand und Leistungsinteresse

47   Liegt keine Unmöglichkeit im Sinne des § 275 I vor, kann der Verkäufer trotzdem die Nacherfüllung verweigern, soweit diese einen Aufwand erfordert, der unter Beachtung des Inhalts des Schuldverhältnisses und der Gebote von Treu und Glauben in einem *groben Missverhältnis* zu dem Leistungsinteresse des Gläubigers steht (§ 275 II). Der Anwendungsbereich dieser Vorschrift beim Nacherfüllungsanspruch im Kaufrecht ist aber sehr gering. Denn diese Vorschrift soll Fälle erfassen, in denen die Behebung des Leistungshindernisses zwar theoretisch möglich wäre, dies aber kein vernünftiger Gläubiger ernsthaft erwarten kann, also Ausnahmesituationen, die wertungsmäßig der Unmöglichkeit im Sinne des § 275 I nahe kommen (Schulbeispiel: der verkaufte Ring liegt auf dem Grund eines Sees). Dann wird aber im Regelfall die Nacherfüllung mit unverhältnismäßigen Kosten verbunden sein, so dass bereits die Voraussetzungen eines Leistungsverweigerungsrechts nach § 439 III vorliegen. In solchen Fällen kann es aber im

Ergebnis dahingestellt bleiben, ob (auch) die engen Voraussetzungen des § 275 II vorliegen.

d) Unzumutbarkeit

Schließlich kann der Verkäufer die Nacherfüllung gem. § 275 III auch **48** dann verweigern, wenn er sie persönlich zu leisten hat und sie ihm unter Abwägung seines Interesses an dem Freiwerden von seiner Leistungspflicht mit dem Leistungsinteresse des Käufers nicht *zugemutet* werden kann (vgl. § 275 III). Auch die Einrede des § 275 III wird allerdings beim Nacherfüllungsanspruch praktisch keine Rolle spielen. Der Nacherfüllungsanspruch ist nämlich wie der originäre Erfüllungsanspruch nach § 433 I grundsätzlich keine höchstpersönliche Leistungspflicht. Außerdem liegt die Unverhältnismäßigkeitsgrenze des § 439 III unterhalb der Schwelle des Unzumutbarkeitseinwandes des § 275 III, so dass in aller Regel ohnehin ein Leistungsverweigerungsrecht nach § 439 III bestehen wird.

V. Rücktritt

Ziel des Rücktrittsrechts (§ 437 Nr. 2, 1. Fall) ist die Rückab- **49** wicklung des Vertragsverhältnisses unter Rückgewähr der empfangenen Leistungen (§ 346 I). Das Recht des Käufers, vom Vertrag zurückzutreten, bestimmt sich nach Maßgabe der §§ 440, 323 und 326 V (§ 437 Nr. 2, 1. Fall). Über diese gesetzliche Verweisung wird mit § 323 die zentrale Rücktrittsvorschrift des allgemeinen Leistungsstörungsrechts (AS § 23 Rdnr. 57 ff.) für anwendbar erklärt. Das Rücktrittsrecht nach § 437 Nr. 2, 1. Fall richtet sich damit maßgeblich nach den allgemeinen Regeln, wobei die besonderen Bestimmungen des § 440 ergänzend zu beachten sind.

1. Erfolglose Bestimmung einer Nachfrist

Der Käufer muss dem Verkäufer grundsätzlich eine *angemessene Frist zur Nacherfüllung* gesetzt haben. Das folgt aus § 323 I, auf den § 437 Nr. 2, 1. Fall verweist.

a) Bedeutung der Nachfrist

Durch das Erfordernis einer Nachfristsetzung hat der Gesetzgeber **50** den Vorrang des Nacherfüllungsanspruchs gegenüber dem Rücktrittsrecht abgesichert. Der Käufer soll zunächst seinen Nacherfüllungsanspruch verfolgen, bevor er andere Mängelrechte geltend machen kann. Umgekehrt bekommt der Verkäufer mit der Fristsetzung eine letzte Chance, den mit der Rückabwicklung des Vertrages verbundenen wirtschaftlichen Nachteil abzuwenden (Recht zur zweiten Andienung).

In der Notwendigkeit einer Nachfrist liegt eine Abweichung von der bis zum 31. 12. 2001 geltenden Rechtslage, wonach der Käufer sofort Wandelung verlangen konnte.

Die Nachfristsetzung bezieht sich nicht auf den originären Erfüllungsanspruch, sondern auf den Nacherfüllungsanspruch. Das ergibt sich aus der ausdrücklichen Erwähnung der Nacherfüllung in § 323 I. Wenn der Käufer nach erfolgloser Bestimmung einer Frist für die Nacherfüllung vom Vertrag zurücktreten will, braucht er nicht noch einmal eine Frist zur „Leistung" (vgl. § 323 I) zu setzen (BT-Drucks. 14/6040, S. 221).

b) Angemessenheit der Nachfrist

51   Welche Frist im Einzelfall *angemessen* ist, muss im Streitfall der Richter unter Berücksichtigung der Interessen beider Vertragspartner ermitteln. Dabei ist vorrangig auf die Interessen des Käufers abzustellen (BT-Drucks. 14/6040, S. 234); denn sein Anspruch aus § 433 I 2 ist nicht erfüllt worden. Ist danach die vom Käufer gesetzte Frist zu kurz, so ist die Fristsetzung nicht wirkungslos; vielmehr wird dadurch eine angemessene Frist in Lauf gesetzt.

c) Entbehrlichkeit der Nachfrist

52   Die Nachfristsetzung kann *ausnahmsweise entbehrlich* sein, so dass der Käufer – ohne zunächst Nacherfüllung begehren zu müssen – sofort vom Kaufvertrag zurücktreten kann.

aa) Zunächst ist die Nachfristsetzung unter den Voraussetzungen des *§ 323 II* entbehrlich (vgl. § 440 S. 1). Das ist gem. § 323 II Nr. 1 der Fall, wenn der Verkäufer die Nacherfüllung *ernsthaft und endgültig verweigert* (§§ 440 S. 1; 323 II Nr. 1). Ferner ist eine Ausnahme gegeben, wenn der Verkäufer nicht zu einem vertraglich vereinbarten Termin oder innerhalb einer bestimmten Zeit (relatives Fixgeschäft) eine mangelfreie Sache liefert und der Käufer im Vertrag den Fortbestand seines Leistungsinteresses von der Rechtzeitigkeit der Leistung abhängig gemacht hat (§ 323 II Nr. 2); darauf deuten Vertragsformulierungen wie „fix", „spätestens", „genau" pp.

hin. Schließlich macht auch das Vorliegen von *besonderen Umständen*, die unter Abwägung der beiderseitigen Interessen den sofortigen Rücktritt rechtfertigen, eine Nachfristsetzung verzichtbar (§ 323 II Nr. 3).

Die besonderen Umstände können sich insbesondere aus der Art des Mangels oder der Sache ergeben. Beispielsweise ist bei diesem Auffangtatbestand an Fälle zu denken, in denen die Parteien zwar kein Fixgeschäft vereinbart haben, die zeitliche Verzögerung bei der Erfüllung einer Verkäuferpflicht aus § 433 I 2 aber dazu führt, dass – auf Grund seiner besonderen Art – der Kaufgegenstand nicht wie vorgesehen verwendet werden kann (die Nacherfüllung mangelhafter Saisonartikel kann erst nach Ablauf der Saison abgeschlossen werden; vgl. BT-Drucks. 14/6040, S. 186).

bb) Weitere Ausnahmetatbestände vom Erfordernis der Nachfristsetzung sieht *§ 440 S. 1* vor: 53

(a) Zunächst ist der Fall genannt, dass der Verkäufer *beide Arten der Nacherfüllung* gemäß § 439 III *verweigern* kann (§ 440 S. 1, 1. Fall). Das setzt voraus, dass sowohl Nachlieferung als auch Nacherfüllung mit unverhältnismäßigen Kosten verbunden sind. Außerdem muss sich der Verkäufer auch auf die Einrede berufen. Besteht dagegen die Einrede nur hinsichtlich der einen Art der Nacherfüllung, so muss der Käufer dem Verkäufer für die andere Art der Nacherfüllung eine Frist setzen, bevor er zurücktreten kann.

(b) Weiterhin ist die Nachfristsetzung entbehrlich, wenn die vom Käufer gewählte Art der Nacherfüllung *fehlgeschlagen* ist (§ 440 S. 1, 2. Fall). Es ist dem Käufer nämlich nicht zuzumuten, nach vergeblichen Nachbesserungsversuchen des Verkäufers erst noch weitere Nacherfüllungsversuche mit ungewissen Erfolgsaussichten abzuwarten, bevor er die anderen Mängelrechte geltend machen kann. Von einem Fehlschlagen der Nacherfüllung ist auszugehen, wenn der Verkäufer trotz Aufforderung durch den Käufer die Nacherfüllung nicht in angemessener Frist vorgenommen hat, auch wenn im Einzelfall mit der Aufforderung durch den Käufer eine Fristsetzung nicht verbunden war (BT-Drucks. 14/6040, S. 222).   54

Für die Nachbesserung hat der Gesetzgeber in § 440 S. 2 zur praktischen Erleichterung eine Richtgröße vorgegeben. Nach dieser Vorschrift gilt eine Nachbesserung nach dem erfolglosen zweiten Versuch als fehlgeschlagen, wenn sich nicht insbesondere aus der Art der Sache oder des Mangels oder den sonstigen Umständen etwas anderes ergibt.

55 (c) Schließlich erklärt § 440 S. 1, 3. Fall eine Nachfristsetzung für entbehrlich, wenn die dem Käufer zustehende Art der Nacherfüllung ihm *(dem Käufer!) unzumutbar* ist. Damit sollen Fälle erfasst werden, in denen eine Abhilfe des Mangels mit erheblichen Unannehmlichkeiten für den Käufer verbunden sind, wobei auf die Art der Sache und den Zweck abzustellen ist (BT-Drucks. 14/6040, S. 233 f.).

56 cc) Aus §§ 437 Nr. 2, 1. Fall, 326 V ergibt sich, dass von einer Nachfristsetzung auch dann abgesehen werden kann, wenn der Schuldner nach § 275 I bis III nicht zu leisten braucht. Dabei geht es um Fälle, in denen die *Nacherfüllung unmöglich* ist (§ 275 I), der Aufwand für die *Nacherfüllung in einem groben Missverhältnis zu dem Leistungsinteresse des Käufers* steht (§ 275 II) oder die *Nacherfüllung bei höchstpersönlicher Verpflichtung* (im Kaufrecht nicht von Bedeutung) *unzumutbar* ist (§ 275 III).

2. Erklärung des Rücktritts

57 Der Rücktritt ist ein Gestaltungsrecht. Es wird durch einseitige empfangsbedürftige Willenserklärung ausgeübt. Der Käufer hat ihn gegenüber dem Verkäufer zu erklären (§ 349). Er ist formfrei möglich, selbst wenn der Kaufvertrag formbedürftig war (so § 456 S. 2 für den Wiederkauf), und er braucht nicht begründet zu werden. Die Rücktrittserklärung wird mit Zugang beim Verkäufer wirksam (§ 130 I). Der Käufer ist an den erklärten Rücktritt gebunden und kann ihn nicht nach seinem freien Willen zurücknehmen. Er kann daher beispielsweise nach erklärtem Rücktritt nicht mehr zur Minderung übergehen. Bei *mehreren Käufern oder Verkäufern* kann das Rücktrittsrecht nur von allen Käufern und gegen alle Verkäufer ausgeübt werden (§ 351 S. 1). Erlischt das Rücktrittsrecht für einen der Berechtigten, so erlischt es auch für die übrigen (§ 351 S. 2).

58 Bis zum 1. 1. 2002 war im Gesetz bei Sachmängeln kein Rücktrittsrecht vorgesehen. Stattdessen hatte der Käufer einen Anspruch auf Wandelung. Zwar fanden auf die Wandelung über § 467 a. F. grundsätzlich die Rücktrittsregeln Anwendung. Trotzdem gab es gegenüber dem Rücktrittsrecht Besonderheiten, weil die Wandelung kein Gestaltungsrecht war, sondern der Käufer einen Anspruch auf Wandelung hatte. So war beispielsweise für die Vollziehung der Wandelung ein Einverständnis des Käufers erforderlich – eine einseitige Erklärung genügte nicht (vgl. § 465 a. F.). Zu der Frage, wie dieses Einverständnis herbeizuführen war, hatten sich mehrere Theorien gebildet (s. dazu 26. Aufl., Rdnr. 77 ff.). Dieser Meinungsstreit ist seit der Schuldrechtsreform überholt.

3. Rechtsfolgen des Rücktritts

a) Rückabwicklungsschuldverhältnis

Durch den Rücktritt erlöschen die beiderseitigen Leistungspflich-   59
ten, und es entsteht ein Rückabwicklungsschuldverhältnis, für das
nach §§ 437 Nr. 2, 1. Fall, 323 die allgemeinen Rücktrittsregeln der
§§ 346 ff. gelten (dazu AS § 18 Rdnr. 15 ff.). Die Parteien haben also
die empfangenen Leistungen Zug um Zug zurückzugewähren
(§§ 346, 348).

Der Verkäufer hat nicht nur den empfangenen Kaufpreis zurückzuerstatten, sondern auch die erlangten Zinsen (gezogene Nutzungen nach §§ 346 I,
100) herauszugeben. Umgekehrt muss der Käufer nicht nur die Kaufsache
zurückübereignen, sondern auch die gezogenen Nutzungen herausgeben
(§ 346 I) und für nicht gezogene Nutzungen, soweit ihm die Nutzungsziehung
möglich gewesen wäre, Wertersatz leisten (§ 347 I 1).

b) Folgen für die anderen Mängelrechte

Ferner führt der Rücktritt zum Erlöschen des Nacherfüllungsan-   60
spruchs und des Minderungsrechts des Käufers. Das folgt aus dem
Wegfall der beiderseitigen Leistungspflichten. Dagegen können
Schadensersatz- und Aufwendungsersatzansprüche grundsätzlich
neben dem Rücktritt geltend gemacht werden (vgl. § 325 sowie
§ 437 Nr. 2 a. E.: „und"). Eine Ausnahme gilt für den kleinen Schadensersatz (dazu Rdnr. 93). Will der Käufer die mangelhafte Sache
(nach Rücktrittsregeln) zurückgeben, kann er nicht gleichzeitig den
mangelbedingten Minderwert oder die Kosten für die Reparatur der
mangelhaften Sache ersetzt verlangen.

4. Ausschluss des Rücktrittsrechts

In einer Reihe von Fällen ist der Rücktritt ausgeschlossen.   61

a) Unerheblichkeit des Mangels

Für den Rücktritt gibt es eine Bagatellgrenze. Er ist ausgeschlossen,
wenn der Sachmangel unerheblich ist (vgl. § 437 Nr. 2, 1. Fall i. V. m.
§ 323 V 2: „Pflichtverletzung unerheblich"). Das gilt auch bei einem
Rücktrittsrecht nach §§ 437 Nr. 2, 1. Fall, 326 V, wenn also der

Schuldner nach § 275 I–III nicht zu leisten braucht. Der Gesetzgeber hat damit das Rücktrittsrecht gegenüber den anderen Mängelrechten, die eine solche Bagatellgrenze nicht vorsehen, eingeschränkt.

62   Ob der Mangel erheblich ist, muss unter Berücksichtigung aller Umstände, vor allem des Verwendungszwecks und der Verkehrsanschauung ermittelt werden. Ein unerheblicher Sachmangel kann insbesondere dann vorliegen, wenn er innerhalb kürzerer Frist von selbst verschwindet oder leicht behoben werden kann.

Beispiele: Die vorübergehende Feuchtigkeit eines Neubaus ist kein erheblicher Mangel, da sie bald vergeht. Bejaht man im **Fall b** bei Nichtübereinstimmung von Fahrzeug-Ident.Nr. und Kraftfahrzeugbrief einen Sachmangel, dann ist zu prüfen, ob er leicht (z. B. durch vorläufige Zulassung bis zum Abschluss des eigentlichen Zulassungsverfahrens) behoben werden kann (vgl. BGHZ 10, 242, 247 f.). Im **Fall c** dürfte es sich bei dem kleinen Lackfehler an dem Kühlschrank um einen unerheblichen Mangel handeln, zumal er sich nicht auf der Frontseite, sondern an einer Seitenwand befindet. Etwas anderes mag im Einzelfall gelten, wenn gerade die Seitenwand gut zu sehen ist. Bei Unerheblichkeit scheidet ein Rücktritt des K aus; er kann aber mindern (vgl. § 441 I 2).

63   Vor der Schuldrechtsreform schloss die Unerheblichkeit des Fehlers (vgl. § 459 I 2 a. F.) nicht nur die Wandelung, sondern – abgesehen vom Sonderfall der zugesicherten Eigenschaft – die damalige Sachmängelgewährleistung insgesamt aus. Für die Beurteilung, ob ein Sachmangel erheblich ist, kann auf die zu § 459 I 2 a. F. ergangene Rechtsprechung zurückgegriffen werden.

b) Bagatellgrenze beim Quantitätsmangel

64   Ob auch bei einem Quantitätsmangel (**Fall j**) schon die Erheblichkeit der Zuweniglieferung zum Rücktritt berechtigt (§ 323 V 2) oder in diesem Fall eine Teilleistung anzunehmen ist, die nur bei Interessewegfall ein Rücktrittsrecht gewährt (§ 323 V 1), ist umstritten. Nach § 434 III steht es einem Sachmangel gleich, wenn der Verkäufer eine zu geringe Menge liefert (dazu Rdnr. 26). Schließt man aus dieser Gleichstellung von Sachmängeln und Zuweniglieferung, dass eine einheitliche Behandlung derartiger Fälle erfolgen soll, reicht für das Rücktrittsrecht des Käufers die Erheblichkeit des Mengendefizits i. S. d. § 323 V 2 aus (dürfte im **Fall j** zu bejahen sein). Legt man dagegen § 434 III eng aus, dass nämlich dort nur geregelt werden soll, dass die Zuweniglieferung (Teillieferung) ein Mangel ist und deshalb Mängelrechte auslöst, nicht dagegen unter welchen Bedingungen sie zum Rücktritt berechtigt, kann der Käufer gem. § 437 Nr. 2, 1. Fall

i. V. m. § 323 V 1 (Teilleistung) nur bei Interessewegfall vom ganzen Vertrag zurücktreten (dürfte im **Fall j** zweifelhaft sein).

Die erstgenannte Ansicht verdient den Vorzug. Allein sie findet 65 bereits im Wortlaut des Gesetzes eine starke Stütze („Einem Sachmangel steht es gleich …"). Steht die Zuweniglieferung einem Sachmangel gleich, muss sie wie ein Sachmangel nach § 323 V 2 und nicht wie eine Teillieferung nach § 323 V 1 behandelt werden. Dafür spricht auch der Sinn und Zweck des § 434 III. Der Gesetzgeber hat mit der Gleichstellung von Sachmangel und Zuweniglieferung zum Ausdruck bringen wollen, dass für den Käufer die Interessenlage in beiden Fällen gleich ist (vgl. BT-Drucks. 14/6040, S. 216).

Es macht für den Käufer keinen Unterschied, ob ihm von den gekauften 100 Flaschen Wein nur 50 geliefert werden, oder ob er zwar 100 Flaschen erhält, von denen aber 50 ungenießbar sind. In beiden Fällen erhält er nur 50 brauchbare Flaschen. Um der gleichen Interessenlage gerecht zu werden, muss konsequenterweise die Zuweniglieferung in ihren Rechtsfolgen einem Sachmangel gleich gestellt sein, und zwar auch hinsichtlich der allgemeinen Leistungsstörungsregeln (z. B. Rücktritt), auf die § 437 Nr. 2, 1. Fall gerade verweist.

c) Verantwortlichkeit des Käufers für den Mangel

Der Rücktritt ist auch dann ausgeschlossen, wenn der Käufer für 66 den Umstand, der ihn zum Rücktritt berechtigen würde, *allein oder weit überwiegend verantwortlich* ist (§ 437 Nr. 2, 1. Fall i. V. m. § 323 VI, 1. Fall). Der Käufer soll also die Preisgefahr tragen, wenn der Mangel der Kaufsache auf seine Verantwortlichkeit zurückzuführen ist.

Beschädigt der Käufer beispielsweise die Kaufsache zwar nach Vertragsschluss, aber vor der Übergabe an ihn, ist ihm das Rücktrittsrecht verwehrt. Denn schließlich ist er selbst für den Sachmangel verantwortlich.

d) Mangeleintritt bei Annahmeverzug des Käufers

Ein Rücktrittsrecht des Käufers scheidet ferner aus, wenn der vom 67 Verkäufer nicht zu vertretende Eintritt des Mangels (der an sich den Käufer zum Rücktritt berechtigen würde) zu einer Zeit eintritt, zu welcher der Käufer *im Verzug der Annahme* ist (§§ 437 Nr. 2, 323 VI, 2. Fall). Die Gegenleistungsgefahr soll somit auf den Käufer auch dann übergehen, wenn er sich im Annahmeverzug befindet.

Im Kaufrecht hat § 323 VI, 2. Fall allerdings in der Regel keine Be-
deutung. Denn eine Beschaffenheitsabweichung stellt nur dann einen
Sachmangel i. S. v. § 434 I dar, wenn sie bei Gefahrübergang vorliegt.
Dieser tritt nach § 446 S. 3 mit Annahmeverzug des Käufers ein.

e) Treu und Glauben

68   Schließlich kann auch der Grundsatz von Treu und Glauben
(§ 242) im Einzelfall zum Ausschluss des Rücktrittsrechts führen.

Dabei ist insbesondere an solche Fälle zu denken, in denen der Verkäufer
trotz Nachfristsetzung nicht mit dem Rücktritt rechnen musste. Das betrifft
Sondersituationen, in denen sich aus einer ausdrücklichen Erklärung des
Käufers oder den Umständen ergibt, dass die Nachfristsetzung nicht als
endgültig – und den Weg zu den Sekundärrechten der §§ 437 Nrn. 2 und 3
eröffnend – gemeint war (BT-Drucks. 14/6040, S. 222). Das werden seltene
Ausnahmefälle sein, die zudem kaum beweisbar sein dürften.

5. Teilrücktritt

69   Sind von mehreren verkauften Sachen nur einzelne mangelhaft,
sieht das Gesetz als Grundsatz den *Teilrücktritt* vor (vgl. §§ 437
Nr. 2, 1. Fall, 323 V 1). Der Käufer kann also im Regelfall nur bezüglich der mangelhaften Kaufgegenstände, nicht dagegen vom ganzen Kaufvertrag zurücktreten.

Hat beispielsweise ein Kunde mit einem Vertrag zwei Hemden erworben,
von denen eines beschädigt ist, kann er nur bezüglich dieses Hemdes zurücktreten.

Dagegen kann er vom *ganzen Vertrag* nur dann zurücktreten,
wenn er an der Teilerfüllung *kein Interesse* (mehr) hat. Ein Interessewegfall ist anzunehmen, wenn es für den Käufer günstiger ist, im
Ganzen neu abzuschließen (vgl. BGH NJW 1990, 2550).

VI. Minderung

70   Statt zurückzutreten kann der Käufer nach § 441 den Kaufpreis
mindern (§ 437 Nr. 2, 2. Fall). Das Minderungsrecht ist ein besonderes Mängelrecht des Käufers, das es im allgemeinen Leistungsstörungsrecht nicht gibt.

1. Erfolglose Bestimmung einer Nachfrist

Aus der Formulierung des § 441 I 1, wonach der Käufer „statt zurückzutreten" mindern kann, folgt, dass sämtliche Voraussetzungen für den Rücktritt vorliegen müssen (BT-Drucks. 14/6040, S. 235). Deshalb findet auch § 323 I Anwendung, der durch das Erfordernis der erfolglosen Bestimmung einer Frist für die Nacherfüllung den Vorrang des Nacherfüllungsanspruchs (§§ 437 Nr. 1, 439; dazu Rdnr. 40) absichert. Da § 441 für die Minderung insoweit keine besonderen Bestimmungen enthält, kann auf die Ausführungen zur Nachfristsetzung beim Rücktritt einschließlich ihrer Entbehrlichkeit (dazu Rdnr. 49 ff.) verwiesen werden.

2. Berechnung der Minderung

Minderung bedeutet *Herabsetzung des Kaufpreises* (vgl. § 441   71 III 1). Diese erfolgt nicht einfach dadurch, dass der Käufer anstelle des vereinbarten Kaufpreises den wirklichen Wert der (mangelhaften) Kaufsache zu zahlen hat. Vielmehr legt das Gesetz die sog. *relative Berechnungsmethode* zu Grunde. Der Kaufpreis ist in dem Verhältnis herabzusetzen, „in welchem *zur Zeit des Vertragsschlusses* der Wert der Sache in mangelfreiem Zustand zu dem wirklichen Wert gestanden haben würde" (§ 441 III 1). Es ist also folgende Gleichung aufzustellen:

Vereinbarter Kaufpreis : geminderter Kaufpreis (X) = Wert ohne Mangel : Wert mit Mangel

Der zu zahlende (geminderte) Preis X beträgt demnach:

$$X = \frac{\text{Wert mit Mangel} \times \text{vereinbarter Kaufpreis}}{\text{Wert ohne Mangel}}$$

Im **Fall g** hat der Käufer zu zahlen:

$$X = \frac{80 \times 90}{120} = 60 \text{ Euro}$$

Hier hat der Käufer einen für sich günstigen Vertrag abgeschlossen, da er die Vase, die mangelfrei 120 Euro wert war, für 90 Euro gekauft hat. Hätte er anstelle des vereinbarten Preises von 90 Euro den Wert der Vase in mangelhaftem Zustand, also 80 Euro, zu zahlen, so würde der Käufer benachteiligt, da er den bei Vertragsschluss erzielten Vorteil verlieren würde.
Hat umgekehrt der Verkäufer mit dem Kauf ein gutes Geschäft gemacht, indem er im **Fall g** die Vase mit einem Wert von 120 Euro zum Preis von

150 Euro verkauft hat, dann würde er benachteiligt, wenn der Käufer wegen des Mangels nur den wirklichen Wert der Vase (80 Euro) zu entrichten hätte. Hier beträgt der geminderte Preis nach der obigen Formel 100 Euro.

72　Im Übrigen ist die Minderung, soweit erforderlich, durch *Schätzung* zu ermitteln (§ 441 III 2).

Eine Regelung über die Berechnung des Minderungsbetrages für den Fall, dass der *Käufer* für den Mangel ausnahmsweise *mitverantwortlich* ist, hat der Gesetzgeber nicht für erforderlich gehalten. Dies soll sich nach dem Rechtsgedanken des § 254 richten (BT-Drucks. 14/6040, S. 235).

3. Geltendmachung und Folgen der Minderung

a) Ausübung des Minderungsrechts

73　Das Minderungsrecht ist wie das Rücktrittsrecht kein Anspruch, sondern ein *Gestaltungsrecht*. Es wird durch einseitige Erklärung gegenüber dem Verkäufer ausgeübt (§ 441 I 1). Bei mehreren Verkäufern oder Käufern kann die Minderung ebenso wie der Rücktritt nur von allen oder gegen alle erklärt werden (§ 441 II). Selbst in den Fällen, in denen die Verpflichtung des Verkäufers zur Nacherfüllung entfällt (§ 275 I–III), wird der Käufer nicht kraft Gesetzes von seiner Verpflichtung zur Zahlung des Kaufpreises frei (§ 326 I 2), sondern es bedarf einer Minderungserklärung.

74　Vor der Schuldrechtsreform war die Minderung ebenso wie die Wandelung nicht als Gestaltungsrecht, sondern als Anspruch (auf Herabsetzung des Kaufpreises) geregelt (§ 462 a. F.). Zur Vollziehung der Minderung war das Einverständnis des Verkäufers erforderlich (§ 465 a. F.). Wie die Vollziehung erfolgte, wenn der Verkäufer sein Einverständnis verweigerte, war umstritten (26. Aufl., Rdnr. 82, 77). Der Theorienstreit ist seit dem 1. 1. 2002 überholt.

b) Einrede vor Zahlung des Kaufpreises

75　Solange der Kaufpreis noch nicht vollständig gezahlt ist, steht dem Käufer die Einrede der Minderung zu. Er kann dann in Höhe des Minderungsbetrages die Kaufpreiszahlung verweigern.

c) Erstattung des Minderungsbetrages nach Zahlung des Kaufpreises

76　Hat der Käufer bereits mehr als den geminderten Kaufpreis gezahlt, so ist der Mehrbetrag vom Verkäufer zu erstatten (§ 441

IV 1). Auf diesen (selbstständigen) Anspruch finden die Rücktritts-
vorschriften der §§ 346 I, 347 I (dazu AS § 18 Rdnr. 15 ff.) entsprechende Anwendung. Der Käufer kann also auch die gezogenen und
unter Umständen die entgegen der Regeln einer ordnungsgemäßen
Wirtschaft nicht gezogenen Nutzungen verlangen.

d) Folgen der Minderung für die anderen Mängelrechte

Die Ausübung des Minderungsrechts führt zum Erlöschen des   77
Nacherfüllungsanspruchs. Wenn sich die Zahlungsverpflichtung des
Käufers verringert, kann keine Verpflichtung zur mangelfreien Verschaffung mehr bestehen. Auch der Rücktritt ist durch die Minderung ausgeschlossen. Rücktritt und Minderung stehen nämlich in
einem Alternativverhältnis zueinander und schließen sich gegenseitig
aus (vgl. § 437 Nr. 2: „zurücktreten oder ... mindern", § 441 I:
„statt zurückzutreten").

Schadensersatz- und Aufwendungsansprüche können dagegen
weiterhin grundsätzlich *neben* der Minderung verlangt werden (vgl.
§ 437 Nr. 2 a.E.: „und"; siehe auch BT-Drucks. 14/6040, S. 226).
Lediglich der große Schadensersatzanspruch (dazu Rdnr. 94 ff.) ist
nach ausgeübter Minderung ausgeschlossen, da sich in diesem Fall
der Käufer entschieden hat, die mangelhafte Sache zu behalten.

4. Ausschluss des Minderungsrechts

Da der Käufer „statt zurückzutreten" (vgl. § 441 I 1) mindern   78
kann, ist das Minderungsrecht grundsätzlich dann ausgeschlossen,
wenn dem Käufer die Ausübung des Rücktrittsrechts versagt ist
(Rdnr. 61 ff.). Insbesondere besteht ein Minderungsausschluss, wenn
der Käufer für den Mangel allein oder weit überwiegend verantwortlich ist (§ 437 Nr. 2, 1. Fall i.V.m. § 323 VI, 1. Fall).

Das Minderungsrecht ist aber – anders als das Recht zum Rücktritt – auch
in Bagatellfällen (unerhebliche Mängel) nicht ausgeschlossen. Nach § 441 I 2
findet der Ausschlussgrund des § 323 V 2 keine Anwendung.

VII. Schadensersatz

79   Neben Rücktritt oder Minderung kann der Käufer nach Maßgabe der §§ 440, 280, 281, 283 und 311a Schadensersatz verlangen (§ 437 Nr. 3, 1. Fall). Wie das Rücktrittsrecht ist also auch der Schadensersatzanspruch des Käufers nach der Schuldrechtsreform nicht (mehr) speziell im Kaufrecht geregelt, sondern ergibt sich grundsätzlich aus den Vorschriften des allgemeinen Leistungsstörungsrechts, auf die § 437 Nr. 3, 1. Fall verweist. Diese Bestimmungen werden durch § 440 geringfügig ergänzt. Die Voraussetzungen des Schadensersatzanspruchs hängen davon ab, welchen Schaden der Käufer ersetzt verlangt.

1. Schadensersatz statt der Leistung

a) Schadensersatz wegen eines behebbaren Mangels

80   Ist der Mangel der Kaufsache behebbar, wird der Verkäufer von seiner Nacherfüllungspflicht nicht nach § 275 I–III frei. In diesen Fällen kann der Käufer *Schadensersatz statt der Leistung* nach §§ 437 Nr. 3, 281, 280 I (vgl. AS § 23 Rdnr. 34 ff.) verlangen.

aa) Der Anspruch hat folgende *Voraussetzungen:*

(1) Der Verkäufer muss die ihn nach § 433 I 2 treffende *Pflicht, dem Käufer die Sache frei von Mängeln zu verschaffen, verletzt* haben (dazu Rdnr. 6 ff.). Der Mangel der Kaufsache muss behebbar sein. Für den Verkäufer darf kein Leistungshindernis i.S.d. § 275 I–III bestehen; andernfalls gelten nämlich die §§ 311a II, 283 (dazu Rdnr. 97 ff.).

Im **Fall h** kann das defekte Netzteil ausgewechselt werden. Es handelt sich also um einen behebbaren Mangel.

81   (2) Der Verkäufer muss die Lieferung einer mangelhaften Sache *zu vertreten haben* (§ 280 I).

(a) Grundsätzlich hat der Verkäufer Vorsatz und Fahrlässigkeit zu vertreten (§ 276 I 1). Ein solches *Verschulden* ist zu bejahen, wenn der Verkäufer zumindest infolge Fahrlässigkeit nicht erkannt bzw. nicht verhindert hat, dass der Käufer eine mangelhafte Sache erhalten hat. Dagegen ist es nicht erforderlich, dass der Verkäufer die Mangelhaftigkeit der Sache selbst verschuldet hat (v. Wilmowsky, JuS 2002, Beil. zu Heft 1, S. 24).

Damit erfährt der Anwendungsbereich des gewährleistungsrechtlichen Schadensersatzes beim Kaufvertrag nach der Schuldrechtsreform eine deutliche Erweiterung. Nach dem bisherigen § 463 a. F. konnte der Käufer lediglich beim Fehlen einer zugesicherten Eigenschaft oder beim arglistigen Verschweigen eines Fehlers (dazu 26. Aufl., Rdnr. 88 f.) Schadensersatz verlangen. Nunmehr genügt bereits leichteste Fahrlässigkeit bezüglich der Lieferung einer mangelhaften Sache, um einen Schadensersatzanspruch zu begründen.

Welche Sorgfaltsanforderungen i. S. d. § 276 II an den Verkäufer   82
gestellt werden können, hängt von den Umständen des Einzelfalls und der Verkehrsanschauung ab.

Dabei spielen insbesondere die Sachkunde und Kenntnisse des Verkäufers eine Rolle. So kann von dem Fachhändler eine höhere Sorgfalt als von einem privaten Verkäufer erwartet werden. Auch hat der Hersteller der Ware gegenüber dem Händler höhere Sorgfaltspflichten bezüglich der Untersuchung der Mangelfreiheit der Sachen. Weiterhin hat die Produktart einen nicht unerheblichen Einfluss auf den vom Verkäufer zu beachtenden Sorgfaltsmaßstab. Bei hochwertigen und teuren Produkten oder aufwendigen Einzelstücken wird eher eine Untersuchungspflicht des Verkäufers angenommen werden können als bei billiger Massenware.

Das *Vertretenmüssen* des Verkäufers ist nach der Gesetzesfassung   83
zu vermuten. Der Verkäufer hat sein Nichtvertretenmüssen zu beweisen (zur Beweislastverteilung vgl. §§ 283 S. 1; 280 I 2: „Dies gilt nicht, wenn ... nicht zu vertreten"). Das dürfte im **Fall h** dem V schwerfallen; von ihm als Fachhändler ist wohl zu erwarten, dass er den PC vor der Auslieferung testet.

(b) Ausnahmsweise hat der Verkäufer die Lieferung einer man-   84
gelhaften Sache auch ohne Verschulden zu vertreten, wenn er vertraglich eine *Garantie* übernommen hat (§ 276 I 1 a. E.).

In dem § 276 I 1 ist neben der Garantie auch die *Übernahme eines Beschaffungsrisikos* erwähnt. Sie spielt aber für die Mängelhaftung des Verkäufers keine Rolle. Sie bedeutet lediglich, dass der Verkäufer auch ohne Verschulden nach den §§ 280 I, III, 283 zum Schadensersatz verpflichtet ist, wenn es ihm nicht gelingt, die verkaufte Sache zu besorgen und wenn er deshalb nach § 275 I von seiner Leistungspflicht frei wird.

Unter der Übernahme einer Garantie ist die Zusicherung des Ver-   85
käufers zu verstehen, dass die Kaufsache eine bestimmte Eigenschaft

hat, verbunden mit dem Versprechen des Verkäufers, für das Fehlen dieser Eigenschaft auch ohne Verschulden einstehen zu wollen (BGH NJW 1991, 912; 2001, 3130, 3131).

86   *Eigenschaften* sind alle rechtlichen und tatsächlichen Umstände, die auf die Wertschätzung der Sache Einfluss haben. Die Zusicherung, dass ein bestimmter Fehler nicht vorhanden sei, steht der Zusicherung einer Eigenschaft gleich.

Allgemeine Anpreisungen („hochfeine Biere", „garantiert frische Bücklinge", **Fall i**) sind daher nicht ausreichend. Auch Angaben in Prospekten und Katalogen beschreiben in der Regel nur die Beschaffenheit der Kaufsache (vgl. § 434 I 3), stellen aber keine Zusicherungen i. S. einer Garantie dar.

87   Die Übernahme einer Garantie ist formlos möglich und kann auch *stillschweigend* erfolgen (vgl. BGHZ 59, 160; BGH NJW 1996, 836). Das ist etwa dann der Fall, wenn ein Handelsbrauch oder eine Verkehrsübung besteht, wonach die Angaben des Verkäufers als zugesichert gelten (BGH WM 1991, 1723). Regelmäßig ist das aber nicht anzunehmen. Immer muss ein entsprechender Verpflichtungswille des Verkäufers festgestellt werden. Eine stillschweigende Garantieübernahme darf nicht vorschnell angenommen werden, nur um dem Käufer aus Billigkeitsgründen einen verschuldensunabhängigen Schadensersatzanspruch zu gewähren. Der BGH stellt in ständiger Rechtsprechung an die Annahme einer stillschweigenden Zusicherung in der Regel strenge Anforderungen (vgl. BGHZ 128, 111, 114; BGH NJW 1996, 836; NJW 2000, 3130, 3131); lediglich beim Verkauf eines Pkw durch einen Gebrauchtwagenhändler ist der BGH im Hinblick auf die besondere Schutzbedürftigkeit des Käufers großzügiger.

Beispiele: Beim Verkauf von Lebensmitteln nehmen beide Parteien zwar grundsätzlich an, dass die gekauften Sachen ohne Gesundheitsbeschädigung genossen werden können. Ist das nicht der Fall, liegt zwar ein Sachmangel vor; man kann aber nicht ohne weiteres davon ausgehen, dass der Verkäufer eine Garantie für die Genießbarkeit übernommen hat (**Fall i**). Dagegen hat die Rechtsprechung beim Gebrauchtwagenkauf in Formulierungen wie „fabrikneu" (BGH NJW 2000, 2018), „werkstattgeprüft" (BGH NJW 1983, 2192), „TÜV neu" (BGHZ 103, 275), „fahrbereit" (BGHZ 122, 256), „Austauschmotor" (BGH NJW 1981, 1268) sowie bei Angaben zum Kilometerstand (BGH NJW 1975, 1693) das Vorliegen einer Zusicherung bejaht. Mit der Angabe „Generalüberholung" eines Motors garantiere der Verkäufer, dass in einer Werkstatt sämtliche beweglichen Motorteile ausgebaut und, soweit erforderlich, entweder hergerichtet oder erneuert und die feststehenden Teile auf ihre Unversehrtheit hin untersucht wurden (BGH NJW 1995, 956). Dagegen soll die Typenbezeichnung eines Pkw nicht die Zusicherung umfassen, dass das Fahrzeug mit einem dem Typ entsprechenden Motor ausgerüstet ist (BGH NJW 1985, 967; vgl. auch BGH NJW 1991, 1880).

Beim Fehlen einer zugesicherten Eigenschaft hatte der Käufer auch schon **88** vor der Schuldrechtsreform einen Schadensersatzanspruch nach § 463 S. 1 a. F. Infolge der Integration des Schadensersatzanspruches in das allgemeine Leistungsstörungsrecht durch die Verweisung in § 437 Nr. 3, 1. Fall auf die §§ 280, 311 a hat der Gesetzgeber die rechtlichen Folgen einer Zusicherung ebenfalls im Allgemeinen Schuldrecht geregelt, und zwar beim Vertretenmüssen des Schuldners i. S. d. § 276 I 1. In der dort geregelten Garantie ist somit die frühere Regelung über die Zusicherung von Eigenschaften aufgegangen (vgl. BT-Drucks. 14/6040, S. 132). Daher kann bei der Anwendung und Auslegung des Begriffs der Garantie grundsätzlich auf die zu § 463 S. 1 a. F. ergangene Rechtsprechung zurückgegriffen werden.

Ergänzend sei erwähnt, dass im Garantiefall dem Käufer neben dem An- **89** spruch auf Schadensersatz wegen zu vertretender Lieferung einer mangelhaften Sache nach den §§ 437 Nr. 3, 280, 276 I 1 gegen den Verkäufer oder gegen einen Dritten (z. B. den Hersteller) gem. § 443 die Rechte aus der Garantieerklärung zustehen (sog. *unselbstständige Garantie*; dazu Rdnr. 115 ff.). Falls sich die Garantie des Verkäufers nicht auf eine Eigenschaft der Kaufsache, sondern auf einen über die Mangelfreiheit hinausgehenden Erfolg bezieht, spricht man von einem *selbstständigen Garantievertrag* (vgl. BGH NJW 1981, 1600).

(3) Der Käufer muss dem Verkäufer grundsätzlich erfolglos eine **90** *angemessene Frist zur Nacherfüllung* gesetzt haben (§§ 437 Nr. 3, 1. Fall, 281 I 1). Durch das Erfordernis einer Nachfristsetzung hat der Gesetzgeber den Vorrang des Nacherfüllungsanspruchs auch gegenüber dem Schadensersatzanspruch abgesichert. Bei behebbaren Mängeln soll der Käufer primär seinen Nacherfüllungsanspruch verfolgen, bevor er auf Schadensersatz übergehen kann. Zur Angemessenheit der Frist s. Rdnr. 51.

Die *Nachfristsetzung* kann aber in Ausnahmefällen *entbehrlich* **91** sein, so dass der Käufer sofort Schadensersatz verlangen kann:

(a) Zum einen kann sich die Entbehrlichkeit der Nachfristsetzung aus § 281 II ergeben (vgl. § 440 S. 1: „Außer in den Fällen des § 281 II"): Dort ist zunächst der Fall geregelt, dass der Verkäufer die Nacherfüllung *ernsthaft und endgültig verweigert* (§§ 437 Nr. 3, 1. Fall, 281 II, 1. Fall). Weiterhin gilt eine Ausnahme beim Vorliegen *besonderer Umstände*, die unter Abwägung der beiderseitigen Interessen die sofortige Geltendmachung des Schadensersatzanspruchs rechtfertigen (§§ 437 Nr. 3, 281 II, 2. Fall). Dabei ist an sog. „Just-in-time-

Verträge" zu denken, bei denen der eine Teil dem anderen Teil zu einem bestimmten Zeitpunkt liefern muss, wenn dessen Produktion ordnungsgemäß betrieben werden soll (BT-Drucks. 14/6040, S. 140).

92   (b) Weitere Ausnahmetatbestände sieht – der auch beim Rücktritt geltende – § 440 S. 1 vor. Danach ist die Bestimmung einer Nachfrist entbehrlich, wenn der Verkäufer *beide* Arten der *Nacherfüllung* gemäß § 439 III *verweigern* kann (§ 440 S. 1, 1. Fall; dazu Rdnr. 53), wenn die vom Käufer gewählte Nacherfüllung *fehlgeschlagen* ist (§ 440 S. 1, 2. Fall; dazu Rdnr. 54) und wenn die dem Käufer zustehende Art der Nacherfüllung ihm *(dem Käufer!) unzumutbar* ist (§ 440 S. 1, 3. Fall; dazu Rdnr. 55).

93   bb) Die Geltendmachung des Schadensersatzanspruchs führt zum Erlöschen des Nacherfüllungsanspruchs (§§ 437 Nr. 3, 281 IV). Der Käufer bekommt über §§ 437 Nr. 3, 281, 280 I *Schadensersatz statt der Leistung*. Ersetzt wird also der sog. *Mangelschaden* (dazu Rdnr. 100). Für die Berechnung dieses Anspruches gibt es zwei Möglichkeiten:

(1) Grundsätzlich ist der Käufer darauf beschränkt, den sog. *kleinen Schadensersatz* zu verlangen (§ 281 I 1). Er behält die mangelhafte Sache und verlangt im Übrigen, so gestellt zu werden, als ob gehörig erfüllt worden wäre. Er kann dann in erster Linie als Schaden die Zahlung der Differenz zwischen dem Wert der gelieferten mangelhaften Sache und dem Wert der Sache im mangelfreien Zustand verlangen. Der Ersatz des reinen Minderwertes führt damit praktisch zu dem gleichen Ergebnis wie eine Minderung (dazu Rdnr. 71). Statt des reinen Minderwertes können aber auch die u. U. höheren Kosten, die für eine Beseitigung des Mangels erforderlich sind, ersetzt verlangt werden. Außerdem stellt auch der sog. unmittelbare Vermögensschaden, der auf dem Sachmangel beruht, eine ersatzfähige Schadensposition im Rahmen des Mangelschadens dar. Dieser Vermögensschaden kann insbesondere in Schadensersatzpflichten des Käufers bestehen, die ihre Ursache darin haben, dass der Käufer die bereits weiterverkaufte Sache wegen deren Mangelhaftigkeit an seinen Vertragspartner nicht mangelfrei liefern kann. Wenn der Käufer die Sache wegen des Mangels schon nicht (mit Gewinn) weiter verkaufen konnte, ist der entgangene Gewinn ersatzfähig.

(2) Der Anspruch auf den sog. *großen Schadensersatz* (wahlweise   94
zum kleinen Schadensersatz) steht dem Käufer gem. § 281 I 3
(„Schadensersatz statt der *ganzen* Leistung") nur zu, wenn der *Mangel erheblich* ist. Beim großen Schadensersatzanspruch gibt der Käufer die mangelhafte Sache zurück und verlangt Ersatz des Schadens, der ihm infolge Nichterfüllung des ganzen Vertrages entstanden ist. Der Käufer erhält also den bereits gezahlten Kaufpreis zurück und kann als Nichterfüllungsschaden z. B. die Kosten der Ersatzbeschaffung, den entgangenen Gewinn oder die Freistellung von der Haftung aus Weiterverkäufen verlangen. Beim Kauf eines Neuwagens kann er außer dem bar bezahlten Kaufpreisteil auch den für seinen in Zahlung gegebenen Altwagen auf den Kaufpreis angerechneten Geldbetrag beanspruchen (vgl. BGHZ 128, 111).

> Zur Erheblichkeit des Mangels s. Rdnr. 62. Nach der Fassung des Gesetzeswortlauts ist zu vermuten, dass der Mangel erheblich ist. Die Beweislast für Unerheblichkeit liegt beim Verkäufer (vgl. § 281 I 3: „... kann der Gläubiger Schadensersatz ... nicht verlangen, wenn die Pflichtverletzung unerheblich ist").
> Im **Fall h** macht K den großen Schadensersatz geltend. Ob die Voraussetzungen vorliegen, ist allerdings fraglich. Wenn das Netzteil mit geringem Aufwand in wenigen Minuten ausgewechselt werden kann, dürfte dem V der Nachweis möglich sein, dass es sich um einen unerheblichen Mangel handelt. K ist dann auf den kleinen Schadensersatz beschränkt.

Der Verkäufer kann beim großen Schadensersatz die bereits über-   95
gebene mangelhafte Kaufsache nach Rücktrittsregeln zurückfordern
(§§ 281 V, 346 ff.). Der Käufer hat also auch die gezogenen Nutzungen herauszugeben (vgl. §§ 281 V, 346 I) und muss sich einen eventuellen Untergang oder eine Verschlechterung der Kaufsache auf seinen Schadensersatzanspruch mindernd anrechnen lassen (§§ 281 V, 346 II Nr. 3).

(3) Umstritten ist, ob der *Maßstab der Erheblichkeit* des Man-   96
gels i. S. d. § 281 I 3 für die Geltendmachung des großen Schadensersatzanspruchs *auch bei Quantitätsabweichungen* gilt oder ob in diesen Fällen eine Teilleistung anzunehmen und deshalb ein Interessewegfall i. S. d. § 281 I 2 erforderlich ist. Die Problematik stellt sich in vergleichbarer Weise beim Rücktrittsrecht (vgl. § 437 Nr. 2 i. V. m. 323 V 1 [Interessewegfall] bzw. mit § 323 V 2 [Erheblichkeit]; dazu Rdnr. 64). Wie dort verdient die erste Ansicht den

Vorzug. Wortlaut („Einem Sachmangel steht es gleich …") sowie Sinn und Zweck der Gleichstellung in § 434 III (Bestehen einer vergleichbaren Interessenlage bei Sachmangel und Zuweniglieferung, vgl. BT-Drucks. 14/6040, S. 216) sprechen dafür, die Zuweniglieferung beim kaufvertraglichen Mängelrecht ohne Einschränkung mit einem Sachmangel i.S.d. § 434 I–II gleich zu behandeln (vgl. auch die Ausführungen bei der Rücktrittsproblematik nach § 323 V 1 bzw. 2, Rdnr. 65).

Unter welchen Voraussetzungen eine Zuweniglieferung als unerheblich einzuordnen ist, lässt sich nicht pauschal (etwa in Form eines Prozentsatzes) sagen, sondern hängt von den Umständen des Einzelfalls ab (dazu Rdnr 62). Im **Fall j** (dort aber unbehebbarer Mangel) dürften die Voraussetzungen für einen Anspruch des K auf großen Schadensersatz gegeben sein.

b) Schadensersatz wegen eines unbehebbaren Mangels

97   Wenn dem Verkäufer die Behebung des Mangels durch Nacherfüllung unmöglich ist oder ein grob unverhältnismäßiger bzw. unzumutbarer Aufwand erforderlich wäre, um den Mangel zu beseitigen, ist der Verkäufer von seiner Leistungspflicht zur Nacherfüllung nach Maßgabe des § 275 I–III befreit. Dann kann der Käufer sofort auf das Recht zum Schadensersatz nach § 437 Nr. 3, 1. Fall übergehen, ohne vorher – wie bei behebbaren Mängeln – erfolglos eine Frist zur Nacherfüllung bestimmen zu müssen. Für den Schadensersatzanspruch kommen verschiedene Anspruchsgrundlagen in Betracht, je nachdem, ob das Hindernis für die ordnungsgemäße Erfüllung schon bei Vertragsschluss vorlag oder erst später eingetreten ist.

98   aa) Liegt das *Leistungshindernis schon bei Vertragsschluss* vor, kann der Käufer *Schadensersatz statt der Leistung* nach §§ 437 Nr. 3, 311a II 1 (vgl. AS § 22 Rdnr. 64 ff.) verlangen.

Anders als vor der Schuldrechtsreform (vgl. § 306 a.F.) steht nunmehr die anfängliche objektive Unmöglichkeit der Wirksamkeit des Kaufvertrages, die Voraussetzung für einen Anspruch auf *Schadensersatz statt der Leistung* (§ 437 Nr. 3) ist, nicht entgegen (vgl. § 311a I).

Beispiel für ein anfängliches Leistungshindernis: Ein Kunsthändler verkauft ein Gemälde eines berühmten Malers, welches kurz vor Vertragsschluss durch einen Säureanschlag irreparabel beschädigt wurde.

(1) Der Schadensersatzanspruch nach §§ 437 Nr. 3, 311a II hat 99
neben dem Vorliegen eines Mangels i. S. d. §§ 437, 434 f. folgende
Voraussetzungen:

(a) Es müssen die für alle Mängelrechte geltenden Voraussetzungen der §§ 437, 434 f. (Mangel; kein Ausschluss der Mängelrechte)
gegeben sein.

(b) Der Verkäufer muss *von seiner Verpflichtung zur Nacherfüllung nach § 275 I–III befreit* sein (dazu Rdnr. 43 ff.; vgl. § 311a I).
In den Fällen des § 275 II und III ist dazu die einredeweise Geltendmachung des Leistungsverweigerungsrechts erforderlich.

(c) Das Leistungshindernis muss bereits *im Zeitpunkt des Vertragsschlusses* bestehen (vgl. § 311a I a. E.).

(d) In subjektiver Hinsicht ist erforderlich, dass der Verkäufer
wusste oder hätte wissen können, dass ein Leistungshindernis
i. S. d. § 275 I–III besteht (vgl. § 311a II 2). Ihm muss also zumindest infolge Fahrlässigkeit unbekannt geblieben sein, dass ihm die
Lieferung einer mangelfreien Sache nicht möglich oder nur unter
grob unverhältnismäßigem Aufwand möglich wäre. Welche Sorgfaltsanforderungen insoweit an den Verkäufer gestellt werden, hängt
von den Umständen des Einzelfalls ab. Nach § 311a II 2 wird das
Vertretenmüssen des Verkäufers *vermutet.* Dieser hat also seine
fehlende Verantwortlichkeit zu beweisen.
Falls die Unkenntnis des Verkäufers von einem Leistungshindernis i. S. d. § 275 I–III nicht auf Fahrlässigkeit beruht, haftet der Verkäufer ausnahmsweise verschuldensunabhängig, wenn er nämlich
vertraglich die *Garantie* für eine bestimmte Eigenschaft der Kaufsache oder das sog. Beschaffungsrisiko übernommen hat (§ 276 I 1;
dazu AS § 20 Rdnr. 48 ff.).

(2) Unter den genannten Voraussetzungen bekommt der Käufer 100
den Schaden ersetzt, der in seinem Vermögen dadurch entstanden
ist, dass die Kaufsache nicht mangelfrei ist, sondern einen Mangel
aufweist (*Schadensersatz statt der Leistung;* sog. *Mangelschaden*).
Für dessen *Berechnung* gibt es zwei Möglichkeiten, nämlich den
kleinen Schadensersatz und (bei Erheblichkeit des Mangels) den
großen Schadensersatz (dazu Rdnr. 94).

Nach hier vertretener Ansicht kommt der große Schadensersatz auch bei einem erheblichen Quantitätsmangel in Betracht, selbst wenn die Zuweniglieferung nicht das Interesse am ganzen Vertrag entfallen lässt (Rdnr. 96). Deshalb kann im **Fall j** der erboste K den großen Schadensersatz geltend machen.

101   bb) Sofern die *Unbehebbarkeit des Mangels erst nach Vertragsschluss* entsteht, ergibt sich der Schadensersatzanspruch des Käufers aus den §§ 437 Nr. 3, 283, 280 I (vgl. AS § 22 Rdnr. 50 ff.). Der Anspruch ist ebenfalls auf *Schadensersatz statt der Leistung* gerichtet.

Beispiel für ein nachträgliches Leistungshindernis: Ein Kunsthändler verkauft ein Gemälde eines berühmten Malers, welches nach Vertragsschluss, aber noch vor Gefahrübergang (also grundsätzlich vor Übergabe, vgl. § 446; dazu § 3 Rdnr. 14 ff.), durch einen Säureanschlag irreparabel beschädigt wurde.

102   (1) Der Schadensersatzanspruch nach §§ 437 Nr. 3, 1. Fall, 283, 280 I hat neben dem Vorliegen eines Mangels i. S. d. §§ 437, 434 f. folgende *Voraussetzungen:*

(a) Es müssen die für alle Mängelrechte geltenden Voraussetzungen (Mangel; kein Ausschluss der Mängelrechte) vorliegen.

(b) Der Verkäufer muss *von seiner Verpflichtung zur Nacherfüllung nach § 275 I–III befreit* sein (dazu Rdnr. 43 ff.; vgl. § 283 S. 1). In den Fällen des § 275 II–III ist dazu die einredeweise Geltendmachung des Leistungsverweigerungsrechts erforderlich.

(c) Das Leistungshindernis muss *nach Vertragsschluss* (arg. e § 311 a [„bei Vertragsschluss"] und § 283 S. 1) entstanden sein.

(d) Der Verkäufer muss die aus dem Kaufvertrag *folgende Pflicht, keine Ursache für ein Leistungshindernis* i. S. d. § 275 I–III zu setzen, *verletzt* haben (§§ 283 S. 1, 280 I 1).

(e) Der Verkäufer muss diese Pflichtverletzung i. S. v. § 276 zu vertreten haben. Das setzt regelmäßig Verschulden voraus. Dazu muss der Verkäufer zumindest infolge Fahrlässigkeit nicht verhindert haben, dass nach Vertragsschluss ein Leistungshindernis i. S. d. § 275 I–III eingetreten ist. Welche Sorgfaltsanforderungen diesbezüglich von dem Verkäufer verlangt werden können, hängt von den Umständen des Einzelfalls ab. Das *Vertretenmüssen* des Verkäufers wird *vermutet.* Er hat sein Nichtvertretenmüssen zu beweisen (zur Beweislastverteilung vgl. §§ 283 S. 1, 280 I 2).

Der Verkäufer haftet ausnahmsweise auch ohne Verschulden, wenn er vertraglich eine *Garantie* übernommen hat (dazu AS § 20 Rdnr. 48).

(2) Der Käufer kann auch über § 283 S. 1 den *Mangelschaden* 103 (dazu Rdnr. 100) in Form des kleinen oder wahlweise (bei Erheblichkeit des Mangels; §§ 283 S. 2, 281 I 3) des großen Schadensersatzes ersetzt verlangen. Macht der Käufer den großen Schadensersatz geltend, kann der Käufer die übergebene mangelhafte Kaufsache nach Rücktrittsregeln zurückfordern (§§ 283 S. 2, 281 V, 346 ff.; dazu Rdnr. 95).

2. Schadensersatz wegen Verzögerung der mangelfreien Leistung

Falls die Kaufsache zunächst einen Mangel hat, der später beho- 104 ben wird, kann der Käufer allein durch die Verzögerung der mangelfreien Leistung und durch die deshalb notwendige Nacherfüllung einen Schaden erleiden.

Beispiele: Weil die gelieferte Maschine nicht funktioniert und repariert werden muss, kann sie erst mit Verspätung in Betrieb genommen werden, so dass dem Käufer ein Betriebsausfallschaden entsteht. Dem Käufer entstehen Kosten für eine vorübergehende Ersatzanmietung.

Wenn in diesem Fall der Verkäufer auch die vom Käufer verlangte 105 *Nacherfüllung verzögert,* können dadurch weitere Schäden entstehen. Zu denken ist dabei insbesondere an Rechtsverfolgungskosten, die der Käufer für die Durchsetzung des Nacherfüllungsanspruches aufwenden muss.

Beispiel: Nachdem die für die Reparatur der defekten Maschine gesetzte Frist fruchtlos abgelaufen ist, erhebt der Käufer Klage auf Nacherfüllung. Dadurch entstehen ihm Anwalts- und Gerichtskosten.

Dieser auf der Verzögerung der Nacherfüllung beruhende Schaden (insbes. Rechtsverfolgungskosten) ist unstreitig gem. §§ 437 Nr. 3, i.V.m. § 280 I, II nur unter den Voraussetzungen des § 286 (Schuldnerverzug des Verkäufers; AS § 23 Rdnr. 2 ff.) zu ersetzen (BT-Drucks. 14/6040, S. 225). Die dafür grundsätzlich notwendige Mahnung dürfte in aller Regel in der Aufforderung zur Nacherfüllung i.V.m. der Fristsetzung zu sehen sein.

Dagegen ist es umstritten, ob die Voraussetzungen des Verzuges 106 auch für den Anspruch auf Ersatz der Betriebsausfallschäden vorliegen müssen, die trotz fristgerechter Nacherfüllung schon durch die Mangelhaftigkeit der gelieferten Kaufsache verursacht wurden. Nach der Ansicht des Gesetzgebers sollen derartige Schäden unabhängig von den Verzugsvoraussetzungen unmittelbar nach § 280 I ersatzfähig sein (BT-Drucks. 14/6040, S. 225). Gegen diese Ansicht spricht jedoch der Wortlaut des § 280 II, wonach Schadensersatz wegen Verzögerung der Leistung (hier: Verzögerung der mangelfreien Leistung; vgl. BGH NJW 1985, 2526) nur unter den zusätzlichen Voraussetzungen des § 286 verlangt werden kann. Außerdem lässt sich nur durch die Anwendung des § 286 ein Wertungswiderspruch vermeiden: Der Verkäufer, der die Kaufsache wenigstens liefert (wenn auch nicht mangelfrei), darf nicht strenger haften (nämlich ohne Verzug) als derjenige Verkäufer, der überhaupt nicht liefert (AnwKom/Dauner-Lieb, § 280 Rdnr. 43).

3. Schadensersatz wegen Verletzung sonstiger Rechtsgüter (Mangelfolgeschaden)

107   Die mangelhafte Lieferung der Kaufsache kann dazu führen, dass dem Käufer ein Schaden entsteht, der über die mangelbedingte Wertminderung der verkauften Sache hinausgeht. Diese mittelbaren Schäden, die der Käufer durch Verletzung seiner sonstigen Rechte, Rechtsgütern oder rechtlich geschützten Interessen erleidet, werden als sog. *Mangelfolgeschäden* bezeichnet.

Beispiel: Der gekaufte Tank explodiert in Folge eines Mangels und verletzt den Körper sowie das Eigentum des Käufers.

108   Den Ersatz des Mangelfolgeschadens kann der Käufer als *Schadensersatz wegen Pflichtverletzung* nach §§ 437 Nr. 3, 1. Fall, 280 I verlangen. Dies folgt aus einem Umkehrschluss zu § 280 III. Dort ist geregelt, dass Schadensersatz *statt der Leistung,* also der Mangelschaden, nur unter den zusätzlichen Voraussetzungen der §§ 281 ff. verlangt werden kann. Daher muss also der Schadensersatzanspruch des § 280 I gerade andere Schäden erfassen als den reinen Mangelschaden (BT-Drucks. 14/6040, S. 225).

Mit der Neuregelung der Mängelrechte des Käufers hat der Gesetzgeber die Mangelfolgeschäden ausdrücklich im Gesetz geregelt. Bis zur Schuldrechtsreform war es sehr umstritten, ob Mangelfolgeschäden einen Nichterfüllungsanspruch i. S. d. § 463 a. F. darstellten oder über die Rechtsfigur der pFV zu ersetzen waren (dazu 26. Aufl., Rdnr. 91).

Ein Schadensersatzanspruch wegen Verletzung sonstiger Rechtsgüter kommt im Übrigen auch dann in Betracht, wenn dieser Schaden gar nicht auf einem Mangel der Kaufsache, sondern auf der Verletzung einer Schutzpflicht beruht (dazu § 6 Rdnr. 3 f.). Anspruchsgrundlage ist dann unmittelbar § 280 I.

a) Voraussetzungen des Anspruchs

aa) Es müssen die *für alle Mängelrechte geltenden Voraussetzungen* der §§ 437, 434 f. (Mangel; kein Ausschluss der Mängelrechte) gegeben sein (dazu Rdnr. 6 ff. und 31 ff.).   **109**

bb) Der Verkäufer muss eine *Pflichtverletzung* begangen und *zu vertreten* haben (§§ 437 Nr. 3, 1. Fall, 280 I). Die Pflichtverletzung liegt darin, dass er entgegen § 433 I 2 dem Käufer die Kaufsache nicht frei von Sach- und Rechtsmängeln verschafft hat. Das Vertretenmüssen i. S. v. § 276 setzt i. d. R. *Verschulden* voraus. Der Verkäufer muss also erkannt oder in Folge von Fahrlässigkeit nicht erkannt haben, dass die Kaufsache einen Mangel hat. Ausnahmsweise haftet er auch ohne Verschulden, wenn er eine *garantiemäßige Einstandspflicht* i. S. d. § 276 I 1 a. E. übernommen hat (dazu AS § 20 Rdnr. 48).   **110**

b) Ersatzfähiger Schaden

Gem. §§ 437 Nr. 3, 1. Fall, 280 I ist der reine *Mangelfolgeschaden* zu ersetzen. Davon sind die Schadenspositionen, die das Erfüllungsinteresse des Käufers betreffen (z. B. Minderwert, entgangener Gewinn), abzugrenzen. Denn die Mangelschäden werden nicht nach § 280 I ersetzt, sondern nur unter den Voraussetzungen der §§ 281 ff. (vgl. § 280 III).   **111**

Abgrenzungsschwierigkeiten zum Schadensersatz wegen Verzögerung nach den §§ 437 Nr. 3, 280 II, 286 können sich etwa in den Fällen eines mangelbedingten Nutzungsausfalls ergeben (s. dazu Rdnr. 106 sowie AnwKom/Dauner-Lieb, § 280 Rdnr. 42; v. Wilmowsky, Beilage zu JuS 2002/Heft 1, S. 20). Zur Konkurrenz der §§ 437 Nr. 3, 280 I mit deliktischen Ansprüchen s. Rdnr. 141 f.

VIII. Aufwendungsersatz

112   *Statt* Schadensersatz („oder") kann der Käufer – neben Rücktritt oder Minderung (vgl. § 325 sowie § 437 Nr. 2 a. E.: „und") – Aufwendungsersatz nach § 284 (AS § 22 Rdnr. 71 ff.) verlangen (§ 437 Nr. 3, 2. Fall). Auch der Aufwendungsersatzanspruch des Käufers ist im Kaufrecht nicht besonders geregelt: Vielmehr findet über die Verweisungsnorm des § 437 der § 284 Anwendung.

> **Beispiel:** Die Parteien haben einen notariell beurkundeten Grundstückskaufvertrag geschlossen. Nachdem der Käufer festgestellt hat, dass im Erdboden größere Mengen an Giftmüll gelagert sind, erklärt er den Rücktritt vom Kaufvertrag. Er verlangt vom Verkäufer die gezahlten Beurkundungskosten (vgl. § 448 II) zurück. Weitere Aufwendungen können etwa Maklergebühren sowie die Kosten für Einbau und Transport der gelieferten Sache sein (BGHZ 87, 104 [noch zu § 467 S. 2 a. F.]).

1. Voraussetzungen des Anspruchs

113   Der Käufer muss gegen den Verkäufer einen Anspruch auf Schadensersatz nach Maßgabe der §§ 437 Nr. 3, 1. Fall, 440, 280, 281, 283 und 311a haben (§§ 437 Nr. 3, 2. Fall, 284). Dies folgt daraus, dass der Ersatz vergeblicher Aufwendungen nur *anstelle* des Schadensersatzes verlangt werden kann. Da *somit sämtliche Voraussetzungen eines Schadensersatzanspruchs* des Käufers (dazu Rdnr. 79 ff.) gegeben sein müssen, gilt also insbesondere auch das Verschuldensprinzip (BT-Drucks. 14/6040, S. 144).

> Dies ist ein wesentlicher Unterschied zur Rechtslage vor der Schuldrechtsreform. Nach § 467, S. 2 a. F. konnte der Käufer die Vertragskosten verschuldensunabhängig als S. 2 Folge von Wandlung verlangen.

2. Ersatzfähige Aufwendungen

114   Nach § 284 sind die Aufwendungen zu ersetzen, die der Käufer im *Vertrauen* auf den Erhalt der Leistung gemacht hat und billigerweise machen durfte. Wann die Grenze der Billigkeit überschritten ist, hängt von den Umständen des Einzelfalles ab.

Ein Aufwendungsersatzanspruch *scheidet* aber *aus,* wenn der *Zweck* der Aufwendungen *auch ohne die Pflichtverletzung des Verkäufers nicht erreicht* worden wäre (§§ 437 Nr. 3, 2. Fall, 284 a. E).

Aufwendungen, die ohnehin – also auch bei Lieferung einer mangelfreien Sache – verfehlt sind, dürfen mangels Kausalität der Pflichtverletzung nicht dem Verkäufer auferlegt werden.

Beispiel: Wer beim Verkauf letztlich unverkäuflicher Kunstwerke ein Ladenlokal anmietet, macht in jedem Fall einen Verlust (BT-Drucks. 14/6040,
S. 144).

IX. Rechte aus einer Beschaffenheits- und Haltbarkeitsgarantie

Neben den gesetzlichen Mängelrechten aus § 437 können dem   115
Käufer auch Rechte aus einer ihm gegenüber abgegebenen bzw. an
ihn gerichteten *Beschaffenheits- oder Haltbarkeitsgarantie* zustehen
(vgl. § 443 I: „unbeschadet der gesetzlichen Ansprüche"). Damit ist
die sog. unselbstständige Garantie gemeint. Darunter versteht man
eine Zusage, für die Mangelfreiheit der Kaufsache zumindest punk-
tuell über die gesetzlichen Mängelrechte des Käufers hinaus einstehen zu wollen (vgl. BT-Drucks. 14/6040, S. 237).

Bis zur Schuldrechtsreform hatte es trotz der Üblichkeit in der geschäftli-   116
chen Praxis keine ausdrückliche gesetzliche Regelung zur Garantie gegeben.
Der Gesetzgeber ging bis dahin davon aus, dass der Sinn von Garantiefristen
sehr unterschiedlich sein könne und ganz von den Umständen des Einzelfalles
abhänge (vgl. BT-Drucks. 14/6040, S. 237 mit Hinweisen auf Motive II,
S. 240 f.). Im Rahmen der Schuldrechtsreform wurde in § 443 zumindest die
unselbstständige Garantie geregelt. Die selbstständige Garantie, die einen
über die Mängelfreiheit hinausgehenden Erfolg zum Gegenstand hat, ist dagegen weiterhin gesetzlich ungeregelt. Sie kommt im Kaufrecht in der Praxis
ohnehin nur selten vor.

1. Voraussetzungen einer unselbstständigen Garantie

a) Abschluss des Garantievertrages

Nach dem Wortlaut muss eine Garantie des *Verkäufers* oder eines   117
Dritten vorliegen. Über das Tatbestandsmerkmal des Dritten i. S. d.
§ 443 I wird vor allem die Herstellergarantie erfasst. Ein Garantievertrag zwischen Käufer und Hersteller kommt etwa zustande, wenn
der Hersteller einer Ware einen Garantieschein beilegt und der Käufer das darin enthaltene Angebot auf Abschluss eines Garantievertrages durch den Kauf der Ware stillschweigend annimmt (vgl. BGHZ
104, 82, 85 f.). Der Zugang dieser Annahmeerklärung ist nach § 151

entbehrlich. Ein entsprechendes Angebot, welches der Käufer stillschweigend annehmen kann, kann sich aber auch aus der *einschlägigen Werbung* (vgl. § 443 I) ergeben.

b) Inhalt des Garantievertrages

118   Nach § 443 gibt es zwei Arten der Garantie, nämlich eine *Be-
schaffenheits- und eine Haltbarkeitsgarantie.* Auf eine nähere Definition hat der Gesetzgeber bewusst verzichtet (BT-Drucks. 14/6040,
S. 239). Es bleibt also der *Festlegung des Verkäufers bzw. des Dritten* überlassen, welche Beschaffenheitsmerkmale der Kaufsache von
der Garantie erfasst werden sollen. Gleiches gilt für die Dauer, für
die eine bestimmte Beschaffenheit garantiert werden soll. Die Voraussetzungen des Garantiefalls müssen sich also *aus der Garantieerklärung bzw. den Garantiebedingungen* selbst ergeben. Ggf. sind sie
im Wege der Auslegung festzustellen.

Es können beispielsweise nur einzelne Teile der Kaufsache oder bestimmte
Eigenschaften in eine Garantie einbezogen werden. Die Geltungsdauer kann
durch einen Zeitraum bestimmt sein, aber auch z. B. durch die Kilometerleis-
tung eines Kraftfahrzeugs bzw. die Betriebsstunden einer Maschine oder
durch eine Kombination beider Merkmale. Der Fristbeginn kann besonders
festgelegt sein. Ist das nicht der Fall, so wird die Garantiefrist in der Regel
mit der Übergabe an den Käufer beginnen. Auch können für einzelne Teile
oder Eigenschaften unterschiedliche Garantiefristen eingeräumt werden.
Dagegen kann aber *nicht* vorgesehen werden, dass eine Garantie *alle Eigenschaften* der Kaufsache erfasst (BT-Drucks. 14/6040, S. 239).

Entscheidendes *Abgrenzungskriterium* einer Garantie von einer
bloßen Beschaffenheitsvereinbarung ist das *verbindliche Einstehen-
wollen für die Folgen* des Fehlens einer bestimmten Beschaffenheit
bzw. Eigenschaft (dazu Rdnr. 115).

2. Beweislast für den Garantiefall

119   Die Beweislast für das Vorliegen der anspruchsbegründenden
Voraussetzungen des Garantiefalls liegt *beim Käufer.* Er muss also
darlegen und beweisen, dass eine Garantie gegeben worden ist, ein
Mangel zu ihrem sachlichen Geltungsbereich gehört und der Mangel
innerhalb der Garantiefrist aufgetreten ist. Gelingt ihm dieser Beweis, greift zu seinen Gunsten die *gesetzliche Vermutungsregel des
§ 443 II* ein. Danach wird bei einer Haltbarkeitsgarantie vermutet,

dass ein während ihrer Geltungsdauer auftretender Sachmangel die Rechte aus der Garantie begründet. Der Verkäufer muss dann das Gegenteil beweisen (§ 292 ZPO).

3. Besonderheiten beim Verbrauchsgüterkauf

Beim Verbrauchsgüterkauf i.S.d. § 474 muss die Garantieerklä-   120 rung den besonderen formalen Erfordernissen des § 477 I, II genügen (dazu § 7 Rdnr. 11). Die Wirksamkeit der Garantieverpflichtung wird durch die Nichterfüllung dieser Anforderungen aber nicht berührt (§ 477 III).

Allerdings kann darin die Verletzung von Schutz- und Aufklärungspflichten erblickt werden, die nach Maßgabe der §§ 311 II, 241 II, 280 zu Schadensersatzansprüchen führen kann. Daneben kommen unter Umständen auch ein Schadensersatz- bzw. Unterlassungsansprüche nach §§ 1 und 3 UWG bzw. ein Unterlassungsanspruch nach § 2 UKlaG in Betracht (vgl. BT-Drucks. 14/6040, S. 247; dazu auch § 7 Rdnr. 12).

4. Rechte des Käufers im Garantiefall

Liegt ein Garantiefall vor, stehen dem Käufer die *Rechte* aus der   121 Garantie *zu den in der Garantieerklärung und der einschlägigen Werbung angegebenen Bedingungen* gegenüber demjenigen zu, der die Garantie eingeräumt hat (§ 443 I). Das kann der Verkäufer oder ein Dritter, insbesondere der vom Verkäufer verschiedene Hersteller der Sache, sein.

Welche Rechte dem Käufer zustehen, ergibt sich also nicht aus dem Gesetz, sondern ausschließlich aus dem *Inhalt der Garantieerklärung.* Beispielsweise muss eine Haltbarkeitsgarantie für den Fall, dass ein Mangel nicht schon bei Gefahrübergang vorliegt, sondern sich erst in der Garantiefrist zeigt, nicht etwa alle gesetzlichen Mängelrechte gewähren; sie kann sich zum Beispiel auf Nachbesserungs- oder Ersatzlieferungsansprüche beschränken. Der Käufer wird dadurch nicht benachteiligt, weil ihm die gesetzlichen Mängelrechte ohnehin erhalten bleiben und die Garantie nur zusätzliche Rechte oder dieselben Rechte unter erleichterten Voraussetzungen gewährt (vgl. BGHZ 104, 82, 86).

Wenn die Garantiebedingungen keine Regelungen über die Rechte des Käufers im Garantiefall vorsehen, wird das so zu verstehen sein, dass der

Käufer alle im Gesetz bei Sachmängeln vorgesehenen Rechte hat (BT-Drucks. 14/6040, S. 239).

122   *Neben* den Rechten aus der Beschaffenheits- oder Haltbarkeits-garantie steht dem Käufer im Garantiefall insbesondere der ver-schuldensabhängige Schadensersatzanspruch nach Maßgabe der §§ 437 Nr. 3, 1. Fall, 440, 280, 281, 283 bzw. 311 a (jeweils i. V. m. § 276 I 1 a. E.) zu, sofern dieses Recht nicht wirksam ausgeschlossen ist (vgl. § 444). Aber auch die anderen Gewährleistungsrechte des Käufers nach § 437 können nach dem Wortlaut des § 443 („unbe-schadet") grundsätzlich neben einer Haftung aus einer Beschaffen-heits- oder Haltbarkeitsgarantie bestehen (**Fall i**). Garantiemäßige Einstandspflichten des Verkäufers und des Dritten (Herstellers) können nebeneinander bestehen. Entsprechendes gilt für den An-spruch des Käufers gegen den Dritten aus einer Garantie i. S. d. § 443 und seinem Anspruch gegen den Verkäufer aus Gewährleis-tungsrecht.

X. Verjährung

123   Die Verjährungsfristen für Sachmängelansprüche beim Kauf wur-den im Rahmen der Schuldrechtsmodernisierung mit Wirkung zum 1. 1. 2002 vollständig neu geregelt und gegenüber dem bis dahin gel-tenden Recht deutlich verlängert. Einzelheiten zum neuen Verjäh-rungsrecht insgesamt: Mansel/Budzikiewicz, Das neue Verjährungs-recht, 2002.

> Für die am 1. 1. 2002 bereits bestehenden und noch nicht verjährten An-sprüche sind weiterhin die Verjährungsfristen des § 477 a. F. (bei beweglichen Sachen 6 Monate von der Ablieferung, bei Grundstücken 1 Jahr von der Übergabe an) maßgeblich. Das ergibt sich aus der Überleitungsvorschrift zum Verjährungsrecht in Art. 229 § 6 III EGBGB, wonach für bereits bestehende Ansprüche die alten Verjährungsfristen maßgeblich bleiben, wenn sie kürzer waren als die neuen Fristen.

1. Ansprüche auf Nacherfüllung, Schadensersatz und Aufwen-dungsersatz

124   Für die Mängelansprüche des Käufers enthält § 438 Sonderrege-lungen sowohl bezüglich der Dauer der Verjährungsfrist als auch bezüglich des Beginns der Frist:

a) Dauer der Verjährungsfrist

Hinsichtlich der Dauer der Verjährungsfrist sind nach § 438 I, III vier Fälle zu unterscheiden:

aa) Sofern keine Sonderregelung eingreift, verjähren die Ansprüche auf Nacherfüllung, Schadensersatz und Ersatz vergeblicher Aufwendungen (§ 437 Nr. 1, 3) in zwei Jahren *(§ 438 I Nr. 3)*.

Da gem. § 434 III die Lieferung einer falschen Sache oder einer zu geringen Menge einem Sachmangel gleichsteht, gilt auch insoweit die 2-Jahres-Frist des § 438 I Nr. 3 und nicht etwa die 3-Jahres-Frist des § 195, die für den Erfüllungsanspruch maßgeblich ist.

bb) Bei einem Bauwerk verjähren die Ansprüche gem. *§ 438 I* **125** *Nr. 2 a)* grundsätzlich in 5 Jahren. Die selbe Frist gilt gem. *§ 438 I Nr. 2 b)* bei einer Sache, die entsprechend ihrer üblichen Verwendungsweise für ein Bauwerk verwendet worden ist und dessen Mangelhaftigkeit verursacht hat.

Dadurch wird der Bauhandwerker geschützt, der nach § 634a I Nr. 2 innerhalb der 5 Jahre dauernden Verjährungsfrist für ein mangelhaftes Bauwerk haftet. Falls die Mangelhaftigkeit des Bauwerks auf der Mangelhaftigkeit von Sachen beruht, die der Bauhandwerker seinerseits von einem Lieferanten erworben hat, soll er auch innerhalb dieser 5 Jahre noch Rückgriff bei seinem Lieferanten nehmen können.

cc) Ansprüche wegen Rechtsmängeln, die Dritte auf Grund dingli- **126** chen Rechts zur Herausgabe hinsichtlich der Kaufsache berechtigen (sog. Eviktionshaftung), verjähren gem. *§ 438 I Nr. 1 a)* in 30 Jahren. Diese lange Verjährungsfrist beruht darauf, dass auch der Käufer gem. § 197 I Nr. 1 den Herausgabeansprüchen eines Dritten aus Eigentum und anderen dinglichen Rechten 30 Jahre lang ausgesetzt ist.

dd) Wurde der Mangel arglistig verschwiegen, unterliegen die An- **127** sprüche der regelmäßigen Verjährungsfrist des § 195 *(§ 438 III 1)*. Bei Bauwerken tritt die Verjährung jedoch nicht vor Ablauf der 5-Jahres-Frist ein *(§ 438 III 2)*.

Der Verkäufer handelt arglistig, wenn er in Kenntnis des Mangels die Unkenntnis des Käufers ausnutzt und einen Umstand nicht mitteilt, der den Käufer vernünftiger Weise vom Kauf (mit diesem Inhalt) abgehalten hätte. Dafür ist Vorsatz erforderlich; grobe Fahrlässigkeit reicht nicht aus.
Beispielsweise muss der Verkäufer eines Grundstücks Mitteilung davon machen, wenn dieses als „wilde" Müllkippe (BGH NJW 1991, 2900) oder als Werksdeponie (BGH WM 1995, 849) genutzt worden ist. Der Verkäufer

eines Gebrauchtwagens muss auf einen Unfallschaden hinweisen (BGHZ 29, 148, 150).

Arglist kann schon dann vorliegen, wenn der Verkäufer ohne tatsächliche Grundlagen „ins Blaue hinein" unrichtige Angaben macht (BGH NJW-RR 1986, 700). Hat er allerdings zur Zeit seiner Erklärung, ihm seien erhebliche Mängel nicht bekannt, keine Erinnerung mehr an das Vorliegen eines offenbarungspflichtigen Mangels, liegt keine Arglist vor (BGH NJW 2001, 2326).

Dem arglistigen Verschweigen eines Mangels steht das arglistige Vorspiegeln einer Eigenschaft gleich; es ist kein einleuchtender Grund für verschiedene Verjährungsfristen in beiden Fällen erkennbar.

b) Beginn der Verjährungsfrist

128   Auch hinsichtlich des Beginns der Verjährungsfrist ist zu unterscheiden:

Nach § 438 II beginnt die Verjährung bei Grundstücken mit der Übergabe, im Übrigen mit der Ablieferung der Sache. Unter *Übergabe* wird im Regelfall die Übertragung des unmittelbaren Besitzes verstanden (BGH WM 1996, 447). *Ablieferung* liegt vor, wenn die Ware so in den Machtbereich des Käufers verbracht wird, dass dieser sie untersuchen kann (BGHZ 93, 338, 345; BGH DB 2000, 567 – Ablieferung von Software).

129   Die regelmäßige Verjährungsfrist des § 195, die bei arglistigem Verschweigen des Mangels gilt, beginnt nach § 199 I erst mit dem Schluss des Jahres, in dem der Käufer von dem Mangel Kenntnis erlangt oder ohne grobe Fahrlässigkeit erlangen müsste.

c) Vertragliche Vereinbarung der Verjährung

130   Sowohl die Dauer als auch der Beginn der Verjährung können durch vertragliche Vereinbarung abweichend von § 438 geregelt werden.

Eine vertragliche *Verkürzung* kommt jedoch nicht in Betracht für eine Haftung des Verkäufers wegen Vorsatzes (§ 202 I). Beim Verbrauchsgüterkauf (dazu § 7 Rdnr. 1) ist eine Verkürzung der Verjährungsfrist bei neuen Sachen auf maximal 2 Jahre, bei gebrauchten Sachen bis auf 1 Jahr zulässig (§ 475 II).

Bei einer Verjährungsregelung in AGB ist § 309 Nr. 8 b ff. zu beachten. Danach kann eine Verkürzung der 5-Jahres-Frist des § 438 I Nr. 2 nur erfolgen, sofern die VOB-B insgesamt einbezogen ist. Die Fristen des § 438 I Nr. 1, 3 können durch AGB nur bis zur Mindestdauer von einem Jahr verkürzt werden.

Eine vertragliche *Verlängerung* der Frist ist gem. § 202 II nur bis zu einer Höchstfrist von 30 Jahren zulässig. Sie kommt deshalb nur für die Fristen des § 438 I Nr. 2 und 3 in Betracht.

2. Folge der Verjährung des Nacherfüllungsanspruchs für das Rücktritts- und das Minderungsrecht

Die genannten Verjährungsregeln des § 438 gelten für die Gestal-   131
tungsrechte des Rücktritts und der Minderung nicht unmittelbar, da § 194 I nur Rechtsansprüche, nicht aber Gestaltungsrechte der Verjährung unterwirft. Deshalb sind in § 438 I auch das Rücktritts- und das Minderungsrecht nicht genannt.

a) Ausschluss von Rücktritt und Minderung

Nach § 438 IV i. V. m. § 218 I ist der Rücktritt allerdings ausge-   132
schlossen, wenn der Anspruch auf Leistung oder Nacherfüllung verjährt ist und der Schuldner (Verkäufer) sich hierauf beruft. Für die Minderung findet diese Regelung nach § 438 V entsprechende Anwendung.

b) Fortbestand der Mängeleinrede

Trotz einer Unwirksamkeit des Rücktritts nach § 218 I kann der   133
Käufer gem. § 438 IV 2 die *Zahlung des Kaufpreises* insoweit *verweigern*, als er auf Grund des Rücktritts dazu berechtigt sein würde. Entsprechendes gilt nach § 438 V i. V. m. § 438 IV 2 auch für das Minderungsrecht. Diese Regelung hilft dem Käufer allerdings nur dann, wenn er noch nicht bzw. nur teilweise den Kaufpreis gezahlt hat. Außerdem endet die Mängeleinrede jedenfalls mit Ablauf der regelmäßigen Verjährungsfrist des § 195 von drei Jahren.

XI. Konkurrenzen

Da das BGB dem Käufer bei einem Mangel die besonderen Rechte   134
der §§ 437ff. gewährt, erhebt sich die Frage, ob beim Vorliegen eines solchen Mangels neben den Gewährleistungsvorschriften die Bestimmungen über die Anfechtung, über die Pflichtverletzungen im

vorvertraglichen Schuldverhältnis und über die unerlaubten Handlungen anwendbar sind. Hierbei ist zwischen der Zeit vor und der Zeit nach dem Gefahrübergang zu unterscheiden:

Da die §§ 437 ff. einen Mangel beim Gefahrübergang voraussetzen, scheiden diese Bestimmungen nach richtiger Ansicht *vor* dem Gefahrübergang aus. Deshalb bestehen keine Bedenken, bis zum Gefahrübergang die allgemeinen Vorschriften (z. B. beim Irrtum über eine verkehrswesentliche Eigenschaft der Kaufsache, § 119 II) anzuwenden.

Eine Konkurrenz zwischen den §§ 437 ff. und den allgemeinen Vorschriften kommt also regelmäßig nur für die Zeit *nach* dem Gefahrübergang in Betracht. Hier gelten folgende Regeln:

1. Anfechtung

a) Irrtum über verkehrswesentliche Eigenschaft

135   Bei einem Sachmangel kann der *Käufer* sich zugleich in einem Irrtum über eine verkehrswesentliche Eigenschaft der Sache befunden haben, weil er von ihrer Mangelfreiheit ausgegangen ist. Dennoch ist ihm eine Anfechtung nach § 119 II verwehrt (h. M.; vgl. zu den §§ 459 ff. a. F. BGHZ 34, 32, 34); die §§ 437 ff. sind Spezialvorschriften.

136   Der Ausschluss einer solchen Anfechtung ergibt sich vor allem aus Folgendem:

Das Nachlieferungsrecht des Verkäufers würde unterlaufen.

Die Bestimmung des § 438 Abs. 1 Nr. 3 über die Verjährungsfrist von zwei Jahren würde bedeutungslos, wenn man neben den Sachmängelvorschriften noch eine Anfechtung wegen Eigenschaftsirrtums zuließe, die bei späterer Kenntniserlangung vom Anfechtungsgrund auch noch nach Ablauf der Verjährungsfrist möglich wäre (vgl. § 121).

Im Interesse des Verkäufers hat der Käufer bei einem beiderseitigen Handelsgeschäft Mängel der Kaufsache unverzüglich zu rügen, wenn er Ersatzansprüche erheben will (§ 377 HGB; Brox, HR Rdnr. 345). Mit dieser Vorschrift wäre es nicht zu vereinbaren, wenn der Käufer, der die Ware nicht auf Fehler untersucht hat und deshalb erst nach Jahr und Tag den Mangel entdeckt, nunmehr wegen Irrtums anfechten könnte. Denn durch die Anfechtung würde er wirtschaftlich dasselbe erreichen, was er nur bei unverzüglicher Rüge durch Rücktritt hätte erzielen können.

Aus § 442 I 2 ist zu entnehmen, dass der Käufer wegen eines Sachmangels, der ihm infolge grober Fahrlässigkeit unbekannt geblieben ist, keine Rechte haben soll (Rdnr. 37). Dieser im Gesetz vorgesehene Ausschluss von Rechten würde umgangen, wenn man eine Anfechtung nach § 119 II zuließe.

Auch der *Verkäufer,* der sich über einen Mangel geirrt hat, kann   137
nicht nach § 119 II anfechten, da er sich auf diese Weise der Mängelhaftung entzöge. Dagegen steht ihm ein Anfechtungsrecht zu,
sofern sich der Eigenschaftsirrtum nicht auf einen Mangel bezieht;
denn insoweit scheidet eine Konkurrenz zu den §§ 437 ff. aus. Die
Anfechtung ist auch zulässig, wenn sicher ist, dass der Käufer keine
Mängelansprüche geltend machen wird (BGH BB 1988, 1551: das
als Werk eines unbekannten Malers verkaufte Bild erweist sich als
wertvolles Meisterwerk; dazu Köhler/Fritzsche, JuS 1990, 16).

b) Arglistige Täuschung

Wird beim Verkauf einer mangelhaften Sache gleichzeitig der   138
Tatbestand der arglistigen Täuschung erfüllt (§ 123), so steht dem
Käufer auch die Möglichkeit der Anfechtung offen (RGZ 96, 156;
104, 1; BGH NJW 1958, 177; BGHZ 60, 316). Denn hier muss der
getäuschte Käufer besonders geschützt werden. Da bei einer arglistigen Täuschung neben dem Kaufvertrag in der Regel auch das Erfüllungsgeschäft anfechtbar ist, kann eine Anfechtung für den Käufer
günstiger sein, als ein Rücktritt mit seinen schwächeren (schuldrechtlichen) Wirkungen.

Hat der Käufer wirksam angefochten, ist der Vertrag vernichtet, so dass
Mängelansprüche nicht gegeben sind (BGH NJW 1960, 237). Der Käufer
kann nach § 823 II (i. V. m. § 263 StGB) oder nach § 826 Schadensersatz
verlangen. Der Verkäufer ist um den bereits gezahlten Kaufpreis ungerechtfertigt bereichert (§ 812).

c) Sonstige Anfechtungsgründe

Eine Anfechtung aus anderen Gründen als nach §§ 119 II, 123   139
(z. B. wegen Erklärungsirrtums nach § 119 I) wird durch die Sachmängelvorschriften *nicht ausgeschlossen;* denn hier taucht das Konkurrenzproblem nicht auf.

2. Culpa in contrahendo

Bei schuldhafter Verletzung z. B. einer Offenbarungs- oder Aus-   140
kunftspflicht des Verkäufers im vorvertraglichen Schuldverhältnis
(AS § 5) kann eine Schadensersatzhaftung gem. §§ 280, 311 II in

Betracht kommen. Das führt aber letztlich gar nicht zu einem Konkurrenzverhältnis zwischen dem Gewährleistungsrecht und anderen
Regeln. Bezieht sich nämlich die schuldhafte Pflichtverletzung des
Verkäufers auf einen Sachmangel, finden die §§ 280 ff. nicht neben
dem Gewährleistungsrecht, sondern gem. § 437 Nr. 3 im Rahmen
des Gewährleistungsrechts Anwendung. Falls dagegen gar kein
Sachmangel vorliegt und die Pflichtverletzung z. B. in der fehlerhaften oder nicht erfolgten Aufklärung über die sachgerechte Bedienung
der mangelfreien Kaufsache oder über von ihr ausgehende Gefahren
besteht, greifen die §§ 437 ff. gar nicht ein; der Verkäufer kann dann
allerdings unmittelbar nach §§ 280 f., 311 II zum Schadensersatz
verpflichtet sein.

3. Unerlaubte Handlung

141   Die Ansprüche aus unerlaubter Handlung (vgl. §§ 40 ff.) werden
durch die Mängelansprüche nicht ausgeschlossen. Sie haben andere
Voraussetzungen (§§ 823 I, II, 826) und gehen weiter (§§ 844 ff.) als
die Mängelvorschriften. Es gilt auch die regelmäßige Verjährungsfrist von drei Jahren nach § 195, nicht dagegen die 2-Jahres-Frist des
§ 438 I Nr. 3.

142   Ob bei einem Mangel, der zur Zerstörung der Sache geführt hat, ein Anspruch aus unerlaubter Handlung in Betracht kommt, ist umstritten. Wird z. B.
ein gebrauchter Sportwagen mit vorschriftswidriger Bereifung verkauft und
der Wagen später durch Platzen eines Reifens zerstört (BGH NJW 1978,
2241), ist die Haftung aus § 823 I von Bedeutung, wenn die Mängelansprüche
verjährt sind. Grundsätzlich begründet der Mangel einer Sache keine Eigentumsverletzung; der Käufer erwirbt das Eigentum an einer von Anfang an mit
einem Mangel behafteten Sache. Sofern der Mangel sich aber zunächst auf
einen abgegrenzten Teil der Sache beschränkte und später zur Zerstörung der gesamten Sache führt (sog. weiterfressender Mangel), soll sich
nach Auffassung des BGH ein Schadensersatzanspruch für den Verlust der
Sache aus § 823 I ergeben (BGHZ 67, 359 – Schwimmschalterfall –; vgl. auch
BGHZ 86, 256 – Gaszugfall –; BGH NJW 1983, 812 – Hebebühnenfall –,
dazu Schlechtriem, JA 1983, 255; Schmidt-Salzer, BB 1983, 534; BGH
NJW 1985, 2420 – Kompressorfall –, dazu Reinicke/Tiedtke, NJW 1986,
10; Foerste, VersR 1989, 455; noch weitergehend: BGHZ 117, 183 – Kondensatorfall –, dazu Hinsch, VersR 1992, 1056; BGHZ 138, 230 – Transistorenfall –, dazu Timme, JuS 2000, 1154). Der Käufer habe in diesen Fällen bereits
teilweise mangelfreies Eigentum erworben, so dass hinsichtlich dieses Teils
eine Verletzung des deliktsrechtlich geschützten Integritätsinteresses vorliege.

§ 5. Verletzung der Pflichten des Käufers aus § 433 II

Zahlt der Käufer den vereinbarten Kaufpreis nicht oder nimmt er   1
die Kaufsache nicht ab, so ergeben sich für den Verkäufer folgende
Rechte:

I. Erfüllungsanspruch

Der Verkäufer hat nach § 433 II einen (klagbaren) Anspruch auf
Zahlung und Abnahme. Das gilt hinsichtlich der Abnahme unabhängig davon, ob sie ausnahmsweise als Hauptleistungspflicht neben
der Zahlungspflicht vereinbart ist oder ob sie (wie im Regelfall) nur
eine Nebenleistungspflicht darstellt.

II. Einrede des nicht erfüllten Vertrages

Sofern der Verkäufer nicht vorzuleisten hat, kann er bis zur Kauf-   2
preiszahlung seine Leistung (Übergabe und Übereignung) verweigern
(Einrede des nicht erfüllten Vertrages nach den §§ 320 ff.; AS § 13
Rdnr. 12 ff.).

III. Schadensersatz

Wenn der Käufer mit seiner Verpflichtung aus § 433 II in Schuld-   3
nerverzug kommt (§ 286), kann der Verkäufer gem. § 280 I, II
Schadensersatz wegen Verzögerung der Leistung verlangen. Dieser
Anspruch auf Ersatz des *Verspätungsschadens* (AS § 23 Rdnr. 2 ff.)
steht dem Verkäufer nicht nur bei verspäteter Kaufpreiszahlung,
sondern auch dann zu, wenn der Käufer mit der Abnahme in Verzug gerät und diese Abnahmepflicht lediglich eine Nebenleistungspflicht des Käufers darstellt. Bei verspäteter Abnahme kann der
Anspruch z. B. auf Ersatz von Lagerkosten für die nicht abgenom-
mene Kaufsache gerichtet sein.

Unabhängig von dem Schadensersatz wegen Verzuges kommt der Käufer   4
durch die Nichtannahme der Kaufsache unter den Voraussetzungen der

§§ 293 ff. in Gläubigerverzug (= Annahmeverzug). Die Rechtsfolgen des Gläubigerverzuges ergeben sich aus den §§ 300 ff. Sie bestehen unter anderem in einer Haftungserleichterung für den Verkäufer, der gem. § 300 I während des Annahmeverzuges nur Vorsatz und grobe Fahrlässigkeit zu vertreten hat.

5   Neben dem Ersatz des Verspätungsschadens kann der Verkäufer beim Verzug des Käufers nach den §§ 280 I, III, 281 auch Schadensersatz statt der Leistung verlangen. Das gilt auch dann, wenn der Käufer nur mit der Abnahme der Kaufsache im Verzug ist, weil es sich bei der Abnahme entweder um eine Hauptleistungspflicht oder jedenfalls um eine Nebenleistungspflicht handelt.

IV. Rücktritt

6   Unter den Voraussetzungen des § 323 (erfolglose Bestimmung einer angemessenen Nachfrist für die Erfüllung der Käuferpflichten aus § 433 II) kann der Verkäufer vom Kaufvertrag zurücktreten.

Das gilt auch dann, wenn der Verkäufer seine Pflichten aus § 433 I schon erfüllt und dem Käufer den Kaufpreis vorübergehend gestundet hatte und wenn der Käufer nach Ablauf der Stundungszeit nicht zahlt. Der bis zum 31. 12. 2001 geltende § 454 hatte für diesen Fall das Rücktrittsrecht des Verkäufers ausgeschlossen, um den Käufer durch den Rücktritt nicht unbillig zu belasten, wenn er den Kaufgegenstand bereits verbraucht oder umgestaltet hat. Diese Regelung wurde jedoch als rechtspolitisch verfehlt angesehen und im Rahmen der Schuldrechtsmodernisierung gestrichen.

§ 6. Verletzung von Nebenleistungspflichten und Schutzpflichten

1   Wenn der Verkäufer oder der Käufer eine Nebenleistungs- oder eine Schutzpflicht (§ 241 II) verletzt, besteht für die jeweils andere Partei möglicherweise ein Erfüllungs- oder ein Schadensersatzanspruch.

I. Erfüllungsanspruch

Ein klagbarer Erfüllungsanspruch ist nur dann gegeben, wenn es sich um eine (einklagbare) *Nebenleistungspflicht* handelt.

Beispiele: Wenn der Verkäufer dem Käufer keine Bedienungsanleitung für die verkaufte Maschine verschafft oder ihn nicht in die Bedienung einweist, kann der Käufer auf Erfüllung dieser Pflichten klagen. Wenn der Käufer die Abnahme der Kaufsache verweigert, kann der Verkäufer auch dann auf Abnahme klagen, wenn die Abnahme nicht als Hauptleistungspflicht vereinbart ist.

Demgegenüber ist eine *Schutzpflicht* (§ 241 II) nicht einklagbar **2** (AS § 2 Rdnr. 11), weil ihr kein Forderungsrecht der anderen Partei entspricht (vgl. § 241 II) und mit ihr kein Leistungszweck verfolgt wird. Eine Verletzung solcher Pflichten kann allerdings einen Schadensersatzanspruch des Vertragspartners auslösen.

II. Schadensersatzanspruch

Bei schuldhafter Verletzung einer *Nebenleistungspflicht* kann dem **3** Vertragspartner ein Schadensersatzanspruch wegen Pflichtverletzung nach § 280 zustehen.

Beispiele: Verstoß gegen ein vereinbartes Wettbewerbsverbot; verspätete Auskunftserteilung; mangelhafte Verpackung der Kaufsache.

In diesen Fällen kann der Käufer unter den zusätzlichen Voraussetzungen des § 281 (erfolglose Bestimmung einer angemessenen Frist) auch die Leistung des Verkäufers ablehnen und Schadensersatz statt der Leistung verlangen (AS § 24 Rdnr. 8 ff.).

Falls der Verkäufer eine *Schutzpflicht* i. S. v. § 241 II verletzt, kann **4** der Käufer ebenfalls Schadensersatz wegen dieser Pflichtverletzung verlangen (AS § 25 Rdnr. 3 ff.). Ein Schadensersatz statt der Leistung steht ihm gem. § 282 aber nur dann zu, wenn ihm die an sich mögliche Leistung durch den Verkäufer nicht mehr zuzumuten ist.

Beispiel: Der Verkäufer beschädigt bei den ersten von vielen Teillieferungen mehrfach die Eingangstür und Einrichtungsgegenstände des Käufers. Wegen dieser Sachschäden kann der Käufer Schadensersatz nach § 280 I verlangen. Ob er die weiteren Teillieferungen ablehnen, bei einem anderen Verkäufer bestellen und die Mehrkosten von dem ersten Verkäufer ersetzt verlangen kann, hängt gem. § 282 davon ab, ob ihm die Fortsetzung des Vertragsverhältnisses mit dem ersten Verkäufer wegen dessen Nebenpflichtverletzungen nicht mehr zumutbar ist.

III. Rücktritt

5   Bei der Verletzung einer *Nebenleistungspflicht* kann die andere Vertragspartei unter den Voraussetzungen des § 323 I (erfolglose Bestimmung einer angemessenen Frist zur Leistung) vom Vertrag zurücktreten (AS § 24 Rdnr. 26 ff.).

Beispiele: Der Verkäufer kann zurücktreten, wenn der Käufer trotz Fristsetzung die Annahme der Kaufsache verweigert. Der Käufer ist zum Rücktritt berechtigt, wenn der Verkäufer ihn nicht innerhalb der gesetzten Frist in die Bedienung der gekauften Maschine einweist.

Allerdings ist der Rücktritt ausgeschlossen, wenn die Pflichtverletzung unerheblich ist (§ 323 V 2).

6   Bei einer *Schutzpflichtverletzung* (vgl. § 241 II) kommt ein Rücktritt des Vertragspartners gem. § 324 nur unter engeren Voraussetzungen in Betracht (AS § 25 Rdnr. 9). Die Pflichtverletzung muss so gravierend sein, dass ihm ein Festhalten am Vertrag nicht mehr zuzumuten ist. Insoweit gilt Entsprechendes wie für den Schadensersatzanspruch.

Beispiel: Wenn der Verkäufer bei der ersten von mehreren Teillieferungen die Eingangstür des Käufers beschädigt, kann dieser zwar Schadensersatz nach § 280 verlangen; aber ein Festhalten am Vertrag dürfte ihm kaum unzumutbar sein. Kommt es auch bei den folgenden Teillieferungen mehrfach zu Beschädigungen, kann die Schwelle zur Unzumutbarkeit überschritten sein.

§ 7. Besondere Arten des Kaufs

Fälle:

a) Herrenausstatter V schickt dem K den Anzug, den K auf der Durchreise bei ihm gekauft hat, auf Bitte des K an dessen Wohnsitz. Beim Transport durch einen Paketdienst geht der Anzug verloren. Muss V noch einmal liefern?

b) K kauft bei V eine elektrische Säge. Als diese nach 3 Wochen nicht mehr funktioniert, verlangt er von V Nachlieferung. V weigert sich, weil die Säge zunächst in Ordnung gewesen und vermutlich wegen übermäßigen Gebrauchs defekt geworden sei.

c) Händler V verkauft 13 Monate nach Belieferung durch Großhändler G eine bewegliche Sache an Verbraucher K. Dieser macht nach einem weiteren Jahr wegen eines von Anfang an vorhandenen produktionsbedingten Mangels gegenüber V Minderung des Kaufpreises geltend. Als V umgehend seinerseits gegenüber G mindern will, beruft dieser sich auf Verjährung.

d) V schickt dem K das verkaufte Fernsehgerät mit der Rechnung, die den deutlichen Vermerk enthält: „Die Ware bleibt bis zur vollständigen Bezahlung mein Eigentum".

e) Wie, wenn V im Fall a erst eine Woche nach Übersendung des Geräts die Rechnung mit dem genannten Vermerk an K schickt?

f) Wie, wenn K beim Kaufabschluss ein Formular unterschrieben hat, in dem u. a. der genannte Vermerk enthalten war?

g) Händler H bezog Möbel von der Fabrik F unter Eigentumsvorbehalt und trat alle Forderungen aus künftigen Weiterverkäufen dieser Möbel an F ab. Vor den Absprachen mit F hatte H bereits einen Bankkredit aufgenommen und zur Sicherheit der Bank B alle Forderungen aus künftigen Verkäufen übertragen. Wem stehen die Forderungen zu?

h) K hat von V eine Maschine auf Probe gekauft und übergeben erhalten. Nachdem sie bei ihm ohne Verschulden vernichtet worden ist, teilt K dem V mit, er lehne den Kauf ab. V verlangt den Kaufpreis.

i) V vermietet sein Einfamilienhaus an M. Im notariell beurkundeten Mietvertrag wird ein Vorkaufsrecht des M vereinbart. Später erfährt M, dass V das Haus für 200 000 Euro an K verkauft hat, der inzwischen als Eigentümer im Grundbuch eingetragen worden ist. Rechte des M?

I. Verbrauchsgüterkauf

Schrifttum: Ernst/Gsell, Kaufrechtsrichtlinie und BGB, ZIP 2000, 1410; Gsell, Kaufrechtsrichtlinie und Schuldrechtsmodernisierung, JZ 2001, 65; Hassemer, Kaufverträge nach der Schuldrechtsreform – Vertragsgestaltung gegenüber Verbrauchern und im Handelsgeschäft, ZGS 2002, 95; Hoffmann, Verbrauchsgüterkaufrechtsrichtlinie und Schuldrechtsmodernisierungsgesetz, ZRP 2001, 347; Honsell, Die EU-Richtlinie über den Verbrauchsgüterkauf und ihre Umsetzung ins BGB, JZ 2001, 278; Jorden/Lehmann, Verbrauchsgüterkauf und Schuldrechtsmodernisierung, JZ 2001, 952; Mankowski, Ein Zulieferer ist kein Lieferant – Konsequenzen aus dem begrenzten Zuschnitt der Regressregelung in §§ 478, 479 BGB, DB 2002, 2419; Matusche-Beckmann, Unternehmerregress im neuen Kaufrecht: Rechtsprobleme in der Praxis, BB 2002, 2561; Maultzsch, Schuldrechtsmodernisierung 2001/2002: Der Regress des Unternehmers beim Verbrauchsgüterkauf, JuS 2002, 1171; Matthes, Der Herstellerregress nach § 478 BGB in Allgemeinen Geschäftsbedingungen – Ausgewählte Probleme, NJW 2002, 2505; Schubel, Mysterium Lieferkette, ZIP 2002, 2061; Wagner/Neuenhahn, Die Anwendbarkeit der §§ 478 und 479 BGB auf die „Beschaffenheitskette" des Herstellers, ZGS 2002, 395; Westermann, Das neue Kaufrecht einschließlich des Verbrauchsgüterkaufs, JZ 2001, 530; Wrase, Aliud-Lieferung beim Verbrauchsgüterkauf – ein nur scheinbar gelöstes Problem, NJW 2002, 2537. **1**

Wenn ein Verbraucher (§ 13) von einem Unternehmer (§ 14) eine bewegliche Sache kauft, handelt es sich um einen Verbrauchsgüterkauf (§ 474 I 1). Auf ihn finden grundsätzlich die §§ 433 ff. Anwen-

dung. Ergänzend gelten die besonderen Regelungen der §§ 474 II
bis 479. Sie dienen weitgehend dem Schutz des Verbrauchers in seiner Eigenschaft als Käufer (§§ 474 II bis 477). Zum Teil schützen sie
aber auch den Unternehmer, wenn er die verkaufte Sache seinerseits
von einem Lieferanten gekauft hat (§§ 478 f.).

2   Die mit der Schuldrechtsmodernisierung am 1. 1. 2002 in Kraft getretenen
Sonderregelungen für den Verbrauchsgüterkauf dienen der Umsetzung der
sog. Verbrauchsgüterkaufrichtlinie 1999/44/EG. Deren Vorgaben werden
weitgehend bereits durch die neu gefassten §§ 433 ff., die für alle Kaufverträge gelten, erfüllt. Deshalb beschränken sich die §§ 474 ff. auf einzelne
ergänzende Sonderregelungen.

1. Anwendungsbereich der §§ 474 ff.

3   Nach der Legaldefinition des Verbrauchsgüterkaufs in § 474 I 1
finden die §§ 474 ff. nur unter bestimmten personellen und sachlichen
Voraussetzungen Anwendung. Als Käufer muss ein Verbraucher und
als Verkäufer ein Unternehmer beteiligt sein. Die §§ 474 ff. gelten
daher nicht für Kaufverträge zwischen Verbrauchern oder zwischen
Unternehmern sowie dann, wenn der Verbraucher als Verkäufer und
der Unternehmer als Käufer am Vertrag beteiligt ist. Ferner muss
Kaufgegenstand eine (neue oder gebrauchte) bewegliche Sache sein;
Kaufverträge über Grundstücke und über Rechte werden nicht erfasst.

Schließlich nimmt § 474 I 2 den Kauf gebrauchter Sachen in einer öffentlichen Versteigerung, an der der Verbraucher persönlich teilnehmen kann,
ausdrücklich vom Anwendungsbereich der §§ 474 ff. aus.

2. Haftungsbegrenzung und Gefahrtragung

4   Nach *§ 474 II* finden die §§ 445 (Haftungsbegrenzung beim Verkauf im Rahmen öffentlicher Versteigerungen, die nicht mehr unter
§ 474 I 2 fallen [z.B. Versteigerung neuer Sachen]) und 447 (Gefahrtragung beim Versendungskauf) keine Anwendung. Der *Ausschluss
des § 445* beim Verbrauchsgüterkauf beruht darauf, dass die dort
vorgesehene Haftungsbegrenzung mit der Verbrauchsgüterkaufrichtlinie nicht vereinbar wäre. Die *Unanwendbarkeit des § 447* bedeutet,
dass beim Verbrauchsgüterkauf auch im Versendungsfall die Gefahr
des zufälligen Untergangs oder der zufälligen Verschlechterung nicht
schon mit der Auslieferung an die zur Versendung bestimmte Person

übergeht. Es bleibt vielmehr bei der Regel des § 446, wonach Gefahr-übergang erst mit der Übergabe der Sache an den Käufer oder dann auf den Käufer übergeht, wenn dieser im Verzuge der Annahme ist.

Im **Fall a** ist die Gefahr noch nicht auf K übergegangen. V muss einen gleichen Anzug noch einmal liefern.

Der Grund für den Ausschluss des § 447 liegt darin, dass nach der Ver- 5 kehrsauffassung der Verbraucher auch beim Versendungskauf davon ausgehen kann, den Kaufpreis nur dann bezahlen zu müssen, wenn die Ware bei ihm eingetroffen ist. Zudem ist der Verkäufer eher als der Käufer in der Lage, die Versendung zu steuern und das Beförderungsrisiko zu versichern. Im Übrigen schließt der Verkäufer den Vertrag mit dem Spediteur, dem Frachtführer oder der sonstigen zur Versendung bestimmten Person, so dass ihm wegen der Beschädigung der Sache beim Transport vertragliche Ersatzansprüche zustehen können.

3. Vertragliche Einschränkung der Mängelrechte

Der Unternehmer kann sich auf eine Vereinbarung, die bestimmte 6 Rechte des Verbrauchers bei Mängeln der Kaufsache einschränkt, gem. *§ 475 I* nicht berufen, wenn sie vor der Mitteilung eines Mangels an den Unternehmer getroffen wurde. Das gilt auch dann, wenn eine solche Vereinbarung nicht schon gem. §§ 307 ff. (Inhaltskontrolle bei AGB) unzulässig ist.

Darin liegt eine Einschränkung der Vertragsfreiheit im Interesse des Verbrauchers. Sie war durch die Verbrauchsgüterkaufrichtlinie vorgegeben. Wegen der Beschränkung auf Vereinbarungen vor Mitteilung des Mangels werden nachträglich abgeschlossene Vergleiche zwischen Verbraucher und Unternehmer nicht ausgeschlossen.

§ 475 I erfasst abweichende Vereinbarungen, die den Anspruch 7 des Käufers auf Nachbesserung (§§ 437 Nr. 1, 439) sowie sein Rücktritts- und sein Minderungsrecht (§§ 437 Nr. 2, 440, 441) betreffen. Der vertragliche Ausschluss oder die Beschränkung des Schadensersatzanspruches (§§ 437 Nr. 3, 440, 280 ff.) ist dagegen – soweit er nicht in unzulässigen AGB (vgl. §§ 307 bis 309) vereinbart wird – zulässig (§ 475 III).

Die Verjährung (§ 438) der Mängelrechte des Käufers (§ 437) 8 kann beim Verbrauchsgüterkauf durch Rechtsgeschäft nur dann uneingeschränkt erleichtert werden, wenn die Vereinbarung nach Mitteilung des Mangels an den Unternehmer getroffen wird. Eine vorher getroffene Vereinbarung ist unzulässig, wenn dadurch die

Verjährungsfrist von zwei Jahren bei neuen Sachen oder von einem Jahr bei gebrauchten Sachen unterschritten wird *(§ 475 II)*.

Das betrifft nicht nur die ausdrückliche Verkürzung der Verjährungsfrist, sondern auch eine solche, die etwa durch Vorverlegung des Verjährungsbeginns erreicht wird.

4. Vermutung der Mangelhaftigkeit bei Gefahrübergang

9   Wenn der Käufer Mängelrechte (§§ 437 ff.) geltend macht, muss er grundsätzlich deren Voraussetzungen beweisen. Dazu gehört auch, dass der Sachmangel schon „bei Gefahrübergang" (§ 434 I 1) vorlag und nicht erst nachher (etwa durch übermäßigen Gebrauch) eingetreten ist. Insoweit regelt § 476 für den Verbrauchsgüterkauf eine *Beweislastumkehr* zu Gunsten des Käufers. Wenn sich der Sachmangel innerhalb von sechs Monaten seit Gefahrübergang zeigt, wird vermutet, dass die Sache bereits bei Gefahrübergang mangelhaft war **(Fall b)**.

Die Regelung beruht auf den Vorgaben der Verbrauchsgüterkaufrichtlinie. Sie trägt der Erfahrung Rechnung, dass in der Regel der Unternehmer die besseren Beweismöglichkeiten hat als der Verbraucher.

10   Allerdings greift die Vermutung des § 476 nach dessen letztem Halbsatz nicht ein, wenn sie mit der Art der Sache oder des Mangels unvereinbar ist.

Das betrifft etwa gebrauchte Sachen mit hohem Abnutzungsgrad. Auch bei bestimmten Tierkrankheiten, deren Ausbruch zeitlich nicht feststellbar ist, wird die Vermutungsregelung nicht passen.

5. Formelle Voraussetzungen für Garantieerklärungen

11   Die Rechte des Käufers aus § 443 im Falle einer Garantie gelten uneingeschränkt auch beim Verbrauchsgüterkauf. Zusätzlich enthält § 477 Sonderbestimmungen zu Gunsten des Verbrauchers im Hinblick auf die formellen Voraussetzungen für die Garantieerklärung. Diese muss einfach und verständlich abgefasst sein, einen Hinweis auf das Nebeneinander von Garantie und gesetzlichen Rechten des Verbrauchers (§§ 437 ff.) sowie die erforderlichen Angaben für die Geltendmachung der Garantierechte enthalten (§ 477 I). Außerdem kann der Verbraucher verlangen, dass ihm die Garantieerklärung in Textform (§ 126 b) zur Verfügung gestellt wird (§ 477 II).

Durch § 477 soll der Verbraucher vor einer Irreführung durch unklare Garantiebedingungen geschützt werden. Unter dem Gesichtspunkt der Verständlichkeit wird regelmäßig eine Abfassung der Garantie in deutscher Sprache
erforderlich sein. Je nach den zu erwartenden Erkenntnismöglichkeiten des
Adressatenkreises kann aber auch eine einfache Erklärung in Englisch ausreichen (z. B. Garantie für einen PC).

Ein Verstoß gegen die Anforderungen des § 477 I, II führt aller   12
dings nicht zur Unwirksamkeit der Garantieverpflichtung (§ 477 III);
andernfalls würde sich die dem Schutz des Verbrauchers dienende
Regelung zu seinem Nachteil auswirken. Der Verwender unklarer
Garantieerklärungen kann nach § 2 UKlaG z. B. von einem Verbraucherschutzverband auf Unterlassung in Anspruch genommen werden.

6. Rückgriff des Unternehmers in einer Lieferkette

Die §§ 478, 479 erleichtern im Fall einer Lieferkette (z. B. Her   13
steller – Großhändler – Einzelhändler) dem Unternehmer beim Verkauf neu hergestellter Sachen einen Rückgriff gegenüber seinem
Lieferanten. Dadurch soll vor allem verhindert werden, dass der
Letztverkäufer (i. d. R. der Einzelhändler) die Nachteile des verbesserten Verbraucherschutzes tragen muss, wenn er vom Verbraucher
wegen eines Sachmangels in Anspruch genommen wird, der nicht in
seinem Bereich verursacht wurde, sondern auf einen Fehler im Herstellungsprozess zurückzuführen ist. Aber auch ein Zwischenhändler
soll die Folgen eines Mangels im Ergebnis nicht tragen müssen, wenn
der Mangel nicht bei ihm, sondern beim Hersteller verursacht wurde. Deshalb bestimmt § 478 V, dass die Rechte nach § 478 I – IV im
Falle einer Lieferkette nicht nur dem Letztverkäufer, sondern jedem
Unternehmer gegenüber seinem jeweiligen Verkäufer zustehen, sofern es sich bei diesem um einen Unternehmer handelt.

a) Erleichterter Rückgriff beim Lieferanten

Wenn der Unternehmer (z. B. der Letztverkäufer) die neu herge   14
stellte Sache wegen eines Mangels zurücknehmen musste (im Rahmen einer Nachlieferung oder infolge eines Rücktritts oder der
Erfüllung eines großen Schadensersatzanspruches) oder wenn der
Verbraucher den Kaufpreis gemindert hat, kann der Unternehmer

Rückgriff bei seinem Lieferanten (z. B. Großhändler), von dem er seinerseits die Sache gekauft hat, schon unter den Voraussetzungen der §§ 437 ff. nehmen (**Fall c**). Insofern schafft § 478 I keinen zusätzlichen Anspruch. Die Vorschrift regelt allerdings Erleichterungen bei der Geltendmachung dieser Rechte. Der Unternehmer soll die zurückgenommene Sache möglichst problemlos an seinen Lieferanten „durchreichen" oder die Minderung an ihn „weitergeben" können. Deshalb bestimmt § 478 I, dass der Unternehmer bei Geltendmachung seiner Rechte aus § 437 gegenüber seinem Lieferanten keine Frist setzen muss, wie es nach den §§ 281 I, 323 I an sich erforderlich wäre.

15   Für die Rückgriffsansprüche nach § 437 gelten die Verjährungsfristen des § 438 (meist zwei Jahre ab Ablieferung an den Unternehmer, der Rückgriff nimmt). Allerdings bestimmt § 479 II eine besondere Ablaufhemmung. Danach verjährt der Rückgriffsanspruch frühestens zwei Monate nach dem Zeitpunkt, in dem der rückgriffsberechtigte Unternehmer die Ansprüche des Käufers erfüllt hat. Durch diese Regelung wird verhindert, dass der Rückgriffsanspruch schon verjährt ist, bevor er überhaupt geltend gemacht werden kann; denn von der Ablieferung an einen Großhändler bis zur Geltendmachung der Mängelrechte des Verbrauchers gegenüber dem Letztverkäufer können die zwei Jahre schon abgelaufen sein.

Im **Fall c** kann V gegenüber G noch mindern. Zwar sind seit der Lieferung von G an V schon mehr als zwei Jahre vergangen, aber wegen der Ablaufhemmung des § 479 II ist das Minderungsrecht des V noch nicht verjährt.

16   Die Ablaufhemmung endet allerdings spätestens fünf Jahre nach der Ablieferung vom Lieferanten an den rückgriffsberechtigten Unternehmer. Dadurch wird insbesondere der Hersteller geschützt. Lange Lagerungszeiten bei Groß- und Einzelhändlern können nämlich einen späten Verkauf an den Verbraucher zur Folge haben, so dass der Hersteller im Wege des Rückgriffs noch weit über zwei Jahre nach dem Zeitpunkt, in dem er die Sache seinem Käufer (Großhändler) abgeliefert hat, in Anspruch genommen werden könnte. Dieses Risiko wird durch die Fünfjahresfrist im Interesse der unternehmerischen Kalkulierbarkeit begrenzt.

b) Aufwendungsersatzanspruch gegen den Lieferanten

17   Der Unternehmer kann beim Verkauf neu hergestellter Sachen von seinem jeweiligen Lieferanten gem. § 478 II, V *Ersatz der Aufwendungen* verlangen, die er im Verhältnis zum Verbraucher oder

(in einer Lieferkette) im Verhältnis zu seinem Käufer bei der Durchführung einer Nacherfüllung (insbesondere Transport-, Material- und Arbeitskosten; § 439 II) tragen muss. Aufwendungen, die der Unternehmer nur kulanzweise übernommen hat, werden von dieser Regelung nicht erfasst. § 478 II ist (anders als Abs. 1) eine selbstständige Anspruchsgrundlage. Voraussetzung des Anspruchs ist, dass der Mangel bereits beim Übergang der Gefahr auf den Unternehmer vorhanden war und nicht erst z. B. durch falsche Lagerung bei ihm entstanden ist.

Der Aufwendungsersatzanspruch verjährt in zwei Jahren ab Ablieferung 18 der Sache (§ 479 I), nicht erst ab Entstehung des Anspruchs (vgl. § 200). Mit „Ablieferung" ist auch hier die Übergabe der Sache von dem in Anspruch genommenen Lieferanten an den anspruchsberechtigten Unternehmer gemeint. Für die Ablaufhemmung gilt zu Gunsten des Letztverkäufers und jedes anderen Verkäufers im Rahmen einer Lieferkette (§ 479 III) die besondere Regelung des § 479 II.

c) Beweislast

Die für Rückgriffs- und Aufwendungsersatzansprüche geltende Vo- 19 raussetzung, dass der Mangel bei Gefahrübergang auf den anspruchsberechtigten Unternehmer vorgelegen haben muss (vgl. §§ 434 I 1, 478 II), wird von diesem in der Regel kaum bewiesen werden können. Hier gilt zu seinen Gunsten gem. § 478 III die Beweislastumkehr des § 476, die auch dem Verbraucher zugute kommt. Die Frist von sechs Monaten, in der sich der Mangel zeigen muss, beginnt nicht schon mit dem Gefahrübergang auf den rückgriffsberechtigten Unternehmer, sondern erst mit dem Gefahrübergang auf den Verbraucher.

d) Einschränkung der Vertragsfreiheit

Wie im Verhältnis zwischen dem Verbraucher und dem Letztver- 20 käufer (vgl. § 475 I) ist im Rahmen einer Lieferkette auch im Verhältnis zwischen jedem Verkäufer und seinem Lieferanten die Vertragsfreiheit eingeschränkt, soweit von der gesetzlichen Regelung der Mängelrechte (außer Schadensersatz) zum Nachteil des rückgriffsberechtigten Unternehmers abgewichen werden soll (§ 478 IV 1, 2). Auf eine solche Vereinbarung kann sich der Lieferant nur berufen, wenn dem Unternehmer statt der gesetzlichen Rechte ein gleichwertiger Ausgleich (z. B. Preisnachlässe oder günstige Zahlungsbedingungen) eingeräumt wird.

II. Kauf unter Eigentumsvorbehalt

21   **Schrifttum:** Brox, Das Anwartschaftsrecht des Vorbehaltskäufers, JuS 1984, 657; Bülow, Kauf unter Eigentumsvorbehalt, Jura 1986, 169, 234; ders., Die isolierte Ausübung des Eigentumsvorbehalts nach § 449 BGB, DB 2002, 2090; Bunte, Die Vereinbarung des Eigentumsvorbehalts, JA 1982, 321; Deneke, Der überraschende Eigentumsvorbehalt, JuS 1988, 965; Giesen, Grundsätze der Konfliktlösung im Besonderen Schuldrecht: Das Recht des Kaufvertrags: Spezialfälle des Kaufs, Jura 1994, 194; Haas/Beiner, Das Anwartschaftsrecht im Vorfeld des Eigentumserwerbs, JA 1997, 115; Habersack/Schürnbrand, Der Eigentumsvorbehalt nach der Schuldrechtsreform, JuS 2002, 833; U. Huber, Der Eigentumsvorbehalt im Synallagma, ZIP 1987, 750; U. Hübner, Zur dogmatischen Einordnung der Rechtsposition des Vorbehaltskäufers, NJW 1980, 729; van Look/Stoltenberg, Eigentumsvorbehalt und Verjährung der Kaufpreisforderung, WM 1990, 661; F. Peters, Die Wirkung des Eigentumsvorbehalts nach Verjährung der Kaufpreisforderung, JZ 1980, 178; P. Schlosser, Der Eigentumsvorbehalt, Jura 1986, 85; Schulze/Kienle, Kauf unter Eigentumsvorbehalt – eine Kehrtwende des Gesetzgebers?, NJW 2002, 2842; Serick, Eigentumsvorbehalt und Sicherungsübertragung, Bd. I, 1963, Bd. IV, 1976, Bd. V, 1982, Bd. VI, 1986; Wagner, Zur Kollision von verlängertem Eigentumsvorbehalt und eingeschränktem Abtretungsverbot, JZ 1988, 698; Wilhelm, Das Anwartschaftsrecht des Vorbehaltskäufers im Hypotheken- und Grundschuldverband, NJW 1987, 1785; M. Wolf/Haas, Das Prioritätsprinzip im Konflikt zwischen Waren- und Geldkreditgebern, ZHR 1990, 64.

1. Bedeutung

Im Normalfall ist der Verkäufer aufgrund des Kaufvertrages verpflichtet, dem Käufer die Sache zu übergeben und das Eigentum an ihr zu verschaffen (§ 433 I 1); bis zur Kaufpreiszahlung kann er jedoch nach § 320 seine Leistung verweigern (§ 5 Rdnr. 2). Dadurch ist der Verkäufer hinreichend gesichert: Er braucht erst zu liefern, wenn der Käufer den Kaufpreis zahlt.

In vielen Fällen möchte der Käufer die Kaufsache jedoch sofort besitzen und nutzen, ohne sie gleich bezahlen zu müssen. Der Verkäufer ist häufig auch an einem solchen Geschäft interessiert, da er seine Ware absetzen will. Verschafft er aber dem Käufer ohne sofortige Bezahlung Besitz und Eigentum an der Sache, so ist das Geschäft für ihn zu riskant. Zwar hat er einen Kaufpreisanspruch gegen den

Käufer (§ 433 II); er kann auch bei Nichtzahlung nach §§ 280, 281 vorgehen und Schadensersatz wegen Nichterfüllung verlangen oder vielleicht vom Vertrag zurücktreten (§ 323). Aber dabei handelt es sich immer nur um rein schuldrechtliche, möglicherweise nicht realisierbare Ansprüche gegen den Käufer; ein Recht an der Kaufsache steht dem Verkäufer nicht mehr zu. Er kann beispielsweise nicht verhindern, dass ein Gläubiger des Käufers die diesem gehörende Kaufsache durch den Gerichtsvollzieher pfänden und versteigern lässt.

Ein Recht an der Kaufsache hätte der Verkäufer, wenn ihm ein Sicherungs- 22
recht an der Sache für die noch ausstehende Kaufpreisforderung bestellt
würde. Beim Verkauf eines Grundstücks ist das durch Bestellung einer Hypothek in Höhe des Restkaufpreises möglich. Die Einräumung eines Pfandrechts
scheidet jedoch beim Verkauf einer beweglichen Sache aus, weil der Käufer
sofort unmittelbarer Besitzer der Sache werden soll und die §§ 1205 f. eine
Pfandrechtsbestellung ohne unmittelbaren Besitz des Gläubigers nicht zulassen.

Der Verkäufer ist genügend – dinglich – gesichert, wenn er bis zur 23
restlosen Zahlung des Kaufpreises Eigentümer der Kaufsache bleibt.
Das kann dadurch erreicht werden, dass der Verkäufer dem Käufer
die gekaufte Sache sofort übergibt und beide sich darüber einig sind,
dass das Eigentum auf den Käufer erst dann übergeht, wenn der
gesamte Kaufpreis gezahlt ist (Eigentumsvorbehalt). Der nach § 929
für den Eigentumsübergang erforderliche Übereignungsvertrag der
Parteien wird also unter der aufschiebenden Bedingung (§ 158 I) der
vollständigen Kaufpreiszahlung geschlossen. Der Verkäufer bleibt
bis zum Eintritt der Bedingung (vollständige Kaufpreiszahlung)
Eigentümer der Kaufsache. In diesem Augenblick verliert er ohne
weiteres sein Eigentum an den Käufer.

Der Kauf unter Eigentumsvorbehalt ist in § 449 besonders geregelt. Bei dieser Vorschrift handelt es sich im Wesentlichen um eine
Auslegungsregel. So ist es auch zu erklären, dass der Eigentumsvor-
behaltskauf gesetzessystematisch nicht bei den besonderen Arten des
Kaufs (§§ 454 ff. im Untertitel 2) eingeordnet ist.

2. Voraussetzungen

Beim Kauf unter Eigentumsvorbehalt schließen die Parteien einen 24
unbedingten Kaufvertrag und zu seiner Erfüllung einen *bedingten
Übereignungsvertrag* hinsichtlich der Kaufsache (§ 449 I).

Da § 925 II eine bedingte Auflassung nicht zulässt, kommt ein Kauf unter Eigentumsvorbehalt bei Grundstücken nicht in Betracht.

a) Inhalt des Kaufvertrages

25   Im Kaufvertrag vereinbaren die Parteien Lieferung unter Eigentumsvorbehalt. Das geschieht oft durch eine Klausel im Formularvertrag (**Fall f**) oder durch Bezugnahme auf AGB (AS § 4 Rdnr. 28 ff.), die eine entsprechende Klausel enthalten.

Im **Fall d** ist bei Abschluss des Kaufvertrages kein Eigentumsvorbehalt vereinbart. Die Übersendung der Rechnung mit dem Vermerk des Eigentumsvorbehalts kann als Angebot auf Abänderung des Kaufvertrages (§ 311 I) aufgefasst werden; die Annahme des Angebots steht dem K frei.

Ist der Eigentumsvorbehalt in den AGB des Verkäufers vorgesehen und schließen die Einkaufsbedingungen des Käufers einen Eigentumsvorbehalt aus, so gelten insoweit weder die AGB des Verkäufers noch die des Käufers (BGHZ 61, 282). Gleichwohl erlangt der Käufer aber kein unbedingtes Eigentum, da er wegen der ihm bekannten Verkaufsbedingungen die Übersendung der bestellten Sache nur als Angebot zur Übertragung des bedingten Eigentums verstehen konnte (BGH NJW 1982, 1751).

b) Bedingte Übereignung der Kaufsache

26   Die Übereignung der Kaufsache erfolgt nach § 929, 1. Dabei steht die dingliche Einigung unter der aufschiebenden Bedingung (§ 158) der vollständigen Kaufpreiszahlung.

Im **Fall d** ist die der Sendung beigefügte Rechnung mit dem Vermerk des Eigentumsvorbehalts sachenrechtlich bedeutsam: K kann nur aufschiebend bedingtes Eigentum erwerben, weil V eine bedingte Einigungserklärung abgegeben hat. – Im **Fall e** ist K bereits Eigentümer des Geräts geworden; daran kann auch die später eintreffende Rechnung mit dem genannten Vermerk als einseitige Erklärung des V nichts mehr ändern.

3. Wirkungen

a) Schuldrechtliche Folgen

27   Die schuldrechtlichen Folgen eines im Kaufvertrag vorgesehenen Eigentumsvorbehalts (**Fall f**) sind:

aa) Der Verkäufer muss nach dem Kaufvertrag die Kaufsache übergeben und dem Käufer aufschiebend bedingtes Eigentum verschaffen. Damit hat er seine Leistungshandlung erbracht. Unbedingtes Eigentum erwirbt der Käufer unabhängig vom Willen des Verkäufers mit dem Eintritt der Bedingung (Kaufpreiszahlung).

bb) Mit der Übergabe der Kaufsache geht die Preisgefahr auf den Käufer über (§ 446 S. 1; § 3 Rdnr. 14 ff.).

cc) Da der Eintritt des Leistungserfolgs (Eigentumserwerb durch 28 den Käufer) von der Kaufpreiszahlung abhängig gemacht ist, hat der Verkäufer den Kaufvertrag noch nicht vollständig erfüllt (BGH NJW 1954, 1325, 1326; Palandt/Putzo, § 455 Rdnr. 5; str.). Wenn der Kaufpreis nicht vereinbarungsgemäß gezahlt wird, kann der Verkäufer gem. § 323 nach erfolgloser Bestimmung einer angemessenen Zahlungsfrist vom Vertrag zurücktreten. Erst danach kann er auf Grund des Eigentumsvorbehalts die Sache vom Käufer herausverlangen (§ 449 II).

Die nach § 455 a.F. erleichterte Rücktrittsmöglichkeit des Vorbehaltsverkäufers ohne Fristsetzung ist mit Inkrafttreten des Schuldrechtsmodernisierungsgesetzes am 1. 1. 2002 entfallen.

dd) Die Pflicht, die Kaufsache frei von Rechten Dritter zu 29 verschaffen (§ 433 I 2), ist im Allgemeinen erst im Zeitpunkt des Eigentumsübergangs zu erfüllen (MünchKomm/Westermann, § 434 Rdnr. 16; RGZ 83, 214; vgl. aber auch BGH NJW 1961, 1252f.).

b) Sachenrechtliche Folgen

Die sachenrechtlichen Folgen der aufschiebend bedingten Über- 30 eignung (Fall d) sind:

aa) Der Verkäufer bleibt bis zum Eintritt der Bedingung Eigentümer und mittelbarer Besitzer (§ 868) der Kaufsache. Er kann also Herausgabe von jedem nicht berechtigten Besitzer nach § 985 verlangen, allerdings entsprechend § 986 I 2 nur an den Käufer. Dem Verkäufer stehen weiterhin die Besitzschutzansprüche nach § 869 zu.

Dem Herausgabeanspruch des Verkäufers gegen den Käufer steht ein Recht des Käufers zum Besitz (§ 986) gegenüber, das sich aus dem Kaufvertrag ergibt.

Das Recht zum Besitz entfällt jedoch, wenn der Verkäufer vom Kaufvertrag wirksam zurückgetreten ist (so jetzt ausdrücklich § 449 II).

Ist die Kaufpreisforderung verjährt und verweigert der Käufer deshalb die Zahlung des (restlichen) Kaufpreises, kann der Verkäufer zurücktreten und die unter Eigentumsvorbehalt veräußerte Sache vom Käufer herausverlangen (so jetzt ausdrücklich § 216 II 2; zur Frage der Nutzungsvergütung [vor der Schuldrechtsmodernisierung am 1. 1. 2002] BGH NJW 1979, 2195; kritisch Tiedtke, DB 1980, 1477).

31   bb) Der Käufer erwirbt mit der bedingten Übereignung eine rechtlich geschützte, dingliche *Anwartschaft*. Sie ist eine Vorstufe zum Vollrecht (Eigentum), das der Käufer mit dem Eintritt der Bedingung ohne Weiteres erlangt.

Die dingliche Anwartschaft wird heute in vieler Hinsicht wie ein dingliches Recht behandelt; §§ 985, 1004 und 823 I (sonstiges Recht) sind anwendbar. Der Käufer kann über das Anwartschaftsrecht verfügen, es also nach §§ 929 ff. übertragen und nach §§ 1205 ff. verpfänden (Näheres in den Lehrbüchern des Sachenrechts). Das Anwartschaftsrecht erlischt, wenn die Bedingung nicht mehr eintreten kann (etwa durch Rücktritt vom Kaufvertrag nach § 323 oder Schadensersatzverlangen nach § 281).

4. Erweiterter und verlängerter Eigentumsvorbehalt

a) Erweiterter Eigentumsvorbehalt

32   Oft vereinbaren Verkäufer und Käufer, dass das Eigentum an der Kaufsache nicht schon mit der restlosen Zahlung des Kaufpreises, sondern erst dann auf den Käufer übergehen soll, wenn dieser alle aus der Geschäftsverbindung mit dem Verkäufer herrührenden (auch künftigen) Forderungen beglichen hat (sog. erweiterter Eigentumsvorbehalt).

Erstreckt sich der Vorbehalt auf die Bezahlung aller (auch künftiger) Forderungen aus der Geschäftsverbindung mit dem Verkäufer, liegt ein *Kontokorrenteigentumsvorbehalt* vor.

Gegen die Zulässigkeit des erweiterten Eigentumsvorbehalts sind Bedenken erhoben worden (Reinicke/Tiedtke, Kaufrecht, 6. Aufl., Rdnr. 1172; Larenz, § 43 II e 4; anders: Palandt/Putzo, § 449 Rdnr. 19). Der Käufer erwirbt wegen des weiten Vorbehalts das Eigentum an den gekauften Sachen selbst dann nicht, wenn er diese längst bezahlt hat. Die Vereinbarung des erweiterten Vorbehalts kann deshalb wegen Missbrauchs der Vertragsfreiheit nach § 138 nichtig sein. Bei einer entsprechenden Klausel in AGB kommt ein Verstoß gegen § 307 in Betracht.

Sofern durch den Vorbehalt nicht nur die Forderungen des Verkäufers erfasst werden, sondern alle Forderungen von Lieferanten, die mit dem Verkäufer in einem Konzern verbunden sind, spricht man von einem *Konzerneigentumsvorbehalt*. Eine solche Vereinbarung ist gem. § 449 III nichtig.

b) Verlängerter Eigentumsvorbehalt

Der Eigentumsvorbehalt allein ist für den Verkäufer als Siche- 33
rungsmittel unzureichend, wenn dieser damit einverstanden ist, dass
der Käufer vor Zahlung des Kaufpreises die Kaufsache im Rahmen
eines ordnungsmäßigen Geschäftsbetriebs weiterveräußert. Hier wird
der Kunde des Käufers nach §§ 929, 185 I Eigentümer der Sache, so
dass der Verkäufer das Eigentum verliert. Damit der Verkäufer auch
dann noch gesichert ist, wird oft zwischen ihm und seinem Käufer
ein verlängerter Eigentumsvorbehalt vereinbart: Der Verkäufer lässt
sich schon im Voraus die Forderung seines Käufers gegen dessen
Kunden, an den die Sache veräußert wird, abtreten *(Vorausabtre-*
tungsklausel). Der Käufer wird in vielen Fällen gleichzeitig ermächtigt, die Forderung gegen den Kunden einzuziehen. Für den Fall des
Zahlungsverzuges behält sich dann der Verkäufer häufig den Widerruf der Einzugsermächtigung vor.

Die Vorausabtretung ist wirksam, wenn die einzelne Forderung wenigstens 34
bestimmbar ist (BGHZ 7, 365). – Im **Fall g** sind die Forderungen des H aus
den Möbelverkäufen zweimal zur Sicherung (der B und der F) abgetreten.
Nur die erste Abtretung (zu Gunsten der B) ist wirksam (Grundsatz der
Priorität; BGHZ 32, 361, 363). Diese rein schematische Lösung benachteiligt
den Warenlieferanten zu Gunsten der Bank, wenn die Globalzession an die
Bank zeitlich vor den Abmachungen mit dem Lieferanten liegt. Um die Interessen des Warenlieferanten vor denen der kreditgebenden Bank zu berücksichtigen, hält man die Globalzession an die Bank gem. § 138 I für sittenwidrig, wenn sie auch solche Forderungen umfasst, die an den Warenlieferanten
abgetreten werden müssen, um überhaupt Waren zu erhalten. Da der Käufer
dem Verkäufer bei der Bestellung der Waren von der Globalzession nichts
mitteilen wird und die Bank eine solche Täuschung in Kauf nimmt, ist die
Zession wegen einer Verleitung zum Vertragsbruch nichtig (sog. Vertragsbruchtheorie; vgl. BGHZ 30, 149). Das gilt unabhängig davon, ob der Empfänger der Globalzession eine Bank oder selbst ein Warenlieferant ist (BGH
WM 1999, 1216).

Der Verkäufer ist trotz des Eigentumsvorbehalts auch dann nicht 35
genügend gesichert, wenn der Käufer die gelieferte Ware (z. B. Klei-
derstoff) zu neuen Sachen (Kleidern) verarbeitet; denn durch die
Verarbeitung wird der Käufer nach § 950 Eigentümer. Um das zu
verhindern, enthält der Kaufvertrag oft eine *Verarbeitungsklausel:*
Der Käufer verarbeitet die gekaufte Ware für den Verkäufer, so dass
dieser als Hersteller nach § 950 Eigentümer der neuen Sachen wird
(vgl. BGHZ 14, 114, 117; 20, 159; 46, 117).

III. Kauf als Teilzahlungsgeschäft

36　　**Schrifttum:** Siehe § 17 Rdnr. 1.

Kaufverträge werden häufig (insbesondere beim Kauf unter Eigentumsvorbehalt) mit der Vereinbarung geschlossen, dass der Käufer den Kaufpreis in Teilleistungen (Raten) entrichten darf. Diese Teilzahlungskäufe gehören zu den Teilzahlungsgeschäften, die in § 499 II definiert sind. Für sie gelten besondere Regelungen vor allem zum Schutz des Verbrauchers. Der Grund dafür liegt darin, dass Teilzahlungskäufe für beide Parteien, vor allem aber für den Käufer, nicht ungefährlich sind. Der Verkäufer muss befürchten, dass er den Kaufpreis wegen Vermögenslosigkeit des Käufers nicht ganz erhält. Zwar kann er bei Nichtzahlung vom Vertrag zurücktreten (§ 323) und die Sache zurückverlangen (§§ 346 I, 449 II); diese wird aber vielfach durch die Benutzung an Wert verloren haben.

37　　Vor solchen Verlusten wird sich der Verkäufer durch entsprechende Vereinbarungen sichern. Dabei besteht die Gefahr, dass infolge der Unerfahrenheit und wirtschaftlichen Unterlegenheit des Käufers Bestimmungen in den Vertrag aufgenommen werden, die den Käufer übermäßig belasten (z. B. Verfall aller geleisteten Teilzahlungen bei nur ganz geringfügigem Kaufpreisrückstand). Dafür sollten schon das Abzahlungsgesetz von 1894 mit seinen Novellen von 1969 und 1974 und später das an seine Stelle getretene Verbraucherkreditgesetz vom 17. 12. 1990 (BGBl. I 2840) schützen. Seit dem 1. 1. 2002 ist das VerbrKrG in das BGB integriert worden.

38　　Gesetzessystematisch sind die Teilzahlungsgeschäfte nicht bei den besonderen Arten des Kaufs, sondern neben dem Darlehensvertrag und den Ratenlieferungsverträgen als eine Art der Finanzierungshilfen eingeordnet (§§ 499 II, 501). Das ist damit zu erklären, dass unabhängig von dem Vertragstyp der geschuldete Geldbetrag nicht sogleich in voller Höhe geleistet werden muss. Deshalb werden Einzelheiten zu den Teilzahlungsgeschäften im Zusammenhang mit den Finanzierungshilfen behandelt (§ 18 Rdnr. 6 ff.).

IV. Besondere Vertriebsformen beim Kauf

Schrifttum: Siehe die Nachweise in AS § 19 Rdnr. 1.

Besondere Regeln zum Schutz des Verbrauchers gelten für solche   39
Kaufverträge, die zwischen einem Unternehmer (§ 14) und einem
Verbraucher (§ 13) außerhalb eines Ladengeschäfts angebahnt und
abgeschlossen werden. Das betrifft Haustürgeschäfte, Fernabsatzverträge sowie Verträge im elektronischen Geschäftsverkehr. Diese Verträge sind als *besondere Vertriebsformen* seit dem 1. 1. 2002 in den
§§ 312 bis 312f, also im Allgemeinen Schuldrecht, geregelt.

Die Haustürgeschäfte und die Fernabsatzgeschäfte waren bis Ende 2001 in
jeweils eigenen Gesetzen, dem HausTWG (dazu 26. Aufl. Rdnr. 122a ff.)
und dem FernAbsG (dazu 26. Aufl. Rdnr. 122f ff.) geregelt. Im Rahmen der
Schuldrechtsmodernisierung wurden beide Gesetze in das BGB integriert.
Gleichzeitig wurden in Umsetzung der Art. 10, 11 E-Commerce-Richtlinie
2000/31/EG neue Regelungen zu den Besonderheiten beim Vertragsschluss im
elektronischen Geschäftsverkehr in das BGB aufgenommen.

Die systematische Einordnung der besonderen Vertriebsformen im
Allgemeinen Schuldrecht beruht darauf, dass diese nicht nur bei
Kaufverträgen, sondern auch bei anderen Vertragsarten vorkom-
men. Gerade im Kaufrecht spielen sie allerdings eine bedeutende
Rolle. Deshalb sollen ihre rechtlichen Besonderheiten hier kurz an-
gedeutet werden (siehe ferner AS § 19):

1. Haustürgeschäfte

Häufig werden insbesondere Hausfrauen und ältere Menschen   40
an der Haustür durch einen (aufdringlichen) Werber oder Vertreter
überrascht oder gar überrumpelt und zum Abschluss eines Vertrages
(etwa über Bücher, Zeitschriften, Kosmetika) überredet, den sie
später bedauern. Der Verbraucher soll davor geschützt werden, dass
er auf Grund derartiger Praktiken Verpflichtungen eingeht, von
denen er sich später nicht wieder ohne Weiteres lösen kann. Diesem
Schutz dienen die §§ 312ff.

§ 312 räumt bei sog. Haustürgeschäften dem Verbraucher unter
bestimmten Voraussetzungen das Recht zum Widerruf des Vertrages
nach § 355 ein, das gem. § 312 I 2 durch das Rückgaberecht nach

§ 356 ersetzt werden kann. Dieses Recht darf nicht durch eine Vereinbarung zum Nachteil des Verbrauchers eingeschränkt werden (§ 312f). Solange dem Verbraucher ein Widerrufsrecht zusteht, ist seine Willenserklärung schwebend wirksam (vgl. § 312 I 1 i.V.m. § 355 I 1).

Einzelheiten zu den Voraussetzungen und zur Ausübung des Widerrufsrechts sowie zu den Rechtsfolgen des Widerrufs sind im Allgemeinen Schuldrecht (AS § 19 Rdnr. 19 ff.) erläutert.

2. Fernabsatzverträge

41   Das besondere Kennzeichen von Fernabsatzverträgen ist die fehlende physische Begegnung von Unternehmer (§ 14) und Verbraucher (§ 13). Typische Beispiele sind der Kauf im Versandhandel, aber auch elektronisch gestützte Käufe unter Einsatz neuer Kommunikationstechnologien. In diesen Fällen hat der Verbraucher keine Möglichkeit, die Ware vor Vertragsabschluss zu sehen und zu prüfen. Grundlage seiner Vertragsentscheidung sind lediglich die Informationen, die ihm vom Unternehmer zur Verfügung gestellt werden. Der Verbraucher ist deshalb schutzbedürftig.

Diesem Schutz dienen die §§ 312 b bis 312 d.

Der Verbraucherschutz soll dadurch gewährleistet werden, dass dem Unternehmer verschiedene Informationspflichten auferlegt werden (§ 312 c), die in § 1 der „Verordnung über Informations- und Nachweispflichten nach Bürgerlichem Recht" (BGB-InfoV) konkretisiert sind, sowie dadurch, dass dem Verbraucher ein Widerrufs- oder ein Rückgaberecht nach Maßgabe der §§ 355, 356 eingeräumt wird (§ 312 d I). Abweichende Vereinbarungen zum Nachteil des Verbrauchers sind unzulässig (§ 312 f).

Einzelheiten zum Begriff der Fernabsatzverträge, zu den Informationspflichten des Unternehmers und zum Widerrufsrecht des Verbrauchers sind im Allgemeinen Schuldrecht (AS § 19 Rdnr. 11 ff.) dargestellt.

3. Verträge im elektronischen Geschäftsverkehr

42   Ein Kaufvertrag im elektronischen Geschäftsverkehr liegt vor, wenn sich ein Unternehmer zwecks Abschlusses eines Vertrages über

die Lieferung von Waren eines Tele- oder Mediendienstes bedient
(§ 312e I). Die Eigenart solcher Verträge liegt wie bei Haustür- und
bei Fernabsatzverträgen in der besonderen Vertragsanbahnungs- und
Vertragsabschlusssituation. Der Kunde (auch wenn er nicht Verbraucher i. S. v. § 13 ist) kann bei Vertragsabschluss die Ware nicht
prüfen, keine Rückfragen an den Unternehmer stellen, und er ist sich
möglicherweise unsicher, ob und mit welchem Inhalt ein Vertrag
zustande kommt. Im Interesse des Kundenschutzes erlegt § 312e I
deshalb dem Unternehmer vier besondere Pflichten auf: Er hat dem
Kunden technische Mittel zur Verfügung zu stellen, mit deren Hilfe
vor Abgabe der Bestellung Eingabefehler erkannt und korrigiert
werden können. Ferner muss er dem Kunden vor der Bestellung
bestimmte Informationen, die in § 3 der BGB-InfoV aufgelistet sind,
klar und verständlich mitteilen. Er hat dem Kunden die Möglichkeit
zu verschaffen, bei Vertragsschluss die Vertragsbestimmungen abzurufen und in wiedergabefähiger Form zu speichern. Schließlich hat er
den Zugang der Bestellung unverzüglich auf elektronischem Wege zu
bestätigen. Abweichende Vereinbarungen sind nur begrenzt zulässig
(§ 312e II 2).

Einzelheiten zur Anwendbarkeit des § 312e sowie zu den besonderen Pflichten des Unternehmers sind im Allgemeinen Schuldrecht
(AS § 19 Rdnr. 16 ff.) dargestellt.

V. Kauf auf Probe

Bei einem Kauf auf Probe oder auf Besichtigung steht die *Billi-*   43
gung des gekauften Gegenstandes *im Belieben des Käufers* (§ 454 I 1).
Der Kaufvertrag ist also unter der (aufschiebenden oder auflösenden) Bedingung (§ 158) geschlossen, dass der Käufer durch Willenserklärung gegenüber dem Verkäufer den Kaufgegenstand billigt; im
Zweifel ist eine aufschiebende Bedingung gemeint (§ 454 I 2).

Damit der Käufer sich zur Billigung entschließen kann, hat der Verkäufer
ihm die Untersuchung des Gegenstandes zu gestatten (§ 454 II). Der Verkäufer hat ein Interesse daran, dass der Vertrag nicht allzu lange in der Schwebe
bleibt; deshalb kann er, sofern kein Termin vereinbart ist, dem Käufer eine
angemessene Frist zur Erklärung setzen (§ 455 S. 1). Äußert sich der Käufer
innerhalb der Frist nicht, so gilt sein Schweigen als Billigung, wenn ihm die
Sache zum Zweck der Probe übergeben war (§ 455 S. 2).

Im **Fall h** besteht wegen der fehlenden Billigung des K kein wirksamer Kaufvertrag, so dass V keinen Kaufpreisanspruch hat. Würde K billigen, wäre der Kaufvertrag wirksam und damit § 446 (§ 3 Rdnr. 14 ff.) anwendbar.

44   Ob ein Kauf auf Probe vereinbart ist, muss durch Vertragsauslegung ermittelt werden. Die Parteien können auch etwas anderes gewollt haben:

Beim *Prüfungskauf* handelt es sich – wie beim Kauf auf Probe – um einen bedingten Kauf. Die Billigung steht jedoch nicht im völligen Belieben des Käufers; er muss vielmehr billigen, wenn die objektive Prüfung positiv ausfällt.

Der *Kauf mit Umtauschvorbehalt* ist ein unbedingter Kaufvertrag. Der Käufer hat aber das Recht, anstelle der gekauften eine andere, etwa gleichwertige Sache zu verlangen, die der Verkäufer in seinem Geschäft führt.

Der *Kauf zur Probe* ist ein Kaufvertrag, bei dem vom Käufer unverbindlich in Aussicht gestellt wird, dass er weitere derartige Sachen vom Verkäufer kaufe, wenn er mit der „Probe" zufrieden sei.

VI. Wiederkauf

45   **Schrifttum:** Benne, Erlöschen des Wiederkaufrechtes bei Mehrfachveräußerung eines Grundstücks, JA 1986, 239; Mayer-Maly, Beobachtungen und Gedanken zum Wiederkauf, Festschrift f. Wieacker, 1978, 424.

1. Voraussetzungen

a) Vereinbarung eines Wiederkaufrechts

Die Parteien eines Kaufvertrags können durch Vereinbarung dem Verkäufer ein Wiederkaufsrecht (= Rückkaufsrecht) einräumen (§§ 456 ff.). Eine solche Vereinbarung kann bereits im Kaufvertrag enthalten sein oder später zwischen den Parteien getroffen werden. Ist für den Kaufvertrag eine bestimmte Form vorgeschrieben (z. B. beim Grundstückskaufvertrag nach § 311 b I), so bedarf auch die Abrede über das Wiederkaufsrecht des Verkäufers dieser Form.

Die Vereinbarung eines solchen Rechts wird vor allem von der Rechtsprechung als aufschiebend bedingter Rückkauf der verkauften Sache angesehen; Bedingung ist die Wiederkaufserklärung des Verkäufers (BGHZ 38, 369; anders: Larenz, § 44 II).

Die §§ 456 ff. sind nach der Rechtsprechung des BGH nicht anwendbar auf das Wiederverkaufsrecht des Käufers, durch welches der Verkäufer zum Rückkauf verpflichtet wird (BGH JZ 2000, 49 mit krit. Anm. Vollkommer/Heinemann). Zur Auslegung eines Rückgaberechts, durch das dem Käufer das Absatzrisiko genommen werden soll, als Wiederverkaufsrecht siehe BGH ZIP 2002, 307.

b) Ausübung des Wiederkaufrechts

Der Verkäufer übt sein Recht durch einseitige empfangsbedürftige 46
Willenserklärung gegenüber dem Käufer aus; diese bedarf nicht der
für den Kaufvertrag bestimmten Form (§ 456 I).

Die Erklärung muss innerhalb der vertraglich oder gesetzlich vorgesehenen
Frist (§ 462) zugegangen sein. Steht das Wiederkaufsrecht mehreren gemeinschaftlich zu, kann es nur im Ganzen ausgeübt werden (vgl. § 461).

2. Folgen

a) Vor Ausübung des Wiederkaufrechts

Mit Abschluss der Vereinbarung und vor Ausübung des Wieder- 47
kaufsrechts trifft den Käufer eine Pflicht zur Erhaltung der Kaufsache; denn während dieser Zeit muss er damit rechnen, dass er durch
Erklärung des Verkäufers zur Rückübereignung verpflichtet wird.
Verletzt er seine Erhaltungspflicht, hat er Schadensersatz zu leisten
(vgl. §§ 457 II 1, 458).

b) Nach Ausübung des Wiederkaufrechts

Nach Ausübung des Wiederkaufsrechts entstehen die Verpflich- 48
tungen, die in § 433 genannt sind. Der Käufer (= Wiederverkäufer)
muss die Kaufsache nebst Zubehör dem Verkäufer (= Wiederkäufer)
frei von Sach- und Rechtsmängeln „herausgeben" (= zurückübereignen und übergeben; § 457 I). Dieser hat den Kaufpreis zu zahlen,
der im Zweifel dem im Kaufvertrag vereinbarten Preis entspricht
(§ 456 II). Eine Minderung des Kaufpreises bei unverschuldeter Verschlechterung oder unwesentlicher Veränderung der Kaufsache durch
den Wiederverkäufer ist ausgeschlossen (§ 457 II 2; anders nach
BGH JZ 2000, 49, wenn das Wiederverkaufsrecht des Käufers als
Rückkaufsverpflichtung des Verkäufers ausgestaltet ist). Für Verwendungen, die den Wert des Kaufgegenstandes erhöht haben, hat der

Wiederkäufer auf Verlangen des Wiederverkäufers Ersatz zu leisten
(§ 459 S. 1). Eine Einrichtung, mit der er die Kaufsache versehen hat,
kann der Wiederverkäufer wegnehmen (§ 459 S. 2; § 258; AS § 10
Rdnr. 6 ff.).

VII. Vorkauf

49   **Schrifttum:** Grunewald, Umgehungen schuldrechtlicher Vorkaufsrechte,
Festschrift f. Gernhuber, 1993, 137; Sarnighausen, Formfreie Ausübung des
Vorkaufsrechts nach § 505 I BGB im Hinblick auf Grundstückskaufverträge,
NJW 1998, 37; Schurig, Das Vorkaufsrecht im Privatrecht, 1975; Tiedtke,
Vorkaufsrecht und Fehlen der Geschäftsgrundlage des Kaufvertrages, NJW
1987, 874.

1. Voraussetzungen

a) Begründung des Vorkaufsrechts

Die Befugnis, einen Gegenstand von einem anderen (dem Vorkaufsverpflichteten) käuflich zu erwerben, sobald dieser den Gegenstand einem Dritten verkauft (vgl. § 463), kann auf Rechtsgeschäft
oder Gesetz beruhen.

Beispiele: Parteivereinbarung **(Fall h)**, §§ 2034 ff. (Vorkaufsrecht des Mit-
erben), §§ 24 ff. Baugesetzbuch (Vorkaufsrecht der Gemeinde).

Bei Grundstücken bedarf die vertragliche Einräumung eines Vorkaufsrechts **(Fall i)** der Form des § 311 b I (RGZ 72, 385), weil
damit bereits eine bedingte Verpflichtung zur Veräußerung des
Grundstücks eingegangen wird.

b) Vorkaufsfall

50   Bedingung für die Ausübung des Vorkaufsrechts ist der *Abschluss
eines Kaufvertrages zwischen dem Vorkaufsverpflichteten und einem
Dritten* über den betreffenden Gegenstand (§ 463; sog. Vorkaufsfall).

Bei anderen Verträgen, die – wie Tausch oder Schenkung – auch eine Verpflichtung zur Veräußerung enthalten, kann das Vorkaufsrecht nicht ausgeübt werden. Das gilt auch, wenn zwar ein Kaufvertrag geschlossen, dieser
aber (etwa als Scheingeschäft, § 117 I) nichtig ist (OGHZ 1, 327). Hängt die
Wirksamkeit des Kaufvertrages von einer behördlichen Genehmigung ab, ist

die Ausübung des Rechts erst möglich, wenn die Genehmigung erteilt ist (BGHZ 14, 1; 23, 342, 344; vgl. aber BGHZ 139, 29: Ausübung des Vorkaufsrechts vor Erteilung der Grundstücksverkehrsgenehmigung mit Wirkung auf den Genehmigungszeitpunkt).

Selbst beim Vorliegen eines gültigen Kaufvertrages ist die Ausübung des Vorkaufsrechts ausnahmsweise ausgeschlossen, wenn der Käufer vertraglich zu einer nicht in Geld zu schätzenden Nebenleistung verpflichtet ist (vgl. § 466 S. 2; z. B. Pflege, RGZ 121, 137) sowie in den Fällen der §§ 470, 471.

c) Ausübung des Vorkaufsrechts

Das Vorkaufsrecht wird durch eine *empfangsbedürftige Willens-* 51
erklärung des Vorkaufsberechtigten gegenüber dem Vorkaufsverpflichteten *ausgeübt;* die Erklärung bedarf nicht der für den Kaufvertrag bestimmten Form (§ 464 I).

Die Vereinbarung eines Vorkaufsrechts ist nach noch h. M. ein doppelt be- 52
dingter Kauf (Soergel/Huber, Vor § 504, Rdnr. 7 f. m. N.; a. A. Larenz, § 44 III). Die Bedingungen sind: Abschluss des Kaufvertrages mit dem Dritten und Ausübung des Rechts durch den Berechtigten.

Damit der Berechtigte sich schlüssig werden kann, ob er von seinem Recht Gebrauch machen soll, hat ihm der Vorkaufsverpflichtete den Inhalt des Kaufvertrages unverzüglich mitzuteilen (vgl. § 469 I). Die Ausübung des Vorkaufsrechts ist nur wirksam, wenn dieses innerhalb der vertraglich oder gesetzlich vorgeschriebenen Frist (vgl. § 469 II) und, sofern das Recht mehreren gemeinschaftlich zusteht, im Ganzen ausgeübt wird (vgl. § 472).

Um den Verpflichteten nicht allzu lange zu binden, ist das Vorkaufsrecht nicht übertragbar und geht nicht auf den Erben über, sofern nichts anderes bestimmt ist (§ 473 S. 1; vgl. aber § 473 S. 2). Es handelt sich hier um ein relatives Veräußerungsverbot (§ 135). Eine Abtretung des Vorkaufsrechts im Einverständnis des Verpflichteten ist also wirksam.

2. Folgen

a) Beziehung zwischen dem Vorkaufsberechtigten und dem -verpflichteten

Mit der Ausübung des Vorkaufsrechts wird der Kaufvertrag zwi- 53
schen dem Berechtigten und dem Verpflichteten wirksam, und zwar mit demselben Inhalt, den der Verpflichtete im Vertrag mit dem Dritten vereinbart hat (§ 464 II).

Der Vorkaufsberechtigte muss also die Leistungen erbringen, zu denen der Dritte sich im Vertrag mit dem Verkäufer verpflichtet hat. Das können außer der Kaufpreiszahlung auch Nebenleistungen sein. Ist der Vorkaufsberechtigte außerstande, eine solche Nebenleistung zu bewirken, so hat er deren Wert zu ersetzen (§ 466 S. 1). Hat der Dritte außer dem Gegenstand, hinsichtlich

dessen ein Vorkaufsrecht besteht, noch andere Gegenstände gekauft und ist
ein Gesamtkaufpreis vereinbart, so muss der Vorkaufsberechtigte einen ver-
hältnismäßigen Teil des Gesamtpreises entrichten (§ 467; zur Berechnung vgl.
§ 4 Rdnr. 71). Ist dem Dritten der Kaufpreis gestundet, so gilt das auch für
den Vorkaufsberechtigten. Dieser kann aber dem Verkäufer weniger kredit-
würdig sein; deshalb muss er eine entsprechende Sicherheit leisten (vgl.
§ 468), wenn er den Vorteil der Stundung für sich in Anspruch nehmen will.

b) Beziehung zwischen dem Vorkaufsverpflichteten und dem Dritten

54   Der Vorkaufsberechtigte tritt nicht anstelle des Dritten in den
Kaufvertrag ein, den der Verkäufer mit dem Dritten geschlossen hat.
Dieser Vertrag bleibt durch Ausübung des Vorkaufsrechts unberührt. Der Verkäufer ist sowohl dem Dritten als auch dem Vorkaufsberechtigten zur Erfüllung verpflichtet. Erfüllt er einen der beiden Verträge, kann er den anderen nicht mehr erfüllen, so dass er
dem Partner dieses Vertrages schadensersatzpflichtig ist.

Um diese Folge zu vermeiden, empfiehlt sich eine Vereinbarung des Verkäufers mit dem Dritten, dass er nur zu erfüllen braucht, wenn der Vorkaufsberechtigte sein Recht nicht ausübt (Bedingung). Möglich ist auch die Vereinbarung eines Rücktrittsrechts des Verkäufers für den Fall, dass das
Vorkaufsrecht ausgeübt wird. Bedingung wie Rücktrittsrecht haben aber
keine Wirkung gegenüber dem Vorkaufsberechtigten (§ 465), weil dadurch
sonst das Vorkaufsrecht vereitelt würde.

Übt M im **Fall i** sein Vorkaufsrecht aus, ist V ihm gegenüber zur Übereignung des Grundstücks verpflichtet. Diese Leistung ist jedoch dem V durch
Übereignung an K unmöglich geworden, so dass M gegenüber V die Rechte
aus §§ 280 ff. hat.

c) Beziehung zwischen dem Vorkaufsberechtigten und dem Dritten

55   Der Vorkaufsberechtigte hat *gegenüber dem Dritten,* mit dem der
Verkäufer den Kaufvertrag geschlossen hat, *keine Ansprüche.* Denn
bei den §§ 463 ff. handelt es sich um ein *persönliches* Vorkaufsrecht,
das sich nur gegen den Vorkaufsverpflichteten richtet. Bei einem
Grundstück kommt jedoch auch ein dingliches Vorkaufsrecht
(§§ 1094 ff.) in Betracht, das rechtsgeschäftlich durch Einigung und
Eintragung im Grundbuch entsteht (§§ 873, 1094) und auch gegen
den Dritten wirkt.

Im **Fall i** kann M nicht mit Erfolg gegen K vorgehen. Wäre ihm jedoch ein
dingliches Vorkaufsrecht bestellt worden, wäre der Erwerb des K ihm ge-

genüber unwirksam. Er könnte von V die Auflassung und von K die Zustimmung verlangen, dass er (M) im Grundbuch als Eigentümer eingetragen wird.

VIII. Internationaler Kauf

Schrifttum: Brandi-Dohrn, Das UN-Kaufrecht, CR 1991, 705; Goecke, 56 Der internationale Warenkauf, MDR 2000, 63; Honsell (Hrsg.), Kommentar zum UN-Kaufrecht, 1997; Karollus, UN-Kaufrecht, 1991; Magnus, Stand und Entwicklung des UN-Kaufrechts, ZEuP 1995, 202; ders., Probleme der Vertragsaufhebung nach dem UN-Kaufrecht (CISG) – OLG Düsseldorf, NJW-RR 1994, 506, JuS 1995, 870; ders., Das UN-Kaufrecht: Fragen und Probleme seiner praktischen Bewährung, ZEuP 1997, 823; Piltz, UN-Kaufrecht, 3. Aufl., 2001; ders., Neue Entwicklungen im UN-Kaufrecht, NJW 2000, 553; Pünder, Das UN-Kaufrechtsübereinkommen – Chancen für ein einheitliches Weltkaufrecht, JA 1991, 270; Reinhart, UN-Kaufrecht, 1991; Schlechtriem, Kommentar zum Einheitlichen UN-Kaufrecht (CISG), 3. Aufl. 2000; ders., Einheitliches UN-Kaufrecht, JZ 1988, 1037; ders., Internationales UN-Kaufrecht, 1996; Schwenzer, Das UN-Abkommen zum internationalen Warenkauf, NJW 1990, 602.

Der internationale Kauf wird durch das Übereinkommen der Vereinten Nationen vom 11. 4. 1980 über Verträge über den internationalen Warenkauf (CISG, BGBl. II 1989, S. 586, 588) geregelt. Das am 1. 1. 1991 für die Bundesrepublik in Kraft getretene Abkommen ersetzt das „Einheitliche Gesetz über den Abschluß von internationalen Kaufverträgen über bewegliche Sachen" (EAG) sowie das „Einheitliche Gesetz über den internationalen Kauf beweglicher Sachen" (EKG). Sein Ziel ist es, für grenzüberschreitende Kaufverträge ein weltweit *einheitliches und einfaches Recht* zu schaffen.

Das Übereinkommen gilt für Kaufverträge über bewegliche Sachen 57 (Waren), wenn die Parteien ihre Niederlassung in verschiedenen Vertragsstaaten haben oder wenn das Internationale Privatrecht zur Anwendung des Rechts eines Vertragsstaates führt (vgl. Art. 1 I CISG). Auf eine Grenzüberschreitung bei der Erfüllung des Kaufvertrages kommt es dagegen nicht an. Das Abkommen greift auch ohne Rücksicht darauf ein, ob die Verträge von Kaufleuten geschlossen werden oder nicht (Art. 1 III CISG). Ist das CISG anzuwenden, so sind die schuldrechtlichen und handelsrechtlichen Regeln des deutschen Kaufrechts grundsätzlich ausgeschlossen.

Das aus 101 Artikeln bestehende Übereinkommen ist in vier Teile 58 gegliedert, von denen der zweite und dritte die materiellrechtlichen Vorschriften enthalten.

Der zweite Teil regelt in seinen Art. 14 bis 24 den *Abschluss* des internationalen Kaufvertrages, insbesondere das Vertragsangebot und die -annahme sowie den Zugang dieser Erklärungen. Die Bestimmungen ähneln denen des BGB (§§ 145 ff., 130).

Dagegen fehlen Vorschriften über die Stellvertretung, Willensmängel und Nichtigkeitsgründe. Insoweit bleibt es bei dem nach dem Internationalen Privatrecht anwendbaren nationalen Recht.

Der dritte Teil behandelt in den Art. 25 bis 88 die *Rechte und Pflichten der Vertragsparteien* sowie die *Leistungsstörungen,* die ähnlich wie im BGB geregelt sind. Dabei wird nicht zwischen Unmöglichkeit, Verzug und Schlechterfüllung unterschieden; vielmehr werden alle Fälle als Nichterfüllung der vertraglichen Verpflichtungen behandelt (Art. 45 CISG). Rechtsfolgen einer Nichterfüllung können der Erfüllungsanspruch, das Recht auf Nachbesserung, Vertragsaufhebung oder Herabsetzung des Kaufpreises sowie auf Schadensersatz sein (Art. 46 bis 52, 74 bis 77 CISG). Zu den Voraussetzungen der Aufhebung des Vertrages wegen einer wesentlichen Vertragsverletzung: BGH NJW 1996, 2364.

IX. Factoring

59   **Schrifttum:** Bette, Das Factoringgeschäft in Deutschland, 1999; Bülow, Recht der Kreditsicherheiten, 5. Aufl., 1999, Rdnr. 832 ff.; Canaris, Bankvertragsrecht, 2. Aufl., 1981, Rdnr. 1652 ff.; Martinek, Moderne Vertragstypen, Bd. I: Leasing und Factoring, 1991; Mayer, Factoring – zunehmende Anerkennung bei Banken und Sparkassen, DB 1998, Beil. 18, S. 28; Reinicke/ Tiedtke, Kaufrecht, 6. Aufl. 1997, Rdnr. 1226.

1. Bedeutung

Beim Factoring, das aus den USA stammt, überträgt der Unternehmer alle seine Forderungen gegen seine Kunden auf den Factor (engl.: factor = Agent, Kommissionär). Dieser – meist eine Bank – schreibt den Gegenwert der abgetretenen Forderung unter Abzug der Provision dem Unternehmer gut, führt die Debitorenkonten des Unternehmers und zieht die Forderung bei ihrer Fälligkeit (notfalls gerichtlich) ein. Für den Unternehmer hat das den Vorteil, dass er sofort Geld zur Verfügung hat, sich einen Teil der Buchhaltung erspart und sich um die Einziehung der Forderung nicht zu kümmern braucht. Der Factor hat Anspruch auf das vereinbarte Entgelt (Factoring-Gebühr).

2. Abschluss und Arten des Vertrages

a) Abschluss

Der Unternehmer U („Anschlusskunde", „Anschlussfirma", 60 „Klient") schließt mit dem Kreditinstitut B („Factor") einen Vertrag, wonach er sich verpflichtet, der Bank B alle in seinem Geschäftsbetrieb entstandenen und noch entstehenden Forderungen anzubieten. Der Bank wird das Recht eingeräumt, unter bestimmten Voraussetzungen (z.B. bei negativem Ergebnis der Prüfung der Kreditwürdigkeit des Schuldners) oder auch ohne besonderen Grund von dem Erwerb einer Einzelforderung abzusehen.

Gleichzeitig tritt U der B alle seine (gegenwärtigen und zukünftigen) Forderungen aus dem Geschäftsbetrieb ab. Diese Globalzession steht unter der Bedingung, dass die B die Einzelforderung annimmt.

b) Arten

Der Factoring-Vertrag ist ein gemischter Vertrag. In ihm sind un 61 streitig Elemente der Geschäftsbesorgung (z.B. Buchhaltung, Forderungseinziehung) enthalten. Streitig ist, ob es sich des Weiteren um einen Forderungskauf oder um ein Darlehen handelt. Nach richtiger Ansicht wird man unterscheiden müssen:

aa) Beim *echten* Factoring trägt die Bank das Risiko, dass der Schuldner zahlt (Delkredererisiko). Der Forderungsabtretung liegt ein Kauf zugrunde (so BGHZ 69, 257; 72, 20). Der Unternehmer (= Verkäufer) haftet der Bank als Käuferin nur für den rechtlichen Bestand, nicht für die Durchsetzbarkeit der Forderung. Das echte Factoring lässt sich dabei bei den besonderen Arten des Kaufs einordnen.

bb) Beim *unechten* Factoring trägt der Unternehmer das Risiko, 62 dass der Schuldner nicht zahlt; die Bank greift also bei Nichtzahlung auf den Unternehmer zurück. Indem die Bank dem Unternehmer zunächst den Gegenwert der abgetretenen Forderung gutschreibt, gewährt sie insoweit dem Unternehmer Kredit. Die Abtretung an die Bank dient der Sicherung dieses Kredits und erfolgt erfüllungshalber (so BGHZ 58, 367).

3. Kollision zwischen Factoring und verlängertem Eigentumsvorbehalt

63   Die Globalzession beim Factoring kann mit der Vorausabtretung beim verlängerten Eigentumsvorbehalt (Rdnr. 33) zusammentreffen, wenn der Unternehmer die Kaufpreisforderungen gegen seine Kunden im Rahmen eines verlängerten Eigentumsvorbehalts an seinen Lieferanten und im Rahmen eines Factorings an seine Bank abtritt. Zur Lösung dieser Kollision unterscheidet die Rechtsprechung danach, ob es sich um ein echtes oder unechtes Factoring handelt.

a) Beim echten Factoring

64   Beim echten Factoring spielt es im Ergebnis keine Rolle, ob die Factoring-Zession vor oder nach dem verlängerten Eigentumsvorbehalt erfolgt.

aa) Liegt die Factoring-Zession *vor* dem verlängerten Eigentumsvorbehalt, greift der Prioritätsgrundsatz ein. Dem steht auch nicht § 138 I (sog. Vertragsbruchtheorie; vgl. BGHZ 30, 149; Rdnr. 34) entgegen. Diese Theorie wird angewandt, um die Interessen des Vorbehaltsverkäufers (= des Warenlieferanten) vor denen der Bank (= der Geldkreditgeberin) zu berücksichtigen. Das ist jedoch bei der Factoring-Zession regelmäßig nicht erforderlich (vgl. BGHZ 69, 254); denn durch sie steht der Vorbehaltsverkäufer jedenfalls dann nicht schlechter als ohne die Zession, wenn er dem Käufer – wie häufig -- eine Einziehungsermächtigung erteilt. Bei einem Factoring schreibt die Bank den Betrag auf dem Konto des Käufers gut; ohne Factoring-Zession überweist der Kunde den Betrag auf das Konto des Käufers. In beiden Fällen kann dieser also darüber verfügen.

Allerdings schreibt die Bank beim Factoring nur den Forderungsbetrag abzüglich des vereinbarten Entgelts gut. Dadurch werden jedoch die Interessen des Vorbehaltsverkäufers nicht beeinträchtigt; denn meist ist diese Gutschrift jedenfalls nicht geringer als der zwischen Vorbehaltsverkäufer und -käufer vereinbarte Kaufpreis.

bb) Erfolgt die Factoring-Zession *nach* dem verlängerten Eigen-   65
tumsvorbehalt, ist nach dem Prioritätsgrundsatz der Vorbehaltsverkäufer Gläubiger der Forderung des Vorbehaltskäufers gegen den
Kunden. Jedoch ist die dem Vorbehaltskäufer erteilte Einziehungsermächtigung regelmäßig dahin auszulegen, dass er die Forderung
auch an die Bank abtreten kann; durch eine solche Abtretung werden die Sicherungsinteressen des Vorbehaltsverkäufers nicht beeinträchtigt (BGHZ 72, 15, 20 ff.).

b) Beim unechten Factoring

Beim unechten Factoring stellt der BGH darauf ab, dass es sich   66
dabei um ein Kreditgeschäft handele; deshalb müsse – anders als
beim echten Factoring – wie bei der Globalzession an den Geldkre-
ditgeber die Vertragsbruchtheorie (Rdnr. 34) angewandt werden
(BGHZ 82, 50). Dem ist jedoch nicht zu folgen, wenn der Vorbehaltsverkäufer beim unechten Factoring nicht schlechter gestellt wird
als beim echten Factoring. Regelmäßig besteht insoweit kein Unterschied; denn in beiden Fällen schreibt die Bank den Rechnungsbetrag
dem Konto des Vorbehaltskäufers gut, und der Vorbehaltsverkäufer
hat die gleiche Aussicht, dass das eingehende Geld vom Vorbehaltskäufer zur Zahlung des Kaufpreises verwendet wird (Einzelheiten:
Reinicke/Tiedtke, Kaufrecht, Rdnr. 1236 ff.).

X. Teilzeit-Wohnrechteverträge

Schrifttum: Eckert, Time-Sharing-Verträge nach dem neuen Teilzeit-Wohn-   67
rechtegesetz, ZIP 1997, 2; Hildenbrand/Kappus/Mäsch, Time-Sharing und
Teilzeit-Wohnrechtegesetz, 1997; Martinek, Das neue Teilzeit-Wohnrechtegesetz – missratener Verbraucherschutz bei Time-Sharing-Verträgen, NJW
1997, 1393; Tonner, Das Recht des Time-Sharing an Ferienimmobilien,
1997.

1. Begriff und rechtliche Einordnung

Beim Teilzeit-Wohnrechtevertrag handelt es sich nach der Legaldefinition des § 481 I, III um einen für mindestens drei Jahre ge-

schlossenen Vertrag zwischen einem Unternehmer (§ 14) und einem
Verbraucher (§ 13) über die Nutzung eines (Teils eines) Wohnge-
bäudes für einen bestimmten oder noch zu bestimmenden Zeitraum
eines Jahres zu Erholungs- oder Wohnzwecken gegen Zahlung eines
Gesamtpreises. Erfüllt wird dieser Vertrag vom Unternehmer durch
Übertragung des (dinglichen, mitgliedschafts- oder gesellschafts-
rechtlichen) Teilzeit-Wohnrechts und vom Verbraucher durch Geldzahlung. Der Vertrag ist ein Rechtskauf i. S. v. § 453 und gehört
damit zu den besonderen Arten des Kaufs.

68   Der Teilzeit-Wohnrechtevertrag war bis zum 31. 12. 2001 im Teilzeit-
Wohnrechtegesetz (TzWrG) geregelt. Dieses hat 1997 das Time-Sharing-
Gesetz von 1994 abgelöst, mit dem die Time-Sharing-Richtlinie 94/47/EG
umgesetzt wurde. Im Rahmen der Schuldrechtsmodernisierung wurde das
TzWrG in das BGB integriert. Dadurch soll dem Verbraucher wenigstens das
Auffinden der gesetzlichen Regelung erleichtert und eine Abkoppelung der
Regelungen über Teilzeit-Wohnrechte von den zivilrechtlichen Grundprinzi-
pien verhindert werden.

2. Besondere Regeln zum Schutz des Verbrauchers

69   Die §§ 481 ff. dienen durchgehend dem Schutz des Verbrauchers
in seiner Eigenschaft als Erwerber des Teilzeit-Wohnrechts. Dieser
Schutz wird durch folgende Einzelregelungen erreicht, von denen
nicht zum Nachteil des Verbrauchers (auch nicht durch Umgehung)
abgewichen werden darf (§ 487):

a) Prospektpflicht

Der Unternehmer, der den Abschluss von Teilzeit-Wohnrechte-
verträgen anbietet, hat jedem Verbraucher, der Interesse bekundet,
einen Prospekt auszuhändigen (§ 482 I). Dieser muss bestimmte
Mindestangaben über das Wohngebäude (§ 482 II), das Nutzungs-
recht, den Unternehmer und die Rechte des Verbrauchers (Einzelheiten: § 2 BGB-InfoV) enthalten. Die Prospektpflicht begründet also
vorvertragliche Informationspflichten des Unternehmers. Eine
Pflichtverletzung kann nach § 485 III zur Verlängerung der Widerrufsfrist nach § 355 I 2 führen und einen Schadensersatzanspruch
des Verbrauchers nach § 280 I auslösen.

b) Amtssprache

Der Teilzeit-Wohnrechtevertrag und der Prospekt müssen in der   70
Amtssprache des Mitgliedstaates abgefasst sein, in dem der Verbraucher seinen Wohnsitz hat oder dem er angehört (§ 483 I). Dadurch
sollen Missverständnisse des Verbrauchers über seine Rechte und
Pflichten vermieden werden. Erfüllt der Vertrag diese Anforderungen nicht, ist er nichtig (§ 483 III).

c) Schriftform

Der Vertrag bedarf der Schriftform, soweit nicht eine strengere   71
Form (§ 311 b I bei Wohnrecht in Form des Miteigentums) vorgesehen ist (§ 484 I 1). Ein formwidriger Vertrag ist gem. § 125 S. 1
nichtig. Der Unternehmer muss dem Verbraucher eine *Vertragsurkunde* oder eine Abschrift aushändigen (§ 484 II).

d) Widerrufsrecht

Dem Verbraucher steht gem. § 485 ein Widerrufsrecht nach § 355   72
zu. Darüber muss er vom Unternehmer belehrt werden (§§ 355 II,
485 II; § 2 II Nr. 1 BGB-InfoV). Die Widerrufsfrist von zwei
Wochen (§ 355 I 2) verlängert sich bzw. beginnt später zu laufen,
wenn der Prospekt oder der Vertrag nicht den formellen Anforderungen der §§ 482 f. genügt (Einzelheiten: § 485 III, IV). Die Rechtsfolgen des Widerrufs sind zum Schutz des Verbrauchers in § 485 V
teilweise abweichend von § 357 geregelt (insbesondere keine Nutzungsvergütung).

e) Anzahlungsverbot

Vor Ablauf der Widerrufsfrist darf der Unternehmer keine An-   73
zahlungen des Verbrauchers fordern oder annehmen (§ 486). Dieses
Anzahlungsverbot soll eine freie Widerrufsentscheidung des Verbrauchers sichern. Dieser muss nämlich nach geleisteter Anzahlung
möglicherweise befürchten, der Unternehmer werde die Anzahlung
nicht freiwillig zurückzahlen, und diese Befürchtung könnte ihn von
der Ausübung des Widerrufs abhalten.

§ 8. Tausch

Schrifttum: Heermann, Ringtausch, Tauschringe und multilaterales Bartering, JZ 1999, 183.

Fälle:

1   a) Nach dem Tausch seines Radios gegen einen CD-Player des B stellt A fest, dass der CD-Player defekt und deshalb 50 Euro weniger wert ist. A will mindern.

b) Da B den CD-Player schuldhaft zerstört hat und deshalb den Tauschvertrag nicht erfüllen kann, möchte A wissen, ob er sein Radio liefern muss und ob er wegen der Nichtlieferung des CD-Players dessen Wert in Geld verlangen kann.

I. Begriff und gesetzliche Regelung

Der Tausch ist ein gegenseitiger Vertrag, in dem sich die Parteien zum Austausch von Sachen oder Rechten verpflichten. Im Unterschied zum Kaufvertrag wird also keine Kaufpreiszahlung vereinbart.

Auf den Tausch ist das Kaufrecht entsprechend anzuwenden (§ 480). Dabei ist jeder Vertragspartner hinsichtlich seiner Leistung als Verkäufer, hinsichtlich der ihm gebührenden Leistung als Käufer anzusehen (Mot. II, 367).

Jeder Tauschpartner muss also den von ihm geschuldeten Gegenstand dem anderen übertragen (§§ 480, 433 I). Andererseits muss er die Leistung seines Partners abnehmen (§§ 480, 433 II).

Jeder Partner haftet für Rechts- und Sachmängel seiner Leistung nach §§ 433 I 2, 434, 435.

II. Besonderheiten

1. Minderung

2   Da an die Stelle der Kaufpreiszahlung die Leistung von Gegenständen tritt, ergibt sich für die Minderung (§ 441; § 4 Rdnr. 70 ff.) die Besonderheit, dass ein (einheitlicher) Tauschgegenstand nicht wie ein Kaufpreis herabgesetzt werden kann. Die durch den Mangel

bedingte Wertdifferenz zwischen Leistung und Gegenleistung muss unter Heranziehung des § 441 III, IV berechnet und durch Geldzahlung ausgeglichen werden (RGZ 72, 299; **Fall a**).

2. Schadensersatz statt der Leistung

Braucht einer der Tauschpartner seine Leistung nach § 275 nicht zu erbringen, so verliert er auch den Anspruch auf die Gegenleistung (§ 326 I). Hat er den Umstand, der ihn von der Leistungspflicht befreit, zu vertreten, so ist er dem Vertragspartner nach §§ 280, 283 zum Schadensersatz statt der Leistung verpflichtet. Hinsichtlich des Umfangs des Schadensersatzanspruches stellt sich die Frage, ob der Vertragspartner nur den Mehrwert der Leistung des anderen im Verhältnis zu seiner eigenen Leistung erhält (Differenztheorie) oder ob er trotz § 326 I 1 seine eigene Leistung erbringen und vollen Schadensersatz statt der Leistung verlangen kann (Surrogations- oder Austauschtheorie). Richtigerweise ist dem Vertragspartner ein Wahlrecht zwischen beiden Möglichkeiten einzuräumen (**Fall b**). Es ist nicht einzusehen, warum er auf seiner Gegenleistung auch dann sitzen bleiben soll, wenn er sie weiterhin erbringen will. Dagegen lässt sich auch § 326 I nicht anführen; denn die Vorschrift bestimmt nur, dass der Vertragspartner zur Gegenleistung nicht mehr verpflichtet ist.

Dies entspricht auch der vor Inkrafttreten der Schuldrechtsmodernisierung wohl überwiegenden Auffassung. Zwar entfiel bei einer zu vertretenden Unmöglichkeit nach § 325 a. F. der Anspruch auf die Gegenleistung nicht. Es ist jedoch nicht ersichtlich, dass der Gesetzgeber durch die Abkopplung des Untergangs der Gegenleistungspflicht vom Vertretenmüssen dem Gläubiger das Wahlrecht nehmen wollte (AnwKom/Dauner-Lieb, § 283 Rdnr. 7).

§ 9. Schenkung

Schrifttum: Bork, Schenkungsvollzug mit Hilfe einer Vollmacht, JZ 1988, 1059; Brox, Die unentgeltliche Aufnahme von Kindern in eine Familien-Personengesellschaft, Festschrift f. Bosch, 1976, 75; Grundmann, Zur Dogmatik der unentgeltlichen Rechtsgeschäfte, AcP 198, 457; Haarmann, Die Geltendmachung von Rückforderungsansprüchen aus § 528 BGB durch den Träger der Sozialhilfe nach dem Tode des Schenkers, FamRZ 1996, 522; Herrmann, Vollzug von Schenkungen nach § 518 II BGB, MDR 1980, 883; Kollhosser, Ehebezogene Zuwendungen und Schenkungen unter Ehegatten, NJW 1994, 2313; ders., Verfügbarkeit und Vererblichkeit des Rückforderungsanspruchs aus § 528 Abs. 1 Satz 1 BGB, ZEV 1995, 391; D. Reinicke, Die Bewirkung der schenkweise versprochenen Leistung, NJW 1970, 1447.

Fälle:

a) A schenkt dem B ein Gemälde als wertvolles Original. B lässt es restaurieren, wobei sich herausstellt, dass es sich um eine wertlose Fälschung handelt. B verlangt von A Ersatz der nutzlos aufgewandten Kosten und behauptet, A habe als Sachverständiger die Fälschung erkannt, jedenfalls aber grobfahrlässig nicht erkannt.

b) O schenkt seinem Neffen N 5000 Euro mit der Auflage, zu seinem 75. Geburtstag anzureisen und den ihm bekannten Lokalredakteur zu bitten, den Geburtstag in der Zeitung zu würdigen. N vergisst den Geburtstag.

c) V will seinem Freund K sein Radio verkaufen, das – wie beide wissen – 300 Euro wert ist. Da K Geburtstag hat, überlässt V ihm das Gerät für 250 Euro mit der Bemerkung, der Rest sei sein Geburtstagsgeschenk. Bei der Feier kommt es zu einer Diskussion, bei der K den V zusammenschlägt. V verlangt das Radio zurück.

I. Voraussetzungen

Die Schenkung ist eine unentgeltliche Zuwendung. Das Gesetz unterscheidet zwischen zwei Arten der Schenkung, nämlich der sog. Handschenkung (§ 516 I) und der sog. Vertragsschenkung (§ 518 I).

1. Handschenkung

2   § 516 regelt die sog. Handschenkung. Bei ihr geht es nicht um die Begründung einer Verpflichtung. Die Vorschrift setzt vielmehr eine Einigung zwischen dem Zuwendenden und dem Zuwendungsempfänger über die Unentgeltlichkeit einer bereits vollzogenen oder gleichzeitig erfolgenden Zuwendung voraus. Das ist die Vereinbarung eines Rechtsgrundes i. S. v. § 812 mit dem Ergebnis, dass der Zuwendungsempfänger nach dem Willen der Parteien die Zuwendung behalten darf. Typische Beispiele für Handschenkungen sind Geburtstags-, Weihnachts- und sonstige Gelegenheitsgeschenke.

Der Zuwendungsempfänger braucht sich nicht gegen seinen Willen etwas schenken zu lassen. Er kann die Zuwendung vielmehr ablehnen (vgl. § 516 II 1, 2). Dann muss er das Zugewendete nach den §§ 812 ff. wieder herausgeben (§ 516 II 3).

Die Handschenkung, die sofort vollzogen wird, ist *formlos gültig*. Aufgrund des sofortigen Vollzuges ist eine Warnung des Schenkers vor einer unbedacht eingegangenen Verpflichtung nicht erforderlich.

2. Vertragsschenkung

Davon zu unterscheiden ist die Vertrags- oder Versprechens-schenkung. Sie ist in § 518 I geregelt. **3**

a) Schenkungsvertrag

Dort ist von einem Vertrag die Rede, durch den eine Leistung schenkweise versprochen wird. Der Schenker verpflichtet sich, dem Beschenkten eine unentgeltliche Zuwendung zu machen. Hierbei handelt es sich nicht um einen gegenseitig, sondern um einen einseitig verpflichtenden Schuldvertrag. Er ist von dem Verfügungsgeschäft (z. B. Übereignung der geschenkten Sache, Abtretung der geschenkten Forderung) zu unterscheiden.

b) Form des Schenkungsvertrages

Beim Schenkungsvertrag bedarf die Willenserklärung des Schenkers der *notariellen Beurkundung (§ 518 I)*. Durch dieses Formerfordernis soll der Schenker vor leichtfertig erteilten Schenkungsversprechen geschützt werden. Dieses Schutzes bedarf er dann nicht, wenn er später sein Schenkungsversprechen erfüllt; daher wird der Mangel der Form durch die Bewirkung der versprochenen Leistung geheilt (§ 518 II; vollzogene Schenkung). **4**

Die Schenkung ist vollzogen, wenn die Zuwendung erfolgt ist, der Schenkungsgegenstand also in das Vermögen des Beschenkten übergegangen ist (z. B. Übereignung der Sache, Abtretung der Forderung). Ein aufschiebend oder auflösend bedingter Vollzug reicht aus, weil auch hier der Schenker nicht mehr besonders gewarnt zu werden braucht. Dagegen stellt die Erteilung eines Schuldversprechens oder eines Schuldanerkenntnisses (§§ 780, 781; § 13 Rdnr. 33 ff.) keinen Leistungsvollzug dar (vgl. § 518 I 2).

c) Form bei Schenkung von Todes wegen

Eine Schenkung von Todes wegen unterliegt den erbrechtlichen Formvorschriften (§ 2301 I). Wird die Schenkung von Todes wegen bereits zu Lebzeiten des Erblassers vollzogen, so sind die allgemeinen Schenkungsregeln anwendbar (§ 2301 II; vgl. Brox, ErbR Rdnr. 743 ff.). **5**

3. Gegenstand der Schenkung

6   Die Bedeutung der Schenkung liegt unabhängig davon, ob es sich um eine Handschenkung oder eine Vertragsschenkung handelt, darin, dass es um eine Zuwendung geht und die Parteien sich über die Unentgeltlichkeit dieser Zuwendung einig sein müssen.

a) Zuwendung

Durch die Zuwendung muss das Vermögen des einen Vertragspartners (= Schenkers) verringert und der andere Vertragspartner (= Beschenkter) bereichert werden (§ 516 I).

aa) Die *Vermögensminderung* des Schenkers kann – wie bei Kauf und Tausch – in der Übereignung einer Sache oder in der Übertragung eines Rechts liegen. Der Schenker gibt aber auch dann etwas aus seinem Vermögen her, wenn er dem Vertragspartner etwa eine Schuld erlässt, ihn von einer Verbindlichkeit gegenüber einem Dritten befreit oder ihm ein dingliches Recht an einer Sache bestellt.

Eine Vermögensminderung auf Seiten des Schenkers setzt nicht voraus, dass der Schenkungsgegenstand selbst vorher zum Vermögen des Schenkers gehörte; es reicht vielmehr aus, dass der Schenker den Gegenstand mit seinen Mitteln von einem anderen beschafft (mittelbare Zuwendung).

Beispiel: Der Sohn schenkt seiner Mutter eine Waschmaschine, die der Verkäufer unmittelbar an die Mutter ausliefert (zum Vertrag zu Gunsten Dritter).

7   Dagegen fehlt es nach der gesetzlichen Wertung an einer Vermögensminderung, wenn dem Vertragspartner nur solche Leistungen gewährt werden, die entweder einen bloßen Gebrauch des Vermögens (z. B. Leihe, § 598; § 16 Rdnr. 1 f.) oder der Arbeitskraft (z. B. Auftrag, § 662; § 29 Rdnr. 1 ff.) des Leistenden ermöglichen.

Ein Vertrag, der die Verpflichtung zur unentgeltlichen Gebrauchsüberlassung einer Wohnung auf Lebenszeit zum Inhalt hat, ist ein Leihvertrag (BGH NJW 1982, 820).

Ebenso ist eine Entreicherung beim *Unterlassen eines Vermögenserwerbs* zum Vorteil eines anderen zu verneinen (§ 517).

bb) Der Vermögensminderung auf Seiten des Schenkers muss eine 8
Bereicherung auf Seiten des Beschenkten entsprechen. Ob eine Ver-
mögensmehrung besteht, ist durch einen Vergleich der tatsächlichen
Vermögenslage vor und nach der Leistung zu ermitteln.

b) Unentgeltlichkeit

Die Parteien müssen sich über die Unentgeltlichkeit der Zuwendung 9
einigen (§§ 516 I, 518 I). Während eine objektive Beurteilung darüber
entscheidet, ob eine Zuwendung gegeben ist – hier also eine Bereiche-
rungsabsicht nicht vorzuliegen braucht –, bestimmt sich die Unentgeltlichkeit der Zuwendung nach der Parteivereinbarung (§ 516 I:
„einig sind, dass die Zuwendung unentgeltlich erfolgt").

Eine Einigung über die Unentgeltlichkeit liegt dann vor, wenn der
Zuwendung kein Gegenwert gegenübersteht. Demnach ist Entgeltlichkeit und keine Schenkung gegeben, wenn Leistung und Gegenleistung in wechselseitiger Abhängigkeit versprochen werden (synallag-
matische Verknüpfung; vgl. AS § 3 Rdnr. 2).

Dabei ist nicht entscheidend, ob die Gegenleistung wirtschaftlich gleich-
wertig ist; auch der „Preis unter Freunden" ist Entgelt (BGH NJW 1961,
604). Die Gegenleistung braucht nicht in Geld zu bestehen; auch die Vornahme einer Handlung oder ein Unterlassen kann ein Entgelt darstellen.
Beispiel: A verspricht seinem Nachbarn N 1 000 Euro. N verpflichtet sich
seinerseits, ab 22 Uhr die Musikbox in seiner Gaststätte abzustellen.

Entgeltlichkeit kann aber auch dann vorliegen, wenn es an einer 10
synallagmatischen Verknüpfung fehlt. So ist eine Verpflichtung zur
Leistung entgeltlich, wenn sie an die Bedingung einer Gegenleistung
geknüpft ist (konditionale Verknüpfung).

Beispiel: A verspricht dem N die 1 000 Euro unter der Bedingung, dass dieser die Musikbox abstellt. Hier ist die Leistung des A entgeltlich, obwohl N
keine Verpflichtung übernimmt.

Unentgeltlichkeit scheidet ferner aus, wenn die Leistung zu dem 11
erkennbaren Zweck erfolgt, den Leistungsempfänger zu einem bestimmten Verhalten zu veranlassen (kausale Verknüpfung). Dieses
Verhalten wird als Gegenleistung für die eigene Leistung erwartet
(anders als bei der Zweckschenkung; vgl. Rdnr. 23).

Beispiel: A zahlt den Geldbetrag in der dem N bekannten Erwartung, dass
dieser daraufhin ab 22 Uhr die Musikbox abstellt.

12   Schließlich fehlt es bei den sogenannten *ehebezogenen (unbe-
nannten) Zuwendungen* unter Ehegatten an einer Einigung über die
Unentgeltlichkeit (BGHZ 84, 361, 364 f.; 116, 167, 169; 129, 259,
263). Solche Zuwendungen sollen nicht zu einer einseitigen Begüns-
tigung und einer frei verfügbaren Bereicherung des Empfängers führen, sondern der Verwirklichung, Ausgestaltung und Sicherung der
ehelichen Lebensgemeinschaft dienen. Die Rechtsgrundlage dafür
sieht der BGH nicht in einer Schenkung, sondern in einem familien-
rechtlichen Rechtsverhältnis eigener Art. Dieses kann wegen Wegfalls der Geschäftsgrundlage (§ 313) rückabzuwickeln sein, wenn die
Ehe scheitert (BGHZ 115, 261, 264 f.; 129, 259, 264).

13   Die Feststellung der Unentgeltlichkeit bereitet vor allem dann
Schwierigkeiten, wenn das Rechtsgeschäft nach den äußeren Umständen sowohl eine Schenkung als auch ein entgeltlicher Vertrag
sein kann.

14   Hat jemand dem Zuwendenden in der Vergangenheit Leistungen erbracht,
insbesondere Dienste geleistet, und erfolgt daraufhin die Zuwendung, so
handelt es sich nur dann um eine Schenkung, wenn beide Parteien davon
ausgehen, dass die Zuwendung aus Dankbarkeit erbracht wird (z.B. als Dank
für die Lebensrettung); daran ändert sich auch dann nichts, wenn durch die
Zuwendung einer sittlichen Pflicht oder einer auf den Anstand zu nehmenden
Rücksicht entsprochen wird (vgl. § 534). Ist aber die Zuwendung nach der
Vorstellung der Parteien als Erfüllung einer Verbindlichkeit gedacht, so ist sie
als Entgelt für die erbrachten Leistungen aufzufassen. Das ist regelmäßig
etwa bei freiwilligen Ruhegeldzusagen des Arbeitgebers an den Arbeitnehmer
und bei Trinkgeldern des Gastes an den Kellner der Fall.

II. Rechtsfolgen

15   Wie bei anderen Verträgen besteht auch beim Schenkungsvertrag
die Pflicht zur Vertragserfüllung. Der Schenker haftet für Leistungsstörungen und daneben in engen Grenzen auch für Rechts- und
Sachmängel. Wegen der Unentgeltlichkeit seiner Zuwendung wird
der Schenker jedoch in mancher Beziehung besser gestellt als andere
Schuldner.

1. Erfüllungsanspruch

Gegenüber dem Anspruch des Vertragspartners auf Erfüllung des
Schenkungsvertrages hat der Schenker ein aufschiebendes *Leistungs-*

verweigerungsrecht, soweit durch die Erfüllung sein eigener Unterhalt oder der seiner kraft Gesetzes unterhaltsberechtigten Angehörigen gefährdet wird (§ 519; *Einrede des Notbedarfs*).

2. Haftung für Leistungsstörungen

Der Schenker haftet nur für *Vorsatz und grobe Fahrlässigkeit* 16 (§ 521; vgl. AS § 20 Rdnr. 7 ff., 18). Dieser gegenüber § 276 gemilderte Haftungsmaßstab ist für alle Leistungsstörungen, die Verschulden voraussetzen, bedeutsam. Beim Verzug braucht der Schenker keine Verzugszinsen zu zahlen (§ 522).

Die Haftungsmilderung spielt dagegen keine Rolle bei einer verschuldensunabhängigen Haftung. Deshalb hat der Schenker für sein anfängliches Unvermögen nach § 311 a II einzustehen (zur Rechtslage vor dem 1. 1. 2002 BGH ZIP 2000, 1059 f.).

3. Haftung für Rechts- und Sachmängel

a) Haftungsausschluss

Der Schenker haftet regelmäßig nicht für Rechts- und Sachmängel 17 (arg. e §§ 523 f.). „Einem geschenkten Gaul schaut man nicht ins Maul".

b) Ausnahmen

Von dieser Regel macht das Gesetz einige Ausnahmen: 18

aa) Bei einem *arglistigen Verschweigen* eines Rechts- oder Sachmangels haftet der Schenker (§§ 523 I, 524 I), und zwar nur auf das *Vertrauensinteresse* (arg. e §§ 523 II, 524 II).

Im **Fall a** muss A nur dann die Restaurationskosten ersetzen, wenn er die Fälschung arglistig verschwiegen hat. Grobfahrlässige Unkenntnis reicht nicht aus. Selbst Kenntnis schadet nicht, wenn A etwa davon ausging, dass auch B den Mangel erkannte; denn dann liegt keine Arglist vor.

bb) Sollte der Schenker vereinbarungsgemäß den Gegenstand *erst* 19 *selbst erwerben* und dann dem Beschenkten zuwenden, so schadet bei einem Mangel bereits Kenntnis und grobe Fahrlässigkeit (Einzelheiten für Rechtsmängel: § 523 II; für Sachmängel: § 524 II).

III. Rückgabepflicht des Beschenkten

20   Das Schenkungsrecht kennt zwei besondere Gründe, die den Schenker zur Rückforderung des Geschenks berechtigen. Diese Abweichungen vom sonstigen Vertragsrecht beruhen darauf, dass die Schenkung uneigennützig erfolgt.

1. Bedürftigkeit des Schenkers

Der Schenker kann das Geschenk nach Bereicherungsrecht (§§ 818 ff.) ganz oder teilweise zurückfordern, soweit er infolge Verarmung außerstande ist, seinen eigenen angemessenen Unterhalt zu bestreiten oder seinen gesetzlichen Unterhaltspflichten nachzukommen (Einzelheiten: § 528).

Bedarf der Schenker nur eines Teils des unteilbaren Geschenks, richtet sich der Anspruch von vornherein auf Zahlung eines Betrages in Höhe des der Bedürftigkeit entsprechenden Wertteils des Geschenks (BGH NJW-RR 2003, 53 ff.; BGHZ 94, 141, 143 f.). Bei regelmäßig wiederkehrendem Unterhaltsbedarf des Schenkers geht der Anspruch auf wiederkehrende Leistungen des Beschenkten in einer dem Unterhaltsbedarf entsprechenden Höhe, bis der Wert des Schenkungsgegenstandes erschöpft ist (BGH WM 1996, 687). – Hat der Beschenkte das Geschenk weiterverschenkt, kann der Schenker es vom letzten Empfänger zurückverlangen (§ 822 analog; BGH WM 1989, 759). – Tritt die Bedürftigkeit des Schenkers erst nach dem Tod des Beschenkten ein, richtet sich der Anspruch gegen die Erben (BGH NJW 1991, 2558). – Mit dem Tod des Schenkers erlischt der Anspruch wegen Notbedarfs dann nicht, wenn der Träger der Sozialhilfe den Anspruch nach § 90 BSHG auf sich übergeleitet hat (BGHZ 96, 380) oder wenn die öffentliche Hand oder ein Dritter, um die Not des Schenkers abzuwenden, mit der Hilfe anstelle des säumigen Beschenkten in Vorlage getreten ist (BGHZ 123, 264). Die Überleitungsanzeige kann auch noch nach dem Tod des Schenkers erfolgen (BGH NJW 1995, 2288; Einzelheiten: Kollhosser, ZEV 1995, 391).

Zwischen mehreren gleichzeitig Beschenkten besteht hinsichtlich des Rückgewähranspruchs eine gesamtschuldnerartige Beziehung, die bei der Inanspruchnahme eines Beschenkten einen internen Ausgleichsanspruch entsprechend § 426 I auslöst (BGH FamRZ 1998, 155).

Das Rückforderungsrecht ist in einer Reihe von Fällen ausgeschlossen (vgl. §§ 528 I 2, 529, 534).

2. Widerruf der Schenkung durch den Schenker

21   Ein Rückforderungsrecht nach den Regeln über die Herausgabe einer ungerechtfertigten Bereicherung hat der Schenker auch dann,

wenn ein Widerrufsgrund (grober Undank des Beschenkten) vorliegt und der Schenker den Widerruf gegenüber dem Beschenkten erklärt hat (§§ 530 f.).

Entscheidend ist eine Gesamtwürdigung des Sachverhalts unter Berücksichtigung auch des Verhaltens des Schenkers (BGHZ 46, 392). Maßgebend ist objektiv eine gewisse Schwere der Verfehlung und subjektiv eine tadelnswerte Gesinnung (BGH NJW 2000, 3201). Das Verhalten eines Dritten rechtfertigt einen Widerruf nur dann, wenn der Beschenkte zu einem gegenläufigen Handeln sittlich verpflichtet war (vgl. BGHZ 91, 273).

Das Widerrufsrecht ist in einigen Fällen ausgeschlossen (vgl. §§ 532 ff.).

IV. Sonderformen der Schenkung

1. Schenkung unter Auflage

a) Begriff und Abgrenzung

Eine Schenkung unter Auflage liegt vor, wenn nach Erbringung 22 der Leistung durch den Schenker der Beschenkte seinerseits verpflichtet sein soll, die vom Schenker geforderte Auflage zu vollziehen (§ 525 I).

Die Verpflichtung des Schenkers und die in der Auflage enthaltene Verpflichtung des Beschenkten stehen nicht in einem Gegenseitigkeitsverhältnis. Der Beschenkte braucht seine Verpflichtung aus der Auflage erst dann zu erfüllen, wenn der Schenker geleistet hat. Dieser muss in jedem Fall leisten; seine Verpflichtung steht nicht unter der Bedingung der Leistung des Beschenkten und ist deshalb nicht unentgeltlich. Darin besteht der Unterschied zur oben (Rdnr. 10) behandelten bedingungsmäßigen Verknüpfung zweier Leistungen, bei der Entgeltlichkeit gegeben ist.

Von der Schenkung unter Auflage ist die *Zweckschenkung* zu unterscheiden. 23 Bei dieser wird vom Schenker mit der Zuwendung ein für den Beschenkten erkennbarer, bestimmter Zweck verfolgt (z. B. Veranlassung des Beschenkten zu einem bestimmten Verhalten). Im Gegensatz zur Schenkung unter Auflage soll nach der getroffenen Parteivereinbarung jedoch keine einklagbare Verpflichtung des Beschenkten begründet werden (vgl. BGH NJW 1984, 233). Soweit der nach dem Inhalt des Schenkungsvertrages verfolgte Zweck nicht eintritt, steht dem Schenker ein Bereicherungsanspruch nach § 812 I 2, 2. Fall zu.

Gegenstand der Auflage kann jede Verpflichtung des Beschenkten 24 zur Erbringung einer Leistung sein. Diese Leistung kann, muss aber nicht aus dem Wert des Zugewendeten erfolgen und diesen verringern.

So mindert im **Fall b** wohl die Verpflichtung, das Geld zum Teil für Reisekosten auszugeben, die freie Verfügungsgewalt des N und damit den Wert des Geschenkes. Durch die Verpflichtung, den Redakteur zu benachrichtigen, wird der Wert der Schenkung jedoch nicht berührt.

b) Rechtliche Besonderheiten

25   Bei der Schenkung unter Auflage ergeben sich folgende Besonderheiten:

aa) Da die Verpflichtung des Schenkers nicht von der Leistungsverpflichtung des Auflageverpflichteten abhängig ist, kann der Schenker bei Nichtvollziehung der Auflage nicht nach allgemeinen Regeln vom Vertrag zurücktreten, sondern lediglich bei Vorliegen der Rücktrittsvoraussetzungen für gegenseitige Verträge vom Beschenkten verlangen, dass dieser den Teil des Geschenks herausgibt, der zur Vollziehung der Auflage notwendig war. Art und Umfang dieses Anspruchs richten sich nach Bereicherungsrecht (§ 527 I).

Im **Fall b** ist N die Vollziehung beider Auflagen unmöglich geworden. Die Voraussetzungen des § 527 I i.V.m. § 326 V liegen also vor. O kann aber lediglich Zahlung des Betrages verlangen, der für die von N geforderte Reise notwendig gewesen wäre. Dass N den Redakteur nicht benachrichtigt hat, gibt dem O kein weitergehendes Rückforderungsrecht, weil hierfür das Geschenk nicht hätte verwendet werden müssen.

26   bb) Reicht infolge eines Sach- oder Rechtsmangels des Schenkungsgegenstandes dessen Wert nicht zur Erfüllung der Auflage aus, steht dem Auflageverpflichteten ein Leistungsverweigerungsrecht zu (§ 526 S. 1).

Hat der Beschenkte in diesem Fall die Auflage bereits erfüllt und stellt sich danach der wertmindernde Mangel des Schenkungsgegenstandes heraus, kann der Beschenkte Ersatz der über den Wert des Geschenkes hinausgehenden Aufwendungen verlangen (§ 526 S. 2).

2. Gemischte Schenkung

27   Eine gemischte Schenkung ist gegeben, wenn in einem Austauschvertrag (z.B. Kauf) vereinbart wird, dass der Differenzbetrag zwischen dem Wert einer unteilbaren Leistung (z.B. einer einheitlichen Kaufsache) und der Höhe der Gegenleistung (z.B. Kaufpreis) als

unentgeltliche Zuwendung gelten soll. Eine gemischte Schenkung ist nicht schon dann zu bejahen, wenn ein unausgewogenes Verhältnis von Leistung und Gegenleistung besteht, wie etwa beim Kauf unter Freunden. Erforderlich ist vielmehr, dass sich die Parteien über die teilweise Unentgeltlichkeit der Leistung einig sind.

Die Meinungen darüber sind geteilt, welchen Vorschriften ein sol- 28
ches aus verschiedenen Vertragstypen zusammengesetztes einheitliches Rechtsgeschäft unterliegt. Der Streit wird vor allem bei den Fragen der Formbedürftigkeit, der Gewährleistungsansprüche und der Rückforderungsrechte bedeutsam. Eine generelle Antwort für alle genannten Fragenbereiche dürfte sich nicht finden lassen. Abzustellen ist vielmehr darauf, ob die jeweils in Frage stehende Rechtsnorm nach ihrem Sinn und Zweck den Besonderheiten des jeweiligen Vertrages gerecht wird (Einzelheiten: MünchKomm/Kollhosser, § 516 Rdnr. 26 ff.).

So bedarf die in einem gemischten Vertrag enthaltene Schen- 29
kungszusage der Form des § 518; denn auch in diesem Fall muss der Versprechende vor übereilten Zusagen gewarnt werden. Bei einem Formverstoß beurteilt sich die Wirksamkeit des ganzen Vertrages nach § 139.

Eine andere Behandlung ist bei den Rückforderungsrechten (z. B. 30
wegen groben Undanks, §§ 530 f.) geboten. Wegen der Unteilbarkeit des Leistungsgegenstandes ist eine teilweise Rückgewähr nicht möglich. Deshalb muss hier darauf abgestellt werden, ob der Vertrag überwiegend entgeltlichen oder unentgeltlichen Charakter hat. Überwiegt der entgeltliche Teil, sind die betreffenden Vertragsregeln (z. B. Kaufrecht) anwendbar, so dass etwa die unteilbare Leistung nicht durch Widerruf wegen groben Undanks zurückgefordert werden kann; andererseits wäre es nicht interessengemäß, wenn in einem solchen Fall auch der unentgeltlich geleistete Mehrwert dem Undankbaren verbleiben würde.

Im **Fall c** ist Kaufrecht anwendbar. Bei Widerruf wegen groben Undanks kann das Radio nicht zurückverlangt werden. Auch der Differenzbetrag von 50 Euro steht dem V hier wegen § 534 nicht zu.

Zweites Kapitel
Mietvertrag, Pachtvertrag, Leasing, Leihe und Darlehen

1   Im Unterschied zu Kauf, Tausch und Schenkung, bei denen es um die Veräußerung eines Gegenstandes geht, handelt es sich beim Mietvertrag, beim Pachtvertrag und bei der Leihe um *Gebrauchsüberlassungsverträge.* Sie sind nämlich auf die zeitweise Überlassung des Gebrauchs eines Gegenstandes gerichtet. Mietvertrag (§§ 535 ff.; dazu §§ 10 ff.) und Pachtvertrag (§§ 581 ff.; dazu § 14) unterscheiden sich von der Leihe (§§ 598 ff.; dazu § 16) durch die Entgeltlichkeit der Gebrauchsüberlassung. Mietvertrag und Leihe berechtigen nur zum Gebrauch von Sachen, der Pachtvertrag dagegen berechtigt zum Gebrauch und zur Fruchtziehung. Gegenstand des Mietvertrages und der Leihe können lediglich Sachen sein; als Pachtobjekte kommen Sachen und Rechte in Betracht.

Gebrauchsüberlassungsverträge besonderer Art sind das (Geld-)Darlehen (§§ 488 ff.) und das Sachdarlehen (§§ 607 ff.). Gegenstand können hier nur Geld (§ 488 I) oder andere vertretbare Sachen (§ 607 I) sein, die – anders als beim Miet- oder Pachtvertrag und bei der Leihe – dem Vertragspartner übereignet werden. Am Ende der Vertragszeit sind nicht die überlassenen Gegenstände, sondern Sachen gleicher Art, Güte und Menge zurückzuerstatten.

§ 10. Das Mietverhältnis und seine Begründung

2   **Schrifttum:** Blank/Börstinghaus, BGB-Mietrecht und MHG, 2001; dies., Neues Mietrecht, 2001; Börstinghaus, Das Mietrechtsreformgesetz, Sonderbeilage zu NJW 2001, Heft 25 und NZM 2001, Heft 11; ders., Vertragspartner beim Wohnraummietvertrag – Personenmehrheiten und Gesellschaften, MDR 2002, 929; ders., Auswirkungen der Schuldrechtsreform auf das Mietrecht, ZGS 2002, 102; Börstinghaus/Eisenschmid, Arbeitskommentar Neues Mietrecht, 2001; Emmerich, Neues Mietrecht und Schuldrechtsmodernisierung, NZM 2002, 362; Bub/Treier, Handbuch der Geschäfts- und Wohnraummiete, 3. Aufl., 1999; Emmerich/Sonnenschein, Miete, 7. Aufl., 1999; Grundmann, Die Mietrechtsreform, NJW 2001, 2497; Heile, Gesetz-

licher Formzwang nach § 566 BGB für Mietvorverträge über Grundstücke und Räume?, NJW 1991, 6; Horst, Mietrechtsreform 2001, MDR 2001, 721; ders., Vertragsgestaltung bei Vermietung an Wohngemeinschaften, MDR 1999, 266; H. Honsell, Privatautonomie und Wohnungsmiete, AcP 186, 115; Klein-Blenkers, Das Mietrecht, in: Dauner-Lieb/Heidel/Lepa/Ring, Das neue Schuldrecht, 2002, § 17; Köhler/Kossmann, Handbuch der Wohnraummiete, 5. Aufl., 2000; Lindner-Figura, Schriftform langfristiger Mietverträge, NJW 1998, 731; Lützenkirchen, Neues Mietrecht – neue Probleme, MDR 2001, 1385; ders., Die Entwicklung des Mietrechts in der obergerichtlichen Rechtsprechung der Jahre 1998 und 1999, WuM 2000, 55 u. 99; Michalski, Der Mietvertrag, ZMR 1999, 141; Schildt/Möller, Das neue Mietrecht, Jura 2001, 721; Schlemminger, Das Schriftformerfordernis bei Abschluß langfristiger Mietverträge, NJW 1992, 2249; P. Schneider, Untervermietung als Beteiligung Dritter am Hauptmietvertrag, WuM 1999, 195; Timme, Zur Abgrenzung von Allgemeinem und Besonderem Schuldrecht im Mietrecht, NJW 2000, 930; Treier, Die Rechtsprechung des Bundesgerichtshofes zu Miete, Pacht und Leasing, zuletzt WM 2001, Sonderbeilage zu Heft 50; Wetekamp, Das Neue Mietrecht 2001; E. Wolf/Eckert/Ball, Handbuch des gewerblichen Miet-, Pacht- und Leasingrechts, 8. Aufl., 2000.

Fälle:

a) A hat bei B für sechs Tage ein Zimmer mit Frühstück zum Gesamtpreis von 400 Euro gemietet. Nach drei Tagen verlangt B 200 Euro als Abschlag. A verweigert die Zahlung, weil er als Mieter erst beim Auszug zu zahlen brauche.

b) Fabrikant M mietet von V mündlich ein unbebautes Grundstück als Lagerplatz auf unbestimmte Zeit mit einer Kündigungsfrist von zwei Jahren. Nach neun Monaten kündigt V zum Ablauf des ersten Mietjahres. Muss M am Ende des Jahres ausziehen? (Vgl. §§ 550, 578 I, 580 a).

I. Begriff

Der Mietvertrag ist ein gegenseitiger Schuldvertrag, in dem sich die eine Partei (Vermieter) verpflichtet, der anderen Partei (Mieter) den Gebrauch einer Sache auf Zeit zu gewähren (§ 535 I 1), während die andere Partei sich verpflichtet, die vereinbarte Miete zu zahlen (§ 535 II).

1. Gebrauchsüberlassung

Der Mietvertrag ist auf die zeitweilige Überlassung des Gebrauchs 3 einer oder mehrerer Sachen gerichtet.

a) Sache als Vertragsgegenstand

Gegenstand des Mietvertrages kann nur eine Sache (vgl. § 535 I 1), d. h. ein körperlicher Gegenstand (§ 90), sein. Als Mietgegenstand kommen auch Teile von Sachen in Betracht, soweit sie sich zum Gebrauch eignen (z. B. Hauswand zu Reklamezwecken). Die vermietete Sache kann *beweglich (Fahrnismiete)* oder *unbeweglich (Grundstücks- und Raummiete)* sein. Es ist nicht erforderlich, dass der Vermieter Eigentümer des Mietgegenstandes ist (Beispiel: Untermiete).

b) Pflicht zur Gebrauchsüberlassung

4   Der Vermieter schuldet nur die Überlassung des Gebrauchs einer Sache.

Aufgrund der Vertragsfreiheit (§ 311 I) können die Parteien jedoch vereinbaren, dass die eine Partei nicht nur den Gebrauch einer Sache zu gewähren, sondern auch weitere Leistungen zu erbringen hat (z. B. Miete eines Zimmers mit Frühstück, **Fall a**). Ein derartiger Vertrag ist kein reiner Mietvertrag, sondern ein sog. gemischter Vertrag (vgl. AS § 4 Rdnr. 12 ff.). Hier ist, soweit es sich um die Pflicht zur Gebrauchsüberlassung handelt, Mietrecht anwendbar (vgl. BGH NJW 1963, 1449). Hinsichtlich der übrigen Leistungen gelten in der Regel die Vorschriften des Vertragstyps, dem die jeweilige Leistung zugehört. Auf die Gegenleistung, die den verschiedenen Leistungen der einen Partei als einheitliches Entgelt gegenübersteht, sind je nach der zu entscheidenden Rechtsfrage und den Besonderheiten des Vertrages entweder die Bestimmungen des Mietvertrags oder die eines anderen Vertragstyps anzuwenden.
Im **Fall a** ist der Mietvertrag über das „Zimmer mit Frühstück" ein gemischter Vertrag, bei welchem den verschiedenen Leistungspflichten des B (Überlassung des Zimmers, Bedienung, Frühstück) als einheitliches Entgelt die Zahlungsverpflichtung des A gegenübersteht. Von den Leistungspflichten des B kommt der zur Überlassung des Zimmers die größte Bedeutung zu. Auf sie entfällt wertmäßig auch der größte Teil des von A geschuldeten Entgelts. Aus diesen Gründen gilt für die Fälligkeit des Entgelts Mietrecht. Demnach muss A, da nichts anderes vereinbart ist, nach § 556 b I i. V. m. § 579 II die Miete zu Beginn, spätestens bis zum dritten Werktag des Zeitabschnitts, nach dem die Miete bemessen ist, entrichten. B kann daher von A die Zahlung eines Abschlags verlangen. Zur Fälligkeit der Miete s. § 11 Rdnr. 23.

2. Miete

5   Der Mietvertrag setzt weiterhin voraus, dass für die Überlassung des Gebrauchs ein Entgelt, die Miete, zu entrichten ist (§ 535 II). Diese wird *regelmäßig* in einer *Geldleistung* bestehen. Es können aber auch Sach- oder Dienstleistungen (z. B. Naturalien, Hausmeisterdienste) als Miete vereinbart werden (Mot. II, 372; str.).

II. Bedeutung und gesetzliche Regelung

1. Bedeutung

Im Wirtschaftsleben spielt der Mietvertrag eine wesentliche Rolle. 6
Dabei kommt den Grundstücks- und Raummietverhältnissen eine
besondere Bedeutung zu: Der Bedarf an Mieträumen ist groß. Denn
die meisten Menschen wohnen zur Miete, und auch viele Gewerbe-
betriebe sind auf gemietete Räume angewiesen. Die gemieteten
Grundstücke und Räume gehören vielfach zur Grundlage für die
private Lebensgestaltung oder die wirtschaftliche Existenz der Mieter. Diese Besonderheiten gebieten es, die Grundstücks- und Raum-
mietverhältnisse in mancher Hinsicht (z. B. Kündigung) anders zu
behandeln als Mietverhältnisse über bewegliche Sachen.

2. Gesetzliche Regelung

a) Wohnungszwangswirtschaft

In seiner ursprünglichen Fassung hatte das BGB der besonderen 7
Bedeutung der Raummiete nicht hinreichend Rechnung getragen;
denn es unterstellte diese Mietverhältnisse im Wesentlichen den
gleichen Regelungen wie diejenigen über bewegliche Sachen. Aufgrund der nach beiden Weltkriegen herrschenden Wohnungsnot war
der Gesetzgeber daher gezwungen, vor allem für die Wohnraummietverhältnisse Sondergesetze zu erlassen, die unter Einschränkung
der Privatautonomie einen ausreichenden Schutz des Mieters ge-
währleisteten (sog. Wohnungszwangswirtschaft).

Die Wohnungszwangswirtschaft umfasste die öffentliche Wohnraumbe-
wirtschaftung, die Mietpreisbindung und den Mieterschutz durch das Mieter-
schutzgesetz, welches das freie Kündigungsrecht des Vermieters beseitigte.

Infolge der starken Bautätigkeit seit der zweiten Hälfte des letzten
Jahrhunderts hat sich gegenüber den ersten Jahren nach dem Zweiten Weltkrieg die Lage auf dem Wohnungsmarkt gebessert, wodurch
sich der Gesetzgeber veranlasst sah, die Wohnungszwangswirtschaft
in den sechziger Jahren stufenweise abzubauen.

b) Soziales Mietrecht

8   Zugleich mit dem Abbau der Wohnungszwangswirtschaft hat der Gesetzgeber in dem Bestreben, ein soziales Mietrecht zu schaffen, zum Schutz des Mieters verschiedene, die Privatautonomie einschränkende Vorschriften in das BGB aufgenommen. Der Gesetzgeber ging bei der Reform des Mietrechts davon aus, dass sich in absehbarer Zeit ein freier, ausgeglichener Wohnungsmarkt ergeben werde und damit ein weiterer Schutz des Wohnraummieters nicht erforderlich sei. Diese Erwartung hat sich nicht erfüllt. Da der Bedarf an preisgünstigen Wohnungen weiterhin größer als das Angebot war und ist, brachte insbesondere das freie Kündigungsrecht des Vermieters vielfach Härten für den Mieter mit sich. Um hier Abhilfe zu schaffen, ist der Schutz des Wohnraummieters durch verschiedene Gesetze verstärkt worden. Entsprechende Regelungen sind seit dem 1. 1. 1975 Bestandteil des BGB.

c) Mietrechtsreform 2001

9   Für verschiedene Arten von Mietverhältnissen galten lange Zeit auch verschiedene rechtliche Regelungen. Bis zum 31. 8. 2001 war die gesetzliche Regelung des Mietrechts an der Vermietung beweglicher Sachen (Fahrnismiete) orientiert. Für die Miete von Grundstücken, Wohnräumen und anderen Räumen galten zahlreiche Sonderregelungen. Diese waren zum Teil nachträglich und an verschiedenen Stellen in das BGB eingefügt worden, zum Teil auch in Sondergesetzen geregelt. Diese Gesetzessystematik war unübersichtlich und wurde der besonderen Bedeutung des Wohnraummietrechts nicht gerecht. Durch das Mietrechtsreformgesetz vom 19. 6. 2001 wurde das Mietrecht mit Wirkung zum 1. 9. 2001 grundlegend neu geregelt (BGBl. I 2001, 1149). Seitdem enthält das Gesetz neben allgemeinen Vorschriften, die für alle Mietverhältnisse gelten (§§ 535 bis 548), einen geschlossenen Regelungskomplex für Wohnraummietverhältnisse (§§ 549 bis 577 a) und einzelne Regelungen für Mietverhältnisse über Grundstücke, andere Räume als Wohnräume und Schiffe (§§ 578 bis 580 a). Eine synoptische Darstellung des bis zum 31. 8. 2001 und des ab 1. 9. 2001 geltenden Mietrechts bietet Börstinghaus, Sonderbeilage zu NJW 2001, Heft 25.

Auf eine eingehende Darstellung des gesamten Mietrechts, vor allem des sozialen Mietrechts, soll hier verzichtet werden. Einzelheiten können in den Kommentaren und in der Spezialliteratur zum Mietrecht nachgelesen werden.

III. Abschluss des Mietvertrages

1. Vertragsschluss

Die Begründung eines Mietverhältnisses setzt einen Vertragsschluss 10
der Parteien voraus. Diese müssen sich über den Mietgegenstand und das Entgelt einig sein (zur Höhe der Miete vgl. § 11 Rdnr. 24).

2. Form

a) Grundsatz: Formfrei

Der Mietvertrag ist grundsätzlich formfrei.

Die Parteien können jedoch Schriftform vereinbaren (§ 127). Eine solche Vereinbarung ist üblich bei Mietverträgen über Gebäude und Grundstücke. Bei der Vermietung von Wohnungen werden häufig Musterverträge zugrunde gelegt.

b) Ausnahme: Schriftform

Ein Mietvertrag über Wohnräume, sonstige Räume oder über ein 11
Grundstück bedarf aber dann der Schriftform (§ 126), wenn er für länger als ein Jahr geschlossen wird (§§ 550 S. 1; 578).

Der Formvorschrift kommt keine Warnfunktion zu. Ihr Zweck besteht vielmehr allein darin, einem Dritten, der vom Vermieter den (Wohn-)Raum oder das Grundstück erwirbt und damit nach §§ 566, 578 (dazu § 12 Rdnr. 5 ff.) anstelle des Vermieters in den Mietvertrag eintritt, die Unterrichtung über den Inhalt langfristig abgeschlossener Mietverträge zu erleichtern (h.M.; vgl. BGHZ 52, 25; MünchKomm/Voelskow, § 566 Rdnr. 4; Prot. II, 149 ff., 154).

§ 550 gilt einmal für alle Mietverträge über Wohnräume, sonstige 12
Räume (§ 578 II) und Grundstücke (§ 578 I), die für eine bestimmte Mietzeit von über einem Jahr geschlossen werden. Die Form ist zum anderen aber auch bei Verträgen mit unbestimmter Mietzeit zu beachten, wenn eine Kündigungsfrist von mehr als einem Jahr vereinbart wird (**Fall b**).

13   Die *Nichtbeachtung der Schriftform* hat keine Unwirksamkeit des ganzen Vertrages, sondern *nur* die *Nichtigkeit der Mietzeitabrede* zur Folge. Der Mietvertrag gilt als auf unbestimmte Zeit geschlossen und kann durch Kündigung beendet werden, jedoch nicht für eine frühere Zeit als den Schluss des ersten Mietjahres (§ 550 S. 2).

Da im **Fall b** die Schriftform nicht gewahrt ist, konnte V drei Monate vor Jahresschluss (§ 580 a I Nr. 3) zum Ende des ersten Mietjahres wirksam kündigen. M muss also den Lagerplatz am Jahresende räumen. – Die Schriftform ist auch dann nicht eingehalten, wenn ein zunächst formgemäß abgeschlossener Mietvertrag ohne Beachtung der gesetzlichen Schriftform geändert wird; in diesem Fall beginnt die Mindestlaufzeit mit dem Abschluss des Änderungsvertrages (BGH JZ 1987, 410).

§ 11. Rechte und Pflichten der Mietvertragsparteien

1   **Schrifttum:** Arnold, Miete und Leasing nach der Schuldrechtsreform, in: Danner-Lieb/Konzen/Schmidt, Das neue Schuldrecht in der Praxis, 2003, 589; Börstinghaus, Mietminderung und vorbehaltlose Zahlung, MDR 1997, 1085; ders., Das Mieterhöhungsverfahren nach §§ 558 ff. BGB, MDR 2002, 501; Bongartz, Schönheitsreparaturen als Mieterpflicht, 1991; Dallemand/ Balsam, Tierhaltung und Mietrecht im Licht der neuen BVerfG-Rechtsprechung zur Rechtsstellung des Mieters, ZMR 1997, 621; Derleder, Zu den Mietvertragsparteien bei der Vermietung von Eigentumswohnungen mit Nebenraum, JZ 2000, 260; Diederichsen, „Schadensersatz wegen Nichterfüllung" und Ersatz von Mangelfolgeschäden, AcP 165, 150; Eisenschmid, Gebrauchsrechte des Mieters, Festschrift f. Bärmann und Weitnauer, 1990, 217; V. Emmerich, Neues Mietrecht und Schuldrechtsreform, NZM 2002, 362; ders., Dauerthema Schönheitsreparaturen, Festschrift f. Bärmann und Weitnauer, 1990, 233; Gellwitzki, Das Leistungsverweigerungsrecht des Wohnraum- und Gewerberaummieters bei Gebrauchsstörungen am Mietobjekt, WuM 1999, 10; Harsch, Schönheitsreparaturen in Mieträumen bei Vertragsende, MDR 1999, 325; Hau, Schuldrechtsmodernisierung 2001/ 2002 – Reformiertes Mietrecht und modernisiertes Schuldrecht, JuS 2003, 130; Heintzmann, Die gewerbliche Untermiete, NJW 1994, 1177; Heinze, Rückerstattungsanspruch bei formell unrichtigem Mieterhöhungsverlangen nach dem Wohnungsbindungsgesetz, NJW 1991, 1849; Hohmeister, Der rechtliche Charakter des Herausgabeanspruches gemäß § 556 III BGB, JA 1994, 420; Koller, Umweltmängel von Mietobjekten, NJW 1982, 201; Leenen, Der „vertragsgemäße Gebrauch" der Mietsache als Problem der Rechtsgeschäftslehre, MDR 1980, 353; Oehler, Die Haftung des Vermieters für unbehebbare Mängel der Mietsache, JZ 1980, 794; F. Peters, Die Gefährdung der Kaution und ihr Schicksal im Falle der Übertragung der gesicherten Forderung, JR 1997, 353; Rädler, Der Mieter im „Annahmeverzug" – zur Vorschrift des § 552 BGB, NJW 1993, 689; Rückert, Ausgleich durch Auslegung, Schadensersatz oder Kondiktion, AcP 184, 105; Schmid, Mietrechts-

reform – Anpassung der Mietnebenkostenvorauszahlungen, MDR 2001, 1021; von Westphalen, Mietrecht und Schuldrechtsreform, NZM 2002, 368; Wieser, Mietrechtsreform – Anspruch auf die ortsübliche Vergleichsmiete, MDR 2001, 977; E. Wolf, Schönheitsreparaturen an Mieträumen und die Rechtsfolgen ihrer Abwälzung auf den Mieter nach der Rechtsprechung des Bundesgerichtshofs, WM 1990, 1769.

Fälle:

a) M hat von V ein Haus gemietet, dessen Dach schon vor Abschluss des Vertrags schadhaft war. Bei einem Gewitter regnet es durch; die Möbel des M werden beschädigt. M verlangt von V Reparatur des Daches innerhalb eines Monats und Ersatz seines Möbelschadens. Außerdem weigert er sich, bis zur Reparatur die volle Miete zu zahlen.

b) Im Fall a hat M selbst das Dach sofort repariert. Kann er von V Ersatz der Reparaturkosten verlangen?

c) V vermietet am 15. 3. an A ein Zimmer, das dieser am 1. 4. beziehen soll. Am 30. 3. vermietet V dasselbe Zimmer an B, der sofort einzieht. Rechte des A gegen V?

d) M, der von V einen Bagger gemietet hat, vermietet diesen ohne Erlaubnis des V weiter an U. V fordert den M auf, die Benutzung des Baggers durch U zu unterbinden. Als M nichts unternimmt, verlangt V von M die Untermiete und von U den Bagger heraus.

e) M, der ab 1. 8. bei V ein Zimmer gemietet hat, kann infolge einer Erkrankung erst zwei Wochen später einziehen. Er will die volle Monatsmiete nicht zahlen.

f) Im Fall a hatte M den Schaden am Dach nach dem Einzug erkannt, V aber nichts davon mitgeteilt. Als M Schadensersatz begehrt, lehnt V ab und verlangt seinerseits Ersatz für die durch den Regen verursachten Schäden im Treppenhaus.

g) M betreibt in gemieteten Räumen eine Kunsttöpferei. Als er von ihm hergestellte Vasen dem Käufer K bringen will, widerspricht Vermieter V unter Berufung auf sein Vermieterpfandrecht vergeblich dem Abtransport. Anschließend verlangt er von K Herausgabe der Vasen an M.

I. Pflichten des Vermieters

1. Pflicht zur Gewährung des Gebrauchs

Hauptpflicht des Vermieters ist es, dem Mieter den Gebrauch der Sache während der Mietzeit zu gewähren (§ 535 I 1).

a) Gebrauchsüberlassung

Der Vermieter hat dem Mieter die Mietsache in einem gebrauchsfähigen Zustand zu überlassen (Gebrauchsüberlassungspflicht, § 535

I 1, 2); er muss dem Mieter die tatsächliche Gebrauchsmöglichkeit verschaffen. Dies erfordert in der Regel, dass dem Mieter (Allein- oder Mit-) Besitz (§§ 854, 866) an der Mietsache und ihrem etwaigen Zubehör (z. B. Hausschlüssel) eingeräumt wird. Bisweilen genügt es aber auch, wenn dem Mieter die Mietsache lediglich zugänglich gemacht wird, ohne dass er Besitz erlangt (z. b. Miete einer Hauswand als Reklamefläche).

Die Mietsache muss sich in einem Zustand befinden, der den vertragsgemäßen Gebrauch zulässt. Was zum vertragsgemäßen Gebrauch gehört und damit für den Zustand der Sache bestimmend ist, richtet sich nach der Vereinbarung der Parteien und der Verkehrssitte.

Beispiele: Eine Mietwohnung darf keine baulichen Mängel haben (**Fall a**). Werden Räume für den Betrieb einer Gaststätte vermietet, so darf ihr baulicher Zustand der Erteilung der Gaststättenerlaubnis nicht entgegenstehen (RGZ 94, 138). Eine mit Heizung vermietete Wohnung muss bei niedrigen Temperaturen beheizt sein.

b) Gebrauchserhaltung

2   Der Vermieter ist weiterhin verpflichtet, dem Mieter die einmal eingeräumte Gebrauchsmöglichkeit während der Mietzeit zu erhalten (Gebrauchserhaltungspflicht), da die Gewährung des Mietgebrauchs eine Dauerverpflichtung ist.

aa) Erhaltung des Gebrauchs bedeutet zunächst einmal, dass der Vermieter dem Mieter die *Sache für die Dauer der Mietzeit zu belassen* hat. Er darf also dem Mieter den Besitz der Sache nicht entziehen, wenn der Gebrauch ohne Besitz nicht möglich ist. Der Vermieter ist ferner verpflichtet, den *vertragsgemäßen Gebrauch zu dulden* und Maßnahmen des Mieters, die den vereinbarten Gebrauch nicht überschreiten, zu gestatten (z. B. Anlage eines Telefons; Anbringung eines Praxisschildes bei Vermietung von Praxisräumen). Zur Erhaltung der Gebrauchsmöglichkeit gehört es aber auch, dass der Vermieter den *vertragsgemäßen Gebrauch nicht stört* und *Störungen Dritter abwehrt,* soweit ihm das möglich und zumutbar ist.

Beispiele: Sind Geschäftsräume nach dem Inhalt des Mietvertrages für den Betrieb eines bestimmten Geschäftes (z. B. Gaststätte, Lebensmittelgeschäft) vermietet worden, so darf der Vermieter nicht im selben Haus ein Konkurrenzgeschäft aufmachen oder die Eröffnung eines solchen Geschäftes durch

einen Dritten zulassen (RGZ 131, 274; BGH MDR 1961, 593). Wird ein
Mieter im Gebrauch durch das Verhalten eines anderen Mieters gestört,
so muss der Vermieter für die Beseitigung der Störung sorgen; das ist ihm
möglich und zumutbar, weil er den störenden Mieter aufgrund des Mietvertrages zur Einhaltung des vertragsgemäßen Gebrauchs anhalten kann
(Rdnr. 37).

bb) Der Vermieter muss außerdem die Mietsache in dem vertrags- 3
gemäßen Zustand erhalten (*Instandhaltungspflicht*, § 535 I 2). Er
hat demnach die während der Mietzeit dazu erforderlichen Erhal-
tungs- und Reparaturarbeiten vorzunehmen. Die Instandhaltungspflicht des Vermieters umfasst auch die Beseitigung der Abnutzungen der Mietsache, welche durch den vertragsgemäßen Gebrauch des
Mieters verursacht worden sind. Diese Abnutzungen hat der Mieter
nicht zu vertreten (§ 538); sie werden durch die Zahlung der Miete
abgegolten.

Wird das vermietete Gebäude (etwa durch Brand) ohne Verschulden des
Vermieters zerstört, ist dieser nicht zum Wiederaufbau verpflichtet. Denn die
Wiederaufbaupflicht ist Ausfluss der Pflicht zur Gebrauchsüberlassung; wenn
diese gem. § 275 I entfällt, besteht auch keine Wiederaufbaupflicht (vgl.
BGHZ 116, 336 für Pacht).

Die Instandhaltungspflicht des Vermieters ist abdingbar. Sie wird 4
deshalb oft dahin eingeschränkt, dass auf den Mieter von Wohn-
und Geschäftsräumen die zur Beseitigung der normalen Abnutzung
erforderlichen *Schönheitsreparaturen* abgewälzt werden. Das setzt
eine Parteivereinbarung voraus, die auch in einem Formularvertrag
getroffen werden kann (BGHZ 92, 363, 367; 101, 253, 261).

Zu den Schönheitsreparaturen gehören z.B. das Anstreichen bzw. Tapezie-
ren von Wänden, Decken, Fußböden, Heizkörpern und -rohren, Innentüren
sowie der Innenseiten von Außentüren und Fenstern.

2. Nebenleistungspflichten und Schutzpflichten

Außer der Pflicht zur Gewährung des Gebrauchs treffen den Ver- 5
mieter weitere im Gesetz geregelte Pflichten und allgemeine Sorg-
falts- und Schutzpflichten.

a) Aufwendungsersatz

Da der Vermieter für die Erhaltung der Mietsache sorgen muss,
hat er dem Mieter die auf die Mietsache gemachten Aufwendungen

zu ersetzen. Hinsichtlich der Rechtsgrundlage für die Pflicht zum Aufwendungsersatz ist zu unterscheiden: Wenn die Aufwendungen zur umgehenden Beseitigung eines Mangels zwecks Erhaltung oder Wiederherstellung des Bestands der Mietsache notwendig waren (z. B. Reparatur eines Wasserrohrbruches), muss der Vermieter nach § 536 a II Nr. 2 Aufwendungsersatz leisten (Rdnr. 18). Alle anderen Aufwendungen des Mieters (z. B. Anstrich des Gartentores) sind vom Vermieter gem. § 539 I nach den Regeln der Geschäftsführung ohne Auftrag zu ersetzen.

6   Keine Pflicht zum Aufwendungsersatz besteht, soweit nach dem Mietvertrag den Mieter die Instandsetzungspflicht trifft. Maßnahmen des Mieters, die den Zustand der Mietsache verändern oder sie für einen anderen als den vertragsmäßigen Gebrauch herrichten, sind schon keine Aufwendungen i. S. v. § 539 I (zu § 547 a. F. BGHZ 10, 171; 41, 157; str.). Hier haftet der Vermieter höchstens nach § 951 i. V. m. §§ 812 ff.

b) Duldung der Wegnahme von Einrichtungen

7   Der Vermieter muss die Wegnahme von Einrichtungen dulden (§ 539 II), die der Mieter mit der Mietsache verbunden hat, auch wenn sie in das Eigentum des Vermieters übergegangen sind (§§ 946 f., §§ 93 f.). Das Wegnahmerecht des Mieters wird in der Regel zwar erst bei Beendigung des Mietverhältnisses Bedeutung gewinnen; es kann aber auch schon während der Mietzeit ausgeübt werden. Nimmt der Mieter die Einrichtung weg, so muss er den alten Zustand der Mietsache wiederherstellen (§ 258; AS § 10 Rdnr. 6 f.).

Hat der Mieter kein berechtigtes Interesse an der Wegnahme, kann der Vermieter die Ausübung des Wegnahmerechts durch Zahlung einer angemessenen Entschädigung abwenden (§ 552 I).

c) Schutzpflichten

8   Für den Vermieter ergeben sich aufgrund des Mietvertrages schließlich auch allgemeine Schutzpflichten (vgl. § 241 II). So hat er z. B. den Mieter über mögliche Gefährdungen, die von der Mietsache ausgehen, aufzuklären.

II. Folgen der Nicht- oder Schlechterfüllung
der Vermieterpflichten

Erfüllt der Vermieter seine Pflichten nicht oder schlecht, so stehen 9
dem Mieter die folgenden Rechte zu: Er hat, soweit nicht Unmöglichkeit vorliegt, zunächst einmal einen Erfüllungsanspruch. Wird
ihm der Gebrauch nicht gewährt oder entzogen und beruht dies auf
einem Sach- oder Rechtsmangel, stehen dem Mieter ausschließlich
die Rechte aus §§ 536 ff. zu; denn diese Bestimmungen gehen den
allgemeinen Vorschriften über Leistungsstörungen vor. Nur wenn
die Nicht- oder Schlechterfüllung nicht auf einem Sach- oder
Rechtsmangel beruht, kann der Mieter nach den allgemeinen Regeln
über Leistungsstörungen vorgehen. Da die §§ 536 ff. die §§ 280 ff.,
323 ff. ausschließen, ist also stets zuerst zu prüfen, ob die Vorschriften der §§ 536 ff. eingreifen.

1. Erfüllungsanspruch

Wenn der Vermieter seinen Pflichten nicht nachkommt, kann der 10
Mieter Erfüllung verlangen. Der Erfüllungsanspruch umfasst auch
einen *Anspruch auf Nachbesserung* hinsichtlich der Mängel, die bei
der Übergabe vorhanden sind oder während der Mietzeit entstehen;
denn der Vermieter ist während der ganzen Mietzeit zur Instandhaltung der Mietsache verpflichtet (§ 535 I 2).

2. Mängelhaftungsansprüche

Beim Mietvertrag sind die Rechtsfolgen von Sach- oder Rechts- 11
mängeln der Mietsache gleich geregelt. Dem Mieter stehen jeweils
die Rechte aus §§ 536, 536a zu (§ 536 III; vgl. ferner § 543 II Nr. 1).

a) Voraussetzungen

aa) Die Haftung des Vermieters für *Sachmängel* setzt voraus, dass
die Sache bei der Überlassung des Gebrauchs mit einem Fehler behaftet ist oder ein Fehler später entsteht (§ 536 I). Erforderlich ist
jedoch ein solcher Fehler, der die Tauglichkeit der Sache zu dem
vertragsgemäßen Gebrauch nicht nur unerheblich aufhebt oder be-

einträchtigt. Für das Mietrecht gilt wie beim Kauf (Rdnr. 61 f.) der subjektive Fehlerbegriff. Der Fehler kann der Sache körperlich anhaften (Schadhaftigkeit des Daches, **Fall a**). Er ist aber auch in solchen Umständen zu sehen, die der Sache zwar nicht unmittelbar anhaften, aber so auf sie einwirken, dass der vertragsgemäße Gebrauch beeinträchtigt wird (z. B. Eröffnung eines Konkurrenzgeschäfts im selben Haus; vgl. RGZ 119, 353; behördliche Gebrauchsbeschränkungen; vgl. BGH NJW 1992, 3227).

Nach § 536 II ist auch das Fehlen oder der spätere Wegfall einer zugesicherten Eigenschaft ein Sachmangel.

12   bb) Die Haftung für *Rechtsmängel* greift nach § 536 III ein, wenn dem Mieter aufgrund des privaten Rechts eines Dritten der vertragsgemäße Gebrauch ganz oder teilweise tatsächlich entzogen wird; das Recht des Dritten kann dinglicher oder obligatorischer Art sein. § 536 III ist unmittelbar nur dann anwendbar, wenn dem Mieter der einmal eingeräumte Gebrauch entzogen wird. Nach dem Zweck dieser Norm ist sie wegen der gleichen Interessenlage aber auch dann entsprechend anzuwenden, wenn dem Mieter infolge des Rechts eines Dritten der Gebrauch von vornherein nicht gewährt wird.

Im **Fall c** (Doppelvermietung) kann A den V aus Rechtsmängelhaftung in Anspruch nehmen. Da B aufgrund gültigen Mietvertrages das Zimmer benutzt und somit V ihm den Besitz nicht entziehen kann, scheidet ein Erfüllungsanspruch des A wegen Unmöglichkeit aus. A hat nur die Rechte aus §§ 536 ff. (BGH NJW 1961, 917; MDR 1962, 398).

13   cc) Für den *Ausschluss der Mängelhaftung* sind die §§ 536 b, 536 d, 536 IV zu beachten; die Regelung ähnelt der beim Kauf (§ 4 Rdnr. 31 ff., 36). Dem Mieter stehen Gewährleistungsansprüche auch dann nicht zu, wenn er dem Vermieter einen festgestellten Mangel nicht unverzüglich anzeigt (§ 536 c II; **Fall f**) oder wenn er die ungeminderte Miete trotz Kenntnis des Mangels vorbehaltlos weiterzahlt (vgl. BGH ZIP 1997, 1753; NJW 2000, 2663, 2664).

b) Folgen

14   Liegt ein Sach- oder Rechtsmangel vor, so kann der Mieter regelmäßig neben seinem auf Beseitigung der Mängel gerichteten Erfüllungsanspruch folgende Rechte geltend machen:

aa) Ist die Sache bei der Übergabe mit einem Mangel behaftet oder entsteht später ein solcher Mangel, so wird der Mieter automatisch für die Zeit, während welcher der Gebrauch aufgehoben oder gemindert bzw. ihm ganz oder teilweise entzogen ist, *von der Entrichtung der Miete* ganz oder zum Teil *befreit* (§ 536 I, III; **Fall a**). Die Befreiung setzt nicht voraus, dass der Vermieter den Mangel zu vertreten hat. Hat aber der Mieter den Fehler allein oder weit überwiegend schuldhaft verursacht, so wird er entsprechend dem Gedanken des § 326 II 1 nicht von der Mietzahlungspflicht frei.

bb) Der Mieter kann *Schadensersatz* verlangen, wenn der Sach- oder Rechtsmangel schon bei Vertragsschluss bestand (§ 536 a I; Garantiehaftung; **Fall a**). Das gilt selbst dann, wenn die Mietsache noch nicht überlassen worden ist (BGH NJW 1985, 1025). Entsteht ein solcher Mangel erst später, so hat der Mieter einen Schadensersatzanspruch nur, wenn der Vermieter den Mangel zu vertreten hat (**Fall c**) oder mit der Mängelbeseitigung im Verzug ist (§ 536 a I). Der Anspruch aus § 536 a I besteht neben dem Recht aus § 536. 15

Der Schadensersatzanspruch nach § 536 a I umfasst nach h. M. auch die Mangelfolgeschäden (dazu § 4 Rdnr. 107). Der Mieter kann somit auch Ersatz der Schäden verlangen, die er an seiner Gesundheit oder seinem Vermögen infolge des Mangels erlitten hat (BGH NJW 1962, 908; 1971, 424; **Fall a**, Möbelschäden). 16

Ob der Vermieter für alle bei Vertragsschluss vorhandenen Mängel ohne Verschulden einstehen muss, ist allerdings umstritten. Zum Teil wird die Ansicht vertreten, die Garantiehaftung greife bei solchen Mängeln nicht ein, die der Vermieter auch bei äußerster Sorgfalt nicht habe erkennen können; denn der Mieter dürfe nur darauf vertrauen, dass der Vermieter vor Abschluss des Vertrages die Mietsache sorgfältig auf Mängel untersucht habe. Diese Auffassung ist jedoch mit dem Gesetz nicht vereinbar. Mit der Vorschrift des § 536 a I wollte der Gesetzgeber gerade zum Schutz des Mieters eine umfassende Garantiehaftung des Vermieters anordnen (vgl. Mot. II, 376; Prot. VI, 186).

Wenn der Mietvertrag ein Vertrag mit Schutzwirkung zu Gunsten Dritter ist, können auch Dritte, die mit der Leistung des Vermieters in Berührung kommen und denen der Mieter zu Schutz und Fürsorge verpflichtet ist, nach § 536 a Ersatz der ihnen zugefügten Schäden verlangen. 17

18   cc) Ist der Vermieter mit der Beseitigung eines Sachmangels im
Verzug (§ 286), so kann der Mieter den *Mangel selbst beseitigen* und
Ersatz der erforderlichen Aufwendungen verlangen (§ 536 a II
Nr. 1). Das gilt auch, wenn die umgehende Beseitigung eines Man-
gels zur Erhaltung oder Wiederherstellung des Bestands der Mietsa-
che notwendig ist (§ 536 a II Nr. 2; z. B. Reparatur des Daches zur
Erhaltung des Miethauses, **Fall b**).

19   dd) Der Mieter kann schließlich nach § 543 I, II 1 Nr. 1 den
Mietvertrag *ohne Einhaltung einer Kündigungsfrist* kündigen (bei
Wohnraummiete nicht abdingbar; § 569 V 1). Voraussetzung hierfür
ist jedoch, dass der Mieter zuvor dem Vermieter unter Angabe der
Mängel eine angemessene Frist für ihre Beseitigung gesetzt hat und
der Vermieter diese Frist hat verstreichen lassen (§ 543 III). Ohne
vorherige Fristsetzung kann der Mieter von Wohnraum fristlos kündigen, wenn die Benutzung der Wohnung infolge des Sachmangels
mit einer erheblichen Gesundheitsgefahr verbunden ist (§§ 543 I, III
Nr. 2, 569 I). Die fristlose Kündigung kann gem. §§ 543 IV, 536 b
ausgeschlossen sein, wenn z. B. der Mieter die Miete trotz Kenntnis
des Mangels vorbehaltlos weitergezahlt hat (BGH NJW 2000, 2663,
2664).

Die Kündigung schließt die Geltendmachung der Rechte aus §§ 536, 536 a
für die vergangene Mietzeit nicht aus. – Im **Fall a** könnte M daher unabhängig von seinen Rechten gem. §§ 536, 536 a mit Ablauf der von ihm bestimmten Frist nach § 543 I, II 1 Nr. 1, III fristlos kündigen.

3. Haftung des Vermieters nach allgemeinen Vorschriften

20   Der Vermieter haftet nach den allgemeinen Vorschriften des
Schuldrechts (§§ 280 ff., 323 ff.), wenn die Nichterfüllung seiner
Pflichten nicht auf einem Sach- oder Rechtsmangel beruht. Räumt
der Vermieter dem Mieter den Gebrauch der Sache nicht ein, so
kann der Mieter nach §§ 280, 281 vorgehen. Schadensersatz aus
§§ 280, 283 kann der Mieter aber nur verlangen, wenn der Vermieter die Mietsache schuldhaft völlig zerstört hat oder wenn der vertragsgemäße Zustand der Mietsache sich nicht herstellen lässt. An
die Stelle des Rücktrittsrechts aus §§ 323, 326 V tritt das Recht zur
fristlosen Kündigung aus § 543 I, II 1 Nr. 1, weil eine Rückabwicklung nach Rücktrittsrecht zu unlösbaren Schwierigkeiten führen

würde. Wird die Mietsache ohne Verschulden der Parteien völlig und dauernd unbrauchbar, so werden beide von ihrer Leistungspflicht frei (§§ 275 I, 326 I 1; vgl. zur Rechtslage vor dem 1. 1. 2002 BGH DB 1990, 2517).

Ansprüche wegen Pflichtverletzung aus §§ 280, 281 I 1, die mit einem **21** Sachmangel in Zusammenhang stehen, sind durch § 536 a ausgeschlossen, weil nach dieser Vorschrift auch für Mangelfolgeschäden gehaftet wird. Sie können allerdings bei der Verletzung von allgemeinen Schutz- und Sorgfaltspflichten in Betracht kommen (§§ 280, 282, 241 II), da § 536 a insoweit keine Regelung enthält.

Für einen Anspruch aus vorvertraglicher Pflichtverletzung (§§ 280 I, 282, 241 II i. V. m. § 311 II) wegen unterlassener Aufklärung über bestehende Mängel der Mietsache ist neben § 536 a kein Raum (vgl. zur Rechtslage vor dem 1. 1. 2002 BGH NJW 1980, 780; dazu aber auch BGHZ 136, 103).

III. Pflichten des Mieters

1. Pflicht zur Zahlung der Miete

Hauptleistungspflicht des Mieters ist die Verpflichtung zur Leis- **22** tung des vereinbarten Entgelts (§ 535 II).

a) Entrichtung in Zeitabständen

Die Miete ist meistens (z. B. bei Grundstücks-, Wohnraummiete) in wiederkehrenden Zeitabständen zu entrichten; durch die einzelne Zahlung wird die Gebrauchsüberlassung für den jeweiligen Abschnitt abgegolten. Die Miete kann aber auch als einmalige Leistung geschuldet sein; das ist vor allem bei Mietverträgen über eine kurze, fest bestimmte Zeit der Fall (z. B. bei Vermietung eines Buches, Ruderbootes).

b) Fälligkeit

Fällig ist die Miete bei Mietverhältnissen über Wohnräume **23** (§ 556 b I) oder über andere Räume (§ 579 II) zu Beginn der Mietzeit oder des jeweiligen Zeitabschnitts. Bei Mietverhältnissen über Grundstücke oder über bewegliche Sachen ist die Miete am Ende der Mietzeit fällig (§ 579 I).

c) Höhe

24   Die Höhe der Miete können die Parteien grundsätzlich frei vereinbaren. Bei der Wohnraummiete bestehen zum Schutz des Mieters zahlreiche Sonderregelungen.

So richtet sich die Höhe der Miete für Sozialwohnungen und Wohnraum, der mit Hilfe staatlicher Förderung oder steuerbegünstigt errichtet wurde, nach dem Wohnungsbindungsgesetz sowie nach dem Wohnungsbaugesetz. Danach unterliegt die Höhe der Miete der Preisbindung; der Vermieter kann allenfalls die sog. Kosten- oder die Vergleichsmiete beanspruchen. Die Kostenmiete wird auf Grund einer Wirtschaftlichkeitsberechnung ermittelt. Um die Vergleichsmiete zu bestimmen, legen die Gemeinden sog. Mietspiegel an (Einzelheiten der Berechnung ergeben sich aus der Neubaumietenverordnung sowie aus der 2. Berechnungsverordnung; vgl. Palandt/Weidenkaff, Einf v § 535 Rdnr. 130).

d) Mieterhöhung

25   Für Mietverhältnisse über nicht preisgebundenen Wohnraum ist eine Mieterhöhung nur nach Maßgabe der §§ 557 ff. zulässig. Eine Kündigung zum Zwecke der Mieterhöhung ist ausgeschlossen (§ 573 I 2).

Nach § 558 kann der Vermieter die Zustimmung des Mieters zu einer Erhöhung der Miete *bis zur ortsüblichen Vergleichsmiete* verlangen. Voraussetzung ist, dass die Miete seit fünfzehn Monaten unverändert ist. Außerdem dürfen derartige Mieterhöhungen innerhalb von drei Jahren die Miete nicht um mehr als zwanzig Prozent (sog. Kappungsgrenze) anheben (§ 558 III). Das Mieterhöhungsverlangen ist dem Mieter in Textform zu erklären und zu begründen (§ 558 a I). Zur Begründung kann etwa auf einen einfachen (§ 558 c) oder qualifizierten Mietspiegel (§ 558 d) oder auf die Auskunft einer Mietdatenbank (§ 558 e) Bezug genommen werden (§ 558 a II).

Der Mietspiegel ist eine Übersicht über ortsübliche Vergleichsmieten, die von den Gemeinden oder von Interessenvertretern der Vermieter und Mieter gemeinsam erstellt oder anerkannt worden ist (§§ 558 c, 558 d).

Soweit der Mieter der Mieterhöhung nicht innerhalb von zwei Monaten zustimmt, kann der Vermieter innerhalb von weiteren drei Monaten auf Zustimmung klagen (§ 558 b II).

26   Nach § 559 kann der Vermieter die jährliche Miete auch bei wesentlichen *Modernisierungsmaßnahmen* oder anderen baulichen

Maßnahmen um bis zu elf Prozent der aufgewendeten Kosten erhöhen. Der Mieter schuldet dann die erhöhte Miete ab dem dritten Monat nach Zugang der Erhöhungserklärung (§ 559 b II).

Bei einer Mieterhöhung nach §§ 558, 559 steht dem Mieter nach § 561 ein   27
Sonderkündigungsrecht zu.

Die Vertragsparteien sind auch berechtigt, für preisfreien Wohnraum eine sog. *Staffelmiete* zu vereinbaren, wonach der Mietzins sich nach Ablauf bestimmter Zeiträume in bestimmter Höhe ändern soll (§ 557 a). Ebenfalls zulässig ist die Vereinbarung einer sog. *Indexmiete,* bei der die Miete durch den vom Statistischen Bundesamt ermittelten Preisindex für die Lebenshaltung aller privaten Haushalte in Deutschland bestimmt wird (§ 557 b). Staffel- und Indexmiete müssen schriftlich vereinbart werden.

2. Nebenleistungspflichten und Schutzpflichten

a) Einhaltung des vertragsgemäßen Gebrauchs

Der Mieter darf den vertragsgemäßen Gebrauch der Mietsache   28
nicht überschreiten; er ist insbesondere nicht befugt, die Mietsache einem anderen als dem vertraglich festgelegten Gebrauch zuzuführen (z.B. Benutzung einer Wohnung als Büro). Diese Verpflichtung des Mieters wird im BGB nicht ausdrücklich bestimmt. Sie ergibt sich aber aus §§ 538, 540, 541, 543, in denen die Folgen einer Verletzung dieser Pflicht näher geregelt sind.

Bei einem Mietverhältnis über Wohnraum wird der Inhalt dieser Mieterpflicht häufig durch eine Hausordnung näher geregelt. Die Hausordnung ist für den Mieter verbindlich, wenn sie Gegenstand des Mietvertrages geworden ist.

Zur Einhaltung des vertragsgemäßen Gebrauchs gehört es auch,   29
dass der Mieter nicht ohne Erlaubnis des Vermieters den Gebrauch der Mietsache Dritten überlässt, insbesondere untervermietet (§ 540; **Fall d**). § 540 meint lediglich den selbstständigen Gebrauch durch Dritte. Diese Vorschrift greift also dann nicht ein, wenn der Mieter die Sache Familienangehörigen oder Hausangestellten mitüberlässt.

Der Mieter hat in der Regel keinen Anspruch darauf, dass der Vermieter die Gebrauchsüberlassung erlaubt (Ausnahme: Wohnraummiete, § 553 I). Die Erlaubnis des Vermieters wirkt nur im Verhältnis zwischen Mieter und Vermieter. Sie begründet also kein Vertragsverhältnis zwischen dem Vermieter und dem Untermieter.

b) Obhut und Sorgfalt

30   Den Mieter, dem die Mietsache übergeben worden ist, trifft eine
Obhuts- und Sorgfaltspflicht hinsichtlich der Mietsache, da der Vermieter für die Dauer der Mietzeit nicht selbst der Sache die erforderliche Obhut zukommen lassen kann. Im Gesetz ist die Obhutspflicht
nicht ausdrücklich geregelt; eine ihrer Folgen ist aber die Anzeigepflicht nach § 536c. Zur Obhuts- und Sorgfaltspflicht gehört es,
dass der Mieter die Sache pflegt (z.B. die Wohnung sauberhält und
lüftet).

c) Duldung von Maßnahmen des Vermieters

31   Dem Mieter obliegt außerdem eine Duldungspflicht bezüglich gewisser Maßnahmen des Vermieters (z.B. Instandhaltungsarbeiten:
§ 242; für die (Wohn-)Raummiete: §§ 554 I, 578 II). Der Mieter
muss weiterhin zulassen, dass der Vermieter aus gegebenem Anlass
(z.B. Feststellung des Zustandes, Neuvermietung) die Sache besichtigt, soweit dies nicht zur Unzeit geschieht.

Bei der (Wohn-)Raummiete besteht die Duldungspflicht auch
hinsichtlich der Maßnahmen zur Verbesserung der Räume, zur Ein-
sparung von Heizenergie und Wasser sowie zur Schaffung neuen
Wohnraums, es sei denn, dass die Maßnahme für den Mieter oder
seine Familie eine nicht zu rechtfertigende Härte bedeuten würde
(Einzelheiten: § 554 II).

d) Rückgabe der Mietsache

32   Der Mieter, dem der Besitz an der Mietsache eingeräumt ist, hat
nach Beendigung der Mietzeit dem Vermieter die Mietsache zurückzugeben (Rückgabepflicht, § 546 I). Diesen Anspruch hat der Vermieter, der zugleich Eigentümer der Sache ist, neben dem dinglichen
Herausgabeanspruch aus § 985. Die Rückgabe der Mietsache steht
nicht im Gegenseitigkeitsverhältnis zu den Vermieterleistungen;
§§ 320 ff. sind also insoweit nicht anwendbar. Rückgabe bedeutet,
dass der Mieter dem Vermieter den unmittelbaren Besitz an der
Sache einräumt (vgl. BGHZ 56, 308). Hat der Mieter die Sache
einem Dritten (befugt oder unbefugt) überlassen, so kann der Ver-

mieter die Sache auch von dem Dritten zurückfordern (§ 546 III; **Fall d**).

Der Mieter muss die Sache in einem ordnungsgemäßen Zustand zurückgeben. Die Mietsache ist also, abgesehen von den durch den vertragsgemäßen Gebrauch verursachten Abnutzungen und Wertminderungen, dem Vermieter in dem Zustand zurückzugeben, in dem sie sich bei der Hingabe befand.

IV. Folgen der Nicht- oder Schlechterfüllung der Mieterpflichten

Erfüllt der Mieter seine Pflichten nicht oder schlecht, so finden die Vorschriften des allgemeinen Leistungsstörungsrechts (§§ 275 ff., 320 ff.) Anwendung. Jedoch bestehen im Mietrecht einige Sondervorschriften.   33

1. Verletzung der Zahlungspflicht

a) Kündigungsrecht des Vermieters

Ist die Miete *in wiederkehrenden Zeitabschnitten* zu entrichten und kommt der Mieter mit der *Zahlung in Verzug*, scheidet ein Rücktritt nach § 323 aus. Hier ist nur die *Kündigung nach § 543 I, II 1 Nr. 3* unter den dort aufgeführten Voraussetzungen zulässig, also z. B. dann, wenn der Mieter mit zwei Zahlungen im Verzug ist (§ 543 I, II 1 Nr. 3 a). Die Kündigung ist ausgeschlossen, wenn der Mieter vorher zahlt und damit den Verzug heilt (§ 543 II 2).

b) Keine Befreiung des Mieters bei persönlichem Hinderungsgrund

Nach § 537 I 1 wird der Mieter nicht dadurch von der Mietzahlung befreit, dass ihm wegen eines in seiner Person liegenden Grundes der Gebrauch der Sache unmöglich ist (**Fall e**). Dabei kommt es nicht darauf an, ob der Mieter den persönlichen Hinderungsgrund zu vertreten hat oder nicht. § 537 I 1 ist nur dann nicht anwendbar, wenn der Vermieter den Hinderungsgrund verschuldet hat (vgl. auch § 537 II) oder objektive Umstände die Ingebrauchnahme verhindern. Diese Vorschrift soll klarstellen, dass die Nichtausübung des Gebrauchs wegen eines in der Person des Mieters liegenden Grundes kein Fall der Unmöglichkeit ist (Mot. II, 399 f.). Soweit der Mieter nach § 537 I 1 zur Zahlung der Miete verpflichtet bleibt, muss sich der Vermieter aber die   34 ersparten Aufwendungen und die Vorteile aus einer anderweitigen Verwertung des Gebrauchs anrechnen lassen (§ 537 I 2).

c) Zahlungspflicht bei anderweitiger Vermietung nach Auszug des Mieters

35   Ist der Mieter trotz Weiterbestehens des Mietvertrages endgültig ausgezogen und hat der Vermieter zu einer niedrigeren Miete weitervermietet, so kann der Mieter zur Zahlung der Mietdifferenz verpflichtet sein. Seine Berufung auf § 537 II, wonach der Mieter zur Zahlung der Miete nicht verpflichtet ist, wenn der Vermieter wegen der Überlassung des Gebrauchs der Mietsache an einen Dritten zur Gebrauchsüberlassung außerstande ist, verstößt gegen Treu und Glauben, wenn er aus einem Verhalten des Vermieters Rechte herleiten will, das er selbst herbeigeführt hat (BGHZ 122, 163).

2. Überschreitung des Gebrauchs

a) Schadensersatzanspruch des Vermieters

36   Bei einer schuldhaften Überschreitung des vertragsgemäßen Gebrauchs hat der Mieter wegen Pflichtverletzung (§ 280) Schadensersatz zu leisten. Im Fall der erlaubten Überlassung des Gebrauchs an einen Dritten hat er dessen Verschulden zu vertreten (§ 540 II).

Die Ansprüche des Vermieters wegen einer vom Mieter zu vertretenden Verschlechterung der Mietsache verjähren in sechs Monaten von der Rückgabe an (vgl. § 548), und zwar selbst dann, wenn sie erst nach Beendigung des Vertrages entstanden sind (BGH NJW 1970, 1182). Diese Frist gilt auch für die Ansprüche, welche dem Vermieter wegen des Zustandes der Sache aus unerlaubter Handlung zustehen (BGHZ 49, 278). Auch ein Dritter, der in den Schutzbereich des Mietvertrages einbezogen ist (vgl. Rdnr. 170 a.E.), kann sich gegenüber einem Schadensersatzanspruch des Vermieters auf § 548 berufen (BGHZ 61, 227). § 548 ist entsprechend anzuwenden, wenn der Mietvertrag unwirksam ist und demnach nur gesetzliche Ersatzansprüche in Betracht kommen (BGHZ 47, 53).

b) Unterlassungsanspruch des Vermieters

37   Der Vermieter hat weiter einen Anspruch auf Unterlassung, wenn der Mieter die Sache vertragswidrig gebraucht und trotz Abmahnung des Vermieters den Gebrauch fortsetzt (§ 541). Ein Verschulden des Mieters wird nicht gefordert.

c) Kündigungsrecht des Vermieters

38   Der Vermieter kann den Vertrag aber auch fristlos kündigen, wenn der vertragswidrige Gebrauch darin besteht, dass der Mieter

die Mietsache durch Vernachlässigung der ihm obliegenden Sorgfalt erheblich gefährdet oder sie unbefugt einem Dritten überlässt und er dadurch die Rechte des Vermieters in erheblichem Maße verletzt (§ 543 I, II Nr. 2). Allerdings ist die Kündigung erst nach erfolglosem Ablauf einer zur Abhilfe bestimmten angemessenen Frist oder nach erfolgloser Abmahnung zulässig (§ 543 III).

Der Vermieter hat aber keinen Anspruch gegen den Mieter auf Herausgabe   39
der Untermiete (BGH NJW 1964, 1853; str.; **Fall d**). Ein solcher Anspruch ergibt sich insbesondere nicht aus bereicherungsrechtlichen Vorschriften. § 812 I 1, 2. Fall (Eingriffskondiktion) scheidet aus, weil der Mieter mit der Untervermietung nicht in die Gebrauchsmöglichkeit des Vermieters eingreift; dieser hat sich nämlich schon mit der Überlassung an den Mieter der Gebrauchsmöglichkeit begeben. Aus dem gleichen Grund kommt auch ein Anspruch analog § 816 I 1 nicht in Betracht.

Der Vermieter ist allerdings nicht berechtigt, das Mietverhältnis   40
allein deshalb fristlos wegen vertragswidrigen Gebrauchs zu kündigen, weil die Wohnung durch Zuzug von Kindern des Mieters in erheblichem Umfang überbelegt ist und den Vermieter beeinträchtigende Auswirkungen nicht festzustellen sind (BGHZ 123, 233). Denn das Recht des Mieters, mit seinen nächsten Angehörigen zusammenzuleben, wäre in erheblichem Maße beeinträchtigt, wenn er stets mit einer fristlosen Kündigung zu rechnen hätte, weil sich seine Familie durch die Aufnahme von Kindern über ein bestimmtes Maß hinaus vergrößert und ihm eine andere Unterkunft nicht zur Verfügung steht. Der Vermieter darf den Mietvertrag aber kündigen, wenn sich aus der Überbelegung erhebliche Verschlechterungen der Mietsache ergeben.

3. Verletzung der Rückgabepflicht

Gibt der Mieter bei Beendigung des Mietverhältnisses die Miet-   41
sache nicht zurück, so kann der Vermieter für die Dauer der Vorenthaltung eine *Entschädigung in Höhe der vereinbarten* oder der (ggf. höheren) ortsüblichen (dazu BGH ZIP 1999, 1395 f.) *Miete verlangen* (§ 546 a I). Dieser Anspruch, für den kein Verschulden des Mieters erforderlich ist, garantiert dem Vermieter eine Mindestentschädigung dafür, dass er die Sache noch nicht nutzen kann (Mot. II, 415).

Ist dem Mieter wegen Untergangs der Sache die Rückgabe unmöglich geworden, so haftet er nicht nach § 546 a I. In diesem Fall steht, sofern der Mieter den Untergang zu vertreten hat, dem Vermieter ein Anspruch aus §§ 280, 283 zu.

Ein weitergehender Schadensersatzanspruch (§§ 280 I, II, 286) des Vermieters gegen den Mieter wegen schuldhafter Vorenthaltung der Sache wird durch § 546 a I nicht ausgeschlossen (§ 546 a II; vgl. aber für die Wohnraummiete § 571 I).

4. Verletzung sonstiger Pflichten

a) Verletzung der Anzeigepflicht

42   Verletzt der Mieter seine Anzeigepflicht, indem er einen von ihm festgestellten Mangel dem Vermieter nicht unverzüglich meldet (§ 536 c I), so hat er dem Vermieter den daraus entstehenden Schaden zu ersetzen (§ 536 c II 1; **Fall f,** Schaden im Treppenhaus).

b) Unterlassung von Schönheitsreparaturen

43   Unterlässt der Mieter Schönheitsreparaturen, obwohl er sich dazu vertraglich verpflichtet hat, ist er gem. §§ 280, 281 zum Schadensersatz verpflichtet. Der Vermieter muss also eine angemessene Frist zur Durchführung der Schönheitsreparaturen gesetzt haben, sofern die Fristsetzung nicht (z.B. wegen endgültiger Erfüllungsverweigerung des Mieters) nach § 281 II entbehrlich ist.

Ist eine Schönheitsreparatur nicht mehr erforderlich, weil der Mietraum nach Auszug des Mieters umgebaut worden ist oder der Nachmieter die Reparatur durchgeführt hat, so entfällt ein Anspruch des Vermieters nicht mangels Schadens. Vielmehr ist dann im Wege der ergänzenden Vertragsauslegung zu prüfen, ob die Parteien für einen solchen Fall eine Geldentschädigung des Mieters vereinbart hätten (vgl. BGHZ 77, 301; a. M. MünchKomm/ Voelskow §§ 535, 536, Rdnr. 109).

V. Vermieterpfandrecht

44   Der Vermieter von (Wohn-)räumen oder Grundstücken erwirbt kraft Gesetzes für seine Forderungen aus dem Mietverhältnis ein Pfandrecht an den eingebrachten Sachen des Mieters (§§ 562, 578).

Durch dieses Pfandrecht soll dem Vermieter eine Sicherheit gegeben werden, weil er nicht sofort die volle Gegenleistung für die Gebrauchsüberlassung erhält. Auf das kraft Gesetzes entstandene Vermieterpfandrecht sind nach § 1257 die Vorschriften über das Vertragspfandrecht (§§ 1204 ff.) entsprechend anzuwenden.

1. Entstehung des Vermieterpfandrechts

a) Gültiger Mietvertrag

Das Vermieterpfandrecht setzt stets einen gültigen Mietvertrag über Grundstücke oder Räume voraus.

b) Forderungen aus dem Mietverhältnis

Das gesetzliche Pfandrecht entsteht nur für Forderungen aus dem Mietverhältnis. Dabei ist es unerheblich, ob es sich um Miet- oder um Schadensersatzansprüche handelt (§ 562 I); denn das Vermieterpfandrecht soll den Vermieter wegen aller Forderungen aus dem Mietverhältnis sichern. Das Pfandrecht besteht auch für noch nicht fällige Mietforderungen, jedoch nur für die des laufenden und des folgenden Jahres; für künftige Entschädigungsforderungen kann das Pfandrecht dagegen nicht geltend gemacht werden (§ 562 II). **45**

c) Eingebrachte Sachen des Mieters

Dem Vermieterpfandrecht unterliegen alle eingebrachten, pfändbaren Sachen des Mieters. **46**

aa) Das Pfandrecht erfasst *nur Sachen* (§ 90), nicht aber Forderungen des Mieters.

bb) *Eingebracht* ist eine Sache dann, wenn sie mit Willen des Mieters zu einem nicht nur vorübergehenden Zweck in die gemieteten Räume gebracht wurde. Der Wille des Mieters braucht aber nicht auf die Entstehung des Pfandrechts gerichtet zu sein. Die Einbringung ist weder eine rechtsgeschäftliche noch eine rechtsgeschäftsähnliche Handlung; Geschäftsfähigkeit ist also nicht erforderlich (str.; vgl. Larenz, § 48 V m.N.). **47**

Dem Vermieterpfandrecht unterliegen aber nicht nur die in die Mieträume hineingebrachten Sachen, sondern auch solche, die der Mieter in den Räumen herstellt und deren Eigentümer er wird (RGZ 132, 116; **Fall g**).

48   cc) Die eingebrachte Sache muss im *Eigentum des Mieters* stehen. Die Sicherung des Vermieters soll nur aus dem Vermögen des Mieters erfolgen.

Hat der Mieter eine Sache eingebracht, die ihm nicht gehört, so entsteht das Pfandrecht nicht. Ein gutgläubiger Erwerb des Vermieterpfandrechts entsprechend dem gutgläubigen Erwerb eines Vertragspfandrechts (vgl. § 1207) ist nicht möglich. Der gutgläubige Erwerb des Vertragspfandrechts setzt nämlich voraus, dass der Erwerber unmittelbaren Besitz an der Sache erhält. Der Vermieter erlangt mit der Einbringung aber keinen Besitz, so dass § 1207 nach seinem Sinn und Zweck hier auch nicht entsprechend anwendbar ist. Erwirbt jedoch der Mieter nach der Einbringung Eigentum an der Sache, so entsteht in diesem Augenblick das Vermieterpfandrecht.

Auch das Anwartschaftsrecht (§ 7 Rdnr. 31) unterliegt dem Vermieterpfandrecht (BGH NJW 1965, 1475; Baur/Stürner, Sachenrecht, § 55 Rdnr. 41).

49   dd) Das Vermieterpfandrecht entsteht schließlich *nur an pfändbaren Sachen* (§ 562 I 2). Der Kreis der Sachen, die der Pfändung nicht unterliegen, ist in § 811 I ZPO bestimmt (Brox/Walker, ZVR Rdnr. 276 ff.).

2. Erlöschen des Vermieterpfandrechts

a) Erlöschensgründe des Vertragspfandrechts

50   Für das Vermieterpfandrecht gelten einmal die allgemeinen Erlöschensgründe des Vertragspfandrechts (§ 1257 i. V. m. §§ 1242, 1252, 1255 f.).

Wie jedes Pfandrecht geht das Vermieterpfandrecht auch dann unter, wenn ein Dritter Eigentum an der Sache des Mieters erwirbt und der Dritte in Ansehung des Vermieterpfandrechts gutgläubig ist (§§ 936 I, II, 932 II). Er ist nicht in gutem Glauben, wenn er das Pfandrecht des Vermieters kennt oder es infolge grober Fahrlässigkeit nicht kennt. Grobfahrlässige Nichtkenntnis des Vermieterpfandrechts ist regelmäßig anzunehmen, wenn der Dritte die Sache in den Mieträumen erwirbt; denn in diesem Fall muss er damit rechnen, dass ein Vermieterpfandrecht besteht (BGH WM 1965, 704).

b) Entfernung der Sache vom Grundstück

Einen besonderen Erlöschensgrund enthält § 562 a. Danach geht 51
das Vermieterpfandrecht unter, wenn die Sache von dem Grundstück
entfernt wird. Erfolgt die Entfernung aber ohne Wissen oder gegen
den Widerspruch des Vermieters, so erlischt das Pfandrecht nicht.
Das Vermieterpfandrecht soll aber die Lebens- und vor allem
die Gewerbeverhältnisse des Mieters nicht beeinträchtigen (Mot. II,
408). Deshalb bestimmt das Gesetz, dass der Widerspruch des
Vermieters unbeachtlich ist, wenn die Entfernung der Mietsache
den gewöhnlichen Lebensverhältnissen entspricht (z. B. Weggabe
zur Reparatur) oder die zurückbleibenden Sachen zur Sicherung des
Vermieters offensichtlich ausreichen (§ 562 a, 2). Der Widerspruch
des Vermieters ist in entsprechender Anwendung des § 562 a, 2
ferner dann unbeachtlich, wenn die Entfernung der Mietsache im
regelmäßigen Betrieb des Geschäfts eines Mieters erfolgt (§ 578;
Fall g).

Sind Sachen ohne Wissen oder trotz rechtserheblichen Widerspruchs des
Vermieters weggeschafft worden, so besteht das Pfandrecht aber nicht zeitlich unbegrenzt fort. Es erlischt vielmehr unter den Voraussetzungen des
§ 562 b II 2.

3. Rechte aus dem Vermieterpfandrecht

a) Selbsthilferecht

Der Vermieter kann die *Entfernung* der mit dem Pfandrecht be- 52
lasteten Sachen von dem Grundstück *verhindern;* beim Auszug des
Mieters darf er die Sachen sogar in seinen Besitz nehmen (§ 562 b I).
Damit wird dem Vermieter ein über § 229 hinausgehendes Selbsthilferecht zur Wahrung seines Vermieterpfandrechts gewährt. Dieses
Recht besteht aber nur insoweit, als der Vermieter der Entfernung
der Sachen zu Recht widersprechen kann.

Sind Sachen des Mieters ohne Wissen oder trotz des berechtigten Widerspruchs des Vermieters vom Grundstück entfernt worden, so steht dem
Vermieter ein Anspruch auf Rückschaffung gegenüber dem jeweiligen Besitzer zu (§ 562 b II; anders im **Fall g**, denn dort ist das Vermieterpfandrecht
nach § 562 a erloschen). Ist der Mieter ausgezogen, so kann der Vermieter
Überlassung des Besitzes fordern.

b) Verwertungsrecht

53   Der Vermieter ist berechtigt, *bei Pfandreife* die dem Vermieter-pfandrecht unterliegenden *Sachen* des Mieters zum Zweck seiner Befriedigung *durch Verkauf zu verwerten* (§§ 1257, 1228 ff.).

c) Vorzugsweise Befriedigung aus Verwertungserlös

54   Wird eine dem Vermieterpfandrecht unterliegende Sache auf Betreiben eines Gläubigers des Mieters gepfändet (§ 808 ZPO), so kann der Vermieter die Wegschaffung der Sache durch den Gerichtsvollzieher nicht nach § 562 b verhindern. Er hat aber aufgrund seines Pfandrechts einen Anspruch darauf, dass er aus dem bei der Versteigerung durch den Gerichtsvollzieher erzielten Erlös vor dem pfändenden Gläubiger befriedigt wird (Anspruch auf vorzugs-weise Befriedigung, § 805 ZPO; Brox/Walker, ZVR Rdnr. 1451 ff., 1459). Der Vermieter kann sein Pfandrecht jedoch nur wegen der Miete für das letzte Jahr vor der Pfändung geltend machen (§ 562 d); diese Beschränkung gilt nicht für Schadensersatzansprüche sowie erst nach der Pfändung fällig werdende Mietforderungen.

VI. Sonstige Mietsicherheiten

1. Zweck

55   Das Vermieterpfandrecht bietet dem Vermieter vielfach eine zu geringe Sicherheit. Denn es entsteht nur an pfändbaren Sachen des Mieters (§ 562 I 2), und Hausratsgegenstände sind oft gem. § 811 ZPO unpfändbar. Zudem wird bei der Verwertung gebrauchter Sachen meist nur ein geringer Erlös erzielt. Deshalb machen viele Vermieter den Abschluss eines Mietvertrages davon abhängig, dass der Mieter eine Sicherheit leistet.

Beispiele: Bereitstellung einer Geldsumme, Abtretung von Gehalts- und Lohnansprüchen, Bürgschaft (vgl. auch § 232).

2. Gesetzliche Regelung für vereinbarte Mietsicherheiten

56   Damit im Einzelfall gegenüber dem geschilderten Sicherungsinte-resse des Vermieters auch das Schutzbedürfnis des Mieters berück-sichtigt wird, stellt § 551 für Wohnraummietverhältnisse Regeln über die Vereinbarung von Sicherheiten auf, die nicht zum Nachteil des Mieters abbedungen werden können (§ 551 IV).

a) Zulässige Höhe

Die Sicherheit darf das Dreifache der monatlichen Miete (ohne 57
Nebenkosten) nicht übersteigen (§ 551 I). Das muss auch bei Mehr-
fachsicherungen (z. B. Barkaution und Lohnabtretung) beachtet
werden; diese dürfen insgesamt nicht mehr als drei Monatsmieten
ausmachen. Eine Barkaution kann vom Mieter in drei gleichen Mo-
natsraten erbracht werden, wobei die erste Teilleistung zu Beginn
des Mietverhältnisses fällig ist (§ 551 II).

b) Anlagepflicht des Vermieters

Der Vermieter ist verpflichtet, die Barkaution bei einer Sparkasse 58
oder Bank als Sparguthaben zum üblichen Zinssatz mit dreimonati-
ger Kündigungsfrist und von seinem Vermögen getrennt anzulegen
(§ 551 III 1, 3). Die Zinsen (und Zinseszinsen) stehen dem Mieter
zu, müssen jedoch auf dem Konto stehen bleiben (§ 551 III 3, 4).

Die Verzinsungspflicht besteht nicht bei Wohnräumen eines Studenten-
oder Jugendwohnheimes (§ 551 III 5), um die Möglichkeit einzuräumen, die
Kautionen global und höher verzinslich anzulegen, und dadurch die Mieten
niedriger zu halten.

c) Folgen bei Veräußerung der Mietsache

Bei Veräußerung von Räumen oder eines Grundstücks tritt der 59
Erwerber hinsichtlich der Mietsicherheit des Mieters kraft Gesetzes
in die Rechte und Pflichten des Vermieters ein (§ 566 a S. 1). Kann
bei Beendigung des Mietverhältnisses der Mieter die Sicherheit von
dem Erwerber nicht erlangen, so ist der Vermieter weiterhin zur
Rückgewähr verpflichtet (§ 566 a S. 2).

§ 12. Stellung des besitzenden Mieters gegenüber Vermieter und Dritten

Schrifttum: Derleder/Bartels, Der Vermieterwechsel bei der Wohnraum- 1
miete, 1997, 981; Eisenhardt, Verfassungskonforme Anwendung von § 571
BGB, WuM 1999, 20; Gather, Die Rechtslage beim Wechsel des Vermieters,
Festschrift f. Bärmann und Weitnauer, 1990, 295; Mayer, Der Eintritt des
Grundstückserwerbers in bestehende Miet- und Pachtverhältnisse, ZMR

1990, 121; Paschke/Oetker, Zur Dogmatik des Sukzessionsschutzes im Wohnraummmietrecht, NJW 1986, 3174; Picker, Der Anspruch auf Verwendungsersatz und das Prinzip „Kauf bricht nicht Miete", NJW 1982, 8; Schüren, Gewerbliche Zwischenvermietung und Bestandsschutz, JZ 1992, 79.

Fälle:

a) Der Mieter M wird häufig durch nächtliches Klavierspiel des über ihm wohnenden A gestört. M verlangt von A Unterlassung der Ruhestörung. A meint, nur der Vermieter könne ihm das verbieten.

b) V hat M Räume für den Betrieb einer Drogerie vermietet und überlassen. Später verkauft V sein Haus an E, der in dem Haus ebenfalls eine Drogerie eröffnet. M verlangt von E Schließung der Drogerie und Ersatz des Schadens, den er durch das Konkurrenzgeschäft erlitten hat.

c) Da E im Fall b nicht zahlt, verlangt M von V Ersatz seines Schadens.

d) M mietet von V ein Haus für monatlich 1 500 Euro. Am 1. 2. veräußert V das Haus an E. Kurz vor der Veräußerung hat M dem V die Miete für ein Jahr im Voraus gezahlt. E verlangt von M am 3. 2. die Februarmiete. Kann E in den folgenden Monaten Miete verlangen?

I. Schutz des Mieters als Besitzer

1. Schutz gegenüber dem Eigentumsherausgabeanspruch des Vermieters

Durch den Mietvertrag erlangt der Mieter für die Dauer der Mietzeit ein *obligatorisches Recht zum Besitz* der Mietsache. Aufgrund dieses Rechtes kann er, wenn der Vermieter als Eigentümer Herausgabe der Sache nach § 985 verlangt, die *Herausgabe verweigern* (§ 986 I).

Nach der Ansicht des BVerfG ist das Besitzrecht des Mieters an der gemieteten Wohnung Eigentum i. S. v. Art. 14 I 1 GG; der Eigentumsschutz des Mieters steht demnach gerichtlichen Entscheidungen entgegen, welche die Bedeutung und Tragweite von Art. 14 I 1 GG für das Besitzrecht verkennen (so BVerfGE 89, 1; kritisch dazu z. B. Depenheuer, NJW 1993, 2561; Rüthers, NJW 1993, 2587).

2. Besitzschutzrechte

2   Als Inhaber des unmittelbaren Besitzes stehen dem Mieter gegenüber jedermann (auch Vermieter und Mitmieter; **Fall a**) die Besitzschutzrechte aus §§ 859, 861, 862 zu.

Im **Fall a** kann M von A Unterlassung des nächtlichen Klavierspielens verlangen (§ 862 I 2).

3. Ansprüche aus § 823 und § 812

Neben den Besitzschutzansprüchen, die kein Verschulden des Stö- 3
rers voraussetzen, hat der Mieter bei schuldhafter Entziehung oder
Störung seines Besitzes einen *Anspruch aus unerlaubter Handlung*
auf Ersatz des Schadens, der durch den Eingriff in den Besitz entstanden ist.

Dieser Schadensersatzanspruch folgt einmal aus § 823 II i. V. m. § 858 als
Schutznorm. Der Anspruch kann aber auch auf § 823 I gestützt werden; denn
nach der h. M. steht der Besitz, welcher wie bei einem Mietverhältnis von
einem Recht zum Besitz getragen wird, einem absoluten Recht im Sinne
dieser Vorschrift gleich (§ 41 Rdnr. 13).

Wird dem Mieter der Besitz entzogen, so kann er von dem neuen
Besitzer auch aus § 812 I 1, 2. Fall (Eingriffskondiktion) Wiedereinräumung des Besitzes verlangen.

II. Schutz des Mieters bei Veräußerung beweglicher Mietsachen

Der Eigentümer, der seine Sache vermietet hat, kann weiterhin 4
über sein Eigentum verfügen, insbesondere die Sache einem Dritten
übereignen. Die Übereignung einer beweglichen Mietsache geschieht
in der Weise, dass der Vermieter sich mit dem Dritten über den
Eigentumsübergang einigt und diesem den gegen den Mieter gerichteten, noch nicht fälligen Herausgabeanspruch aus § 546 abtritt
(§§ 929, 931). Der Dritte wird Eigentümer der Sache; er ist aber
nicht aus dem Mietvertrag zur Gebrauchsgewährung verpflichtet.
Damit bestünde die Gefahr, dass der Dritte nach § 985 dem Mieter
den vom Vermieter eingeräumten Besitz der Sache entzieht. Dem
begegnet das Gesetz durch die Regelung des § 986 II. Nach dieser
Vorschrift kann nämlich der Mieter sein gegenüber dem Vermieter
begründetes Recht zum Besitz auch dem Herausgabeanspruch des
Dritten entgegenhalten und die Herausgabe verweigern.

III. Schutz des Mieters bei Veräußerung
unbeweglicher Mietsachen

5   Bei der (Wohn-)Raum- und Grundstücksmiete ist im Fall der Veräußerung des Grundstücks § 986 II nicht anwendbar; denn die Übereignung eines Grundstücks nach §§ 929 ff. ist nicht möglich. Sie erfolgt vielmehr nach §§ 873, 925 durch Auflassung und Eintragung in das Grundbuch. Aber auch der Mieter eines (Wohn-)Raums oder Grundstücks muss vor dem Entzug des Besitzes an der Mietsache geschützt werden, wenn der Vermieter über sein Grundstück verfügt. Dieser Schutz wird dadurch erreicht, dass nach §§ 566, 578 der neue Grundstückseigentümer anstelle des Vermieters in den Mietvertrag eintritt (*Kauf bricht nicht Miete;* **Fall b**). § 566 stellt damit einen Fall der gesetzlichen Vertragsübernahme dar.

1. Voraussetzungen des Vertragsübergangs

6   Der gesetzliche Vertragsübergang nach § 566 setzt voraus, dass ein *gültiger Mietvertrag* besteht und dem Mieter *vor der Veräußerung bereits der Besitz an der Mietsache* überlassen worden ist. Es ist weiterhin erforderlich, dass der (Wohn-)Raum oder das Grundstück infolge *rechtsgeschäftlicher Veräußerung* auf den Dritten übergeht (**Fall b**).

7   Bei einer Veräußerung des Grundstücks im Wege der Zwangsversteigerung gelten die §§ 566, 578 nicht. Hier tritt der Erwerber zwar auch kraft Gesetzes in das Mietverhältnis ein; er kann den Mietvertrag aber unabhängig von den bestehenden Abreden über die Mietzeit mit gesetzlicher Frist kündigen (§§ 57 ff. ZVG; Brox/Walker, ZVR Rdnr. 947).

8   Der gesetzliche Vertragsübergang findet nach §§ 567, 578 auch dann statt, wenn das Grundstück mit einem dinglichen Recht belastet wird, durch dessen Ausübung dem Mieter der Gebrauch entzogen oder eingeschränkt würde (z. B. Nießbrauch, §§ 1030 ff.).

2. Wirkungen des gesetzlichen Vertragsübergangs

a) Eintritt des Erwerbers in das Mietverhältnis

9   Mit dem Eintritt in den bestehenden Mietvertrag *gehen auf den Erwerber* für die Zeit, in der er Eigentümer des Grundstücks ist, *alle*

Rechte und Pflichten über, die sich für den Vermieter aus dem Mietvertrag ergeben (§ 566 I; **Fall b**). Hat der Mieter dem Vermieter Sicherheit geleistet, so gehen nach § 566 a die sich daraus ergebenden Rechte ebenfalls auf den Erwerber über.

Im **Fall b** muss E den Konkurrenzbetrieb einstellen (§ 11 Rdnr. 2) und nach § 536 a I auch Schadensersatz leisten.

b) Weiterhaftung des Veräußerers

Mit dem Vertragseintritt des Erwerbers wird der *bisherige Ver* **10** *mieter nicht von jeder Haftung befreit.* Er haftet, und zwar allein, für alle Geldansprüche aus dem Vertrag, welche in der Zeit seines Eigentums entstanden sind; der Erwerber haftet nur für die Ansprüche, die während der Dauer seines Eigentums entstehen.

Der bisherige Vermieter hat weiterhin nach § 566 II 1 wie ein selbstschuldnerischer Bürge (§ 32 Rdnr. 28) für die Schadensersatzansprüche einzustehen, die dadurch erwachsen, dass der Erwerber die Pflichten aus dem Mietvertrag nicht erfüllt (**Fall c;** Haftung für den Schadensersatzanspruch aus § 536 a). Nach Sinn und Zweck des § 566 II 1 muss der bisherige Vermieter auch für alle Geldleistungen haften, die der Erwerber aus dem Mietvertrag schuldet (BGH NJW 1969, 417). Diese Vorschrift soll nämlich den Mieter davor schützen, dass sich seine Stellung infolge des von ihm nicht zu verhindernden Wechsels des Vertragspartners verschlechtert.

Der Vermieter kann sich von seiner Haftung aus § 566 II 1 befreien, indem **11** er dem Mieter von dem Eigentumsübergang Mitteilung macht (§ 566 II 2). In diesem Fall endet seine Bürgenhaftung, wenn der Mieter nicht zum nächstzulässigen Termin kündigt, zu diesem Zeitpunkt. – Hat der Vermieter den Eigentumsübergang angezeigt und ist dieser nicht erfolgt oder unwirksam, so muss er die angezeigte Übertragung in Ansehung der Mietforderung gegen sich gelten lassen (§ 566 e, der dem § 409 entspricht).

c) Folgen für Vorausverfügungen des Veräußerers und für Rechtsgeschäfte über zukünftige Mietansprüche

Da nach § 566 mit dem Eintritt des Erwerbers dem Vermieter **12** keine Rechte (auch keine Mietansprüche) aus dem Mietvertrag mehr zustehen, sehen die §§ 566 b ff. zum Schutz des Mieters und des Erwerbers besondere Regelungen für die Fälle vor, in denen der

Vermieter während seiner Vertragszeit über künftige Mietansprüche verfügt oder der Mieter die Miete im Voraus gezahlt hat. Nach diesen Vorschriften ist zu unterscheiden, ob es sich um *Verfügungen des Vermieters* über künftige Mietansprüche (§ 566 b; z. B. Abtretung) oder um *Rechtsgeschäfte zwischen Vermieter und Mieter* hinsichtlich künftiger Mietansprüche (§ 566 c; z. B. Stundung, Vorauszahlung) handelt.

13   Die §§ 566 b f. sind nur anwendbar, wenn nach dem Erwerb durch den Dritten noch Miete aufgrund des Vertrages zu entrichten ist; denn nur dann kann von einer Verfügung oder einem Rechtsgeschäft über künftige Mietansprüche die Rede sein. Die §§ 566 b f. greifen daher nicht ein, wenn die Miete vertragsgemäß als einheitliche Leistung sofort zu entrichten war. Der BGH wendet die §§ 566 b f. auch dann an, wenn die Miete nach Zeitabschnitten bemessen ist und der Mieter aufgrund einer Vereinbarung der Parteien für spätere, nach der Veräußerung liegende Zeitabschnitte die Miete im Voraus zu zahlen hatte (BGHZ 37, 346), sowie neuerdings auch dann, wenn die nach dem Mietvertrag geleistete Vorauszahlung in einem Einmalbetrag erfolgt (BGH NJW 1998, 595).

14   aa) Eine Verfügung des Vermieters über die Miete, die auf die Zeit nach dem Eigentumsübergang entfällt *(Vorausverfügung),* ist nur insoweit wirksam, als sie sich auf die Miete des laufenden Monats bezieht; wird das Eigentum erst nach dem 15. eines Monats übertragen, so ist die Verfügung auch für den folgenden Monat wirksam (§ 566 b I). Der Erwerber muss aber jede Vorausverfügung gegen sich gelten lassen, wenn er sie im Zeitpunkt des Eigentumsübergangs kannte (§ 566 b II). Als Vorausverfügung des Vermieters kommen Abtretung oder Verpfändung der künftigen Ansprüche in Betracht.

15   bb) Die zwischen dem Vermieter und dem Mieter geschlossenen *Rechtsgeschäfte über zukünftige Mietansprüche* (z. B. Stundung, Erlass, Aufrechnung, Vorauszahlung) haben nur im Umfang des § 566 c gegenüber dem Erwerber Bestand.

Im **Fall d** muss M zwar nicht für Februar, wohl aber für die weiteren Monate dem E Miete zahlen.

16   Dem § 566 c kommt besondere Bedeutung in den Fällen zu, in denen der Mieter dem Vermieter einen Geldbetrag gezahlt hat, um die Mieträume zu erhalten. Da die Zahlungen regelmäßig zur Herstellung der Räume bestimmt und häufig auf die zu zahlende Miete

anzurechnen sind, stellt sich bei einer Veräußerung der Wohnräume oder des Grundstücks die Frage, ob der Erwerber diese Leistungen gegen sich gelten lassen muss.

(1) Soll der gezahlte Betrag nach dem Mietvertrag jeweils in bestimmter   **17** Höhe auf die periodisch zu entrichtende Miete angerechnet werden, so handelt es sich um eine *Mietvorauszahlung.* Auf die Mietvorauszahlung ist § 566 c grundsätzlich anwendbar. Damit besteht für den Mieter die Gefahr, dass er nach einem Wechsel des Eigentümers die Anrechnung auf die Miete nicht mehr verlangen kann. Hier hat die Rechtsprechung mit Recht eine wesentliche Einschränkung zum Schutz des Mieters vorgenommen. Der Erwerber muss die Vorauszahlungen, *die als Baukostenzuschuss gezahlt und verwendet worden sind,* gegen sich gelten lassen. Denn durch die Zuschussleistung des Mieters wurde ein sachlicher Wert geschaffen, der dem Erwerber als Eigentümer der Sache später zugute kommt, weil er nach Ablauf der Vertragszeit eine höhere Miete verlangen kann (vgl. BGHZ 6, 202; 15, 296; BGH NJW 1967, 555; MünchKomm/Voelskow, § 574 Rdnr. 4).

(2) Die Hingabe des Geldes kann aber auch als Darlehen (§ 17) erfolgen   **18** *(Mieterdarlehen)* mit der Abrede, dass der bezahlte Betrag in Raten zurückzuzahlen ist. Dabei wird häufig auch vereinbart, dass die jeweils fällige Rate mit dem fälligen Mietanspruch verrechnet werden soll. Da in diesen Fällen das Mieterdarlehen in einer sehr engen Beziehung zu dem Mietvertrag steht, sind die von der Rechtsprechung zur Mietvorauszahlung entwickelten Grundsätze auch hier anwendbar.

(3) Wird der Geldbetrag als Beitrag zu den Baukosten gezahlt, ohne dass   **19** ein vertraglicher Anspruch auf Rückzahlung oder Anrechnung auf die Miete besteht, so handelt es sich um einen *verlorenen Baukostenzuschuss.* § 566 c ist hier nicht anwendbar, weil der verlorene Baukostenzuschuss keine Vorauszahlung der Miete darstellt.

Soweit die Entrichtung der Miete an den Vermieter nach § 566 c   **20** gegenüber dem Erwerber wirksam wäre, kann der Mieter gegen die Mietforderung des Erwerbers mit einer ihm gegenüber dem Vermieter zustehenden Forderung *aufrechnen* (§ 566 d, 1; Ausnahmen: § 566 d, 2, der dem § 406 entspricht).

§ 13. Beendigung des Mietverhältnisses

Schrifttum: Barthelmess, Zweites Wohnraumkündigungsschutzgesetz, Miethöhegesetz, 5. Aufl., 1995; Blank/Börstinghaus, Neues Mietrecht und MHG,   **1** 2001; R. Brinkmann, Kündigungen nach § 564 b Abs. 2 Nr. 3 Satz 1 BGB zur Erzielung eines höheren Verkaufserlöses, ZMR 1992, 520; Eisenhardt, Kündigungsrecht – Möglichkeiten der Risikominderung bei fristloser Beendigung des Mietverhältnisses durch den Mieter, MDR 2002, 981; ders., Schadensersatz wegen unberechtigter Kündigung – Mietdifferenz für welchen Zeitraum?, MDR 1999, 1481; ders., Haupt- und Nebenpflichten des Mieters bei Rückgabe der Mieträume, WuM 1998, 447; H. Franke, Die Sozialklausel (§ 556a BGB) im Spannungsfeld zwischen Kündigung und Bestandsinteresse, ZMR 1993, 93; ders., Die fristlose Kündigung durch den Mieter, ZMR 1999, 83; Holtfester, Die Kündigung des gewerblichen Mietverhältnisses, MDR 2000, 421; Kinne, Die ordentliche Kündigung nach dem Mietrechtsreformgesetz, ZMR 2001, 511, 599; Klinkhammer, Positive Forderungsverletzung durch Mietvertragskündigung?, NJW 1997, 221; Kokemüller, Minderung und Zurückbehaltungsrecht des Wohnraummieters im Spannungsfeld zur fristlosen Kündigung gemäß § 554 BGB, WuM 1999, 201; Lammel, Die Rechtsprechung des BVerfG zur Eigenbedarfskündigung, NJW 1994, 3320; Michalski, Recht zur fristlosen Kündigung bei vorausgegangener Kündigung durch den Vermieter/Verpächter, ZMR 1996, 364; Nierwetberg, Verzug des Mieters „über mehr als zwei Termine" nach § 554 I Nr. 2 BGB, NJW 1991, 1804; Schläger, Die Abmahnung im Wohnraummietrecht, ZMR 1991, 41; N. Schneider, Kündigung wegen Mietrückständen, MDR 1991, 591; Schoenenbroicher, Mietrecht: Räumung und Folgenbeseitigung, MDR 1993, 97; Schönleber, Kündigung wegen Hinderung einer angemessenen wirtschaftlichen Verwertung, NZM 1998, 601; Sonnenschein, Kündigung und Rechtsnachfolge, ZMR 1992, 417; ders., Die erleichterte Kündigung von Einliegerwohnungen, NZM 2000, 1; Waas, Die Entschädigungsansprüche des Vermieters bei verspäteter Rückgabe der Mietsache durch den Mieter, ZMR 2000, 69; R. Weber, Kündigung wegen Mietrückstands nach § 554 BGB und Probleme mit der nachträglichen Zahlung innerhalb der Schonfrist, ZMR 1992, 41; Wetekamp, Kündigung des Mietvertrages, NZM 1999, 485.

Fälle:

a) V vermietet dem M für die Dauer der Roggenernte einen Mähdrescher, den M sofort an U weitervermietet. Als M trotz Abmahnung des V die Maschine dem U belässt, verlangt V ihre sofortige Rückgabe.

b) V hat dem M das Ladenlokal fristgerecht gekündigt. M, der nach Ablauf der Kündigungsfrist ohne jede Erklärung das Ladenlokal weiterbenutzt, räumt erst nach 3½ Wochen. V verlangt von M die volle Monatsmiete.

I. Beendigung durch Zeitablauf

Ein Mietverhältnis, das für eine bestimmte Zeit eingegangen ist (befristetes Mietverhältnis), endet mit Ablauf dieser Zeit (§ 542 II), ohne dass es einer Kündigung bedarf. Etwas anderes gilt nur dann, wenn das Mietverhältnis ausdrücklich durch Vertrag oder stillschweigend dadurch verlängert wird, dass der Mieter den Gebrauch der Mietsache fortsetzt und weder der Vermieter noch der Mieter seinen entgegenstehenden Willen innerhalb von zwei Wochen dem anderen Teil erklärt (§ 545; **Fall b**).

Die Anfechtung dieser stillschweigenden Verlängerung durch eine Partei mit der Begründung, eine Verlängerungserklärung sei nicht gewollt gewesen, ist ausgeschlossen. Im **Fall b** muss M daher die volle Monatsmiete zahlen (§§ 545, 535 II).

Bei Mietverhältnissen, die für eine bestimmte Zeit geschlossen sind, ist die 2 ordentliche Kündigung (§ 542 I) ausgeschlossen, sofern nicht durch Auslegung ein entgegenstehender Wille ermittelt werden kann. Möglich bleiben jedoch die außerordentliche Kündigung unter Einhaltung der gesetzlichen Kündigungsfrist (z. B. § 540 I 2) und die außerordentliche fristlose Kündigung (z. B. § 543; **Fall a**). Mietverträge über eine längere Zeit als 30 Jahre können gem. § 544 nach 30 Jahren ordentlich gekündigt werden.

1. Wirksame Befristungsvereinbarung

Eine bestimmte Mietzeit ist dann vereinbart, wenn das Ende im 3 Vertrag nach dem Kalender festgelegt ist oder das Mietverhältnis mit dem Eintritt eines bestimmten Ereignisses enden soll (z. B. Vermietung einer Maschine bis zum Ende der Ernte, **Fall a**).

Befristete Mietverträge über Räume und über Grundstücke (§ 578) für eine längere Zeit als ein Jahr bedürfen der Schriftform (§ 550 S. 1; Sinn: § 10 Rdnr. 11). Eine Nichtbeachtung der Form führt zu einem unbefristeten Mietverhältnis, das nur durch Kündigung nach Ablauf des ersten Mietjahres beendet werden kann (§ 550 S. 1 u. 2).

2. Besonderheiten bei befristeten Mietverhältnissen über Wohnraum

Ein Mietverhältnis über Wohnraum kann nur unter den Voraus- 4 setzungen des § 575 auf bestimmte Zeit eingegangen werden.

Danach ist eine Befristung zulässig, wenn der Vermieter die Wohnung für sich nutzen oder die Räume wesentlich verändern oder die Räume, die wegen des Bestehens eines Dienstverhältnisses vermietet worden sind, an einen anderen zur Dienstleistung Verpflichteten vermieten will (Einzelheiten: § 575 I). Der Vermieter muss dem Mieter den Befristungsgrund bei Vertragsschluss schriftlich mitteilen. Anderenfalls gilt das Mietverhältnis als auf unbestimmte Zeit abgeschlossen (§ 575 I 2).

Gemäß § 575 II kann der Mieter frühestens vier Monate vor Ablauf der 5 Befristung vom Vermieter verlangen, dass dieser ihm binnen eines Monats mitteilt, ob der Befristungsgrund noch besteht. Erfolgt die Mitteilung später, kann der Mieter eine Verlängerung des Mietverhältnisses um den Zeitraum der Verspätung verlangen.

Tritt der Grund der Befristung erst später ein, kann der Mieter eine entsprechende Verlängerung des Mietverhältnisses verlangen. Entfällt der Befristungsgrund, kann der Mieter eine Verlängerung des Mietverhältnisses auf unbestimmt Zeit verlangen (§ 575 III).

II. Beendigung durch ordentliche Kündigung

6   Unbefristete Mietverhältnisse können durch Kündigung beendet werden (§ 542 I). Der Regelfall ist die ordentliche Kündigung unter Einhaltung einer Kündigungsfrist. Daneben gibt es noch die außerordentliche befristete (Rdnr. 32) und die außerordentliche fristlose (Rdnr. 33) Kündigung.

Ebenso wie ein Mietverhältnis nach Ablauf der vereinbarten Mietzeit (Rdnr. 1) gilt auch ein gekündigtes Mietverhältnis als auf unbestimmte Zeit verlängert, wenn der Mieter den Gebrauch der Mietsache fortsetzt und keine der Parteien innerhalb von zwei Wochen einer Fortsetzung widerspricht (§ 545).

1. Kündigungserklärung

a) Rechtliche Einordnung

7   Die Kündigung ist eine einseitige empfangsbedürftige Willenserklärung. Sie ist bei der ordentlichen Kündigung darauf gerichtet, das Mietverhältnis nach Ablauf einer bestimmten Frist zu beenden. Aus der Kündigungserklärung muss für den Empfänger klar zu ersehen sein, dass dem Schuldverhältnis ein Ende gesetzt werden soll, damit er sich auf die vom Vertragspartner einseitig herbeigeführte Rechtsänderung einrichten kann. Die Kündigung darf daher nur von solchen Bedingungen abhängig gemacht werden, deren Eintritt der Empfänger selbst herbeiführen kann; denn nur dann ist für ihn erkennbar, ob und wann das Mietverhältnis endet.

b) Kein Formerfordernis

8   Die gegenüber dem Vertragspartner abzugebende Kündigungserklärung ist grundsätzlich nicht formbedürftig. Die Kündigung braucht in der Kündigungserklärung auch nicht begründet zu werden.

Etwas anderes gilt bei der Kündigung eines *Mietverhältnisses über Wohnraum*. Hier muss die Kündigung schriftlich erfolgen (§ 568 I). Außerdem soll der Vermieter die Kündigungsgründe in dem Kündigungsschreiben angeben und auf die Möglichkeit des Widerspruchs hinweisen (§§ 573 III, 568 II). Folgen der Nichtbeachtung: §§ 573 III 2, 574 III. Ausnahmen bei möbliertem Wohnraum: § 549 II Nr. 2, Rdnr. 26.

2. Kündigungsfristen

Die ordentliche Kündigung setzt zwar grundsätzlich keinen Kündigungsgrund voraus, ist aber stets an die Einhaltung bestimmter Kündigungsfristen gebunden. Die Länge der gesetzlichen Kündigungsfristen ist verschieden, je nachdem, ob es sich um Mietverhältnisse über Grundstücke, (Wohn-)Räume oder bewegliche Sachen handelt (vgl. § 573c, 580a). 9

Bei *Wohnraummietverhältnissen* schreibt § 573c für die Kündigung des Vermieters zwingende Mindestfristen vor. Sie können bis zu neun Monaten betragen. Kündigt der Mieter, so ist er nur an eine Frist von drei Monaten gebunden; für ihn können zudem durch Vertrag kürzere Fristen bestimmt werden (§ 573c IV). Besonderheiten bei möbliertem Wohnraum: § 573c III, Rdnr. 25ff. 10

3. Besonderheiten bei Wohnraummietverhältnissen

Für Wohnraummietverhältnisse ist das *Recht des Vermieters zur ordentlichen Kündigung weitgehend eingeschränkt.* 11

a) Berechtigtes Interesse des Vermieters

Grundsätzlich kann der Vermieter nach § 573 I 1 solche Mietverhältnisse nur kündigen, wenn er ein berechtigtes Interesse an der Beendigung der Miete hat. Als berechtigte Interessen des Vermieters werden im Prozess nur die im Kündigungsschreiben angegebenen Gründe berücksichtigt, soweit nicht neue Gründe nachträglich entstanden sind (§ 573 III).

Um eine Umgehung des Kündigungsschutzes zu vereiteln, bestimmt § 572, dass sich der Vermieter auf ein vereinbartes Rücktrittsrecht oder auf eine zum Nachteil des Mieters vereinbarte Bedingung nicht berufen kann, wenn der Wohnraum an den Mieter überlassen worden ist.

§ 573 II nennt insbesondere drei Tatbestände, bei deren Verwirklichung ein berechtigtes Interesse des Vermieters an der Beendigung des Mietverhältnisses gegeben ist:

12   aa) *Schuldhafte, nicht unerhebliche Vertragsverletzung* (§ 573 II
Nr. 1). Sie liegt nicht nur dann vor, wenn nach §§ 543 ff. eine außerordentliche fristlose Kündigung zulässig ist (§ 11 Rdnr. 33, 38), sondern auch dann, wenn die Belange des Vermieters durch eine Verletzungshandlung des Mieters oder seines Erfüllungsgehilfen (§ 278)
vorsätzlich oder fahrlässig nicht nur ganz geringfügig beeinträchtigt
worden sind.

> **Beispiele:** Wiederholte unpünktliche Mietzinszahlung, vertragswidriger Ge
> brauch und unbefugte Gebrauchsüberlassung an einen Dritten, Vernachlässi
> gung der Wohnung, Belästigungen des Vermieters.

13   bb) *Eigenbedarf* des Vermieters, seiner Familienangehörigen oder
von Personen, die zu seinem Haushalt gehören (§ 573 II Nr. 2). Die
Absicht des Vermieters, die vermieteten Räume selbst zu bewohnen
oder von einer der genannten Personen bewohnen zu lassen, reicht
als Eigenbedarf aus, wenn er hierfür vernünftige, nachvollziehbare Gründe hat (BVerfGE 68, 361; 79, 292; vgl. Lammel, NJW
1994, 3320; BGH NJW 1988, 904). Eine unzureichende Unterbringung ist nicht erforderlich. Entgegenstehende Interessen des Mieters
sind auf dessen Widerspruch ausschließlich nach § 574 zu berücksichtigen.

14   Wenn an den vermieteten Wohnräumen nach der Überlassung an den
Mieter Wohnungseigentum begründet und dieses veräußert worden ist, kann
der Erwerber sich auf Eigenbedarf erst nach drei Jahren seit der Veräußerung an ihn berufen (§§ 573 II Nr. 2, 577 a I S. 2). Diese Frist verlängert sich
auf bis zu zehn Jahre, sofern eine ausreichende Versorgung der Bevölkerung
mit Mietwohnungen zu angemessenen Bedingungen in einem von der Landesregierung durch Rechtsverordnung bestimmten Gebiet besonders gefährdet ist (§ 577 a II). – Werden Wohnräume, an denen nach der Überlassung
an den Mieter Wohnungseigentum begründet worden ist oder begründet
werden soll, an einen Dritten verkauft, hat der Mieter ein Vorkaufsrecht
(Einzelheiten: § 577; dazu Langhein, DNotZ 1993, 650; Hammen, DNotZ
1997, 543).

15   cc) *Hinderung einer angemessenen wirtschaftlichen Verwertung*
des Grundstücks (§ 573 II Nr. 3). Der Vermieter darf die Wohnung
unabhängig von ihrer Vermietung wirtschaftlich nutzen und verwerten. Ein berechtigtes Kündigungsinteresse liegt vor, wenn der Verkauf des vermieteten Objekts oder die Begründung eines dinglichen
Rechts (z. B. eines Erbbaurechts) nur dann für einen angemessenen
Preis möglich ist, falls die Wohnung unvermietet ist. Es ist nicht

erforderlich, dass ohne die geplante Verwertung ein Existenzverlust des Vermieters drohen würde (BVerfGE 79, 283, 289 f.).

Das Gesetz erkennt es nicht als angemessene Verwertung an, wenn die zu kündigende Wohnung anderweitig als Wohnraum vermietet wird, um damit eine höhere Miete zu erzielen (§ 573 II Nr. 3), oder wenn der Vermieter die Mieträume im Zusammenhang mit einer beabsichtigten oder nach Überlassung an den Mieter erfolgten Begründung von Wohnungseigentum veräußern will (§ 573 II Nr. 3). Durch die letztgenannte Bestimmung soll verhindert werden, dass die in § 573 II Nr. 2 festgelegte Kündigungsbeschränkung schon vom Veräußerer zu Gunsten des Erwerbers umgangen wird. Die Sperr- und Wartefrist des § 577 a gilt auch für § 573 II Nr. 3.

Eine Kündigung des Vermieters zum Zwecke der Mieterhöhung bei Mietverträgen über Wohnraum ist gem. § 573 I 2 ausgeschlossen. Der Vermieter hat jedoch das Recht, unter bestimmten Voraussetzungen die Zustimmung des Mieters zur Mieterhöhung zu verlangen (§§ 558 ff.). Stimmt der Mieter nicht zu, kann der Vermieter den Mieter auf Erteilung der Zustimmung verklagen (§ 558 b II).   **16**

b) Entbehrlichkeit eines berechtigten Interesses

Ausnahmsweise ist der in § 573 I 1 bestimmte Kündigungsschutz des Mieters gem. §§ 573 a f. in zwei Fällen zu Gunsten des Vermieters ausgeschlossen (zu einem weiteren Ausschluss bei möbliertem oder nur zum vorübergehenden Gebrauch überlassenen Wohnraum Rdnr. 26, 28).   **17**

aa) Wenn der Vermieter mit dem Mieter in einem *Zweifamilienhaus* oder in einer Wohnung zusammenwohnt, kann der Vermieter kündigen, ohne dass ein berechtigtes Interesse an der Beendigung des Mietverhältnisses vorliegt (§ 573 a I 1, II). Damit soll bei persönlichen Spannungen zu dem Mieter und seiner Familie die für den Vermieter infolge des nahen Zusammenlebens unzumutbare Lage beendet werden können, ohne dass die Gründe für die Zerrüttung des Mietverhältnisses gerichtlich aufgeklärt werden müssten.

In dem Kündigungsschreiben ist anzugeben, dass die Kündigung nicht auf § 573 I gestützt wird (§ 573 a III). Die Kündigungsfrist verlängert sich im Interesse des Mieters um drei Monate (§ 573 a I 2).

bb) Wenn der Vermieter die Absicht hat, mitvermietete Neben-   **18** räume (z. B. Dachboden, Keller), die bisher nicht zum Wohnen bestimmt sind, zum Zweck der Vermietung als Wohnraum auszubauen, kann er ebenfalls ohne ein berechtigtes Interesse im Sinne § 573 kündigen (§ 573 b I).

Die Vorschrift, die verfassungsrechtlich unbedenklich ist (BVerfG NJW 1992, 1498), soll die Schaffung zusätzlichen Wohnraums erleichtern. Eine solche Kündigung ist auf die zum Ausbau bestimmten Räume beschränkt (= Teilkündigung). Der Mieter kann eine entsprechende Herabsetzung der Miete verlangen (§ 573 b IV).

c) Widerspruchsrecht des Mieters in Härtefällen

19   Einen besonderen Schutz des Wohnraummieters gegenüber einer ordentlichen Kündigung des Vermieters sieht das Gesetz in § 574 vor. Danach kann der Mieter in besonderen Härtefällen der Kündigung widersprechen und vom Vermieter verlangen, dass das Mietverhältnis so lange fortgesetzt wird, „wie dies unter Berücksichtigung aller Umstände angemessen ist" (§§ 574, 574 a I 1). Diese sog. *Sozialklausel,* die mit Schaffung des sozialen Mietrechts in das BGB eingefügt wurde, gilt nur für Mietverhältnisse über Wohnraum, soweit es sich nicht um eine Vermietung zu nur vorübergehendem Gebrauch, nicht um die Vermietung möblierter Zimmer und nicht um Vermietung an eine juristische Person des öffentlichen Rechts handelt (Einzelheiten: § 549 II; Rdnr. 26, 28).

20   Der Widerspruch bedarf der Schriftform (§ 574 b I); er muss in der Regel zwei Monate vor Beendigung des Mietverhältnisses gegenüber dem Vermieter erklärt werden (Einzelheiten: § 574 b II). Erfolg hat der Widerspruch nur, wenn die Beendigung des Mietverhältnisses auch unter Berücksichtigung der berechtigten Interessen des Vermieters für den Mieter oder seine Familie eine nicht zu rechtfertigende Härte bedeutet. Eine solche Härte liegt schon dann vor, wenn angemessener Ersatzwohnraum zu zumutbaren Bedingungen nicht beschafft werden kann (§ 574 II). Bei der Würdigung der berechtigten Interessen des Vermieters sind nur die in dem Kündigungsschreiben nach § 573 III angeführten Gründe zu berücksichtigen, soweit nicht weitere Gründe nachträglich entstanden sind (§ 574 III). Ist dem Vermieter die Fortsetzung des Mietverhältnisses zu den bisherigen Bedingungen nicht zumutbar, so kann der Mieter die Fortsetzung nur zu angemessenen Bedingungen erreichen (§ 574 a I 2).

21   Die Sozialklausel gilt nicht bei Mietverhältnissen, die aus einem der in § 575 I genannten Gründe zulässiger Weise befristet sind.
Eine wiederholte Anwendung der Sozialklausel kommt dann in Betracht, wenn das durch eine wesentliche Änderung der Umstände, die für die Dauer der ersten Verlängerung maßgebend waren, gerechtfertigt ist (Einzelheiten: § 574 c).

d) Eintritt von Familienangehörigen in das Mietverhältnis bei Tod des Mieters

Beim Tod des Mieters kann der Vermieter von Grundstücken und anderen   22
Räumen als Wohnräumen unter Einhaltung der gesetzlichen Kündigungsfrist
kündigen (§ 580). Diese Regelung könnte bei Mietverhältnissen über Wohnraum für den überlebenden Ehegatten, den Lebenspartner oder für Familienangehörige, die mit dem Mieter in einem Haushalt lebten, zu einer unbilligen
Härte führen. Deshalb bestimmt das Gesetz in § 563, dass bei der Wohnraummiete mit dem Tod des Mieters dessen Ehegatte oder Lebenspartner
(Abs. 1) oder die Familienangehörigen (Abs. 2) in das Mietverhältnis eintreten, auch wenn sie nicht Erben des Mieters sind. Voraussetzung für den
gesetzlichen Vertragsübergang ist, dass der Ehegatte, der Lebenspartner oder
die Angehörigen mit dem verstorbenen Mieter einen gemeinsamen Hausstand
geführt haben. Im Fall des § 563 kann der Vermieter das Mietverhältnis unter
Einhaltung der gesetzlichen Kündigungsfrist nur kündigen, wenn in der erson
des eintretenden Ehegatten, Lebenspartners oder Angehörigen ein wichtiger
Grund zur Kündigung vorliegt (§ 563 IV). Waren beide Eheleute Mieter, so
setzt der überlebende Ehegatte allein das Mietverhältnis fort; die Erben des
verstorbenen Ehegatten werden nicht Vertragspartner (vgl. § 563 a).

Treten weder der Ehegatte oder Lebenspartner noch Familienangehörige   23
gem. § 563 in das Mietverhältnis ein und wird dieses auch nicht gem. § 563 a
mit überlebenden Mitmietern fortgesetzt, so wird es mit dem Erben fortgesetzt (§ 564, 1). Dann können sowohl der Erbe als auch der Vermieter das
Mietverhältnis innerhalb eines Monats außerordentlich mit der gesetzlichen
Frist kündigen (§ 564, 2). Dafür ist ein wichtiger Grund nicht erforderlich.

4. Besonderheiten bei möbliertem und vorübergehend überlasse- nem Wohnraum

Für die Beendigung eines Mietverhältnisses gelten Besonderheiten,   24
wenn es sich um möblierten Wohnraum innerhalb der Vermieter-
wohnung handelt oder wenn der Raum zu nur vorübergehendem
Gebrauch vermietet ist. In diesen Fällen wird der Mieter weniger
geschützt als sonst bei der (Wohn-)Raummiete (vgl. Rdnr. 11 ff.).
Eingeschränkt ist der Mieterschutz auch bei Wohnungen in Studen-
ten- und Jugendwohnheimen sowie Wohnraum, den eine juristische
Person des öffentlichen Rechts angemietet hat, um ihn Personen mit
dringendem Wohnbedarf oder in der Ausbildung befindlichen Personen zu überlassen (§ 549 II, III).

a) Möblierter Wohnraum

Hat der Vermieter den Wohnraum ganz oder überwiegend mit   25
Einrichtungsgegenständen auszustatten, so ist der Schutz des Mieters

eingeschränkt, wenn der Raum Teil der vom Vermieter selbst bewohnten Wohnung ist (vgl. § 573 c III). Hier besteht die Gefahr, dass die Vertragsparteien sich gegenseitig stören und ihr Verhältnis zueinander beeinträchtigt wird. Deshalb ist die Rechtsstellung des Vermieters verbessert.

26   aa) Die Vorschriften über die Schriftform der *Kündigungserklärung* (§ 568 I) und die Angabe der Kündigungsgründe (§ 573 III) sowie über den Hinweis auf die Möglichkeit des Widerspruchs durch den Mieter (§ 568 II) gelten nicht (§ 549 II Nr. 2). Eine formlose Kündigung reicht also aus.

bb) Die *Kündigungsfrist* ist kürzer. Sofern die Miete nach Monaten bemessen ist – was regelmäßig vereinbart sein dürfte –, so ist die Kündigung spätestens am 15. eines Monats für den Ablauf dieses Monats zulässig (§§ 573 c III, 549 II Nr. 2).

cc) Der *Kündigungsschutz* des Mieters gem. § 573, wonach der Vermieter nur zur Kündigung befugt ist, wenn er ein berechtigtes Interesse an der Beendigung des Mietverhältnisses hat, *gilt nicht* (§ 549 II Nr. 2). Ebenfalls nicht anwendbar ist der Kündigungsschutz bei Studenten- und Jugendwohnheimen und Wohnungen, die öffentliche Rechtsträger als Zwischenvermieter weitervermieten (§ 549 II Nr. 3, III). Hier ist unerheblich, ob leer oder möbliert vermietet ist.

dd) Die sog. *Sozialklausel* des § 574, wonach der Mieter in Härtefällen der Kündigung des Vermieters widersprechen und die Fortsetzung des Mietverhältnisses verlangen kann, *gilt nicht* (§ 549 II Nr. 2).

27   Die genannten Besonderheiten bei Mietverhältnissen über möblierten Wohnraum greifen jedoch nicht ein, sofern dieser zum dauernden Gebrauch für eine *Familie* überlassen ist (vgl. §§ 549 II Nr. 2). Hier soll das soziale Mietrecht im Interesse der durch Art. 6 I GG geschützten Familie gelten.

b) Wohnraum zu vorübergehendem Gebrauch

28   Ist der Wohnraum zu nur vorübergehendem Gebrauch vermietet, bedarf der Mieter nach Ansicht des Gesetzgebers keines besonderen Schutzes, da der Wohnraum nicht der Mittelpunkt der Lebensführung des Mieters sei. Deshalb gilt für die Kündigungserklärung, den Kündigungsschutz und die Sozialklausel das oben [unter aa), cc) und dd)] Gesagte.

29   Streitig ist, ob *Studentenwohnraum* zu nur vorübergehendem Gebrauch vermietet ist. Allein aus der Tatsache, dass der Mieter Student ist, lässt sich jedenfalls nicht herleiten, dass nur zu vorübergehendem Gebrauch vermietet ist. Für Wohnraum, der Teil eines

Studentenwohnheimes ist, gilt im Interesse einer gerechten Verteilung von Wohnheimplätzen der Kündigungsschutz des Mieters nach
§ 573 nicht (§ 549 III).

5. Besonderheiten bei Werkmietwohnungen

Der Mieterschutz ist bei Werkmietwohnungen eingeschränkt. Da 30
diese vom Arbeitgeber oder von einem Dritten mit Rücksicht auf das
Bestehen eines Dienstvertrages (meist zu einer günstigen Miete)
vermietet werden, muss dem Vermieter eine Beendigung des Mietverhältnisses bei Beendigung des Arbeitsverhältnisses möglich sein
(Einzelheiten: §§ 576 f.).

Von einer Werkmietwohnung ist eine *Werkdienstwohnung* zu unterschei- 31
den. Die Überlassung einer solchen Wohnung ist Teil des zwischen den
Vertragsparteien geschlossenen Dienstvertrages (z. B. Hausmeisterwohnung).
Zum Schutz des Mieters bestimmt § 576 b, dass mit der Beendigung des
Dienstverhältnisses nicht automatisch die Pflicht zur Wohnraumüberlassung
endet (dazu Gaßner, AcP 186, 325).

III. Beendigung durch außerordentliche Kündigung

Das Gesetz kennt für die außerordentliche Beendigung von Miet- 32
verhältnissen die außerordentliche befristete und die außerordentliche fristlose Kündigung.

1. Außerordentliche befristete Kündigung

Die außerordentliche befristete Kündigung erlaubt eine vorzeitige
Beendigung der Mietverhältnisse, die für eine bestimmte Zeit eingegangen sind oder bei denen eine die gesetzlichen Fristen übersteigen-
de Kündigungsfrist vereinbart worden ist (vgl. §§ 540 I 2, 544,
563 IV, 563 a II, 564).

2. Außerordentliche fristlose Kündigung

Die außerordentliche fristlose Kündigung führt zur sofortigen Be- 33
endigung des Mietverhältnisses. Nach § 543 I kommt eine solche
Kündigung dann in Betracht, wenn ein *wichtiger Grund* vorliegt, der
dem Kündigenden unter Berücksichtigung aller Umstände des Einzel-

falles und unter Abwägung der beiderseitigen Interessen die Fortsetzung des Mietverhältnisses bis zum Ablauf der Kündigungsfrist unzumutbar macht.

34   Kündigungsgrund des Mieters: Nichtgewährung oder Entziehung des vertragsmäßigen Gebrauchs (§ 543 II Nr. 1; § 11 Rdnr. 19). Kündigungsgründe des Vermieters: vertragswidriger Gebrauch (§ 543 II Nr. 2), Mietrückstand (§ 543 II Nr. 3).

Allen diesen Fällen ist gemeinsam, dass das Verhalten einer Vertragspartei der anderen die Fortsetzung des Mietverhältnisses unzumutbar macht.

Für *Mietverhältnisse über Wohnräume* sind in § 569 auch folgende Umstände als wichtige Gründe i. S. v. § 543 I definiert: Gesundheitsgefährdung des Mieters auf Grund der Beschaffenheit des Wohnraumes (§ 569 I); nachhaltige Störung des Hausfriedens (§ 569 II). Diese Regelung gilt im Wesentlichen auch für Mietverhältnisse über andere Räume als Wohnräume (§ 578 II).

IV. Folgen der Beendigung

1. Rechte und Pflichten der Vertragsparteien

35   Die Beendigung des Mietverhältnisses bringt für beide Vertragsteile Pflichten mit sich. Der Mieter muss die Mietsache zurückgeben (§ 546 I; § 11 Rdnr. 32). Der Vermieter hat etwaige Aufwendungen des Mieters zu ersetzen (§ 539 I; § 11 Rdnr. 5) und gegebenenfalls die Ausübung des Wegnahmerechts durch den Mieter zu dulden (§ 539 II; § 11 Rdnr. 7).

36   Hat der Mieter die Miete für eine Zeit nach der Beendigung des Mietverhältnisses vorausbezahlt (*Mietvorauszahlung;* abwohnbarer Baukostenzuschuss, § 12 Rdnr. 17), so kann er vom Vermieter nach § 547 I 1 die Rückzahlung des nicht abgewohnten Betrages verlangen. Der Vermieter muss die zurückzuzahlende Geldsumme vom Zeitpunkt des Empfangs an verzinsen. Hat der Vermieter die Beendigung nicht zu vertreten, so haftet er lediglich nach den Vorschriften über die ungerechtfertigte Bereicherung (§ 547 I 2).

37   § 547 I gilt nicht für den *verlorenen Baukostenzuschuss,* weil dieser keine Mietvorauszahlung darstellt. In diesem Fall hat der Mieter bei vorzeitiger Beendigung des Mietverhältnisses nur insoweit einen Anspruch auf Rückzahlung des Zuschusses, als dieser nicht durch die Dauer des Mietvertrages als getilgt anzusehen ist (Einzelheiten: Art. VI des II. Wohnungsbaugesetzes v. 21. 7. 1961 – BGBl. I, 1041 – zuletzt geändert durch Gesetz v. 16. 12. 1997 – BGBl. I, 2970).

38   Eine *Barkaution,* die zur Sicherung der Ansprüche des Vermieters geleistet worden ist, muss zurückgezahlt werden, wenn kein Sicherungsinteresse mehr

besteht. Die Kaution ist vom Vermieter zu verzinsen; das folgt jedenfalls aus ergänzender Vertragsauslegung (BGHZ 85, 345).

2. Besonderheit bei gewerblicher Weitervermietung

Wenn der Mieter nach dem Mietvertrag den gemieteten Wohn- 39 raum gewerblich einem Dritten weitervermieten soll, tritt bei Beendigung des Mietverhältnisses zwischen Vermieter und (Zwischen-) Mieter der Vermieter in die Rechte und Pflichten aus dem Mietverhältnis zwischen Zwischenmieter und Endmieter ein. Durch diese Konstruktion soll der Endmieter geschützt werden (Einzelheiten: § 565; zu den Auswirkungen auf das Verhältnis zwischen Vermieter und gewerblichem Zwischenmieter: Leutner/Schmidt-Kessel, JZ 1996, 649). § 565 regelt ebenso wie § 566 (vgl. § 12 Rdnr. 6) einen Fall der gesetzlichen Vertragsübernahme.

§ 14. Pachtvertrag

Schrifttum: Faßbender/Hötzel/Lukanow, Landpachtrecht, 2. Aufl., 1993; 1 Gitter, Gebrauchsüberlassungsverträge, 1988, § 4; Lange/Wulff/Lüdtke-Handjery, Landpachtrecht, 4. Aufl., 1997; Michalski, Recht zur fristlosen Kündigung bei vorausgegangener unwirksamer Kündigung durch den Vermieter/Verpächter, ZMR 1996, 364; ders., Pflicht des Pächters von Gewerberäumen zur Nutzung der Pachtsache, ZMR 1996, 527; E. Wolf/Eckert, Handbuch des gewerblichen Miet-, Pacht- und Leasingrechts, 8. Aufl., 2000.

Fälle:

a) V hat sein eingerichtetes Hotel für 10 Jahre an P verpachtet, das dieser mit seiner Ehefrau betreibt. Als P nach zwei Jahren stirbt, kündigt V deshalb den Pachtvertrag gegenüber Frau P als Erbin. Wirksam?

b) V hat sein Fabrikgrundstück mit allem Zubehör an P verpachtet. Nach zwei Jahren bedarf der mitverpachtete Gabelstapler einer Generalüberholung. Wer muss die Kosten tragen?

c) Im Fall b hat P das Inventar zum Schätzungswert mit der Verpflichtung übernommen, es bei Beendigung der Pacht zum Schätzungswert zurückzugewähren. Muss P den vollen Pachtzins zahlen, wenn der Gabelstapler durch Zufall zerstört wird? Wer muss die Kosten einer Neuanschaffung tragen?

I. Begriff

Der Pachtvertrag ist ein gegenseitiger Schuldvertrag, in dem sich der Verpächter verpflichtet, dem Pächter den Gebrauch des verpachteten Gegenstandes und den Genuss der Früchte für die Dauer der Pachtzeit zu gewähren, während der Pächter sich verpflichtet, dem Verpächter die vereinbarte Pacht zu leisten (§ 581 I).

Beim Pachtverhältnis steht nicht der Gebrauch, sondern die Fruchtziehung durch den Pächter im Vordergrund. Daher kommen als *Pachtobjekte* – anders als beim Mietverhältnis – alle *körperlichen* und *unkörperlichen Gegenstände* in Betracht, soweit Früchte (§ 99) aus ihnen zu ziehen sind. Gegenstand des Pachtvertrages können also auch Rechte und Unternehmen sein. Diese eignen sich als unkörperliche Gegenstände zwar nicht zum Gebrauch; sie können jedoch Früchte abwerfen (z. B. Dividenden bei der Aktie, Erträge des Unternehmens).

2   Als *Früchte* des Pachtgegenstandes kommen sowohl die unmittelbaren als auch die mittelbaren Früchte in Betracht. Unmittelbare Früchte einer Sache sind nach § 99 I ihre Erzeugnisse (Obst der Obstplantage) und die bestimmungsgemäße Ausbeute (Kies aus der Kiesgrube). Mittelbare Früchte einer Sache sind die Einnahmen, die aufgrund ihrer Überlassung zum Gebrauch (z. B. Vermietung) oder zur Fruchtziehung (z. B. Verpachtung) erzielt werden. Zu den unmittelbaren Früchten eines Rechts gehören die aus ihm zu erzielenden Erträge (Jagdbeute als Frucht des Jagdrechts; § 99 II). Mittelbare Früchte eines Rechts sind alle Erträge, die aus der Überlassung seiner Nutzung erlangt werden (Pacht für die Verpachtung des Jagdrechts; § 99 III).

II. Rechte und Pflichten der Vertragsparteien

3   Auf die Verpachtung sind – mit Ausnahme der Landverpachtung – die Vorschriften des Mietrechts entsprechend anzuwenden (§ 581 II). Deshalb bestimmen sich die Rechte und Pflichten der Parteien im wesentlichen nach Mietrecht.

1. Gewährung von Gebrauch und Fruchtgenuss

Der Verpächter hat dem Pächter den Gebrauch des Gegenstandes und den Genuss der Früchte zu gewähren, die nach den Regeln einer

ordnungsmäßigen Wirtschaft als Ertrag anzusehen sind (§ 581 I 1).
Für die *Überlassung des Gebrauchs* gilt das Gleiche wie bei der
Miete (§ 11 Rdnr. 1). *Gewährung des Fruchtgenusses* bedeutet, dass
der Verpächter dem Pächter die Möglichkeit verschaffen muss, die
Früchte des Gegenstandes zu Eigentum zu erwerben. Der Verpächter
ist aber nicht verpflichtet, dem Pächter die Früchte zu liefern.

Bei der Verpachtung von Sachen erlangt der Pächter nicht schon allein durch **4**
den Pachtvertrag Eigentum an den Früchten (z. B. am Obst der verpachteten
Obstplantage). Eigentum erwirbt er vielmehr nach § 956 mit der Trennung
bzw. der Inbesitznahme der Früchte nur, wenn der Verpächter ihre Aneignung
gestattet hat. Diese Aneignungsgestattung ist nicht mit dem Pachtvertrag iden-
tisch, auch wenn beide häufig zusammenfallen. Der Pachtvertrag gibt dem
Pächter lediglich einen schuldrechtlichen Anspruch auf die Gestattung der
Aneignung. Die Gestattung ist also Teil der Erfüllung des Pachtvertrages.

2. Besonderheiten

Das Pachtrecht enthält gegenüber dem Mietrecht einige Sonderre- **5**
gelungen, die entweder für alle Pachtverträge oder nur für bestimmte
Sonderformen der Verpachtung gelten. Im Folgenden wird nur auf
die wichtigsten Abweichungen eingegangen.

a) Kündigung des Pachtvertrages

Nach § 584 a ist bei Pachtverträgen die außerordentliche befristete **6**
Kündigung (vgl. § 13 Rdnr. 32) in bestimmten Fällen ausgeschlossen.

Im **Fall a** ist die Kündigung unwirksam; denn der Tod des P berechtigt den
V nicht zur Kündigung (§ 584 a II i. V. m. § 580).

Mit Rücksicht darauf, dass vor allem bei landwirtschaftlichen
Grundstücken die Fruchtziehung meist nur während einer bestimmten Zeit des Jahres möglich ist und bei Beendigung des Pachtverhältnisses zeitaufwendige Maßnahmen erforderlich sind, sieht § 594 a I 1
für die Landverpachtung eine Kündigung bis spätestens zum dritten
Werktag eines Pachtjahres zum Schluss des nächsten Pachtjahres vor;
die Kündigungsfrist kann allerdings verkürzt werden (§ 594 a I 3).

b) Besonderheiten bei mitverpachtetem Inventar

Bei der Verpachtung landwirtschaftlich oder gewerblich genutzter **7**
Grundstücke wird häufig auch das Inventar mitverpachtet. Für diese

Fälle sind die Erhaltung des Inventars und die Gefahrtragung in §§ 582 ff. besonders geregelt.

aa) Wird ein Grundstück mit Inventar verpachtet (einfache Mitverpachtung des Inventars; **Fall b**), so hat der Pächter für die Erhaltung des Inventars zu sorgen (§ 582 I). Er muss also die Kosten für die Beseitigung der Abnutzung tragen (**Fall b**). Der Verpächter bleibt jedoch verpflichtet, die Inventarstücke zu ersetzen, die ohne Verschulden des Pächters „in Abgang" gekommen sind (§ 582 II 1).

8   bb) Übernimmt der Pächter eines Grundstücks das Inventar zum Schätzungswert mit der Verpflichtung, es bei der Beendigung der Pachtzeit zum Schätzungswert zurückzugewähren (§ 582 a; **Fall c**), so hat er nach den Regeln einer ordnungsgemäßen Wirtschaft für die Erhaltung des übernommenen Inventars zu sorgen (§ 582 a II 1). Aufgrund dieser Verpflichtung muss er auch durch Zufall untergegangene Inventarstücke ersetzen. Bei dieser Verpachtung trägt der Pächter zudem die Gefahr des zufälligen Untergangs oder einer zufälligen Verschlechterung des Inventars; er wird also nicht nach §§ 582 II 1, 536 I von der Pflicht, die volle Pacht zu zahlen, befreit (§ 582 a I 1; **Fall c**).

9   Im Unterschied zur Verpachtung nach § 582 kann der Pächter bei einer Verpachtung zum Schätzungswert über die einzelnen Inventarstücke innerhalb der Grenzen einer ordnungsgemäßen Wirtschaft verfügen (§ 582 a I 2). Die vom Pächter neu angeschafften Stücke werden mit der Einfügung in das Inventar Eigentum des Verpächters (§ 582 a II 2; dingliche Surrogation). Soweit am Ende der Pachtzeit das vom Pächter zurückzugewährende Inventar mehr oder weniger wert ist als das bei Beginn des Pachtverhältnisses übernommene, ist der Unterschied in Geld auszugleichen (vgl. § 582 a III 3, 4).

c) Besonderheiten beim Landpachtvertrag

10   Weitere Besonderheiten gelten für den Landpachtvertrag über ein landwirtschaftliches Grundstück (§§ 585 ff.).

§ 15. Leasing

1   **Schrifttum:** Bethäuser, Die aktuelle Rechtsprechung zum PKW-Leasing, DAR 1999, 481; Beyer, Entwicklungstendenzen im Leasingrecht – dargestellt anhand der Rechtsprechung des Bundesgerichtshofes, DRiZ 1999, 234; Brunotte, Der Finanzierungsleasingvertrag – ein Beispiel richterlicher Rechts-

fortbildung im Schuldrecht, DRiZ 1990, 396; Canaris, Interessenlage, Grundprinzipien und Rechtsnatur des Finanzierungsleasing, AcP 190, 410; ders., Grundprobleme des Finanzierungsleasing im Lichte des Verbraucherkreditgesetzes, ZIP 1993, 401; Emmerich, Grundprobleme des Leasings, JuS 1990, 1; Flume, Die Rechtsfigur des Finanzierungsleasing, DB 1991, 265; Gabele/Dannenberg/Kroll, Immobilien-Leasing, 4. Aufl., 2001; Gerken, Tod des Leasingnehmers bei Finanzierungsleasing, DB 1997, 1703; Gitter, Gebrauchsüberlassungsverträge, 1988, § 11; Godefroid, Neuere Rechtsprechung des Bundesgerichtshofs zum Leasingvertragsrecht, BB 1997, Beil. 6, 19; Hagenmüller/Eckstein, Leasing-Handbuch, 6. Aufl., 1992; J. Hager, Rechtsfragen des Finanzierungsleasing von Hard- und Software, AcP 190, 324; Hartleb, Leasingvertragsklauseln und Inhaltskontrolle nach dem AGB-Gesetz, NZM 1998, 295; Leenen, Die Pflichten des Leasing-Gebers, AcP 190, 260; Lieb, Zur Risikoverteilung bei Finanzierungsleasingverträgen, insbesondere mit Kaufleuten (Noch ein Versuch!), WM 1992, Sonderbeil. 6; Martinek, Moderne Vertragstypen, Bd. I: Leasing und Factoring, 1991; Michalski/Schmitt, Der Kfz.-Leasingvertrag, 1995; Reinicke/Tiedtke, Leasing, 1992; Reinking, Auswirkungen der geänderten Sachmängelhaftung auf den Leasingvertrag, ZGS 2002, 229; H. Roth, Zur gerichtlichen Inhaltskontrolle von Finanzierungs-Leasingverträgen, AcP 190, 292; Schnauder, Schadensersatz beim Kraftfahrzeugleasing – BGHZ 116, 22, JuS 1992, 820; Seibel/Graf v. Westphalen, Prospekthaftung beim Immobilien-Leasing, BB 1998, 169; Tiedtke, Zur Sachmängelhaftung des Leasinggebers, JZ 1991, 907; Graf v. Westphalen, Options- und Andienungsrechte in Leasingverträgen mit Verbrauchern, ZGS 2002, 89; ders., Die Auswirkungen der Schuldrechtsreform auf die „Abtretungskonstruktion" beim Leasing, ZIP 2001, 2258; ders., Der Leasingvertrag, 5. Aufl., 1998; ders., Die Übernahme des notleidenden Leasingvertrags, NJW 1997, 2905; ders., Leasing als „sonstige Finanzierungshilfe" gemäß § 1 Abs. 2 VerbrKrG, ZIP 1991, 639; Zahn, Der kaufrechtliche Nacherfüllungsanspruch – ein Trojanisches Pferd im Leasingvertrag, DB 2002, 985.

Fälle:

a) N sucht beim Händler H eine Computeranlage aus, über die er einen Leasingvertrag mit der G schließt. Auf dem Rückweg wird N ohne eigene Schuld in einen Verkehrsunfall verwickelt, bei dem die Anlage zerstört wird. G verlangt von N Zahlung der Leasingraten.

b) In den auf dem Vertragsformular der G abgedruckten AGB ist eine Klausel enthalten, nach der die Gewährleistung der G ausgeschlossen ist. N wird aber ermächtigt, die der G gegen H zustehenden Rechte auszuüben. Später erklärt N wegen Mangelhaftigkeit der Anlage den Rücktritt gegenüber H; dieser nimmt die Anlage zurück. Kann G von N weiterhin Zahlung der Raten verlangen?

c) Nachdem N mit seiner Ratenzahlungsverpflichtung in Rückstand geraten ist, kündigt G den Leasingvertrag. Sie verlangt sofortige Zahlung aller rückständigen und zukünftigen Raten.

d) Dem N ist im Leasingvertrag das Recht eingeräumt worden, nach Ablauf einer bestimmten Mietzeit die Computeranlage zu kaufen. Als N mit den Raten in Rückstand geraten ist, holt G die Anlage bei N ab, der sie erst nach

Tilgung des Rückstandes zurückbekommen soll. N meint, er brauche nun
überhaupt keine Raten mehr zu zahlen.

I. Begriff und Bedeutung

Das Leasing (to lease = vermieten, verpachten) ist in den USA
entwickelt worden. An ihm sind regelmäßig drei Personen beteiligt:
der Hersteller oder Lieferant, der Leasinggeber und der Leasingnehmer. Beim Leasing sind zwei Vertragsverhältnisse zu unterscheiden:
Der Leasinggeber erwirbt die Leasingsache vom Hersteller/Lieferan-
ten, mit dem er einen Kaufvertrag schließt. Zwischen dem Leasinggeber und dem Leasingnehmer kommt der eigentliche Leasingvertrag
zustande. Darin verpflichtet sich der Leasinggeber, dem Leasingnehmer die Leasingsache zum Gebrauch zu überlassen; als Gegenleistung hat der Leasingnehmer ein ratenweise zu zahlendes Entgelt
zu entrichten. Außerdem trägt er die Gefahr für die Beschädigung
sowie den Verlust des Leasinggutes und hat für dessen Instandhaltung zu sorgen. Einzelheiten werden meist durch AGB geregelt.

2   Das Leasinggeschäft hat wegen seiner wirtschaftlichen Vorteile für die Beteiligten eine große praktische Bedeutung. Es verschafft dem Hersteller höhere Umsätze und bringt dem Leasinggeber eine günstige Kapitalnutzung. Der
Leasingnehmer kann die von ihm benötigten Sachen nutzen, ohne sie kaufen
zu müssen. Er wird auch steuerlich begünstigt; denn er kann die Leasingraten
in vollem Umfang als Betriebsausgaben absetzen und dadurch seinen steuer-
pflichtigen Gewinn verringern. Als Eigentümer müsste er das Leasinggut
bilanzieren und könnte dafür nur die meist niedrigeren Abschreibungen
vornehmen.

II. Arten

3   Beim Leasing sind drei Arten rechtlich zu unterscheiden:

1. Operating-Leasing

Das Operating-Leasing ist ein Vertrag, der entweder von vornherein nur eine kurzfristige Gebrauchsüberlassung vorsieht oder zwar
auf unbestimmte Zeit geschlossen ist, dem Leasingnehmer aber das
Recht zu kurzfristiger Kündigung einräumt. Der Leasingnehmer

zahlt ein entsprechendes Entgelt für die zeitweilige Gebrauchsüberlassung; er kann sich wegen der Kurzfristigkeit des Vertrages oder
der leichten Lösungsmöglichkeit jeweils die neuesten Anlagen beschaffen. Der Leasinggeber trägt also das Investitions- und Überalte-
rungsrisiko. Er übernimmt in der Regel die Wartung des Leasingobjektes. Auf einen solchen Vertragstyp sind, soweit nichts anderes
vereinbart worden ist, die Mietvertragsregeln anzuwenden.

Wenn dem Leasingnehmer vertraglich das Recht eingeräumt ist, das Lea-
singobjekt nach bestimmter Zeit unter Anrechnung der gezahlten Entgelte
käuflich zu erwerben, handelt es sich um einen sog. Mietkauf; macht der
Leasingnehmer von seinem Recht Gebrauch, wird das Mietverhältnis durch
einen Kauf abgelöst, so dass die Kaufregeln anzuwenden sind.

2. Finanzierungs-Leasing

Beim Finanzierungs-Leasing spielt der Leasinggeber die Rolle eines   4
Kreditgebers. Der Vertrag läuft über eine längere Zeit und ist während einer „Grundlaufzeit" unkündbar. Das vom Leasingnehmer in
der Grundlaufzeit insgesamt zu zahlende Entgelt entspricht den An-
schaffungs- und Finanzierungskosten sowie dem Gewinn für den
Leasinggeber. Nach den AGB (AS § 4 Rdnr. 28 ff.), die beim Finanzierungs-Leasing verwendet werden, ist der Leasinggeber von der
Mängelhaftung sowie der Lastentragung freigestellt; dem Leasingnehmer werden aber die Gewährleistungsansprüche des Leasinggebers gegen den Hersteller/Lieferanten abgetreten. Der Leasingnehmer
hat neben der Gefahr des Untergangs auch die der Beschädigung der
Sache zu tragen. Außerdem treffen den Leasingnehmer die Kosten
der Wartung und Instandhaltung der Sache. Nach alledem trifft hier
– im Unterschied zum Operating-Leasing – den Leasingnehmer das
Investitionsrisiko, während der Leasinggeber, der die Nutzungsmöglichkeit des Leasingnehmers finanziert, das Kreditrisiko trägt.

Weil der Leasingnehmer den Substanzwert des Leasingobjektes in   5
Raten zahlt, kommt das Finanzierungs-Leasing einem Teilzahlungskauf (dazu § 7 Rdnr. 36 ff.) nahe. Rechtlich scheidet aber ein Kauf
der überlassenen Sache aus, da der Leasinggeber dem Leasingnehmer
kein Eigentum an der Sache verschaffen soll. Vielmehr steht auch
hier die für einen Mietvertrag typische Pflicht zur entgeltlichen
Gebrauchsüberlassung im Vordergrund. Deshalb entspricht das

Finanzierungs-Leasing – wie das Operating-Leasing – am ehesten
dem Mietverhältnis; es enthält aber auch Elemente anderer Vertragstypen (z. B. des Kaufs).

6   Nach dem Gesetz zählen Finanzierungsleasingverträge zu den
Finanzierungshilfen (§ 499 II; dazu § 18 Rdnr. 5). Falls sie zwischen
einem Unternehmer und einem Verbraucher vereinbart werden,
gelten gem. § 500 zum Schutz des Verbrauchers verschiedene Vorschriften aus dem Verbraucherdarlehensrecht (dazu Rdnr. 21).

3. Hersteller-Leasing

7   Beim Hersteller-Leasing schließt der Hersteller/Lieferant selbst
oder eine von ihm zu diesem Zweck gegründete, wirschaftlich mit
ihm verflochtene Gesellschaft den Leasingvertrag. Statt des für das
Finanzierungs-Leasing typischen Dreiecksverhältnisses zwischen Hersteller, dem von ihm unabhängigen Leasinggeber und dem Leasingnehmer stehen sich hier nur Leasinggeber und Leasingnehmer
gegenüber. Dabei kommt es dem Hersteller/Lieferanten wesentlich
darauf an, seine Waren abzusetzen. Das Finanzierungsinteresse tritt
demgegenüber in den Hintergrund. Da auch hier die entgeltliche
Gebrauchsüberlassung wesentlicher Vertragsbestandteil ist, sind die
mietrechtlichen Bestimmungen zu Grunde zu legen.

III. Vertragspflichten und Folgen ihrer Verletzung

8   Die Vertragspflichten und die Folgen ihrer Verletzung richten sich
nach den verschiedenen Vertragsverhältnissen. Dabei ist der Vertrag
zwischen Hersteller/Lieferant und Leasinggeber von dem Vertrag
zwischen Leasinggeber und Leasingnehmer zu unterscheiden.

1. Pflichten im Verhältnis zwischen Hersteller/Lieferant und Leasinggeber

a) Anwendbarkeit des Kaufrechts

Im Verhältnis von Hersteller/Lieferant und Leasinggeber gilt
Kaufrecht. Der Hersteller/Lieferant ist also inbesondere zur Eigen-

tums- und Besitzverschaffung (§ 433 I 1), der Leasinggeber zur Zahlung des Kaufpreises (§ 433 II) verpflichtet.

Kann der Leasinggeber die Leasingsache nicht ohne Inanspruchnahme eines Kredits erwerben, stehen ihm die üblichen Finanzierungsmöglichkeiten zur Verfügung. Dabei kann zwischen Leasinggeber und Hersteller/Lieferant ein Eigentumsvorbehalt (vgl. § 7 Rdnr. 21 ff.) vereinbart werden. Eine andere Möglichkeit besteht darin, dass der Leasinggeber den Kaufpreis durch Aufnahme eines Darlehens finanziert, die Leasingsache der Bank zur Sicherheit übereignet und zur Tilung der Darlehensraten die Ratenforderungen gegen den Leasingnehmer an die Bank abtritt. Zunehmend findet sich in der Praxis auch die Vertragsgestaltung, nach der die Bank dem Leasinggeber kein Darlehen gewährt, sondern die Leasingforderungen ankauft (sog. *Forfaitierung*).

b) Rechtsfolgen bei Pflichtverletzungen des Herstellers/Lieferanten

Die Rechtsfolgen bei Nichterfüllung durch den Hersteller/Lieferanten ergeben sich aus §§ 280 ff. und §§ 320 ff. (§ 3 Rdnr. 30 ff.). Ist die gelieferte Sache mangelhaft, greifen die Gewährleistungsregeln ein (dazu § 4). Umgekehrt kann der Hersteller/Lieferant die Lieferung der Leasingsache von der Kaufpreiszahlung abhängig machen (vgl. § 5 Rdnr. 2). **9**

2. Pflichten im Verhältnis zwischen Leasinggeber und Leasingnehmer

Die Pflichten von Leasinggeber und Leasingnehmer ergeben sich aus dem zwischen ihnen geschlossenen Leasingvertrag. Dabei handelt es sich um einen entgeltlichen Gebrauchsüberlassungsvertrag, so dass grundsätzlich mietrechtliche Vorschriften anwendbar sind. **10**

a) Pflichten des Leasinggebers

Der Leasinggeber ist demnach gem. § 535 S. 1 zur *Gebrauchsüberlassung* verpflichtet; er muss dem Leasingnehmer also die tatsächliche Nutzungsmöglichkeit einräumen (§ 11 Rdnr. 1).

Nach den mietrechtlichen Vorschriften träfe den Leasinggeber außerdem die Pflicht zur *Gebrauchserhaltung* und *Instandhaltung* der Sache (§ 11 Rdnr. 2 ff.). Das würde jedoch dem Finanzierungszweck des Leasingvertrages zuwiderlaufen. Deshalb sind diese Pflichten in den AGB der Leasinggeber regelmäßig abbedungen. Diese Überwälzung der Sach- und Preisgefahr auf den Leasingnehmer ist für den Leasingvertrag typisch und wird allgemein für zulässig gehalten (BGHZ 68, 118; 81, 298; 106, 304, 309). Beim Kfz-Leasing gilt das jedoch nur, wenn dem Leasingnehmer für den Fall des völligen Verlustes und der erheblichen Beschädigung ein kurzfristiges Kündigungsrecht eingeräumt wird, das freilich mit einer Verpflichtung des Leasingnehmers zur Ausgleichszahlung verbunden sein kann (BGH NJW 1987, 377; 1998, 2284 u. 3270).

b) Folgen der Nicht- oder Schlechterfüllung durch den Leasinggeber

11   aa) Bei *Nichterfüllung der Gebrauchsüberlassungspflicht* haftet der Leasinggeber dem Leasingnehmer nach den allgemeinen Regeln über Leistungsstörungen (s. § 11 Rdnr. 20), sofern die Nichterfüllung weder auf einem Rechts- noch auf einem Sachmangel beruht.

Wie bei der Miete tritt an die Stelle des Rücktrittsrechts gem. § 323 das Kündigungsrecht nach § 543 I, II 1 Nr. 1, III, IV. Das Kündigungsrecht besteht nur solange, wie der Leasinggeber die Sach- und Preisgefahr trägt. Der Gefahrübergang ist beim Leasingvertrag jedoch – anders als beim Mietvertrag – nach kaufrechtlichem Vorbild (Rdnr. 1) ausgestaltet; es gelten also die §§ 446 f. Der Leasingnehmer trägt demnach ab Übergabe (§ 446 S. 1) oder Auslieferung an die Transportperson (§ 447 I) das Risiko des zufälligen Untergangs oder der zufälligen Verschlechterung. Im **Fall a** ist N daher zur Zahlung aller Leasingraten verpflichtet.

12   bb) Bei einem *Rechtsmangel* greift § 536 III ein. Der Leasingnehmer ist also von der Pflicht zur Zahlung der Leasingraten befreit, wenn ihm die Leasingsache aufgrund des privaten Rechts eines Dritten entzogen wird (§ 11 Rdnr. 12).

So braucht der Leasingnehmer z.B. keine Leasingraten mehr zu zahlen, wenn die Bank, welcher der Leasinggeber die Leasingsache zur Sicherheit übereignet hat, die Sache aufgrund ihres Sicherungseigentums herausverlangt.

13   cc) Ist die Leasingsache mit einem *Sachmangel* behaftet, gelten grundsätzlich die mietrechtlichen Gewährleistungsvorschriften der §§ 536 ff. (vgl. § 11 Rdnr. 14 ff.).

Allerdings sind die mietrechtlichen Gewährleistungsvorschriften in der Praxis nahezu bedeutungslos, weil in aller Regel ein Gewährleistungsausschluss vereinbart wird.

Das ist im Falle einer Individualvereinbarung ohne weiteres zulässig. Geschieht die Freizeichnung durch AGB, sind solche Klauseln nur wirksam, wenn der Leasinggeber seine Gewährleistungsrechte gegen den Hersteller/Lieferanten an den Leasingnehmer abtritt; andernfalls wäre der Leasingnehmer rechtlos gestellt (BGHZ 68, 118; 81, 298). § 309 Nr. 8 b) aa) steht der Wirksamkeit einer solchen Klausel nicht entgegen (noch zu § 11 Nr. 10 a AGBG BGH NJW 1985, 129; 1985, 1547).

Übt der Leasingnehmer das vom Leasinggeber abgetretene Rück- **14** trittsrecht gegenüber dem Hersteller/Lieferanten erfolgreich aus, wandelt sich gem. § 346 I i. V. m. § 323 I oder §§ 437 Nr. 2, 326 V der zwischen Leasinggeber und Hersteller/Lieferant bestehende Kaufvertrag in ein Abwicklungsschuldverhältnis um (§ 4 Rdnr. 59). Der Leasinggeber muss die Leasingsache rückübereignen und erhält dafür den gezahlten Kaufpreis zurück. Gleichzeitig bewirkt der Rücktritt, dass dem Leasingvertrag von vornherein die Geschäftsgrundlage fehlt (BGH NJW 1985, 796). Der Leasingnehmer ist vom Zeitpunkt der Rücktrittserklärung an von der Pflicht zur Zahlung der Leasingraten befreit (**Fall b**). Könnte der Leasinggeber einerseits die Leasingraten verlangen und erhielte er außerdem den Kaufpreis zurück, zöge er einen ungerechtfertigten Vorteil aus der Mangelhaftigkeit der Leasingsache.

Auf diese Weise wird der zwischen Leasinggeber und Leasingnehmer ver- **15** einbarte Gewährleistungsausschluss nicht umgangen. Zwar ist die Haftung des Leasinggebers für Sachmängel ausgeschlossen. Das bedeutet aber nicht, dass der Leasingvertrag auch dann unverändert fortbestehen soll, wenn der Leasingnehmer für den Leasinggeber das Rücktrittsrecht ausübt. Indem der Leasinggeber dem Leasingnehmer die Befugnis zur Ausübung seiner Gewährleistungsrechte einräumt, erklärt er zugleich, das Ergebnis gegen sich gelten zu lassen (BGH NJW 1985, 1535).

Umgekehrt kann der Leasingnehmer vom Leasinggeber die gezahlten Leasingraten zurückverlangen (§ 812 I 1, 1. Fall); er muss sich aber den Nutzen aus dem Gebrauch der Sache anrechnen lassen (BGH NJW 1990, 314).

c) Pflichten des Leasingnehmers

Der Leasingnehmer ist in erster Linie zur Zahlung der Leasingra- **16** ten verpflichtet (§ 535 II; § 11 Rdnr. 22).

Neben den üblichen mietrechtlichen Nebenpflichten (Obhuts- und Sorgfaltspflichten, Rückgabepflicht; s. § 11 Rdnr. 28 ff.) findet sich in den AGB der Leasinggeber häufig die Pflicht des Leasingnehmers, die Leasingsache auf eigene Rechnung zu versichern. Die

Klausel ist rechtlich nicht zu beanstanden; denn der Leasinggeber hat ein berechtigtes Interesse daran, dass die in seinem Eigentum stehende Leasingsache ausreichend geschützt wird. Außerdem kommt die Versicherung dem Leasingnehmer im Schadensfall selbst zugute.

d) Folgen der Nicht- oder Schlechterfüllung durch den Leasingnehmer

17   aa) Bei *Nichterfüllung der Ratenzahlungspflicht* ist der Leasinggeber nach § 543 I, II 1 Nr. 3 (oder den entsprechenden Bestimmungen seiner AGB) zur *Kündigung* des Vertrages berechtigt.

Kündigt der Leasinggeber, kann er auf jeden Fall die rückständigen Raten verlangen. Die AGB der Leasinggeber enthalten darüber hinaus regelmäßig Klauseln, wonach im Falle der Kündigung sämtliche noch ausstehenden Raten sofort fällig werden. Das ist nach Ansicht des BGH mit dem Wesen des Leasingvertrages nicht vereinbar und deshalb unwirksam (BGH NJW 1991, 221). Allerdings steht dem Leasinggeber ein Anspruch auf Ersatz des Schadens zu, der ihm durch die vom Leasingnehmer veranlasste Kündigung entstanden ist. Dabei handelt es sich nach der Rechtsprechung um einen Anspruch eigener Art, der eine Nachfristsetzung (heute gem. § 281) nicht voraussetzt (BGH NJW 1984, 2687). Der ersatzfähige Schaden umfasst den entgangenen Gewinn, den der Leasinggeber bis zum Zeitpunkt einer nach dem Vertrag zulässigen ordentlichen Kündigung erzielt hätte (BGH NJW 1991, 221). Der Leasinggeber muss sich jedoch ersparte Aufwendungen und andere infolge der Kündigung entstandene Vorteile anrechnen lassen (BGH NJW 1982, 870).

Im **Fall c** kann G daher die rückständigen Leasingraten sowie den Verwaltungs- und Refinanzierungsaufwand nebst entgangenem Gewinn beanspruchen. Hiervon sind etwaige Neuvermietungs- oder Verkaufserlöse abzusetzen.

18   Oft will sich der Leasinggeber nicht durch Kündigung endgültig vom Vertrag lossagen, sondern die Sache nur bis zur Tilgung des Zahlungsrückstandes zurücknehmen. Ein derartiges *vorläufiges Rückholrecht* ist dem Mietvertragsrecht fremd. Auch beim Leasingvertrag stehen sich das Verschaffen der Gebrauchsmöglichkeit und

das Entgelt gegenüber. Soweit der Leasinggeber seine Gebrauchsüberlassungspflicht nicht erfüllt, kann der Leasingnehmer dem Ratenzahlungsverlangen des Leasinggebers die Einrede nach § 320
entgegenhalten (BGH NJW 1982, 870).

Eine Klausel über ein vorläufiges Rückholrecht in den AGB ist dagegen 19
wirksam (vgl. BGH WM 1978, 406). Der Leasinggeber hat ein berechtigtes
Interesse daran, sein Eigentum zu schützen. Andererseits ist der vertragsbrüchige Leasingnehmer nicht schutzwürdig. Da der Leasingnehmer die Leasingraten häufig nur durch den Gebrauch des Leasingobjekts aufbringen kann,
wird das vorläufige Rückholrecht in eine Kündigung und damit eine endgültige Rücknahme des Leasingguts übergehen.

bb) Bei schuldhafter *Verletzung einer Schutzpflicht* haftet der 20
Leasingnehmer nach den §§ 280 ff. auf Schadensersatz.

Beispiele: Der Leasingnehmer wartet die Leasingsache nicht fachgerecht;
er schützt sie nicht vor Witterungseinflüssen; die Leasingsache ist nach
Ablauf der Mietzeit infolge einer zu starken Beanspruchung übermäßig
abgenutzt.

e) Anwendbarkeit von Verbraucherschutzvorschriften

Auf Finanzierungsleasingverträge zwischen einem Unternehmer 21
(§ 14) und einem Verbraucher (§ 13) finden – soweit nicht eine
Ausnahme nach §§ 499 III 1, 491 II, III eingreift – insbesondere
folgende Verbraucherschutzvorschriften entsprechende Anwendung
(§ 500):

aa) Der Vertrag bedarf der *Schriftform* (§ 492 I 1). Bei Nichteinhaltung der Form ist der Vertrag nichtig (§ 125); eine Heilung des
Formmangels gem. § 494 II ist hier ausgeschlossen, weil § 500 auf
diese Vorschrift nicht verweist.

bb) Dem Leasingnehmer steht ein *Widerrufsrecht* zu, über das 22
er zu belehren ist (§§ 495 I, 355 II).

cc) Die Unwirksamkeit eines *Einwendungsverzichts* (§ 496 I; § 17 23
Rdnr. 53) und das *Verbot der Verpflichtung, eine Wechselverbindlichkeit einzugehen, sowie der Entgegennahme eines Schecks* zum
Zwecke der Sicherung von Ansprüchen des Leasinggebers (§ 496 II;
§ 17 Rdnr. 55 f.) sind zu berücksichtigen. Das gilt auch für die Regelungen über die Verzugszinsen, die Tilgungsverrechnung und das
Kündigungsrecht (§§ 497, 498; § 17 Rdnr. 57 ff.).

3. Pflichten im Verhältnis zwischen Hersteller/Lieferant und Leasingnehmer

24   Der Leasingnehmer schließt zwar im Regelfall nur einen Vertrag mit dem Leasinggeber. Sucht der sachunkundige Leasingnehmer die Leasingsache beim Hersteller/Lieferanten selbst aus und lässt er sich dabei von diesem aufklären und beraten, kann zwischen Leasingnehmer und Hersteller/Lieferant ein selbstständiger Beratungsvertrag zustande kommen, so dass der Hersteller/Lieferant dem Leasingnehmer wegen schuldhafter Verletzung seiner Beratungspflichten auf Schadensersatz haftet, wenn sich die Leasingsache als mangelhaft oder unbrauchbar erweist. Möglich ist auch ein Anspruch aus §§ 280, 282, 311 II, III, sofern der Hersteller/Lieferant an dem Abschluss des Leasingvertrages ein eigenes wirtschaftliches Interesse hat oder wegen eigener Sachkunde besonderes Vertrauen in Anspruch nimmt.

§ 16. Leihe

Fälle:

1   a) A leiht dem B für den Bau einer Garage seine Betonmischmaschine. Während der Bauarbeiten wird sie durch Zufall erheblich beschädigt. A und B verlangen voneinander Reparatur der Maschine.

b) B leiht sich von A für eine Spanienreise dessen Pkw. Unterwegs muss B einen Ölwechsel vornehmen und die Lichtmaschine auswechseln lassen. B verlangt Erstattung der Auslagen.

I. Begriff

Die Leihe ist ein Vertrag, bei dem sich der Verleiher verpflichtet, dem Entleiher den – zeitlich begrenzten – Gebrauch einer Sache unentgeltlich zu gestatten (§ 598). Sie ist von einem bloßen Gefälligkeitsverhältnis ohne rechtliche Bindung der Beteiligten zu unterscheiden (vgl. AS § 2 Rdnr. 27 ff.).

Gegenstand der Leihe können wie bei der Miete (bewegliche oder unbewegliche) *Sachen,* nicht aber Rechte sein.

Die Gebrauchsgestattung muss *unentgeltlich* erfolgen. Der Leistung des Verleihers steht keine Leistung des Entleihers gegenüber. Die Leihe ist damit kein gegenseitiger Vertrag, so dass die §§ 320 ff. nicht anwendbar sind.

Im täglichen Leben wird häufig von Leihe gesprochen, obwohl es sich rechtlich um Miete handelt (z. B. „Leihwagen", „Leihbücherei").

II. Vertragspflichten und Folgen ihrer Verletzung

1. Pflichten des Verleihers

a) Gestattung des Gebrauchs

Der Verleiher hat dem Entleiher während der Dauer des Leihver- 2 hältnisses den *Gebrauch der Sache zu gestatten* (§ 598); regelmäßig muss er ihm dazu für diese Zeit auch den Besitz überlassen. Da der Verleiher die Sache unentgeltlich zu überlassen hat, braucht er sie – anders als der Vermieter – weder in einen gebrauchsfähigen Zustand zu versetzen noch sie während der Leihzeit instand zu halten (**Fall a**).

b) Ersatz von Verwendungen

Macht der Entleiher *Verwendungen* auf die Sache, die nicht nur der ge- 3 wöhnlichen Erhaltung dienen, so muss ihm der Verleiher dafür Ersatz nach den Vorschriften über die Geschäftsführung ohne Auftrag leisten (§ 601 II 1; **Fall b,** Lichtmaschine). Weiter gibt § 601 II 2 dem Entleiher ein Recht zur Wegnahme der Einrichtungen, mit denen er die Sache versehen hat. Diese Ansprüche des Entleihers verjähren in sechs Monaten nach Beendigung des Leihverhältnisses (§ 606).

2. Folgen der Nicht- oder Schlechterfüllung

Da der Verleiher seine Leistung erbringt, ohne eine Gegenleistung 4 zu erhalten, ist seine Haftung erheblich eingeschränkt. Sie entspricht der Haftung des Schenkers (§ 9 Rdnr. 15 ff.). Bei allen Leistungsstörungen haftet der Verleiher nur für *Vorsatz und grobe Fahrlässigkeit* (§ 599), bei Sach- und Rechtsmängeln nur dann, wenn er den Mangel arglistig verschwiegen hat (§ 600).

3. Pflichten des Entleihers

a) Einhaltung des vertragsgemäßen Gebrauchs, Rückgabe, Schutzpflichten

5   Der Entleiher hat – abgesehen von der Zahlung eines Entgelts – weitgehend die gleichen Pflichten wie der Mieter (§ 11 Rdnr. 22 ff.). Er darf den vertragsmäßigen Gebrauch der Sache nicht überschreiten, sie insbesondere nicht ohne Erlaubnis des Verleihers einem Dritten überlassen (§ 603). Er muss die entliehene Sache nach Beendigung der Leihe dem Verleiher zurückgeben (§ 604). Während der Leihzeit treffen ihn Schutzpflichten gem. § 241 II, insbesondere zur sorgfältigen Aufbewahrung.

Wie der Mieter hat der Entleiher Veränderungen und Verschlechterungen der Sache, die auf vertragsgemäßem Gebrauch beruhen, nicht zu vertreten (§ 602). Falls nichts anderes vereinbart ist, braucht der Entleiher also insoweit nicht den Zustand der Sache wiederherzustellen, der zu Beginn der Leihzeit bestand.

b) Tragung der gewöhnlichen Erhaltungskosten

6   Anders als der Mieter (vgl. § 535 I 2; s. § 11 Rdnr. 2 ff.) muss der Entleiher zum Ausgleich für die unentgeltliche Gebrauchsüberlassung die gewöhnlichen Erhaltungskosten der Leihsache tragen (§ 601 I; Kosten für den Ölwechsel, **Fall b**). Über das gewöhnliche Maß hinausgehende Aufwendungen zur Erhaltung der geliehenen Sache muss der Entleiher nicht machen (**Fall a**). Aus §§ 241 II, 242 kann sich aber die Pflicht ergeben, den Verleiher auf die Notwendigkeit bestimmter Maßnahmen hinzuweisen.

4. Folgen der Nicht- oder Schlechterfüllung

7   Der Entleiher haftet bei einer Verletzung seiner Vertragspflichten nach den allgemeinen Vorschriften für Vorsatz und jede Fahrlässigkeit (§ 276).

Überschreitet der Entleiher den vertragsgemäßen Gebrauch der Sache, so haftet er auch dann, wenn die Sache zufällig verschlechtert oder zerstört wird, es sei denn, der Schaden wäre auch bei vertragsgemäßem Gebrauch entstanden (BGHZ 37, 310; str.).

Die Ersatzansprüche des Verleihers verjähren in sechs Monaten nach Rückgabe der Sache (§ 606).

Bestimmte Pflichtverletzungen des Entleihers, etwa vertragswidriger Gebrauch der Leihsache, berechtigen den Verleiher zur außerordentlichen fristlosen Kündigung der Leihe (§ 605 Nr. 2).

III. Beendigung der Leihe

Das Leihverhältnis endet mit Ablauf der vereinbarten Leihzeit **8** (§ 604 I). Haben sich die Parteien nicht über eine bestimmte Zeit geeinigt, so hat der Entleiher die Sache zurückzugeben, nachdem er den sich aus dem Zweck der Leihe ergebenden Gebrauch gemacht hat (§ 604 II 1). Das Leihverhältnis endet auch dann, wenn der Entleiher in der verstrichenen Zeit diesen Gebrauch machen konnte und der Verleiher die Sache zurückfordert (§ 604 II 2). Ist die Dauer der Leihe weder bestimmt noch aus ihrem Zweck zu entnehmen, kann der Verleiher die Sache jederzeit zurückverlangen (§ 604 III).

Der Verleiher kann die Leihe fristlos kündigen, wenn einer der in § 605 Nr. 1–3 genannten Gründe vorliegt.

§ 17. Darlehensrecht

Schrifttum: Büdenbender, Rechtsfolgen sittenwidriger Ratenkreditverträge, **1** JuS 2001, 1172; Coester-Waltjen, Der Darlehensvertrag, Jura 2002, 675; Eichner, Vorzeitige Beendigung von Darlehensverträgen – Voraussetzungen und Methoden der Berechnung von Vorfälligkeits- und Nichtabnahmeentschädigung, MDR 2001, 1338; Freitag, Die Beendigung des Darlehensvertrages nach dem Schuldrechtsmodernisierungsgesetz, WM 2001, 2370; Köndgen, Darlehen, Kredit und finanzierte Geschäfte nach dem neuen Schuldrecht – Fortschritt oder Rückschritt?, WM 2001, 1637; ders., Die Entwicklung des Bankkredits in den Jahren 1995–1999, NJW 2000, 468; Krüger, Kreditzusage ohne Kreditgewährung? – Ein Problem der Kreditfinanzierung von Klein- und mittelständischen Unternehmen im Rechtsprechungsüberblick, WM 2002, 156; Langenbucher, Die Lösung vom Darlehensvertrag, in: Dauner-Lieb/Konzen/Schmidt, Das neue Schuldrecht in der Praxis, 2003, 569; Mülbert, Das verzinsliche Darlehen, AcP 192 (1992), 447; ders., Die Auswirkungen der Schuldrechtsmodernisierung im Recht des „bürgerlichen" Darlehensvertrags, WM 2002, 465; Reiff, Allgemeines Darlehensrecht und Verbraucherkreditrecht, in: Dauner-Lieb/Heidel/Lepa/Ring, Das neue Schuldrecht, 2002, § 10; Reifner, Schuldrechtsmodernisierungsgesetz und Verbraucherschutz bei Finanzierungsdienstleistungen, ZBB 2001, 193; Witting/Witting, Das neue Darlehensrecht im Überblick, WM 2002, 145.

Fälle:

a) K hat dem V zur Sicherung einer Kaufpreisforderung seine goldene Uhr als Pfand gegeben. Später vereinbaren beide, K solle den Betrag des Kaufpreises als Darlehen behalten, müsse aber 4% Zinsen zahlen. K verlangt nun seine Uhr zurück.

b) A hat dem B ein verzinsliches Darlehen für 5 Jahre gegeben. Da B mit der Zinszahlung in Rückstand gerät, geht A nach § 323 vor. Nach Ablauf der dem B gesetzten Frist verlangt A von B das Darlehen nebst aufgelaufener Zinsen. B meint, § 323 sei auf einen Darlehensvertrag nicht anwendbar.

c) A will dem B ein Darlehen geben. Da er kein Geld „flüssig" hat, überlässt er B vereinbarungsgemäß ein Gemälde, das B verkaufen soll. Der Erlös soll dem B für ein Jahr als Darlehen zur Verfügung stehen. Das Gemälde wird vor dem Verkauf ohne Verschulden des B vernichtet. Nach einem Jahr verlangt A von B Zahlung des Wertes.

d) B kommt in plötzliche Geldverlegenheit und „leiht" sich von seinem Freund A 50 Euro. Als A nach einigen Tagen den B an die Rückzahlung erinnert, beruft sich dieser auf eine Kündigungsfrist von 3 Monaten.

e) Die Bank B hat dem A ein durch eine Grundschuld gesichertes Darlehen gegeben. Vereinbart wurde eine Laufzeit von 10 Jahren und 6% Zinsen. Kann A, der ein Jahr später wegen eines Arbeitsplatzwechsels umziehen und sein Grundstück verkaufen will, den Darlehensvertrag kündigen?

I. Begriff und Bedeutung

1. Begriff

2   Auf Grund des Darlehensvertrages überlässt der Darlehensgeber dem Darlehensnehmer Geld (§ 488 I) oder andere vertretbare Sachen (§ 607 I) gegen die Verpflichtung zur Rückerstattung und in der Regel auch zur Zahlung eines Zinses oder eines anderen Darlehensentgelts. Kennzeichnend für den Darlehensvertrag ist also die Überlassung eines Kapitals zur zeitlich begrenzten Nutzung des darin steckenden Wertes.

2. Bedeutung

Darlehensverträge haben eine große praktische Bedeutung. Dabei ist nicht in erster Linie an die Vergabe von (meist kurzfristigen und zinslosen) Darlehen unter Freunden und Bekannten, sondern vor allem an den Kreditverkehr zu denken. Unter das Darlehensrecht fallen etwa die Kredite der Banken und Sparkassen, aber auch die Spareinlagen, ferner die Kredite der Genossenschaften an ihre Genossen, die Anleihen der Industrie, des Staates, der Länder und der Gemeinden. Außerdem sind die Brauereidarlehen zu nennen, welche die Brauereien den Gastwirten geben, wenn diese sich verpflichten, ihren Bierbedarf nur bei der betreffenden Brauerei zu decken. Schließlich finden die Darlehensregeln teilweise auch entsprechende Anwendung bei Finanzierungen von Teilzahlungsgeschäften (s. § 18 Rdnr. 6 ff.).

II. Abgrenzung, Arten und gesetzliche Regelung

1. Abgrenzung

Der Darlehensvertrag ist von anderen Tatbeständen abzugrenzen, 3 bei denen entweder überhaupt kein Vertrag oder aber ein anderer Vertragstyp gegeben ist.

a) Andere Gebrauchsüberlassungsverträge

Bei anderen Gebrauchsüberlassungsverträgen wie dem *Mietvertrag* (§§ 535 ff.; §§ 10 ff.) und dem *Leihvertrag* (§§ 598 ff.; dazu § 1 b) ist die gemietete oder geliehene Sache selbst am Ende der Vertragszeit zurückzugeben. Dagegen sind beim Darlehensvertrag Sachen gleicher Art, Güte und Menge (§ 607 I) bzw. ein bestimmter Geldbetrag (§ 488 I) – nicht aber die erhaltenen Geldstücke oder -scheine – zurückzuerstatten. Im Unterschied zum Mieter und Entleiher ist der Darlehensnehmer nicht nur zum Gebrauch, sondern zum Verbrauch der Sache berechtigt. Ihm muss das Eigentum an den dargeliehenen Sachen oder an dem Geld verschafft werden.

Beispiel: Hat A sich von seinem Nachbarn B einen Kasten Bier „geliehen", so liegt keine Leihe im Rechtssinne, sondern ein Sachdarlehensvertrag vor. A ist verpflichtet, einen entsprechenden Kasten Bier dem B zurückzugeben.

b) Verwahrung

Bei der Verwahrung (§§ 688 ff.; dazu § 30) hat der Verwahrer 4 am Ende der Verwahrungszeit die in seine Obhut gegebene Sache zurückzugeben; ihm wird also die zu verwahrende Sache nicht übereignet.

Handelt es sich dagegen um eine *unregelmäßige Verwahrung*, wird der Verwahrer Eigentümer (§ 700; § 30 Rdnr. 8). Insoweit besteht also kein Unterschied zum Darlehensvertrag. Jedoch ist die Interessenlage nicht die gleiche: Die Verwahrung dient vorwiegend dem Interesse des Hinterlegers (Aufbewahrung), der Darlehensvertrag vorwiegend dem des Darlehensnehmers (Kredit).

Beispiele: Spareinlagen bei einer Bank oder Sparkasse sind regelmäßig Darlehen; das Geld ist den Geldinstituten zur zeitweiligen Nutzung (gegen Zahlung von Zinsen) überlassen. Die Verpflichtung zur Zurückzahlung von größeren Beträgen wird von einer Kündigung abhängig gemacht. Dagegen steht beim Girokonto das Interesse des Kunden im Vordergrund; dieser erhält nur geringere oder gar keine Zinsen und kann über das Guthaben jederzeit verfügen (unregelmäßige Verwahrung).

c) Schenkung

5   Bei der Schenkung (§§ 516 ff.; dazu § 9) wird der Beschenkte wie der Darlehensnehmer Eigentümer der Sache. Jedoch ist er nicht zur Rückerstattung verpflichtet.

Beispiele: Gibt A dem in Geldverlegenheit befindlichen B auf dessen Bitten einen Geldbetrag, so kommt es auf die Parteivereinbarung an, ob ein Darlehensvertrag oder eine Schenkung gewollt ist. Bei der Auslegung sind alle Umstände des Einzelfalles zu berücksichtigen. Nahe Verwandtschaft, Freundschaft, geringer Wert können Indizien für eine Schenkung sein. „Leiht" Frau A sich von ihrer Nachbarin eine Prise Salz, wird man wegen des geringen Wertes eher davon ausgehen können, dass Frau A nicht zur Rückerstattung verpflichtet sein soll, als wenn es sich um einen Kasten Bier oder um ein Dutzend Eier handelt.

2. Arten und gesetzliche Regelung

6   Das Gesetz unterscheidet seit Inkrafttreten des Schuldrechtsmodernisierungsgesetzes am 1. 1. 2002 zwischen verschiedenen Formen des Gelddarlehens einerseits und dem Sachdarlehen andererseits.

a) Gelddarlehensvertrag

aa) Gegenstand eines Darlehensvertrages kann Geld sein. Für den Gelddarlehensvertrag gelten die §§ 488 bis 490.

Unter dem Begriff „Darlehen" in diesen Vorschriften ist dabei entgegen dem Sprachgebrauch vor der Schuldrechtsreform nur noch der zur wirtschaftlichen Nutzung überlassene Geldbetrag zu verstehen, jedoch nicht mehr der zu Grunde liegende Vertrag. Dieser wird im Gesetz (ohne den Zusatz „Geld") als Darlehensvertrag bezeichnet.

bb) Wird ein Darlehensvertrag über Geld unter Einschluss einer 7 Zinsvereinbarung zwischen einem Unternehmer (§ 14) und einem Verbraucher (§ 13) abgeschlossen, liegt ein *Verbraucherdarlehensvertrag* vor (§ 491). Für diese besondere Form des Gelddarlehensvertrages gelten ergänzend zu den §§ 488 bis 490 auch die §§ 492 bis 498.

Durch diese Regelungen wurden die Vorschriften des früheren Verbraucherkreditgesetzes zum Verbraucherkredit in der Form des Darlehens in das Darlehensrecht des BGB integriert.

b) Sachdarlehensvertrag

Gegenstand des Darlehensvertrages können auch vertretbare Sachen sein. Das sind nach § 91 bewegliche Sachen, die im Verkehr 8 nach Zahl, Maß oder Gewicht bestimmt zu werden pflegen (z.B. Einheitsbierflaschen; Kohle, Eier, Getreide). Die Begrenzung auf vertretbare Sachen hat ihren Grund darin, dass unvertretbare Sachen (z.B. Grundstücke, Gemälde) nicht in gleicher Art, Güte und Menge zurückgegeben werden können. Das Sachdarlehen ist in den §§ 607 bis 609 geregelt.

Diese Vorschriften erfassten vor der Schuldrechtsreform zwar neben dem Sachdarlehen auch das Gelddarlehen. Da sich in der Praxis jedoch zwei voneinander getrennte Regelungsbereiche zum Gelddarlehen einerseits mit den Besonderheiten des früheren Verbraucherkreditgesetzes und zum Sachdarlehen andererseits entwickelt haben, wurde das Gelddarlehen zum 1. 1. 2002 in den §§ 488 ff. eigenständig geregelt.

III. (Geld-)Darlehensvertrag

1. Begründung des Darlehensverhältnisses

a) Vertragsschluss durch Einigung

Der Darlehensvertrag ist ein sog. Konsensualvertrag. Das bedeu- 9 tet, er kommt durch zwei übereinstimmende Willenserklärungen und damit durch Einigung zustande. Diese Konstruktion des Darlehensvertrages wird in § 488 I, der die Hauptpflichten der Parteien regelt, vorgegeben.

Damit wurde der frühere Streit (dazu 26. Aufl., Rdnr. 225), ob der Darlehensvertrag erst mit der Hingabe der Darlehensvaluta zustande kommt (= Realvertragstheorie) oder ob die Einigung allein genügt (= Konsensualvertragstheorie), vom Gesetzgeber i. S. d. Konsensualvertragstheorie entschieden.

b) Inhalt der Einigung

10   aa) Die Parteien müssen sich darüber einigen, dass dem Darlehensnehmer *Geld übereignet* werden soll und dieser bei Fälligkeit des Darlehens den zur Verfügung gestellten *Geldbetrag zurückzuerstatten* hat (§ 488 I). Ferner müssen die Parteien vereinbaren, ob und in welcher Höhe der Darlehensnehmer dem Darlehensgeber die Zahlung von Zinsen schuldet (§ 488 I, II, III 3).

11   bb) Die Einigung zwischen den Vertragsparteien kann auch ein sog. *Vereinbarungsdarlehen* zum Gegenstand haben. Wer Geld aus einem anderen Grunde schuldet (z. B. der Käufer aus einem Kaufvertrag), kann mit dem Gläubiger (z. B. Verkäufer) vereinbaren, dass das Geld nicht als Kaufpreis, sondern als Darlehen geschuldet werden soll.

Dieses Vereinbarungsdarlehen war bis zum 31. 12. 2001 in § 607 II a. F. ausdrücklich normiert. Mit dem Wegfall dieser Vorschrift im Rahmen der Schuldrechtsreform hat sich an der Zulässigkeit des Vereinbarungsdarlehens nichts geändert, weil sich die Möglichkeit einer solchen Vereinbarung schon aus § 311 I ergibt.

12   Welche Rechtsfolgen die Parteien mit dem Vereinbarungsdarlehen herbeiführen wollen, muss durch Auslegung ermittelt werden.

Folgende Möglichkeiten kommen in Betracht:
(1) Die *alte Schuld bleibt bestehen,* wird aber den Regeln über den Darlehensvertrag unterworfen. Da sie nur abgeändert wird, bleiben auch die für sie bestellten Sicherheiten erhalten, und der Schuldner kann weiterhin alle gegen die alte Schuld bestehenden Einwendungen und Einreden geltend machen. Weil der Gläubiger nicht ohne weiteres bestehende Sicherheiten aufgeben und der Schuldner nicht ohne Grund Einwendungen und Einreden verlieren will, werden die Parteien bei einem Vereinbarungsdarlehen in aller Regel eine solche Schuldabänderung gemeint haben. Im **Fall a** braucht V die verpfändete Uhr nicht herauszugeben; dies sichert jetzt vielmehr die durch Vereinbarung entstandene Darlehensrückzahlungsforderung.
(2) Die alte Schuld wird völlig durch die neue Darlehensschuld ersetzt und erlischt. Bei einer solchen *Schuldersetzung* (= Novation) entfallen Sicherungsrechte und Einwendungen aus dem alten Schuldverhältnis. Da eine nicht bestehende Schuld nicht durch eine andere ersetzt werden kann, darf der Schuldner weiterhin einwenden, die alte Schuld habe gar nicht bestanden.

(3) Die Darlehensschuld soll ohne Rücksicht auf den Bestand der alten Schuld begründet werden. Bei einem solchen *konstitutiven Schuldanerkenntnis* (§ 33 Rdnr. 13) bedarf die Erklärung des Schuldners der Schriftform (§ 781). Fehlt es an der alten Schuld, kann das Schuldanerkenntnis nach Bereicherungsrecht zurückgefordert werden.

c) Wirksamkeit der Einigung

Für die Einigung gelten die allgemeinen Wirksamkeitsvoraussetzungen. Von besonderer Bedeutung ist § 138 I.   13

Ein wucherischer Darlehensvertrag (z. B. Vereinbarung über 54% Zinsen; BGH DB 1976, 766) ist zwar schon nach § 138 II nichtig. Allerdings scheitert die Anwendbarkeit dieser Vorschrift meist daran, dass die subjektiven Voraussetzungen des Wuchers nicht vorliegen. Ein wirksamer Schutz des Darlehensnehmers wird in der Praxis durch eine weite Auslegung des § 138 I erreicht (vgl. BGH NJW 1980, 2301; Erman/Palm, § 138 Rdnr. 91 a ff.).

Nach der ständigen Rechtsprechung des BGH ist ein sog. Ratenkreditvertrag sittenwidrig, wenn zwischen den Leistungen des Darlehensgebers und den Gegenleistungen des Darlehensnehmers ein objektiv auffälliges Missverhältnis besteht und der Darlehensgeber die schwache wirtschaftliche Lage des Darlehensnehmers bei der Festlegung der Vertragsbedingungen bewusst zu dessen Nachteil ausnutzt. Dieser subjektiven Voraussetzung steht es gleich, wenn der Darlehensgeber sich zumindest leichtfertig der Erkenntnis verschließt, dass der Darlehensnehmer sich nur auf Grund seiner schwächeren Lage auf die Vertragsbedingungen einlässt (wucherähnliches Ratendarlehensgeschäft; BGHZ 80, 153, 160; 128, 257).

aa) Die *objektive Voraussetzung der Sittenwidrigkeit,* nämlich das auffällige Missverhältnis, kann verschiedene Ursachen haben: 14

(1) In erster Linie kommt es darauf an, ob das vom Darlehensnehmer *zu zahlende Entgelt* (insbesondere Zinsen) im Verhältnis zu dem Risiko, das der Darlehensgeber eingeht, *unverhältnismäßig hoch* ist. Das beurteilt sich nach einem Marktvergleich. Bei diesem Vergleich wird das vereinbarte dem durchschnittlichen Entgelt, wie es von allen Banken für ratenweise zurückzahlbare Darlehen verlangt wird, gegenübergestellt. Ein auffälliges Missverhältnis ist in der Regel anzunehmen, wenn das vereinbarte Entgelt das marktübliche um mehr als 100% übersteigt (BGHZ 104, 105). Eine ähnliche

Richtwertfunktion kommt einem absoluten Zinsunterschied von 12 Prozentpunkten zwischen Vertrags- und Marktzins zu (BGHZ 110, 336).

15   Die Gegenleistung des Darlehensnehmers für die Inanspruchnahme des Darlehens wird unter Berücksichtigung aller von ihm zu zahlender Beträge ermittelt (sog. Additionstheorie). Danach sind neben den vereinbarten Zinsen und den weiteren Darlehensgebühren die vollen Kosten für den eingeschalteten Darlehensvermittler zu berücksichtigen (die Einzelheiten sind streitig; siehe z. B. MünchKomm/Westermann, § 607 Rdnr. 25). Die Kosten einer Restschuldversicherung in Form einer Risikolebensversicherung können dagegen nicht angerechnet werden, da diese Versicherung dem Darlehensnehmer auch Vorteile bringt (BGH NJW 1988, 1661). Der marktübliche Zins ist den Monatsberichten der Deutschen Bundesbank zu entnehmen. Auf ihn werden 2% der Darlehenssumme als marktübliche Vermittlungsgebühr aufgeschlagen.

16   (2) Das auffällige Missverhältnis der beiderseitigen Leistungen kann sich aber auch aus der *Vertragsgestaltung* ergeben, die häufig den Darlehensnehmer einseitig belastet. Dabei geht die Rechtsprechung von einem unbereinigten Vertragstext aus, d. h. sie berücksichtigt auch solche Klauseln, die nach den §§ 307 ff. unwirksam wären. Bei der Prüfung ist aber zu beachten, dass der Verstoß einzelner Klauseln gegen diese Vorschriften für sich allein grundsätzlich noch nicht ausreicht, um eine Sittenwidrigkeit des Vertrages zu begründen. Diese kann vielmehr regelmäßig nur dann bejaht werden, wenn entweder eine Vielzahl von unzulässigen Klauseln enthalten ist oder aber Umstände hinzutreten, die im Rahmen einer Inhaltskontrolle nach den §§ 307 ff. nicht hinreichend berücksichtigt werden können.

Als unzulässige Klauseln, welche die Sittenwidrigkeit begründen können, wurden etwa angesehen: Zinserhöhungen für den Fall des Verzuges (vgl. § 309 Nr. 5 a), gestaffelte Mahngebühren (BGH NJW 1983, 115), Fälligstellung der Restdarlehenssumme für den Fall des Verzuges mit weniger als zwei aufeinanderfolgenden Raten (BGH NJW 1985, 1305), Schufa-Klausel (BGH NJW 1986, 46).

17   (3) Ausnahmsweise kann sich das auffällige Missverhältnis auch noch aus den *besonderen Umständen des Vertrages* ergeben. Dagegen ist ein Darlehensvertrag nicht bereits deshalb sittenwidrig, weil er zur Ablösung eines sittenwidrigen, aber irrtümlich für wirksam gehaltenen Vertrages geschlossen wurde; in solchen Fällen sind die Rechte des Darlehensgebers allerdings gem. § 242 auf die Ansprüche

beschränkt, die ihm bei Kenntnis und Berücksichtigung der Nichtigkeit eines früheren Vertrages auch eingeräumt worden wären (BGH NJW 1987, 944).

bb) *Subjektive Voraussetzung für die Sittenwidrigkeit* ist, dass der **18** Darlehensgeber Kenntnis von den Umständen hat, aus denen sich die Sittenwidrigkeit ergibt. Dabei genügt es, dass er sich zumindest leichtfertig dieser Erkenntnis verschließt. Das wird vermutet, wenn das auffällige Missverhältnis gegeben ist (BGH NJW 1984, 2292, 2294). Es ist dann Sache des Darlehensgebers nachzuweisen, dass er den subjektiven Tatbestand tatsächlich nicht erfüllt hat.

cc) Die *Rechtsfolge der Sittenwidrigkeit* eines ratenweise zu til **19** genden Darlehens besteht darin, dass der Darlehensgeber die Darlehenssumme gem. § 812 I 1, 1. Fall zurückverlangen kann. Dem steht die Vorschrift des § 817 S. 2 nicht entgegen, da dem Darlehensnehmer nur die Nutzung des Geldes auf Zeit überlassen war. Nach richtiger Auffassung kann der Darlehensgeber das Geld aber nicht sofort, sondern nur ratenweise, wie vereinbart, zurückverlangen. Das folgt aus dem Sinn des § 817 S. 2. Für die Zeit, in der der Darlehensnehmer die Nutzung des Geldes behält, steht dem Darlehensgeber zwar nicht der überhöhte Zins, wohl aber ein angemessener Zins zu (a. A.: BGH NJW 1983, 1420, 1422 f.); denn § 817 S. 2 hat keinen Strafcharakter.

Hat der Darlehensnehmer bereits mehr zurückgezahlt, als er wegen der Nichtigkeit des Vertrages schuldete, steht ihm hinsichtlich des Mehrbetrages ein Anspruch aus § 812 I 1, 1. Fall zu. Der Anspruch verjährt für jede Rate gesondert in der Frist des § 195.

2. Arten des Gelddarlehens

Das Gesetz unterscheidet zwischen Verträgen über entgeltliche **20** (= verzinsliche) und unentgeltliche (= zinslose) Darlehen.

a) Verzinsliches Darlehen

Gesetzlicher und auch praktischer Regelfall ist das verzinsliche Darlehen (§ 488 I 2). Anstelle oder neben Zinsen können die Parteien aber auch andere Leistungen des Darlehensnehmers vorsehen.

Beispiele: Aufschlag auf die gegebene Darlehenssumme; Abzug von dem auszuzahlenden Darlehensbetrag (Disagio); Bierbezugsverpflichtung beim Brauereidarlehen; Anteil an dem mit Hilfe des Darlehens erzielten Gewinn (= sog. partiarisches Darlehen, das oft nur schwer von einer stillen Gesellschaft abgegrenzt werden kann; vgl. BGH NJW 1995, 192; MünchKomm/ Ulmer, Vor § 705 Rdnr. 84 ff.).

Bei der Vereinbarung eines entgeltlichen Darlehens handelt es sich um einen gegenseitigen Vertrag. Der Darlehensgeber überlässt dem Darlehensnehmer das Kapital auf Zeit, weil der Darlehensnehmer zur Entrichtung des Entgelts verpflichtet ist. Kapitalüberlassung und Entgelt stehen – wie etwa beim Mietvertrag die Gebrauchsüberlassung und die Miete – im Austauschverhältnis. Deshalb sind die Vorschriften der §§ 320 ff. auf das verzinsliche Darlehen anwendbar **(Fall b)**.

b) Zinsloses Darlehen

21   Daneben gibt es auch die Form des zinslosen Darlehens (vgl. § 488 III 3). Es spielt in der Praxis keine wesentliche Rolle. Am ehesten dürfte es beim Verwandtschaftsdarlehen vorkommen. Die Vereinbarung eines zinslosen Darlehens ist wie der Auftrag (§ 29 Rdnr. 3) kein gegenseitiger Vertrag.

3. Pflicht des Darlehensgebers

Der Darlehensgeber ist verpflichtet, dem Darlehensnehmer einen Geldbetrag in der vereinbarten Höhe zur Verfügung zu stellen (§ 488 I 1). Das kann auf verschiedene Weise geschehen:
Regelmäßig wird die Darlehensvaluta unmittelbar aus dem Eigentum des Darlehensgebers auf den Empfänger übertragen. Dem steht die Gutschrift auf einem Konto des Empfängers gleich, weil dieser über den Betrag verfügen kann.

22   Der Darlehensgeber kann aber auch eine ihm zustehende Forderung dem Darlehensnehmer abtreten oder einen Dritten anweisen, an den Darlehensnehmer zu leisten. In diesen Fällen ist das Darlehen erst dann empfangen, wenn der Darlehensnehmer die Darlehensvaluta erhalten hat. Das kann für die Erfüllung durch den Darlehensgeber und für die Rückerstattungspflicht des Darlehensnehmers von Bedeutung sein.

Ferner kann der Darlehensgeber seine Überlassungspflicht dadurch erfüllen, dass er die Darlehensvaluta vereinbarungsgemäß an einen Dritten leistet. Von dieser Möglichkeit wird etwa beim finanzierten Kauf Gebrauch gemacht.

Schließlich kann der Darlehensgeber auch einen Gegenstand mit der Abrede übergeben, der Darlehensnehmer solle ihn veräußern und den Erlös als Darlehen behalten (**Fall c**). Auch hier ist das Darlehen erst dann empfangen, wenn der Darlehensnehmer den Erlös erhalten hat. Die Höhe der Darlehensforderung richtet sich nach dem tatsächlich erzielten Erlös, da nur dieser Betrag als Darlehen empfangen ist. Der Darlehensgeber trägt also, falls nichts anderes vereinbart ist, das Risiko, wenn die übergebene Sache ohne Verschulden des Darlehensnehmers vor der Veräußerung an Wert verliert, verschlechtert wird oder untergeht (**Fall c**).

4. Pflichten des Darlehensnehmers

a) Zinszahlungspflicht

Die Zinszahlungspflicht ist die mit der Darlehenshingabe im Ge- 23 genseitigkeitsverhältnis stehende Hauptleistungspflicht des Darlehensnehmers. Sie besteht nur bei entsprechender Vereinbarung. Andernfalls handelt es sich um ein unentgeltliches (= zinsloses) Darlehen. Die Höhe der Zinsen und ihre Fälligkeit ergeben sich in erster Linie aus der getroffenen Abmachung, hilfsweise aus dem Gesetz (Höhe: § 246; § 352 HGB; Fälligkeit: § 488 II).

b) Rückerstattungspflicht

Die Rückerstattungspflicht (§ 488 I 2) ist ein wesentliches Merkmal 24 eines jeden Darlehensvertrages; andernfalls liegt überhaupt kein Darlehen vor (BGHZ 25, 174, 178). Es handelt sich um eine einklagbare Hauptleistungspflicht (dazu AS § 2 Rdnr. 5 ff.) des Darlehensnehmers, die aber nicht im Gegenseitigkeitsverhältnis zur Überlassungspflicht des Darlehensgebers steht. Die Rückerstattungspflicht setzt voraus, dass der Darlehensnehmer das Darlehen empfangen hat.

Die Fälligkeit richtet sich in erster Linie nach der Vereinbarung. 25

Beispiele: Bestimmter Zeitpunkt, Ablauf einer Kündigungsfrist. – Oft wird auch vereinbart, dass das Darlehen sofort in voller Höhe zurückzuzahlen ist, wenn der Darlehensnehmer mit der Zinszahlung in Verzug gerät oder die Darlehensvaluta abredewidrig verwendet. Bei Freundschaftsdarlehen, die eine augenblickliche Verlegenheit des Empfängers beheben sollen, wird in der Regel die gesetzlich vorgesehene Kündigung stillschweigend ausgeschlossen sein (**Fall d**).

Fehlt eine Abrede über die Fälligkeit, ist eine Kündigung einer der Vertragsparteien erforderlich.

5. Die ordentliche Kündigung des Darlehensvertrages

26   Die Voraussetzungen für eine ordentliche Kündigung des Darlehensvertrages hängen davon ab, ob für die Rückzahlung ein bestimmter Zeitpunkt vereinbart ist oder nicht.

a) Kein bestimmter Zeitpunkt für die Rückzahlung

Wenn kein bestimmter Zeitpunkt für die Rückerstattung vereinbart ist, kann der Darlehensvertrag nach § 488 III 1 von beiden Vertragsparteien ordentlich gekündigt werden. Dabei muss eine Kündigungsfrist von drei Monaten eingehalten werden (§ 488 III 2). Ein Kündigungsgrund ist nicht erforderlich. Das Recht zur ordentlichen Kündigung sowie die 3-Monats-Frist sind abdingbar. Die ordentliche Kündigung hat zur Folge, dass das zur Verfügung gestellte Darlehen zurückzuerstatten ist.

27   Ohne Kündigung darf das Darlehen grundsätzlich weder zurückgefordert noch vorzeitig zurückerstattet werden; denn der Darlehensgeber will während der gesamten Laufzeit an den vereinbarten Zinsen verdienen. Nur ein zinsloses Darlehen darf auch ohne Kündigung jederzeit zurückerstattet werden (§ 488 III 3); wenn der Darlehensgeber ohnehin keine Zinsen beanspruchen kann, hat er keine berechtigten Interessen, die einer vorzeitigen Rückzahlung entgegenstehen würden.

b) Bestimmter Zeitpunkt für die Rückzahlung

28   Wenn ein bestimmter Zeitpunkt für die Rückzahlung vorgesehen ist, hat gem. § 489 nur der Darlehensnehmer ein Recht zur ordentlichen Kündigung. Deren Zulässigkeit hängt davon ab, ob ein fester oder ein variabler Zinssatz vereinbart ist. Falls für einen bestimmten Zeitraum ein fester Zinssatz (z. B. 6% für 5 Jahre) vereinbart ist,

kann der Darlehensnehmer nur dann ordentlich kündigen, wenn entweder die Zinsbindung vor der für die Rückzahlung bestimmten Zeit abläuft (§ 489 I Nr. 1; Kündigungsfrist: 1 Monat), oder wenn nach Gewährung eines Verbraucherdarlehens (Rdnr. 36 ff.), das nicht durch ein Grundpfandrecht abgesichert ist, 6 Monate verstrichen sind (§ 489 I 2; Kündigungsfrist: 3 Monate) oder wenn 10 Jahre seit Empfang des Darlehens abgelaufen sind (§ 489 I Nr. 3; Kündigungsfrist: 6 Monate). Einen Darlehensvertrag mit variablem Zinssatz (laufende Anpassung an die Marktverhältnisse) kann der Darlehensnehmer jederzeit mit einer Frist von 3 Monaten kündigen (§ 489 II).

Zahlt der Darlehensnehmer nach einer solchen Kündigung den ge- **29** schuldeten Betrag nicht innerhalb von zwei Wochen zurück, gilt seine nach § 489 ausgesprochene Kündigung als nicht erfolgt (§ 489 III). § 489 kann nicht zum Nachteil des Darlehensnehmers abbedungen werden (§ 489 IV 1; Ausnahme Satz 2).

6. Die außerordentliche Kündigung des Darlehensvertrages

In § 490 ist sowohl für den Darlehensgeber als auch für den Dar- **30** lehensnehmer das Recht zur außerordentlichen Kündigung des Darlehensvertrages vorgesehen.

a) Fristlose Kündigung des Darlehensgebers

Der Darlehensgeber hat gem. § 490 I das Recht, den Darlehensvertrag fristlos, nämlich ohne Beachtung der in § 489 genannten Fristen, zu kündigen. Voraussetzung ist, dass in den Vermögensverhältnissen des Darlehensnehmers oder in der Werthaltigkeit einer für das Darlehen gestellten Sicherheit eine so wesentliche Verschlechterung eintritt oder einzutreten droht, dass der Rückerstattungsanspruch gefährdet wird. Indizien dafür können etwa verzögerte Rückzahlungen oder Zwangsvollstreckungen gegen den Darlehensnehmer sein. Der Darlehensgeber muss dabei den Eintritt der genannten Verschlechterungen nicht abwarten. Er kann daher bereits kündigen, wenn sich die Verschlechterung und die daraus folgende Gefährdung der Rückzahlung des Darlehens abzeichnet; denn Sinn des Rechts zur fristlosen Kündigung ist es gerade, den Darlehensgeber davor zu bewahren, durch die Insolvenz des Darlehensnehmers einen Vermögensverlust zu erleiden.

31   Die Verschlechterung der Vermögensverhältnisse oder der Werthaltigkeit der Sicherung muss aber *nach Vertragsschluss* eintreten. Unter dieser Voraussetzung kann der Darlehensgeber den Darlehensvertrag *vor Auszahlung des Darlehens* stets fristlos kündigen. Ihm ist nämlich eine Auszahlung des Darlehens nicht zuzumuten, wenn er weiß, dass er es vom Darlehensnehmer nicht mehr zurückerhalten wird. *Nach Auszahlung* besteht ein solches fristloses Kündigungsrecht des Darlehensgebers nur „in der Regel". Es ist immer eine Gesamtwürdigung der jeweiligen Kündigungssituation erforderlich, die auch die Belange des Darlehensnehmers berücksichtigen muss. So kann es dem Darlehensgeber im Einzelfall zuzumuten sein, dem Darlehensnehmer die Darlehenssumme jedenfalls noch für eine vorübergehende Zeit zu belassen. Ein solcher Fall liegt z. B. vor, wenn sich die Vermögenssituation des Darlehensnehmers erst durch die Rückführung des Darlehensbetrages in einer Summe so verschlechtern würde, dass die Gefahr der Insolvenz bestünde, während dem Darlehensnehmer bei Belassen des Darlehens eine ratenweise Rückführung möglich wäre.

b) Außerordentliche Kündigung des Darlehensnehmers

32   Der Darlehensnehmer kann nach § 490 II 1 einen Darlehensvertrag mit Festzinsvereinbarung und grundpfandrechtlicher Sicherung außerordentlich kündigen, wenn „seine berechtigten Interessen dies gebieten". Das ist insbesondere der Fall, wenn der Darlehensnehmer ein Bedürfnis nach einer anderweitigen Verwertung des beliehenen Objektes hat (§ 490 II 2). Auf den Beweggrund hierfür kommt es nicht an.

Ein außerordentliches Kündigungsrecht besteht daher bei einem Verkauf aus privaten Gründen (z. B. Ehescheidung, Krankheit, Arbeitslosigkeit, Überschuldung, Umzug – **Fall** e) ebenso wie bei der Wahrnehmung einer günstigen Verkaufsgelegenheit.

33   Liegt ein berechtigtes Interesse vor, kann der Darlehensnehmer den Darlehensvertrag frühestens 6 Monate nach dem vollständigen Empfang des Darlehens unter Einhaltung einer Kündigungsfrist von 3 Monaten kündigen (§ 490 II 1 i. V. m. § 489 I Nr. 2). § 490 II regelt also eine außerordentliche, aber trotzdem fristgebundene Kündigung.

34   Im Falle einer solchen Kündigung steht dem Darlehensgeber ein gesetzlicher Anspruch auf Ersatz des Schadens zu, der ihm aus der vorzeitigen Kündigung entsteht (sog. *Vorfälligkeitsentschädigung;* vgl. § 490 II 3).

c) Weitere Möglichkeiten der außerordentlichen Kündigung

Das Recht zur außerordentlichen Kündigung ist in § 490 nicht ab- **35** schließend geregelt. Das ergibt sich aus § 490 III, wonach die Vorschriften der §§ 313 und 314 unberührt bleiben. Nach § 314 kann jede Vertragspartei außerordentlich kündigen, wenn ein sonstiger (nicht schon von § 490 erfasster) wichtiger Grund vorliegt.

Beispiel: Endgültige Zerstörung des Vertrauensverhältnisses durch Begehung einer Straftat gegenüber der anderen Vertragspartei.

Nach § 313 III 2 kommt schließlich auch eine fristlose Kündigung wegen Störung der Geschäftsgrundlage in Betracht.

IV. Verbraucherdarlehensvertrag

Schrifttum: Blaurock, Verbraucherkredit und Verbraucherleitbild in der **36** EU, JZ 1999, 801; Boemke, Das Widerrufsrecht im allgemeinen Verbraucherschutzrecht und seine Ausübung in der Zwangsvollstreckung, AcP 197 (1997), 161; Bülow, Kreditvertrag und Verbraucherkredit im BGB, in: Schulze/Schulte-Nölke, Die Schuldrechtsreform vor dem Hintergrund des Gemeinschaftsrechts, 2001, 153; ders., Verbraucherkreditrecht im BGB, NJW 2002, 1145; ders., Das Tatbestandsmerkmal der Abhängigkeit des Darlehens von der Grundpfandsicherung (§ 3 Abs. 2 Nr. 2 VerbrKG/§ 491 Abs. 3 Nr. 1 BGB RegE), WM 2001, 2225; ders., Sittenwidriger Konsumentenkredit, 3. Aufl. 1997; ders., Sicherungsgeschäfte als Haustür- oder Verbraucherkreditgeschäfte, NJW 1996, 2889; ders., Rechtsnachfolge bei Verbraucherkreditverträgen, ZIP 1997, 400; Bülow/Artz, Folgeprobleme der Anwendung des Verbraucherkreditgesetzes auf Schuldbeitritt und andere Interzessionen, ZIP 1998, 629; Heyers, Formbedürftigkeit von Verbraucherkreditvollmachten, Jura 2001, 760; Krebs, Verbraucher, Unternehmer oder Zivilpersonen, DB 2002, 517; Kurtz, Schuldübernahme, Schuldbeitritt und das Verbraucherkreditgesetz, DNotZ 1997, 552; Martis, Die Anwendbarkeit des Verbraucherkreditgesetzes, MDR 1998, 1189; ders., Verbraucherschutz, 1998; ders., Verbundene Geschäfte nach § 9 VerbrKrG, MDR 1999, 65; Metz, Verbraucherkreditgesetz, 1999; Ulmer, Wirksamkeitserfordernisse für Verbrauchervollmachten beim kreditfinanzierten Immobilienerwerb über Treuhänder, BB 2001, 1365; Ulmer/Masuch, Verbraucherkreditgesetz und Vertragsübernahme, JZ 1997, 654; Westermann, Gesellschaftsbeitritt als Verbraucherkreditgeschäft?, ZIP 2002, 189.

Die §§ 491 bis 498 enthalten besondere Regelungen zum sog. Verbraucherdarlehensvertrag. Ziel dieser Vorschriften ist die Sicherstellung eines Schutzes des Verbrauchers in seiner Rolle als Darlehensnehmer. Dieser Schutz darf nicht zum Nachteil des Darlehensnehmers abbedungen oder durch anderweitige Gestaltungen umgangen werden (§ 506 I; Ausnahmen: Abs. 2–4, die bis zum 30. 6. 2005 gelten [Art. 229 § 8 EGBGB]).

Bis zum 31. 12. 2001 enthielt das BGB für die rechtliche Bewältigung aller Formen von Kreditgewährung der Banken, Bausparkassen und Privaten nur die §§ 607 ff., während die Besonderheiten des Verbraucherkredites im damaligen Verbraucherkreditgesetz (VerbrKrG) geregelt waren. Zwischen den §§ 607 ff. a. F. und dem VerbrKrG fehlte eine systematische Verbindung. Deshalb hat sich das Verbraucherkreditrecht mit der Zeit zu einem ausgesprochenen Sonderrecht entwickelt. Um zu verhindern, dass sich dieses Recht noch weiter vom allgemeinen Darlehensrecht entfernt, wurde das VerbrKrG durch das Schuldrechtsmodernisierungsgesetz in das BGB integriert.

1. Anwendungsbereich der Vorschriften über Verbraucherdarlehensverträge

a) Verbraucherdarlehensverträge

37   Die §§ 491 bis 498 gelten für Verbraucherdarlehensverträge. Ein Verbraucherdarlehensvertrag liegt vor, wenn ein entgeltlicher Darlehensvertrag zwischen einem Unternehmer (§ 14) als Darlehensgeber und einem Verbraucher (§ 13) als Darlehensnehmer geschlossen wird (§ 491 I).

aa) Die §§ 491 ff. betreffen nur den *Gelddarlehensvertrag*. Das folgt schon aus der systematischen Stellung der Vorschriften hinter den §§ 488 ff. Nicht anwendbar sind die verbraucherschützenden Regelungen der §§ 492 ff. auf den in den §§ 607 ff. geregelten Sachdarlehensvertrag.

38   Auf den *Schuldbeitritt* zu einem Darlehensvertrag sind die §§ 491 bis 498 entsprechend anwendbar; denn das Schutzbedürfnis des Beitretenden ist größer als das des Darlehensnehmers, weil der Beitretende trotz voller Mitverpflichtung keine Rechte gegen den Darlehensgeber erlangt (noch zum VerbrKrG BGHZ 133, 71; 134, 94; BGH BB 2000, 1909). Gleiches gilt für die *befreiende Schuldübernahme* (§§ 414 f.) durch einen Verbraucher. – Keine Anwendung finden die §§ 491 ff. aber auf die *Bestellung eines Grundpfandrechts* zwecks Sicherung eines Verbraucherdarlehens (BGH DNotZ 1997, 568). Zur Anwendbarkeit der §§ 491 ff. auf eine *Bürgschaft,* wenn sich die zu sichernde Forderung aus einem Verbraucherdarlehensvertrag ergibt, s. § 32 Rdnr. 15.

39   bb) Der *Darlehensgeber* muss *Unternehmer* sein. Diese Voraussetzung liegt vor, wenn er in Ausübung seiner gewerblichen oder selbstständigen beruflichen Tätigkeit das Darlehen gewährt (vgl. § 14 I).

Der *Darlehensnehmer* muss *Verbraucher* sein. Das ist jede natürliche Person, sofern sie den Darlehensvertrag nicht zu einem Zweck abschließt, der ihrer gewerblichen oder selbstständigen beruflichen Tätigkeit zugerechnet werden kann (vgl. § 13).

Nach h. M. zum früheren VerbrKrG ist Normadressat der verbraucher- **40** schützenden Vorschriften allerdings nicht nur eine einzelne natürliche Person, sondern auch eine Mehrzahl von natürlichen Personen, die sich zu einer Gesellschaft bürgerlichen Rechts zusammengeschlossen haben und in Verfolgung eines nicht kommerziellen Gesellschaftszwecks ein Darlehen aufnehmen (BGH DB 2001, 2708 m. w. N.; a. M. Krebs, DB 2002, 517 sowie zur *Richt*linie 93/13/EWG des Rates vom 5. 4. 1993 EuGH DB 2002, 264). Die Schutzwürdigkeit von Darlehensnehmern gehe nämlich nicht dadurch verloren, dass sie ein Darlehen gemeinsam aufnehmen und dabei auf gesellschaftsvertraglicher Grundlage einen gemeinsamen Zweck verfolgen.

Aus § 507 ergibt sich allerdings, dass der Anwendungsbereich der **41** §§ 491 ff. sich auch auf *Existenzgründerkredite* bis zu 50 000 Euro erstreckt. Existenzgründer sind natürliche Personen, die den Vertrag abschließen, um eine gewerbliche oder selbstständige berufliche Tätigkeit aufzunehmen. Sie werden als ebenso schutzbedürftig angesehen wie Verbraucher.

Gibt jemand seinem Nachbarn ein Darlehen, so liegt kein Verbraucher- **42** darlehensvertrag i. S. d. §§ 491 ff. vor, wenn er nicht in Ausübung seiner beruflichen Tätigkeit handelt. Diese Voraussetzung ist dagegen zu bejahen, wenn der Anwalt seinem Mandanten das Honorar stundet.

cc) *Ganz oder teilweise ausgeschlossen* ist die Anwendbarkeit der **43** §§ 492 bis 498 in folgenden Fällen (vgl. § 491 II, III):

(1) *Ganz ausgeschlossen* sind nach § 491 II Nr. 1–3 die Bagatellfälle (Darlehen bis zu 200 Euro), die Arbeitgeberkredite mit niedrigeren als den marktüblichen Sätzen sowie die zur Förderung des Wohnungswesens und des Städtebaus gewährten Darlehen öffentlich-rechtlicher Anstalten mit niedrigeren als den marktüblichen Zinsen. Hier fehlt es an einem Schutzbedürfnis des Darlehensnehmers.

(2) *Teilweise ausgeschlossen* ist die Anwendbarkeit der §§ 492 ff. **44** nach § 491 III Nr. 1, 2. Bei Verbraucherdarlehensverträgen, die in gerichtlichen Protokollen (z. B. Ratenvergleich zur Beendigung eines Zivilprozesses) oder in notariellen Urkunden mit bestimmten Mindestangaben enthalten sind, die Beachtung der Formvorschriften der

§§ 492 ff. und die Einräumung eines Widerrufsrechts nicht erforderlich (§ 491 III Nr. 1), da der Schutz des Darlehensnehmers durch die Mitwirkung des Gerichts oder des Notars sichergestellt ist. Ferner sind die §§ 358 II, IV, V, 359 über verbundene Geschäfte auf Darlehensverträge, die der Finanzierung des Erwerbs von Wertpapieren, Devisen, Derivaten oder Edelmetallen dienen, nicht anwendbar (§ 491 III Nr. 2); andernfalls könnte der Darlehensnehmer etwa kursrisikofrei während der Widerrufsfrist spekulieren.

b) Zahlungsaufschub und sonstige Finanzierungshilfen

45   Der Anwendungsbereich des vor dem 1. 1. 2002 geltenden VerbrKrG umfasste neben Darlehensverträgen auch Kredite in Form eines entgeltlichen Zahlungsaufschubes (Haupterscheinungsform: Teilzahlungsgeschäfte, vgl. §§ 499 II, 501 ff.) oder einer sonstigen entgeltlichen Finanzierungshilfe (Haupterscheinungsform: Finanzierungsleasingverträge, vgl. § 500). Um diese Kreditformen besser vom Gelddarlehen und den dafür geltenden Regelungen unterscheiden zu können, sind sie seit dem 1. 1. 2002 in den §§ 499 ff. besonders geregelt. Die Vorschriften für das Verbraucherdarlehen finden jedoch auf diese Kreditformen im Grundsatz ebenfalls Anwendung (vgl. § 499 I). Einzelh. s. § 18.

2. Form und Inhalt

a) Verbraucherdarlehensvertrag

46   Der Verbraucherdarlehensvertrag bedarf der schriftlichen Form (§ 492 I 1). Dieser Form ist nach § 492 I 3 genügt, wenn der Antrag und die Annahme des Verbraucherdarlehensvertrages durch die Parteien jeweils getrennt schriftlich erklärt werden. Die Erklärung des Darlehensgebers bedarf keiner Unterschrift, wenn sie mit Hilfe einer automatischen Einrichtung erstellt ist (§ 492 I 4 in Abweichung von § 126). Die Vereinbarung in elektronischer Form (§ 126 a) ist ausgeschlossen (§ 492 I 2).

47   Die vom Darlehensnehmer zu unterzeichnende Vertragserklärung muss nach § 492 I 5 *bestimmte Mindestangaben* enthalten wie etwa den Nettodarlehensbetrag (= den zur Auszahlung gelangenden Betrag), den Gesamtbetrag aller Teilzahlungen einschließlich Zinsen und Kosten (Ausnahme: Abs. 1 a), den Zinssatz, die Kosten des Darlehens, den (in § 492 II definierten) effektiven Jahreszins sowie die zu bestellenden Sicherheiten. Die Angaben sind jedoch nur dann

zu machen, wenn der Gesamtbetrag bei Abschluss des Verbraucherdarlehensvertrages für die gesamte Laufzeit der Höhe nach feststeht
(Einzelh.: § 492 I 5 Nr. 1 bis 7).

§ 492 gilt nicht bei *vereinbarten Überziehungskrediten,* bei denen ein Kre-   48
ditinstitut einem Darlehensnehmer das Recht einräumt, sein laufendes Konto
in bestimmter Höhe zu überziehen, und ihm dafür keine zusätzlichen Kosten,
sondern nur Zinsen in Rechnung stellt. An die Stelle des Schriftformerforder-
nisses tritt eine Pflicht zur Information des Darlehensnehmers (Einzelheiten:
§ 493 I). Bei einer *bloß geduldeten Kontoüberziehung* sind selbst diese Informationspflichten eingeschränkt (§ 493 II).

b) Vollmachtserteilung durch den Darlehensnehmer

Zudem gelten in Abweichung von § 167 II und im Gegensatz zur   49
Rechtslage vor der Schuldrechtsreform auch für eine Vollmacht, die
ein Darlehensnehmer zum Abschluss eines Verbraucherdarlehensvertrages erteilt, die Regelungen über das Schriftformerfordernis und
die erforderlichen Mindestangaben (§ 492 I 5 Nr. 1 bis 7) sowie die
Berechnung des effektiven Jahreszinses (§ 492 II; vgl. § 492 IV 1).
Durch § 492 IV soll er von einer übereilten Erteilung der Vollmacht,
die letztlich auch zu einem übereilten Vertragsschluss führen kann,
abgehalten werden. Ohne diese Erfordernisse wäre bei einer Stellvertretung nicht immer sichergestellt, dass der Darlehensnehmer im
Zeitpunkt der Vollmachtserteilung Kenntnisse über die Mindestangaben hat.

Ausgenommen von diesem erweiterten Formzwang sind allerdings notariell
beurkundete Vollmachten und Prozessvollmachten (§ 492 IV 2); andernfalls
könnten Prozesse nicht mehr sinnvoll geführt und Vermögensverwaltungen
nicht mehr effektiv durchgeführt werden.

c) Rechtsfolgen von Formmängeln

Für die Rechtsfolgen von Formmängeln bestimmt § 494:   50

aa) Ist die Schriftform nicht eingehalten oder fehlen Mindestangaben, sind der *Verbraucherdarlehensvertrag* und die auf den Abschluss eines solchen Vertrages vom Verbraucher erteilte *Vollmacht
nichtig* (§ 494 I).

Gleiches gilt für den Schuldbeitritt eines Verbrauchers zu einem Verbraucherdarlehensvertrag, wenn der Beitretende nicht über alle Darlehenskondi-
tionen i. S. d. § 492 I 5 informiert wird (noch zum VerbrKrG BGH BB 2000,
1909).

51   bb) Empfängt der Darlehensnehmer jedoch das Darlehen oder
nimmt er es in Anspruch (z. B. Auszahlung der Darlehensvaluta
durch den Darlehensgeber oder Vornahme von Überweisungen zu
Lasten des Darlehenskontos durch den Darlehensnehmer), *wird der
Vertrag gültig* (§ 494 II 1). Da die Heilung nach dieser Vorschrift
aber nur für den Verbraucherdarlehensvertrag gilt, bleibt eine einmal formwidrig vom Darlehensnehmer erteilte Vollmacht nichtig.

Wird der Verbraucherdarlehensvertrag gültig, ermäßigt sich der vereinbarte Zinssatz auf den gesetzlichen Zinssatz (§ 246), wenn er, der effektive
Jahreszins oder der Gesamtbetrag in der Urkunde fehlt (Einzelheiten:
§ 494 II). Sofern der effektive Jahreszins zu niedrig angegeben wurde, vermindert sich der zu Grunde gelegte Zinssatz gem. § 494 III.

3. Widerrufsrecht des Darlehensnehmers

52   Wegen der wirtschaftlichen und rechtlichen Tragweite des Vertrages räumt § 495 I ebenso wie § 312 dem Darlehensnehmer ein
Widerrufsrecht nach § 355 ein. Dieses Recht muss binnen zwei Wochen in Textform (§ 126 b) erklärt werden. Einzelh.: AS § 19.

Bei Überziehungskrediten i. S. v. § 493 I 1 besteht das Widerrufsrecht nicht, wenn diese Kredite ohnehin jederzeit ohne zusätzliche
Kosten zurückgezahlt werden können (§ 495 II).

Die Rechtsfolgen des Widerrufs ergeben sich aus § 357 (Einzelh.:
AS § 19).

4. Einwendungen des Darlehensnehmers aus dem Verbraucher-
darlehensvertrag

53   § 496 I will den Verbraucher davor schützen, dass er durch eine Weiter-
übertragung der Darlehensrückzahlungsforderung Nachteile erleidet. Er soll
seine Einwendungen aus dem Verbraucherdarlehensvertrag auch einem neuen
Gläubiger entgegenhalten können. Ferner soll er davor geschützt werden,
dass der Darlehensgeber oder ein anderer Rechte aus einem Wechsel oder
Scheck geltend macht, ohne dass er – der Darlehensnehmer – Einwendungen
aus dem Verbraucherdarlehensvertrag erheben kann.

a) Bei der Abtretung der Darlehensforderung

54   Bei der Abtretung einer Forderung ist der Schuldner in der Lage, dem neu-
en Gläubiger die Einwendungen entgegenzusetzen, die er gegen den alten
Gläubiger hatte (§ 404). Er behält regelmäßig auch die Aufrechnungsmög-

lichkeit, die er gegen den alten Gläubiger hatte (§ 406). Auf diese Rechte
kann der Schuldner grundsätzlich durch Vereinbarung verzichten.
Jedoch ist eine solche Vereinbarung im Falle des Verbraucherdarlehensver-
trages gem. § 496 I unwirksam. Deshalb verliert der Darlehensnehmer beim
Gläubigerwegfall seine Rechte nicht. Er kann sie vielmehr auch dem neuen
Gläubiger entgegenhalten.

b) Bei Eingehung einer Wechselverbindlichkeit

Ist jemand eine Wechselverbindlichkeit eingegangen und will er gegenüber   55
dem Anspruch aus dem Wechsel Einwendungen aus dem diesem zu Grunde
liegenden Geschäft (z. B. Mangel der Kaufsache) vorbringen, so ergeben sich
für ihn Schwierigkeiten: Klagt der Gläubiger des Grundgeschäfts die Wech-
selforderung im Urkundenprozess (Brox, HR Rdnr. 688 ff.) ein, wird der
Wechselschuldner die Einwendung wegen der Beschränkung der Beweismittel
in aller Regel nicht mit Erfolg geltend machen können. Klagt ein anderer
Wechselinhaber, also nicht der Gläubiger des Grundgeschäfts, ist die Einwendung nur dann erheblich, wenn er beim Erwerb des Wechsels bewusst
zum Nachteil des Schuldners gehandelt hat (vgl. Art. 17 WG; Brox, HR
Rdnr. 608).
Wegen dieser Nachteile für den Darlehensnehmer darf dieser nicht
verpflichtet werden, für Ansprüche des Darlehensgebers aus dem Verbraucherdarlehensvertrag eine Wechselverbindlichkeit einzugehen (§ 496 II 1).
Wird eine solche dennoch verbotswidrig begründet, kann der Darlehensnehmer vom Darlehensgeber die Herausgabe des Wechsels und Ersatz des
Schadens verlangen, der ihm aus einer Wechselbegebung entsteht (§ 496
II 3, 4).

c) Bei Eingehung einer Scheckverbindlichkeit

Bei einer Scheckverbindlichkeit können für den Darlehensnehmer ähnliche   56
Nachteile entstehen. Deshalb bestimmt § 496 II 2 das Verbot, einen Scheck
sicherungshalber entgegenzunehmen. Bei einem Verstoß besteht gem. § 496
II 3, 4 eine Herausgabe- und Schadensersatzpflicht. Jedoch wird dadurch die
Zulässigkeit des Schecks als Zahlungsmittel nicht berührt.

5. Verzugszinsen

Beim Schuldnerverzug kann der Gläubiger Schadensersatz verlan-   57
gen (§§ 280 II, 286). Wenn der Darlehensnehmer mit Zahlungen, die
er auf Grund eines Verbraucherdarlehensvertrages schuldet, in Verzug kommt, ist der geschuldete Betrag mit 5 % über dem Basiszinssatz (§ 247 I) zu verzinsen (§ 497 I i. V. m. § 288 I); damit sollen die
gewöhnlich anfallenden Refinanzierungskosten (Bundesbankdiskont
zuzüglich 3 %) und der Bearbeitungsaufwand (2 %) des Darlehensgebers ausgeglichen werden. Da jedoch bei Immobiliendarlehensver-

trägen wegen der durch den Wert der Immobilie erhöhten Sicherheit die Refinanzierungskosten um durchschnittlich 2–3% geringer sind als bei den Standarddarlehen, gilt für erstere ein pauschalierter Verzugszinssatz in Höhe von 2½% über dem Basiszinssatz (§ 497 I 1, 2). Jedoch ist es in den Fällen von Satz 1 und 2 zulässig, dass im Einzelfall der Darlehensgeber einen höheren oder der Darlehensnehmer einen niedrigeren Schaden nachweist (§ 497 I 3).

58   Zur Entlastung des Darlehensnehmers (außer beim Immobiliendarlehen, § 497 IV) beschränkt § 497 II 2 den Ersatz des Verzugsschadens wegen rückständiger Zinsen, die nach Eintritt des Verzugs angefallen sind, auf den gesetzlichen Zinssatz von 4% (§ 246). Damit diese besondere Berechnung auch tatsächlich durchgeführt wird, sind die genannten Zinsen auf einem gesonderten Konto zu verbuchen, und sie dürfen nicht in ein Kontokorrent (dazu Brox, HR Rdnr. 291 ff.) eingestellt werden (§ 497 II 1).

6. Tilgungsreihenfolge

59   Entgegen der Regelung des § 367, wonach eine Teilleistung zunächst auf die Kosten, dann auf die Zinsen und zuletzt auf die Hauptforderung anzurechnen ist, bestimmt § 497 III 1 (gilt nicht beim Immobiliendarlehen, § 497 IV) eine andere Reihenfolge: Kosten der Rechtsverfolgung – Hauptforderung – Zinsen. Dadurch soll der Darlehensnehmer motiviert werden, durch frühere Tilgung der Hauptforderung seinen Schuldenberg abzutragen.

Dass nach dieser Regelung die Zinsen erst zuletzt getilgt werden, wird bei der Verjährung berücksichtigt. Die Verjährung der Ansprüche auf Rückerstattung des Darlehens und auf Zinsen ist vom Verzugseintritt an bis zur Titulierung i. S. d. § 197 I Nr. 3 bis 5, längstens jedoch für 10 Jahre seit ihrer Entstehung gehemmt (§ 497 III 3). Titulierte Zinsansprüche verjähren erst in 30 Jahren (§ 497 III 4).

7. Kündigungsrecht des Darlehensgebers

a) Voraussetzungen

60   Der Darlehensgeber kann ein Teilzahlungsdarlehen (Verbraucherdarlehen, das mindestens in drei Raten zu tilgen ist und kein Immobiliendarlehen ist [§ 498 III]) wegen Zahlungsverzugs nur unter folgenden Voraussetzungen kündigen (§ 498 I 1):

aa) Der Darlehensnehmer muss mit mindestens zwei aufeinanderfolgenden Teilzahlungen ganz oder teilweise und mindestens mit

10% (bei einer Laufzeit des Vertrages von mehr als 3 Jahren mit 5%) des Nennbetrags des Darlehens oder des Teilzahlungspreises in Verzug sein.

bb) Der Darlehensgeber muss dem Darlehensnehmer erfolglos 61 eine zweiwöchige Frist zur Zahlung des rückständigen Betrages mit der Androhung gesetzt haben, dass er bei Nichtzahlung innerhalb der Frist die gesamte Restschuld verlange (sog. Gesamtfälligstellung).

Außerdem soll er spätestens mit der Fristsetzung ein Gespräch über eine einverständliche Regelung anbieten (§ 498 I 2).

b) Rechtsfolgen

Mit der Kündigung vermindert sich die Restschuld um die Zinsen 62 und sonstigen laufzeitabhängigen (= nicht verbrauchten) Darlehenskosten, die auf die Zeit nach dem Wirksamwerden der Kündigung entfallen (§ 498 II).

Laufzeitunabhängige Leistungen (wie angefallene Bearbeitungsgebühren) sind also nicht erstattungsfähig.

V. Sachdarlehen

Das Sachdarlehen ist in den §§ 607 bis 609 geregelt. Es hat kaum 63 praktische Bedeutung.

1. Begründung des Sachdarlehensverhältnisses

Der Sachdarlehensvertrag ist wie der (Geld-)Darlehensvertrag ein Konsensualvertrag, bei dem sich die Parteien darüber einig sind, dass dem Darlehensnehmer die vereinbarten vertretbaren Sachen übereignet werden sollen und dieser nebst einem vereinbarten Entgelt bei Ende des Darlehens Sachen gleicher Art, Güte und Menge zurückzuerstatten hat (§ 607 I). Gegenstand eines Sachdarlehensvertrages können z. B. Wertpapiere (Aktien), Edelmetalle (Gold, Silber), Lebensmittel, Rohstoffe aber auch Mehrwegverpackungen sein.

2. Arten

Das Gesetz sieht als Regelfall die *entgeltliche* Überlassung von Sachen an 64 (§ 607 I 2). Beim entgeltlichen Sachdarlehen handelt es sich um einen gegenseitigen Vertrag. Jedoch ist auch die Vereinbarung eines *unentgeltlichen* Sachdarlehensvertrages (z. B. das Ausleihen von einem Kilo Zucker beim Nachbarn) zulässig (vgl. § 311 I). Beim unentgeltlichen Sachdarlehen handelt es sich nicht um einen gegenseitigen Vertrag i. S. d. §§ 320 ff.

3. Rechte und Pflichten der Vertragsparteien

a) Pflichten des Darlehensgebers

65   Der Darlehensgeber hat dem Darlehensnehmer die vereinbarte vertretbare Sache zu überlassen, d. h. zu übereignen und zeitweise zu belassen (§ 607 I 1).

b) Pflichten des Darlehensnehmers

66   Beim entgeltlichen Darlehen ist der Darlehensnehmer zur *Zahlung des vertraglichen Darlehensentgeltes* zum vereinbarten Zeitpunkt verpflichtet (§ 607 I 2). Fehlt bezüglich dieses Zeitpunktes eine Absprache, sieht § 609 als spätesten Fälligkeitszeitpunkt den Zeitpunkt der Rückerstattung der Sache vor.

Sowohl beim entgeltlichen als auch beim unentgeltlichen Darlehen hat der Darlehensnehmer bei Fälligkeit *Sachen von gleicher Art, Güte und Menge zurückzuerstatten* (§ 607 I 2). Dabei richtet sich die Fälligkeit primär nach der Vereinbarung der Parteien. Ist kein Zeitpunkt bestimmt worden, muss der Sachdarlehensvertrag zunächst von einer der Parteien gekündigt werden (§ 608 I).

4. Kündigung des Sachdarlehensvertrages

67   Unter welchen Voraussetzungen der Sachdarlehensvertrag gekündigt werden kann, richtet sich in erster Linie nach der Parteivereinbarung. Ist nichts vereinbart worden, haben die Parteien das Recht, einen auf unbestimmte Zeit abgeschlossenen Sachdarlehensvertrag jederzeit und fristlos zu kündigen (§ 608 II).

§ 18. Finanzierungshilfen und Ratenlieferungsverträge

1   **Schrifttum:** Siehe die Nachweise zum Darlehensvertrag in § 17.

Fälle:

a) A bevollmächtigt den B mündlich zum Abschluss eines Finanzierungsleasingvertrages mit C. Als C von A die erste Rate verlangt, meint A, zur Vertragserfüllung nicht verpflichtet zu sein, da er dem B keine schriftliche Vollmacht erteilt habe.

b) K bestellt bei V auf Grund eines Verkaufsprospektes ein mehrbändiges Lexikon, das jeweils bei der Lieferung eines Bandes zu bezahlen ist. Weil schon der erste gelieferte Band nicht den Vorstellungen des K entspricht, verlangt er 12 Tage nach der Lieferung von V schriftlich die Rücknahme des Bandes. Einige Tage später weist V den K darauf hin, dass ein Widerruf des Vertrages nur durch Rücksendung des Bandes innerhalb von zwei Wochen nach Erhalt möglich gewesen wäre. Darüber sei K im Verkaufsprospekt deutlich informiert worden.

I. Finanzierungshilfen

Finanzierungshilfen i. S. d. §§ 499 ff. haben eine Kreditfunktion.

Sie waren deshalb in dem früheren VerbrKrG, das durch die Schuldrechtsreform in das BGB integriert wurde, zusammen mit dem Darlehen als entgeltliche Kreditverträge zwischen einem Unternehmer und einem Verbraucher geregelt. Um die Kreditform der Finanzierungshilfen besser von derjenigen des Gelddarlehens unterscheiden zu können, wurden im Rahmen der Schuldrechtsreform für die Finanzierungshilfen eigene verbraucherschützende Vorschriften (§§ 499 bis 504) geschaffen.

1. Begriff und gesetzliche Regelung

§ 499 I unterscheidet zwischen dem Zahlungsaufschub und sons- **2** tigen Finanzierungshilfen. Auf beide Vertragsgestaltungen finden nach § 499 I grundsätzlich die wesentlichen Vorschriften über den Verbraucherdarlehensvertrag (§ 17 Rdnr. 36 ff.) entsprechende Anwendung. Voraussetzung ist, dass es sich um einen entgeltlichen Vertrag zwischen einem Unternehmer (§ 14) und einem Verbraucher (§ 13) handelt. Unter Entgelt ist jede Art von Gegenleistung des Verbrauchers (Zinsen, Teilzahlungsaufschläge oder Finanzierungsbeiträge) zu verstehen.

Die entsprechende Anwendung der Vorschriften über den Verbraucherdarlehensvertrag hat zur Folge, dass auch die dort genannten Ausnahmen von der Anwendbarkeit gelten (§ 499 III i. V. m. § 491 II, III; dazu § 17 Rdnr. 42 ff.). Deshalb gilt z. B. die Bagatellgrenze (Barzahlungspreis von nicht mehr als 200 Euro; § 491 II Nr. 1) auch für Finanzierungshilfen.

a) Zahlungsaufschub

Unter einem Zahlungsaufschub ist grundsätzlich jede Vereinba- **3** rung zwischen dem Gläubiger und dem Schuldner einer Geldforderung zu verstehen, durch die die Fälligkeit der Forderung auf einen späteren als den (insbesondere in § 271) gesetzlich vorgesehenen

Zeitpunkt hinausgeschoben wird. Ob der Zahlungsaufschub schon bei Vertragsschluss oder erst nachträglich vereinbart wird, ist unerheblich. Wichtigste Erscheinungsformen des Zahlungsaufschubes sind die Stundung sowie Teilzahlungsgeschäfte (§ 499 II), die allerdings nach § 501 ff. besonderen Regelungen unterworfen sind (Rdnr. 6 ff.). Ein Zahlungsaufschub fällt jedoch nur dann unter § 499, wenn er für mehr als drei Monate gewährt wird.

b) Sonstige Finanzierungshilfen

4   Die sonstigen Finanzierungshilfen i.S.v. § 499 I bilden einen Auffangtatbestand. Dieser soll es auch im Hinblick auf die künftige Entwicklung ermöglichen, verbraucherrelevante Erscheinungsformen eines Kredits, die sich weder beim Darlehensvertrag noch beim Zahlungsaufschub einordnen lassen, der verbraucherschützenden Vorschrift des § 499 zu unterwerfen. Darunter fallen derzeit verschiedene Formen des Mietkaufes und vor allem Finanzierungsleasingverträge (vgl. § 15 Rdnr. 4), die in § 500 besonders geregelt sind.

2. Besondere Regelungen für Finanzierungsleasingverträge

5   Finanzierungshilfen in Form von Finanzierungsleasingverträgen werden von der Verweisung in § 499 auf die Vorschriften über den Verbraucherdarlehensvertrag nicht erfasst. Für sie gilt vielmehr die Sonderregelung des § 500. Darin sind nur einzelne Vorschriften über die Verbraucherdarlehensverträge für entsprechend anwendbar erklärt.

Daraus folgt z.B., dass ein Finanzierungsleasingvertrag zwar schriftlich abzuschließen ist, nicht aber die nach § 492 I 5 (vgl. § 17 Rdnr. 47) erforderlichen Mindestangaben enthalten muss. Zudem führt ein Verstoß gegen das Schriftformerfordernis des § 492 I 1 zur unheilbaren Nichtigkeit des Vertrages nach § 125 I, da § 500 nicht auf die in § 494 II vorgesehene Heilungsmöglichkeit (vgl. § 17 Rdnr. 51) verweist. Nicht anwendbar ist schließlich auch § 492 IV über die Formbedürftigkeit einer Vollmacht (vgl. § 17 Rdnr. 49). Deshalb reicht die mündliche Bevollmächtigung eines Vertreters zum Abschluss eines Finanzierungsleasingvertrages aus (**Fall a**). Zu weiteren Folgen, die sich aus dem Verbraucherdarlehensrecht für das Finanzierungsleasing ergeben, s. schon § 15 Rdnr. 21.

3. Besondere Regelungen für Teilzahlungsgeschäfte

Die umfassende Verweisung des § 499 I auf das Verbraucherdar-   6
lehensrecht bezieht sich ebenfalls nicht auf Finanzierungshilfen in
Form von Teilzahlungsgeschäften. Das sind Verträge, die die Lieferung einer bestimmten Sache oder die Erbringung einer bestimmten
anderen Leistung gegen Teilzahlungen zum Gegenstand haben
(§ 499 II). Teilzahlungsgeschäfte zeichnen sich also dadurch aus,
dass die bei einem Beschaffungsvertrag (z. B. einem Kaufvertrag) zu
erbringende Gegenleistung nur in Raten erbracht wird, mithin vom
Unternehmer (z. B. dem Verkäufer) vorfinanziert wird. Nach § 501
sind nur einzelne Vorschriften über das Verbraucherdarlehen auf
Teilzahlungsgeschäfte entsprechend anwendbar. Die §§ 502 bis 504
enthalten weitere Sonderregelungen, die überwiegend dem Schutz
des Verbrauchers dienen.

a) Anwendbarkeit von Regelungen über das Verbraucherdarlehen

Der Verweis des § 501 auf einzelne Vorschriften aus dem   7
Verbraucherdarlehensrecht (§ 17 Rdnr. 36 ff.) bedeutet, dass für
Teilzahlungsgeschäfte das Schriftformerfordernis gilt (Einzelh.:
§ 492 I 1–4). Ferner steht dem Verbraucher auch beim Teilzahlungsgeschäft gem. § 495 I i. V. m. § 355 das Recht zu, seine Willenserklärung binnen zwei Wochen in Textform (§ 126 b; z. B. durch e-mail)
oder durch Rücksendung der Sache zu widerrufen (Einzelh.: AS
§ 19). Für den Anspruch des Unternehmers auf Verzugszinsen bei
einer verspäteten Teilzahlung gilt § 497. Bei einem qualifizierten
Zahlungsverzug (Verzug mit zwei Teilzahlungen und Rückstand in
Höhe von 10% des Barzahlungspreises) kann der Unternehmer nach
erfolgloser Fristsetzung mit Kündigungsandrohung gem. § 498 I 1
Nr. 2 den Vertrag kündigen und die gesamte abgezinste Restschuld
verlangen. Schließlich gilt auch § 496 über die Unwirksamkeit eines
Einwendungsverzichts und über das Wechsel- und Scheckverbot.

b) Mindestinhalt

Die vom Verbraucher zu unterzeichnende Vertragserklärung muss   8
gem. § 502 I 1 zum Zweck der Preisklarheit einen bestimmten Min-

destinhalt haben. Angegeben sein müssen der Barzahlungspreis (Preis, den der Verbraucher bei einer einmaligen Zahlung zu entrichten hätte), der Teilzahlungspreis (definiert in § 502 I 1 Nr. 2), Betrag, Zahl und Fälligkeit der einzelnen Teilzahlungen, der effektive Jahreszins, die Kosten einer Versicherung, die im Zusammenhang mit dem Teilzahlungsgeschäft abgeschlossen wird, sowie die Vereinbarung eines Eigentumsvorbehalts oder einer anderen zu bestellenden Sicherheit.

9   Fehlen bestimmte Mindestangaben, ist der Vertrag nichtig (§ 502 III 1). Der Mangel wird aber geheilt und das Teilzahlungsgeschäft damit gültig, wenn der Unternehmer dem Verbraucher die Sache übergibt oder die Leistung erbringt (§ 502 III 2).

Bei Nichtangabe des Teilzahlungspreises oder des effektiven Jahreszinses ist der Barzahlungspreis höchstens mit dem gesetzlichen Zinssatz zu verzinsen (§ 502 III 3). Fehlt ein Barzahlungspreis, gilt im Zweifel der Marktpreis als Barzahlungspreis (§ 502 III 4). Sofern der effektive Jahreszins zu niedrig angegeben ist, vermindert sich der Teilzahlungspreis entsprechend (§ 502 III 6). Beträgt z.B. der Teilzahlungspreis 500 Euro und wurde der effektive Jahreszins mit 10% angegeben, obwohl er bei richtiger Berechnung 12% beträgt, wird der Teilzahlungspreis um 2% von 500 Euro = 10 Euro auf 490 Euro gekürzt.

10   Ein Barzahlungspreis und ein effektiver Jahreszins brauchen nicht angegeben zu werden, wenn der Unternehmer ausschließlich Teilzahlungsgeschäfte tätigt (§ 502 I 2). Grund: Wenn die Preiskalkulation ausschließlich an Teilzahlungen orientiert ist, wären die genannten Angaben fiktiv und für den Verbraucher ohne Informationsgehalt.

11   Die Formerfordernisse der §§ 502 I, 492 I 1–4 brauchen bei Teilzahlungsgeschäften im Fernabsatz (§ 312 b; § 6 Rdnr. 41) nicht beachtet zu werden, wenn die nach § 502 I 1 Nr. 1–5 erforderlichen Angaben – mit Ausnahme des Betrages der einzelnen Teilzahlungen – dem Verbraucher so rechtzeitig in Textform (§ 126 b) mitgeteilt sind, dass er die Angaben vor dem Abschluss des Vertrages eingehend zur Kenntnis nehmen kann (§ 502 II).

c) Ersetzung des Widerrufsrechts des Verbrauchers durch ein Rückgaberecht

12   Nach § 503 I kann das Widerrufsrecht des Verbrauchers (§§ 501, 495 I i.V.m. § 355) durch ein Rückgaberecht nach § 356 ersetzt werden. Dieses kann nur durch Rücksendung der Sache auf Kosten und Gefahr des Unternehmers oder durch Rücknahmeverlangen ausgeübt werden (Einzelheiten: § 356 II).

d) Rücktrittsrecht des Unternehmers

Bei einem qualifizierten Zahlungsverzug des Verbrauchers kann **13** der Unternehmer den Vertrag nicht nur nach § 498 kündigen, sondern wahlweise gem. § 503 II 1 auch vom Teilzahlungsgeschäft zurücktreten. Statt einer Fristsetzung mit Kündigungsandrohung ist in diesem Fall eine solche mit Rücktrittsandrohung erforderlich. Der Rücktritt führt anders als die Kündigung zu einer Rückabwicklung nach den §§ 346 ff. (AS § 18 Rdnr. 15 ff.). Für diese Rückabwicklung enthält § 503 II 2, 3 Sonderregelungen. Danach hat der Verbraucher dem Unternehmer die in Folge des Vertrages gemachten Aufwendungen zu ersetzen. Bei der Bemessung der Nutzungsvergütung ist auf die inzwischen eingetretene Wertminderung der Sache Rücksicht zu nehmen (Entwertungszuschlag).

Nimmt der Unternehmer die gelieferte Sache wieder an sich, gilt das als Ausübung des Rücktrittsrechts. Allerdings tritt diese Rücktrittsfiktion nicht ein, wenn die Vertragsparteien sich darüber einigen, dass der Unternehmer dem Verbraucher den gewöhnlichen Verkaufswert der Sache zum Zeitpunkt der Wegnahme vergütet (§ 503 II 4).

e) Folgen vorzeitiger Zahlung

Bei vorzeitiger Zahlung vermindert sich gem. § 504 der Teilzah- **14** lungspreis um die Zinsen und sonstigen laufzeitabhängigen Kosten, die bei staffelmäßiger Berechnung auf die Zeit nach der vorzeitigen Erfüllung entfallen.

II. Ratenlieferungsverträge

Ratenlieferungsverträge unterscheiden sich von Teilzahlungsge- **15** schäften dadurch, dass der Unternehmer bei solchen Verträgen keine Vorleistung erbringt. Die Ware wird vielmehr sofort nach jeder Lieferung vom Verbraucher bezahlt. Deshalb handelt es sich bei den Ratenlieferungsverträgen nicht um eine Form der Kreditvergabe. Trotzdem ist der Verbraucher auch hier besonders schutzwürdig, da der Abschluss von Ratenlieferungsverträgen mitunter zu einer langfristigen Bindung führt und den Verbraucher mit laufenden Zahlungsverpflichtungen belastet. Diese sind für ihn bei Abschluss des Vertrages oft nur schwer zu übersehen, weil sie erst in der Zukunft zu entrichten sind.

1. Erfasste Verträge

16   § 505 I 1 definiert drei Arten von Ratenlieferungsverträgen, bei denen der besondere Verbraucherschutz des § 505 eingreift. Alle Arten werden von § 505 nur dann erfasst, wenn sie entgeltlich sind, zwischen einem Unternehmer (§ 14) und einem Verbraucher (§ 13) geschlossen sind und wenn die in § 491 II, III für Verbraucherdarlehensverträge normierten Ausnahmen (insbesondere die Bagatellgrenze von 200 Euro) nicht eingreifen.

a) Verträge über die Lieferung von Teilleistungen

17   Nr. 1 nennt Verträge über die Lieferung mehrerer als *zusammengehörend* verkaufter Sachen in Teilleistungen, bei denen das Entgelt für die Gesamtheit der Sachen in Teilzahlungen zu entrichten ist. Bei diesen Verträgen ist zwar der Umfang der Vertragspflichten wie bei anderen Schuldverhältnissen von Anfang an festgelegt, aber die Auslieferung und die Bezahlung weicht vom Regelfall (§§ 266, 271) ab. Sowohl der Verbraucher als auch der Unternehmer erfüllen ihre Verpflichtungen in mehreren Raten.

> **Beispiele:** Bestellung eines mehrbändigen Lexikons, das jeweils bei der Lieferung eines Bandes zu bezahlen ist (**Fall b**); Lieferung von Sprachkursmaterialien, die z. B. aus Buch-Box, Kassetten und Übungsheft bestehen; Lieferung von genormten Bauteilen für den Eigenbau eines Wohnhauses nach Baufortschritt (sog. Bausatzvertrag).

Vertragsgestaltungen, bei denen der Unternehmer Teilleistungen erbringt, der Verbraucher jedoch das vereinbarte Entgelt in einer Gesamtsumme als Einmalzahlung zu entrichten hat, fallen nicht unter § 505 I 1 Nr. 1. Soll die Einmalzahlung erst nach der letzten Teillieferung erfolgen, kann aber ein Zahlungsaufschub i. S. v. § 499 (dazu Rdnr. 3) gegeben sein.

b) Verträge über die regelmäßige Lieferung von Sachen gleicher Art

Nach Nr. 2 gehören zu den Ratenlieferungsverträgen ferner Verträge über die *regelmäßige* Lieferung von *Sachen gleicher Art.* Sie erfordern im Gegensatz zu den unter Nr. 1 fallenden Verträgen *keine Zusammengehörigkeit* der in Teilleistungen zu liefernden Waren. Wenn deren Gesamtumfang feststeht, handelt es sich um Teillieferungsverträge, andernfalls um Sukzessivlieferungsverträge. Diese bilden den Hauptanwendungsfall der Nr. 2. Bei ihnen wird ein regelmäßig neu entstehendes Bedürfnis des Verbrauchers durch wiederholte Lieferungen befriedigt.

18

Sukzessivlieferungsverträge fallen jedoch nur dann unter die Nr. 2, wenn das Entgelt des Verbrauchers in Teilzahlungen zu erbringen ist (a. M. Palandt/Putzo, § 505 Rdnr. 7). Zwar ist im Gesetzeswortlaut im Unterschied zu Nr. 1 eine Verpflichtung zur Entrichtung des Entgelts in Teilleistungen nicht erwähnt. Jedoch besteht bei einer feststehenden Einmalzahlung die Gefahr eines übereilten Vertragsschlusses nicht in gleichem Maße wie bei Gegenleistungen, die auf eine längere Vertragslaufzeit verteilt werden. Aus diesem Grund ist der engen Auslegung der Nr. 2 der Vorzug zu geben (vgl. noch zum VerbrKrG BGH NJW-RR 1990, 562 u. 1046; Münch-Komm/Ulmer, § 2 VerbrKrG Rdnr. 24).

19

Beispiele zu Nr. 2: Abonnementverträge über Zeitungen oder Zeitschriften; Verträge über die regelmäßige Lieferung von Lebensmitteln ohne jeweils gesonderte Bestellung (z. B. Milchlieferungsverträge).

c) Verträge mit wiederkehrender Erwerbs- oder Bezugsverpflichtung

Schließlich gehören nach Nr. 3 auch Verträge mit wiederkehrender Erwerbs- oder Bezugsverpflichtung von Sachen zu den Ratenlieferungsverträgen. Da es hierbei weder auf die Zusammengehörigkeit der verkauften Sachen (Nr. 1) noch auf die Regelmäßigkeit der Lieferung und die Gleichartigkeit der Sachen (Nr. 2) ankommt, ist die Nr. 3 ein Auffangtatbestand. Er umfasst z. B. auch diejenigen Sukzessivlieferungsverträge, die einen wechselnden (d. h. nicht regelmäßigen) Bedarf des Verbrauchers betreffen oder nicht gleichartige Lieferungen zum Gegenstand haben. Den Hauptanwendungsbereich der Nr. 3 bilden Rahmenverträge. Sie binden den Verbraucher zur Deckung seines Bedarfs an einen bestimmten Lieferanten. Inhalt des Rahmenvertrages ist die Verpflichtung der Vertragsparteien, über

20

die im Vertrag nach Art und Preis eingegrenzten Waren künftig einzelne Lieferverträge zu schließen. Umfang und Zeitpunkt der einzelnen Lieferungen werden dann durch Einzelverträge festgelegt. Auch die Nr. 3 erfasst wie die Nr. 2 nur Verträge, die die Errichtung des vom Verbraucher zu leistenden Entgeltes in Teilzahlungen vorsehen (noch zum VerbrKrG Staudinger/Kessal-Wulf, § 2 VerbrKrG, Rdnr. 19).

Beispiele zu Nr. 3: Mitgliedschaft des Verbrauchers in einem Buchclub (z. B. mit Mindestabnahmepflicht von einem Buch pro Quartal); Bierlieferungs- und sonstige Getränkebezugsverträge, insbesondere von Gastwirten mit Brauereien oder anderen Getränkelieferanten.

2. Regelungen zum Schutz des Verbrauchers

21   Zum Schutz des Verbrauchers bei Ratenlieferungsverträgen enthält § 505 drei Regelungen:

a) Widerrufsrecht des Verbrauchers

Dem Verbraucher steht ein Widerrufsrecht zu, mit dem er sich von seiner auf den Abschluss des Vertrages gerichteten Willenserklärung lösen kann (§ 505 I 1 i.V.m. § 355).

Fraglich ist, ob dieses Widerrufsrecht durch ein Rückgaberecht nach § 356 ersetzt werden kann. Das war vor der Schuldrechtsreform ausdrücklich so geregelt (§§ 2, 7 I VerbrKrG i.V.m. § 361 b a.F.). Dagegen ist (anders als in § 503 I für Teilzahlungsgeschäfte) in § 505 kein Hinweis auf § 356 enthalten. Trotzdem kann auch bei Ratenlieferungsverträgen das Widerrufsrecht durch ein Rückgaberecht ersetzt werden. Der Gesetzgeber wollte mit der Einfügung des § 505 keine inhaltlichen Änderungen zur Rechtslage vor der Schuldrechtsreform herbeiführen (BT-Drucks. 14/6040, S. 258). Zudem wäre es ein Wertungswiderspruch, wenn die Ersetzung des Widerrufsrechts durch ein Rückgaberecht zwar bei den Teilzahlungsgeschäften (§ 503 I), nicht dagegen bei den Ratenlieferungsverträgen zulässig wäre, obwohl diese wegen des Fehlens der Kreditierungsfunktion für den Verbraucher weniger gefährlich sind.

Im Fall b hätte K sich daher gem. § 356 nur durch Rückgabe des Lexikons innerhalb der Widerrufsfrist des § 355 I 2 vom Vertrag lösen können. Dafür reicht das schriftliche Rücknahmeverlangen nicht aus. Inzwischen ist die Frist für das Rückgaberecht abgelaufen.

b) Formerfordernisse

Für den Ratenlieferungsvertrag gilt gem. § 505 II 1 das *Schrift-* 22 *formerfordernis* (§ 126). Im Gegensatz zu den Verbraucherdarlehensverträgen (§ 492 I 2) ist jedoch ein Vertragsabschluss auch in elektronischer Form möglich (§ 126 III i. V. m. § 126 a), da § 505 eine solche Form nicht ausschließt.

Die genannten Formerfordernisse gelten jedoch gem. § 505 II 2 nicht, wenn dem Verbraucher die Möglichkeit verschafft wird, die Vertragsbestimmungen einschließlich der AGB bei Vertragsschluss abzurufen und in wiedergabefähiger Form zu speichern. Wichtig ist diese Regelung vor allem bei Vertragsabschlüssen über das Internet.

c) Mitteilung des Vertragsinhaltes

Gem. § 505 II 3 ist der Unternehmer verpflichtet, dem Verbrau- 23 cher den Vertragsinhalt in Textform (§ 126 b) mitzuteilen. Diese Mitteilung ist zwar keine Wirksamkeitsvoraussetzung des Ratenlieferungsvertrages. Jedoch beginnt nach § 355 II 3 die zweiwöchige Widerrufsfrist des § 355 I nicht zu laufen, bevor dem Verbraucher eine Vertragsurkunde, der schriftliche Antrag des Verbrauchers oder eine Abschrift der Vertragsurkunde oder des Antrags zur Verfügung gestellt wird.

Drittes Kapitel

Dienstvertrag, Werkvertrag und ähnliche Verträge

§ 19. Dienstvertrag und seine Begründung

1   **Schrifttum:** Bruns, Das Synallagma des Dienstvertrages, AcP 178, 34; Jakobs, Der Architektenvertrag im Verhältnis zum Dienst- und Werkvertragsrecht, Festschrift f. Ballerstedt, 1975, 355; Rückert, Unmöglichkeit und Annahmeverzug im Dienst- und Arbeitsvertrag, ZfA 1983, 1; Schiemann, Der freie Dienstvertrag, JuS 1983, 649; Walker, Der Vollzug des Arbeitsverhältnisses ohne wirksamen Arbeitsvertrag, JA 1985, 138; Wiedemann, Das Arbeitsverhältnis als Austausch- und Gemeinschaftsverhältnis, 1966. Zum Arbeitsvertrag siehe die Lehr- und Handbücher zum Arbeitsrecht.

Fälle:

a) B bringt seinen Pkw zu dem Kraftfahrzeugmeister U, um einen Motorschaden beheben zu lassen. U betraut seinen Gesellen G mit der Reparatur. Trotz mehrstündiger Bemühungen kann G die Fehlerquelle nicht entdecken. U verlangt von B ein angemessenes Entgelt, G von U den vereinbarten Stundenlohn.

b) A bittet den stellenlosen B, ihm den Garten umzugraben. Nach getaner Arbeit verlangt B einen Stundenlohn von 10 Euro. A lehnt das ab, weil er ihm keinen Lohn versprochen habe. Falls aber sein Verhalten als Lohnzusage aufzufassen sei, fechte er vorsorglich wegen Irrtums an.

c) F stellt den N als Nachtwächter für sein Warenhaus ein. Nach acht Tagen erfährt er, dass N wegen Diebstahls und Straßenraubs vorbestraft ist. Er ficht den Vertrag an und verweigert jede Lohnzahlung.

d) A beschäftigt den B ausschließlich zu dem Zweck, gestohlenen Autos ein neues Aussehen zu verleihen. A will B anstatt der vereinbarten 20 Euro nur 10 Euro Stundenlohn zahlen.

I. Begriff

Der Dienstvertrag ist ein gegenseitiger Vertrag, in dem sich der eine Teil (Dienstverpflichteter) zur Leistung der versprochenen Dienste und der andere (Dienstberechtigter) zur Gewährung der vereinbarten Vergütung verpflichtet (§ 611 I). Kennzeichnend für den Dienstvertrag ist also die Leistung von Diensten gegen Entgelt.

1. Dienste

Gegenstand des Dienstvertrages können Dienste jeder Art sein 2 (§ 611 II). Es ist also gleichgültig, ob es sich um einmalige oder auf Dauer angelegte Tätigkeiten handelt. Auch kommt es nicht darauf an, ob die Dienste eigenverantwortlich, aufgrund besonderer Fachkenntnis, unselbstständig oder in untergeordneter Stellung erbracht werden.

a) Freier Dienstvertrag

Hat der Verpflichtete die Tätigkeit selbstständig und eigenverantwortlich auszuführen, so spricht man von sog. freien (unabhängigen) Dienstverträgen.

Beispiele: Tätigkeit des frei praktizierenden Arztes, Rechtsanwalts oder Steuerberaters.

b) Arbeitsvertrag

Sind dagegen Dienste von gewisser Dauer in persönlicher und 3 wirtschaftlicher Abhängigkeit zum Dienstberechtigten zu erbringen, so handelt es sich um einen *abhängigen Dienstvertrag*. Hier wird der Dienstverpflichtete in der Regel in den Wirtschaftsbetrieb des Berechtigten eingegliedert und unterliegt in weitem Umfang dessen Weisungen. Diesen Unterfall eines Dienstvertrages bezeichnet man als Arbeitsvertrag, seine Parteien als *Arbeitgeber* und *Arbeitnehmer*.

Beispiele: Vertrag zwischen Assistenzarzt und Krankenhaus, Vertrag zwischen Anwalt, der in der Rechtsabteilung einer AG tätig ist, und der Gesellschaft.

2. Vergütung

Zum Begriff des Dienstvertrages gehört ferner, dass dem Dienst- 4 verpflichteten als Gegenleistung für seine Dienste eine Vergütung gewährt werden soll, die normalerweise in Geld besteht. Es kann aber auch eine andere Leistung, wie z. B. die Überlassung von Naturalien, vereinbart sein.

II. Bedeutung und gesetzliche Regelung

5   Der Dienstvertrag, vor allem aber der Arbeitsvertrag, ist für die meisten Menschen das weitaus wichtigste Rechtsgeschäft, weil sie regelmäßig aus der Verwertung ihrer Arbeitskraft ihren Lebens- und Familienunterhalt bestreiten müssen.

Das BGB behandelt den Dienstvertrag in den §§ 611 ff. als besonderen Schuldvertrag, für den – ebenso wie für andere Schuldverträge – die Vertragsfreiheit gilt. Mit der Vertragsfreiheit lässt sich aber nur dort ein ausgewogenes Verhältnis von Leistung und Gegenleistung erreichen, wo sich etwa gleich starke Partner gegenüberstehen. Das ist beim Arbeitsvertrag regelmäßig nicht der Fall, weil der Arbeitgeber im Allgemeinen wirtschaftlich stärker ist als der auf die Beschäftigung angewiesene Arbeitnehmer. Eine uneingeschränkte Geltung der Vertragsfreiheit würde es dem Arbeitgeber ermöglichen, nur für ihn günstige Vertragsbedingungen zu vereinbaren. Um das zu verhindern, hat der Gesetzgeber zum Schutz des Arbeitnehmers zahlreiche arbeitsrechtliche Gesetze erlassen, welche die Vertragsfreiheit einschränken (z.B. Jugendarbeitsschutzgesetz, Mutterschutzgesetz). Die Gleichbehandlung von Männern und Frauen am Arbeitsplatz soll durch die §§ 611a, 611b, 612 III erreicht werden.

6   Die Stellung der Arbeitnehmer wird auch dadurch verstärkt, dass Art. 9 III GG ihnen – ebenso wie den Arbeitgebern – das Recht gewährleistet, sich zu Koalitionen zusammenzuschließen. In ihrem Zusammenschluss zur Gewerkschaft bilden sie gegenüber den Arbeitgebern oder deren Verbänden ein Gegengewicht und sind so in der Lage, beim Abschluss von Tarifverträgen ihre Interessen zu wahren. Die im Tarifvertrag ausgehandelten Arbeitsbedingungen wirken wie ein Gesetz unmittelbar und zwingend auf das Arbeitsverhältnis der beiderseits Tarifgebundenen ein (§§ 1, 3, 4 TVG); sie können nicht zu Ungunsten des Arbeitnehmers im Einzelarbeitsvertrag abbedungen werden (§ 4 III TVG).

7   Ein weiterer wirksamer Schutz der Arbeitnehmer wird dadurch erreicht, dass sie im Betrieb und Unternehmen bei bestimmten Fragen mitbestimmen können. Zu erwähnen sind hier das Betriebsverfassungsgesetz, das Mitbestimmungsgesetz, das Montan-Mitbestimmungsgesetz sowie das Mitbestimmungsergänzungsgesetz (Brox/Rüthers, ArbR Rdnr. 343 ff., 410 ff.).

Schon die genannten gesetzlichen Bestimmungen zeigen, dass 8
das Arbeitsrecht aus dem Dienstvertragsrecht des BGB herausge-
wachsen ist. Rechtsprechung und Wissenschaft haben es zu einem
Sonderrechtsgebiet weiterentwickelt, dessen Behandlung den Lehrbüchern und Grundrissen des Arbeitsrechts vorbehalten bleiben
muss.

Für das Arbeitsverhältnis gelten die §§ 611 ff. nur subsidiär. Ihr
Hauptanwendungsgebiet finden diese Bestimmungen bei den freien
Dienstverträgen; einzelne Vorschriften, namentlich die §§ 617 bis
619, 624, 629 und 630, sind allerdings auf die sozial abhängigen
Dienstverpflichteten zugeschnitten und dürfen deshalb nicht ohne
weiteres auf den Dienstvertrag mit Selbstständigen angewendet
werden.

III. Abgrenzung

1. Dienst- und Werkvertrag

Besondere Schwierigkeiten bereitet die Abgrenzung von Dienst- 9
und Werkvertrag. Theoretisch lässt sie sich zwar leicht durchführen:
Beim Dienstvertrag wird die *Dienstleistung als solche,* beim Werkvertrag hingegen ein bestimmter *Arbeitserfolg,* ein Arbeitsergebnis,
versprochen. Im Einzelfall ist es aber oft schwer festzustellen, ob nur
ein Arbeitseinsatz oder aber ein Arbeitserfolg geschuldet wird. Denn
auch beim Dienstvertrag werden die Tätigkeiten nicht als Selbst-
zweck, sondern im Hinblick auf einen bestimmten Erfolg in Anspruch genommen. Der wesentliche Unterschied besteht darin, dass
der Verpflichtete beim Werkvertrag für die Verwirklichung des
angestrebten Erfolgs einzustehen, also insoweit das Unternehmerrisiko zu tragen hat, während der aus einem Dienstvertrag Verpflichtete nicht mit dem Erfolgsrisiko belastet ist. Der Unternehmer beim
Werkvertrag kann das vereinbarte Entgelt nicht beanspruchen, wenn
der versprochene Erfolg ausbleibt, während der Dienstpflichtige
seinen Lohn auch dann erhält, wenn der mit seiner Tätigkeit bezweckte Erfolg nicht eintritt.

Im **Fall a** hat U gegenüber B keinen Anspruch auf den Werklohn; G kann
hingegen von U den vereinbarten Stundenlohn verlangen.

10   Ob der eine oder der andere Vertrag vorliegt, ist unter Berücksichtigung aller Umstände des Einzelfalls durch Auslegung zu ermitteln (BGH NJW 1999, 3118). Starre Abgrenzungskriterien lassen sich hierbei nicht aufstellen.

Allein aus der Art oder dem Gegenstand der geschuldeten Tätigkeit ergibt sich noch nicht, ob ein bestimmtes Werk oder nur die zu seiner Herstellung erforderlichen Dienste geschuldet sind. Ein und dieselbe Tätigkeit kann je nach den getroffenen Vereinbarungen Gegenstand eines Dienst- oder Werkvertrags sein.

So würde G im **Fall a** mit der Reparatur des Motors nicht nur seine eigene Verpflichtung aus dem Dienstvertrag, sondern zugleich die Unternehmerverpflichtung des U gegenüber B aus dem Werkvertrag erfüllen.

11   Ebenso wenig lässt die Art, wie die Vergütung berechnet wird, zwingende Schlüsse auf den einen oder anderen Vertragstyp zu. Sowohl beim Dienst- als auch beim Werkvertrag kann die Vergütung nach der Dauer der Tätigkeit oder nach ihrem Ergebnis bemessen werden.

Beim Arbeitsvertrag wird der Lohn nicht selten nach der Zahl der hergestellten Stücke berechnet (Akkordlohn), während umgekehrt die Vergütung eines Werkunternehmers maßgeblich nach der aufgewendeten Zeit bemessen sein kann (z. B. Beseitigung eines Wasserrohrbruchs).

12   Schließlich lässt sich die Grenze zwischen Werk- und Dienstvertrag nicht danach ziehen, ob die Tätigkeit selbstständig oder unselbstständig erbracht wird. Auch der aus einem Dienstvertrag Verpflichtete kann gegenüber dem Vertragspartner durchaus eine selbstständige Stellung haben. Umgekehrt kann der Werkunternehmer im Einzelfall weitgehend den Weisungen des Bestellers unterliegen.

So werden beispielsweise die Vorstandsmitglieder einer AG trotz ihrer Selbstständigkeit regelmäßig aufgrund eines Dienstvertrags tätig. Andererseits erfolgt die Anlage eines Ziergartens durch einen selbstständigen Gärtner aufgrund eines Werkvertrags, obwohl sich der Gärtner nach den Wünschen des Bestellers richten muss.

13   Wo aber die Tätigkeit unter fachlicher Anleitung und Mitverantwortung des Berechtigten geleistet wird, der u. U. auch die erforderlichen Einrichtungen und Arbeitsmittel stellt, handelt es sich meistens um einen Dienst- oder Arbeitsvertrag. Hier wird der Ver-

pflichtete wegen seiner persönlich und wirtschaftlich abhängigen Stellung im allgemeinen nicht bereit sein, ein Unternehmerrisiko zu übernehmen.

Entsprechendes gilt, wenn der Eintritt des mit der Dienstleistung bezweckten Erfolges nicht ausschließlich von den Fähigkeiten des Verpflichteten abhängt.

Verträge mit Ärzten oder Rechtsanwälten sind meistens Dienstverträge. **14** Streit besteht darüber, wie die Tätigkeit des Architekten rechtlich einzuordnen ist. Nach h. M. ist der Architektenvertrag dann ein Werkvertrag, wenn er die Bauplanung, Oberleitung und örtliche Bauaufsicht umfasst. Hierbei wird der Erstellung des Bauplanes, der ein Werk im Sinne des § 631 ist, gegenüber den anderen Architektentätigkeiten ein so starkes Gewicht beigelegt, dass sie den Gesamtcharakter des Vertrages bestimmen (vgl. § 634 a I Nr. 2 sowie BGHZ 31, 224, 227). Aber auch die Verpflichtung nur zur Bauleitung und örtlichen Bauaufsicht kann für die Erstellung des Bauwerkes von so großer Bedeutung sein, dass ein Werkvertrag vorliegt (BGHZ 82, 100; str.).

2. Dienstvertrag und Auftrag

Der Unterschied zwischen Auftrag und Dienstvertrag besteht vor **15** allem darin, dass der Auftrag unentgeltlich (§ 662), der Dienstvertrag aber entgeltlich ist.

IV. Abschluss

Da der Dienstvertrag ein Schuldvertrag ist, gelten für sein Zustan- **16** dekommen die allgemeinen Regeln (vor allem §§ 145 ff., 104 ff.). Das Dienstvertragsrecht enthält jedoch einige Besonderheiten, die teils in den §§ 611 ff., vor allem aber in den arbeitsrechtlichen Nebengesetzen geregelt sind.

1. Einschränkung der Vertragsfreiheit

Soweit es sich um *freie* Dienstverträge handelt, ist die Vertrags- **17** freiheit weder hinsichtlich der Abschluss- noch bezüglich der inhaltlichen Gestaltungsfreiheit begrenzt.

Bei den *abhängigen* Dienstverträgen (= Arbeitsverträgen) hat der Gesetzgeber hingegen zum Schutz des sozial schwächeren Arbeitnehmers die Vertragsfreiheit in verschiedener Hinsicht eingeschränkt.

Hervorzuheben sind hier vor allem verschiedene gesetzliche *Abschlussverbote* (z.B. Beschäftigungsverbote für Kinder, § 5 JugendarbeitsschutzG) wie auch *Abschlussgebote* (vgl. § 71 SGB IX zu Gunsten von Schwerbehinderten). Ebenso sind der Gestaltungsfreiheit durch zahlreiche Gesetze, Tarifverträge oder Betriebsvereinbarungen Grenzen gesetzt.

2. Einigung über Dienstleistung und Vergütung

18   Das Zustandekommen eines Dienstvertrags setzt eine Vereinbarung darüber voraus, dass der Dienstverpflichtete bestimmte Dienste leisten und der Dienstberechtigte ihm hierfür eine Vergütung gewähren soll (§ 611 I). Fehlt es an einer Einigung über diese für den Dienstvertrag wesentlichen Punkte, dann wäre der Vertrag nach allgemeinen Regeln wegen Dissenses nichtig (§§ 154, 155).

a) Fiktion der Vergütungsvereinbarung

§ 612 enthält hiervon eine wichtige Ausnahme: Haben die Parteien die Frage, ob und in welcher Höhe für die Dienste eine Vergütung gewährt werden soll, nicht geregelt, dann ist der Vertrag trotzdem gültig. Nach § 612 „gilt" nämlich dann eine Vergütung als stillschweigend vereinbart, „wenn die Dienstleistung den Umständen nach nur gegen eine Vergütung zu erwarten ist".

19   Auf den ersten Blick scheint § 612 etwas Selbstverständliches zu sagen, dass nämlich eine Vergütungsvereinbarung stillschweigend getroffen werden kann. Diese Bestimmung enthält jedoch keine Auslegungsregel, sondern eine unwiderlegbare Vermutung (Palandt/Putzo, § 612 Rdnr. 5; h.M.): Hat sich jemand verpflichtet, Dienste zu leisten, die normalerweise nur entgeltlich erbracht werden, dann ist hierfür – auch ohne ausdrückliche oder stillschweigende Vereinbarung – *kraft Gesetzes* eine Vergütung geschuldet. Hieraus folgt, dass der Dienstberechtigte den Vertrag nicht wegen Erklärungsirrtums nach § 119 I anfechten kann, weil er sich darüber geirrt habe, dass die in Anspruch genommenen Dienste üblicherweise nur gegen Entgelt erbracht würden (**Fall b**).
Anders wäre es dagegen, wenn § 612 nur eine Auslegungsregel für das Vorliegen einer stillschweigenden Willenserklärung enthielte; dann wäre es dem Dienstberechtigten unbenommen, seine (schlüssige) Willenserklärung nach § 119 I anzufechten.

§ 612, mit dem eine Vertragslücke geschlossen werden soll, greift dort nicht ein, wo sich die Parteien über die Unentgeltlichkeit der Dienste geeinigt haben. Hier liegt ein Auftrag nach § 662 vor.

b) Höhe der Vergütung bei fehlender Vereinbarung

Während § 612 I die Vergütungspflicht als solche anordnet, regelt **20**
§ 612 II die Vergütungshöhe. Hiernach ist beim Fehlen einer entgegenstehenden gesetzlichen, kollektiv- oder einzelvertraglichen Regelung die taxmäßige Vergütung, beim Fehlen einer Taxe die übliche
Vergütung als vereinbart anzusehen.

Taxen im Sinne des § 612 II sind nur die auf gesetzlicher Grundlage ergan-
genen (abdingbaren) Gebührenordnungen, z. B. für Rechtsanwälte und Ärzte.

Lässt sich weder eine Taxe noch die übliche Vergütung ermitteln,
kann der Dienstverpflichtete als Fordernder die Höhe nach billigem
Ermessen bestimmen (§§ 316, 315; AS § 6 Rdnr. 2 ff.).

3. Form

Der Abschluss von Dienstverträgen ist regelmäßig formfrei. In Ta- **21**
rifverträgen wird häufig bestimmt, dass Arbeitsverträge der Schriftform bedürfen; diese soll meist nur deklaratorische Bedeutung haben
(Brox/Rüthers, ArbR Rdnr. 53 f.).

4. Besonderheiten bei Fernabsatzgeschäften

Falls der Dienstvertrag zwischen einem Unternehmer (§ 14) und **22**
einem Verbraucher (§ 13) unter ausschließlicher Verwendung von
Fernkommunikationsmitteln abgeschlossen wird, fällt er als *Fern-
absatzvertrag* unter § 312 b (Ausnahmen: § 312 b III). Dann treffen den Unternehmer beim Abschluss des Dienstvertrages nach
§ 312 c i. V. m. § 1 BGB-InfoV umfassende Informationspflichten (s.
§ 7 Rdnr. 41). Ferner steht dem Verbraucher ein *Widerrufs- oder
Rückgaberecht nach § 312 d i. V. m. § 355* zu. Dazu kann weitgehend auf die Ausführungen zu den Fernabsatzgeschäften und ihre
Bedeutung beim Kauf (§ 7 Rdnr. 41) verwiesen werden, da diese
grundsätzlich auch beim Dienstvertrag gelten.

Folgende Besonderheiten sind erwähnenswert: Die Verpflichtung des Unternehmers, die beim Vertragsschluss notwendigen Informationen auf einem
dauerhaften Datenträger zur Verfügung zu stellen und den Verbraucher auf
bestimmte Informationen besonders aufmerksam zu machen (§ 312 c II), gilt
nicht bei allen Fernabsatzverträgen über Dienstleistungen (§ 312 c III). Ferner
beginnt die Frist für den Widerruf des Vertrages abweichend von § 355 II 1

(dazu AS § 19) nicht vor dem Tag des Vertragsabschlusses (§ 312 d II 1). Das Widerrufsrecht erlischt spätestens vier Monate nach Vertragsschluss oder wenn der Unternehmer mit Zustimmung oder auf Veranlassung des Verbrauchers vor Ablauf der Widerrufsfrist mit der Ausführung der Dienstleistungen begonnen hat (§ 312 d III).

V. Abschlussmängel

23   Wie jeder Vertrag kann auch der Dienstvertrag an verschiedenen Mängeln leiden, also z. B. nichtig oder anfechtbar sein.

1. Vor Dienstantritt

Solange die vereinbarten Dienste noch nicht geleistet sind, gelten die allgemeinen Regeln: Der nichtige Vertrag gelangt nicht zur Entstehung, der angefochtene wird mit rückwirkender Kraft vernichtet (§ 142 I).

2. Nach Dienstantritt

24   Sind aber schon Dienstleistungen erbracht worden, dann können die Bestimmungen über die Nichtigkeit und Anfechtbarkeit nur noch eingeschränkt angewendet werden. Das gilt jedenfalls für solche Dienstverhältnisse, die auf eine gewisse Dauer angelegt sind. Hier muss das Dienstverhältnis für die Zeit, in der es bereits vollzogen ist, als wirksam behandelt werden, weil eine Rückabwicklung dieses Dauerschuldverhältnisses nach den allein in Betracht kommenden Bereicherungsvorschriften (vgl. vor allem § 818 III) zu schwer lösbaren Schwierigkeiten und unbilligen Ergebnissen für den Dienstverpflichteten führen würde (Näheres: Brox, Die Einschränkung der Irrtumsanfechtung, 1960, 231 ff., 271 ff.). Deshalb besteht in Rechtsprechung und Lehre trotz unterschiedlicher Begründung im Ergebnis darüber Einigkeit, dass eine Anfechtung entgegen § 142 I nur Wirkung für die Zukunft entfalten kann, so dass dem Dienstverpflichteten für bereits geleistete Dienste der vertragliche Anspruch erhalten bleibt (**Fall c**). Ebenso kann auch die Nichtigkeit grundsätzlich nur für die Zukunft berücksichtigt werden (vgl. AS § 4 Rdnr. 71 f.).

25   Eine Besonderheit gilt, wenn der vollzogene Vertrag wegen mangelnder Geschäftsfähigkeit einer Partei nichtig ist. Hier geht der vom Gesetz höher bewer-

tete Schutz des Nichtgeschäftsfähigen vor; vertragliche Ansprüche gegen diesen müssen ausscheiden. Die Nichtigkeit tritt allerdings nur insoweit ein, als das zum Schutz des Nichtgeschäftsfähigen erforderlich ist. Wenn z. B. ein Minderjähriger aufgrund eines nichtigen Dienstvertrages in der Vergangenheit Dienstleistungen erbracht hat, dann hat er insoweit einen vertraglichen Vergütungsanspruch. – Wenn der Dienstvertrag auf eine sittenwidrige oder strafbare Handlung gerichtet ist (§§ 138, 134), muss die Nichtigkeit ebenfalls für die Vergangenheit berücksichtigt werden. Im **Fall d** kann B deshalb aus Vertrag weder einen Stundenlohn von 20 Euro noch von 10 Euro verlangen.

§ 20. Pflichten der Dienstvertragsparteien und Folgen einer Nicht- oder Schlechterfüllung

Schrifttum: Brox/Walker, Die Einschränkung der Arbeitnehmerhaftung 1
gegenüber dem Arbeitgeber, DB 1985, 1469; Däubler, Die Haftung des Arbeitnehmers – Grundlagen und Grenzen, NJW 1986, 867; Gotthardt, Arbeitsrecht nach der Schuldrechtsreform, 2002; Otto, Ist es erforderlich, die Verteilung des Schadensrisikos bei unselbständiger Arbeit neu zu ordnen?, Gutachten E, 1. Teilgutachten, zum 56. Deutschen Juristentag, 1986; Picker, Fristlose Kündigung und Unmöglichkeit, Annahmeverzug und Vergütungsgefahr im Dienstvertragsrecht, JZ 1985, 641, 693; Preis/Hamacher, Das Recht der Leistungsstörungen im Arbeitsverhältnis, Jura 1998, 11 u. 116; Walker, Die eingeschränkte Haftung des Arbeitnehmers unter Berücksichtigung der Schuldrechtsreform, JuS 2002, 736.

Fälle:

a) A schließt mit dem Architekten B einen Dienstvertrag über die örtliche Bauaufsicht für ein Bauvorhaben. Da B im Augenblick sehr beschäftigt ist, gibt er den Auftrag an einen Kollegen weiter. A ist damit nicht einverstanden und will deshalb kein Honorar zahlen.

b) Wie wäre es, wenn B unter seiner Aufsicht einen Teil der Arbeiten von seinem Angestellten D ausführen lässt?

c) Der Student S bittet die Stenotypistin B, ihm zu einem Stundenlohn von 10 Euro am nächsten Wochenende seine Examensarbeit zu schreiben. Als B bei S erscheint, erklärt er ihr, er wolle die Arbeit nicht abgeben, B könne aber seiner Wirtin zum selben Stundenlohn beim Hausputz helfen. B lehnt das ab und verlangt von S die vereinbarte Vergütung.

I. Pflichten des Dienstverpflichteten

Der Dienstverpflichtete ist zur Leistung der versprochenen Dienste verpflichtet (§ 611 I). Daneben treffen ihn noch eine Reihe weiterer Pflichten.

1. Hauptleistungspflicht zur Dienstleistung

a) Inhalt

Der Inhalt dieser Pflicht bestimmt sich nach den einzelvertraglichen Abreden, bei den Arbeitsverhältnissen hingegen auch nach den zum Schutz des Arbeitnehmers erlassenen Gesetzen, den Tarifverträgen oder Betriebsvereinbarungen.

b) Konkretisierung durch Direktionsrecht

2   Da die Dienstleistung vor allem bei länger dauernden Dienstverhältnissen nicht in allen Einzelheiten vorher festgelegt werden kann, steht dem Dienstberechtigten zur Konkretisierung der Dienstpflicht ein Weisungs- oder Direktionsrecht zu. Das Direktionsrecht ermöglicht es dem Dienstberechtigten, die in Umrissen bereits feststehende Dienstleistungspflicht den jeweiligen Erfordernissen anzupassen. Es berechtigt ihn aber nicht, einseitig den Pflichtenkreis des Dienstverpflichteten über den vertraglich oder kollektivrechtlich gezogenen Rahmen hinaus zu erweitern.

Beispiel: Ist A als Betriebsschlosser eingestellt, dann kann ihn der Dienstberechtigte B sehr wohl anweisen, im Betrieb zu einer bestimmten Zeit Maschinen zu reparieren. Es ist dem B aber nicht gestattet, A gegen seinen Willen auf einer Baustelle als Handlanger einzusetzen.

c) Persönliche Erbringung

3   Die Dienstleistung ist „im Zweifel" persönlich zu erbringen (§ 613 S. 1). Soweit nicht etwas anderes vereinbart ist, darf der Dienstverpflichtete also nicht die geschuldete Tätigkeit gegen den Willen des Dienstberechtigten durch einen anderen ausführen lassen **(Fall a)**.

§ 613 S. 1 verbietet es dem Dienstverpflichteten jedoch nicht, im verkehrsüblichen Rahmen Gehilfen einzusetzen **(Fall b)**.

Andererseits braucht der Dienstverpflichtete im Fall einer Verhinderung auch keinen Ersatzmann zu stellen. Das Gesetz trägt hier dem Umstand Rechnung, dass die Parteien beim Dienstvertrag der Persönlichkeit und den Fähigkeiten des Partners normalerweise großes Gewicht beilegen.

Aus dem gleichen Grund ordnet § 613 S. 2 an, dass der Anspruch auf die Dienste „im Zweifel" *nicht übertragbar* ist.

Beim *Arbeitsverhältnis* ist das Verhältnis des Arbeitnehmers zur Person des **4** Arbeitgebers meist von nicht so großer Bedeutung wie die Zugehörigkeit des Arbeitnehmers zum Betrieb. Deshalb sieht § 613 a I vor, dass beim Übergang des Betriebs oder eines Betriebsteils durch Rechtsgeschäft auf einen anderen Inhaber dieser in die Rechte und Pflichten der bisherigen Arbeitsverhältnisse eintritt (vgl. Brox/Rüthers, ArbR Rdnr. 223 a ff.). Es handelt sich um einen Fall der gesetzlichen Vertragsübernahme (vgl. die ähnliche Regelung in § 566, dazu § 12 Rdnr. 5 ff.).

2. Nebenleistungspflichten und Schutzpflichten

Für das Dienstverhältnis gilt wie für jedes Schuldverhältnis das **5** allgemeine Gebot redlichen Verhaltens (§ 242): Jeder Vertragspartner hat seine Leistung so zu bewirken, wie Treu und Glauben unter Beachtung der Verkehrssitte es erfordern. Außerdem ist er zur Rücksicht auf die Rechte, Rechtsgüter und Interessen des anderen Teils verpflichtet (§ 241 II). Zur Abgrenzung zwischen Haupt- und Nebenleistungspflichten und Schutzpflichten nach § 241 II s. AS § 2 Rdnr. 5 ff. Diese Verhaltenspflichten gewinnen beim Dienstverhältnis gesteigerte Bedeutung, weil hier im Allgemeinen eine starke persönliche Bindung der Vertragspartner auf längere Zeit besteht. Wie weit diese Pflichten im Einzelfall gehen, kann nicht für alle Dienstverhältnisse einheitlich bestimmt werden. Es kommt hierbei sehr darauf an, welche Stellung dem Dienstverpflichteten im Einzelnen eingeräumt ist. Je enger sein Verhältnis zum Dienstberechtigten ist, desto mehr hat er auf dessen Belange Rücksicht zu nehmen (Einzelheiten: Brox/Rüthers, ArbR Rdnr. 87 ff.).

a) Handlungspflichten

Handlungspflichten: Der Dienstverpflichtete hat die mit dem **6** Dienstverhältnis zusammenhängenden, berechtigten Interessen des Dienstberechtigten nach besten Kräften wahrzunehmen.

Daraus folgt etwa die Pflicht, drohende Schäden (z. B. Fehler an Maschinen oder Material) anzuzeigen und gegenüber dem Dienstberechtigten richtige Angaben zu machen (z. B. keine falsche Spesenabrechnung, keine unwahre Entschuldigung bei Dienstversäumnis).

b) Unterlassungspflichten

7   Der Dienstverpflichtete hat alles zu unterlassen, was den mit dem Dienstverhältnis zusammenhängenden berechtigten Interessen des Dienstberechtigten zuwiderläuft.

> Dem Dienstverpflichteten ist es z. B. nicht gestattet, andere Mitarbeiter zu veranlassen, ihre Pflichten nicht zu erfüllen. Er darf nicht den Betriebsfrieden stören. Ihn trifft eine Verschwiegenheitspflicht. Es ist ihm verboten, Schmiergeld anzunehmen oder eine Konkurrenztätigkeit auszuüben.

II. Rechtsfolgen der Nicht- oder Schlechterfüllung durch den Dienstverpflichteten

8   Für die Nicht- oder Schlechterfüllung seiner Pflichten hat der Dienstverpflichtete nach den allgemeinen Grundsätzen einzustehen. Für das Dienstvertragsrecht werden diese Regeln in einigen Punkten modifiziert.

1. Klage auf Erfüllung

Kommt der Dienstverpflichtete seinen vertraglichen Leistungspflichten nicht nach, so kann ihn der Dienstberechtigte auf Erfüllung verklagen.

> Der Dienstherr kann aber aus dem erstrittenen Urteil regelmäßig nicht vollstrecken (§ 888 III ZPO). Ist die Dienstleistung jedoch auch von einem anderen erbringbar, also vertretbar, dann ist eine Vollstreckung nach § 887 ZPO möglich (Brox/Walker, ZVR Rdnr. 1066 m. N.): Der Dienstberechtigte ist auf seinen Antrag hin vom Prozessgericht zu ermächtigen, die Handlung auf Kosten des Dienstverpflichteten vornehmen zu lassen.

2. Verweigerung der Lohnzahlung

9   Da die Pflicht zur Dienstleistung mit der Lohnzahlungspflicht im Gegenseitigkeitsverhältnis steht, kann der Dienstberechtigte nach § 320 I den Lohn zurückbehalten, bis der Dienstverpflichtete seine Leistung erbringt (AS § 13 Rdnr. 12 ff.).

> Häufig ist die Dienstleistung allerdings nicht mehr nachholbar und deshalb unmöglich geworden, so dass der Dienstberechtigte bereits nach § 326 I von seiner Vergütungspflicht frei geworden ist.

3. Schadensersatzansprüche

a) Wegen schuldhafter Nichtleistung

Hat der Dienstverpflichtete das *Ausbleiben* oder die *Verspätung* 10
seiner Leistung zu vertreten, so kann der Dienstberechtigte gegen ihn
nach § 280 III vorgehen und unter den dort genannten Voraussetzungen Schadensersatz statt der Leistung verlangen.

An die Stelle des in § 323 vorgesehenen Rücktrittsrechts tritt das Recht zur
fristlosen Kündigung (§ 626; dazu § 21 Rdnr. 8 ff.). Falls der Dienstberechtigte (z. B. der Arbeitgeber) das Vertragsverhältnis außerordentlich kündigt,
nachdem er dazu durch ein vertragswidriges Verhalten des Dienstverpflichteten (z. B. des Arbeitnehmers) veranlasst wurde, kann er nach § 628 II Schadensersatz wegen des durch die Aufhebung des Dienstverhältnisses entstehenden Schadens verlangen.

b) Wegen schuldhafter Schlechtleistung

Ebenso macht sich der Dienstverpflichtete wegen Pflichtverlet 11
zung nach § 280 schadensersatzpflichtig, wenn er seine vertraglichen
Pflichten schuldhaft *schlecht erfüllt.*

Zu beachten ist hierbei die im Kern nahezu einhellige Ansicht in
Rechtsprechung und Schrifttum, wonach der Arbeitnehmer – nicht
aber ein sonstiger Dienstverpflichteter – wegen der Schädigung seines Arbeitgebers bei Durchführung einer betrieblich veranlassten
Tätigkeit entgegen § 276 I nicht für jedes Verschulden einzustehen
braucht. Vielmehr hat er nach den vom Großen Senat des BAG
(grundlegend BAGE 5, 1; fortgeführt in ZIP 1994, 1712) entwickelten Grundsätzen nur bei einer vorsätzlichen Schädigung seines Arbeitgebers in voller Höhe Ersatz zu leisten. Bei einer grob fahrlässigen Schadensverursachung haftet er in der Regel auch voll; falls
allerdings die Höhe des Schadens außer jedem Verhältnis zu dem
Einkommen des Arbeitnehmers steht und nicht gerade ein Fall von
besonders grober (gröbster) Fahrlässigkeit gegeben ist, ist die Haftung des Arbeitnehmers eingeschränkt, wobei sich der Umfang der
Haftung nach den Umständen des Einzelfalles richtet. Bei normaler
Fahrlässigkeit soll der Schaden zwischen Arbeitgeber und Arbeitnehmer aufgeteilt werden; bei dieser sog. Schadensquotelung sind die
gesamten Umstände des Einzelfalles, vor allem das Alter des Arbeit

nehmers, die Dauer seiner Betriebszugehörigkeit, die Höhe seiner Vergütung, die Gefährlichkeit seiner Tätigkeit und der Umfang des Schadens zu würdigen. Für einen mit lediglich leichter (= leichtester) Fahrlässigkeit verursachten Schaden haftet der Arbeitnehmer überhaupt nicht. Begründet wird diese eingeschränkte Arbeitnehmerhaftung mit einer analogen Anwendung des § 254: Dem Verschulden des Arbeitnehmers wird das vom Arbeitgeber zu tragende Betriebsrisiko als Schadenszurechnungsgrund gegenübergestellt. Einzelheiten: Walker, JuS 2002, 736.

Falls die Haftungseinschränkung zu Gunsten des Arbeitnehmers eingreift, dann gilt sie nicht nur für vertragliche, sondern auch für gesetzliche Schadensersatzansprüche, z. B. für denjenigen aus § 823 I.

12   Hervorzuheben ist noch einmal, dass die Haftungsmilderung nur dem Arbeitnehmer, nicht dagegen dem in einem freien Dienstverhältnis beschäftigten Dienstverpflichteten zugute kommt, weil dieser regelmäßig eines solchen Schutzes nicht bedarf. Außerdem wirkt die Haftungseinschränkung nur im Verhältnis zu dem geschädigten Arbeitgeber. Man spricht deshalb auch von einem innerbetrieblichen Schadensausgleich. Wenn der Arbeitnehmer dagegen im Rahmen seiner betrieblichen Tätigkeit einen Dritten schädigt, haftet er diesem gegenüber für jedes Verschulden. Die sogenannte Außenhaftung des Arbeitnehmers ist also nicht eingeschränkt. Dem Arbeitnehmer kann allerdings ein Freistellungsanspruch gegen seinen Arbeitgeber zustehen (§ 670 BGB analog).

III. Pflichten des Dienstberechtigten

13   Der Dienstberechtigte ist in erster Linie zur Gewährung der Vergütung verpflichtet (§ 611 I). Aus dem Dienstverhältnis ergeben sich aber noch weitere Pflichten.

1. Pflicht zur Gewährung der Vergütung

a) Art und Umfang der Vergütung

Art und Umfang der geschuldeten Vergütung richten sich nach den getroffenen Vereinbarungen, beim Fehlen einer solchen Abrede nach § 612 (vgl. § 19 Rdnr. 18 ff.). Soweit es sich um Arbeitsverhältnisse handelt, sind Tarifverträge oder Betriebsvereinbarungen zu beachten.

Üblicherweise wird die Vergütung in Geld gezahlt, was § 115 I GewO für gewerbliche Arbeitnehmer sogar vorschreibt. Die normale Vergütungsform ist der Lohn, der als Zeitlohn (z. B. Stundenlohn) oder Stücklohn (Akkordlohn) vorkommt. Daneben gibt es noch einige Sonderformen (z. B. Provision, Gratifikation, Prämie, Tantieme).

b) Fälligkeit der Vergütung

Soweit nichts anderes vereinbart ist, wird die Vergütung erst *nach* **14** *Leistung der Dienste fällig*. Ist sie nach Zeitabschnitten bemessen, so muss der Dienstberechtigte sie nach Ablauf der einzelnen Zeitabschnitte gewähren (§ 614). Deshalb erhält der Arbeitnehmer seine Vergütung erst am Monatsende, wenn nicht im Tarifvertrag oder im Arbeitsvertrag ein anderer Zeitpunkt (z. B. am 15. jedes Monats) vereinbart ist. Nach § 614 ist der Dienstverpflichtete vorleistungspflichtig.

2. Vergütungspflicht ohne Dienstleistung

Nach allgemeinen Regeln braucht der Vertragspartner eines ge- **15** genseitigen Vertrags eine Leistung nicht zu erbringen, wenn der andere nicht leistet oder nicht leisten kann (§§ 320, 326). Das Dienstvertragsrecht kennt hiervon drei wichtige Ausnahmen:

a) Annahmeverzug des Dienstberechtigten

Nimmt der Dienstberechtigte die ihm ordnungsgemäß angebotene Dienstleistung nicht an und gerät er deshalb in Annahmeverzug (§§ 293 ff.), dann muss er dem Dienstverpflichteten die vereinbarte Vergütung gewähren, ohne von ihm die Nachleistung der Dienste verlangen zu können (§ 615 S. 1; **Fall c**). Hier führt der Gläubigerverzug ausnahmsweise zur Befreiung des Schuldners von seiner Leistungspflicht. Der Dienstverpflichtete muss sich nach § 615 S. 2 auf seinen Vergütungsanspruch allerdings das anrechnen lassen, was er „infolge des Unterbleibens der Dienstleistung erspart oder durch anderweitige Verwendung seiner Dienste erwirbt oder zu erwerben böswillig unterlässt".

Zu den Ersparnissen gehören beispielsweise die Fahrtkosten. Böswillig i. S. d. § 615 S. 2 handelt, wer vorsätzlich eine ihm zumutbare andere Arbeit ausschlägt (vgl. BAGE 6, 306; 14, 31, 36). Was zumutbar ist, lässt sich nur unter Berücksichtigung aller Umstände des Einzelfalls nach Treu und Glauben bestimmen. – Im **Fall c** brauchte B die ihr von S angetragene Putzarbeit nicht zu übernehmen.

b) Betriebsstörung

16   In Abweichung von den allgemeinen Regeln muss der Dienstberechtigte nach dem zum 1. 1. 2002 neu eingefügten § 615 S. 3 bei einer von keiner Seite zu vertretenden Betriebsstörung die vereinbarte Vergütung auch dann zahlen, wenn die Dienstleistung aus betrieblichen Gründen nicht erbracht werden kann. In diesen Fällen trägt der Arbeitgeber das *Betriebsrisiko*. Das entsprach schon vor der Einfügung des § 615 S. 3 allgemeiner Ansicht (vgl. nur Brox/Rüthers, ArbR Rdnr. 169 ff.).

Beispiele: Wegen eines Brandes, Ausfalls der Stromversorgung, schlechten Wetters oder eines Maschinenschadens kann nicht gearbeitet werden. Für diese Zeit muss der Arbeitgeber seinen Arbeitnehmern trotz Nichtarbeit die vereinbarte Vergütung zahlen.

c) Persönliche Verhinderung und Krankheit

17   Weitere Ausnahmen von dem Grundsatz „ohne Arbeit kein Lohn" ergeben sich aus § 616 und aus dem Entgeltfortzahlungsgesetz.

aa) Nach § 616 S. 1 behält der Dienstverpflichtete seinen Vergütungsanspruch, wenn er für eine verhältnismäßig nicht erhebliche Zeit durch einen in seiner Person liegenden Grund ohne sein Verschulden an der Dienstleistung verhindert wird. Die Bestimmung beruht auf fürsorgerischen Erwägungen und soll gewährleisten, dass der Dienstverpflichtete nicht in Not gerät, wenn er für einige Zeit nicht seiner Arbeit nachgehen kann.

18   (1) § 616 S. 1 hat folgende *Voraussetzungen:*

(a) Erstens muss die Dienstverhinderung in den *persönlichen Verhältnissen* des Dienstverpflichteten begründet sein.

Hierzu gehören vor allem Unfälle und außerordentliche Vorkommnisse in der Familie (z. B. Todesfall; schwere Erkrankung naher Angehöriger). Der Arbeitsausfall wegen eigener Erkrankung des Arbeitnehmers ist im Entgeltfortzahlungsgesetz (EFZG; dazu sogleich Rdnr. 22) besonders geregelt. Dagegen liegt keine Arbeitsverhinderung aus persönlichen Gründen vor, wenn der Dienstverpflichtete wegen Glatteises zu spät zur Arbeit kommt (BAG NJW 1983, 1078 f.). Hierbei handelt es sich um einen objektiven Hinderungsgrund.

(b) § 616 verlangt ferner, dass die Dienstverhinderung *nicht auf* **19** *einem Verschulden des Dienstverpflichteten* beruht. Schuldhaft ist eine Arbeitsverhinderung nach dem Sinn und Zweck des § 616 nur bei einem groben Abweichen von einer Verhaltensweise, die ein vernünftiger Dienstverpflichteter in seinem eigenen Interesse einzuhalten pflegt.

(c) Schließlich darf sich die Dienstverhinderung nur auf eine *„ver-* **20** *hältnismäßig nicht erhebliche Zeit"* erstrecken. Dauert die Dienstverhinderung länger als eine verhältnismäßig nicht erhebliche Zeit, so entfällt der Vergütungsanspruch nach der Fassung des § 616 ganz (BAGE 8, 314; a. A. Zöllner/Loritz, § 18 II 3 c).

(2) Die *Rechtsfolge* des § 616 S. 1 besteht darin, dass der Dienstverpflichte- **21** te trotz Nichtbringung der Dienstleistung seinen Vergütungsanspruch behält.
Nach § 616 S. 2 sind Sozialversicherungsleistungen auf den Vergütungsanspruch anzurechnen. Da nach § 49 SGB V der Anspruch gegen die Krankenkasse auf Krankengeld ruht, soweit das Arbeitsentgelt weitergezahlt wird, ist die Bedeutung des § 616 S. 2 für die Leistungen der Krankenversicherung gering.
Stehen dem Dienstverpflichteten aufgrund des § 616 Ansprüche auf Fortzahlung der Vergütung zu, so wird dadurch die Schadensersatzpflicht eines Dritten, der die Dienstunfähigkeit herbeigeführt hat, nicht berührt (BGHZ 21, 112).

bb) Wird ein Arbeitnehmer durch Arbeitsunfähigkeit infolge **22** *Krankheit* an seiner Arbeitsleistung verhindert, ohne dass ihn ein Verschulden trifft, verliert er dadurch nicht den Anspruch auf Arbeitsentgelt für die Zeit der Arbeitsunfähigkeit bis zur Dauer von sechs Wochen (§ 3 EFZG). Eine Kündigung des Arbeitnehmers aus Anlass der Arbeitsunfähigkeit lässt den Anspruch auf Fortzahlung des Arbeitsentgelts unberührt (§ 8 I 1 EFZG). Dieser Anspruch bleibt dem Arbeitnehmer auch dann erhalten, wenn er aus einem vom Arbeitgeber zu vertretenden wichtigen Grund gekündigt hat (§ 8 I 2 EFZG).

3. Sonstige Pflichten

Außer der Vergütungspflicht treffen den Dienstberechtigten zahl- **23** reiche Nebenleistungspflichten und Schutzpflichten. Im Arbeitsverhältnis spielen u.a. die Gleichbehandlungspflicht und die Beschäftigungspflicht eine große Rolle (Einzelh.: Brox/Rüthers, ArbR Rdnr. 129 ff.).

a) Schutzpflichten

Aus dem zum 1. 1. 2002 neu eingefügten § 241 II (allgemeines Gebot zur Rücksichtnahme auf die berechtigten Belange des Vertragspartners) ergeben sich Schutzpflichten des Dienstberechtigten. Sie gewinnen vor allem bei abhängigen Dienstverhältnissen wegen der gesteigerten Schutzbedürftigkeit des Arbeitnehmers eine besondere Bedeutung.

Zu den Schutzpflichten gehört z.B. die Pflicht zum Schutz von Leben und Gesundheit des Dienstverpflichteten (vgl. §§ 617 ff.) sowie zum Schutz der vom Dienstverpflichteten notwendigerweise mitgebrachten Gegenstände (Kleidung, Fahrrad).

b) Gleichbehandlungspflicht

24   Der Arbeitgeber hat die Arbeitnehmer gleichzubehandeln (vgl. Art. 3 GG, §§ 611a, 611b, 612 III, 612a; Einzelh.: Brox/Rüthers, ArbR Rdnr. 134 ff.).

Er darf beispielsweise nicht ohne triftigen Grund bestimmte Arbeitnehmer von allgemein gewährten Zuwendungen (etwa Zahlung von Weihnachtsgeld) ausschließen.

c) Beschäftigungspflicht

25   Aus dem Recht auf freie Entfaltung der Persönlichkeit und aus der personalen Würde des Arbeitnehmers folgt die Pflicht des Arbeitgebers, den Arbeitnehmer nicht nur zu vergüten, sondern ihn auch tatsächlich zu beschäftigen (Einzelh.: Brox/Rüthers, ArbR Rdnr. 138). Dabei handelt es sich um eine einklagbare Nebenleistungspflicht.

Diese Pflicht besteht nicht, wenn der Arbeitnehmer kein Interesse an der Beschäftigung hat oder dieser wichtige Gründe (z.B. Diebstahlsverdacht, Auftragsmangel) entgegenstehen.

IV. Rechtsfolgen der Nicht- oder Schlechterfüllung durch den Dienstberechtigten

Auch hier gelten zunächst die allgemeinen Regeln. Der Dienstver- **26** pflichtete kann also den Dienstberechtigten auf Erfüllung verklagen, er kann nach § 320 seine Leistung verweigern, unter den Voraussetzungen des § 626 außerordentlich kündigen (s. § 21 Rdnr. 9 f.) und bei schuldhafter Verletzung der vertraglichen Pflichten Schadensersatz statt der Leistung verlangen (§ 280 III). Wird die außerordentliche Kündigung durch ein vertragswidriges Verhalten des Dienstberechtigten veranlasst, kann der Dienstverpflichtete den Auflösungsschaden gem. § 628 II ersetzt verlangen. Besonderheiten bestehen in folgenden Punkten:

1. Verletzung der Schutzpflichten nach § 618

Hat der Dienstberechtigte gegen seine Pflichten aus § 618 versto- **27** ßen, dann richtet sich der Umfang des Schadensersatzanspruchs nach den §§ 842 bis 846 (§ 618 III). Nachdem am 18. 4. 2002 vom Bundestag beschlossenen zweiten Gesetz zur Änderung schadensersatzrechtlicher Vorschriften soll am 1. 8. 2002 unter anderem ein neuer § 253 II in Kraft treten. Darin ist ein Anspruch auf Entschädigung wegen immaterieller Schäden geregelt. Dieser Entschädigungsanspruch setzt im Gegensatz zu dem früheren § 847 keine unerlaubte Handlung mehr voraus. Er kann deshalb auch bei einem Verstoß des Dienstberechtigten gegen § 618 gegeben sein. Allerdings ist die Verletzung bestimmter Rechtsgüter (z. B. Körper- oder Gesundheitsverletzung) erforderlich. Außerdem muss der Schaden entweder vorsätzlich herbeigeführt oder nach seiner Art und Dauer nicht unerheblich sein.

2. Besonderheiten bei Arbeitsunfällen

Hat der Dienstverpflichtete infolge eines Arbeitsunfalls (§ 8 I 1 SGB VII) **28** einen *Personenschaden* erlitten, so hat hierfür die gesetzliche Unfallversicherung einzustehen (§§ 1 ff. SGB VII). Derartige auf einem Arbeitsunfall beruhende Personenschäden können grundsätzlich weder gegen den Dienstherrn noch gegen einen Arbeitskollegen geltend gemacht werden (§§ 104, 105 SGB VII).

Der Dienstherr hat für schuldhaft verursachte Personenschäden nur dann einzustehen, wenn er vorsätzlich gehandelt hat oder wenn der Arbeitsunfall auf einem von der Unfallversicherung erfassten Weg entstanden ist (§ 104 I i. V. m. § 8 II Nr. 1 bis 4 SGB VII). – Einzelh.: Brox/Rüthers, ArbR Rdnr. 158 ff.

§ 21. Beendigung des Dienstverhältnisses

Fälle:

1   a) Der Maurer A schlägt den Polier P zusammen, weil dieser ihn wieder einmal wegen eines mehrstündig verspäteten Arbeitsbeginns zur Rede gestellt hat. Darf A fristlos entlassen werden?

b) In dem von A verlangten ausführlichen Zeugnis heißt es u. a.: „Herr A war wiederholt unpünktlich. Auch gelang es ihm nicht immer, gegenüber Vorgesetzten den richtigen Ton zu finden". A verlangt ein Zeugnis ohne diesen Zusatz.

Das Dienstverhältnis kann auf verschiedene Weise beendet werden. Der weitaus häufigste und wichtigste Beendigungsgrund ist die Kündigung. Daneben sind vor allem die Beendigung durch Zeitablauf oder durch vertragliche Aufhebung zu nennen. In diesen Fällen können sich anlässlich der Beendigung Pflichten ergeben.

I. Kündigung

2   Die Kündigung ist eine empfangsbedürftige Willenserklärung, die darauf gerichtet ist, das Dienstverhältnis sofort oder nach Ablauf einer bestimmten Frist zu beenden. Der Erklärungsempfänger muss aus ihr klar und zweifelsfrei erkennen können, dass das Dienstverhältnis aufgelöst werden soll, weil er sich auf die vom Vertragspartner einseitig herbeigeführte Rechtsänderung einstellen muss. Deshalb darf die Kündigung auch nur von solchen Bedingungen abhängig gemacht werden, deren Eintritt der Empfänger herbeiführen kann. Die Kündigung von Dienstverhältnissen ist in der Regel nicht an eine bestimmte Form gebunden; bei Arbeitsverhältnissen muss sie allerdings schriftlich erfolgen (§ 623).

Das Gesetz kennt zwei Arten der Kündigung, die ordentliche und die außerordentliche.

1. Ordentliche Kündigung

Die ordentliche Kündigung ist der Normalfall. Sie kommt nur bei 3 Dienstverhältnissen in Betracht, die auf *unbestimmte Zeit* eingegangen sind.

a) Kündigungsfristen

Regelmäßig müssen bei ihr bestimmte Kündigungsfristen eingehalten werden, die entweder vertraglich vereinbart oder gesetzlich angeordnet sind (vgl. §§ 621, 622, 624). Oft kann die Kündigung auch nur zu einem bestimmten Termin (z. B. Quartalsschluss) ausgesprochen werden.

aa) Die Kündigungsfristen für *freie Dienstverhältnisse* sind in § 621 enthalten. Sie richten sich nach der Bemessung der Vergütung. Diese Fristen können von den Parteien abbedungen werden.

bb) Für *abhängige* Dienstverhältnisse (= Arbeitsverhältnisse) gilt 4 § 622, der Arbeiter und Angestellte hinsichtlich der Kündigungsfristen gleichbehandelt. Danach kann das Arbeitsverhältnis mit einer Frist von vier Wochen zum 15. oder zum Ende eines Kalendermonats gekündigt werden (§ 622 I).

Für Arbeitsverhältnisse, die länger als mindestens zwei Jahre bestanden haben, bestimmt § 622 II längere Kündigungsfristen. Während einer vereinbarten Probezeit, längstens für die Dauer von sechs Monaten, kann das Arbeitsverhältnis mit einer Frist von zwei Wochen gekündigt werden (§ 622 III).

Durch *Tarifvertrag* können abweichende Regelungen vereinbart werden. 5 Diese gelten im Geltungsbereich eines solchen Tarifvertrages auch für nichttarifgebundene Arbeitsvertragsparteien, wenn die Anwendung zwischen diesen einzelarbeitsvertraglich vereinbart ist (§ 622 IV). Durch *Einzelarbeitsvertrag* kann eine *kürzere* Kündigungsfrist, als sie von § 622 I bestimmt wird, vereinbart werden, wenn es sich um ein Aushilfsarbeitsverhältnis oder um einen Kleinbetrieb handelt (Einzelheiten: § 622 V 1). Eine *längere* als die in § 622 I–III genannte Kündigungsfrist ist durch Arbeitsvertrag möglich (§ 622 V 3).

In jedem Fall darf die Frist für die Kündigung durch den Arbeitnehmer nicht länger sein als für die Kündigung durch den Arbeitgeber (§ 622 VI).

6   Zu aa) und bb): Um den Dienstverpflichteten und den Arbeitnehmer vor einer übermäßig langen Bindung zu schützen, kann sein
Kündigungsrecht nicht für länger als fünf Jahre ausgeschlossen werden (§ 624).

b) Kündigungseinschränkungen

7   Für die Arbeitsverhältnisse ist das Recht zur *Kündigung* für den
Arbeitgeber *weiter eingeschränkt.* Zu erwähnen sind vor allem das
Kündigungsschutzgesetz (Brox/Rüthers, ArbR Rdnr. 197 ff.), § 102
Betriebsverfassungsgesetz, § 9 Mutterschutzgesetz, § 18 Bundeser-
ziehungsgeldgesetz und § 85 SGB IX (Schwerbehinderte).

2. Außerordentliche Kündigung

8   Die außerordentliche Kündigung ist abschließend in den §§ 626,
627 geregelt. Diese Vorschriften gehen als Spezialregelungen für den
Dienstvertrag einschließlich Arbeitsvertrag der allgemeinen Regelung
des § 614 für die außerordentliche Kündigung von Dauerschuldverhältnissen vor.

a) Kündigung aus wichtigem Grund

9   Nach § 626 I kann das Dienstverhältnis von jedem Vertragsteil
aus wichtigem Grund ohne Einhaltung einer Kündigungsfrist gekündigt werden. § 626 gilt also für alle Dienst- und Arbeitsverhältnisse,
gleichgültig, ob sie auf bestimmte oder unbestimmte Zeit eingegangen sind.

aa) Was das Gesetz unter einem *wichtigen Grund* versteht, wird
in § 626 I definiert: Es müssen „Tatsachen vorliegen, auf Grund
derer dem Kündigenden unter Berücksichtigung aller Umstände des
Einzelfalls und unter Abwägung der Interessen beider Vertragsteile
die Fortsetzung des Dienstverhältnisses bis zum Ablauf der Kündigungsfrist oder bis zu der vereinbarten Beendigung des Dienstverhältnisses nicht zugemutet werden kann".

Immer kommt es auf die Umstände des Einzelfalles an; die Interessen des einen Vertragspartners an der Beendigung und des anderen Teils an der Fortführung des Dienstverhältnisses sind gegenei-

nander abzuwägen. Vor allem ist zu beachten, dass es sich bei der Kündigung aus wichtigem Grund um das äußerste Mittel handeln muss. Es muss dem Kündigenden *unzumutbar* sein, das Dienstverhältnis bis zum Ablauf der ordentlichen Kündigungsfrist oder bis zum vereinbarten Ende fortzusetzen.

Diese Voraussetzungen werden vor allem dann vorliegen, wenn der eine Vertragsteil seine Pflichten grob verletzt (**Fall a**). Allerdings ist ein Verschulden des Gekündigten nicht unbedingt erforderlich. Vor der außerordentlichen Kündigung eines Arbeitsverhältnisses muss der Arbeitgeber den Arbeitnehmer in aller Regel erfolglos abgemahnt haben. Eine Abmahnung ist nur bei besonders schweren Verfehlungen und bei Zwecklosigkeit entbehrlich. Einzelh.: Brox/Rüthers, ArbR Rdnr. 192 b.

bb) Um den Vertragspartner nicht zu lange im Ungewissen zu lassen, muss eine Kündigung aus wichtigem Grund *innerhalb von zwei Wochen erklärt werden,* nachdem der Kündigende von den für die Kündigung maßgebenden Tatsachen erfahren hat (§ 626 II). **10**

Innerhalb der Frist muss die Kündigungserklärung dem Empfänger zugegangen sein. Nach Ablauf der Frist kann eine außerordentliche Kündigung auf diese Tatsachen nicht mehr gestützt werden; es wird unwiderlegbar vermutet, dass ein möglicherweise bestehender wichtiger Grund nicht mehr geeignet ist, die Kündigung des Dienstverhältnisses wegen Unzumutbarkeit der Weiterbeschäftigung zu begründen (BAGE 24, 383).

b) Kündigung bei Vertrauensstellung

Ein Dienstvertrag, der Dienste höherer Art (z. B. des Arztes, Anwalts) zum Gegenstand hat, die nur aufgrund besonderen Vertrauens übertragen zu werden pflegen, kann jederzeit auch ohne Vorliegen eines wichtigen Grundes gekündigt werden (§ 627 I, II; zum Direktunterrichtsvertrag vgl. BGHZ 90, 280). Das Gesetz stellt klar, dass diese Bestimmung nicht für Arbeitsverhältnisse gilt (§ 627 I). **11**

c) Rechtsfolgen

Wird das Dienstverhältnis durch außerordentliche Kündigung nach § 626 oder § 627 aufgelöst, so kann der Dienstverpflichtete regelmäßig den seinen bisherigen Leistungen entsprechenden Teil der Vergütung verlangen (Einzelh.: § 628 I). Hat der eine Teil die Kündigung durch (schuldhaft) vertragswidriges Verhalten veranlasst, so **12** muss er dem anderen den durch die Aufhebung des Dienstverhältnisses entstehenden Schaden ersetzen (§ 628 II).

II. Sonstige Beendigungsgründe

1. Aufhebungsvertrag

13   Die Parteien können sich jederzeit vertraglich darüber einigen, dass das Dienstverhältnis aufgelöst werden soll (vgl. § 311 I). Hier endet das Dienstverhältnis zu dem vereinbarten Zeitpunkt, ohne dass es einer Kündigung bedarf. Der Aufhebungsvertrag zur Beendigung eines Arbeitsverhältnisses muss schriftlich vereinbart werden (§ 623).

2. Zeitablauf

14   Ein Dienstverhältnis kann auch befristet abgeschlossen werden (z.B. für die Dauer der Zuckerrübenernte, zur Aushilfe für einen erkrankten Arbeitnehmer). Auch hier endet das Dienstverhältnis ohne besondere Erklärung mit dem Ablauf der vorgesehenen Zeit (§ 620 I).

Die Befristung eines Arbeitsvertrages muss schriftlich vereinbart werden (§ 623, § 15 IV Teilzeit- und Befristungsgesetz [TzBfG]). Sie ist grundsätzlich nur dann wirksam, wenn hierfür ein sachlicher Grund besteht (§ 14 I TzBfG); andernfalls könnte der zwingende Kündigungsschutz umgangen werden. Um einen zusätzlichen Beschäftigungsanreiz zu schaffen, erleichtert § 14 II, III TzBfG allerdings auch ohne sachlichen Grund eine Befristung bis zur Dauer von zwei Jahren sowie die Befristung von Arbeitsverhältnissen mit älteren Arbeitnehmern (Einzelh.: Brox/Rüthers, ArbR Rdnr. 218).

Wird das Dienstverhältnis nach Ablauf der Frist vom Dienstverpflichteten mit Wissen des Dienstberechtigten fortgesetzt, so gilt es als auf unbestimmte Zeit verlängert, wenn nicht der Dienstberechtigte unverzüglich widerspricht (§ 625; § 15 V TzBfG).

3. Tod des Dienstverpflichteten

15   Da die Dienstleistung persönlich zu erbringen ist (§ 613 S. 1), endet das Dienstverhältnis mit dem Tod des Dienstverpflichteten.

Der Tod des Dienstberechtigten ist dagegen normalerweise kein Beendigungsgrund. Etwas anderes gilt nur dann, wenn die Dienstleistung ausschließlich auf die persönlichen Bedürfnisse des Dienstberechtigten zugeschnitten war, z. B. seiner Pflege diente.

III. Pflichten bei der Beendigung des Dienstverhältnisses

1. Freizeitgewährung für die Stellensuche

Vor Beendigung eines dauernden Dienstverhältnisses ist dem 16 Dienstverpflichteten auf Verlangen angemessene Zeit zur Stellensuche zu gewähren (§ 629). Die Vergütung muss für diese Zeit weitergezahlt werden.

2. Erteilung eines Zeugnisses

Der Dienstberechtigte ist ferner verpflichtet, dem Dienstverpflich- 17 teten ein schriftliches Zeugnis zu erteilen (§ 630). Das Gesetz unterscheidet zwei Arten von Zeugnissen: das *einfache* und das *qualifizierte* Zeugnis. Während sich das erste nur auf Art und Dauer der Tätigkeit erstreckt, bezieht sich das letzte auch auf die Führung und Leistung des Dienstverpflichteten (§ 630 S. 2). In beiden Fällen darf das Zeugnis weder unrichtige Angaben enthalten noch für die Beurteilung wesentliche Umstände verschweigen.

Im **Fall b** waren daher, weil A ein qualifiziertes Zeugnis verlangt hatte, auch die für ihn ungünstigen Angaben aufzunehmen. Allerdings tendiert die Rechtsprechung dazu, den Arbeitnehmer möglichst weitgehend vor nachteiligen Aussagen im Arbeitszeugnis zu schützen.

Wird das Zeugnis nicht oder nicht den Tatsachen entsprechend 18 erteilt, so kann der Dienstverpflichtete auf Erteilung oder Änderung klagen. Bei wissentlich unwahren Angaben kann der Dienstberechtigte dem späteren Vertragspartner des Dienstverpflichteten nach § 826 schadensersatzpflichtig werden (BGH NJW 1970, 2291); daneben soll auch ein Anspruch nach vertragsähnlichen Grundsätzen in Betracht kommen (BGHZ 74, 281).

§ 22. Werkvertrag und seine Begründung

1   **Schrifttum:** Büdenbender, Der Werkvertrag, JuS 2001, 625; Ganten/
Jagenburg/Motzke, VOB, Teil B, 1997; Glöckner, Der Werkvertrag – Typik,
Pflichtenprogramm und Rechtsmängelhaftung, Jura 1999, 343; Haas, Entwurf eines Schuldrechtsmodernisierungsgesetzes: Kauf- und Werkvertragsrecht, BB 2001, 1313; Grimme, Die Vergütung beim Werkvertrag, 1987;
Heyermann/Riedl/Rusam, Handkommentar zur VOB, 9. Aufl., 2000; In-
genstau/Korbion, VOB, Verdingungsordnung für Bauleistungen, Teile A und
B, 14. Aufl., 2000; Jagenburg, Die Entwicklung des privaten Bauvertragsrechts seit 1996: BGB- und Werkvertragsfragen, NJW 1999, 1153; Jagen-
burg/Reichelt, Die Entwicklung des privaten Bauvertragsrechts seit 1998:
VOB/B, NJW 2000, 2629; Kapellmann/Langen, Einführung in die VOB/B,
7. Aufl.; 1998; Kleine-Möller/Merl/Oelmeier, Handbuch des privaten Baurechts, 2. Aufl., 1997; Korbion/Hochstein/Keldungs, VOB-Vertrag, 8. Aufl.,
2001; Lang, Bauvertragsrecht im Wandel, NJW 1995, 2063; Lepp, Der
Bauvertrag, JA 1994, 323; Locher, Das private Baurecht, 6. Aufl., 1996;
Meub, Schuldrechtsreform: Das neue Werkvertragsrecht, DB 2002, 131;
Niklisch/Weick, Verdingungsordnung für Bauleistungen, Teil B, 3. Aufl.,
2001; F. Peters, Das geplante Werkvertragsrecht II, in: Ernst/Zimmermann,
Zivilrechtswissenschaft und Schuldrechtsreform, 2001, 277; ders., Grundfälle
zum Werkvertragsrecht, JuS 1992, 1022; 1993, 29, 118, 211, 289; ders.,
Werkverträge über bestellerfremde Sachen, JR 1996, 133; Quack, Grundla-
gen des privaten Baurechts, 2. Aufl., 1994; H. Roth, Die Reform des Werkvertragsrechts, JZ 2001, 543; Schmeel, Aktuelle Entwicklungen des privaten
Baurechts, MDR 1998, 5; Schudnagies, Das Werkvertragsrecht nach der
Schuldrechtsreform, NJW 2002, 396; Seiler, Das geplante Werkvertragsrecht I, in: Ernst/Zimmermann, Zivilrechtswissenschaft und Schuldrechtsreform, 2001, 263; C. Teichmann, Schuldrechtsmodernisierung 2001/2002 –
Das neue Werkvertragsrecht, JuS 2002, 417; Weber, Der Vertragsschluss im
privaten Baurecht, JA 1996, 965; Werner/Pastor, Der Bauprozess, 9. Aufl.,
1999; von Westphalen, Die Neuregelungen des Entwurfs eines Schuldrechtsmodernisierungsgesetzes für das Kauf- und Werkvertragsrecht, DB 2001,
799; ders., Der Software-Entwicklungsvertrag – Vertragstyp – Risikobegrenzung, CR 2000, 73.
Siehe ferner die Literaturangaben zu § 24.

Fälle:

a) A bezeichnet den Direktor D der Stadtwerke AG in einer öffentlichen
Versammlung als „absoluten Ignoranten". D ordnet daraufhin an, A nicht
mehr mit den städtischen Verkehrsmitteln zu befördern. A hält diese Maßnahme für unzulässig.

b) U verpflichtet sich, für B ein Werbeplakat zu entwerfen. Lustlos bricht
er die Arbeit ab und verlangt von B Bezahlung der bereits aufgewendeten
Arbeitszeit.

c) B beauftragt den Architekten U mit der Bauplanung, Oberleitung und
örtlichen Bauaufsicht. U berechnet sein Honorar nach der Honorarordnung

für Architekten und Ingenieure (HOAI). B weist die Gebührenrechnung zurück, weil die HOAI nicht vereinbart sei.

d) B lässt sich für die geplante Reparatur seines Pkw von U einen Kostenanschlag machen. Weil ihm dieser sehr hoch erscheint, lässt er die Reparatur von einer anderen Werkstatt durchführen. Muss er dem U etwas für den Kostenanschlag bezahlen?

I. Begriff und Begründung

Der Werkvertrag ist ein gegenseitiger Vertrag, in dem sich der eine Teil (Unternehmer) zur Herstellung des versprochenen Werkes und der andere (Besteller) zur Entrichtung der vereinbarten Vergütung verpflichtet (§ 631 I).

Ob zwei Parteien einen solchen Vertrag schließen, entscheiden sie grund- **2** sätzlich selbst (Vertragsfreiheit in Form der Abschlussfreiheit). Allerdings hat der Gesetzgeber in bestimmten Fällen für den Unternehmer einen *Kontrahierungszwang* angeordnet (AS § 4 Rdnr. 8). Es handelt sich hierbei um solche Fallgestaltungen, in denen der Besteller auf die Leistungen eines bestimmten Unternehmers angewiesen ist, weil dieser in seinem Bereich eine Monopolstellung hat. Im **Fall a** darf D gem. § 22 Personenbeförderungsgesetz den Abschluss eines Beförderungsvertrages mit A nicht verweigern.

1. Werk

Kennzeichnend für den Werkvertrag ist zunächst die Zusage, ein **3** bestimmtes Werk herzustellen. Anders als beim Dienstvertrag wird hier also nicht nur ein Arbeitseinsatz, sondern ein bestimmter Arbeits*erfolg* geschuldet, für dessen Eintritt der Unternehmer das Risiko zu tragen hat (wegen der Abgrenzung zum Dienstvertrag vgl. § 19 Rdnr. 9 ff.).

Im **Fall b** hat U keinen Anspruch auf die Vergütung, weil es sich hier um einen Werkvertrag handelt und er den danach geschuldeten Erfolg nicht herbeigeführt hat. Die Voraussetzungen für eine Abschlagszahlung nach § 632 a liegen schon deshalb nicht vor, weil U keine in sich abgeschlossenen Teile des versprochenen Werkes hergestellt hat.

Gegenstand des Werkvertrages kann nach § 631 II einmal die **4** *Herstellung oder Veränderung einer Sache* sein. Als Werk kommt aber auch jeder *andere durch Arbeit oder Dienstleistung herbeizuführende Erfolg* in Betracht.

Beispiele: Errichtung eines Bauwerkes, Reparatur einer Maschine. – Planung und Bauüberwachung durch einen Architekten (**Fall** c), Übersetzung eines Textes, Anfertigung von Gutachten, Beförderung von Gütern, Haarschnitt.

Der Werkvertrag kann auch eine Geschäftsbesorgung zum Gegenstand haben (z. B. Inkassotätigkeit) und unterliegt dann in bestimmtem Umfang den Auftragsregeln (§ 675; s. § 29 Rdnr. 42 ff.).

2. Vergütung

5   Wesentlich für den Werkvertrag ist ferner, dass der Unternehmer für die Herstellung des Werkes eine Vergütung erhält, die regelmäßig, aber nicht notwendig, in Geld besteht.

Die Vergütung muss nicht nach der Zahl der hergestellten Stücke, sondern kann auch nach der aufgewendeten Zeit bemessen sein.

a) Fehlen einer Vereinbarung über die Vergütungspflicht oder -höhe

Für den Fall, dass die Parteien keine Vereinbarung über die Vergütungspflicht oder die Vergütungshöhe getroffen haben, enthält § 632 folgende Regelung, die dem § 612 für das Dienstvertragsrecht (dazu § 19 Rdnr. 18 ff.) entspricht:

aa) Eine Vergütung gilt nach § 632 I als stillschweigend vereinbart, wenn die Herstellung des Werkes den Umständen nach nur gegen eine Vergütung zu erwarten ist *(Vergütungsfiktion)*. Ebenso wie bei § 612 handelt es sich also auch hier nicht nur um eine bloße Auslegungsregel (vgl. § 19 Rdnr. 19).

Kann eine Vergütungsvereinbarung nach den Umständen nicht fingiert werden, kommt mangels Entgeltlichkeit kein Werkvertrag, sondern nur ein Auftrag in Betracht.

6   bb) Fehlt es nur an einer Einigung über die *Höhe der Vergütung*, ist nach § 632 II beim Bestehen einer Taxe die taxmäßige Vergütung, beim Fehlen einer solchen die übliche Vergütung als vereinbart anzusehen. Wegen der Einzelheiten kann auf das zu § 612 II Gesagte (s. § 19 Rdnr. 20) verwiesen werden.

Im **Fall** c hat U mit Recht seine Gebühren nach der HOAI berechnet, weil dies die übliche Vergütung i. S. d. § 632 II darstellt (BGH MDR 1967, 484).

b) Keine Vergütungspflicht beim Kostenanschlag

Ein Kostenanschlag ist im Zweifel nicht zu vergüten (§ 632 III; 7
Fall d). Diese Auslegungsregel entspricht dem allgemeinen Rechts-
bewusstsein; danach bedarf eine Vergütungspflicht für einen Kostenanschlag einer eindeutigen Vereinbarung. Wird eine solche getroffen, geht sie dem § 632 III vor.

Die Vergütungsvereinbarung ist nicht formbedürftig. Eine entsprechende
Klausel in den AGB des Unternehmers kann eine überraschende Klausel
i. S. v. § 305 c I darstellen, so dass sie nicht Vertragsbestandteil wird. Ob
sie nach § 307 III der Inhaltskontrolle unterliegt, ist umstritten (bejahend
BT-Drucks. 14/6040, S. 260; verneinend AnwKom/Raab, § 632 Rdnr. 11).

Vorarbeiten, die über den Rahmen eines Kostenanschlages und 8
ein bloßes Vertragsangebot hinausgehen (z. B. Entwürfe für das
herzustellende Werk), sind beim Ausbleiben des Vertragsschlusses
regelmäßig nur dann zu vergüten, wenn sie schon für sich einen
selbstständigen Wert haben und deshalb nur gegen eine Vergütung
zu erwarten sind (§ 632).

c) Abschlagszahlungen

Falls der Unternehmer in sich abgeschlossene Teile des Werkes 9
hergestellt oder erforderliche Stoffe oder Bauteile eigens angefordert
oder angeliefert hat, kann er für die erbrachten vertragsmäßigen
Leistungen Abschlagszahlungen verlangen (§ 632 a S. 1, 2). Die
Leistungen sind nur vertragsmäßig, wenn sie erforderlich und im
Wesentlichen mangelfrei sind und der Unternehmer die Absicht hat,
das Werk zu Ende zu führen. Weitere Voraussetzung für den Anspruch ist, dass der Besteller Eigentum an den Werkteilen, Stoffen
oder Bauteilen erhält oder (bei fehlender Eigentumsübertragung)
der Unternehmer Sicherheit (§ 232; z. B. durch Bankbürgschaft)
leistet (§ 632 a S. 3). Durch die Abschlagszahlungen sollen der
vorleistungspflichtige Unternehmer entlastet und die mit der Vorleistung verbundenen wirtschaftlichen Nachteile ausgeglichen werden.

Bei Verträgen, die der VOB (Rdnr. 13) unterliegen, folgt der Anspruch des
Unternehmers auf Abschlagszahlungen aus § 16 Nr. 1 VOB/B. Der Anspruch
besteht in Höhe des Wertes der jeweils durch eine prüfbare Aufstellung
nachgewiesenen vertragsgemäßen Leistungen.

II. Abgrenzung zum Kaufvertrag

10   Auf Grund eines Kaufvertrages schuldet der Verkäufer regelmäßig die Lieferung eines bereits vorhandenen Gegenstandes, während auf Grund eines Werkvertrages der Unternehmer das Werk erst herzustellen hat. Trotzdem ist die Abgrenzung zwischen beiden Vertragstypen nicht immer einfach. Wenn sich der Unternehmer verpflichtet, ein Werk aus von ihm zu beschaffenden Sachen neu herzustellen (z. B. Herstellung eines Serienmöbelstückes, Anfertigung eines Maßanzuges), stellt sich die Frage, ob wegen der Herstellungspflicht Werkvertragsrecht oder wegen der Pflicht zur Übereignung des (bearbeiteten) Stoffes Kaufvertragsrecht Anwendung findet.

Nach § 651 in der bis zur Schuldrechtsreform geltenden Fassung gab es für solche Verträge den eigenen Vertragstyp des *Werklieferungsvertrages*. Auf ihn fand ausschließlich Kaufrecht Anwendung, wenn es um die Herstellung einer vertretbaren Sache (Serienmöbel) ging. Für die Herstellung einer nicht vertretbaren Sache (Maßanzug) waren dagegen neben dem Kaufrecht wesentliche Vorschriften des Werkvertragsrechts (insbesondere des werkvertraglichen Mängelrechts) anwendbar.

Seit dem 1. 1. 2002 finden nach dem neu gefassten § 651 S. 1 auf Verträge über die Lieferung herzustellender oder zu erzeugender *beweglicher* Sachen grundsätzlich die Vorschriften über den Kaufvertrag Anwendung. Das gilt selbst dann, wenn der Stoff für das Werk vom Besteller geliefert wird. Bei unvertretbaren beweglichen Sachen (Herstellung eines Maßanzuges) wird das Kaufrecht nur durch wenige, teils modifizierte Vorschriften aus dem Werkvertragsrecht (aber nicht die §§ 633 ff. über Mängelrechte) ergänzt (vgl. § 651 S. 3). Der Besteller hat deshalb kein Selbstvornahmerecht (§ 24 Rdnr. 17 ff.), und das Wahlrecht zwischen Nachbesserung und Nachlieferung steht nicht dem Unternehmer (so § 24 Rdnr. 13), sondern dem Besteller zu (§ 4 Rdnr. 41).

III. Bedeutung und gesetzliche Regelung

11   Wegen dieser Regelung in § 651, wonach die Lieferung herzustellender beweglicher Sachen dem Kaufrecht unterstellt ist, beschränkt

sich die Anwendbarkeit des Werkvertragsrechts im Wesentlichen auf die Herstellung von Bauwerken, auf reine Reparaturarbeiten und auf die Herstellung nicht körperlicher Werke (z. B. Planung eines Architekten, Erstellung von Gutachten).

Bei Werkverträgen mit bestimmten Leistungsgegenständen werden die §§ 631 ff. den besonderen Interessenlagen der Parteien nur unvollkommen gerecht. Das hat den Gesetzgeber veranlasst, für zahlreiche Werkverträge *Sonderregelungen* zu erlassen.   12

Zu erwähnen sind hier vor allem das Kommissionsgeschäft (§§ 383 ff. HGB), das Speditionsgeschäft (§§ 453 ff. HGB), das Frachtgeschäft (§§ 407 ff. HGB) sowie der Verlagsvertrag (§§ 1 ff. VerlagsG). Die Makler- und Bauträgerverordnung (BGBl. 1975 I, 1986) ist beim Bauträgervertrag zu beachten. Dieser liegt vor, wenn eine Vertragspartei auf dem ihr gehörenden Grundstück im eigenen Namen für einen zukünftigen Erwerber das Bauvorhaben durchführt. Die Verordnung gilt ebenfalls für den Baubetreuungsvertrag, in dem sich eine Vertragspartei zur wirtschaftlichen und finanziellen Betreuung des Bauvorhabens verpflichtet.

Für bestimmte Werkvertragsparteien haben sich darüber hinaus allgemeine Geschäftsbedingungen durchgesetzt. Das gilt vor allem für den Bauvertrag, dem meistens vertraglich die *Verdingungsordnung für Bauleistungen (VOB)* zu Grunde gelegt wird. Die VOB besteht aus drei Teilen, den Allgemeinen Vergabebestimmungen (Teil A), den Allgemeinen Vertragsbedingungen für die Bauausführung (Teil B) sowie den Allgemeinen technischen Vorschriften für Bauleistungen (Teil C). Für den Werkvertrag zwischen dem Bauherrn (Auftraggeber) und dem Bauunternehmer (Auftragsnehmer) ist vor allem Teil B von Bedeutung. Zu Abweichungen der VOB vom BGB s. § 24 Rdnr. 23, 28, 38, 44; § 25 Rdnr. 4, 13.   13

§ 23. Pflicht des Unternehmers zur Herstellung des Werkes und Folgen einer Pflichtverletzung

Schrifttum: Siehe die Literaturangaben zu § 22 und § 24.   1

Fälle:

a) B beauftragt U, eine Scheune zu errichten. B bringt in die noch nicht fertiggestellte Scheune Heu ein, das sich ohne sein Verschulden entzündet. Dabei brennt die Scheune ab. U verlangt Vergütung seiner bereits geleisteten Arbeit.

b) U sagt dem B die Reparatur bis zu einem bestimmten Termin zu, weil B am folgenden Tag mit dem Fahrzeug in Urlaub fahren will. Da U wegen zahlreicher anderer Aufträge nicht termingerecht fertig wird, nimmt B für seine Urlaubsreise einen Mietwagen. Kann er die Kosten (abzüglich ersparter Aufwendungen) ersetzt verlangen?

I. Pflicht des Unternehmers zur Herstellung des Werkes

Nach § 631 I besteht eine Hauptleistungspflicht des Unternehmers in der Herstellung des versprochenen Werkes (dazu § 22 Rdnr. 1, 3). Dazu kann auch die Pflicht gehören, dem Besteller das Werk zu beschaffen. Zur Herstellung braucht der Unternehmer im Allgemeinen nicht persönlich tätig zu werden. Er kann sich bei der Erfüllung dieser Pflicht dritter Personen bedienen. Für deren Verhalten hat er allerdings nach § 278 einzustehen. Aus dem Vertrag kann sich aber ergeben, dass er selbst das Werk herstellen muss. Das wird vor allem dann anzunehmen sein, wenn die Herstellung entscheidend von den Fähigkeiten und Kenntnissen des Unternehmers abhängt (z. B. Komposition eines Musikstücks).

2   Die vertraglichen Pflichten des Unternehmers erschöpfen sich nicht in dieser Hauptleistungspflicht. Der Unternehmer ist vielmehr auch verpflichtet, dem Besteller das Werk mangelfrei zu verschaffen (dazu § 24 Rdnr. 1). Außerdem ist er nach Treu und Glauben (§ 242) und nach § 241 II gehalten, eine sinnvolle Durchführung des Vertrages zu ermöglichen und den Besteller vor vermeidbaren Schädigungen zu bewahren. Daher trifft ihn z. B. die Pflicht, den Besteller fachmännisch zu beraten, die ihm zur Bearbeitung überlassenen Stoffe ordnungsgemäß aufzubewahren und für die persönliche Sicherheit des Bestellers in den Arbeitsräumen zu sorgen. Eine gesetzlich geregelte Schutzpflicht ist die Verpflichtung des Unternehmers, beim unverbindlichen Kostenanschlag (s. § 26 Rdnr. 2) dem Besteller eine drohende Überschreitung unverzüglich anzuzeigen (§ 650 II).

II. Folgen einer Pflichtverletzung

3   Bei Verletzung der Herstellungspflicht des Werkunternehmers ergeben sich nach den §§ 280 ff., 320 ff. für den Besteller die gleichen Rechte wie für den Käufer, wenn der Verkäufer seine Pflichten aus § 433 I 1 verletzt (siehe § 3).

1. Erfüllungsanspruch des Bestellers

Solange der Werkunternehmer seine Herstellungspflicht nicht erfüllt hat, steht dem Besteller ein (klagbarer) Anspruch auf Vertragserfüllung zu. Dieser Anspruch ist allerdings ausgeschlossen, soweit die Erfüllung dem Werkunternehmer objektiv oder subjektiv unmöglich ist (§ 275 I) oder der Unternehmer nach § 275 II, III zur Leistungsverweigerung berechtigt ist.

Das Leistungsverweigerungsrecht nach § 275 III hat für den Werkunternehmer eine größere Bedeutung als für den Verkäufer, weil es beim Werkvertrag eher möglich ist, dass der Unternehmer die Leistung persönlich zu erbringen hat.

2. Schicksal der Gegenleistungspflicht des Bestellers

Für die Frage, welche rechtlichen Folgen sich aus der Verletzung **4** der Herstellungspflicht des Werkunternehmers für die Gegenleistungspflicht des Käufers zur Zahlung der Vergütung aus § 631 I ergeben, ist zu unterscheiden:

a) Bei Fortbestand der Leistungspflicht des Werkunternehmers

Sofern die Leistungspflicht des Werkunternehmers noch fortbesteht und nicht nach § 275 ausgeschlossen ist, steht dem Besteller *die Einrede des nicht erfüllten Vertrages* nach § 320 zu.

Diese Einrede nützt dem Besteller allerdings nur dann etwas, wenn er die Vergütung noch nicht (vollständig) gezahlt hat. Andernfalls muss er vom Vertrag zurücktreten (§ 323 I), um die gezahlte Vergütung nach § 346 I zurückfordern zu können.

b) Bei Ausschluss der Leistungspflicht des Werkunternehmers

aa) Wenn der Werkunternehmer nach § 275 I–III von seiner Leis- **5** tungspflicht frei wird, *entfällt gem. § 326 I 1 grundsätzlich sein Anspruch auf die Gegenleistung.*

bb) Ausnahmsweise bleibt der Besteller in folgenden Fällen *zur* **6** *Zahlung der Vergütung verpflichtet:*

(1) der Besteller ist für den zur Unmöglichkeit führenden *Umstand allein oder weit überwiegend verantwortlich.*

7   (2) Er verlangt nach § 285 vom Werkunternehmer das *stellvertretende commodum* (Herausgabe des Ersatzgegenstandes oder Abtretung des Ersatzanspruches, den der Werkunternehmer für das geschuldete Werk erhalten hat; § 326 III 1).

8   (3) Das Werk ist *nach Gefahrübergang* (Übergang der sog. Preisgefahr oder Gegenleistungsgefahr) *zufällig* (d. h. ohne Verschulden einer Vertragspartei) untergegangen. Der Zeitpunkt des Übergangs der Preisgefahr ist für den Werkvertrag in den *§§ 644, 645* besonders geregelt.

(a) Gem. *§ 644 I 1* geht die Preisgefahr grundsätzlich *mit der Abnahme des Werkes* auf den Besteller über. Der Unternehmer kann also seine Vergütung verlangen, wenn das Werk nach der Abnahme zufällig untergeht.

Da § 644 dem Unternehmer die Vergütung für das untergegangene Werk belässt, folgt hieraus zugleich, dass er das Werk auch dann nicht erneut herzustellen braucht, wenn das möglich ist. Insoweit enthält § 644 konkludent auch eine Regelung der Leistungsgefahr.

Ist eine Abnahme nach der Beschaffenheit des Werkes ausgeschlossen, dann geht die Preisgefahr mit der Vollendung des Werkes über (§ 646).

9   (b) Die Preisgefahr geht nach *§ 644 I 2* schon vor der Abnahme des Werkes über, wenn sich der *Besteller im Annahmeverzug* (§§ 293 ff.) befindet. Auch dann braucht der Unternehmer das Werk nicht neu herzustellen, selbst wenn das möglich wäre.

10   (c) Ebenso wie beim Kauf (§ 447 I; § 3 Rdnr. 19 ff.) geht die Preisgefahr nach *§ 644 II* vorzeitig auf den Besteller über, wenn der Unternehmer das Werk auf dessen Verlangen *an einen anderen Ort als den Erfüllungsort versendet.*

Sofern aus dem vom Besteller gelieferten Stoff eine bewegliche Sache hergestellt werden soll, findet über § 651 allerdings ohnehin Kaufrecht Anwendung, so dass sich der Gefahrübergang unmittelbar aus § 447 I ergibt.

11   (d) Nach *§ 645 I* kann der Unternehmer trotz des Untergangs des Werks einen seiner geleisteten Arbeit entsprechenden Teil der Vergütung und Ersatz seiner Auslagen verlangen, wenn das Werk vor der Abnahme in Folge eines *Mangels des vom Besteller gelieferten Stoffs* oder in Folge einer *vom Besteller erteilten Anweisung* untergegangen

oder unausführbar geworden ist. Diese Regelung beruht darauf, dass der Besteller die Herstellung des Werks beeinflusst und damit für sein Gelingen Mitverantwortung übernommen hat.

Trifft den Besteller an dem Untergang oder der Unausführbarkeit des Werkes ein Verschulden, bleibt eine sich daraus ergebende weitergehende Haftung z.B. aus § 280 unberührt (§ 645 II).

Eine *entsprechende Anwendung des § 645* kommt in Betracht,   12
wenn eine Handlung des Bestellers das Werk vor der Abnahme in einen Zustand oder in eine Lage versetzt, die eine Gefährdung des Werks mit sich gebracht und dessen späteren Untergang verursacht hat (BGHZ 40, 71; vgl. auch BGHZ 60, 14; 136, 303).

Im **Fall a** kann U von B einen der bisherigen Arbeit entsprechenden Teil der Vergütung verlangen.

3. Schadensersatzanspruch des Bestellers

a) Bei Verzögerung der Leistung

Kommt der Werkunternehmer mit der Erfüllung seiner Pflicht zur   13
Herstellung und Verschaffung des Werkes in Schuldnerverzug (§ 286), so kann der Besteller außer der Erfüllung auch Schadensersatz wegen Verzögerung der Leistung verlangen (§§ 280 I, II, 286). Auch die §§ 281 (Schadensersatz statt der Leistung) und 284 (Aufwendungsersatz) finden Anwendung.

Im **Fall b** kann B die geltend gemachten Kosten für den Mietwagen nach §§ 280 I, II, 286 ersetzt verlangen. Für den Verzug des U war eine Mahnung wegen der kalendermäßigen Bestimmtheit der Reparatur nicht erforderlich.

b) Bei Unmöglichkeit der Leistung

Wenn die Leistung des Werkunternehmers nachträglich unmög-   14
lich geworden ist, hat der Besteller einen Schadensersatzanspruch unter den Voraussetzungen der §§ 280, 283 (z.B. dem Schreibbüro kommen die diktierten Kassetten abhanden). Lag die Unmöglichkeit schon bei Vertragsschluss vor, ergibt sich der Anspruch aus § 311a II 1 (z.B. das zu restaurierende Gemälde war bereits bei Vertragsschluss in der Werkstatt des Unternehmers durch Fahrlässigkeit eines Mitarbeiters irreparabel beschädigt worden). Insoweit gilt das

Gleiche wie für den Schadensersatzanspruch des Käufers bei einer
Unmöglichkeit der vom Verkäufer nach § 433 I 1 zu erbringenden
Leistung (§ 3 Rdnr. 31 ff.).

4. Rücktrittsrecht des Bestellers

a) Bei Verzögerung der Leistung

15   Verzögert der Werkunternehmer die Erfüllung seiner Pflicht zur
Herstellung und Verschaffung des Werkes, kann der Besteller unter
den Voraussetzungen des § 323 vom Vertrag zurücktreten. Der
Rücktritt des Bestellers wegen Leistungsverzögerung des Werkunter-
nehmers ist allerdings ausgeschlossen, wenn der Besteller für die
Verspätung allein oder weit überwiegend verantwortlich ist oder
wenn der Grund für die vom Werkunternehmer nicht zu vertretende
Verspätung zu einer Zeit eintritt, in welcher der Besteller sich im
Annahmeverzug befindet (§ 323 VI).

b) Bei Unmöglichkeit der Leistung

16   Der Besteller kann ferner vom Werkvertrag zurücktreten, wenn der
Werkunternehmer nach § 275 I – III von seiner Leistungspflicht zur
Herstellung und Verschaffung des Werkes frei wird (§ 326 V). Zum
entsprechenden Rücktrittsrecht des Käufers siehe § 3 Rdnr. 37 ff.

§ 24. Pflicht des Unternehmers zur Verschaffung eines mangelfreien Werkes und Folgen eines Werkmangels

1   **Schrifttum:** Siehe die Nachweise bei § 22. Aus der Zeit vor der Schuldrechtsreform zum 1. 1. 2002 siehe ferner: Derleder/Meyer, Deliktshaftung für
Werkmängel, AcP 195, 137; Dunz, Beiderseitige Leistungsstörungen beim
Werkvertrag, NJW 1991, 1527; Grunewald, Eigentumsverletzungen im Zusammenhang mit fehlerhaften Werkleistungen, JZ 1987, 1098; Lang, Die Gewährleistung bei Organisationsmängeln des Bauunternehmers, Festschrift f.
Odersky, 1996, 583; Locher/Löffelmann, Drittschadensliquidation bei Verletzung bauvertraglicher Pflichten?, NJW 1982, 970; Raab, Der Werkvertrag,
in: Dauner-Lieb/Heidel/Lepa/Ring, Das neue Schuldrecht, 2002, § 9; Rieble,
Die schlechte Drittleistung, JZ 1989, 830; Ullrich, Uneingeschränkter Werk-
lohnanspruch trotz Mängeln?, MDR 1999, 1233; Wiesner, Mängel und
Fristenlauf im Bauvertrag, MDR 1999, 455.

Fälle:

a) Bauunternehmer U hat für B ein Haus errichtet, das dieser inzwischen bezogen hat. Nach einigen Monaten treten an den Wänden Risse auf. B will die noch ausstehende Vergütung erst zahlen, wenn U die Mängel beseitigt hat.

b) Im Fall a lehnt U jede Nachbesserung ab. Darf B die Mängel durch einen anderen Unternehmer beseitigen lassen und die dabei anfallenden Kosten von der mit U vereinbarten Vergütung abziehen?

c) U soll auf dem Grundstück des B zwanzig Obstbäume beschneiden. Weil U einen Baum vergisst und dessen Beschneidung trotz Fristsetzung durch B wegen anderer Aufträge ablehnt, fragt B, ob er vom Vertrag zurücktreten kann.

d) Kann B im Fall c einen Teil der bereits gezahlten Vergütung zurückverlangen?

e) Kann B im Fall c den sog. großen Schadensersatzanspruch gegen U geltend machen?

f) B lässt eine in seine Fabrikhalle eingebaute Maschine von U reparieren. Wegen fehlerhafter Arbeiten löst sich, als sie in Gang gesetzt wird, ein Schwungrad und beschädigt die Verankerung. B fordert U auf, ihm die Vergütung zurückzuzahlen und den Schaden an der Verankerung zu ersetzen.

g) U saniert für B ein Haus. Wegen fehlerhafter Abdichtungsarbeiten, die der U dem B bewusst verschweigt, dringt im Laufe der Zeit an einer Stelle langsam Feuchtigkeit in das Mauerwerk ein. Dadurch beginnen die schon vorher in dieser Mauer verlegten Heizungsrohre zu rosten, und sie werden nach 6 Jahren porös. Durch das austretende Heizungswasser wird der Parkettboden beschädigt. Kann B Schadensersatz verlangen?

I. Pflicht zur Verschaffung des Werkes frei von Sach- und Rechtsmängeln

Nach § 633 I muss der Unternehmer dem Besteller das Werk frei von Sach- und Rechtsmängeln verschaffen. Diese Verpflichtung entspricht derjenigen des Verkäufers aus § 433 I 2 (§ 2 Rdnr. 7 ff.). Die Sach- und Rechtsmängelfreiheit gehört also ebenso wie für den Verkäufer (§ 4 Rdnr. 1) zu den Hauptleistungspflichten des Werkunternehmers.

1. Sachmangel

Der Begriff des Sachmangels ist in § 633 II ähnlich definiert wie 2 der Sachmangel beim Kauf in § 434 (§ 4 Rdnr. 8 ff.). Er setzt eine Beschaffenheitsabweichung (§ 633 II 1, 2) oder die Herstellung eines anderen als des bestellten Werkes bzw. eines Werkes in zu geringer Menge (§ 633 II 3) voraus.

a) Beschaffenheitsabweichung

Nach § 633 II 1 hat das Werk einen Sachmangel, wenn es die *vereinbarte Beschaffenheit* nicht hat. Dieser Norm liegt ebenso wie dem § 434 I 1 der sog. *subjektive Fehlerbegriff* zu Grunde. Soweit die Beschaffenheit nicht vereinbart ist, liegt ein Sachmangel des Werkes vor, wenn das Werk sich nicht für die *nach dem Vertrag vorausgesetzte Verwendung* eignet (§ 633 II 2 Nr. 1). Haben die Parteien weder die Beschaffenheit vereinbart noch eine bestimmte Verwendung vorausgesetzt, hat das Werk einen Sachmangel, wenn es sich nicht *für die gewöhnliche Verwendung eignet* und nicht diejenige Beschaffenheit aufweist, die bei *Werken der gleichen Art üblich* ist und die der Besteller nach der Art des Werkes *erwarten kann* (§ 633 II 2 Nr. 2). Wegen der Einzelh. zur Beschaffenheitsabweichung siehe § 4 Rdnr. 9 ff.

3   Die Haftung für Werbeaussagen (zum Kauf siehe § 434 I 3) spielt im Werkvertragsrecht keine Rolle. Einen von dem Werkunternehmer zu unterscheidenden Hersteller, der eine Werbung durchführen könnte, gibt es im Werkvertragsrecht anders als im Kaufrecht nicht, da der Unternehmer selbst der Hersteller ist. Bei eigenen Werbeaussagen des Unternehmers wird regelmäßig schon eine Beschaffenheitsvereinbarung i. S. v. § 633 II 1 vorliegen.

b) Aliud und Werk in zu geringer Menge

4   Wie im Kaufrecht (§ 4 Rdnr. 26 f.) steht es auch im Werkvertragsrecht einem Sachmangel gleich, wenn der Unternehmer ein anderes als das bestellte Werk oder das Werk in zu geringer Menge herstellt. Beide Erscheinungsformen spielen aber beim Werkvertrag keine große Rolle.

Beispiele: Das falsche Zimmer wird tapeziert. – Von sechs antiken Stühlen werden nur fünf restauriert. Siehe auch **Fall c.**

2. Rechtsmangel

5   Die Mängelrechte des Bestellers nach § 634 bestehen auch dann, wenn das Werk mit einem Rechtsmangel behaftet ist (§ 633 I 1). Nach § 633 III liegt ein Rechtsmangel vor, wenn Dritte in Bezug auf

das Werk Rechte, die nicht im Vertrag übernommen wurden, gegen den Besteller geltend machen können. Rechtsmängel spielen beim Werkvertrag eine geringere Rolle als beim Kaufvertrag. In erster Linie ist an Rechte aus dem Bereich des Urheberrechts und des gewerblichen Rechtsschutzes zu denken.

II. Folgen eines Werkmangels

1. Überblick über die Rechte des Bestellers und ihre allgemeinen Voraussetzungen

a) Rechte zur Verweigerung der Abnahme und der Vergütungszahlung

Die Verschaffung eines mangelhaften Werkes ist keine ordnungs- 6 gemäße Erfüllung. Der Besteller hat also weiterhin seinen originären Erfüllungsanspruch. Er kann (außer bei unwesentlichen Mängeln) die Entgegennahme und die Abnahme eines mangelhaften Werkes verweigern, ohne in Annahmeverzug (§§ 293 ff.) zu geraten. Außerdem ist er vor der Abnahme berechtigt, die Bezahlung des gesamten Kaufpreises abzulehnen, weil die Vergütung erst bei der Abnahme zu entrichten ist (§ 641 I).

Nach der Abnahme kann der Besteller, der noch nicht vollständig 7 gezahlt hat, gem. § 641 III immerhin die *Zahlung eines angemessenen Teils der Vergütung verweigern* (mindestens das Dreifache der zur Mängelbeseitigung erforderlichen Kosten), sofern er einen Anspruch auf Mängelbeseitigung hat.

Im **Fall a** braucht B die noch ausstehende Vergütung zumindest nicht vollständig zu bezahlen. Selbst wenn er das Haus bereits abgenommen hat, darf er die Zahlung in der in § 641 III genannten Höhe verweigern.

b) Mängelrechte

Die Mängelrechte des Bestellers ergeben sich aus den §§ 634 ff. 8 Diese Vorschriften sind im Rahmen der Schuldrechtsreform zum 1. 1. 2002 neu gefasst worden, was teilweise auch zu sachlichen Änderungen gegenüber der früheren Rechtslage geführt hat (vgl.

26. Aufl. Rdnr. 272 a). Der Besteller kann in erster Linie Nacherfüllung verlangen (§§ 634 Nr. 1, 635). Nach dem fruchtlosen Ablauf
einer dem Werkunternehmer zur Nacherfüllung gesetzten Frist kann
er entweder nach § 634 Nr. 2, 637 den Mangel selbst beseitigen und
Ersatz der erforderlichen Aufwendungen verlangen, nach §§ 634
Nr. 3, 1. Fall, 636 vom Werkvertrag zurücktreten oder nach §§ 634
Nr. 3, 2. Fall, 638 die Vergütung mindern. Rücktritt und Minderung
stehen nach dem Gesetzeswortlaut in einem Alternativverhältnis
zueinander. Daneben kann der Besteller nach Maßgabe der §§ 634
Nr. 4, 636 i. V. m. §§ 280 ff. bzw. § 311 a Schadensersatz oder nach
§ 284 Ersatz vergeblicher Aufwendungen verlangen. Schadensersatz
und Aufwendungsersatz können neben Rücktritt oder Minderung
geltend gemacht werden.

9   Soweit § 634 auf die allgemeinen Vorschriften zum Rücktrittsrecht, zum
Schadensersatzrecht und zum Aufwendungsersatz verweist, sind also die
Mängelrechte des Bestellers ebenso wie diejenigen des Käufers nach den
§§ 437 ff. in das allgemeine Leistungsstörungsrecht der §§ 280 ff., 311 a,
323 ff. integriert. Diese Regelungen werden lediglich durch besondere Bestimmungen für Rücktritt und Schadensersatz in § 636 ergänzt. Auch der
Nacherfüllungsanspruch ist nichts anderes als der Erfüllungsanspruch des
Bestellers; er ist gegenüber dem originären Erfüllungsanspruch aus § 633 I in
§ 635 lediglich besonders ausgestaltet. Nur die Rechte des Bestellers zur
Selbstvornahme gegen Aufwendungsersatz und zur Minderung der Vergütung
sind werkvertragliche Besonderheiten, die über das allgemeine Leistungsstörungsrecht hinausgehen.

c) Voraussetzungen aller Mängelrechte

10   Alle Mängelrechte des Bestellers setzen neben dem Vorliegen eines
Mangels voraus, dass sie *nicht* im Einzelfall vertraglich oder gesetzlich *ausgeschlossen* sind.

aa) Ebenso wie die §§ 437 ff. sind auch die §§ 634 ff. grundsätzlich
abdingbar. Auf eine entsprechende *Vereinbarung* kann sich der
Unternehmer jedoch nicht berufen, wenn er den Mangel arglistig
verschwiegen oder eine Garantie für die Beschaffenheit des Werkes
übernommen hat (§ 639). Diese Regelung entspricht dem § 444 im
Kaufrecht (dazu § 4 Rdnr. 32 ff.). Haftungsbeschränkungsklauseln
in AGB können insbes. nach § 309 Nr. 8 b unwirksam sein.

11   bb) Wenn der Besteller ein mangelhaftes *Werk in Kenntnis des
Mangels abnimmt,* stehen ihm nach § 640 II die Mängelrechte des

§ 634 Nr. 1 bis 3 nur zu, wenn er sich seine Rechte wegen des Mangels bei der Abnahme vorbehält.

Selbst wenn im **Fall a** der B das Haus bereits abgenommen hat, ohne Mängel zu rügen und sich Mängelrechte vorzubehalten, kann er Nachbesserung verlangen, sofern die Risse in den Wänden nicht erkennbar waren.

2. Nacherfüllung

Falls die genannten Voraussetzungen (Sachmangel oder Rechtsmangel, kein Ausschlussgrund) vorliegen, kann der Besteller in erster Linie Nacherfüllung nach §§ 634 Nr. 1, 635 verlangen. Dagegen kommen die anderen Mängelrechte (Selbstvornahme, Rücktritt, Minderung, Schadensersatz und Aufwendungsersatz) grundsätzlich erst dann in Betracht, wenn zuvor eine dem Unternehmer gesetzte Frist zur Nacherfüllung fruchtlos verstrichen ist (s. dazu Rdnr. 17, 24, 29, 36). Mit dem Anspruch auf Nacherfüllung ist also ein Recht des Unternehmers zur zweiten Andienung verbunden. 12

a) Inhalt und Folgen des Nacherfüllungsanspruches

Verlangt der Besteller Nacherfüllung, hat der Unternehmer (anders als im Kaufrecht; § 4 Rdnr. 41) nach seiner Wahl das Werk nachzubessern oder ein neues Werk herzustellen. 13

Dieses Wahlrecht des Unternehmers entspricht der Interessenlage der Parteien. Der Werkunternehmer ist mit dem Produktionsprozess selbst befasst und kann daher am besten entscheiden, auf welche Weise das Nacherfüllungsbegehren des Bestellers gleichzeitig sachgerecht und preisgünstig erfüllt werden kann. Für den Besteller ist die Art der Nacherfüllung grundsätzlich ohne Bedeutung; ihm kommt es nur darauf an, ein mangelfreies Werk zu erhalten.

In jedem Fall hat der Unternehmer die zum Zweck der Nacherfüllung *erforderlichen Aufwendungen* zu tragen; dabei geht es insbesondere um Transport-, Wege-, Arbeits- und Materialkosten (§ 635 II). Diese Regelung entspricht dem § 439 II im Kaufrecht. 14

Wenn der Werkunternehmer Nacherfüllung in Form der Herstellung eines neuen Werks leistet, hat er gem. § 635 IV (vergleichbar dem Anspruch des Verkäufers) nach § 439 IV einen Anspruch auf Rückgewähr des mangelhaften Werkes nach den §§ 346 bis 348 15 (nicht nach §§ 812 ff.). Umgekehrt kann auch der Besteller Rücknahme des mangelhaften Werkes verlangen.

b) Ausschluss des Nacherfüllungsanspruchs

16   Der Anspruch des Bestellers auf Nacherfüllung ist ausgeschlossen, wenn diese dem Werkunternehmer nicht möglich (§ 275 I) oder von ihm nach § 275 II, III nicht zu erbringen ist. Zum Ausschluss des Nacherfüllungsanspruchs im Kaufrecht s. § 4 Rdnr. 43 ff.

> Ein Fall der Unzumutbarkeit i.S.v. § 275 III kann etwa in solchen Fällen vorliegen, in denen der Mangel des Werks auf einem Verschulden eines Lieferanten des Werkunternehmers beruht und der Werkunternehmer die Mangelhaftigkeit des Werkes nicht zu vertreten hat (BT-Drucks. 14/6040, S. 265).

Ferner kann der Unternehmer gem. § 635 III die Nacherfüllung verweigern, wenn sie nur mit unverhältnismäßigen Kosten möglich ist. Dieser Fall kann auch dann eingreifen, wenn die Zumutbarkeit nach § 275 III zu bejahen ist.

3. Selbstvornahme und Aufwendungsersatz

17   Der Besteller hat nach §§ 634 Nr. 2, 637 auch die Möglichkeit, den Mangel des Werkes selbst zu beseitigen und Ersatz der dafür erforderlichen Aufwendungen zu verlangen. Eine vergleichbare Regelung enthält § 13 Nr. 5 (2) VOB/B.

a) Erfolglose Bestimmung einer Nachfrist

Der Besteller muss dem Unternehmer grundsätzlich eine *angemessene Frist zur Nacherfüllung* gesetzt haben (§ 637 I). Diese Nachfrist muss erfolglos abgelaufen sein; dadurch wird ebenso wie bei den Mängelrechten des Käufers (§ 4 Rdnr. 50) der Vorrang des Nacherfüllungsanspruchs gegenüber den anderen Mängelrechten abgesichert. Ein erfolgloser Ablauf der Frist liegt vor, wenn der Werkunternehmer dem Nacherfüllungsbegehren nicht fristgerecht nachkommt oder wenn sein Nacherfüllungsversuch fehlschlägt.

18   Im Gegensatz zu dem vor der Schuldrechtsreform geltenden §§ 633 III a.F. ist es keine Voraussetzung des Selbstvornahmerechts mehr, dass der Unternehmer mit der Nacherfüllung in Verzug ist. Deshalb spielt es keine Rolle, ob

den Werkunternehmer an der Verspätung der Nacherfüllung ein Verschulden
(so § 286 IV) trifft.

Die *Fristsetzung* ist gem. § 637 II unter den Voraussetzungen des   19
§ 323 II (ernsthafte und endgültige Verweigerung der Nacherfüllung,
Fall b; relatives Fixgeschäft; besondere Umstände; vgl. dazu schon
§ 4 Rdnr. 52) *entbehrlich*. Sie ist ferner entbehrlich, wenn die Nacherfüllung fehlgeschlagen (dazu § 4 Rdnr. 54) oder für den Besteller
unzumutbar ist (dazu § 4 Rdnr. 55). Unzumutbarkeit dürfte jedoch
selten vorliegen. Sie kann sich nicht auf die Nacherfüllung als solche
(die der Besteller durch die Selbstvornahme ja auch herbeiführen
will), sondern nur auf die Nacherfüllung gerade durch den Werkunternehmer beziehen.

b) Inhalt des Anspruches

Das Recht zur Selbstvornahme ist als solches kein Anspruch. Es   20
besteht darin, dass der Besteller den *Mangel selbst beseitigen oder
durch einen* von ihm ausgesuchten *Dritten* beseitigen lassen darf
(Fall b).

Um einen Anspruch geht es dagegen bei dem *Ersatz der erforderlichen Aufwendungen*. Erforderlichkeit ist gegeben, wenn ein wirtschaftlich denkender Besteller auf Grund einer sachkundigen Beratung die Aufwendungen vornehmen konnte und musste.

Nach § 637 III kann der Besteller von dem Unternehmer für die   21
zur Mangelbeseitigung erforderlichen Aufwendungen einen *Vorschuss* verlangen. Mit dem Anspruch auf Vorschuss kann der Besteller gegen den Vergütungsanspruch des Unternehmers aufrechnen
(§§ 387 ff.).

Im **Fall b** liegt in der Mängelbeseitigung durch einen anderen Unternehmer
eine Selbstvornahme. Sofern die dabei anfallenden Kosten erforderlich sind,
kann B gegenüber dem Vergütungsanspruch des U aufrechnen (§§ 387 ff.),
indem er diesen Betrag einbehält.

c) Ausschluss des Aufwendungsersatzanspruchs

Das Recht zur Selbstvornahme ist niemals ausgeschlossen. Aller-   22
dings ist der Anspruch auf Ersatz der Aufwendungen ausgeschlossen, wenn der Unternehmer die Nacherfüllung zu Recht verweigert

(§ 637 I). Dazu ist er unter den Voraussetzungen des § 275 II (grobes Missverhältnis zwischen Aufwand und Leistungsinteresse) und des § 275 III (Unzumutbarkeit für den Unternehmer) sowie des § 635 III (unverhältnismäßige Kosten) berechtigt.

4. Rücktritt

23   Der Besteller ist nach §§ 634 Nr. 3, 1. Fall, 636 unter vergleichbaren Voraussetzungen wie der Käufer nach §§ 437 Nr. 2, 440 (dazu § 4 Rdnr. 49 ff.) zum Rücktritt vom Werkvertrag berechtigt. Auf Grund der Verweisung in § 634 Nr. 3, 1. Fall findet auf das Rücktrittsrecht des Bestellers mit § 323 die zentrale Rücktrittsvorschrift des allgemeinen Leistungsstörungsrechts Anwendung.

Im Anwendungsbereich der VOB ist ein Rücktrittsrecht des Auftraggebers wegen eines Mangels nicht vorgesehen.
Bis zum 1. 1. 2002 war im Werkvertragsrecht ebenso wie im Kaufrecht bei Sachmängeln kein Rücktrittsrecht, sondern ein Anspruch des Bestellers auf Wandelung vorgesehen. Die Wandelung war kein Gestaltungsrecht, sondern als Anspruch konstruiert (dazu 26. Aufl. Rdnr. 269, 78 ff.).

a) Erfolglose Bestimmung einer Nachfrist

24   Der Besteller muss dem Unternehmer gem. § 323 I grundsätzlich eine *angemessene Frist zur Nacherfüllung* gesetzt haben. Die Nachfristsetzung kann *ausnahmsweise entbehrlich sein,* wenn die Voraussetzungen des § 323 II vorliegen, wenn der Unternehmer die Nacherfüllung wegen unverhältnismäßiger Kosten nach § 635 III verweigert oder wenn die Nacherfüllung fehlgeschlagen oder für den Besteller unzumutbar ist (§ 636).

b) Erklärung des Rücktritts

25   Der Rücktritt ist ein Gestaltungsrecht. Er wird durch einseitige empfangsbedürftige Willenserklärung des Bestellers gegenüber dem Unternehmer ausgeübt (§ 349; „Rückzahlungsverlangen" im **Fall f**). Bei *mehreren Bestellern oder Unternehmern* kann das Rücktrittsrecht nur von allen Bestellern und gegen alle Unternehmer ausgeübt werden (§ 351 S. 1). Erlischt das Rücktrittsrecht für einen der Berechtigten, so erlischt es auch für die übrigen (§ 351 S. 2).

c) Rechtsfolgen des Rücktritts

Durch den Rücktritt erlöschen die beiderseitigen Leistungspflich-   26
ten, und es entsteht ein *Rückabwicklungsschuldverhältnis*, für das
nach §§ 634 Nr. 3, 1. Fall, 323 die allgemeinen Rücktrittsregeln der
§§ 346 ff. gelten (dazu schon § 4 Rdnr. 59 sowie AS § 18
Rdnr. 15 ff.). Die Parteien haben also insbesondere die empfangenen
Leistungen Zug um Zug zurückzugewähren (§§ 346, 348). Nach
Erklärung des Rücktritts ist das Minderungsrecht ausgeschlossen.

d) Ausschluss des Rücktrittsrechts

Ebenso wie im Kaufvertragsrecht gilt auch im Werkvertragsrecht   27
für den Rücktritt eine *Bagatellgrenze*. Der Rücktritt ist ausgeschlossen, wenn der Sachmangel unerheblich ist (vgl. § 323 V 2). Das dürfte etwa im **Fall c** anzunehmen sein, wenn U lediglich einen von zwanzig Bäumen nicht beschnitten hat. Ferner ist der Rücktritt ausgeschlossen, wenn der Besteller für den Umstand, der ihn zum Rücktritt
berechtigen würde, *allein oder weit überwiegend verantwortlich* ist
(§ 323 VI, 1. Fall). Schließlich kann der Besteller nicht zurücktreten,
wenn der vom Unternehmer nicht zu vertretende Eintritt des Mangels
zu einer Zeit eintritt, zu welcher der Besteller *im Verzug der Annahme* ist (§ 323 VI, 2. Fall). Einzelh. dazu s. § 4 Rdnr. 61 ff.

5. Minderung

Statt zurückzutreten kann der Besteller nach § 638 die Vergütung   28
mindern (§ 634 Nr. 3, 2. Fall). Das Minderungsrecht ist ein besonderes Mängelrecht des Bestellers, das es im allgemeinen Leistungsstörungsrecht nicht gibt. Es entspricht dem Minderungsrecht des
Käufers nach §§ 437 Nr. 2, 441.

Im Anwendungsbereich der VOB kann der Auftraggeber nur dann mindern, wenn die Mangelbeseitigung unmöglich oder für den Auftraggeber
unzumutbar ist oder vom Auftragnehmer wegen unverhältnismäßig hoher
Kosten verweigert wird (§ 13 Nr. 6 VOB/B).

a) Erfolglose Bestimmung einer Nachfrist

Aus der Formulierung des § 638 I 1, wonach der Besteller „statt   29
zurückzutreten" mindern kann, folgt, dass die Minderung ebenso

wie der Rücktritt gem. § 323 I die erfolglose Bestimmung einer angemessenen Frist für die Nacherfüllung voraussetzt, sofern diese
nicht ausnahmsweise entbehrlich ist (§§ 323 II, 636).

b) Berechnung der Minderung

30   Minderung bedeutet *Herabsetzung der Vergütung* (§ 638 III 1).
Die Berechnung erfolgt ebenso wie bei der Minderung im Kaufrecht
(§ 4 Rdnr. 71):

$$\frac{\text{Vereinbarte Vergütung}}{\text{geminderte Vergütung (X)}} = \frac{\text{Wert des Werkes ohne Mangel}}{\text{Wert des Werkes mit Mangel}}$$

Die zu zahlende (geminderte) Vergütung X beträgt demnach:

$$X = \frac{\text{Wert des Werkes mit Mangel} \times \text{vereinbarte Vergütung}}{\text{Wert des Werkes ohne Mangel}}$$

Soweit es erforderlich ist, wird die Minderung durch Schätzung
ermittelt (§ 638 III 2).

Falls der Besteller den Mangel durch eine falsche Anweisung oder durch
fehlerhaftes Material mit verursacht hat, ist der Minderungsbetrag nach dem
Rechtsgedanken des § 254 herabzusetzen.

c) Geltendmachung und Folgen der Minderung

31   Das Minderungsrecht ist wie das Rücktrittsrecht im Gegensatz zur
Rechtslage vor der Schuldrechtsreform kein Anspruch, sondern ein
Gestaltungsrecht. Es wird durch einseitige Erklärung gegenüber dem
Unternehmer ausgeübt (§ 638 I 1). Bei mehreren Bestellern oder
Unternehmern kann die Minderung ebenso wie der Rücktritt nur
von allen oder gegen alle erklärt werden (§ 638 II).

32   Solange die Vergütung noch nicht vollständig gezahlt ist, steht
dem Besteller die Einrede der Minderung zu. Er kann dann in Höhe
des Minderungsbetrages die Vergütungszahlung verweigern. Hat der
Besteller dagegen bereits mehr als die verminderte Vergütung gezahlt, so ist der Mehrbetrag vom Unternehmer zu erstatten (§ 638
IV 1; *Fall d*). Die Erstattung richtet sich nach den Rücktrittsvor-
schriften der §§ 346 I, 347 I (§ 638 IV 2).

Die Ausübung des Minderungsrechts führt in Bezug auf den jeweiligen 33
Mangel zum Erlöschen des Nacherfüllungsanspruchs. Wenn sich die Zahlungsverpflichtung des Bestellers verringert, kann keine Verpflichtung zur
mangelfreien Verschaffung des Werkes mehr bestehen. Auch der Rücktritt ist
durch die Minderung ausgeschlossen. Schadensersatz- und Aufwendungsersatzansprüche können dagegen grundsätzlich neben der Minderung geltend
gemacht werden (§ 634 Nr. 3 a. E. „und").

d) Ausschluss des Minderungsrechts

Da der Besteller „statt zurückzutreten" (vgl. § 638 I 1) mindern 34
kann, ist das Minderungsrecht grundsätzlich dann ausgeschlossen,
wenn dem Besteller die Ausübung des Rücktrittsrechts versagt ist
(Rdnr. 27). Allerdings gilt im Gegensatz zum Rücktrittsrecht gem.
§ 638 I 2 nicht die Bagatellgrenze des § 323 V 2. Deshalb kann B im
Fall d mindern.

6. Schadensersatz

Neben Nacherfüllung, Rücktritt oder Minderung kann der Käufer 35
nach Maßgabe der §§ 636, 280, 281, 283 und 311 a Schadensersatz
verlangen (§ 634 Nr. 3, 1. Fall). Die Bestimmungen des allgemeinen
Leistungsstörungsrechts werden durch § 636 geringfügig ergänzt.
Die Voraussetzungen des Schadensersatzanspruches hängen davon
ab, welchen Schaden der Besteller ersetzt verlangt.

a) Schadensersatz statt der Leistung

aa) Bei einem *behebbaren Mangel* wird der Unternehmer von sei- 36
ner Nacherfüllungspflicht nicht nach § 275 I–III frei. Der Besteller
kann dann Schadensersatz statt der Leistung nach *§§ 634 Nr. 4, 1.
Fall, 281, 280 I* verlangen. Für den Anspruch gelten die gleichen
Voraussetzungen wie für den entsprechenden Schadensersatzanspruch des Käufers (§ 4 Rdnr. 80 ff.). Insbesondere muss der Unternehmer die Mangelhaftigkeit des Werkes *zu vertreten haben*
(§ 280 I). Außerdem muss der Besteller dem Unternehmer grundsätzlich erfolglos eine *angemessene Frist zur Nacherfüllung* gesetzt
haben (§§ 634 Nr. 4, 1. Fall, 281 I 1), wenn nicht ausnahmsweise
die Nachfristsetzung gem. §§ 281 II, 636 entbehrlich ist.
Wenn der Unternehmer gem. § 275 I–III (insbesondere bei *Unbe-* 37
hebbarkeit des Mangels und Unmöglichkeit der Neuherstellung)

von seiner Pflicht zur Nacherfüllung frei wird, kann der Besteller ebenfalls Schadensersatz verlangen. Der Anspruch ergibt sich aus §§ 634 Nr. 4, 311a II 1, sofern das Leistungshindernis schon bei Vertragsschluss vorlag (s. schon § 4 Rdnr. 98). Ensteht das Leistungshindernis erst *nach Vertragsschluss,* folgt der Anspruch aus §§ 634 Nr. 4, 283, 280 I (s. schon § 4 Rdnr. 101 ff.). In beiden Fällen kann der Besteller sofort auf das Recht zum Schadensersatz nach § 634 Nr. 4, 1. Fall übergehen, ohne vorher – wie bei behebbaren Mängeln – erfolglos eine Frist zur Nacherfüllung bestimmen zu müssen.

38   bb) Der Schadensersatz statt der Leistung soll das *Erfüllungsinteresse* des Bestellers befriedigen. Der Besteller kann wie der Käufer zwischen dem kleinen und dem großen Schadensersatzanspruch wählen. Beim *kleinen Schadensersatzanspruch* (zum Kaufrecht s. § 4 Rdnr. 93) behält der Besteller das mangelhafte Werk und verlangt nur den mangelbedingten Schaden (insbes. den mangelbedingten Minderwert). Dieser Anspruch steht dem Besteller auch dann zu, wenn er den Mangel nicht beseitigen lassen will. Beim *großen Schadensersatzanspruch* (zum Kaufrecht s. § 4 Rdnr. 94) gibt er das mangelhafte Werk zurück und verlangt Ersatz des Schadens, der ihm infolge Nichterfüllung des ganzen Vertrages entstanden ist. Der Besteller erhält also die bereits gezahlte Vergütung zurück und kann als Nichterfüllungsschaden z. B. die Kosten für eine anderweitige Herstellung, den entgangenen Gewinn oder die Freistellung von der Haftung aus einem Weiterverkauf verlangen. Der große Schadensersatzanspruch kommt jedoch *nur bei erheblichen Mängeln* in Betracht (§ 281 I 3).

Die Beschränkung auf erhebliche Mängel ist konsequent, weil über die Geltendmachung des großen Schadensersatzes ähnliche Rechtsfolgen wie beim Rücktritt ausgelöst werden, der ebenfalls bei unerheblichen Mängeln ausgeschlossen ist (§ 323 V 2). Im **Fall e** hat B daher keinen Anspruch auf den großen Schadensersatz.
Bei Bauverträgen auf Grundlage der VOB ist § 13 Nr. 7 VOB/B zu beachten. Danach kommt ein Schadensersatzanspruch nur unter eingeschränkten Voraussetzungen in Betracht.

39   cc) Mit der Geltendmachung des Anspruchs auf Schadensersatz statt der Leistung *erlischt der Nacherfüllungsanspruch* (§ 281 IV) und damit *auch das Recht zur Selbstvornahme* auf Kosten des Unternehmers.

b) Schadensersatz wegen Verzögerung der mangelfreien Leistung

Sorgt der Unternehmer erst mit Verspätung für die Mangelfreiheit 40
des Werkes, ist der darauf beruhende Verzögerungsschaden (z. B.
Betriebsausfallschaden bis zur Mängelbeseitigung) gem. § 634 Nr. 4
i. V. m. § 280 I, II unter den Voraussetzungen des § 286 (Schuldnerverzug des Unternehmers) zu ersetzen. Die dafür grundsätzlich notwendige Mahnung dürfte in aller Regel in der Aufforderung zur
Nacherfüllung i. V. m. der Fristsetzung zu sehen sein. Zu den Einzelheiten dieses Anspruchs s. die entsprechenden Ausführungen im
Kaufrecht, § 4 Rdnr. 104 ff.

c) Schadensersatz wegen Verletzung sonstiger Rechtsgüter (Mangelfolgeschaden)

Die Mangelhaftigkeit des Werkes kann dazu führen, dass dem Be- 41
steller ein Schaden an anderen Rechtsgütern entsteht (Beschädigung
der Verankerung im **Fall f;** Beschädigung der Heizungsrohre und des
Parkettbodens im **Fall g**). Diese *Mangelfolgeschäden* kann der Besteller als *Schadensersatz* nach §§ 634 Nr. 4, 1. Fall, 280 I ersetzt
verlangen. Hier geht es um die Befriedigung des *Integritätsinteresses*
des Bestellers. Voraussetzung ist neben der Mangelhaftigkeit des
Werkes, dass der Unternehmer seine Pflichtverletzung zu vertreten
hat (§ 276). Das setzt in der Regel Verschulden voraus. Zu dem
ersatzfähigen Mangelfolgeschaden gehören nicht die Schadenspositionen, die allein das Erfüllungsinteresse des Bestellers betreffen (z. B.
Minderwert, entgangener Gewinn). Diese sind vielmehr nur unter
den Voraussetzungen der §§ 281, 283 zu ersetzen (vgl. § 280 III;
Rdnr. 36 ff.).

Durch die Verweisung des § 634 Nr. 4 auch auf § 280 hat sich die bis zur
Schuldrechtsreform von der h. M. vertretene *Differenzierung* (dazu 26. Aufl.
Rdnr. 270) zwischen dem sog. *nahen Mangelfolgeschaden* (ersatzfähig nach
§ 635 a. F. mit kurzer Verjährungsfrist) und dem sog. *entfernten Mangelfolgeschaden* (ersatzfähig nach den Regeln der positiven Forderungsverletzung mit langer Verjährungsfrist) erledigt.

Ein Schadensersatzanspruch wegen der Verletzung sonstiger Rechtsgüter 42
kommt auch dann in Betracht, wenn dieser Schaden gar nicht auf dem Mangel des Werkes, sondern auf der Verletzung einer Schutzpflicht beruht. Anspruchsgrundlage ist dann unmittelbar § 280 I. **Beispiel:** B wartet im Einverständnis mit U in dessen Kraftfahrzeugwerkstatt, bis sein Pkw instand gesetzt

ist. Durch Unachtsamkeit seines Gesellen wird B verletzt. B hat einen Schadensersatzanspruch gegen U, der für ein Verschulden seiner Mitarbeiter nach § 278 haftet. Damit ist § 280 seit der Schuldrechtsreform die einheitliche Grundlage für Schadensersatzansprüche wegen aller Arten von Pflichtverletzungen des Werkunternehmers.

7. Aufwendungsersatz

43   *Statt* Schadensersatz kann der Besteller – neben Rücktritt oder Minderung – Aufwendungsersatz nach § 284 verlangen (§ 634 Nr. 4, 2. Fall). Diese Regelung entspricht dem § 437 Nr. 3, 2. Fall über den Aufwendungsersatzanspruch des Käufers (dazu § 4 Rdnr. 112 ff.). Dem Besteller sind gem. § 284 diejenigen Aufwendungen zu ersetzen, die er im Vertrauen auf den Erhalt des mangelfreien Werkes gemacht hat und billigerweise machen durfte.

8. Verjährung

44   Für die Mängelrechte des Bestellers beim Werkvertrag gilt folgende Verjährungsregelung:

a) Ansprüche auf Nacherfüllung, Schadensersatz und Aufwendungsersatz

aa) Die *Dauer der Verjährungsfrist* ergibt sich aus § 634a I, III. Gem. § 634a I gibt es für die Mängelansprüche des Bestellers nach § 634 Nr. 1, 2 und 4 auf Nacherfüllung, Schadensersatz und Aufwendungsersatz folgende Verjährungsfristen:

Bei Werken, deren Erfolg in der Herstellung, Wartung oder Veränderung einer Sache (außer Bauwerke) oder in der Erbringung von Planungs- oder Überwachungsleistungen (insbesondere von Architekten und Bauleitern) hierfür besteht, beträgt die Verjährungsfrist zwei Jahre (§ 634a I Nr. 1). Beispielsweise unterliegen also die Mängelansprüche gegen den Gartenplaner und den Gartenbauer gleichermaßen der Verjährungsfrist von zwei Jahren. Bezieht sich der geschuldete Erfolg auf Bauwerke, verjähren Mängelansprüche in fünf Jahren (§ 634a I Nr. 2). Bei allen anderen als den von Nr. 1 und 2 erfassten Werken (z. B. Gutachten, Vertragsentwürfe, Musikkompositionen) bleibt es bei der Regelverjährung des § 195 von drei Jahren (§ 634a Nr. 3).

Unterliegt der Werkvertrag der VOB, beträgt mangels abweichender Vereinbarung die Verjährungsfrist bei Bauwerken zwei Jahre, bei Arbeiten an einem Grundstück ein Jahr (Einzelheiten: § 14 Nr. 4 VOB/B).

Wenn der Unternehmer den Mangel arglistig verschwiegen hat, **45** gilt gem. § 634 a III auch in den Fällen des § 634 a Nr. 1 und 2 die regelmäßige Verjährungsfrist des § 195 von drei Jahren. Das darf aber nicht zu einer Verkürzung gegenüber der 5-Jahres-Frist nach § 634 a I Nr. 2 führen. Deshalb endet die regelmäßige Verjährungsfrist bei Bauwerken nicht vor Ablauf dieser 5-Jahres-Frist (§ 634 a III 2).

Mit den in § 634 a I erwähnten Ansprüchen nach § 634 Nr. 2 ist lediglich der Anspruch auf Ersatz der für die Selbstvornahme erforderlichen Aufwendungen gemeint. Das Recht zur Beseitigung des Mangels als solches verjährt nicht (§ 194). Eine Selbstvornahme auf eigene Kosten kann der Besteller immer vornehmen.

Die Regelverjährung des § 195 gilt auch für solche Schadensersatzansprüche des Bestellers, die nicht auf einem Mangel des Werkes, sondern auf einer Schutzpflichtverletzung des Unternehmers beruhen. Für die Verjährung ist also die Unterscheidung von Mangelfolgeschäden und nicht mangelbezogenen Pflichtverletzungsschäden von Bedeutung.

bb) Der *Beginn der Verjährungsfrist* liegt in den Fällen des § 634 a **46** I Nr. 1 und 2 gem. § 634 a II im Zeitpunkt der Abnahme des Werkes (§ 640). Dagegen beginnt die regelmäßige Verjährungsfrist des § 195 (§ 634 a I Nr. 3, III) erst mit Schluss des Jahres, in dem der Anspruch entstanden ist und der Besteller von den anspruchsbegründenden Umständen Kenntnis erlangt hat oder ohne grobe Fahrlässigkeit hätte erlangen müssen (§ 199 I).

Im **Fall g** gilt nicht die Verjährungsfrist des § 634 a I Nr. 2, sondern wegen des arglistigen Verhaltens von U diejenige des Abs. III. Sie hat gem. § 199 I erst mit Kenntnis des B von den fehlerhaften Arbeiten des U und dem daraus folgenden Schaden begonnen. Daher ist der Schadensersatzanspruch des B auch nach 6 Jahren seit dem Abschluss der Sanierungsarbeiten noch nicht verjährt.

cc) Sowohl die Dauer als auch der Beginn der Verjährung können **47** unter den gleichen Voraussetzungen wie bei kaufrechtlichen Mängelansprüchen (§ 4 Rdnr. 130) durch *vertragliche Vereinbarung* abweichend von § 634 a geregelt werden.

b) Folge der Verjährung des Nacherfüllungsanspruchs für das Rücktritts- und das Minderungsrecht

48   aa) Rücktritt und Minderung unterliegen als Gestaltungsrechte nicht der Verjährung (§ 194). Allerdings ist ihre *Ausübung* gem. § 218 *unwirksam,* wenn der Nacherfüllungsanspruch verjährt ist und der Unternehmer sich darauf beruft (§ 634 a IV 1, V). Insoweit entspricht die Rechtslage derjenigen im Kaufrecht (§ 438 IV 1, V; dazu § 4 Rdnr. 131 f.).

49   bb) Wie der Käufer kann auch der Besteller trotz Unwirksamkeit des Rücktritts oder der Minderung die Zahlung der Vergütung insoweit verweigern *(Erhalt der Mängeleinrede),* als er auf Grund des Rücktritts oder der Minderung dazu berechtigt wäre (§ 634 a IV 2, V).

9. Konkurrenzen

50   Bei den Konkurrenzen geht es um die Frage, in welchem Verhältnis die Mängelrechte des Bestellers zu Ansprüchen aus culpa in contrahendo, wegen Verletzung eines anderen Rechtsgutes und wegen unerlaubter Handlung stehen.

a) Culpa in contrahendo

Bei schuldhafter Verletzung z.B. einer vorvertraglichen Aufklärungs- oder Offenbarungspflicht des Unternehmers ist der Besteller immer nach §§ 311 II, 280 f. ersatzberechtigt. Bezieht sich die verletzte Pflicht auf einen Werkmangel, finden die §§ 311 II, 280 f. über § 634 Nr. 4 Anwendung (Verjährung nach § 634 a). Andernfalls (z.B. bei fehlender Aufklärung über die sachgerechte Bedienung des mangelfreien Werkes oder über die Gefährlichkeit des Werkes) greifen sie unmittelbar ein (Verjährung nach § 195).

b) Verletzung eines anderen Rechtsgutes

51   Verletzt der Unternehmer bei Abwicklung des Werkvertrages ein anderes Rechtsgut des Bestellers (z.B. Eigentums- oder Körperverletzung), haftet er ebenfalls aus § 280. Beruht die Rechtsgutverletzung auf einem Werkmangel, findet § 280 über § 634 Nr. 4 An-

wendung (Verjährung nach § 634 a), andernfalls gilt die Vorschrift unmittelbar (Verjährung nach § 195).

c) Unerlaubte Handlung

Ansprüche aus unerlaubter Handlung, die z. B. beim weiterfres-   52
senden Mangel (§ 41 Rdnr. 6) eine Rolle spielen, werden durch die §§ 634 ff. nicht ausgeschlossen. Die Haftung des Unternehmers für Hilfspersonen richtet sich dann nicht nach § 278, sondern nach § 831. Die deliktischen Ansprüche verjähren nicht nach § 634 a, sondern nach § 195 mit Fristbeginn nach § 199 I.

Im **Fall g** hat U für die beschädigten Heizungsrohre und den Parkett-schaden auch nach § 823 einzustehen. Die Verjährung würde auch dann nach §§ 195, 199 I erst mit Kenntnis der anspruchsbegründenden Umstände zu laufen beginnen, wenn U nicht arglistig gehandelt hätte.

§ 25. Pflichten des Bestellers und Folgen einer Pflichtverletzung

Schrifttum: S. die Nachweise zu § 22. Ferner: Feuerborn, Abnahme techni-   1
scher Anlagen, CR 1991, 1; Grimme, Die Vergütung beim Werkvertrag, 1987; Gross, Die verweigerte Abnahme, Festschrift f. Locher, 1990, 53; Hartmann, Der Gegenleistungsanspruch des Werkunternehmers bei unterlassener Mitwirkung des Bestellers, BB 1997, 326; Leinemann, VOB-Bauvertrag: Leistungsverweigerungsrecht des Bauunternehmers wegen fehlender Nachtragsbeauftragung?, NJW 1998, 3672; Lewer, Die Haftung des Werkbestellers nach Dienstleistungsrecht gem. den §§ 618, 619 BGB, JZ 1983, 336.

Fälle:

a) B gibt sein bei V unter Eigentumsvorbehalt gekauftes Fernsehgerät dem U zur Reparatur. Als B den vereinbarten Werklohn nicht zahlt, will U das Gerät unter Berufung auf sein Unternehmerpfandrecht versteigern lassen.

b) B verweigert ohne Grund auch nach Fristsetzung durch U die Abnahme des von U hergestellten Werkes. Muss U ihn erst auf Abnahme des Werkes verklagen, bevor er die Vergütung verlangen kann?

I. Pflichten des Bestellers

Der Besteller ist in erster Linie zur Entrichtung der vereinbarten Vergütung, aber auch zur Abnahme des Werkes und gegebenenfalls zur Mitwirkung bei der Herstellung verpflichtet.

Daneben können sich für ihn wie auch für den Unternehmer aus dem Vertrag weitere Nebenleistungspflichten und Schutzpflichten (§ 241 II) ergeben. Eine gesetzlich geregelte Schutzpflicht ergibt sich aus der entsprechenden Anwendung des § 618 I. Danach hat der Besteller die Räume, Gerätschaften und Vorrichtungen, die zur Herstellung des Werks bereitzustellen sind, in einem solchen Zustand zu halten, dass der Unternehmer gegen Gefahr für Leben und Gesundheit geschützt ist.

1. Pflicht zur Entrichtung der Vergütung

2   Die wichtigste Hauptleistungspflicht des Bestellers ist die Entrichtung der vereinbarten Vergütung (§ 631 I). Art und Umfang des Entgelts richten sich nach den getroffenen Vereinbarungen. Fehlt eine dahingehende Abrede, greift § 632 ein (§ 22 Rdnr. 5 f.). Zur Vergütungspflicht bei Kostenanschlägen s. § 22 Rdnr. 7 f.

a) Fälligkeit der Vergütung

3   Die Vergütung wird grundsätzlich erst bei der Abnahme (dazu Rdnr. 10 ff.; **Fall b,** dazu noch Rdnr. 16) des Werkes fällig (§ 641 I 1). Der Abnahme steht eine Bescheinigung des Gutachters über die Fertigstellung und Mangelfreiheit des Werkes gleich (§ 641 a). Ist das Werk in einzelnen Teilen abzunehmen und die Vergütung für die einzelnen Teile bestimmt, so ist sie für jeden Teil bei dessen Abnahme zu entrichten (§ 641 I 2). Von diesem Zeitpunkt an ist eine in Geld festgelegte Vergütung zu verzinsen (§ 641 IV). Wenn der Besteller allerdings einen Mängelbeseitigungsanspruch (§ 24 Rdnr. 8 ff.) hat, kann er auch nach der Abnahme einen angemessenen Teil der Vergütung (mindestens das Dreifache der voraussichtlichen Mängelbeseitigungskosten) zurückhalten (§ 641 III; § 24 Rdnr. 7).

Unabhängig von der Abnahme wird die Vergütung bei einem Werk, dessen Herstellung der Besteller einem Dritten versprochen hat, spätestens dann fällig, wenn der Besteller von dem Dritten für das versprochene Werk Zahlungen erhalten hat (§ 641 II). Ferner kann der Unternehmer für in sich abgeschlossene Teile eines Werkes von dem Besteller Abschlagszahlungen verlangen, sofern der Besteller Eigentümer an diesen Teilen geworden ist (§ 632 a; dazu § 22 Rdnr. 9).

b) Schlussrechnung und Schlusszahlung der Vergütung nach der VOB

4   Verlangt der Auftragnehmer bei einem der VOB unterliegenden Bauunternehmervertrag die Vergütung, so ist er verpflichtet, seine Leistung prüfbar

abzurechnen (§ 14 Nr. 1 VOB/B). Die anzufertigende Schlussrechnung muss innerhalb feststehender Fristen eingereicht werden (§ 14 Nr. 3 VOB/B). Legt der Auftragnehmer eine prüfbare Rechnung nicht vor, obwohl ihm hierzu eine Frist gesetzt worden ist, so kann sie der Auftraggeber selbst auf Kosten des Auftragnehmers aufstellen (§ 14 Nr. 4 VOB/B).

Leistet der Auftraggeber auf die Schlussrechnung des Auftragnehmers die Schlusszahlung und nimmt der Auftragnehmer diese vorbehaltlos an, so sind Nachforderungen des Auftragnehmers ausgeschlossen (§ 16 Nr. 3 (2) VOB/B). Ein Vorbehalt ist innerhalb von 12 Werktagen nach Eingang der Schlusszahlung zu erklären. Er wird hinfällig, wenn der Vorbehalt nicht innerhalb von weiteren 24 Werktagen eingehend begründet wird.

c) Sicherung des Unternehmers wegen seines Vergütungsanspruches

Der Unternehmer hat ein schutzwürdiges Interesse daran, wegen seiner Vergütungsforderung eine Sicherheit zu bekommen. Er muss nämlich nach der Konzeption des Gesetzes mit der Herstellung des Werkes vorleisten. Die Vergütung wird erst bei Abnahme des Werkes oder von Teilen des Werkes fällig (§ 641 I); vorher sind nur unter den Voraussetzungen des § 632a Abschlagszahlungen zu leisten. Folgende Sicherheiten, die teils kraft Gesetzes entstehen, teils vom Besteller geleistet werden müssen, kommen in Betracht: 5

aa) Solange der Besteller die Forderung des Unternehmers nicht erfüllt, steht diesem an den von ihm hergestellten oder ausgebesserten beweglichen Sachen ein gesetzliches Pfandrecht *(Unternehmerpfandrecht)* zu, wenn die Sachen bei der Herstellung oder zur Ausbesserung in seinen Besitz gelangt sind (§ 647). 6

Für dieses kraft Gesetzes entstandene Pfandrecht gelten die Vorschriften über das rechtsgeschäftliche Pfandrecht entsprechend (§ 1257). Der Unternehmer kann sich also z. B. durch Pfandverkauf nach §§ 1228 ff. wegen seiner Forderung befriedigen.

Das Unternehmerpfandrecht besteht nach § 647 nur, wenn der Besteller auch Eigentümer der betreffenden Sache ist („Sachen des Bestellers"; BGHZ 34, 153; str.). Obwohl ein starkes wirtschaftliches Bedürfnis dafür beseht, ist ein gutgläubiger Erwerb dieses Pfandrechts nicht möglich. Das ergibt sich bereits aus dem Wortlaut des § 1257, der die Regeln über das Vertragspfand nur auf ein bereits „kraft Gesetzes *entstandenes* Pfandrecht" für entsprechend anwendbar erklärt, also auf § 1207 (gutgläubiger Erwerb bei der 7

Begründung des Pfandrechts) gerade nicht verweist. Zum anderen lassen die Gesetzesmaterialien erkennen, dass der Gesetzgeber einen gutgläubigen Erwerb gesetzlicher Pfandrechte allgemein nicht zulassen wollte (Mot. II, 404 f.). Aus diesem Grund kann es für den Unternehmer ratsam sein, sich vertraglich ein Pfandrecht einräumen zu lassen, weil dabei ein gutgläubiger Erwerb vom Nichtberechtigten möglich ist.

Im **Fall a** hat U deshalb kein Unternehmerpfandrecht erworben, er kann das Gerät aber nach § 273 zurückbehalten.

8   bb) Bezieht sich der Werkvertrag auf ein Bauwerk (z. B. Neubau, Dachreparatur), dann hat der Unternehmer einen Anspruch darauf, dass ihm für seine vertraglichen Forderungen eine *Sicherungshypothek* am Baugrundstück des Bestellers eingeräumt wird (§ 648 I 1). Die Sicherungshypothek selbst entsteht nicht kraft Gesetzes; sie muss vielmehr erst rechtsgeschäftlich begründet werden (§§ 873, 1184).

Auch wenn das Werk noch nicht vollendet ist, kann der Unternehmer bereits die Bestellung der Sicherungshypothek für einen der geleisteten Arbeit entsprechenden Teil der Vergütung verlangen (§ 648 I 2).

9   cc) Da der Unternehmer durch § 648 nicht hinreichend gesichert wird, wenn das Grundstück schon sehr belastet ist oder dem Besteller nicht gehört, kann er nach § 648 a I vom Besteller *Sicherheitsleistung* für die von ihm zu erbringenden Vorleistungen einschließlich dazugehöriger Nebenforderungen verlangen. Diese Regelung gibt dem Unternehmer zwar keinen einklagbaren Anspruch auf Sicherheitsleistung, aber ein unabdingbares Leistungsverweigerungsrecht, wenn der Besteller die verlangte Sicherheit nicht innerhalb der ihm gesetzten Frist leistet. Als Sicherheit kommt – abgesehen von den in §§ 232 ff. genannten Fällen – auch eine Garantie oder ein sonstiges Zahlungsversprechen eines Kreditinstituts oder Kreditversicherers in Betracht (§ 648 a II).

Wird die geforderte Sicherheit nicht fristgerecht geleistet, hat der Unternehmer auch die Möglichkeit, durch Nachfristsetzung mit Kündigungsandrohung sich vom Vertrag zu lösen und die anteilige Vergütung sowie den Ersatz seines Vertrauensschadens zu verlangen (§ 648 a V 1, 2). Gleiches gilt, wenn der Besteller kündigt, um der Stellung der Sicherheit zu entgehen (§ 648 a V 3, 4).

2. Pflicht zur Abnahme des Werkes

Nach § 640 I 1 ist der Besteller verpflichtet, das *vertragsmäßig*   10
hergestellte, d. h. das mangelfreie Werk (§ 633) abzunehmen. Die
Abnahme ist nicht nur eine Gläubigerobliegenheit, sondern eine
Hauptleistungspflicht, weil sie zu den Pflichten gehört, die dem
Werkvertrag das Gepräge geben. Sie entfällt, wenn eine Abnahme
nach der Beschaffenheit des Werkes ausgeschlossen ist (§ 640 I 1).
Dagegen darf die Abnahme nicht wegen unwesentlicher Mängel
verweigert werden (§ 640 I 2). Wenn eine Abnahme nach der Beschaffenheit des Werkes ausgeschlossen ist (z. B. bei Theater- oder
Musikaufführung), tritt an ihre Stelle die Vollendung des Werkes
(§ 646).

a) Begriff und Bedeutung der Abnahme

Unter „Abnahme" ist anders als beim Kauf nicht lediglich die   11
körperliche Entgegennahme des Werkes zu verstehen. Die h. M.
verlangt für die Abnahme in aller Regel sowohl die reale Entgegennahme des Werkes als auch eine ausdrückliche oder stillschweigende Erklärung des Bestellers, dass er das Werk als in der Haupt-
sache vertragsgemäß anerkenne (BGHZ 48, 257; BGH NJW 1993,
1972). Dafür spricht sowohl der landläufige Sinn des Wortes „Abnahme" (z. B. bei Bauwerken) als auch der Zusammenhang der gesetzlichen Regelung. Das Gesetz knüpft nämlich an die erfolgte Abnahme verschiedene wichtige Rechtsfolgen, deren Eintritt regelmäßig
nur gerechtfertigt ist, wenn Entgegennahme und Billigung zusammentreffen.

Mit der Abnahme wird grundsätzlich die Vergütung fällig (§ 641); zugleich   12
beginnt der Lauf der Verjährungsfrist für die Mängelansprüche (§ 634a II).
Diese Rechtsfolgen erscheinen nur gerechtfertigt, wenn der Besteller das
Werk wenigstens in groben Zügen als vertragsgemäß anerkannt hat. Ferner
verliert der Besteller gem. § 640 II mit der vorbehaltlosen Abnahme des
Werkes trotz Kenntnis seiner Mangelhaftigkeit seine Mängelrechte nach
§ 634 Nr. 1–3. Dieser Gefahrübergang ist im Normalfall nur gerechtfertigt,
wenn das Werk in die Verfügungsgewalt des Bestellers gelangt, von ihm
geprüft werden kann und gebilligt wird.

Ist der Besteller im Besitz des Werkes, z. B. bei Reparaturen an seinem
Haus, so beschränkt sich die Abnahmeverpflichtung auf die Anerkennung
vertragsgemäßer Herstellung. Für den Fall, dass eine Abnahme auch in Form

der Billigung nicht möglich oder üblich ist (wie z.b. bei künstlerischen Dar-
bietungen oder der Beförderung von Personen) und deshalb eine dahingehende Pflicht entfällt (§ 640 I), knüpft das Gesetz die oben genannten Rechtsfolgen an die Vollendung des Werkes (§ 646).

b) Abnahme nach der VOB

13   Besonderheiten gelten für die Abnahme eines Bauwerkes, wenn die VOB
(§ 22 Rdnr. 13) vereinbart ist. Danach ist ein förmliches Abnahmeverfahren
vorgesehen, wenn eine Vertragspartei es verlangt. Dann ist ein Abnahmepro-
tokoll anzufertigen, in dem alle etwaigen Vorbehalte des Auftraggebers und
alle Einwendungen des Auftragnehmers niederzulegen sind. Eine Verweigerung der Abnahme kommt nur wegen wesentlicher Mängel in Betracht. Wird
keine Abnahme verlangt oder verweigert sie der Auftraggeber unberechtigt,
gilt die Leistung mit Ablauf von 12 Werktagen nach schriftlicher Mitteilung
über die Fertigstellung der Leistung als abgenommen. Nimmt der Auftraggeber die Leistung in Benutzung, so tritt die Abnahme nach Ablauf von 6
Werktagen nach Beginn der Benutzung ein. Einzelh.: § 12 Nr. 3–5 VOB/B.

3. Obliegenheit zur Mitwirkung bei der Herstellung des Werkes

14   Bei bestimmten Werkverträgen lässt sich das Werk nicht ohne
Mitwirkung des Bestellers herstellen (vgl. § 642). So kann z.B. das in
Auftrag gegebene Porträt nicht vollendet werden, wenn der Besteller
nicht zu den vorgesehenen Sitzungen erscheint. Der Unternehmer hat
aber *keinen Anspruch* auf die Mitwirkung; es handelt sich hierbei
um eine reine *Gläubigerobliegenheit* (AS § 2 Rdnr. 16).

II. Folgen einer Pflichtverletzung des Bestellers

15   Erfüllt der Besteller seine vertraglichen Verpflichtungen nicht, gelten die allgemeinen Regeln der §§ 280 ff., 320 ff. über Leistungsstörungen.

1. Verletzung der Vergütungspflicht

Wenn der Besteller bei Fälligkeit nicht zahlt, kann der Unternehmer seinen Vergütungsanspruch einklagen. Bei Zahlungsverzug
hat der Unternehmer einen Anspruch auf Ersatz des Verzögerungs-
schadens (§§ 280 II, 286); außerdem ist unabhängig von einem konkreten Schaden der Vergütungsbetrag zu verzinsen (§ 288). Nach er-

folgloser Bestimmung einer angemessenen Frist für die Zahlung kann der Unternehmer vom Vertrag zurücktreten (§ 323 I).

2. Verletzung der Abnahmepflicht

Da die Abnahme Leistungspflicht des Bestellers ist (§ 640 I), be-   **16**
wirkt die Nichtabnahme nicht nur Annahmeverzug (§§ 293 ff.), sondern unter den Voraussetzungen der §§ 286 f. zugleich Schuldnerverzug. Wenn der Besteller das Werk nicht innerhalb einer ihm vom Unternehmer gesetzten Frist abnimmt, obwohl er dazu verpflichtet ist, wird die Abnahme gem. § 640 I 3 fingiert.

Im **Fall b** braucht U also nicht auf Abnahme zu klagen. Der Abnahme steht es ebenfalls gleich, wenn dem Unternehmer ein geeigneter Gutachter auf Grund einer Prüfung eine sog. Fertigstellungsbescheinigung erteilt, in der die Herstellung und die Mangelfreiheit des Werkes bescheinigt werden (§ 641a; dazu Jaeger/Palm, BB 2000, 1102).

3. Verletzung der Mitwirkungsobliegenheit

Verweigert der Besteller seine zur Herstellung des Werkes erfor-   **17**
derliche Mitwirkung, gerät er in Annahmeverzug (§ 295). Der Unternehmer hat dann gem. § 304 einen Anspruch auf Ersatz der durch den Annahmeverzug entstanden Mehraufwendungen. Daneben gewährt § 642 ihm einen Anspruch auf eine angemessene Entschädigung. Außerdem ist der Unternehmer berechtigt, nach § 643 die Aufhebung des Werkvertrages herbeizuführen (§ 26 Rdnr. 4).

§ 26. Vorzeitige Beendigung des Werkvertrages

Schrifttum: F. Peters, Die Vergütung des Unternehmers in den Fällen der   **1**
§§ 643, 645, 650 BGB, Festschrift f. Locher, 1990, 201; ders., Die Stornierung von Verträgen, JZ 1996, 73; B. Schmidt, Zur unberechtigten Kündigung aus wichtigem Grunde beim Werkvertrag, NJW 1995, 1313; Soergel, Mängelansprüche bei vorzeitiger Vertragsbeendigung wegen höherer Gewalt, Festschrift f. Korbion, 1986, 427; Werner, Anwendungsbereich und Auswirkungen des § 650 BGB, Festschrift f. Korbion, 1986, 473.

Fälle:

a) B bringt seinen „Oldtimer" in die Werkstatt des U, der ihn gegen eine vereinbarte Vergütung von 1500 Euro fahrbereit machen soll. Als U einen

Teil der Reparaturen ausgeführt hat, kündigt B den Vertrag und will nur die inzwischen vorgenommenen Arbeiten bezahlen.

b) Im Fall a kündigt B den Vertrag, weil U die Reparaturkosten zunächst unverbindlich mit 1500 Euro veranschlagt hat, es sich aber nachträglich herausstellt, dass sie sich auf mindestens 3000 Euro belaufen werden.

c) Wie wäre es, wenn U im Fall b gegenüber B die Gewähr für die Einhaltung des Kostenanschlags übernommen hätte?

I. Beendigung durch Kündigung

1. Kündigung durch den Besteller

a) Jederzeitiges Kündigungsrecht

Der Besteller kann nach § 649 S. 1 bis zur Vollendung des Werks den Vertrag jederzeit kündigen. Mit der Kündigung wird das Vertragsverhältnis für die Zukunft aufgehoben.

Der Besteller bleibt aber in vollem Umfang zur Entrichtung der vereinbarten Vergütung verpflichtet (**Fall a**). Der Unternehmer muss sich lediglich das anrechnen lassen, was er infolge der Aufhebung des Vertrages an Aufwendungen erspart oder durch anderweitige Verwendung seiner Arbeitskraft erwirbt oder zu erwerben böswillig unterlässt (§ 649 S. 2; vgl. die ähnlich lautende Bestimmung des § 615 S. 2; dazu § 20 Rdnr. 15).

b) Besonderheiten bei Kündigung wegen Überschreitung eines Kostenanschlages

2   Besonderheiten ergeben sich dann, wenn dem Werkvertrag ein Kostenanschlag zugrunde gelegt worden ist und das Werk nur unter wesentlicher Überschreitung dieses Anschlags ausgeführt werden kann.

aa) Hat der Unternehmer *keine Gewähr* für die Richtigkeit des Kostenanschlags *übernommen* (unverbindlicher Kostenanschlag), dann braucht der Besteller, wenn er wegen der wesentlichen Überschreitung kündigt, nur den der geleisteten Arbeit entsprechenden Teil der Vergütung zu entrichten und die darin nicht enthaltenen Auslagen des Unternehmers zu ersetzen (§§ 650 I, 645 I; **Fall b**). Das Gesetz erleichtert dem Besteller die Lösung vom Vertrag deshalb, weil die ursprünglich angenommene Geschäftsgrundlage nachträglich weggefallen ist.

bb) Dem Besteller steht das Kündigungsrecht nach § 650 I jedoch 3
nicht zu, wenn der Unternehmer *die Gewähr* für die Einhaltung des
Kostenanschlags *übernommen* hat (verbindlicher Kostenanschlag).
Denn hier kann er die Ausführung des Werks zur veranschlagten
Summe verlangen. Kündigt er trotzdem, dann bleibt es bei der Regel
des § 649; er hat also die volle veranschlagte Vergütung abzüglich
etwaiger Ersparnisse des Unternehmers zu entrichten (**Fall c**).

2. Vorzeitige Beendigung durch den Unternehmer

Der Unternehmer kann sich vom Werkvertrag nur unter den en- 4
gen Voraussetzungen des § 643 vorzeitig lösen, wenn der Besteller
eine für die Herstellung erforderliche Mitwirkungshandlung unterlässt. Hiernach muss der Unternehmer dem Besteller eine Frist mit
der Erklärung setzen, dass er den Vertrag kündige, wenn die Handlung bis zum Ablauf der Frist nicht vorgenommen werde. Mit
fruchtlosem Verstreichen der Frist gilt der Vertrag als aufgehoben
(§ 643 S. 2). Der Unternehmer hat dann in entsprechender Anwendung des § 645 I 1 einen Anspruch auf einen der geleisteten Arbeit
entsprechenden Teil der Vergütung (§ 645 I 2).

II. Beendigung durch Vereinbarung

Wie jedes Vertragsverhältnis kann auch der Werkvertrag durch 5
Vereinbarung der Parteien einverständlich aufgehoben werden (vgl.
§ 311 I).

§ 27. Arztvertrag

Schrifttum: Ankermann, Haftung für fehlerhaften oder fehlenden ärztlichen 1
Rat, Festschrift f. Steffen, 1995, 1; Bender, Entbindungsmethoden und ärzt-
liche Aufklärungspflicht, NJW 1999, 2706; Biermann/Ulsenheimer/Weißauer,
Liquidation wahlärztlicher Leistungen, MedR 2000, 107; dies., Persönliche
Leistungserbringung und Vertretung des Chefarztes bei wahlärztlichen Leis-
tungen, NJW 2001, 3366; Deutsch, Medizinrecht, 4. Aufl., 1999; ders., Die
Medizinhaftung nach dem neuen Schuldrecht und dem neuen Schadensrecht,
JZ 2002, 588; ders., Das Persönlichkeitsrecht des Patienten, AcP 192, 161;
ders., Fahrlässigkeitstheorie und Behandlungsfehler, NJW 1993, 1506; ders.,

Das Organisationsverschulden des Krankenhausträgers, NJW 2000, 1745; Ehlers/Broglie, Praxis des Arzthaftungsrechts, 1994; Frahm/Nixdorf, Arzthaftungsrecht, 1996; Franzki/Hansen, Der Belegarzt – Stellung und Haftung im Verhältnis zum Krankenhausträger, NJW 1990, 737; Füllmich, Zur Ablehnung künstlich lebensverlängernder medizinischer Maßnahmen durch nicht entscheidungsfähige Personen, NJW 1990, 2301; Geiß, Arzthaftpflichtrecht, 3. Aufl., 1999; Giesen, Arzthaftungsrecht, 4. Aufl., 1995; ders., Aktuelle Probleme des Arzthaftungsrechts, MedR 1997, 17; Hart, Grundlagen des Arzthaftungsrechts: Pflichtengefüge, Jura 2000, 64; Hausch, Die neue Rechtsprechung des BGH zum groben Behandlungsfehler – Eine Trendwende?, VersR 2002, 671; Heyers/Heyers, Arzthaftung – Schutz vor digitalen Patientendaten, MDR 2001, 1209; Hülsmann/Maser, Ärztliche Schweigepflicht und Praxisübergabe, MDR 1997, 111; Jaspersen, Ärztlicher Behandlungsfehler und Vergütungsanspruch, VersR 1992, 1431; Jung, Zivilrechtliche Arzthaftpflicht und gesetzliche Unfallversicherung, BG 2002, 416; Kern, Haftungsrechtliche Fragen und Probleme des ambulanten Operierens, NJW 1996, 1561; Kleinewefers, Zur zivilrechtlichen Haftung des Arztes, VersR 1992, 1425; Kleinewefers/Sparwasser, Zur Aufklärungspflicht des Arztes, VersR 1990, 1205; Kollhosser/Kubillus, Grundfragen des Arztrechtes, JA 1996, 339; Kramer, Keine Vergütungspflicht bei fehlendem Interesse an der Dienstleistung infolge Schlechterfüllung – dargestellt am Beispiel des Arztvertrags, MDR 1998, 324; Kuhla, Liquidation des Chefarztes für Vertreterleistungen, NJW 2000, 841; Kullmann, Schadensersatzpflicht bei Verletzung der ärztlichen Aufklärungspflicht bzw. des Selbstbestimmungsrechts des Patienten ohne Entstehung eines Eingriffsschadens, VersR 1999, 1190; Laufs, Arztrecht, 5. Aufl., 1993; ders., Medizinrecht im Wandel, NJW 1996, 1571; ders., Reform der Arzthaftung, NJW 1996, 2413; ders., Entwicklungslinien des Medizinrechts, NJW 1997, 1609; ders., Arzt und Recht – Fortschritte und Aufgaben, NJW 1998, 1750; ders., Arzt, Patient und Recht am Ende des Jahrhunderts, NJW 1999, 1758; ders., Nicht der Arzt allein muss bereit sein, das Notwendige zu tun, NJW 2000, 1757; Laufs/Uhlenbruck, Handbuch des Arztrechts, 3. Aufl., 2002; Maaß, Die Entwicklung des Vertragsarztrechts, NJW 1999, 3377; Michalski, (Zahn-)Ärztliche Aufklärungspflicht über die Ersatzfähigkeit von Heilbehandlungskosten, VersR 1997, 137; Müller, Beweislast und Beweisführung im Arzthaftungsprozeß, NJW 1997, 3049; Pelz, Entwicklungstendenzen des Arzthaftungsrechts, DRiZ 1998, 473; Pflüger, Patientenaufklärung über Behandlungsqualität und Versorgungsstrukturen – erweiterte Haftungsrisiken für Arzt und Krankenhaus?, MedR 2000, 6; Rehborn, Aktuelle Entwicklungen im Arzthaftungsrecht, MDR 2001, 1148 u. MDR 2002, 1281; Reiling, Die Grundlagen der Krankenhaushaftung – eine kritische Bestandsaufnahme, MedR 1995, 443; Rieger, Medizinlexikon, 2. Aufl., 2000; Rhode, Der Zeitpunkt der Aufklärung vor ambulanten Operationen, VersR 1995, 391; Schaffer, Die Aufklärungspflicht des Arztes bei invasiven medizinischen Maßnahmen, VersR 1993, 1458; Schinnenburg, Besonderheiten des Arzthaftungsrechtes bei zahnärztlicher Behandlung, MedR 2000, 185; Scholz, Zur Arzthaftung bei Verletzung der Aufklärungspflicht, MDR 1996, 649; ders., Haftung und Schadensberechnung bei ärztlichen Behandlungsfehlern, VersR 1996, 817; ders., Zur Arzthaftung bei Tätigwerden mehrerer Ärzte, JR 1997, 1; Sethe/Krupanzky, Arzthaftung und Qualitätsmanagement in der Medizin, VersR 1998, 420; Spickhoff, Ausschluss der Haftung des Krankenhausträgers für ärztliche Leistungen durch AGB?, VersR 1998, 1189; ders., Das System der

Arzthaftung im reformierten Schuldrecht, NJW 2002, 2530; Steffen/Dressler, Arzthaftungsrecht. Neue Entwicklungslinien der BGH-Rechtsprechung, 7. Aufl., 1997; Strohmaier, Zweck und Ausmaß der Dokumentationspflicht des Arztes, VersR 1998, 416; Taupitz, Die ärztliche Schweigepflicht in der aktuellen Rechtsprechung des BGH, MDR 1992, 421; Terbille/Schmitz-Herscheidt, Zur Offentbarungspflicht bei ärztlichen Behandlungsfehlern, NJW 2000, 1749; Uhlenbruck, Vorab-Einwilligung und Stellvertretung bei der Einwilligung in einen Heileingriff, MedR 1992, 134; Ulsenheimer, Zur zivil- und strafrechtlichen Verantwortlichkeit des Arztes unter besonderer Berücksichtigung der neueren Judikatur und ihrer Folgen für eine defensive Medizin, MedR 1992, 127; Wertenbruch, Die Zulässigkeit einer Kündigungsfristvereinbarung bei ärztlichen Behandlungsverträgen, MedR 1994, 394; ders., Der Vergütungsanspruch des Arztes bei Nichterscheinen eines bestellten Patienten – Die Haftung des Arztes bei Nichteinhaltung eines Behandlungstermins, MedR 1991, 167; Wussow, Umfang und Grenzen der ärztlichen Aufklärungspflicht, VersR 2002, 1337; Ziegner, Arzthaftung – Rechtliche Probleme bei der zahnärztlich-prothetischen Behandlung, MDR 2001, 1088.

Fälle:

a) Frau M ruft den Arzt A zu ihrem fiebrigen Kind Paul (P). A untersucht den P, stellt eine Bronchitis fest und verordnet ein Medikament. Später verlangt A sein Honorar von P, dessen Mutter M und dessen Vater V, weil die ganze Familie bei einer privaten Krankenkasse krankenversichert ist. Mit Recht?

b) Wie, wenn P zusammen mit Vater und Mutter bei der Ortskrankenkasse versichert ist?

c) Der Krankenhausarzt A injiziert dem Patienten P versehentlich ein falsches Medikament. Dadurch erleidet P einen Körperschaden, der einen langen Krankenhausaufenthalt zur Folge hat. Von wem kann P Ersatz des dadurch entstehenden Schadens verlangen?

d) Spielt es im Fall c eine Rolle, ob A Belegarzt im Krankenhaus ist?

e) Wie, wenn P im Fall c bei Aufnahme ins Krankenhaus ein Formular unterschrieben hat, wonach er gesondert berechenbare Leistungen des Chefarztes A begehrt?

f) P ruft den Arzt A an und bittet wegen Bauchschmerzen um ärztliche Hilfe. A lässt sich die Krankheitssymptome schildern und verordnet Wärme sowie ein schmerzlinderndes Mittel. Später stellt sich heraus, dass es sich um eine Entzündung des Blinddarms handelte, der wegen der nicht ordnungsgemäßen Behandlung durchbrach und eine Bauchfellentzündung verursachte. Kann P von A Schadensersatz wegen der zusätzlichen Krankenhauskosten und wegen entgangenen Gewinns als Handelsvertreter verlangen?

I. Begriff und Abschluss des Arztvertrages

1. Begriff

Der im Gesetz nicht geregelte Arztvertrag ist ein gegenseitiger Schuldvertrag zwischen Arzt und Patient, wonach der Arzt zur ordnungsgemäßen medizinischen Behandlung und der Vertragspartner zur Zahlung des Honorars verpflichtet ist. Dieser Vertrag ist regelmäßig ein freier (unabhängiger) Dienstvertrag (§ 19). Dagegen liegt kein Werkvertrag (§ 22) vor, da der Arzt nur die sachverständige Behandlung, nicht aber die Gesundung des Patienten als Erfolg verspricht (zur Abgrenzung: § 19 Rdnr. 9). Das gilt selbst dann, wenn der Arzt vertraglich zur Durchführung einer Operation oder zur zahnprothetischen Behandlung verpflichtet ist (vgl. etwa BGHZ 63, 306; OLG Zweibrücken NJW 1983, 2094), so dass der Vertrag von jeder Seite nach § 627 jederzeit ohne Angabe von Gründen gekündigt werden kann (vgl. § 21 Rdnr. 11). Nur ausnahmsweise ist der Arztvertrag nach Werkvertragsrecht zu beurteilen, etwa wenn bei einer kosmetischen Operation ein bestimmter Erfolg in Aussicht gestellt wird, es lediglich um die technische Anfertigung einer Prothese oder die Ermittlung bestimmter Blutwerte geht; dann steht der bezweckte Erfolg so im Vordergrund, dass Werkvertragsregeln mit ihren Vorschriften über die Mängelhaftung anwendbar sind (vgl. § 22 ff.). Im Übrigen können die Vertragsparteien frei vereinbaren, ob und inwieweit Dienst- oder Werkvertragsrecht gelten soll.

2. Abschluss

a) Vertrag mit Privatpatienten

2   Der Abschluss eines Arztvertrages, der grundsätzlich keiner Form bedarf (Ausnahme gem. § 22 II Bundespflegesatzverordnung – BPflV – für die Vereinbarung von sog. Wahlleistungen; dazu BGH NJW 1998, 1778) erfolgt meist dadurch, dass der Privatpatient (Selbstzahler) sich in die Behandlung eines Arztes seiner Wahl begibt und dieser mit der Behandlung beginnt. Damit ist die übliche Regelung eines solchen Vertragsverhältnisses stillschweigend vereinbart, sofern die Parteien sich nicht ausdrücklich über etwas anderes einigen.

3   Regelmäßig schließen Arzt und Patient persönlich den Vertrag; Stellvertretung ist aber möglich.

Schließen Eltern einen Vertrag über die Behandlung ihres Kindes, wird das Kind Vertragspartei, wenn die Eltern in seinem Namen handeln (§ 164 I 1). Sofern aber für den Arzt nichts anderes erkennbar ist, will der das Kind zur Behandlung bringende Elternteil im eigenen Namen handeln und selbst Vertragspartei werden, so dass zwischen ihm und dem Arzt ein Vertrag zugunsten des Kindes geschlossen wird (Vertrag zugunsten Dritter gem. § 328). Der andere Ehegatte wird damit gem. § 1357 ebenfalls verpflichtet, da die Zuziehung eines Arztes für das kranke Kind in den Rahmen der Schlüsselgewalt fällt (zu **Fall a**; vgl. Peter, NJW 1993, 1949).

b) Vertrag mit Kassenpatienten

Beim Kassenpatienten schließt nicht etwa die Krankenkasse mit **4** dem Kassenarzt den Behandlungsvertrag zugunsten des versicherten Patienten. Vielmehr kommt auch hier zwischen Kassenpatient und Kassenarzt ein privatrechtlicher Arztvertrag zustande (vgl. § 76 IV SGB V; str.). Der Kassenpatient hat das Recht der freien Arztwahl; jedoch soll er nur im Notfall mit einem nicht als Kassenarzt zugelassenen Arzt einen Behandlungsvertrag schließen und innerhalb eines Kalendervierteljahres nicht ohne triftigen Grund den Arzt wechseln (vgl. § 76 I, III SGB V). Der Kassenarzt ist kraft seiner Zulassung öffentlich-rechtlich verpflichtet, den Kassenpatienten zu behandeln, wenn dieser ihn darum bittet.

Der Vergütungsanspruch richtet sich in diesem Fall gegen die Kassenärztliche Vereinigung (Rdnr. 23 zu **Fall b**).

c) Kein Vertrag mit bewusstlosen Patienten

Zu dem Abschluss eines wirksamen Vertrages kommt es nicht, **5** wenn der Arzt einen Bewusstlosen behandelt. Dann greifen die Normen über eine Geschäftsführung ohne Auftrag (§§ 677 ff.; § 35) ein. Zwar steht dem Arzt für seine Leistung kein vertraglicher Honoraranspruch, sondern nach § 683 nur ein Anspruch auf Ersatz seiner Aufwendungen zu. Weil aber die Behandlung zum Kreis seiner beruflichen Tätigkeit gehört, kann der Arzt die übliche Vergütung verlangen (§ 1835 III entsprechend; § 35 Rdnr. 44). Auf der anderen Seite soll der Arzt nach § 680 nur für Vorsatz und grobe Fahrlässigkeit einzustehen haben, wenn er den Patienten zur Abwendung einer diesem drohenden dringenden Gefahr behandelt. Diese Bevorzugung passt nicht auf Fälle, in denen der Arzt hinsichtlich seines Honorars so gestellt wird, als ob ein wirksamer gegenseitiger Vertrag geschlossen worden wäre; auch hier muss also der allgemeine ärztliche Sorgfaltsmaßstab angelegt werden, wobei die Umstände des Notfalles zu berücksichtigen sind (vgl. Laufs, Arztrecht, 1993, Rdnr. 125).

Bevor man aber im Einzelfall die nicht recht passenden Regeln über die Geschäftsführung ohne Auftrag anwendet, ist besonders sorgfältig zu prüfen, ob nicht doch ein Vertrag geschlossen worden ist. Das ist dann gegeben, wenn der Patient, noch bevor er das Bewusstsein verlor, zum Ausdruck gebracht hat, dass der Arzt ihn behandeln möge. Eine spätere Nachholung des Vertragsschlusses kann darin liegen, dass die Behandlung nach Beendigung der Bewusstlosigkeit fortgesetzt wird.

II. Besonderheiten bei der Krankenhausbehandlung

6   Bei der Aufnahme des Patienten ins Krankenhaus erfolgt regelmäßig kein Vertragsschluss des Patienten mit dem behandelnden Arzt. Nur in besonderen Fällen kommt es neben dem Vertrag mit dem Träger des Krankenhauses auch noch zu einem Vertrag mit dem Arzt.

1. Regelfall

Im Regelfall schließt der stationär aufgenommene Patient nur mit dem Krankenhausträger einen Behandlungsvertrag (sog. *totaler Krankenhausaufnahmevertrag;* vgl. Krankenhausfinanzierungsgesetz – KHG – und Bundespflegesatzverordnung – BPflV –). Das gilt sowohl für den Kassenpatienten als auch für den sog. Selbstzahler. Es handelt sich um einen gemischten Vertrag, in dem vornehmlich Elemente des Dienstvertrages (medizinische Behandlung und Pflege), aber auch solche der Miete (Raumüberlassung) und des Kauf- bzw. Werkvertrages (Beköstigung) enthalten sind.

7   Da der Arzt nicht Vertragspartner des Patienten ist, hat dieser keine vertraglichen Ansprüche gegen ihn (etwa auf Behandlung oder Schadensersatz wegen Vertragsverletzung); lediglich ein Schadensersatzanspruch aus unerlaubter Handlung (§ 41 Rdnr. 61 ff.) kann gegen den Arzt in Betracht kommen (zu **Fall c**). Andererseits steht dem Arzt auch kein Honoraranspruch gegen den Patienten zu.

8   Vertragliche Ansprüche des Patienten richten sich allein gegen den Krankenhausträger. Das gilt auch für den Anspruch auf ärztliche Versorgung. Ohne besondere Absprache kann der Patient nur die Behandlung als solche, nicht aber das Tätigwerden eines bestimmten Arztes (z.B. Operation durch den Chefarzt) verlangen. Für ein Verschulden des Krankenhausarztes hat der Krankenhausträger gem. § 278 (AS § 20 Rdnr. 23 ff.) einzustehen (zu **Fall c**); ist der behandelnde Arzt als Organ des Krankenhausträgers anzusehen,

kommen §§ 89, 31 in Betracht. Dem Krankenhausträger steht ein Vergütungsanspruch (sog. Großer Pflegesatz) gegen den Privatpatienten bzw. bei einem Kassenpatienten gegen dessen Krankenkasse zu.

2. Sonderfälle

In zwei besonderen Fallgruppen wird bei der Krankenhausauf- 9
nahme auch mit dem Arzt ein Vertrag geschlossen:

a) Gespaltener Krankenhausaufnahmevertrag

Beim gespaltenen Krankenhausaufnahmevertrag ist der Vertrag zwischen dem Patienten und dem Träger des Krankenhauses auf die pflegerischen und medizinischen Dienste mit Ausnahme der ärztlichen Leistungen gerichtet; zu diesen ist allein der Arzt aufgrund des zwischen ihm und dem Patienten geschlossenen Behandlungsvertrages verpflichtet (z. B. Behandlung des Patienten durch den Belegarzt im Belegkrankenhaus). Da der Arzt hinsichtlich seiner ärztlichen Leistungen allein und nicht zusammen mit dem Krankenhausträger Vertragspartner des Patienten ist, steht ihm insoweit allein ein vertraglicher Honoraranspruch zu, während das Krankenhaus nur den sog. Kleinen Pflegesatz in Rechnung stellt. Auf der anderen Seite haftet auch nur der Arzt und nicht der Krankenhausträger für ärztliche Fehler (zu **Fall d**).

Oft ist es zweifelhaft, ob etwa ein nachgeordneter Arzt als Erfüllungsgehilfe des Belegarztes oder des Krankenhausträgers oder beider tätig geworden ist.

b) Totaler Krankenhausaufnahmevertrag mit Arztzusatzvertrag

Beim totalen Krankenhausaufnahmevertrag mit Arztzusatzvertrag 10
hat der Krankenhausträger die gesamten ärztlichen und nichtärztlichen Leistungen für den aufgenommenen Patienten zu erbringen. Hinzu tritt die selbstständige Verpflichtung des Arztes zu den ärztlichen Leistungen. Diese werden also sowohl vom Krankenhausträger als auch vom Arzt geschuldet. Beide haben demnach für Fehler in diesem Bereich auch vertraglich einzustehen (vgl. BGHZ 95, 63, 67ff.). Im Regelfall räumt der Krankenhausträger dem von ihm angestellten Chefarzt (leitenden Abteilungsarzt) ein Liquidationsrecht

gegenüber sog. Privatpatienten ein. Nimmt der Patient das Angebot des Krankenhausträgers auf die Wahlleistung an, wird der Arzt aus dem Arztzusatzvertrag verpflichtet. Er ist honorarberechtigt; dem Krankenhausträger steht die Vergütung zu, von der das Honorar für den Arzt nicht abgezogen werden darf, da der Träger auch die ärztliche Behandlung schuldet (vgl. BGH NJW 1979, 597).

11   Im Einzelfall kann zweifelhaft sein, ob vereinbart worden ist, dass zu den ärztlichen Leistungen allein der Arzt (so beim gespaltenen Vertrag) oder Arzt und Krankenhausträger (so beim totalen Krankenhausaufnahmevertrag mit Arztzusatzvertrag) verpflichtet sein sollen. Das richtet sich nach den meist formularmäßigen Aufnahmeverträgen, manchmal auch mit Bezugnahmen auf die Krankenhaussatzung. Entscheidend ist, wie der Patient die Erklärungen der Krankenhausseite verstehen konnte. Wenn der Arzt allein verpflichtet sein soll, muss der Patient darauf unmissverständlich hingewiesen werden. Fehlt es an einem solchen Hinweis, ist im Zweifel davon auszugehen, dass der Patient sowohl den Arzt als auch den Krankenhausträger verpflichten will, um damit zwei Schuldner zu haben (vgl. BGHZ 95, 63, 69; BGH NJW 1993, 779; zu **Fall** e).

III. Pflichten des Arztes und Folgen einer Pflichtverletzung

1. Pflichten

12   Den Arzt treffen eine Reihe von vertraglichen Pflichten gegenüber dem Patienten, nämlich die Behandlungspflicht und Nebenpflichten.

a) Behandlungspflicht

Die Behandlungspflicht ist die Hauptpflicht des Arztes, die sich aus dem Arztvertrag ergibt. Sie umfasst alle Maßnahmen, die nach dem Stande der ärztlichen Wissenschaft zur Erkennung und Behandlung der Krankheit erforderlich sind. Sie beginnt regelmäßig mit der Ermittlung der Diagnose (z.B. Aufnahme der Krankengeschichte, Durchführung von Untersuchungen). Nach der Art der Erkrankung richtet sich die einzuschlagende Therapie; diese kann im Einzelfall etwa in Ratschlägen zur Änderung der Lebensweise, in der Verordnung von Medikamenten, in einem ärztlichen Eingriff (z.B. Operation), aber auch in einer Überweisung an einen Facharzt oder in einer Einweisung ins Krankenhaus bestehen. Der Arzt ist gegenüber dem Patienten verpflichtet, beim Stellen der Diagnose sowie bei der Auswahl der gebotenen Behandlungsmethode, der Durchführung der Heilmaßnahme und der Nachsorge die Regeln der ärztlichen Kunst zu beachten (zu **Fall f**).

b) Aufklärungspflicht

Die Aufklärungspflicht gegenüber dem Patienten folgt aus der Fürsorgepflicht des Arztes. Dieser muss dem Patienten verständlich darlegen, wie dieser sich zur Sicherung des Heilerfolges zu verhalten hat (sog. Sicherungsaufklärung). Unterbleibt diese Aufklärung, liegt ein Behandlungsfehler vor. **13**

Die Aufklärungspflicht gewinnt besondere Bedeutung, wenn vom Arzt zur Ermittlung der Diagnose oder als Therapie ein Eingriff (z.B. Darmspiegelung, Bauchoperation) geplant ist (sog. Eingriffs- oder Selbstbestimmungsaufklärung). Da der Eingriff nur durchgeführt werden darf, wenn der Patient vorher dazu sein Einverständnis gegeben hat, muss der Arzt zuvor über die vorgesehene Maßnahme und deren mögliche Folgen aufklären; denn nur dann ist der Patient in der Lage, selbst zu entscheiden, ob er sich dem Eingriff unterziehen will.

Die Rechtsprechung hat die Anforderungen an die Aufklärung des Patienten zunehmend verschärft. So muss der Arzt z.B. über die Diagnose, die Risiken der geplanten Behandlung und die Folgen ihres Unterbleibens unterrichten, soweit das notwendig und zumutbar ist. Der Umfang der Aufklärungspflicht hängt von den Umständen des Einzelfalles ab (z.B. Dringlichkeit der Behandlung, mögliche Nebenwirkungen, Kenntnis des Patienten, Gefährdung des Behandlungserfolgs, neue Behandlungsmöglichkeiten, Ausbildung des Arztes; vgl. BGHZ 88, 248; 90, 96, 103). Über Risiken, die nur durch eine fehlerhafte Behandlung entstehen, braucht der Arzt den Patienten nicht aufzuklären (BGH NJW 1985, 2193). **14**

Eine ordnungsgemäße Aufklärung vor einer Operation liegt nur dann vor, wenn sie zum richtigen Zeitpunkt stattfindet; das ist grundsätzlich nur der Fall, wenn der Patient noch die Gelegenheit hat, das Für und Wider der Operation abzuwägen. Dieser Zeitpunkt lässt sich nicht generell, sondern nur unter Berücksichtigung der im Einzelfall gegebenen Umstände bestimmen. In vielen Fällen wird eine Aufklärung über die Eingriffsrisiken am Vortage der Operation noch ausreichend sein (Einzelheiten: BGH NJW 1992, 2351). Bei normalen ambulanten Eingriffen kann eine Aufklärung erst am Tag des Eingriffs noch rechtzeitig sein. Es muss dem Patienten bei der Aufklärung verdeutlicht werden, dass ihm eine eigenständige Entscheidung ermöglicht werden soll, ob er den Eingriff durchführen lassen will, und es muss ihm zu einer solchen Entscheidung Gelegenheit gegeben werden. Das ist nicht der

Fall, wenn durch eine Aufklärung vor der Tür des Operationssaals dem Patienten der Eindruck vermittelt wird, sich nicht mehr aus einem bereits in Gang gesetzten Geschehensablauf lösen zu können (BGH NJW 1994, 3009). Die Verharmlosung schwerwiegender Risiken in einem Aufklärungsmerkblatt wird nicht dadurch ausgeglichen, dass dem Patienten die Möglichkeit eingeräumt wird, den Arzt zu befragen, wenn er etwas nicht verstanden hat oder Einzelheiten wissen möchte (BGH MDR 1994, 557).

c) Dokumentationspflicht

15   Weiter trifft den Arzt die Pflicht zur Dokumentation (vgl. etwa BGHZ 85, 327; 99, 391; 106, 146). Die Dokumentationspflicht besteht, weil der Patient im Streitfall den Behandlungsfehler sowie dessen missliche Folgen nachzuweisen hat und ihm dieser Beweis meist nur schwer gelingt; deshalb ist der Arzt verpflichtet, die wichtigsten Maßnahmen zur Diagnose und zur Therapie zu dokumentieren. Kommt der Arzt dieser Pflicht nicht nach oder ist die Dokumentation mangelhaft, muss er im Arzthaftpflichtprozess die sich daraus ergebenden Nachteile tragen (Einzelh.: RGRK/Nüßgens, § 823 Anh. II, Rdnr. 318 ff.); denn es wäre unbillig, dem Patienten in einem solchen Fall das volle Aufklärungsrisiko aufzubürden. Jedoch handelt es sich bei der Dokumentation nicht nur um eine Obliegenheit; vielmehr besteht dazu eine Rechtspflicht gegenüber dem Patienten (vgl. BGHZ 72, 132, 137), die sich als Rechenschaftspflicht aus dem Arztvertrag ergibt.

Deshalb hat der Arzt dem Patienten den Schaden zu ersetzen, der diesem etwa dadurch entsteht, dass bei einem Arztwechsel oder bei der Aufnahme ins Krankenhaus bestimmte, schon durchgeführte Untersuchungen wegen mangelnder Dokumentation wiederholt werden müssen.

d) Pflicht zur Gestattung der Einsichtnahme in Krankenunterlagen

16   Ebenfalls ist der Arzt auf Grund des Vertrages verpflichtet, dem Patienten eine Einsichtnahme in die Krankenunterlagen zu gestatten. Diese Pflicht betrifft nur die objektiven Feststellungen über den Befund, die Verordnungen und die Operationen, nicht dagegen die persönlichen Eindrücke des Arztes (z.B. „Querulant"). Einschränkungen dieser Pflicht können sich aus therapeutischen Gründen (z.B. bei psychiatrischer Behandlung; BGHZ 85, 339) ergeben. Die Erfüllung dieser Pflicht hilft dem Patienten im Arzthaftpflichtprozess,

seiner Behauptungs- und Beweislast nachzukommen. Aber auch unabhängig davon hat der Patient ein Recht zur Einsicht in die Krankenunterlagen; dieses setzt nämlich kein besonderes rechtliches Interesse voraus (BGH NJW 1985, 674, 675).

Verletzt der Arzt das Einsichtsrecht und erhebt der Patient gegen ihn eine Schadensersatzklage, die er bei Einsicht in die Krankenunterlagen wegen Aussichtslosigkeit nicht angestrengt hätte, so kann er die ihm entstandenen Prozesskosten vom Arzt als Schaden ersetzt verlangen.

e) Schweigepflicht

Die Schweigepflicht des Arztes dient nicht nur dem Interesse der **17** Allgemeinheit an der Vertrauenswürdigkeit, sondern vor allem auch dem Interesse des Patienten an der Verschwiegenheit des Arztes. Sie folgt aus dem allgemeinen Persönlichkeitsrecht, der Berufsordnung für die deutschen Ärzte, aber auch als Nebenpflicht aus dem Arztvertrag. Beim Vertragsschluss gehen beide Parteien davon aus, dass ein besonderes Vertrauensverhältnis begründet wird, wonach der Arzt über das ihm Anvertraute zu schweigen hat. Das gilt umfassend und nicht nur dann, wenn es um Leiden oder Gebrechen des Patienten oder um Tatsachen geht, deren Bekanntgabe dem Patienten peinlich oder für sein Ansehen abträglich wäre.

Eine Verletzung der ärztlichen Schweigepflicht liegt z. B. auch dann vor, wenn der Arzt seine Honorarforderung zwecks Erstellung der Rechnung und Einziehung des Rechnungsbetrages an eine gewerbliche Verrechnungsstelle unter Übergabe der Abrechnungsunterlagen abtritt, sofern der Patient nicht zugestimmt hat (vgl. BGHZ 115, 123). Die Schweigepflicht wird selbst dadurch verletzt, dass der Arzt bei der Veräußerung seiner Praxis die Patientenkartei ohne Einwilligung der betroffenen Patienten an den Käufer übergibt (vgl. BGHZ 116, 268).

Allerdings kann der Patient den Arzt von seiner Schweigepflicht **18** befreien; eine solche (stillschweigende) Einwilligung ist z. B. anzunehmen, wenn der Arzt im Einverständnis des Patienten einen Facharzt zuzieht; sie kann auch in AGB enthalten sein.

Ferner kann die Schweigepflicht bei Gefahren für Leben und Gesundheit Dritter begrenzt sein (so OLG Frankfurt NJW 2000, 875 zum Recht (und zur Pflicht) des Arztes, den Lebenspartner seines Patienten über dessen Aids-Erkrankung aufzuklären; dazu Spickhoff, NJW 2000, 848).

2. Folgen einer Pflichtverletzung

19   Bei schuldhafter Verletzung einer vertraglichen Pflicht ist der Arzt dem Patienten zum Ersatz des dadurch verursachten Schadens verpflichtet; regelmäßig ergibt sich die Haftung aus § 280 I. Oft kann sich der Schadensersatzanspruch aber auch aus Delikt (vgl. § 41 Rdnr. 61 ff.) ergeben (sog. Anspruchsgrundlagenkonkurrenz).

Nach dem neuen § 253 II, der am 1. 8. 2002 in Kraft getreten ist, ist auch wegen immaterieller Schäden eine billige Entschädigung in Geld zu zahlen. Voraussetzung ist, dass eines der dort genannten Rechtsgüter (Körper, Gesundheit, Freiheit, sexuelle Selbstbestimmung) verletzt wurde. Danach kann also auch die Verletzung des Arztvertrages einen Schmerzensgeldanspruch auslösen. Das ist vor allem bei der Einschaltung eines Gehilfen von Bedeutung, wenn wegen der Exculpationsmöglichkeit nach § 831 I 2 (§ 42 Rdnr. 6) die Voraussetzungen für eine deliktische Haftung nicht vorliegen, wohl aber die Voraussetzungen für eine vertragliche Haftung, weil es im Rahmen von § 278 keine Exculpationsmöglichkeit gibt.

20   Der Arzt hat – abgesehen vom Vorsatz – für jede Fahrlässigkeit einzustehen. Es muss also geprüft werden, ob er die im Verkehr erforderliche Sorgfalt außer Acht gelassen hat (§ 276 II; AS § 20 Rdnr. 14 ff.). Es gilt der objektivierte zivilrechtliche Fahrlässigkeitsbegriff (BGH NJW 2001, 1786). Maßstab dafür, ob die gebotene ärztliche Sorgfalt eingehalten worden ist, sind die ärztlichen Kunstregeln; diese ändern sich mit den Fortschritten in der Medizin. In der Regel liegt eine Sorgfaltspflichtverletzung vor, wenn der Arzt einen Kunstfehler begangen hat; darunter versteht man einen Verstoß gegen die allgemein anerkannten Grundsätze der ärztlichen Wissenschaft (vgl. BGHZ 8, 138, 140). Die höchstrichterliche Rechtsprechung dazu ist sehr umfangreich (Überblick bei Steffen/Dressler).

Im **Fall f** ist A schadensersatzpflichtig, weil er sich mit einer telefonischen Ferndiagnose begnügt hat. Er hätte den P bei den unklaren Bauchbeschwerden untersuchen müssen. Dann hätte er ihn wegen Verdachts auf Blinddarmentzündung anders behandelt oder ihn sofort ins Krankenhaus eingewiesen. Dadurch wäre ein Durchbruch vermieden worden und der weitergehende Schaden wäre nicht entstanden.

21   Besondere Bedeutung hat in der Praxis für den Ausgang eines Arzthaftungsrechtsstreits die Frage der Beweislast. Geht es um einen Behandlungsfehler, hat regelmäßig der Patient den ärztlichen Fehler und dessen Ursächlichkeit für den Schaden zu beweisen. Allerdings

ist der Beweis erleichtert, wenn der Schaden nach der Lebenser-
fahrung typischerweise auf einen Behandlungsfehler hinweist. Bei
Vorliegen eines groben Behandlungsfehlers können für den Nachweis der Kausalität Beweiserleichterungen bis zur Beweislastumkehr
in Betracht kommen (vgl. BGHZ 85, 212, 215).

Wird ein Versäumnis in der Eingriffsaufklärung behauptet, hat der Arzt
nachzuweisen, dass er den Patienten ordnungsgemäß aufgeklärt hat; denn
ohne eine solche Aufklärung liegt keine wirksame Einwilligung des Patienten
in die Behandlung vor.

Ist der Schaden dem Patienten von einer Hilfsperson des Arztes **22**
(z.B. Assistenzarzt, med.-techn. Assistentin) zugefügt worden, haftet
der Arzt als Vertragspartner für das Verschulden seines Erfüllungsgehilfen (§ 278).

Hat in den **Fällen c bis e** ein Privatassistent des A das falsche Medikament
gespritzt, dann haftet A in den **Fällen d und e** dafür gem. § 278, da zwischen
A und P ein Vertragsverhältnis besteht. Dagegen kommt im **Fall c** nur ein
Anspruch aus § 831 (§ 42 Rdnr. 3 ff.) in Betracht, da ein Schuldverhältnis
zwischen A und P nicht gegeben ist.

IV. Pflichten des Patienten und Folgen einer Pflichtverletzung

1. Pflichten

a) Pflichten des Privatpatienten

Den Privatpatienten trifft – außer Nebenpflichten – vornehmlich **23**
die Pflicht zur Zahlung der Vergütung. Deren Höhe richtet sich nach
der getroffenen Vereinbarung (§ 612 I), sonst nach der Taxe (§ 612
II); das ist die Gebührenordnung für Ärzte (GOÄ) bzw. Zahnärzte
(GOZ). Die Vereinbarung einer davon abweichenden Vergütung ist
in einem Schriftstück zu treffen (§ 2 GOÄ, § 2 GOZ). Mündliche
Vergütungsvereinbarungen sind unwirksam (§ 125 S. 1).

Die vom Arzt für seine Honorarvereinbarungen benutzten Vordrucke stellen
AGB dar (§ 305 I 1; AS § 4 Rdnr. 29 ff.); deshalb ist gem. § 307 I, II Nr. 1
(AS § 4 Rdnr. 46 ff.) zu prüfen, ob sie den Patienten entgegen dem Geboten
von Treu und Glauben unangemessen benachteiligen, weil sie mit dem Leitbild der Gebührenordnung für Ärzte nicht vereinbar sind (BGH WM 1991,
2157).

b) Pflichten des Kassenpatienten

24   Der Kassenpatient ist dagegen, obwohl er einen privatrechtlichen Behandlungsvertrag mit dem Kassenarzt geschlossen hat (Rdnr. 4), nicht Schuldner eines Vergütungsanspruchs. Der Kassenarzt hat vielmehr einen (öffentlich-rechtlichen) Anspruch gegen die Kassenärztliche Vereinigung (zu **Fall b**). Die gesetzlichen Krankenkassen erfüllen nämlich ihre Verpflichtung gegenüber dem Versicherten auf Heilbehandlung dadurch, dass sie mit den Kassenärztlichen Vereinigungen Verträge zugunsten ihrer Mitglieder schließen. Auf Grund solcher Verträge zahlen die Krankenkassen Gesamtvergütungen an die Kassenärztlichen Vereinigungen; die einzelne Kassenärztliche Vereinigung leitet die ihr geleistete Gesamtvergütung an die einzelnen Kassenärzte nach den erbrachten Leistungen weiter.

Legt der Kassenpatient dem Kassenarzt den Behandlungsausweis (Krankenversichertenkarte/Krankenschein) bei der ersten Inanspruchnahme nicht vor und reicht er sie nicht innerhalb einer Frist von zehn Tagen nach, kann der Arzt eine Privatvergütung verlangen (§ 18 I Nr. 1 BMV-Ä). Sie ist dem Patienten zurückzuerstatten, wenn der Behandlungsausweis dem Arzt bis zum Ende des Quartals vorliegt (§ 18 II BMV-Ä).

2. Folgen einer Pflichtverletzung

25   Der Arzt kann vom Privatpatienten bei nicht rechtzeitiger Zahlung des Honorars Schadensersatz wegen Verzuges verlangen.

§ 28. Reisevertrag

1   **Schrifttum:** Bartl, Die Einbeziehung von allgemeinen Reisebedingungen, RRa 1996, 27; Bethäuser, Reiserecht und Umweltprobleme – Eine systematische Darstellung der Rechtsprechung, DAR 1991, 441; Bidinger/Müller, Reisevertragsrecht – Kommentar zu den §§ 651a–651l BGB, 2. Aufl., 1995; Bociniak, Schadensersatzansprüche gegen den Reiseveranstalter wegen Personen- und Sachschäden, VersR 1998, 1076; Claussen, Die Auswirkungen des zufälligen Todes des Reisenden auf den Reisevertrag, NJW 1991, 2813; Coester-Waltjen, Die Rechte des Reisenden bei mangelhaften Leistungen im Reisevertragsrecht, Jura 1995, 329; Deventer, Haftung des Reisebüros bei der Vermittlung von Individualreisen, MDR 1998, 1136; Eckert, Die Risikoverteilung im Pauschalreiserecht, 2. Aufl., 1995; Führich, Reiserecht, 3. Aufl., 1998; ders., Zweite Novelle des Reisevertragsrechts zur Verbesserung der Insolvenzsicherung und der Gastschulaufenthalte, NJW 2001,

3083; ders., Reisevertrag nach modernisiertem Schuldrecht, NJW 2002, 1082; Isermann, Reisevertragsrecht, 2. Aufl., 1991; Kaller, Reiserecht, 1999; Kauffmann, Reiseprozess – Die Rechtsstellung der Mitreisenden, MDR 2002, 1036; Martis, Aktuelle Entwicklung im Reiserecht, MDR 2001, 911; Neuner, Der Reisevermittlungsvertrag, AcP 193, 1; Niehuns, Der Reisevertrag, in: Dauner-Lieb/Heidel/Lepa/Ring, Das neue Schuldrecht, 2002, § 11; Nies, Die Beratungspflichten des Reisebüros, RRa 1997, 211; Nies/Traut, Reiserecht, 1995; Pick, Reisevertragsrecht, 1995; Rodegra, Pauschalreisen – Allgemeines Lebensrisiko und hinzunehmende Unannehmlichkeiten, MDR 2002, 919; Schmid, Pauschalreiserecht – Die Änderungen durch die Zweite Reiserechtsnovelle und die Schuldrechtsreform, MDR 2002, 789; ders., Rechtsprobleme bei der Luftbeförderung im Rahmen von Flugpauschalreisen, NJW 1994, 2451; ders., Kerosinzuschläge 2000 auf Reiseverträge, NJW 2000, 1301; Seyderhelm, Reiserecht-Kommentar, 1997; Tempel, Das Reisebüro als Adressat für die Anmeldung der Ansprüche des Reisenden nach § 651g Abs. 1 BGB, RRa 1996, 3; ders., Informationspflichten bei Pauschalreisen, NJW 1996, 1625; ders., Probleme der Berechnung von Vergütung und Entschädigung bei höherer Gewalt in Reisesachen, NJW 1997, 621; ders., „Geringfügige Reisemängel", NJW 1997, 2206; ders., Zur Kündigung von Reiseverträgen wegen terroristischer Anschläge, NJW 1998, 1827; Tonner, Der Reisevertrag – Kommentar zu §§ 651a–651l BGB, 3. Aufl., 1995; ders., Insolvenzschutz und Pauschalreiserichtlinie, VuR 1996, 215; Tonner/Lindner, Der Wechsel der Fluggesellschaft als Reisemangel?, VuR 1996, 249.

Fälle:

a) R bucht beim Reisebüro B auf Grund eines Prospekts des Reiseunternehmers V eine 14-tägige Pauschalreise nach Mallorca. Da das für ihn vorgesehene Hotel des H wegen Renovierung geschlossen ist, sucht er sich ein anderes Quartier. Von wem kann er seine Mehrkosten ersetzt verlangen?

b) Da R in dem gebuchten Hotel wegen ständigen Baulärms Tag und Nacht nicht zur Ruhe kommt, will er wissen, welche Rechte ihm gegen V zustehen. Am liebsten möchte er den Vertrag beenden, auf Kosten des V zurückfliegen und Schadensersatz insbesondere auch wegen nutzlos aufgewendeter Urlaubszeit verlangen.

c) R kommt im Hotel des H auf der seit langem schadhaften Treppe zu Fall und erleidet erhebliche Verletzungen. Gegenüber dem Schadensersatzanspruch des R beruft V sich auf eine vereinbarte Haftungsbeschränkung in Höhe des dreifachen Reisepreises.

d) Vor Antritt der Reise teilt R dem V mit, er könne wegen Krankheit nicht teilnehmen; deshalb fahre sein Bruder mit. V lehnt das ab, weil allein R sein Vertragspartner sei, und verlangt Zahlung des vereinbarten Preises.

e) Die Eltern des Schülers G buchen für diesen beim Reiseveranstalter V einen Gastschulaufenthalt für 6 Monate in einem anderen Land. Schon nach wenigen Tagen stellt G fest, dass seine Gasteltern Alkoholiker sind und sich in keiner Weise um ihn kümmern. Kann der Vertrag gekündigt werden, und wer trägt ggf. die Mehrkosten, die durch eine vorzeitige Rückreise entstehen? Wie ist die Rechtslage, wenn G wegen Heimweh vorzeitig den Gastschulaufenthalt abbrechen will?

I. Begriff und Parteien des Reisevertrages

1. Begriff

Der Reisevertrag ist in den §§ 651 a bis 651 m geregelt. Er ist ein gegenseitiger Vertrag, in dem sich der eine Teil (Reiseveranstalter) zur Erbringung einer Gesamtheit von Reiseleistungen (Reise) und der andere (Reisende) zur Zahlung des vereinbarten Reisepreises verpflichtet (§ 651 a I). Es handelt sich um einen Vertrag sui generis, der dem Werkvertrag ähnlich ist (vgl. die Überschrift vor § 631). Auf die Werkvertragsvorschriften kann zurückgegriffen werden, wenn die Vorschriften über den Reisevertrag keine besondere Regelung vorsehen.

2. Vertragsparteien

a) Reiseveranstalter

2   Reiseveranstalter ist derjenige, der als Vertragspartei des Reisenden verspricht, die Gesamtheit der Reiseleistungen zu erbringen. Wer das im Einzelfall ist, ergibt sich meist aus dem Reiseprospekt.

aa) Reiseveranstalter ist regelmäßig *nicht das Reisebüro,* bei dem der Reisende die Reise bucht (**Fall a**). Dieses vermittelt nur den Reisevertrag zwischen Reisendem und Reiseveranstalter, schuldet aber nicht die Durchführung der Reise (vgl. BGHZ 82, 219).

Im **Fall a** kann R die Mehrkosten nicht von B ersetzt verlangen. – Wenn das Reisebüro jedoch gegenüber dem Reisenden wie ein Reiseveranstalter auftritt, kommt nach allgemeinen Auslegungsregeln wegen des Schutzes des Erklärungsempfängers ein Reisevertrag mit dem Reisebüro als Reiseveranstalter zustande.

3   bb) Vertragspartner des Reisenden sind auch *nicht die einzelnen Leistungsträger.* Damit sind diejenigen Personen gemeint, welche die einzelnen Reiseleistungen rechtlich und wirtschaftlich selbstständig ausführen sollen (vgl. § 651 a II; z.B. Fluggesellschaft, Hotelier H im **Fall a**).

Allerdings besteht für den Reiseveranstalter die Möglichkeit, einzelne Leistungen nur zu vermitteln (sog. Vermittlerklausel im Reisevertrag). Wenn das von ihm gewollt ist, muss es für den Vertragspartner beim Vertragsschluss klar erkennbar sein (§ 651 a II).

b) Reisender

Reisender ist derjenige, der mit dem Reiseveranstalter den Reise- 4
vertrag schließt.

Der Reisende bleibt auch dann Vertragspartei, wenn statt seiner ein Dritter
in die Rechte und Pflichten aus dem Reisevertrag eintritt (§ 651 b; Rdnr. 12;
s. **Fall d**). Selbst derjenige, der den Reisevertrag im eigenen Namen abschließt, aber von vornherein die Reiseleistungen nicht persönlich in Anspruch nehmen will (z. B. Unternehmen, das im Rahmen einer Werbeaktion
Reisen für seine Kunden bucht), ist Reisender im Sinne des Gesetzes (BGH
NJW 2002, 2238, 2239).

II. Zweck und gesetzliche Regelung

Die §§ 651 a ff. dienen insbesondere dem Schutz des Verbrauchers 5
in seiner Eigenschaft als Reisender. Sie wurden durch das Reise-
vertragsgesetz vom 4. 5. 1979 (BGBl. I, 509) mit Wirkung zum
1. 10. 1979 eingefügt. Sie sollen einen gerechten Interessenausgleich
und eine schärfere Abgrenzung der Risikosphäre zwischen Reiseveranstalter und Reisendem erreichen. Insbesondere soll der Verbraucherschutz verbessert werden. Deshalb kann von den Bestimmungen
(bis auf die Verjährung) nicht zum Nachteil des Reisenden abgewichen werden (§ 651 m).

Die gesetzlichen Regelungen zum Schutz des Reisenden werden ergänzt 6
durch verschiedene Informationspflichten des Reiseveranstalters, die sich auf
die Prospektangaben, auf die individuelle Unterrichtung vor Vertragsschluss
und auf die Unterrichtung in der Reisebestätigung beziehen. Diese Informationspflichten waren ursprünglich in der Reiseinformationsverordnung
vom 14. 11. 1994 (BGBl. I, 3436) geregelt. Im Rahmen der Schuldrechtsreform wurde daraus mit Wirkung zum 1. 1. 2002 eine allgemeine „Verordnung
über Informations- und Nachweispflichten nach Bürgerlichem Recht" (BGB-
InfoV) erlassen. Darin sind die Informationspflichten des Reiseveranstalters in
den §§ 4 bis 11 geregelt.

III. Hauptleistungspflichten der Parteien

Die vertragstypischen Pflichten der Parteien ergeben sich aus 7
§ 651 a I.

1. Gesamtheit von Reiseleistungen

Der Reiseveranstalter ist verpflichtet, dem Reisenden eine Gesamtheit von Reiseleistungen zu erbringen. Der Veranstalter verspricht eine bestimmte Gestaltung der Reise und übernimmt die Haftung für deren Erfolg, soweit dieser von seinen Leistungen abhängt (BGHZ 130, 128). Dabei ist in erster Linie an sog. Pauschalreisen zu denken, welche die Beförderung, die Hotelunterkunft und die Verpflegung umfassen. Ferner sind die §§ 651 a ff. anwendbar, wenn der Vertrag einen internationalen Schüleraustausch mit Schulbesuch und Unterbringung in einer Gastfamilie zum Gegenstand hat (vgl. § 651 l; **Fall e**). Es genügen aber auch zwei erhebliche Reiseleistungen (z. B. Beförderung und Unterkunft, Unterkunft und Verpflegung).

8   Selbst dann, wenn vom Reiseveranstalter nur die Überlassung eines Ferienhauses oder einer Ferienwohnung als einzige Reiseleistung geschuldet ist, sind nach ganz h. M. die Vorschriften des Reisevertragsrechts insgesamt entsprechend anzuwenden (BGHZ 119, 152, 163). Grund: Auch in diesem Fall ist der Reiseveranstalter zwischen Kunden und Leistungsträger zwischengeschaltet, und mit dem Objekt und seiner Überlassung sind ebenso wie bei einer Mehrheit von Reiseleistungen der Rahmen und die Grundzüge der ganzen Urlaubsreise (Anreise, Aufenthaltsort, Umgebung und wichtigste Urlaubsbedingungen) vorgegeben (BGHZ 130, 128, 131). Dagegen soll bei anderen Einzelleistungen wie der Charter einer Hochseejacht durch Auslegung zu ermitteln sein, ob Reisevertragsrecht anwendbar ist (Urlaub auf der Jacht vergleichbar mit dem Urlaub in einer Ferienwohnung) oder ob ein Mietvertrag vorliegt (Jacht nur als Transport- oder Freizeitmittel im Rahmen einer nicht vom Reiseveranstalter angebotenen, sondern selbst organisierten Reise; BGHZ 130, 28, 131 f.).

2. Reisepreis

9   Der Reisende schuldet entsprechend der vom Vertragspartner geschuldeten Gesamtheit von Reiseleistungen den Reisepreis in Form eines Gesamtpreises. Er hat nicht etwa einzelne Entgelte für die einzelnen Leistungen an verschiedene Leistungsträger zu zahlen.

IV. Vertragsänderungen und Rücktrittsrecht

10   Für beide Vertragsparteien kann sich insbesondere bei einer lange im Voraus gebuchten Reise das Bedürfnis für eine Vertragsänderung ergeben.

1. Vertragsänderungen durch den Reiseveranstalter

a) Möglicher Inhalt einer Vertragsänderung

Eine *Erhöhung des Reisepreises* kann der Reiseveranstalter bis 20 Tage vor dem Abreisetermin vornehmen, wenn dies mit genauen Angaben zur Berechnung des neuen Preises (etwa bei Erhöhung der Beförderungskosten, Wechselkursänderungen) im Vertrag vorgesehen ist (Einzelh.: § 651 a IV).

Auch eine *vereinbarte Reiseleistung* kann der Reiseveranstalter *ändern* oder eine *Reise ganz absagen,* wenn er sich diese Möglichkeit im Vertrag vorbehalten hat (vgl. § 651 a V 1).

Eine zulässige Änderung des Reisepreises oder der Reiseleistung sowie eine zulässige Absage der Reise hat der Veranstalter dem Reisenden unverzüglich nach Kenntnis des Grundes zu erklären.

b) Rechte des Reisenden bei einer Vertragsänderung

Ist der Reisepreis um mehr als 5% erhöht oder die Reiseleistung 11 wesentlich geändert, kann der Reisende vom Vertrag zurücktreten. Er kann stattdessen – wie auch bei der Absage der Reise – die Teilnahme an einer mindestens gleichwertigen anderen Reise verlangen (Einzelh.: § 651 a V 2, 3). Diese Rechte hat der Reisende unverzüglich dem Veranstalter gegenüber geltend zu machen (§ 651 a V 4).

2. Vertragsänderungen durch den Reisenden

Bis zum Beginn der Reise kann der Reisende verlangen, dass statt 12 seiner ein Dritter in die Rechte und Pflichten aus dem Reisevertrag eintritt (§ 651 b I 1). Dazu bedarf es keines besonderen Grundes und auch nicht des Einverständnisses des Veranstalters (**Fall d**). Dessen Rechte sind hinreichend geschützt. Ihm steht unter bestimmten Voraussetzungen ein Widerspruchsrecht zu (§ 651 b I 2). Er kann bei Eintritt des Ersatzreisenden die dadurch entstehenden Mehrkosten ersetzt verlangen. Reisender und Ersatzreisender haften dem Veranstalter als Gesamtschuldner für den Reisepreis und die Mehrkosten (§ 651 b II).

3. Rücktrittsrecht

13   Der Reisende hat bis zum Reisebeginn ohne besonderen Grund ein Rücktrittsrecht (§ 651 i I); er soll nicht gegen seinen Willen die Reise antreten müssen. Im Falle des Rücktritts verliert der Reiseveranstalter den Anspruch auf den Reisepreis. Ihm steht aber eine angemessene Entschädigung zu (§ 651 i II), die im Reisevertrag pauschaliert werden kann (§ 651 i III).

V. Reisemangel

14   Nach § 651 c I ist der Reiseveranstalter verpflichtet, die Reise so zu erbringen, dass sie die zugesicherten Eigenschaften hat und nicht mit Fehlern behaftet ist, die den Wert oder die Tauglichkeit zu dem gewöhnlichen oder nach dem Vertrage vorausgesetzten Nutzen aufheben oder mindern.

Als Reisemangel sind alle nach dem Vertragsschluss auftretenden Störungen der Reise anzusehen, soweit die Gründe dafür nicht allein in der Person des Reisenden liegen (vgl. BGHZ 97, 255, 259). Dazu gehören nicht nur die Fälle der Schlechterfüllung (z. B. Zwei- statt Drei-Sterne-Hotel), sondern auch solche Störungen, die darauf beruhen, dass die geschuldete Leistung (ganz oder teilweise) gar nicht oder verspätet erbracht wird. Um einen Reisemangel handelt es sich selbst dann, wenn bereits die erste Reiseleistung (z. B. wegen Überbuchung der Zubringermaschine) ausfällt und damit die ganze Reise vereitelt wird. Im Hinblick auf die Rechte des Reisenden kommt es daher auf die Unterscheidung zwischen Nicht- und Schlechterfüllung nicht an.

Beispiele für Reisemängel: Bau- oder Straßenlärm vor einem als „ruhig gelegen" gebuchten Hotel; eingeschränkter Service wegen Streiks des Personals; vertragswidrige Unterbrechung des Fluges zum Urlaubsort (BGHZ 85, 301); Nichtanlaufen eines vorgesehenen Hafens und dadurch bedingter Ausfall von Besichtigungen (BGHZ 77, 320); Anlaufen des Hafens zur Nachtzeit und nur kurzer Aufenthalt, so dass Besichtigungen unterbleiben müssen; Nichtbenutzbarkeit des Hotelzimmers oder des Hotelschwimmbads, weil die Fertigstellung nur bis zum Rohbau gediehen ist oder weil die Reinigung ausfiel. – Eine Mängelübersicht findet sich z. B. bei MünchKomm/ Tonner, Anh. § 651 e.

VI. Rechtsfolgen eines Reisemangels

Die Folgen eines Reisemangels ergeben sich allein aus den Be- 15
stimmungen der §§ 651 c ff. Durch sie werden die allgemeinen Regeln der §§ 280 ff., 323 ff. über Leistungsstörungen verdrängt. Der
Reisende hat bei einem Reisemangel folgende Rechte, die nach
§ 651 g einer *Ausschlussfrist von einem Monat* und einer *Verjährungsfrist von zwei Jahren* unterliegen:

1. Recht auf Abhilfe

Liegt ein Mangel vor, ist der Reisende berechtigt, Abhilfe zu ver- 16
langen (§ 651 c II 1). Der Reiseveranstalter kann aber die Abhilfe
verweigern, wenn sie einen unverhältnismäßigen Aufwand erfordert
(§ 651 c II 2; vgl. § 635 III). Leistet der Veranstalter nicht innerhalb
einer vom Reisenden bestimmten angemessenen Frist Abhilfe, so
kann der Reisende selbst Abhilfe schaffen und Ersatz der erforderlichen Aufwendungen verlangen (§ 651 c III 1; vgl. § 637 I). Der
Bestimmung einer Frist bedarf es nicht, wenn die Abhilfe vom Reiseveranstalter verweigert wird oder wenn die sofortige Abhilfe wegen
eines besonderen Interesses des Reisenden geboten ist (§ 651 c III 2;
vgl. §§ 637 II, 323 II).

Im **Fall b** kann V durch ein anderes Hotel Abhilfe leisten, wenn dieses
dem R zumutbar ist (str.; vgl. Staudinger/Schwerdtner, § 651 c Rdnr. 157 ff.
m. w. N.); das Ersatzhotel muss also dem geschuldeten Hotel – etwa nach
Qualität und Lage – entsprechen.

2. Minderung des Reisepreises

a) Mängelanzeige als Voraussetzung

Eine Minderung des Reisepreises setzt zwar keine Fristsetzung 17
und keine Ablehnungsandrohung (so §§ 638 I, 636, 323), wohl aber
eine Mängelanzeige voraus (§ 651 d II). Dem Veranstalter soll damit
Gelegenheit gegeben werden, dem Mangel abzuhelfen. Deshalb hat
die Anzeige nicht gegenüber dem Leistungsträger, sondern gegenüber dem Reiseveranstalter zu erfolgen. Eine Anzeige ist nicht erforderlich, wenn eine Behebung des Mangels unmöglich ist.

b) Berechnung der Minderung

18   Bei der Minderung ist entsprechend der werkvertraglichen Regelung der vereinbarte Reisepreis in dem Verhältnis herabzusetzen, in welchem zur Zeit des Vertragsschlusses der Wert der Reise in mangelfreiem Zustand zu dem wirklichen Wert gestanden haben würde (§ 651 d I i. V. m. § 638 III). Die Praxis orientiert sich hierbei an der „Frankfurter Tabelle" zur Reisepreisminderung (NJW 1985, 113; 1994, 1639).

Im **Fall b** findet die Minderung nur wegen der Unterkunft, also wegen einer einzelnen Reiseleistung, statt. Hier ist bei der Herabsetzung des Gesamtpreises der Gesamtwert aller Reiseleistungen zugrunde zu legen.

3. Kündigungsrecht

a) Voraussetzungen der Kündigung

19   Das Kündigungsrecht des Reisenden wegen eines Reisemangels setzt voraus, dass die Reise *infolge des Mangels entweder erheblich beeinträchtigt* (z. B. dauernder Baulärm im **Fall b**) oder dem Reisenden *aus wichtigem, dem Reiseveranstalter erkennbaren Grund nicht zuzumuten* ist (z. B. dauernder Ausfall des Aufzuges in einem für einen Gehbehinderten gebuchten Hotel; § 651 e I 1 u. 2). Außerdem wird regelmäßig vorausgesetzt, dass der Reiseveranstalter eine ihm vom Reisenden bestimmte angemessene Frist hat verstreichen lassen, ohne Abhilfe zu leisten (§ 651 e II 1; vgl. §§ 636, 323 I). Ausnahmsweise ist eine Fristsetzung nicht erforderlich (z. B. Unmöglichkeit oder Verweigerung der Abhilfe, § 651 e II 2).

b) Rechtsfolgen der Kündigung

20   Unter den genannten Voraussetzungen steht dem Reisenden nicht das Recht zu, vom Vertrag zurückzutreten (so § 634 Nr. 3). Eine Rückgängigmachung des Vertrages bereitet – wie bei Dauerschuldverhältnissen – Schwierigkeiten, wenn bereits ein Teil der Reise abgewickelt ist. Deshalb gewährt das Gesetz – in Anlehnung an die Miete (§ 543) – ein Kündigungsrecht.

aa) Übt der Reisende ein ihm zustehendes Kündigungsrecht aus, verliert der Reiseveranstalter den Anspruch auf den Reisepreis

(§ 651e III 1); sofern er das Entgelt bereits erhalten hat, ist er (entweder analog § 346 oder gem. § 651e) zur Rückgewähr verpflichtet (vgl. BGHZ 85, 50). Der Reisende muss dem Veranstalter für die bereits erbrachten und die zur Abwicklung noch zu erbringenden Reiseleistungen eine *Entschädigung* zahlen (§ 651e III 2). Jedoch entfällt die Entschädigungspflicht, soweit die Leistungen infolge der Vertragsaufhebung für den Reisenden kein Interesse haben (§ 651e III 3).

Kündigt R, weil er bei Ankunft im Hotel feststellt, dass es wegen des Baulärms unbewohnbar ist, so ist die Beförderung zum Urlaubsort für ihn ohne Interesse, so dass eine Entschädigung des V entfällt.

bb) Auch nach Ausübung des Kündigungsrechts treffen den Veranstalter noch Rechtspflichten aus dem Vertrage. Er hat die infolge der Vertragsaufhebung notwendigen Maßnahmen zu treffen, insbesondere den Reisenden *zurückzubefördern,* falls der Vertrag die Rückbeförderung umfasste (§ 651e IV 1; **Fall b**). Die entstehenden Mehrkosten (z.B. Rückflug mit einer Linienmaschine wegen vorzeitiger Heimkehr) hat der Veranstalter zu tragen (§ 651e IV 2), weil der Kündigungsgrund aus seiner Sphäre stammt. 21

4. Schadensersatzanspruch

a) Voraussetzungen

Der Reisende kann Schadensersatz wegen Nichterfüllung verlangen, es sei denn, dass der Mangel der Reise nicht auf einem vom Reiseveranstalter zu vertretenden Umstand (§ 651f I) beruht. Eine Mängelanzeige ist auch hier zu fordern, obwohl das Gesetz schweigt; denn es ist nicht einzusehen, dass der Veranstalter einem Schadensersatzanspruch ausgesetzt sein soll, ohne dass man ihn vorher – wie bei der Minderung vorgesehen – von dem Mangel in Kenntnis setzt und ihm dadurch die Möglichkeit zur Beseitigung des Mangels einräumt (vgl. BGHZ 92, 177). 22

b) Verhältnis zu anderen Mängelrechten

Der Schadensersatzanspruch kann neben Minderung und Kündigung geltend gemacht werden (§ 651f I in Anlehnung an § 536a I und §§ 634 Nr. 4, 325). 23

Falls V im **Fall b** nicht innerhalb einer angemessenen Frist Abhilfe leistet, kann R das Vertragsverhältnis durch Kündigung beenden und außerdem seine Schäden von V ersetzt verlangen.

24   Bei Vereitelung oder erheblicher Beeinträchtigung der Reise kann der Reisende auch eine *angemessene Entschädigung wegen nutzlos aufgewendeter Urlaubszeit* verlangen (§ 651 f II; **Fall b**).

Der Anspruch auf eine angemessene Entschädigung nach § 651 f II ist von einem Schadensersatzanspruch wegen vertaner Urlaubszeit nach §§ 823, 249 ff. zu unterscheiden. Die Höhe des Schadensersatzanspruchs richtet sich in erster Linie nach dem mutmaßlichen Aufwand für die Verschaffung zusätzlichen (Ersatz-)Urlaubs. Nach § 651 f II ist dagegen eine „angemessene Entschädigung" zu zahlen. Diese hängt nicht davon ab, ob der Reisende einer Erwerbstätigkeit nachgeht und einen Vermögensschaden erleidet; auch ein Schüler und eine Hausfrau können deshalb Entschädigung verlangen (BGH NJW 1983, 35, 218).

c) Vertragliche Haftungsbeschränkung

25   Eine vertraglich vereinbarte Beschränkung der Haftung für Schäden, die nicht Körperschäden sind, auf den dreifachen Reisepreis ist nach § 651 h I nur für folgende Fälle zulässig:
– Der Schaden des Reisenden beruht lediglich auf *leichter Fahrlässigkeit des Reiseveranstalters*. Bei Vorsatz oder grober Fahrlässigkeit des Veranstalters oder seines Erfüllungsgehilfen (mit Ausnahme der Leistungsträger) haftet der Veranstalter immer in voller Höhe auf Schadensersatz. Die Besserstellung des Veranstalters beruht auf der Überlegung, dass bei einem Massengeschäft wie dem Tourismusgeschäft gelegentliche leichtere Fehlleistungen nicht ganz zu vermeiden sind.
– Der Schaden des Reisenden beruht *allein auf dem Verschulden eines Leistungsträgers* (**Fall c**). Diese Besonderheit erklärt sich daraus, dass der Veranstalter auf die Leistungsträger meist nur eine begrenzte Einwirkungsmöglichkeit hat.
– Gelten für eine vom Leistungsträger zu erbringende Reiseleistung internationale Übereinkommen oder auf solchen beruhende gesetzliche Vorschriften, wonach Schadensersatz nur in beschränktem Umfang gewährt wird, so kann sich auch der Reiseveranstalter gegenüber dem Reisenden darauf berufen (§ 651 h II). Der Veranstalter soll nämlich nicht schärfer haften als der Leistungs-

träger, wenn der Schaden des Reisenden seine Ursache lediglich im Bereich des Leistungsträgers hatte.

VII. Kündigungsrecht wegen höherer Gewalt

Jede der beiden Vertragsparteien kann den Vertrag allein nach **26** Maßgabe des § 651 j (nicht gem. § 651 e) kündigen, wenn die Reise infolge bei Vertragsabschluss nicht voraussehbarer höherer Gewalt erheblich erschwert, gefährdet oder beeinträchtigt wird (§ 651 j I; Fälle des Wegfalls der Geschäftsgrundlage; vgl. auch BGHZ 109, 224: Reaktorunglück von Tschernobyl). Höhere Gewalt liegt vor, wenn die Störung der Reise auf einem von außen kommenden, keinen betrieblichen Zusammenhang aufweisenden, auch durch die äußerste zu erwartende Sorgfalt nicht abwendbaren Ereignis beruht (BGHZ 100, 185, 188). Die Folgen der Kündigung sind in § 651 j II geregelt.

VIII. Insolvenzschutz des Reisenden

Wenn infolge Zahlungsunfähigkeit oder Insolvenzverfahrens Rei- **27** seleistungen ausfallen oder dem Reisenden Aufwendungen für die Rückreise entstehen, muss gewährleistet sein, dass dem Reisenden der bereits gezahlte Reisepreis bzw. die entstandenen Aufwendungen erstattet werden.

1. Insolvenzsicherungspflicht des Reiseveranstalters

§ 651 k legt dem Reiseveranstalter folgende Pflichten auf, um den **28** Reisenden gegen Insolvenzrisiken abzusichern:

Der Reiseveranstalter ist *verpflichtet,* die genannten *Erstattungen sicherzustellen;* diese Verpflichtung muss er durch eine entsprechende Versicherung eines Versicherungsunternehmens oder durch ein entsprechendes Zahlungsversprechen eines Kreditinstituts erfüllen (§ 651 k I). Das Risiko des Versicherungsunternehmens bzw. des Kreditinstituts kann nach § 651 k II auf einen bestimmten Höchstbetrag pro Jahr begrenzt werden.

Der Reiseveranstalter muss dem Reisenden einen unmittelbaren *Anspruch gegen den Versicherer bzw. das Kreditinstitut verschaffen* und durch eine entsprechende Bestätigung des Unternehmens nachweisen (§ 651 k III). *Vor Übergabe dieses sog. Sicherungsscheines darf der Reiseveranstalter den Reisepreis nicht fordern oder annehmen* (§ 651 k IV). *Besonderheiten* gelten für die Fälle, in denen der Reiseveranstalter seine Hauptniederlassung in einem anderen Staat hat (vgl. § 651 k V).

2. Ausnahmen von der Insolvenzsicherungspflicht

29   Von der Insolvenzsicherungspflicht des Reiseveranstalters sieht § 651 k VI drei Ausnahmen vor:
– wenn der Veranstalter nur gelegentlich und außerhalb seiner gewerblichen Tätigkeit Reisen veranstaltet (z.B. Kirchengemeinde, Sportverein),
– wenn die Reise nicht länger als 24 Stunden dauert, keine Übernachtung einschließt und der Reisepreis 75 Euro nicht übersteigt,
– wenn der Veranstalter eine juristische Person des öffentlichen Rechts ist (z.B. städtische Volkshochschule), über deren Vermögen ein Insolvenzverfahren unzulässig ist.

IX. Besonderheiten bei Verträgen über internationale Gastschulaufenthalte

30   Schülerreisen im Rahmen von internationalen Gastschulaufenthalten haben zunehmende Bedeutung. Um dem besonderen Informationsbedürfnis des Gastschülers und seiner Eltern sowie ihrem Interesse, sich von einem auf lange Dauer (z.B. ein Jahr) angelegten Vertrag vorzeitig lösen zu können, Rechnung zu tragen, hat der Gesetzgeber durch Gesetz vom 23. 7. 2001 (BGBl. I, 1658) den § 651 l in die reiserechtlichen Vorschriften eingefügt (dazu Führich, NJW 2001, 3083, 3086 f.).

1. Begriff und Parteien des Vertrages über Gastschulaufenthalte

31   Der Vertrag über Gastschulaufenthalte im Ausland ist kein eigener Vertragstyp, sondern ein Reisevertrag. Er wird von der Sonder-

regelung des § 651 l erfasst, sofern er einen mindestens drei Monate
andauernden und mit dem geregelten Besuch einer Schule verbundenen Aufenthalt eines Gastschülers bei einer Gastfamilie in einem
anderen Staat zum Gegenstand hat (§ 651 l I).

Sofern die Dreimonatsgrenze nicht erreicht wird oder der Aufenthalt nicht
mit einem Schulbesuch, sondern mit einem Praktikum verbunden ist, gilt
§ 651 l nicht kraft Gesetzes. Seine Geltung kann aber zwischen den Parteien
vereinbart werden (§ 651 l I 2).

Reiseveranstalter ist der Anbieter des Gastschulaufenthaltes. *Rei-*
sender als Vertragspartner des Veranstalters können der Gastschüler
oder seine Eltern sein, falls diese den Vertrag im eigenen Namen
schließen.

2. Besondere Pflichten des Reiseveranstalters

Der Reiseveranstalter ist gem. § 651 l II verpflichtet, für eine nach 32
den Verhältnissen des Aufnahmelandes angemessene Unterbringung,
Beaufsichtigung und Betreuung des Gastschülers zu sorgen (Nr. 1)
sowie die Voraussetzungen für einen geregelten Schulbesuch
(altersgemäß, ausbildungsadäquat und den örtlichen Verhältnissen
entsprechend [BT-Drucks. 14/5944, S. 14]) zu schaffen (Nr. 2). In
dieser Regelung liegt eine Konkretisierung der Veranstalterpflichten
nach § 651 c I.

Im **Fall e, 1. Frage** hat R seine Pflichten aus § 651 l II Nr. 1 verletzt. Zwar
kommt es für die Angemessenheit der Gastfamilie nicht auf die subjektiven
Erwartungen des Gastschülers oder seiner Eltern an. Aber die Gastfamilie
muss zumindest zur Betreuung und Beaufsichtigung erzieherisch und zeitlich
bereit und in der Lage sein.

3. Rechte des Reisenden

a) Rücktrittsrecht

Vor Reisebeginn ist ein Rücktritt jederzeit möglich (§ 651 i I). 33
Dann kann der Reiseveranstalter zwar nicht den Reisepreis, wohl
aber eine angemessene Entschädigung verlangen (§ 651 i II). Dieser
Entschädigungsanspruch besteht jedoch gem. § 651 l III nicht, wenn
der Rücktritt deshalb erfolgt, weil der Reiseveranstalter den Reisenden nicht spätestens zwei Wochen vor Antritt der Reise über Namen

und Anschrift der Gastfamilie und über einen Ansprechpartner im Aufnahmeland, bei dem auch Abhilfe verlangt werden kann, informiert und auf den Aufenthalt angemessen vorbereitet hat.

b) Kündigungsrecht

34   *Nach Reisebeginn* kommt ein Rücktritt mit Rückabwicklung nicht mehr in Betracht. Der Vertrag kann vom Reisenden aber jederzeit gekündigt werden (§ 651 l IV 1). Besondere Gründe brauchen dafür nicht vorzuliegen, so dass auch ein Abbruch aus persönlichen Gründen (z. B. Heimweh) möglich ist. In diesem Fall muss der Reiseveranstalter insbesondere für die Rückbeförderung sorgen (IV 3), falls diese Vertragsbestandteil war. Er kann den Reisepreis abzüglich ersparter Aufwendungen verlangen (IV 2). Die durch die vorzeitige Rückreise anfallenden Mehrkosten (z. B. wegen eines teureren Fluges) fallen dem Reisenden zur Last (IV 4; **Fall e, 2. Frage**).

35   Die Vorschriften über das jederzeitige Kündigungsrecht gelten nicht, wenn der Reisende wegen eines Mangels (§ 651 e) oder wegen höherer Gewalt (§ 651 j) kündigen kann (§ 651 l IV, V).

Im **Fall e, 1. Frage** kann der Vertrag nach § 651 e gekündigt werden, sofern R eine ihm zur Abhilfe gesetzte angemessene Frist hat verstreichen lassen. R kann dann nicht den Reisepreis, sondern nur eine Entschädigung für die erbrachten oder (z. B. für die Rückbeförderung) noch zu erbringenden Reiseleistungen verlangen (§ 651 e III). Außerdem fallen ihm die Mehrkosten zur Last (§ 651 e IV 2).

Viertes Kapitel

Auftrag, Geschäftsbesorgungsvertrag, Maklervertrag, Verwahrung und Gastwirtshaftung

Neben Dienst- und Werkvertrag gibt es noch andere Verträge, in denen sich der eine Teil zu einer Tätigkeit im Interesse eines anderen verpflichtet. Beim Auftrag (§ 29 Rdnr. 1 ff.) wird im Gegensatz zu Dienst- und Werkvertrag die Tätigkeit unentgeltlich geschuldet. Der Geschäftsbesorgungsvertrag hat eine Verpflichtung zu einer entgeltlichen Geschäftsbesorgung zum Gegenstand (§ 29 Rdnr. 42 ff.) auf ihn sind bestimmte Regeln des Auftrags anwendbar. Um die Verpflichtung zu einer speziellen Tätigkeit, nämlich die Aufbewahrung einer fremden Sache, geht es beim Verwahrungsvertrag (§ 30) je nach Parteivereinbarung wird diese Pflicht entgeltlich oder unentgeltlich übernommen. Eine entgeltliche Tätigkeit hat auch der Maklervertrag (§ 29 Rdnr. 65 ff.) zum Ziel; nur besteht hier keine Verpflichtung zum Tätigwerden.

§ 29. Auftrag, Geschäftsbesorgungsvertrag, Maklervertrag

Schrifttum: Breinersdorfer, Zur Dritthaftung der Banken bei Erteilung 1 einer fehlerhaften Kreditauskunft, WM 1991, 977; Coester-Waltjen, Der Auftrag, Jura 2001, 742; Genius, Risikohaftung des Geschäftsherrn, AcP 173, 481; Giesen, Das Recht der fremdnützigen Geschäftsbesorgung (Teil 1: Geschäftsbesorgung aufgrund eines Vertrages), Jura 1994, 352; Köhler, Arbeitsleistungen als „Aufwendungen"?, JZ 1985, 359; Koller, Das Haftungsprivileg des Geschäftsbesorgers gem. §§ 664 Abs. 1 Satz 2, 675 BGB, ZIP 1985, 1243; Musielak, Haftung für Rat, Auskunft und Gutachten, 1974; Strauch, Rechtsgrundlagen der Haftung für Rat, Auskunft und Gutachten, JuS 1992, 897; Thüsing/Schneider, Die Haftung für Rat, Auskunft, Empfehlung, JA 1996, 807.

Fälle:

a) M lässt ihre Tochter T während eines Einkaufs bei der Bekannten B. T zerschlägt eine Vase und verletzt sich an den Scherben. Bestehen vertragliche Schadensersatzansprüche?

b) R hat sich dem Juwelier J gegenüber gesprächsweise erboten, für ihn jederzeit in Amsterdam Diamanten einzukaufen. J schickt R eine Liste der von ihm benötigten Steine. R antwortet nicht. Kann J verlangen, dass R reist? Wie, wenn vereinbart war, dass R, ohne zu antworten, sofort losfahren sollte und R auch schon die Fahrkarte gelöst hatte, ohne dann zu fahren?

c) A hat sich dem B gegenüber verpflichtet, ihm einen Gebrauchtwagen zu verschaffen. Da der Händler H dem A 500 Euro verspricht, wenn er einen bestimmten, schwer verkäuflichen Wagen nimmt, entscheidet sich A für diesen. B verlangt von A die erhaltenen 500 Euro heraus.

d) Nach einem Verkehrsunfall bittet B den Autofahrer A, die verletzte Frau B ins Krankenhaus zu fahren. Später möchte A von B die Kosten für die Reinigung der blutbefleckten Polster ersetzt haben.

e) Hat A im Fall d gegen B Ersatzansprüche, wenn er auf dem Wege zum Krankenhaus durch Verschulden eines Unbekannten einen Unfall erleidet?

f) Bei einem Verkehrsunfall wird B aus dem Wagen geschleudert und verletzt. Er bittet den A, wertvolle Papiere aus dem bereits brennenden Auto zu holen. A erleidet Verletzungen. Kann er von B Ersatz verlangen?

g) Der gelähmte A beauftragt B, im Namen des A bei V einen Rollstuhl zu kaufen. A stirbt. Ohne Kenntnis vom Tod des A kauft B einen Rollstuhl. Der Erbe E des A will weder dem V den Kaufpreis zahlen noch dem B die Transportkosten ersetzen. Wie, wenn V bei Abschluss des Kaufvertrages wusste, dass A gestorben war?

I. Begriff des Auftrags

Der Auftrag, wie das BGB verkürzend den Auftragsvertrag nennt, ist ein Schuldvertrag, in dem sich der eine Teil (Beauftragter) verpflichtet, ein *Geschäft* des anderen Teils (Auftraggebers) *unentgeltlich* für diesen *zu besorgen.*

Im täglichen Leben wird das Wort „Auftrag" häufig in anderem Sinn gebraucht. Beispiel: Der „Auftrag" auf Lieferung bestimmter Waren ist meist ein Antrag auf Abschluss eines Kaufvertrages. Wenn das BGB vom Auftrag spricht, meint es regelmäßig nur den Auftragsvertrag, ausnahmsweise in § 662 und § 663 das Angebot des Auftraggebers auf Abschluss eines solchen Vertrages.

1. Geschäftsbesorgung für einen anderen

2　　Unter der *Besorgung eines Geschäfts* versteht § 662 jedes Tätigwerden des Beauftragten für den Auftraggeber, also nicht nur rechtsgeschäftliches und geschäftsähnliches, sondern auch rein tatsächliches Handeln.

Beispiele: B verpflichtet sich, für A einzukaufen, dessen Schriftverkehr zu erledigen, den Kanarienvogel des verreisten A zu füttern.

Der Beauftragte besorgt ein ihm *vom Auftraggeber übertragenes Geschäft* für diesen. Daher bezieht sich der Auftrag regelmäßig nur auf Angelegenheiten des Auftraggebers oder, bei entsprechender Vereinbarung, auf Angelegenheiten eines Dritten. Wenn das Geschäft ausschließlich den Interessenbereich des Beauftragten selbst betrifft, wird den Beteiligten der Wille fehlen, einen Auftragsvertrag zu schließen.

2. Unentgeltlichkeit

Ein Auftrag liegt nur vor, wenn der Beauftragte unentgeltlich handelt. Weil der Geschäftsbesorgung kein Entgelt als Gegenleistung gegenübersteht, ist der Auftrag kein gegenseitiger Vertrag (vgl. AS § 3 Rdnr. 2). **3**

II. Bedeutung und Abgrenzung des Auftrags

1. Bedeutung

Wegen der Unentgeltlichkeit ist die wirtschaftliche Bedeutung des in den §§ 662 ff. behandelten Auftragsvertrages nur gering. An Wichtigkeit gewinnt das Auftragsrecht jedoch dadurch, dass auf verschiedenen Rechtsgebieten das Handeln im Interessenbereich eines anderen durch Verweisung auf die Auftragsvorschriften geregelt wird. **4**

Vergleiche insbesondere § 675 für die entgeltliche Geschäftsbesorgung, § 683 für den Geschäftsführer ohne Auftrag, ferner z. B. §§ 27 III, 713, 1835, 2218.

2. Abgrenzung

a) Gefälligkeitsverhältnis

Von einem bloßen Gefälligkeitsverhältnis unterscheidet sich der Auftrag dadurch, dass bei ihm die Parteien sich vertraglich verpflichten (Rechtsbindungswille vorhanden; vgl. AS § 2 Rdnr. 27 ff.). **5**

Im **Fall a** liegt nur ein Gefälligkeitsverhältnis vor. Vertragliche Ansprüche scheiden daher aus (vgl. BGH NJW 1968, 1874). Es kommt nur eine Haftung aus Delikt in Betracht.

6   Die *Erteilung eines Rates oder einer Empfehlung* erfolgt nach der
in § 675 II zum Ausdruck kommenden Vorstellung des Gesetzgebers
regelmäßig als bloße Gefälligkeit. Für diesen Fall stellt § 675 II klar,
dass unbeschadet der Haftung aus unerlaubter Handlung keine vertragliche Schadensersatzpflicht besteht. Eine vertragliche Bindung
kann sich aber aus besonderen Umständen (z.B. Entgeltlichkeit; erkennbare, erhebliche Bedeutung für den Ratsuchenden; Eigeninteresse des Raterteilenden) ergeben. Im Wirtschaftsverkehr besteht die
Beratungspflicht häufig als Nebenverpflichtung aus einem anderen
Vertrag (z.B. Bankvertrag). Auch aus längerer Geschäftsverbindung
lässt sich eine Pflicht zur sorgfältigen Beratung ableiten.

b) Entgeltliche Verträge

7   Vom Dienst-, Werk- und Maklervertrag ist der Auftrag bereits
durch das Merkmal der Unentgeltlichkeit zu unterscheiden. Auch
der Geschäftsbesorgungsvertrag (§ 675 I) ist im Gegensatz zum Auftragsvertrag entgeltlich.

c) Schenkung

8   Mit der Schenkung hat der Auftrag gemeinsam, dass ein Vertragsteil sich dem anderen gegenüber verpflichtet, unentgeltlich eine
Leistung zu erbringen. Diese Leistung ist beim Auftrag jedoch eine
Tätigkeit, bei der Schenkung hingegen ein Vermögensopfer (vgl.
§ 516: „aus seinem Vermögen").

d) Vollmacht

9   Das Gesetz trennt scharf zwischen Auftrag und Vollmacht
(§§ 164 ff.). Der Auftragsvertrag betrifft die Beziehungen des Beauftragten zum Auftraggeber und legt fest, welche Geschäfte des Auftraggebers der Beauftragte zu führen verpflichtet ist. Demgegenüber
gibt die Vollmacht dem Bevollmächtigten die Befugnis, rechtsgeschäftliche Erklärungen im Namen des Vollmachtgebers gegenüber Dritten
abzugeben. Der Auftrag betrifft also das Schuldverhältnis zwischen
Auftraggeber und Beauftragtem (Innenverhältnis), die Vollmacht dagegen das Recht des Bevollmächtigten gegenüber Dritten (Außenverhältnis).

III. Abschluss des Auftrags

Für den Abschluss des Auftragsvertrages gelten die allgemeinen 10
Regeln. Die Einhaltung einer besonderen Form ist nicht erforderlich.
Bloßes *Schweigen* auf das Angebot des Auftraggebers, einen Auftragsvertrag zu schließen, kann nicht als Annahme angesehen werden. Dies gilt auch dann, wenn jemand zu bestimmten Geschäftsbe-
sorgungen öffentlich bestellt ist oder sich öffentlich oder einem
einzelnen gegenüber hierzu erboten hat (§ 663). Diese Bestimmung
begründet nur die Pflicht der Ablehnungsanzeige, besagt also nicht,
dass bei unterlassener Anzeige ein Vertrag zustande gekommen ist.
Anders ist die Rechtslage im Fall des § 151. Nach dieser Vorschrift
kommt ein Vertrag durch Annahme des Angebots zustande, ohne
dass die Annahmeerklärung zugegangen ist. Der Annehmende muss
aber ein Verhalten gezeigt haben, aus dem sein Wille, das Angebot
anzunehmen, erkennbar wurde.

Im **Fall b, 2. Frage,** hat R ein solches Verhalten gezeigt. Der Auftragsvertrag ist zustande gekommen und R zur Reise verpflichtet. Im **Fall b, 1. Frage,**
ist R nur der Antwortpflicht nach § 663 nicht nachgekommen; er braucht
nicht zu reisen. Bei schuldhafter Verletzung der Anzeigepflicht muss er dem J
den Vertrauensschaden ersetzen (§ 280 I).

IV. Pflichten des Beauftragten und Folgen ihrer Verletzung

1. Pflicht zur Besorgung eines Geschäfts

a) Sorgfältige Ausführung

Hauptleistungspflicht des Beauftragten ist es, das ihm übertragene 11
Geschäft sorgfältig auszuführen (§ 662). Was er zu tun hat, ergibt
sich aus der getroffenen Vereinbarung.

b) Beachtung von Weisungen

Durch den Auftragsvertrag kann der Beauftragte verpflichtet sein, Ge- 12
schäftsbesorgungen, die im Vertrag nur allgemein umrissen sind, für den
Auftraggeber zu übernehmen. Der Auftraggeber hat das Recht, durch Einzelweisungen den Inhalt des Auftrags näher zu bestimmen. Dieses Weisungsrecht wird von § 665 vorausgesetzt.

Einzelweisungen können aber dem Interesse des Auftraggebers widersprechen, etwa wenn sie aufgrund einer falschen Einschätzung der Sachlage erteilt werden. Daher gibt § 665 dem Beauftragten das Recht zur Abweichung von Weisungen. Im Einzelfall kann sogar (z. B. aufgrund besonderer Sachkunde des Beauftragten) eine Pflicht zur Abweichung oder doch jedenfalls eine Warnpflicht vor Ausführung einer Weisung bestehen.

Weicht der Beauftragte bei Gefahr im Verzug ohne vorherige Benachrichtigung des Auftraggebers zulässigerweise (§ 665 S. 2) von der Weisung ab, dann ist er verpflichtet, diesen nachträglich zu benachrichtigen (§ 666).

c) Persönliche Ausführung oder Übertragung der Ausführung

13   Der Beauftragte hat im Zweifel die Geschäftsbesorgung persönlich vorzunehmen (§ 664 I 1). Er darf sich hierbei regelmäßig eines Gehilfen bedienen (arg. e § 664 I 3).

§ 664 I 2 geht davon aus, dass auch die *Übertragung der Auftragsausführung* gestattet sein kann (sog. Substitution). Ein Auftrag ist übertragen, wenn ein Dritter an die Stelle des Beauftragten tritt und die Verantwortung allein trägt (vgl. RGZ 161, 68, 73; str.; vgl. auch BGH NJW 1993, 1704). Da zwischen Auftraggeber und Beauftragtem ein besonderes Vertrauensverhältnis besteht, wird eine Gestattung zur Übertragung, wenn sie nicht ausdrücklich im Vertrag enthalten ist, nur anzunehmen sein, soweit dies dem Inhalt des Vertrages unter Berücksichtigung der Verkehrssitte entspricht.

Es kann aber auch vereinbart sein, dass der Beauftragte lediglich verpflichtet sein soll, einen Beauftragten zur Besorgung des Geschäfts auszuwählen.

Die Unterscheidungen können für Haftungsfragen von Bedeutung sein (Rdnr. 21).

2. Nebenleistungspflichten und Schutzpflichten

14   Durch § 666 werden dem Beauftragten drei Pflichten auferlegt, nämlich erforderliche Nachrichten zu geben, auf Verlangen über den Stand des Geschäfts Auskunft zu erteilen sowie nach Ausführung des Auftrags Rechenschaft (§ 259) abzulegen. Weitere Pflichten können sich aus § 241 II (Schutzpflichten) im Einzelfall aus dem Grundsatz von Treu und Glauben ergeben.

3. Herausgabepflicht

Nach § 667 muss der Beauftragte alles herausgeben, was er zur   15
Ausführung des Auftrags erhalten und aus der Geschäftsbesorgung
erlangt hat. Auch dabei handelt es sich um eine (einklagbare) Leistungspflicht.

a) Das vom Auftraggeber Erhaltene

Der Beauftragte, der vom Auftraggeber etwas (z. B. Geld zum An-
kauf einer Sache, Geräte zur Durchführung eines Auftrags, Urkunden) erhalten hat, muss das Erhaltene, soweit es nicht durch die
ordnungsgemäße Ausführung des Auftrags verbraucht ist, zurückgeben (BGH WM 1991, 514).

b) Das aus der Geschäftsbesorgung Erlangte

Die gleiche Herausgabepflicht trifft ihn in Ansehung des aus der   16
Geschäftsbesorgung Erlangten einschließlich des Zubehörs und ge-
zogener Früchte.

Dabei kann es sich um Eigentum oder Besitz an Sachen sowie um Forderungen handeln. Wenn der Beauftragte Eigentum erworben hat, muss er es
übertragen. Erlangte Forderungen sind abzutreten.

Dem Umfang nach ist das aus der Geschäftsbesorgung erlangt,
was seine wirtschaftliche Ursache in der Durchführung des Auftrags
findet, nicht dagegen, was der Beauftragte nur anlässlich der Geschäftsbesorgung erlangte.

Die Abgrenzung bereitet Schwierigkeiten bei der Zuwendung von persönli-   17
chen Sondervorteilen, insbesondere *Schmiergeldern*, an den Beauftragten
durch Dritte (**Fall c**). Der bewusst allgemein gehaltene Wortlaut des § 667
(Mot. II, 539) lässt es zu, Schmiergelder als „aus der Geschäftsbesorgung
erlangt" anzusehen. Dies entspricht auch der Interessenlage. § 667 will gewährleisten, dass Beauftragte lediglich den Vorteil des Geschäftsherrn wahren und eigenen Vorteil nicht anstreben. Darüber hinaus sollen dem Geschäftsherrn, der den Anstoß zur Geschäftsbesorgung gegeben hat und ihre
Risiken trägt, auch alle Vorteile zustehen (h. M.; RGZ 99, 31). Die Konkurrenz zwischen dem Anspruch des Auftraggebers auf Herausgabe der Schmiergelder (§ 667) und dem Verfallrecht des Staates (§ 73 StGB) löst § 73 I 2
StGB zugunsten des privatrechtlichen Anspruchs. – Im **Fall c** hat daher A an
B gem. § 667 die 500 Euro herauszugeben, ohne dass es auf einen Schaden
des B ankommt.

c) Zinsen

18   Soweit der Beauftragte Geld für sich gebraucht, das er für den Auftraggeber zu verwenden oder ihm herauszugeben hat (§ 667), trifft ihn nach § 668
eine Verzinsungspflicht.

4. Folgen der Nicht- oder Schlechterfüllung

a) Allgemeine Vorschriften über Leistungsstörungen

19   Für die Nicht- oder Schlechterfüllung seiner Pflichten hat der
Beauftragte nach allgemeinen Vorschriften (vgl. §§ 280 ff.) einzustehen.

b) Besonderheiten des Auftragsrechts

20   Für das Auftragsrecht gelten zum Teil Besonderheiten:

aa) Der Beauftragte haftet für jede Fahrlässigkeit. Eine Haftungsminderung, wie sie in anderen Fällen einer unentgeltlichen Verpflichtung (z.B. §§ 521, 599, 690) besteht, sieht das Gesetz für den
Auftrag nicht vor.

21   bb) Hat der Beauftragte die Geschäftsbesorgung in Übereinstim-
mung mit dem Willen des Auftraggebers auf einen Dritten übertragen, so haftet er nur für ein ihm bei der Übertragung zur Last fallen-
des Verschulden (§ 664 I 2). Dies kann insbesondere darin bestehen,
dass er bei der Übertragung unzulänglich instruiert oder einen Unge-
eigneten auswählt. Aus dem Auftragsvertrag kann sich auch ergeben, dass den Beauftragten nach der Übertragung noch Überwachungspflichten treffen.

Bei unerlaubter Übertragung haftet der Beauftragte für jeden
Schaden, der ohne die Übertragung nicht eingetreten wäre. Auf das
Verschulden des Dritten kommt es hierbei nicht an. Gleiches gilt,
wenn der Beauftragte unerlaubterweise einen Gehilfen zuzieht. Durfte er sich jedoch eines Gehilfen bedienen, so haftet er gem. §§ 664 I 3,
278 nur bei Verschulden des Gehilfen.

22   cc) Verletzt der Beauftragte schuldhaft seine Pflichten aus § 665,
so ist er zum Ersatz des dem Auftraggeber entstandenen Schadens
verpflichtet. Macht sich jedoch der Auftraggeber bei weisungswidri-
ger Geschäftsbesorgung die Vorteile des Geschäfts zu eigen, so kann

er dem Beauftragten gegenüber keine Rechte aus der vertragswidrigen Ausführung herleiten (BGH VersR 1968, 792).

dd) Durch die Annahme von Sonderprovisionen und Schmiergeldern (**Fall c**) wird der Beauftragte in aller Regel schuldhaft gegen seine Pflichten dem Auftraggeber gegenüber verstoßen. Sofern dem Auftraggeber hierdurch ein Schaden entsteht, weil die Geschäftsbesorgung ein für ihn ungünstigeres wirtschaftliches Ergebnis hat, muss der Beauftragte den Schaden ersetzen. Der Ersatzanspruch ist unabhängig von dem Anspruch auf Herausgabe der Gelder nach § 667.   23

V. Pflichten des Auftraggebers und Folgen ihrer Verletzung

Es besteht keine Pflicht des Auftraggebers, den Beauftragten die Geschäftsbesorgung durchführen zu lassen. Das folgt aus dem Wortlaut des § 662 und daraus, dass der Auftraggeber jederzeit das Auftragsverhältnis widerrufen darf (§ 671 I).   24

Der Auftraggeber ist aber verpflichtet, die Aufwendungen des Beauftragten zu ersetzen (§ 670); u.U. muss er für die Aufwendungen Vorschuss leisten (§ 669). Daneben können ihn auch Sorgfaltspflichten treffen.

1. Aufwendungsersatz

Wichtigste Pflicht des Auftraggebers ist es, Aufwendungen zu ersetzen, die der Beauftragte zum Zweck der Ausführung des Auftrags gemacht hat, sofern sie der Beauftragte den Umständen nach für erforderlich halten durfte (§ 670). Diese Regelung hat ihren Grund darin, dass der Beauftragte nur die Tätigkeit der Geschäftsbesorgung schuldet.   25

a) Aufwendungen

Aufwendungen sind Vermögensopfer, die entweder freiwillig zur Ausführung des Auftrags erbracht werden (z.B. Reisekosten) oder sich als notwendige Folge der Geschäftsbesorgung ergeben (z.B. Grunderwerbssteuer). Zu den Aufwendungen gehört auch die Eingehung von Verbindlichkeiten durch den Beauftragten (vgl. § 257).   26

27   Für die *eigene Arbeit* kann der Beauftragte regelmäßig keinen Aufwendungsersatz nach § 670 verlangen. Dies widerspräche der im Auftragsvertrag vereinbarten Unentgeltlichkeit. Nimmt der Beauftragte allerdings zusätzlich Leistungen nach Rückfrage bei dem Auftraggeber vor, so wird bei Einigkeit über die Entgeltlichkeit ein zusätzlicher Dienst- oder Werkvertrag geschlossen.
      Die h. M. will § 1835 III analog anwenden, wenn der Beauftragte ohne Vereinbarung der Entgeltlichkeit anlässlich des Auftrags zusätzliche Leistungen erbringt, die zu seinem Beruf oder Gewerbe gehören (Erman/Ehmann, § 670 Rdnr. 6 m. N.). Die Analogie erscheint nicht sachgerecht, weil § 1835 III auf einer Billigkeitserwägung beruht (vgl. Mot. IV, 1181), die im Vertragsrecht keine Entsprechung hat. Wer Leistungen erbringt, zu denen er nach dem Auftrag nicht verpflichtet ist, kann dafür jedenfalls aus Auftragsrecht kein Entgelt fordern (vgl. Palandt/Sprau, § 670 Rdnr. 3; MünchKomm/Seiler, § 670 Rdnr. 19 f.).

b) Erforderlichkeit

28   Nach § 670 kann der Beauftragte Ersatz solcher Aufwendungen verlangen, die er den Umständen nach für erforderlich halten durfte. Aufwendungen, welche der Beauftragte nach sorgfältiger Prüfung unter Beachtung der Interessen des Auftraggebers für erforderlich halten durfte, sind daher auch dann zu ersetzen, wenn sie objektiv nicht erforderlich waren.

c) Schäden

29   Zweifelhaft ist, ob der Auftraggeber dem Beauftragten Schäden zu ersetzen hat, die diesem bei Ausführung des Auftrags entstehen.
      aa) Beruht der Schaden auf einer schuldhaften Vertragsverletzung des Auftraggebers, ist dieser nach allgemeinen Grundsätzen (§§ 280 ff.) schadensersatzpflichtig.

30   bb) Liegt jedoch keine Vertragsverletzung des Auftraggebers vor, scheidet ein Schadensersatzanspruch aus (**Fälle d, e, f**). Es fragt sich, ob solche Schäden als Aufwendungen (§ 670) anzusehen sind. Unmittelbar ist § 670 nicht anwendbar, weil der Beauftragte die Schäden nicht freiwillig übernommen hat (vgl. Brox, AP Nr. 6 zu § 611 BGB Gefährdungshaftung des Arbeitgebers).

31   (1) Die Lösung des Problems lässt sich vielfach durch Vertragsauslegung gewinnen. Haben die Parteien bei Vertragsschluss die Schadensgefahr erkannt, ist zu ermitteln, wer nach dem Vertrag den

Schaden tragen soll. Regelmäßig wird eine vertragliche Abwälzung der Schäden des Beauftragten auf den Auftraggeber anzunehmen sein.

(2) Führt die Ermittlung des realen und des hypothetischen Willens der Vertragsparteien nicht zum Ziel, ist eine analoge Anwendung des § 670 zu prüfen. Der Gesetzgeber hat die Frage, ob (unfreiwillige) Schäden unter § 670 fallen können, bewusst offen gelassen (Mot. II, 541; Prot. II, 368 f.). Nach der Interessenlage unter Berücksichtigung von Treu und Glauben erscheint es unbillig, wenn der (unentgeltlich tätige) Beauftragte auch noch die Schäden zu tragen hat, die aufgrund der mit der Geschäftsbesorgung verbundenen, typischen Gefahrenlage eintreten. Durch die Übernahme des Auftrags soll dem Beauftragten keine weitere Belastung als seine Tätigkeit aufgebürdet werden. Andererseits ist kein Grund ersichtlich, den Auftraggeber auch mit dem allgemeinen Lebensrisiko des Beauftragten zu belasten (h. M.; MünchKomm/Seiler, § 670 Rdnr. 14; **Fall e**). Wenn also der Schaden die (adäquat ursächliche) Folge des typischen Geschäftsbesorgungsrisikos ist (**Fälle d, f**), soll ihn in analoger Anwendung des § 670 der Auftraggeber tragen (vgl. BAG DB 1996, 630; BGH DB 1972, 721). **32**

cc) Der Beauftragte, dessen Geschäftsbesorgung darin besteht, dass er bei *Unglücksfällen* Hilfe leistet oder Menschen rettet, ist nach § 2 I Nr. 13 a SGB VII ohne weiteres gegen Personenschäden unfallversichert (**Fall f**). Außerdem hat er gem. § 13 SGB VII einen Anspruch auf Ersatz von Sachschäden und Aufwendungen gegen den zuständigen Versicherungsträger. Der Anspruch des Beauftragten aus § 670 gegen den Auftraggeber geht in diesen Fällen nach § 116 SGB X auf den Sozialversicherungsträger über (vgl. BGHZ 38, 270, 281). **33**

2. Schutzpflichten

Aus § 241 II ergibt sich insbesondere die Pflicht des Auftraggebers, bei Durchführung des Auftrags den Beauftragten vor vermeidbaren Schäden zu bewahren. **34**

Sofern der Auftraggeber dem Beauftragten zur Ausführung der Geschäftsbesorgung Gerätschaften überlässt, hat er für deren ordnungsgemäße Beschaffenheit zu sorgen. Bei einem Auftrag, der im Falle der Entgeltlichkeit als Dienstvertrag anzusprechen wäre, ist die unabdingbare Vorschrift des § 618 entsprechend anwendbar (BGHZ 16, 265).

3. Folgen der Nicht- oder Schlechterfüllung

35   Es gelten die allgemeinen Grundsätze über Unmöglichkeit, Schuldnerverzug und andere Arten der Pflichtverletzung.

Liegen die Voraussetzungen für eine entsprechende Anwendung des § 618 vor, so ergibt sich bei schuldhafter Nicht- oder Schlechterfüllung der dort genannten Pflichten ein vertraglicher Anspruch aus §§ 280, 282, 276.

VI. Beendigung des Auftrags

36   Das Auftragsverhältnis wird regelmäßig durch Erfüllung beendet (§ 362). Ferner kommen neben allgemeinen Beendigungsgründen wie Aufhebungsvertrag, Zeitablauf und Bedingungseintritt beim Auftrag spezielle Erlöschensgründe in Betracht.

1. Widerruf und Kündigung

Jede Vertragspartei hat das Recht, das Vertragsverhältnis für die Zukunft durch einseitige empfangsbedürftige Willenserklärung jederzeit zu beenden (§ 671). Das Gesetz nennt die Erklärung des Auftraggebers Widerruf, die des Beauftragten Kündigung.

a) Widerruf

Der Widerruf des Auftraggebers ist deshalb jederzeit möglich, weil es dem Auftraggeber freistehen muss, seine eigenen Interessen wieder selbst wahrzunehmen.

b) Kündigung

37   Die Kündigung durch den Beauftragten ist jederzeit zulässig, um dem unentgeltlich tätigen Beauftragten die Möglichkeit zu geben, seine Arbeitskraft anderweitig einzusetzen. Selbst eine Kündigung zur Unzeit ist wirksam; den Interessen des Auftraggebers wird aber dadurch Rechnung getragen, dass er vom Beauftragten Ersatz des Schadens verlangen kann, der ihm dadurch entsteht, dass er für die Besorgung des Geschäfts nicht auf andere Weise Fürsorge treffen

kann (§ 671 II). Bei einer Kündigung aus wichtigem Grund besteht dagegen keine Schadensersatzpflicht (§ 671 II 2).

2. Beendigung bei Tod oder Geschäftsunfähigkeit

Ob der Tod oder die Geschäftsunfähigkeit eines Vertragspartners   38 das Auftragsverhältnis beenden soll, muss durch Vertragsauslegung ermittelt werden. Das Gesetz gibt zwei Auslegungsregeln (§§ 672, 673).

a) Tod des Beauftragten

Beim Tod des Beauftragten erlischt der Auftrag im Zweifel (§ 673 S. 1), weil der Vertrag auf dem Vertrauen des Auftraggebers zum Beauftragten beruht (Mot. II, 549).

Der Erbe des Beauftragten hat jedoch als dessen Rechtsnachfolger gegenüber dem Auftraggeber bestimmte Fürsorgepflichten (§ 673 S. 2): Er muss den Tod dem Auftraggeber unverzüglich anzeigen, damit dieser sich entsprechend einstellen kann. Der Erbe hat sogar, wenn Gefahr mit dem Aufschub des Geschäfts verbunden ist, das Geschäft anstelle des Erblassers fortzuführen, bis der Auftraggeber anderweitig Fürsorge treffen kann; insoweit wird der Auftrag trotz Erlöschens als fortbestehend fingiert. Verletzt der Erbe schuldhaft eine dieser Pflichten, macht er sich dem Auftraggeber schadensersatzpflichtig.

b) Geschäftsunfähigkeit des Beauftragten

Für den Eintritt der Geschäftsunfähigkeit des Beauftragten fehlt   39 eine spezielle gesetzliche Auslegungsregel. Sollte der Beauftragte ein Rechtsgeschäft oder eine geschäftsähnliche Handlung vornehmen, so ist ihm (wegen § 105) die Leistung unmöglich geworden; er wird nach § 275 von seiner Verpflichtung frei. Bei einer rein tatsächlichen Handlung bleibt die Leistung des Geschäftsunfähigen regelmäßig möglich.

c) Tod oder Geschäftsunfähigkeit des Auftraggebers

Beim Tod oder bei Eintritt der Geschäftsunfähigkeit des Auftrag-   40 gebers erlischt der Auftrag im Zweifel nicht (§ 672 S. 1).

Allerdings ist stets zu prüfen, ob zwischen den Vertragsparteien ausdrücklich oder konkludent für solche Fälle nicht etwas anderes, nämlich die Beendigung des Auftrags, vereinbart ist. Das gilt vor allem, wenn es bei dem Geschäft um persönliche Belange des Auftraggebers ging (**Fall g**).

Erlischt der Auftrag, so hat der Beauftragte dennoch, wenn Gefahr mit dem Aufschub des Geschäfts verbunden ist, die Besorgung fortzusetzen, bis der Erbe oder der gesetzliche Vertreter anderweitig Fürsorge treffen kann; insoweit gilt der Auftrag als fortbestehend (§ 672 S. 2).

3. Schutz des Beauftragten bei Erlöschen des Auftrags

41   Da der Auftrag erlöschen kann, ohne dass der Beauftragte davon erfährt, muss dieser geschützt werden. § 674 erreicht das durch eine Fiktion: Der Vertrag gilt zu Gunsten des Beauftragten als fortbestehend, bis der Beauftragte vom Erlöschen Kenntnis erlangt oder das Erlöschen kennen muss. Für den Widerruf dagegen kommt es auf den Zugang der Widerrufserklärung, nicht auf deren Kenntnis an (§ 130).

Im **Fall g** ist der Auftrag durch den Tod des A erloschen. Jedoch wird B, da er vom Tod des A ohne Verschulden keine Kenntnis hat, geschützt. Er kann von E die Transportkosten nach §§ 674, 670 verlangen. Dem V steht gegen E ein Kaufpreisanspruch zu, nicht jedoch, wenn V Kenntnis vom Tod des A hatte (vgl. §§ 168, 169).

VII. Geschäftsbesorgungsvertrag

1. Begriff und Bedeutung

42   Der Geschäftsbesorgungsvertrag ist ein Dienst- oder Werkvertrag, der eine Geschäftsbesorgung zum Inhalt hat (§ 675 I). Da beim Geschäftsbesorgungsvertrag Dienste oder die Herstellung eines Werkes gegen Vergütung geschuldet werden, ist er ein gegenseitiger Vertrag. Auf ihn finden nach § 675 I mehrere Vorschriften Anwendung, die unmittelbar für den (unentgeltlichen) Auftrag gelten.

a) Begriff der Geschäftsbesorgung

43   Was unter Geschäftsbesorgung i.S.d. § 675 I zu verstehen ist, hat der Gesetzgeber der Wissenschaft überlassen (Prot. II, 377). Deshalb ist der Begriff heute noch umstritten. Nach h.M. liegt ein Geschäftsbesorgungsvertrag vor, wenn eine „selbstständige Tätigkeit wirtschaftlichen Charakters im Interesse eines anderen innerhalb einer frem-

den wirtschaftlichen Interessensphäre vorgenommen wird" (BGH DB 1959, 168).

Wirtschaftlicher Art ist eine Tätigkeit, welche sich (unmittelbar) auf das Vermögen des Geschäftsherrn bezieht (z. B. Prozessführung durch den Rechtsanwalt, Anlageberatung). Nicht vermögensbezogen ist etwa die Behandlung durch den Arzt oder die Erteilung von Privatunterricht.

Nach der Rechtsprechung muss der Geschäftsherr für jene Tätigkeit, die der Geschäftsführer vornimmt, ursprünglich selbst zu sorgen gehabt haben. Der Geschäftsführer hat hiernach bei dem Geschäftsbesorgungsvertrag eine bestehende Obliegenheit des Geschäftsherrn wahrzunehmen. Keine Geschäftsbesorgung liegt daher vor, wenn der Aufgabenkreis des Geschäftsherrn erst mit Hilfe des Vertragspartners geschaffen werden soll (Beispiel: Vertrag zwischen dem Bauherrn und dem nur planenden Architekten, so BGHZ 45, 223).

b) Bedeutung des Geschäftsbesorgungsvertrages

Der Geschäftsbesorgungsvertrag hat Bedeutung vornehmlich für den Bereich der Dienst- und Werkverträge mit stärkerem wirtschaftlichen Bezug. Beispiele: Verträge über Vermögensverwaltung, Rechts- oder Steuerberatung, Kreditkartenverträge, Bankverträge verschiedener Art wie z. B. Girovertrag. Trotz der erheblichen praktischen Bedeutung dieser Verträge enthielt das BGB für sie bis zum 14. 8. 1999 mit § 675 a. F., der dem heutigen § 675 I entspricht, nur eine einzige Regelung. Heute sind Teile des Bankvertragsrechts in den §§ 675 a bis 676 g eingehender geregelt (dazu Rdnr. 51 ff.). **44**

2. Rechte und Pflichten der Parteien

a) Vertragliche Vereinbarungen

Die Rechte und Pflichten der Parteien ergeben sich in erster Linie aus ihren vertraglichen Vereinbarungen. Diese sind zulässig, soweit nicht ausnahmsweise zwingende gesetzliche Vorschriften entgegenstehen (z. B. § 676 c III). Sie können auch in allgemeinen Geschäftsbedingungen getroffen werden. Dann unterliegen sie der Inhaltskontrolle nach den §§ 307 ff. **45**

b) Besondere gesetzliche Bestimmungen

Soweit entsprechende Vereinbarungen nicht bestehen, sind die speziellen Bestimmungen der §§ 675 a bis 676 g heranzuziehen. § 675 a **46** sieht für bestimmte Geschäftsbesorger, u. a. Kreditinstitute, Informationspflichten hinsichtlich der vom Auftraggeber zu erbringenden Entgelte und Auslagen sowie über Einzelheiten zur Ausführung von Überweisungen vor. Die §§ 676 bis 676 g regeln Rechte und Pflichten bei verschiedenen Arten von Bankgeschäften (dazu Rdnr. 51 ff.).

c) Auftragsrecht

47   Soweit spezielle Vorschriften nicht eingreifen, ist über § 675 I im Wesentlichen Auftragsrecht anwendbar. Falls danach noch Regelungslücken verbleiben, sind je nach Art der Geschäftsbesorgung Dienst- oder Werkvertragsvorschriften ergänzend anwendbar. Folgende Abweichungen gegenüber dem Auftragsvertrag sind erwähnenswert:

48   aa) § 664, der den höchstpersönlichen Charakter der Verpflichtung und Berechtigung bestimmt, ist in § 675 I nicht erwähnt und somit nicht anwendbar. Diese Rechtslage entspricht dem Werkvertragsrecht. Wenn allerdings beim Geschäftsbesorgungsvertrag, der einen Werkvertrag zum Gegenstand hat, ein gesteigertes Vertrauensverhältnis zwischen Unternehmer und Besteller vorliegt, wird man § 664 I 1, II dennoch entsprechend anwenden können. Liegt ein Dienstvertrag vor, ergibt sich der höchstpersönliche Charakter aus § 613.

Es fehlt eine Regelung, wonach der Geschäftsbesorger bei gestatteter Übertragung nur für ein Auswahl- und Einweisungsverschulden haftet (so § 664 I 2). Dem Gedanken einer Risikoverlagerung bei einer gestatteten Übertragung der Geschäftsbesorgung entspricht es aber, wenn man auch hier entsprechend § 664 I 2 den Geschäftsbesorger nur für ein Auswahl- und Einweisungsverschulden und nicht nach § 278 haften lässt (str.; im Ergebnis wie hier BGH LM Nr. 1 zu § 664).

49   bb) Ob nach §§ 675 I, 670 ein Anspruch des Geschäftsbesorgers auf Aufwendungsersatz besteht, hängt von den Umständen ab. Vielfach werden durch die Vergütung der Dienstleistung oder der Herstellung des Werkes nach dem Willen der Vertragsparteien die Aufwendungen bereits abgegolten sein.

Bei einem Geschäftsbesorgungsvertrag zwischen einem Kreditinstitut und einem Kunden über eine Zahlungskarte (Kredit-, EC-, Geldkarte) kann das Kreditinstitut für die Verwendung der Zahlungskarte nur dann Aufwendungsersatz verlangen, wenn die Karte nicht von einem Dritten missbräuchlich verwendet wurde (§ 676 h).

cc) Für die Beendigung des Geschäftsbesorgungsverhältnisses gilt   50
regelmäßig in vollem Umfang Dienst- oder Werkvertragsrecht, da
§ 671 durch § 675 nicht für anwendbar erklärt wird. Wenn der Verpflichtete allerdings ohne Einhaltung einer Frist kündigen darf, ist
zum Schutz des Geschäftsherrn § 671 II anwendbar (§ 675 I a. E.).

3. Besonderheiten beim Überweisungsvertrag, Zahlungsvertrag, Girovertrag und Übertragungsvertrag

Schrifttum: Becher, Das Überweisungsgesetz – Eine Übersicht, DStR 1999,   51
1360; Bülow, Scheckrechtliche Anweisung und Überweisungsvertrag, WM
2000, 58; Ehmann/Hadding, EG-Überweisungsrichtlinie und Umsetzung –
Regierungsentwurf und Gegenentwurf, WM 1999, Sonderbeil. 3; Einsele,
Das neue Recht der Banküberweisung, JZ 2000, 9; Gößmann/van Look, Die
Banküberweisung nach dem Überweisungsgesetz, WM 2000, Sonderteil. 1;
Klamt/Koch, Das neue Überweisungsgesetz, NJW 1999, 2776; Kümpel, Zur
Bankenhaftung nach dem neuen Überweisungsrecht, WM 2000, 797; Nobbe,
Die Rechtsprechung des BGH zum Überweisungsverkehr, WM 2001, Son-
derbeilage zu Heft 29; Risse/Lindner, Haftung der Banken nach dem neuen
Überweisungsrecht, BB 1999, 2201; Schneider, Pflichten und Haftung der
erstbeauftragten Kreditinstitute bei grenzüberschreitenden Überweisungen,
WM 1999, 2189; Wackerbarth, Die Haftung für zwischengeschaltete Banken
im mehrgliedrigen Überweisungsverkehr, ZIP 2000, 1187; v. Westphalen,
Verspätete Überweisungen – Einige Bemerkungen zur neuen Rechtslage, BB
2000, 157; Wilkens, Das Überweisungsgesetz, MDR 1999, 1236.

In den §§ 675 a ff. sind für verschiedene Geschäftsbesorgungsver-
träge aus dem Bankrecht Besonderheiten geregelt. Diese Vorschriften wurden aufgrund der EG-Richtlinie 97/5/EG mit Wirkung zum
14. 8. 1999 durch das sog. Überweisungsgesetz in das BGB eingefügt
(BGBl. I, 1642). Sie befassen sich im Wesentlichen mit den verschiedenen Aspekten eines Überweisungsvorgangs.

Die §§ 675 a ff. sind grds. auf den gesamten in- und ausländischen Zah-
lungsverkehr anwendbar. Für inländische Überweisungen und Überweisungen in Staaten außerhalb der EU und des europäischen Wirtschaftsraums
(EWR) gelten die §§ 675 a bis 675 g nach der Übergangsregelung des
Art. 228 II EGBGB erst seit 1. 1. 2002.

a) Überweisungsvertrag

Der Überweisungsvertrag, der in den §§ 676 a bis 676 c geregelt   52
ist, betrifft das Rechtsverhältnis zwischen dem Überweisenden und
dem von ihm beauftragten Kreditinstitut.

Die Ausgestaltung der Überweisung als Vertrag stellt eine wesentliche Änderung gegenüber der früheren Rechtslage dar. Nach den bisher geltenden Rechtsgrundsätzen war die Überweisung lediglich als eine Weisung (§§ 675 I, 665) im Rahmen eines Girovertrages zu qualifizieren.

53   aa) Der Überweisungsvertrag kommt gem. §§ 145 ff. durch Angebot und Annahme zustande. Allerdings wird der Bankkunde, der einen ausgefüllten Überweisungsträger bei seiner Bank abgibt, in der Regel keine ausdrückliche Annahmeerklärung erhalten. Häufig wird der Überweisungsvertrag durch die Ausführung der vom Kunden gewünschten Überweisung zustande kommen. In dieser Ausführung durch das Kreditinstitut ist eine Betätigung des Annahmewillens zu sehen, wobei der Zugang einer Annahmeerklärung gem. § 151 S. 1 entbehrlich ist. Ein Überweisungsvertrag kann aber auch zustande kommen, wenn das Kreditinstitut keinerlei Erklärungen abgibt und die Überweisung nicht ausführt. Gem. § 362 I 1 HGB gilt das Schweigen des Kreditinstituts nämlich als Annahme, wenn es ein entsprechendes Vertragsangebot des Kunden nicht unverzüglich zurückweist.

54   bb) Durch den Überweisungsvertrag verpflichtet sich das überweisende Kreditinstitut gegenüber dem Auftraggeber (dem Überweisenden), dem Empfänger einer Zahlung (dem Begünstigten) einen bestimmten Geldbetrag zur Verfügung zu stellen. Wird das Konto des Begünstigten ebenfalls bei dem überweisenden Kreditinstitut geführt, wird diese Verpflichtung unmittelbar durch Gutschrift des Überweisungsbetrages auf dem Konto des Begünstigten erfüllt (§ 676 a I 1). Falls das Konto des Begünstigten bei einem anderen Kreditinstitut geführt wird, ist das überweisende Kreditinstitut zur Weiterleitung des Überweisungsbetrages an das Kreditinstitut des Begünstigten zwecks Gutschrift verpflichtet (§ 676 a I 2). In diesem Fall tritt der geschuldete Leistungserfolg somit schon ein, wenn die Bank des Begünstigten den Überweisungsbetrag erhalten hat. Für die Gutschrift auf dem Konto des Begünstigten ist dessen Kreditinstitut verantwortlich (Rdnr. 62).

Ferner begründet der Überweisungsvertrag die Verpflichtung, Angaben zur Person des Überweisenden und einen angegebenen Verwendungszweck, soweit üblich, dem Begünstigten mitzuteilen bzw. an dessen Kreditinstitut weiterzuleiten.

§ 676 a II regelt, innerhalb welcher Fristen das Kreditinstitut die 55
Überweisung auszuführen hat. Die Ausführungsfrist beträgt für In-
landsüberweisungen grds. drei Bankgeschäftstage (Werktage ohne
Samstage). Diese Frist verkürzt sich bei institutsinternen Überweisungen auf einen bzw. zwei Bankgeschäftstage.

Für grenzüberschreitende Überweisungen in EU- und EWR-Staaten ist eine
Frist von fünf Bankgeschäftstagen, für Überweisungen in andere Staaten ist
keine Ausführungsfrist vorgesehen.

§ 676 b begründet eine verschuldensunabhängige Garantiehaftung 56
des überweisenden Kreditinstitutes, wenn der Überweisungsbetrag
verspätet, nur gekürzt oder gar nicht beim Empfänger ankommt.
Diese Garantiehaftung entfällt nur dann, wenn der Fehler bei der
Ausführung der Überweisung auf höhere Gewalt zurückzuführen ist
(§ 676 b IV) und in bestimmten Fällen der Mitverursachung durch
den Überweisenden (§ 676 I 1, 2. Halbs. und § 676 b III 6).

Neben dem Anspruch aus § 676 b können auch Ansprüche aus verschul- 57
densabhängiger Haftung (z. B. Verzug, Schutzpflichtverletzung) und aus
ungerechtfertigter Bereicherung bestehen (§ 676 c I 2). Gem. § 676 c I 3 hat
das überweisende Kreditinstitut das Verschulden eines zwischengeschalteten
Kreditinstitutes grundsätzlich wie eigenes Verschulden zu vertreten. Die
überweisende Bank haftet also nicht nur gem. § 664 I 2 für ein Auswahlverschulden (s. dazu Rdnr. 48). Vielmehr besteht hier eine Erfüllungsgehilfenhaf-
tung i. S. d. § 278, deren Beschränkung nur in engen Grenzen zulässig ist (vgl.
§ 676 c I 4, 5, III).

cc) Die Pflichten des Überweisenden sind nicht in den §§ 676 a ff. 58
geregelt. Sie ergeben sich aus den allgemeinen Regeln der Geschäftsbesorgung. Gem. §§ 675 I, 669, 670 hat der Überweisende dem Kreditinstitut den Überweisungsbetrag vorzuschießen. Weiterhin muss
er gem. § 631, 632 das vereinbarte oder übliche Entgelt entrichten.

dd) Der Überweisungsvertrag kann durch Kündigung beendet 59
werden. Vor Beginn der Ausführungsfrist (§ 676 a II 3) ist für
beide Seiten eine Kündigung ohne Angabe von Gründen möglich
(§ 676 a III, IV). Nach Beginn der Frist ist der Überweisende dagegen zur Kündigung nur dann berechtigt, wenn die Kündigung der
Bank des Begünstigten vor Eingang des Überweisungsbetrages mitgeteilt wird (§ 676 a IV). Die überweisende Bank kann nach Beginn
der Ausführungsfrist nur kündigen, wenn über das Vermögen des

Überweisenden das Insolvenzverfahren eröffnet oder ein zur Durchführung der Überweisung notwendiger Kredit gekündigt worden ist
(§ 676 a III).

b) Zahlungsvertrag

60   Wird das Konto des Begünstigten nicht bei der überweisenden
Bank geführt, muss der Überweisungsbetrag dem Kreditinstitut des
Begünstigten übermittelt werden. Diese Übermittlung erfolgt in der
Regel nicht unmittelbar, sondern unter Zwischenschaltung weiterer
Banken, wie z. B. der Landeszentralbanken. Das Rechtsverhältnis
zwischen den mit der Weiterleitung befassten Kreditinstituten wird
als Zahlungsvertrag bezeichnet. Dieser ist in den §§ 676 d und 676 e
geregelt.

61   § 676 e regelt die Rückgriffsansprüche der Banken. Diese Vorschrift soll
sicherstellen, dass die überweisende Bank, die ihrem Kunden gem. § 676 b
verschuldensunabhängig oder gem. § 676 c I 3 für fremdes Verschulden
haftet, den Schaden nicht endgültig zu tragen hat, sondern letztlich auf das
Kreditinstitut abwälzen kann, das den Fehler im Überweisungsvorgang verursacht hat. § 676 d II verpflichtet das Kreditinstitut des Begünstigten zur
Rückleitung des Überweisungsbetrages, wenn ihm vor dessen Eingang ein
Widerruf zugeht. Diese Vorschrift ergänzt die Kündigungsregelung des
§ 676 a IV.

c) Girovertrag

62   Die §§ 676 f und 676 g über den Girovertrag regeln das Verhältnis
zwischen dem Inhaber eines Girokontos und seinem Kreditinstitut.
Durch den Girovertrag wird das Kreditinstitut gem. § 676 f S. 1
verpflichtet, für den Kunden ein Konto einzurichten, eingehende
Zahlungen auf dem Konto gutzuschreiben und abgeschlossene Über-
weisungsverträge zu Lasten dieses Kontos abzuwickeln. Außerdem
sind dem Kunden weitergeleitete Angaben zur Person des Überweisenden und zum Verwendungszweck mitzuteilen (§ 676 f S. 2).

63   In der Praxis ergeben sich aus dem Girovertrag häufig noch weitere Pflichten, wie z. B. die Überlassung von EC-Karte und Schecks oder die Abwicklung von Lastschriften. Diese finden ihre Grundlage nicht im Gesetz, sondern
in den vertraglichen Vereinbarungen der Parteien, insbesondere in den allgemeinen Geschäftsbedingungen der Banken. Einen Schutz des Kunden vor
einer Inanspruchnahme durch sein Kreditinstitut bei einer missbräuchlichen
Verwendung seiner Zahlungskarte regelt § 676 h.

Die Gutschrift eingehender Überweisungsbeträge auf dem Konto des Begünstigten hat innerhalb eines Bankgeschäftstages nach dem Tag des Eingangs auf dem Konto des Kreditinstituts zu erfolgen (§ 676 g I 1). Sie ist für die tatsächliche Verfügbarkeit des eingegangenen Betrages von Bedeutung. Dagegen ist die Wertstellung des Überweisungsbetrages auf dem Konto des Kunden unter dem Datum des Eingangs auf dem Konto des Kreditinstituts vorzunehmen (§ 676 g I 4). Bei der Wertstellung handelt es sich um den Zeitpunkt, in dem der Überweisungsbetrag in den für die Zinsberechnung maßgebenden Zwischensaldo eingeht. Ferner regelt § 676 g einzelne Rechtsfolgen, die bei einer nicht ordnungsmäßigen Erfüllung der Pflichten durch das Kreditinstitut eintreten.

d) Übertragungsvertrag

Als Übertragungsvertrag bezeichnet § 676 einen Geschäftsbesorgungsvertrag, der die Weiterleitung von Wertpapieren oder Ansprüche auf Herausgabe von Wertpapieren im Wege der Verbuchung oder auf sonstige Weise zum Gegenstand hat. § 676 enthält eine besondere Regelung zur Kündigung derartiger Verträge.   **64**

VIII. Maklervertrag

Schrifttum: Dehner, Die Entwicklung des Maklerrechts, NJW 2000, 1986;   **65**
ders., Zum Provisionsanspruch des Nachweismaklers, BB 1999, 1021;
Dyckerhoff/Brandt, Das Recht des Immobilienmaklers, 10. Aufl., 1993;
Keim, Maklerprovision bei arglistbedingter Wandelung des Hauptvertrages,
NJW 2001, 3168; Langenmaack, Neues vom BGH zum Nachweismaklervertrag, NZM 2000, 121; Pauly, Zur Frage der treuwidrigen Vereitelung des
Hauptvertrages beim Maklervertrag, JR 1998, 353; Reuter, Das Maklerrecht
als Sonderrecht der Maklertätigkeit, NJW 1990, 1321; Schäfer, Zum Entstehen des Provisionsanspruches für eine Maklertätigkeit, WM 1989, 1; ders.,
Der Maklerwerkvertrag – ein ungeeigneter Vertragstyp, NJW 1989, 209;
ders., Schadensersatzansprüche des Maklers – auch auf entgangene Provision
– bei vertragswidrigem Verhalten des Auftraggebers, BB 1990, 2275; Scheibe,
Der Provisionsanspruch des Maklers bei Vertragsschluß durch Dritten, BB
1988, 849; Schmidt, Maklerlohn bei Vertragsaufhebung, JuS 1999, 398;
Schwerdtner, Maklerrecht, 4. Aufl., 1999; Seydel, Maklerrecht, 3. Aufl.,
1995; Waibel/Reichstädter, Maklerrecht im Überblick, Jura 2002, 649;
Wegener/Sailer/Raab, Der Makler und sein Auftraggeber, 5. Aufl., 1997;
Zopfs, Das Maklerrecht in der neueren höchstrichterlichen Rechtsprechung,
3. Aufl., 1996.

1. Begriff und Bedeutung

a) Begriff

Im Maklervertrag verpflichtet sich der Auftraggeber, dem Makler die vereinbarte Vergütung zu bezahlen, wenn der Auftraggeber durch Nachweis (Nachweismaklervertrag) oder Vermittlung des Maklers (Vermittlungsmaklervertrag) zum angestrebten Vertragsschluss gelangt (§ 652).

Nach § 652 handelt es sich um einen einseitig verpflichtenden Vertrag. Während der Makler zum Tätigwerden nicht verpflichtet ist, schuldet der Auftraggeber den ausdrücklich oder stillschweigend (vgl. § 653) vereinbarten Maklerlohn; der Lohnanspruch entsteht jedoch nur dann, wenn die Tätigkeit des Maklers für den beabsichtigten Vertragsschluss mitursächlich geworden ist (vgl. BGH WM 1976, 1313; BB 1990, 1225; zu den Anforderungen an den Kausalzusammenhang vgl. auch Palandt/Sprau, § 652 Rdnr. 47 ff.). Der Anspruch ist ausgeschlossen, wenn der Makler dem Inhalt des Maklervertrages zuwider auch für den anderen Teil tätig wird (§ 654). Das folgt aus der vom Gesetz vorausgesetzten Unparteilichkeit des Maklers. Der Makler kann eine Vergütung nur dann beanspruchen, wenn der angestrebte Vertrag mit einem Dritten, also nicht mit dem Makler selbst, zustande gekommen ist. Einem Selbstabschluss des Maklers steht es gleich, wenn er Geschäfte vermittelt oder nachweist, an denen er wirtschaftlich erheblich beteiligt ist (BGH NJW 1973, 1649).

b) Bedeutung

66 Von Bedeutung ist der Maklervertrag im wesentlichen für den Bereich der Immobilien-, Wohnungs- und Kreditvermittlung. Noch größer ist das praktische Anwendungsgebiet der §§ 652 ff. im Handelsrecht, da sie ergänzend für den Handelsmakler nach §§ 93 ff. HGB (Brox, HR Rdnr. 226 ff.) gelten.

2. Abweichende Vereinbarungen

67 Der Maklervertrag hat im BGB eine nur knappe Regelung erfahren. Um seine Rechtsstellung durch abweichende Parteiverein-

barungen zu verbessern, verwendet der Makler häufig vorformulierte Vertragstexte oder AGB (AS § 4 Rdnr. 28 ff.). Bei Klauseln, welche die Rechtslage einseitig zum Nachteil des Auftraggebers ändern, stellt sich dann das Problem der Inhaltskontrolle nach den §§ 307 ff.

a) Verpflichtung zum Tätigwerden

Nach der gesetzlichen Regelung ist der Makler nicht verpflichtet, 68 für seinen Auftraggeber tätig zu werden. Die Vertragsparteien können jedoch vereinbaren, dass der Makler zum Tätigwerden verpflichtet ist. Es liegt dann ein sog. Maklerdienstvertrag vor, auf den die §§ 611 ff. ergänzend anzuwenden sind.

b) Alleinauftrag

Der Makler legt oft Wert darauf, dass ihm allein „das Objekt fest 69 an die Hand gegeben wird". Durch Vereinbarung eines „Alleinauftrages" verpflichtet sich der Auftraggeber, zum Nachweis oder zur Vermittlung nicht die Hilfe eines anderen Maklers in Anspruch zu nehmen. Eine solche Absprache ist wirksam; sie begründet jedoch die Pflicht des Maklers, im Interesse des Auftraggebers tätig zu werden (BGH JZ 1966, 360). Der Alleinauftrag stellt also einen gegenseitigen Vertrag dar, auf den die Regeln der §§ 320 ff. anwendbar sind (str.; vgl. Staudinger/Reuter, Vorbem. zu §§ 652 ff., Rdnr. 8 ff.).

c) Maklerlohn ohne Maklerleistung

Vielfach wird vereinbart, dass der Anspruch auf Maklerlohn lediglich den Eintritt des beabsichtigten Erfolges ohne Rücksicht auf 70 die Maklerleistung voraussetzt. Eine solche Klausel in Formularverträgen oder AGB ist unwirksam § 307 II Nr. 1).

Nach § 652 II kann vereinbart werden, dass dem Makler die durch seine Tätigkeit entstandenen Aufwendungen zu ersetzen sind. Eine entsprechende Klausel in Allgemeinen Geschäftsbedingungen ist jedoch ebenfalls nach § 307 II Nr. 1 unwirksam, da ein solcher erfolgsunabhängiger Aufwendungsersatz dem gesetzlichen Leitbild des

Maklervertrages widerspricht (str.; vgl. MünchKomm/Roth, § 652 Rdnr. 186 ff.).

d) Doppelmakler

71 Häufig wird im Grundstücksgeschäft vereinbart, dass der Makler zugleich für den Verkäufer und den Kaufinteressenten handelt. Ein solcher Doppelmakler ist zu strenger Objektivität verpflichtet (vgl. § 654). Vertragliche Abmachungen, die gegen diesen Grundsatz verstoßen, sind unwirksam (vgl. BGHZ 61, 17; Einzelh.: Staudinger/ Reuter, § 654 Rdnr. 4 ff.).

3. Sonderfälle

a) Wohnungsvermittlung

72 Auf dem Gebiet der Wohnungsvermittlung haben sich infolge der Wohnungsknappheit Missstände gezeigt. Um diese zu beseitigen und die Wohnungssuchenden vor übermäßigen wirtschaftlichen Belastungen zu schützen, hat der Gesetzgeber das Gesetz zur Regelung der Wohnungsvermittlung erlassen (vgl. Palandt/Sprau, Einf v § 652 Rdnr. 14).

b) Darlehensvermittlung

73 Besonderheiten für die Darlehensvermittlung waren bis zum 31. 12. 2001 in den §§ 1 III, 15 ff. VerbrKrG geregelt. An ihre Stelle sind durch die Schuldrechtsmodernisierung zum 1. 1. 2002 die §§ 655 a bis 655 c getreten. Nach § 655 a S. 1 gelten für Verträge, in denen es ein Unternehmer (§ 14) unternimmt, einem Verbraucher (§ 13) gegen Entgelt einen Verbraucherdarlehensvertrag (§ 491) zu vermitteln oder ihm die Gelegenheit zum Abschluss eines solchen Vertrages nachzuweisen, folgende Besonderheiten, von denen nicht zum Nachteil des Verbrauchers abgewichen werden darf (§ 655 e I 1):

74 aa) Die *Form* und der notwendige *Inhalt* des Darlehensvermittlungsvertrages ergeben sich aus § 655 b I. Danach ist Schriftform erforderlich (§ 655 b I 1). Im Vertrag ist insbesondere die Vergütung

des Vermittlers in einem Prozentsatz des Darlehens anzugeben. Der Vertrag darf nicht mit dem Darlehensantrag verbunden werden.

Ein Verstoß gegen diese Anforderungen führt zur Nichtigkeit des Darlehensvermittlungsvertrages (§ 655 b II).

bb) Eine *Vergütungspflicht* des Verbrauchers ist erfolgsabhängig. 75 Sie besteht nur, wenn infolge der Vermittlung oder des Nachweises des Darlehensvermittlers das Darlehen an den Verbraucher geleistet wird und der Darlehensvertrag nicht mehr nach § 355 widerrufen werden kann (§ 655 c S. 1).

Als Widerrufsrechte i. S. v. § 355 kommen das Widerrufsrecht bei Haustürgeschäften nach § 312 und das Widerrufsrecht bei Verbraucherdarlehensverträgen nach § 495 I in Betracht.
Falls das Verbraucherdarlehen der vorzeitigen Ablösung eines anderen Darlehens dient (Umschuldungsdarlehen) und das dem Vermittler bekannt ist, entsteht der Vergütungsanspruch nur, wenn das Neudarlehen gegenüber dem Altdarlehen nicht durch eine Erhöhung des effektiven oder des anfänglichen effektiven Jahreszinses zu einer Verteuerung führt (§ 655 c S. 2).

cc) Die *Vereinbarung eines Nebenentgeltes* außer der Vergütung 76 nach § 655 c S. 1 ist *unzulässig* (§ 655 d S. 1). Ein Verstoß führt zur Nichtigkeit dieser Entgeltvereinbarung, nicht dagegen zur Unwirksamkeit des ganzen Vermittlungsvertrages.

Zu den unzulässigen Nebenentgelten zählen nicht die entstandenen, erforderlichen Auslagen des Darlehensvermittlers. Deren Erstattung darf vereinbart werden (§ 655 d S. 2).

c) Heiratsvermittlung

Einen weiteren Sonderfall des Maklervertrages, nämlich den der 77 Heiratsvermittlung, regelt das Gesetz in § 656. Hier ist der Maklerlohn als unvollkommene Verbindlichkeit (AS § 2 Rdnr. 24) ausgestaltet. Er kann also nicht mit Erfolg eingeklagt werden. Andererseits kann eine geleistete Zahlung nicht zurückverlangt werden.

Beim *finanzierten Ehemaklervertrag* gewährt ein Finanzierungsinstitut dem Auftraggeber ein Darlehen, das an den Ehemakler ausgezahlt wird. Liegt zwischen Ehemaklervertrag und Darlehen eine wirtschaftliche Einheit vor, ist ein Einwendungsdurchgriff möglich. Der Auftraggeber kann der Bank aber nicht entgegenhalten, es habe nur eine unvollkommene Verbindlichkeit zur Zahlung des Maklerlohnes bestanden.
In der Praxis ist die Heiratsvermittlung weitgehend durch die sog. *Partnerschaftsvermittlung* abgelöst worden. Hier wird die Vergütung für Bemühun-

gen um eine außereheliche Partnerschaft versprochen. Der BGH wendet § 656 entsprechend an (BGHZ 112, 122, 126).

§ 30. Verwahrung

Fälle:

1   a) A bittet seinen Freund F, einige signierte Kunstdrucke für ihn aufzuheben. F legt die Drucke zu seinen eigenen, die er in einer Mappe in einem Mansardenzimmer aufbewahrt. Da das Zimmer feucht ist, verderben sämtliche Drucke. A verlangt Schadensersatz. F will nicht zahlen; jedenfalls möchte er aber mit der Vergütung aufrechnen, die ihm A noch für die Aufbewahrung schulde.

b) A übergibt dem B verschlossene, unbeschriftete Kartons mit Spraydosen zur Aufbewahrung. B, der über den Inhalt der Kartons nicht informiert ist, lagert diese auf dem Dachboden. Als im Sommer die Temperatur auf dem Boden stark ansteigt, explodieren die Spraydosen. B verlangt Ersatz des am Haus entstandenen Schadens.

I. Begriff und Gegenstand

Die Verwahrung ist ein Vertrag, in dem sich der Verwahrer verpflichtet, eine ihm von dem Hinterleger übergebene bewegliche Sache aufzubewahren (§ 688). Gekennzeichnet ist der Verwahrungsvertrag durch das Interesse des Hinterlegers an der sicheren Aufbewahrung.

Gegenstand der Verwahrung können nur bewegliche Sachen sein. Unbewegliche Sachen (z. B. Hausgrundstücke) scheiden als Objekt der Verwahrung aus; zu ihrer Bewachung kann sich jemand z. B. durch Dienstvertrag oder Auftrag verpflichten.

II. Abgrenzung und Arten

1. Abgrenzung

2   Der Verwahrungsvertrag ist sowohl von einem bloßen Gefälligkeitsverhältnis als auch von anderen Rechtsverhältnissen abzugrenzen.

a) Gefälligkeit

Wollen sich die Beteiligten nur eine Gefälligkeit erweisen, aber keinerlei rechtliche Bindungen eingehen, so liegt kein Verwahrungsvertrag vor (vgl. AS § 2 Rdnr. 27 ff.).

Bei der Aufbewahrung wertvoller Gegenstände wird in aller Regel die rechtlich bindende Übernahme von Obhutspflichten und damit ein Verwahrungsvertrag gewollt sein (**Fall a**).

b) Mietvertrag und Leihvertrag

Der Unterschied zum Mietvertrag und zum Leihvertrag ergibt sich 3 aus der andersartigen Interessenlage. Während Mieter und Entleiher die Sache zum eigenen Gebrauch erhalten, geht es bei der Verwahrung in erster Linie um das Interesse des Hinterlegers an einer sicheren Aufbewahrung. Der Verwahrer hat daher regelmäßig kein Recht zum Gebrauch der Sache.

Abgrenzungsschwierigkeiten können auch bei der Unterscheidung zwischen Verwahrung und (Lager-)Raummiete entstehen. Verwahrung liegt vor, wenn besondere Obhutspflichten bezüglich der untergebrachten Gegenstände übernommen werden, während sich bei der Vermietung die Pflicht des einen Teils auf die Überlassung des erforderlichen Raums beschränkt (BGHZ 3, 200).

Beispiele: Die Überlassung eines Stahlfaches (Safes) bei einer Bank erfolgt durch Mietvertrag; die Bank überlässt nur einen besonders gesicherten Raum, sie übernimmt aber keine Obhutspflichten bezüglich der darin untergebrachten Gegenstände. Bei Parkplätzen und -häusern wird ebenfalls regelmäßig die entgeltliche Überlassung der Abstellfläche im Vordergrund stehen, so dass ein Mietverhältnis begründet wird. Nur wenn der Vertragsgegner ausdrücklich oder stillschweigend (wofür ein besonders hohes Entgelt sprechen kann) das Bewachungsrisiko übernommen hat, ist Verwahrung anzunehmen (Einzelheiten: Staudinger/Reuter, Vorbem zu §§ 688 ff., Rdnr. 33 ff.).

c) Darlehen

Zur Abgrenzung der Verwahrung vom Darlehen vergleiche § 17 4 Rdnr. 4.

d) Aufbewahrungspflicht als Nebenleistungs- oder Schutzpflicht

Ergibt sich eine Aufbewahrungspflicht lediglich als Nebenleistungs- 5 oder Schutzpflicht als Folge eines anderen Rechtsverhältnisses, so

liegt keine Verwahrung vor. Nur wenn die Verwahrung Hauptleistungspflicht des einen Vertragspartners ist, sind die §§ 688 ff. anwendbar, bei gemischten Verträgen (AS § 4 Rdnr. 13) möglicherweise
neben oder ergänzend zu den Bestimmungen anderer Vertragstypen.

Der Uhrmacher verwahrt die ihm zur Reparatur übergebene Uhr auf
Grund des mit dem Kunden geschlossenen Werkvertrages. Der Arzt oder
Rechtsanwalt stellt seinen Besuchern eine Garderobe nur im Rahmen der
sonstigen vertraglichen Beziehungen zur Verfügung. Anders ist es beispielsweise, wenn von dem Besucher eines Theaters oder Museums verlangt wird,
dass er bestimmte Gegenstände (Garderobe, Fotoapparat) an einem Ort
ablegt oder abstellt, der seiner Aufsicht entzogen ist. Hier treffen den anderen
besondere Obhutspflichten bezüglich der hinterlegten Sachen, so dass insoweit auch die Vorschriften über die Verwahrung anzuwenden sind.

2. Arten

a) Unentgeltliche Verwahrung

6   Die unentgeltliche Verwahrung ist, da hier keine Leistungspflichten
im Austauschverhältnis stehen, kein gegenseitiger Vertrag (AS § 3
Rdnr. 2). Unentgeltlich ist die Verwahrung auch dann, wenn der
vom Hinterleger gezahlte Betrag nur Aufwendungsersatz ist (z.B.
Futterkosten für das in Verwahrung gegebene Tier; vgl. § 693).

b) Entgeltliche Verwahrung

7   Die entgeltliche Verwahrung ist ein gegenseitiger Vertrag
(§§ 320 ff.). Das Entgelt ist die Gegenleistung für die Aufbewahrung
der Sachen.

Die wirtschaftlich bedeutendsten Fälle der entgeltlichen Verwahrung sind
außerhalb des BGB besonders geregelt (vgl. §§ 467 ff. HGB für das Lagergeschäft; das Depotgesetz für die Verwahrung von Wertpapieren).

c) Unregelmäßige Verwahrung

8   Eine Sonderform ist die unregelmäßige Verwahrung (Hinterlegungsdarlehen oder depositum irregulare; § 700). Hier wird der Verwahrer entweder mit der Übergabe (§ 700 I 1; z.B. Girokonto) oder
mit der Aneignung (§ 700 I 2) Eigentümer der hinterlegten Gegenstände. Er ist verpflichtet, Sachen gleicher Art, Güte und Menge
zurückzugeben. Das ist typisch für das Darlehen. Im Unterschied

zum Darlehen dient die unregelmäßige Verwahrung aber vornehmlich dem Interesse des Hinterlegers an der sicheren Aufbewahrung; das ist charakteristisch für die Verwahrung. Auf diesen Typenverschmelzungsvertrag finden bei Geld die Vorschriften über den Darlehensvertrag (§§ 488 ff.), bei anderen Sachen die Vorschriften über den Sachdarlehensvertrag (§§ 607 ff.) Anwendung. Zeit und Ort der Rückgabe ergeben sich dagegen im Zweifel aus den Vorschriften über den Verwahrungsvertrag (§ 700 I 3 i. V. m. §§ 695, 697).

III. Vertragsschluss

Der Verwahrungsvertrag kommt allein durch die Einigung der Parteien zustande. Die Übergabe der aufzubewahrenden Gegenstände setzt das Schuldverhältnis lediglich in Vollzug, ist aber nicht Bestandteil seiner Begründung (str). 9

Regelmäßig hängt es von der Vereinbarung der Parteien ab, ob die Verwahrung entgeltlich oder unentgeltlich ist. Trotz Fehlens einer entsprechenden Abrede gilt aber eine Vergütung als stillschweigend vereinbart, wenn die Aufbewahrung den Umständen nach nur gegen eine Vergütung zu erwarten ist (§ 689). Das wird namentlich bei Gegenständen von größerem Wert und solchen Sachen der Fall sein, die einer besonders intensiven Aufsicht des Verwahrers bedürfen.

Im **Fall a** schuldet F auch nach § 689 kein Entgelt. Unter Freunden und bei verhältnismäßig geringem Aufwand, der für eine sichere Aufbewahrung nötig ist, kann man nicht davon ausgehen, dass diese nur gegen eine Vergütung zu erwarten ist.

Über die Höhe der nach § 689 geschuldeten Vergütung sagt das Gesetz nichts. Hier sind die §§ 612 II, 632 II, 653 II entsprechend anzuwenden. Gibt es weder eine taxmäßige noch eine übliche Vergütung, so kann der Verwahrer die Höhe der Vergütung bestimmen (§ 316). 10

IV. Pflichten des Verwahrers und Folgen ihrer Verletzung

1. Pflicht zur Verwahrung

11   Hauptpflicht des Verwahrers ist es, die ihm vom Hinterleger
übergebenen Sachen so *aufzubewahren,* dass sie nicht wegkommen
und keinen Schaden nehmen (§ 688). Der Verwahrer muss die hinterlegten Sachen notfalls (z. B. verderbliche Waren) auch überwachen. Zur Instandsetzung ist er in aller Regel nicht verpflichtet.

Zu der vom Verwahrer zu gewährenden Obhut können auch gewisse Nebenleistungen gehören, wie etwa die sachgerechte Pflege und Fütterung bei
Tieren.

12   Im Zweifel hat der Verwahrer die Sachen *selbst aufzubewahren;*
er darf sie nicht bei einem Dritten hinterlegen (§ 691 S. 1). Grund
für diese Regelung ist das besondere Vertrauen, das der Hinterleger
dem Verwahrer entgegenbringt. Der Verwahrer darf sich jedoch in
der Regel eines Gehilfen bedienen (arg. e § 691 S. 3).

13   Grundsätzlich hat sich der Verwahrer *an die vereinbarte Art der
Aufbewahrung zu halten.* Eine strikte Bindung an diese Vereinbarung könnte aber (z. B. bei veränderten Umständen oder unrichtiger
Beurteilung der Lage) die Interessen des Hinterlegers verletzen. Daher gibt § 692 dem Verwahrer das Recht zur Änderung der vereinbarten Aufbewahrungsart.

2. Nebenleistungspflichten und Schutzpflichten

14   Hält der Verwahrer eine Änderung der vereinbarten Aufbewahrungsart für erforderlich, so muss er den Hinterleger vor der Änderung davon benachrichtigen und seine Entscheidung abwarten, es sei
denn, dass die dadurch bedingte Verzögerung mit Gefahr verbunden
ist (§ 692). Der Verwahrer von Geld hat dieses zu verzinsen, soweit
er es für sich verwendet (§ 698). Ihm obliegen die auch bei anderen
Verträgen geltenden Schutzpflichten (§ 241 II).

3. Rückgabepflicht

15   Der Verwahrer ist zur Rückgabe der hinterlegten Sachen verpflichtet; er braucht sie aber dem Hinterleger nicht zu bringen (vgl.

§§ 695, 697). Er muss sie auf Verlangen des Hinterlegers jederzeit zurückgeben, auch wenn eine bestimmte Aufbewahrungszeit vereinbart war (§ 695). Dabei ist es gleichgültig, ob es sich um eine entgeltliche oder unentgeltliche Verwahrung handelt. Denn auf die Wahrnehmung seiner Interessen durch einen anderen soll der Hinterleger jederzeit verzichten können.

4. Folgen der Nicht- oder Schlechterfüllung

a) Allgemeine Vorschriften über Leistungsstörungen

Erfüllt der Verwahrer seine Pflicht nicht oder nicht vollständig, so haftet er nach den allgemeinen Vorschriften der §§ 280 ff. Für das Verschulden seines Gehilfen hat der Verwahrer nach § 278 einzustehen (§ 691 S. 3). **16**

b) Besonderheiten des Verwahrungsrechts

Die Regeln über die Verwahrung enthalten zwei wichtige Besonderheiten: **17**

aa) Bei der *unentgeltlichen* Verwahrung haftet der Verwahrer nur, wenn er die *Sorgfalt* außer Acht lässt, die er *in eigenen Angelegenheiten* anzuwenden pflegt (§§ 690, 277; AS § 20 Rdnr. 19).

Im **Fall a** haftet F, der seine eigenen Drucke am selben Ort aufbewahrte, daher nicht für den entstandenen Schaden. Grobe Fahrlässigkeit, für die er auch im Rahmen des § 690 haften würde (§ 277), dürfte dem F nicht zur Last fallen.

bb) *Hinterlegt* der Verwahrer die ihm zur Aufbewahrung überlassenen Sachen *zulässigerweise bei einem Dritten,* so hat er nur das Verschulden zu vertreten, das ihn bei dieser Hinterlegung trifft (§ 691 S. 2; Auswahlverschulden). **18**

Ist dagegen dem Verwahrer die Hinterlegung bei einem Dritten nicht gestattet, so haftet er für jeden durch die unbefugte Hinterlegung adäquat verursachten Schaden. Seine schuldhafte Pflichtverletzung liegt hier in der unerlaubten Hinterlegung.

V. Pflichten des Hinterlegers und Folgen ihrer Verletzung

1. Pflichten des Hinterlegers

19   Den Hinterleger treffen neben allgemeinen Schutzpflichten (§ 241 II,
242) im Wesentlichen folgende Pflichten:

a) Vergütung

Er muss eine Vergütung für die Verwahrung zahlen, soweit sie
vereinbart ist oder nach § 689 als vereinbart gilt. Die Fälligkeit regelt § 699.

Bei vorzeitiger Beendigung hat der Hinterleger, soweit nichts anderes vereinbart ist, nur den der tatsächlichen Verwahrungszeit entsprechenden Teil
der Vergütung zu zahlen (§ 699 II).

b) Aufwendungsersatz

20   Der Hinterleger muss dem Verwahrer alle Aufwendungen ersetzen
(AS § 10), die dieser zum Zwecke der Aufbewahrung gemacht hat
und nach den Umständen für erforderlich halten durfte (§ 693). Bei
der entgeltlichen Verwahrung ist jeweils zu prüfen, ob der Aufwendungsersatz bereits in der vereinbarten Vergütung enthalten sein
soll.

c) Unterrichtung

21   Droht dem Verwahrer durch die Beschaffenheit der Sache ein
Schaden, so muss der Hinterleger ihn davon unterrichten (arg. e
§ 694).

d) Rücknahme

22   Auf Verlangen des Verwahrers hat der Hinterleger die hinterlegten
Sachen jederzeit zurückzunehmen, soweit keine bestimmte Verwah-
rungsdauer vereinbart wurde. Andernfalls ist er dazu nur verpflichtet, wenn ein wichtiger Grund vorliegt (§ 696). Auch hier muss der
Hinterleger die Sache beim Verwahrer abholen (§ 697).

2. Folgen der Nicht- oder Schlechterfüllung

Für die Verletzung seiner Pflichten haftet der Hinterleger nach den 23
allgemeinen Vorschriften (§§ 280 ff.).
Der Hinterleger hat alle Schäden zu ersetzen, die dem Verwahrer
aufgrund der Beschaffenheit der Sache entstehen; diese Ersatzpflicht
besteht nicht, wenn der Verwahrer die besondere Beschaffenheit
kannte oder der Hinterleger sie selbst weder kannte noch kennen
musste (§ 694).

Im **Fall b** ist A zum Schadensersatz verpflichtet, da er zumindest wissen
musste, dass Spraydosen bei starker Erwärmung explodieren können.

§ 31. Gastwirtshaftung

Schrifttum: Hohloch, Grundfälle der Gastwirtshaftung, JuS 1984, 357; 1
Lindemeyer, Die Haftung des Hotelwirts für die eingebrachten Sachen des
Gastes, insbesondere bei Diebstählen, BB 1983, 1504; O. Werner, Die Haf-
tung des Herbergswirtes, JurA 1971, 539.

Der Beherbergungsvertrag enthält als gemischter Vertrag (AS § 4
Rdnr. 13) auch Elemente der Verwahrung oder begründet jedenfalls
besondere Schutzpflichten (hinsichtlich der beim Empfang abgegebenen Wertsachen und der vom Gast in sein Zimmer eingebrachten
Sachen). Verletzt der Gastwirt oder sein Personal schuldhaft die
Obhutspflicht, ist der Wirt dem Gast nach allgemeinen Vorschriften
aus §§ 280 ff. schadensersatzpflichtig.

Unabhängig davon bestimmen §§ 701 ff. eine *gesetzliche Haft-* 2
pflicht des Gastwirts für eingebrachte Sachen. Diese Haftpflicht setzt
kein Verschulden des Gastwirts oder seines Personals voraus. Erforderlich ist auch nicht der Abschluss eines (gültigen) Beherbergungs-
vertrages; es genügt vielmehr die *tatsächliche Aufnahme des Gastes*
in dem Betrieb des Gastwirts. Der Grund für die verschärfte Haftung
des Gastwirts liegt in dem Risiko für den Gast, der seine Sachen
nicht dauernd bewachen kann, während der Gastwirt und sein Personal auch bei Abwesenheit des Gastes Zugang zu dessen Zimmer
haben.

Dem Gastwirt steht für seine Forderungen ein (gesetzliches) Pfandrecht an den eingebrachten Sachen des Gastes zu (§ 704; vgl. § 11 Rdnr. 44 zu der entsprechenden Regelung des Vermieterpfandrechts).

I. Voraussetzungen für die gesetzliche Haftung

3   Die gesetzliche Haftung trifft nur den *Gastwirt, der gewerbsmäßig Fremde zur Beherbergung aufnimmt* (§ 701 I; also den Hotelier, Pensionsinhaber, nicht den Inhaber einer Schank- oder Speisewirtschaft).

Der Gast muss *im Betrieb des Gastwirts zur Beherbergung aufgenommen* worden sein (§ 701 I). Das setzt einen dahingehenden Willen des Gastwirts voraus; eine Willenserklärung ist jedoch nicht erforderlich (Staudinger/Werner, § 701 Rdnr. 22: geschäftsähnliche Handlung; MünchKomm/Hüffer, § 701 Rdnr. 17: Realakt).

Die verlorengegangene, zerstörte oder beschädigte *Sache* muss vom Gast *eingebracht* worden sein (vgl. dazu § 701 II, IV).

Es genügt, wenn der Gast am Bahnhof dem Hoteldiener den Koffer oder den Gepäckschein übergibt. Nicht erforderlich ist es, dass die Sache dem Gast gehört. Ist also dem Gast ein geliehenes Buch aus dem Hotelzimmer gestohlen worden, kann er den Schaden des Eigentümers liquidieren (gesetzlich geregelter Fall der Drittschadensliquidation).

II. Umfang der gesetzlichen Haftung

4   Die Haftung ist ausgeschlossen, wenn der Schaden durch den Gast, dessen Begleiter oder eine Person, die der Gast bei sich aufgenommen hat, verursacht (nicht notwendig verschuldet) worden ist. Das gilt auch, wenn der Schaden durch die Beschaffenheit der Sache oder durch höhere Gewalt entstanden ist (§ 701 III).

Die Haftung ist summenmäßig beschränkt (Einzelheiten: § 702).

Der Ersatzanspruch erlischt, wenn der Gast dem Wirt den Schaden nicht unverzüglich anzeigt (Einzelheiten: § 703).

Fünftes Kapitel

Bürgschaft und sonstige vertragliche Schuldverhältnisse

§ 32. Bürgschaft

Schrifttum: Aden, Bürgschaft vermögensloser Nahbereichspersonen versus [1] insolvenzbedingte Restschuldbefreiung, NJW 1999, 3763; Bayer, Der Ausgleich zwischen Höchstbetragsbürgen, ZIP 1990, 1523; Becker/Dietrich, Verbraucherkreditrichtlinie und Bürgschaften, NJW 2000, 2798; Brink, Bürgschaften vermögens- und einkommensloser Bürgen, DB 1998, 661; Bülow, Recht der Kreditsicherheiten, 5. Aufl., 1999; ders., Blankobürgschaft und Rechtsscheinzurechnung, ZIP 1996, 1694; ders., Verbraucherkreditrichtlinie, Verbraucherbegriff und Bürgschaft, ZIP 1999, 1613; Coester-Waltjen, Die Bürgschaft, Jura 2001, 742; Dieckmann, Zur Rechtsstellung des Bürgen, der sich für eine wegen arglistiger Täuschung anfechtbare Kaufpreisschuld verbürgt hat, Festschrift f. Schippel, 1996, 129; Dieterich, Bundesverfassungsgericht und Bürgschaftsrecht, WM 2000, 11; Eckardt, Die Blankettbürgschaft, Jura 1997, 189; Eckert, Übermäßige Verschuldung bei Bürgschafts- und Kreditaufnahme, WM 1990, 85; Edelmann, Bürgschaften und Verbraucherkreditgesetz, BB 1998, 1017; Ehlscheid, Die Ausgleichsansprüche unter Sicherungsgebern, BB 1992, 1290; G. Fischer, Aktuelle Rechtsprechung des Bundesgerichtshofs zur Bürgschaft und zum Schuldbeitritt, WM 1998, 1705 u. 1749; ders., Die Bürgschaft zwischen Dogmatik, Verbraucherschutz und Praxis, WM 2000, 14; ders., Bürgschaft und Verbraucherkreditgesetz, ZIP 2000, 828; Frey, Die Haftung des mittellosen Bürgen zwischen Verfassungs- und Vertragsrecht, WM 1996, 1612; Ganter, Aktuelle Probleme der Kreditsicherheiten in der Rechtsprechung des Bundesgerichtshofes, WM 1996, 1705; Gernhuber, Ruinöse Bürgschaften als Folge familiärer Verbundenheit, JZ 1995, 1086; Giesen, Grundsätze der Konfliktlösung im Besonderen Schuldrecht: Die Bürgschaft, Jura 1997, 64 u. 122; Glöckner, Ausgleich zwischen mehreren Bürgen bei unterschiedlichen Höchstbetragsbeschränkungen, ZIP 1999, 821; Groeschke, Überschießende Nichtigkeitssanktion in der Rechtsprechung des BGH zur Bürgenhaftung, BB 2001, 1540; Habersack, Der Regreß bei akzessorischer Haftung – Gemeinsamkeiten zwischen Bürgschafts- und Gesellschaftsrecht –, AcP 1998, 152; Hahn, Die Bürgschaft auf erstes Anfordern, MDR 1999, 839; Hasselbach, Anwendbarkeit des Verbraucherkredit- und Haustürgeschäftewiderrufsgesetzes auf Bürgschaften – EuGH NJW 1998, 1245 und BGH, DB 1998, 2379, JuS 1999, 329; Heinsius, Bürgschaft auf erstes Anfordern, Festschrift f. Merz, 1992, 177; Henssler, Risiko als Vertragsgegenstand, 1994, 323; Hoes/Lwowski, Die Wirksamkeit von Ehegattenbürgschaften aufgrund drohender Vermögensverschiebung?, WM 1999, 2097; Horn, Bürgschaften und Garantien, 6. Aufl., 1995; ders., Zur

Zulässigkeit der Globalbürgschaft, ZIP 1997, 525; ders., Übermäßige Bürgschaften mittelloser Bürgen: wirksam, unwirksam oder mit eingeschränktem Umfang?, WM 1997, 1081; Kabisch, Zur Unanwendbarkeit des Verbraucherkreditgesetzes auf Bürgschaften, WM 1998, 535; E. König, Die Bestimmung der Leistungsunfähigkeit eines Bürgen, NJW 1997, 3290; Kreft, Die Rechtsprechung des Bundesgerichtshofes zur Bürgschaft, WM 1997, Sonderbeil. 5; Kulke, Der finanziell krass überforderte Bürge, ZIP 2000, 952; Kupisch, Bona fides und Bürgschaft auf erstes Anfordern – Zu einer Entscheidung aus der jüngsten Rechtsprechung des BGH zum Rechtsmissbrauch –, WM 2002, 1626; Lambsdorff/Skora, Handbuch des Bürgschaftsrechts, 1994; Lette, Akzessorietät contra Sicherungszweck – Rechtsfragen bei der Gestaltung von Bürgschaftserklärungen, WM 2000, 1316; Lorenz, Innenverhältnis und Leistungsbeziehungen bei der Bürgschaft, JuS 1999, 1145; Martis, Sittenwidrigkeit von Bürgschaften einkommens- und vermögensloser Kinder, MDR 1998, 882; Medicus, Entwicklungen im Bürgschaftsrecht – Gefahr für die Bürgschaft als Mittel der Kreditsicherung?, JuS 1999, 833; Mertens/Schröder, Der Ausgleich zwischen Bürgen und dinglichem Sicherungsgeber, Jura 1992, 305; Michalski, Bürgschaft auf erstes Anfordern, ZBB 1994, 289; Pape, Die neue Bürgschaftsrechtsprechung – Abschied vom „Schuldturm", ZIP 1994, 515; ders., BGH-aktuell: Bürgschaftsrecht, NJW 1995, 1006; ders., Die Entwicklung des Bürgschaftsrechts, NJW 1996, 887, 1997, 980; Paulus, Grundfragen des Kreditsicherungsrechts, JuS 1995, 185; Pfeiffer, Die Bürgschaft unter dem Einfluß des deutschen und europäischen Verbraucherrechts, ZIP 1998, 1129; Reich, Kreditbürgschaft und Transparenz, NJW 1995, 1857; Reinicke/ Tiedtke, Bürgschaftsrecht, 2. Aufl., 2000; dies., Kreditsicherung, 4. Aufl., 2000; dies., Bürgschaft und Wegfall der Geschäftsgrundlage, NJW 1995, 1449; dies., Bestimmtheitserfordernis und weite Sicherungsabrede im Bürgschaftsrecht, DB 1995, 2301; dies., Schutz des Bürgen durch das Haustürwiderrufsgesetz – Eine Besprechung des Urteils des EuGH vom 17. März 1998, ZIP 1998, 554 –, ZIP 1998, 893; Rieder, Die Bankbürgschaft, 5. Aufl., 1998; Riehm, Aktuelle Fälle zum Bürgschaftsrecht, JuS 2000, 138, 241 u. 343; Schmeel, Bürgschaften und Bauvertrag, MDR 2000, 7; ders., Aktuelle Entwicklungen bei Bürgschaften und Zahlungssicherungen, MDR 2001, 783; Schmidt, Die Effektivklausel in der Bürgschaft auf erstes Anfordern, WM 1999, 308; K.-B. Schmitz, Der Ausgleich zwischen Bürgschaft und Schuldbeitritt, Festschrift f. Merz, 1992, 553; Schröter, Auswirkungen der geänderten Bürgschaftsrechtsprechung auf die Kreditpraxis, WM 2000, 16; Schwarz, Die Rechte des Kaufpreisbürgen bei mangelhafter Kaufsache, WM 1998, 116; Seidel/Brink, Bürgschaften vermögens- und einkommensloser Bürgen, DB 1998, 661; Siems, Globale Haftungsklauseln im Bürgschaftsrecht – BGHZ 143, 95, JuS 2001, 429; Stölter, Kein Bürgenschutz durch das Verbraucherkreditgesetz, NJW 1998, 2192; Tiedemann, Zur Nichtigkeit einer Beschränkung der Bürgschaft auf künftige Erbschaft nach § 312 I 1 BGB, NJW 2000, 192; Tiedtke, Die Begrenzung der Haftung eines Höchstbetragsbürgen, ZIP 1998, 449; ders., Sittenwidrigkeit der Bürgschaft eines nahen Angehörigen des Hauptschuldners bei krasser finanzieller Überforderung des Bürgen, NJW 1999, 1209; Tonner, Die Haftung vermögens- und einkommensloser Bürgen in der neueren Rechtsprechung, ZiP 1999, 901; Trapp, Zur Wirksamkeit der weiten Sicherungszweckvereinbarung bei Bürgschaften, ZIP 1997, 1279; Treber, Europäischer Verbraucherschutz im Bürgschaftsrecht – Das Urteil des EuGH vom 17. 3. 1998 und seine innerstaatliche Umsetzung, WM 1998, 1908; Chr. Weber, Wirksamkeit formularmäßiger Globalbürgschaften – BGHZ 130, 19, JuS 1997, 501; H. Weber, Kreditsicherheiten, 7. Aufl., 2002; Westermann, Die Bürgschaft, Jura 1991, 449, 567; Graf von Westphalen, Bürgschaft und Verbraucherkreditgesetz, DB 1998, 295; Weth, Bürgschaft und Garantie auf erstes Anfordern, AcP 189, 304; Witt, Übersendung einer Bürgschaftsurkunde und Begründung der Hauptschuld – BGH, WM 2001, 400, JUS 2001, 852; Zahn, Anwendung des Verbraucherkreditgesetzes auf die Bürgschaft?, DB 1998, 353; Zöllner, Die Bürgschaft des Nichtunternehmers, WM 2000, 1.

Fälle:

a) B hat sich für eine Kaufpreisschuld des S gegenüber G verbürgt. Als er von G auf Zahlung in Anspruch genommen wird, macht B geltend, S habe den Kaufvertrag angefochten, zumindest habe S noch das Recht zur Anfechtung.

b) Bürge B, der den G befriedigt hat, verlangt von S Ersatz. Dieser bringt vor, die Forderung des G gegen ihn sei schon verjährt gewesen und im übrigen sei B die Bürgschaftsverpflichtung eingegangen, um ihm (S) damit eine Schenkung zu machen.

c) B 1 und B 2 haben sich für eine auf Zahlung von 1000 Euro lautende Schuld des S gegenüber G verbürgt. B 1 wird von G auf Zahlung von 1000 Euro in Anspruch genommen. Er meint, nur 500 Euro zu schulden.

d) Wie, wenn B sich für die Schuld des S verbürgt und wenn E seinen Ring zum Pfand gegeben hat?

e) Im Fall a macht B geltend, er habe für die Schuld seines Vaters (S) nur aus familiären Gründen gebürgt, ohne einen entsprechenden Geldbetrag zur Verfügung zu haben oder in Zukunft zu erwarten.

I. Begriff und Abgrenzung

1. Begriff

Die Bürgschaft ist ein Schuldvertrag, in dem sich der Bürge (B) gegenüber dem Gläubiger (G) eines Dritten (D) verpflichtet, für die Erfüllung einer Verbindlichkeit des Dritten einzustehen (§ 765 I). Vertragspartner sind also der Bürge und der Gläubiger, nicht aber der Dritte. Da aus dem Vertrag nur der Bürge verpflichtet wird, handelt es sich um einen einseitig verpflichtenden Vertrag (AS § 3 Rdnr. 4).

Die Bürgschaft ist ein Kreditsicherungsvertrag. Durch ihn soll der Vertragspartner des Bürgen bewogen werden, einem anderen einen Kredit zu gewähren oder zu belassen. Hat sich der Bürge z. B. für eine Darlehensforderung verbürgt, dann stehen dem Gläubiger folgende Rechte zu: Er kann einmal von seinem Schuldner (= Hauptschuldner) Erfüllung der Forderung (= Hauptforderung; hier: Rückzahlung des Darlehens) verlangen; zum anderen kann der Gläubiger, wenn der Schuldner nicht erfüllt, von dem Bürgen (= Nebenschuldner) Befriedigung aufgrund des Bürgschaftsvertrages begehren.

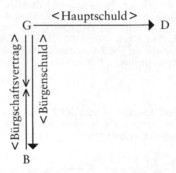

2 Der Bürge verpflichtet şich also, als Nebenschuldner für eine *fremde* Schuld (des Hauptschuldners) einzustehen. Deshalb setzt die Bürgschaft notwendigerweise eine Verbindlichkeit des Schuldners voraus. Der Gläubiger der Hauptforderung und der Bürgschaftsgläubiger müssen ein und dieselbe Person sein. Deshalb ist eine Abtretung der Rechte aus der Bürgschaft ohne die Hauptforderung unwirksam. Die Abtretung der Hauptforderung ohne die Rechte aus der Bürgschaft führt zum Erlöschen der Bürgschaft (BGHZ 115, 177).

Die Abhängigkeit von dem Bestehen einer Forderung hat die Bürgschaft mit dem *Pfandrecht* (§§ 1204 ff.) gemeinsam. Der Unterschied besteht darin, dass der Bürge für die Verbindlichkeit des Schuldners mit seinem ganzen Vermögen, der Besteller eines Pfandrechts dagegen nur mit dem verpfändeten Gegenstand haftet.

2. Abgrenzung von anderen Vertragstypen

a) Schuldbeitritt

3 Von der Bürgschaft ist vor allem der Schuldbeitritt zu unterscheiden. Während der Bürge nur für eine fremde Schuld einstehen will, übernimmt der Beitretende beim Schuldbeitritt die Schuld als eigene, und seine Haftung ist außer in den Fällen der §§ 422 bis 424 nicht vom Fortbestand der Haftung des Schuldners abhängig (§ 425).

Was gewollt ist, muss durch Auslegung ermittelt werden. Ein Schuldbeitritt wird in aller Regel nur gewollt sein, wenn der Beitretende damit ein eigenes

wirtschaftliches oder rechtliches Interesse verfolgt. Eine bloße Gefälligkeit
oder ein rein persönliches Interesse spricht im Zweifel für eine Bürgschaft.

b) Garantie

Ein Garantievertrag ist nur dann vereinbart, wenn der Dritte un- 4
abhängig von dem Bestehen einer Verbindlichkeit des Schuldners auf
jeden Fall für einen bestimmten Erfolg einstehen oder für einen künftigen Schaden haften will.

c) Kreditauftrag

Der Kreditauftrag ist ein Vertrag, durch den sich der eine Ver- 5
tragspartner dem anderen gegenüber verpflichtet, im eigenen Namen
und auf eigene Rechnung einem Dritten ein Darlehen oder eine
Finanzierungshilfe zu geben (§ 778). Der Auftrag kann bis zu seiner
Ausführung vom Auftraggeber widerrufen werden (§ 671 I). Gewährt
der Beauftragte den Kredit, hat er nach § 670 einen Erstattungsan-
spruch gegen den Auftraggeber. Außerdem haftet dieser dem Beauftragten für die aus dem Darlehen oder der Finanzierungshilfe entste-
hende Verbindlichkeit des Dritten als Bürge (§ 778), so dass auch die
Bürgschaftsregeln anwendbar sind.

Da der Kreditauftrag formlos gültig ist, muss er von einer formbedürftigen
Bürgschaft für eine künftige Schuld abgegrenzt werden: Beim Kreditauftrag
liegt ein eigenes Interesse des Auftraggebers an der Kreditgewährung vor; bei
der Bürgschaft geht es primär um das Sicherungsinteresse des Gläubigers.

d) Patronatserklärung

Mit der Patronatserklärung will ein Unternehmen einen Kredit an 6
ein meist von ihm abhängiges Tochterunternehmen absichern. Es
handelt sich dabei um einen Vertrag zwischen der Muttergesellschaft
(Patron) und dem Kreditgeber. Darin erklärt die Muttergesellschaft
dem Kreditgeber, ihre Tochtergesellschaft (den Kreditnehmer) bei
der Erfüllung ihrer Verbindlichkeiten aus dem Kreditvertrag zu un-
terstützen.

Ob solche Patronatserklärungen für den Patron überhaupt recht- 7
liche Verpflichtungen begründen, ist durch Auslegung zu ermitteln.
Eine sog. *weiche Patronatserklärung* („Unsere Tochtergesellschaft
genießt unser Vertrauen."; „Es ist unser Prinzip, die Bonität unserer

Tochtergesellschaft aufrecht zu erhalten.") hat mangels Rechtsbindungswillens keinen rechtsgeschäftlichen Charakter und begründet keine Ansprüche des Kreditgebers. Dagegen wird eine sog. *harte Patronatserklärung* („Wir werden dafür Sorge tragen, unsere Tochtergesellschaft bis zur vollständigen Rückzahlung des Kredits finanziell so auszustatten, dass sie jederzeit in der Lage ist, ihre Verbindlichkeiten aus diesem Kredit zu erfüllen.") als Vertrag eigener Art eingeordnet (dazu BGHZ 117, 127). Sie ist zwar ein der Bürgschaft ähnliches Sicherungsmittel, unterscheidet sich von ihr aber dadurch, dass der Patron (die Muttergesellschaft) sich nicht zur unmittelbaren Leistung an den Gläubiger (Kreditgeber), sondern diesem gegenüber zur Leistung an den Schuldner (die Tochtergesellschaft als Kreditnehmerin) verpflichtet. Wenn der Patron diese Pflicht nicht erfüllt, ist er dem Gläubiger schadensersatzpflichtig.

Der Sinn der Patronatserklärung wird darin gesehen, dass es dem Patron überlassen bleibt, mit welchen Mitteln er für die finanzielle Ausstattung seiner Tochterfirma sorgt und dass er seine Zahlungsverpflichtung (im Gegensatz zu einer übernommenen Bürgschaft, § 251 HGB) nicht unter der Jahresbilanz vermerken muss.

II. Voraussetzungen des Bürgschaftsanspruchs

8   Die Inanspruchnahme des Bürgen durch den Gläubiger setzt einen gültigen Bürgschaftsvertrag und das Bestehen einer fälligen Hauptforderung voraus.

1. Bürgschaftsvertrag

a) Allgemeine Wirksamkeitsvoraussetzungen

Für den Abschluss des Bürgschaftsvertrages gelten die allgemeinen Vorschriften.

Der Bürgschaftsvertrag kann also etwa wegen Unbestimmtheit, mangelnder Geschäftsfähigkeit des Bürgen (§§ 104 ff.), erfolgter Anfechtung (§§ 119 ff.), mangelnder Form (§§ 125 f.) nichtig sein. Ist nur einer von mehreren Gläubigern hinreichend bestimmt, kann die zu seinen Gunsten übernommene Bürgschaft wirksam, im Übrigen unwirksam sein (BGH NJW 2001, 3327). Einzelne Klauseln (z. B. globale Haftungsklausel „für alle Forderungen" ohne konkrete Bezeichnung der verbürgten Forderungen; vollständiger Ausschluss aller Rechte des Bürgen aus § 776) können gegen die §§ 305 ff. verstoßen (zum früheren AGBG BGH BB 2000, 115 f.; DB 2000, 1570 f.; BAG NJW 2000, 3299, 3301 f.; BGH ZIP 2001, 2168 f.; BGH NJW-RR 2002, 343 f.).

b) Sittenwidrigkeit

Bei Bürgschaften, die die Leistungsfähigkeit des Bürgen deutlich 9
übersteigen, stellt sich im Zusammenhang mit den Wirksamkeitsvoraussetzungen die Frage nach der Sittenwidrigkeit (§ 138). Hierbei geht es vor allem um Bürgschaften durch einkommensschwache und vermögenslose Ehegatten, Lebenspartner, Kinder und andere Verwandte des Schuldners. Ihre Inanspruchnahme als Bürgen kann (vorbehaltlich einer Restschuldbefreiung nach §§ 286 ff. InsO) dazu führen, dass sie auf Dauer ihr gesamtes Einkommen bis zur Pfändungsgrenze (§§ 850 ff. ZPO) an den Gläubiger abführen müssen und selbst dann kaum in der Lage sind, die gesicherte Forderung zu tilgen.

Solche Verträge sind nach der Rechtsprechung des BVerfG (BVerfGE 89, 214; NJW 1994, 2749) am Maßstab der §§ 138 I, 242 zu messen. Unter welchen Voraussetzungen sie sittenwidrig sind oder eine Berufung auf die Bürgschaft gegen Treu und Glauben verstoßen kann, ist im Einzelnen umstritten (siehe nur den Vorlagebeschluss des XI. Zivilsenats in NJW 1999, 2584 und den Beschluss des IX. Zivilsenats in NJW 2000, 1185).

aa) Im Wesentlichen wird Sittenwidrigkeit unter folgenden *Voraus-* 10
setzungen angenommen:

(1) Erstens muss ein *krasses Missverhältnis zwischen der eingegangenen Verpflichtung des Bürgen und dessen Leistungsfähigkeit* bestehen. Das ist jedenfalls dann zu bejahen, wenn der Bürge voraussichtlich nicht einmal die laufenden Zinsen der Hauptschuld aus dem pfändbaren Teil seines Einkommens und Vermögens dauerhaft aufbringen kann (BGH NJW 2002, 2635 m.w.N.). Eine krasse Überforderung soll dagegen nicht vorliegen, wenn der Bürge die Bürgschaftsschuld durch Verwertung des von ihm selbst bewohnten Eigenheims zu tilgen vermag (BGH ZIP 2001, 1190). Ebenso fehlt es an der Sittenwidrigkeit, wenn der Bürge zwar bei Abschluss des Bürgschaftsvertrages kein zu versteuerndes Einkommen hat, eine Prognose aber ergibt, dass er zur Zeit der Inanspruchnahme aus der Bürgschaft zumindest einen erheblichen Teil aus eigenen Mitteln erfüllen kann (BGH ZIP 2002, 167).

11   Daneben setzt die Sittenwidrigkeit in der Regel keine weiteren Umstände voraus. Wenn ein Ehegatte oder Lebenspartner (BGH JZ 2000, 674, 676, BGHZ 136, 347, 350) eine derartige Bürgschaftsverpflichtung übernimmt, spricht nämlich eine (widerlegbare) Vermutung dafür, dass er sich darauf nur auf Grund einer emotionalen Bindung an den Schuldner und infolge geschäftlicher Unerfahrenheit eingelassen und dass die Bank dies in verwerflicher Weise ausgenutzt hat (BGH NJW 1997, 3372, 3373; 2001, 815; 2002, 2228, 2229). Eine derartige Vermutung besteht dagegen nicht, wenn sich ein Mehrheitsgesellschafter oder Geschäftsführer für Gesellschaftsschulden verbürgt (BGH ZIP 2001, 1954).

Bei Bürgschaften von mittellosen Kindern für ihre Eltern wird vermutet, dass sie dazu von ihren Eltern unter Verstoß gegen die familiäre Rücksichtnahmepflicht (§ 1618 a) veranlasst wurden und die Bank dieses missbilligenswerte Verhalten der Eltern kannte (BGH NJW 1997, 52). Etwas anderes kann gelten, wenn das bürgende Kind in den elterlichen Betrieb eingebunden und ihm eine Option eingeräumt ist, nach Abschluss des Studiums in das Familienunternehmen einzutreten (BGH NJW-RR 1997, 1199).

Für Bürgschaften von krass überforderten Geschwistern gilt Entsprechendes wie bei Bürgschaften von Ehegatten, Lebenspartnern und Kindern, wenn zwischen ihnen und dem Schuldner eine vergleichbar enge persönliche Beziehung im Zeitpunkt der Bürgschaftsvereinbarung bestanden hat (BGH NJW 1998, 597). Dagegen lehnt der BGH eine Anwendung dieser Grundsätze auf die Bürgschaft eines Kommanditisten für Verbindlichkeiten der KG in der Regel ab (BGH NJW 2002, 2634, 2635).

12   (2) Auf einer zweiten Stufe wird geprüft, ob die Bürgschaft nicht trotz der krassen Überforderung des Bürgen *durch ein berechtigtes Interesse des Gläubigers* gerechtfertigt ist. Das kann etwa dann anzunehmen sein, wenn der Gläubiger sich durch die Bürgschaft vor einer drohenden Vermögensverlagerung vom Schuldner auf den Bürgen schützen wollte oder wenn beim Bürgen in der Zukunft ein konkreter Vermögenszuwachs (Erbschaft) erwartet wurde (BGH NJW 1997, 1003; JZ 2000, 674, 676 mit insoweit krit. Anm. Tiedtke; NJW 2002, 2228, 2230). Auf ein derartiges berechtigtes Interesse soll sich der Gläubiger jedoch nur dann berufen können, wenn dieser Zweck der Bürgschaft ausdrücklich vereinbart wurde (BGH NJW 2002, 2230, 2231; NJW 1999, 58).

13   bb) Selbst wenn keine Sittenwidrigkeit nach § 138 vorliegt, kann dem Anspruch aus dem Bürgschaftsvertrag noch der *Einwand aus § 242* entgegenstehen. So ist etwa die Geschäftsgrundlage (vgl. § 313) der Bürgschaft in der Regel weggefallen, wenn mit der Ehescheidung der Grund der Bürgschaft, den Gläubiger vor den Folgen einer Vermögensverschiebung vom Schuldner auf den (bürgenden) Ehegatten zu schützen, weggefallen ist (vgl. BGHZ 128, 230; Horn, WM 1997, 1185). Entsprechendes gilt, wenn die Parteien des Bürgschaftsvertrages von einem Vermögensanfall (z. B. Erbschaft) des Bürgen ausgingen, der dann jedoch nicht eintritt (BGH WM 1997, 467).

c) Widerrufsmöglichkeit

Dem Bürgen steht nach Abschluss des Bürgschaftsvertrages ein Wi-   14
derrufsrecht gem. § 355 zu, wenn der Vertrag als Haustürgeschäft
unter § 312 fällt (zum früheren HausTWG BGH NJW 1996, 930;
EuGH NJW 1998, 1295; Reinicke/Tiedtke, DB 1998, 2001; Seidel,
DB 1998, 671).

Ob auf den Bürgschaftsvertrag auch das Widerrufsrecht nach dem frühe-   15
ren § 7 I VerbrKrG (heute § 495) i.V.m. § 361a a.F. (heute § 355) anwendbar war, wenn der Vertrag, aus dem sich die zu sichernde Forderung ergab,
seinerseits dem VerbrKrG unterlag, war vor dem Inkrafttreten des Schuldrechtsmodernisierungsgesetzes am 1. 1. 2001 umstritten (zum Meinungsstand
vgl. 26. Aufl. Rdnr. 326b m.w.N.). Der Gesetzgeber hat sich durch die
Aufhebung des VerbrKrG und die gleichzeitige Einfügung des Verbraucherdarlehens (§§ 491ff.) in das BGB wohl für die ablehnende Ansicht entschieden (ebenso Palandt/Sprau, § 765 Rdnr. 4); denn ein dem § 495 vergleichba-
res Widerrufsrecht wurde für die Bürgschaft nicht eingeführt.

d) Form

Die Bürgschaftserklärung bedarf der *Schriftform* (§ 766, 1). Der   16
Bürge soll vor Übereilung gewarnt werden, da eine Bürgschaft für
ihn gefährlich werden kann. Dem Zweck der Formvorschrift entsprechend ist nicht für den ganzen Vertrag, sondern nur für die
Erklärung des Bürgen die Schriftform erforderlich.

Die Bürgschaftserklärung ist nicht formbedürftig, wenn der Bürge Kauf-   17
mann und die Bürgschaft für ihn ein Handelsgeschäft ist (§ 350 HGB; Brox,
HR Rdnr. 329f.); hier geht das Gesetz davon aus, dass der Bürge die Gefährlichkeit seines Handelns erkennt. Eines Hinweises auf die Gefahren der Bürgschaft bedarf es auch dann nicht mehr, wenn der Bürge bereits die Hauptver-
bindlichkeit des Schuldners erfüllt hat; deshalb wird der Formmangel durch
Erfüllung geheilt (§ 766 S. 2).

Zur Wahrung der Schriftform ist erforderlich, dass alle wesentli-   18
chen Teile der Bürgschaftserklärung schriftlich niedergelegt werden.
Die Urkunde muss also den Gläubiger, den Hauptschuldner und die
zu sichernde Forderung bezeichnen sowie den Verbürgungswillen
erkennen lassen (BGH NJW-RR 1991, 757; ZIP 1993, 102).

Die Vollmacht zur Erteilung einer formbedürftigen Bürgschaftserklärung
bedarf – entgegen § 167 II – der Schriftform; denn sonst würde der Zweck
des § 766, dem Bürgen Inhalt und Umfang seiner Haftung deutlich vor Augen
zu führen, ausgehöhlt (BGH WM 1996, 762ff.). Das gilt auch für eine Genehmigung nach § 177 I.

Nicht erforderlich ist, dass der Bürge persönlich die Urkunde herstellt; es genügt, dass er die schriftliche Erklärung durch Namensunterschrift unterzeichnet (§ 126 I).

Wegen der Warnfunktion der Schriftform bedarf auch die Willenserklärung des Bürgen bei einer Abänderung des Bürgschaftsvertrages der Form, wenn die Bürgschaftsverpflichtung erweitert werden soll. Dagegen greift bei einem Abänderungsvertrag, der die Verpflichtung des Bürgen einschränkt, die Formvorschrift des § 766 S. 1 nicht ein; denn hier braucht der Bürge nicht gewarnt zu werden.

19   Die schriftliche Erklärung muss „erteilt" sein. Erteilung ist die Entäußerung der Originalurkunde. Dazu genügt nicht die Unterzeichnung des Schriftstücks; vielmehr ist es erforderlich, dass dieses dem Gläubiger – wenn auch nur vorübergehend – zur Verfügung gestellt wird. Deshalb ist die Übermittlung des Urkundeninhalts an den Gläubiger durch Telefax nicht als schriftliche Erteilung der Bürgschaftserklärung i. S. d. § 766 S. 1 anzusehen (BGHZ 121, 224).

20   Eine formnichtige Bürgschaft kann nicht nach § 140 in eine formlos wirksame Schuldübernahme umgedeutet werden.

2. Bestehen der Hauptforderung

21   Wegen ihres Sicherungszwecks ist die Bürgschaft vom *jeweiligen Bestand der Hauptforderung* abhängig (*Akzessorietät der Bürgschaft;* § 767 I 1; dazu BGH ZIP 2002, 2125, 2127; WM 1991, 1869).

a) Hauptforderung nicht entstanden

Ist die Hauptforderung nicht entstanden, so besteht auch keine Forderung des Gläubigers gegen den Bürgen. Zwar kann die Bürgschaft auch für eine künftige oder eine bedingte Verbindlichkeit übernommen werden (§ 765 II); solange aber diese Hauptschuld noch nicht entstanden ist, bleibt die Bürgschaft schwebend unwirksam.

Zweifelhaft ist, ob die für ein Darlehen bestellte Bürgschaft bei Nichtigkeit des Darlehensvertrages den Bereicherungsanspruch des Darlehensgebers absichert. Das hängt vom Willen der Parteien ab, die den Umfang des Bürgschaftsrisikos bestimmen und die Bürgschaft über den bezeichneten Vertragsanspruch hinaus auch auf Bereicherungs- und Ersatzansprüche erstrecken können (vgl. BGH NJW 1987, 2077).

b) Hauptforderung vermindert oder erloschen

Vermindert sich die Hauptschuld oder erlischt sie z. B. durch Er- 22
füllung, Aufrechnung, Erlass, Vergleich (dazu BGH ZIP 2002, 2125,
2127), so ermäßigt sich oder erlischt auch die Bürgschaftsschuld.

c) Hauptforderung erhöht

Erhöht sich die Hauptschuld, so ist danach zu unterscheiden, ob 23
diese Erhöhung auf Gesetz oder auf Rechtsgeschäft beruht.

aa) Eine *gesetzliche* Erweiterung der Hauptschuld (z. B. Schadensersatz aus §§ 280 f., 286) führt zu einer Erweiterung der Bürgschaftsschuld (§ 767 I 2). Der Bürge haftet auch für die vom Schuldner dem Gläubiger zu ersetzenden Kosten der Kündigung und der
Rechtsverfolgung (§ 767 II).

Gegen eine solche Erhöhung seiner Verpflichtung kann sich der Bürge nur 24
dadurch schützen, dass er mit dem Gläubiger vereinbart, in jedem Fall nur bis
zu einem bestimmten Höchstbetrag einstehen zu wollen *(Höchstbetragsbürgschaft).* Auch zukünftige Ansprüche können Anlass für eine wirksame formularmäßige Höchstbetragsbürgschaft geben, sofern der Bürge bei Übernahme der Haftung weiß, aus welchem Grunde und bis zu welcher Höhe
diese Forderungen entstehen werden (BGH WM 1996, 1391). Jedoch ist bei
einer Höchstbetragsbürgschaft eine formularmäßige Erstreckung der Bürgenhaftung über die Forderungen, die Anlass zur Verbürgung waren, hinaus
wegen Verstoßes gegen § 307 II Nr. 1 und 2 unwirksam (BGH WM 1996,
766, 768, noch zum AGBG).

bb) Eine *rechtsgeschäftliche* Erweiterung der Hauptschuld (durch 25
Vereinbarung zwischen Gläubiger und Schuldner nach Übernahme
der Bürgschaft) führt *nicht* zu einer Erweiterung der Bürgschaftsschuld (§ 767 I 3). Der Bürge soll davor geschützt werden, dass
Gläubiger und Schuldner ihm eine Verpflichtung auferlegen, die er
nicht übernehmen wollte.

Der Bürge ist dagegen nicht schutzwürdig, wenn er damit einverstanden
ist, dass seine Bürgschaftsschuld erhöht wird, und diese Erklärung schriftlich
(§ 766) abgibt.

III. Gegenrechte des Bürgen

1. Gegenrechte aus dem Verhältnis des Bürgen zum Gläubiger

a) Allgemeine Einwendungen und Einreden

26   Einwendungen und Einreden gegenüber dem Gläubiger können dem Bürgen aus dem Bürgschaftsvertrag oder aus einem anderen Grund (z. B. Aufrechnung mit einer Gegenforderung des Bürgen gegen den Gläubiger) zustehen. Das ergibt sich zwar nicht aus den Regeln der §§ 765 ff., wohl aber aus allgemeinen Grundsätzen.

So kann der Bürge z. B. die Formnichtigkeit des Bürgschaftsvertrages (§§ 125, 766) geltend machen. Er ist in der Lage, seine Willenserklärung unter den Voraussetzungen der §§ 119 ff. anzufechten; allerdings scheidet eine Anfechtung nach § 119 II wegen Irrtums über die Kreditwürdigkeit des Schuldners aus, da es gerade Sinn der Bürgschaft ist, dem Gläubiger gegenüber für die Schuld des Schuldners einzustehen, wenn dieser nicht leisten kann. Hat der Schuldner den Bürgen beim Abschluss des Bürgschaftsvertrages arglistig getäuscht (§ 123 I; z. B. über seine Kreditwürdigkeit), so kann der Bürge seine Erklärung gegenüber dem Gläubiger nur anfechten, wenn dieser die Täuschung kannte oder kennen musste (§ 123 II); der Schuldner ist nämlich Dritter i. S. d. § 123 II.

b) Sonderfall: Einrede der Vorausklage

27   aa) Der Bürge kann die Befriedigung des Gläubigers verweigern, solange nicht der Gläubiger eine Zwangsvollstreckung gegen den Schuldner ohne Erfolg versucht hat (§ 771 S. 1; vgl. auch § 772). Er hat also die verzögerliche Einrede der Vorausklage. Sie ergibt sich aus der Subsidiarität der Bürgschaftsverpflichtung; der Bürge will normalerweise erst nach dem Schuldner haften und nur für den Fall einstehen, dass Rechtshilfe gegen den Schuldner fruchtlos versucht worden ist (vgl. Mot. II, 667 f.).

Erhebt der Bürge die Einrede der Vorausklage, ist die Verjährung des Anspruchs des Gläubigers gegen den Bürgen gehemmt (§ 209), bis der Gläubiger eine Zwangsvollstreckung gegen den Hauptschuldner erfolglos versucht hat (§ 771 S. 2).

28   bb) *Ausgeschlossen* ist die Einrede der Vorausklage in folgenden Fällen:

(1) Der Bürge ist *Kaufmann,* und die Bürgschaft ist für ihn ein Handelsgeschäft (§§ 349, 343 HGB; Brox, HR Rdnr. 329 f.). Ein solcher Bürge verfügt über die nötigen geschäftlichen Erfahrungen und ist deshalb nicht schutzbedürftig.

(2) Der Bürge hat auf die Einrede verzichtet, insbesondere sich als *Selbstschuldner* verbürgt (§ 773 I Nr. 1).

Die selbstschuldnerische Bürgschaft, die heute in der Praxis die Regel ist, schließt nur die Einrede der Vorausklage, nicht aber andere Gegenrechte des Bürgen aus. Der Verzicht auf diese Einrede bedarf der Form des § 766 (BGH NJW 1968, 2332).

(3) Weitere Ausschlussgründe sind in § 773 I Nr. 2–4 enthalten.

2. Gegenrechte des Bürgen aus dem Verhältnis des Schuldners zum Gläubiger

a) Einreden nach § 768

aa) Die Einreden des Schuldners kann auch der Bürge gegenüber **29** dem Gläubiger geltend machen (§ 768 I 1). Aus dem Grundgedanken der Akzessorietät folgt nämlich, dass der Bürge vom Gläubiger nicht mit Erfolg in Anspruch genommen werden soll, wenn der Schuldner dem Gläubiger nicht zu leisten braucht. Selbst der Verzicht des Schuldners auf eine Einrede gegenüber dem Gläubiger verschlechtert die Rechtsstellung des Bürgen gegenüber dem Gläubiger nicht (§ 768 II).

Beispiele: Der Bürge beruft sich auf die dem Schuldner zustehenden Einreden der Verjährung der Hauptschuld, des nichterfüllten Vertrages, des Zurückbehaltungsrechts.

bb) *Ausnahmen* von der genannten Regel ergeben sich aus dem **30** Sinn der Bürgschaft, den Gläubiger für den Fall der Leistungsunfähigkeit des Schuldners zu sichern. Wird aufgrund der wirtschaftlichen Verhältnisse des Schuldners seine Leistungspflicht eingeschränkt, dann soll der Sicherungszweck der Bürgschaft den Vorrang vor der Akzessorietät haben.

(1) Ist der Schuldner gestorben, so gehen seine Schulden auf den Erben **31** über (§§ 1922 I, 1967 I). Für diese Schulden haftet der Erbe nicht nur mit dem Nachlass, sondern auch mit seinem persönlichen Vermögen. Der Erbe hat aber die Möglichkeit, die Haftung (durch Nachlassverwaltung oder Insol-

venzverfahren) auf den Nachlass zu beschränken (§ 1975; Einzelheiten: Brox, ErbR Rdnr. 679 ff.). Ist kein Nachlassvermögen vorhanden oder ist es gering, so wird der Gläubiger nicht oder nur teilweise befriedigt. Er kann sich aber an den Bürgen halten; dieser ist nicht befugt, sich auf die *beschränkte Erbenhaftung* zu berufen (§ 768 I 2).

32   (2) Befindet sich der Schuldner im Insolvenzverfahren und endet dieses durch Verteilung der Masse oder durch einen Insolvenzplan, so braucht der Schuldner nur die darin festgelegte Quote seiner Verbindlichkeiten zu erfüllen. Der Gläubiger kann sich aber wegen des Restes an den Bürgen wenden.

b) Einreden nach § 770 I

33   Kann der Schuldner das seiner Verbindlichkeit zugrunde liegende Rechtsgeschäft nach §§ 119 ff. *anfechten,* so wird dadurch der Bestand der Hauptschuld und damit der Bürgschaft nicht berührt, solange er sein Anfechtungsrecht nicht ausübt.

Erklärt er die Anfechtung, so erlischt die Hauptschuld (§ 142 I) und damit nach § 767 I auch die Schuld des Bürgen (**Fall a**).

Es wäre unbillig, wenn der Bürge während der Schwebezeit bis zur Anfechtungserklärung schon aus der Bürgschaft in Anspruch genommen werden könnte. Deshalb gibt § 770 I ihm eine verzögerliche Einrede: Da der Bürge das Rechtsgeschäft zwischen Schuldner und Gläubiger nicht anfechten kann, darf er die Befriedigung des Gläubigers verweigern, solange dem Schuldner das Anfechtungsrecht zusteht (**Fall a**).

Wenn das Anfechtungsrecht durch Zeitablauf (vgl. §§ 121, 124) oder durch Verzicht des Schuldners erloschen ist, entfällt auch die genannte Einrede des Bürgen.

Wegen derselben Interessenlage ist eine analoge Anwendung des § 770 I dann geboten, wenn dem Schuldner ein anderes Gestaltungsrecht (z. B. Rücktritt) zusteht (MünchKomm/Habersack, § 770 Rdnr. 6; Palandt/Sprau, § 770 Rdnr. 4).

c) Einrede nach § 770 II

34   Der Bürge kann auch dann seine Leistung verweigern, wenn und solange sich der Gläubiger durch *Aufrechnung* gegen eine fällige Forderung des Schuldners befriedigen kann (§ 770 II). Zahlt der Bürge aber in Unkenntnis der Aufrechnungsmöglichkeit, kann er das Geleistete nicht zurückfordern.

Die Einrede der Aufrechenbarkeit ist abdingbar. Ein entsprechender Verzicht des Bürgen hindert diesen aber nicht, sich darauf zu berufen, die Hauptforderung sei bereits durch eine tatsächlich erfolgte Aufrechnung erloschen (BGH NJW 2002, 2867, 2869). Entsprechend seinem Wortlaut ist § 770 II nicht anwendbar, wenn nur der Schuldner aufrechnen kann (str.; vgl. MünchKomm/Habersack, § 770 Rdnr. 10 m. N.; Palandt/Sprau, § 770 Rdnr. 3).

3. Keine Gegenrechte aus dem Verhältnis des Bürgen zum Schuldner

Einwendungen und Einreden, die der Bürge z. B. aus dem der **35** Bürgschaft zugrunde liegenden Rechtsverhältnis (etwa Auftrag) gegen den Schuldner hat, spielen im Verhältnis des Bürgen zum Gläubiger keine Rolle. Der Bürge kann sie also *nicht* gegenüber dem Gläubiger geltend machen.

IV. Ansprüche des Bürgen gegen den Schuldner

Hat der Bürge den Gläubiger befriedigt, kann er vom Schuldner **36** Ersatz verlangen. Aber schon vor Befriedigung des Gläubigers hat der Bürge unter bestimmten Voraussetzungen Anspruch auf Befreiung von seiner Verbindlichkeit.

1. Ersatzansprüche

a) Aus Rechtsverhältnis Bürge – Schuldner

Aus einem der Bürgschaft zugrunde liegenden Rechtsverhältnis zwischen dem Bürgen und dem Schuldner kann sich ein Ersatzanspruch des Bürgen ergeben, wenn dieser den Gläubiger befriedigt hat.

Beispiele: Auftrag (§§ 662 ff.), Geschäftsbesorgungsvertrag (§ 675), berechtigte Geschäftsführung ohne Auftrag (§§ 677 ff., 683). In diesen Fällen ergibt sich der Anspruch auf Ersatz der Aufwendungen aus § 670.

b) Aus Rechtsverhältnis Gläubiger – Schuldner (gesetzlicher Forderungsübergang)

Unabhängig von einem Anspruch aus einem der Bürgschaft zu- **37** grunde liegenden Rechtsverhältnis sichert das Gesetz den Bürgen dadurch, dass es die Forderung des Gläubigers gegen den Schuldner auf den Bürgen übergehen lässt, soweit dieser den Gläubiger befriedigt (§ 774 I 1). Es handelt sich also um einen *gesetzlichen Gläubigerwechsel = gesetzlichen Forderungsübergang* (cessio legis), auf den die Vorschriften des rechtsgeschäftlichen Forderungsübergangs (Abtretung) Anwendung finden (§ 412). Der Schuldner soll durch die Leistung des Bürgen nicht von seiner Verbindlichkeit befreit sein; er braucht zwar nicht mehr an den befriedigten Gläubiger zu leisten, soll aber dem Bürgen verpflichtet sein, weil dieser für ihn die Leistung erbracht hat.

38   aa) Mit der Forderung gehen auch die Rechte, die der Sicherung dieses Anspruchs dienen (z. B. Pfandrechte), kraft Gesetzes auf den Bürgen als neuen Gläubiger der Forderung über (§§ 774 I 1, 412, 401).

39   bb) Durch den Forderungsübergang soll die Rechtsstellung des Schuldners nicht verschlechtert werden. Deshalb hat er alle Einwendungen, die er gegen seinen Gläubiger hatte, nunmehr auch gegen den Bürgen (§§ 774 I, 412, 404; **Fall b:** Verjährungseinrede).

Außerdem stehen dem Schuldner auch die Einwendungen zu, die sich aus dem Rechtsverhältnis zwischen ihm und dem Bürgen ergeben (§ 774 I 3).

Im **Fall b** kann S auch einwenden, B habe mit seiner Bürgschaftsverpflichtung ihm (S) eine Schenkung gemacht; dann soll B nach Befriedigung des G gerade keinen Ersatzanspruch gegen S erlangen.

40   cc) Der Forderungsübergang kann nicht zum Nachteil des Gläubigers geltend gemacht werden (§§ 774 I 2; vgl. die entsprechende Regelung etwa in § 268 III 2 und dazu AS § 12 Rdnr. 6).

Beispiel: G hat gegen S eine Forderung von 1000 Euro, die durch ein Pfandrecht gesichert ist. Bürge B zahlt 700 Euro an G. Damit geht in dieser Höhe die Forderung von G auf B über; das Gleiche gilt für das Pfandrecht (§§ 774 I 1, 412, 401). Das Pfandrecht des G rangiert vor dem Pfandrecht des B. Werden bei einer Versteigerung des Pfandes 400 Euro erzielt, erhält G 300 Euro und B nur 100 Euro.

2. Befreiungsanspruch

a) Voraussetzungen

41   Vor der Befriedigung des Gläubigers kann der Bürge vom Schuldner regelmäßig keine Befreiung von seiner Verbindlichkeit verlangen.

Etwas anderes kann aber aus dem Rechtsverhältnis zwischen Bürgen und Schuldner zu entnehmen sein. Das Gesetz gibt einen solchen Befreiungsanspruch, wenn dem Bürgen nach Befriedigung des Gläubigers ein Ersatzanspruch gegen den Schuldner zustehen würde und dieser Anspruch durch bestimmte, inzwischen eingetretene Tatsachen gefährdet erscheint (vgl. § 775 I).

b) Erfüllung

Der Schuldner kann den Befreiungsanspruch des Bürgen dadurch   42
erfüllen, dass er den Gläubiger befriedigt oder einen Verzicht des Gläubigers auf die Bürgschaftsforderung (z. B. durch eine andere Bürgschaft, ein Pfandrecht) erreicht. Ist die Hauptforderung noch nicht fällig, genügt es, wenn der Schuldner dem Bürgen Sicherheit leistet (§ 775 II). In der Praxis ist der Befreiungsanspruch meist nicht zu realisieren.

V. Erlöschen der Bürgschaft

1. Allgemeine Erlöschensgründe

Wie jede Schuld erlischt auch die Bürgschaftsschuld durch Erfül-   43
lung (AS § 14).

2. Besondere Erlöschensgründe

Die Bürgschaftsschuld erlischt: 44
– Wenn die *Hauptschuld erlischt*. Grund: Akzessorietät der Bürgschaft.

– Wenn der Gläubiger vorsätzlich und ohne Zustimmung des Bürgen ein die Forderung *sicherndes Recht aufgibt* (§ 776; z. B. Hypothek, Pfandrecht). Grund: Dadurch verschlechtert der Gläubiger die Lage des Bürgen, der sich aus dem Sicherungsrecht wegen der nach § 774 auf ihn übergegangenen Forderung gegen den Schuldner hätte befriedigen können.

– Wenn ein neuer Schuldner die Hauptschuld übernimmt (§ 418 I 1; AS). Grund: Der Bürge soll davor geschützt werden, dass er möglicherweise eher in Anspruch genommen wird, weil der neue Hauptschuldner weniger solvent ist.

Er ist jedoch dann nicht schutzwürdig, wenn er in die Schuldübernahme einwilligt; deshalb bleibt in diesem Fall die Bürgschaft bestehen (§ 418 I 3).

– Wenn der Bürge sich für eine bestimmte Zeit verbürgt hat (Zeit-bürgschaft) und die *Zeit abgelaufen* ist. Einzelh.: § 777.

VI. Besondere Arten der Bürgschaft

1. Mitbürgschaft

45　Bei der Mitbürgschaft verbürgen sich mehrere Personen für die-selbe Schuld des Schuldners gegenüber dem Gläubiger. Das kann gemeinschaftlich (in *einem* Vertrag), aber auch unabhängig und ohne Wissen voneinander geschehen; in jedem Fall haften die Mit-bürgen als *Gesamtschuldner* (§ 769). Für das Außenverhältnis ge-genüber dem Gläubiger sind demnach §§ 421 bis 425 anwendbar, für das Innenverhältnis der Mitbürgen untereinander gilt § 426 (AS), was durch § 774 II bestimmt wird.

Der Gläubiger kann also nach seinem Belieben jeden Mitbürgen ganz oder teilweise in Anspruch nehmen (§ 421). Im **Fall c** muss B 1 also die ganzen 1000 Euro zahlen. Geschieht das, wird B 2 von seiner Verpflichtung gegen-über G frei (§ 422 I). Auf den zahlenden B 1 geht die Forderung des G gegen S über (§ 774 I). Von B 2 kann B 1, soweit nichts anderes vereinbart ist, 500 Euro verlangen (§ 426 I).

46　Hat sich jemand verbürgt und ein anderer für dieselbe Schuld dem Gläubi-ger ein Pfandrecht bestellt (**Fall d**), so kann der Gläubiger sich nach seiner Wahl an den Bürgen oder an den Pfandeigentümer halten. Zahlt der Bürge, geht die Forderung und damit das Pfandrecht auf ihn über (§§ 774 I, 412, 401). Leistet dagegen der Pfandeigentümer an den Gläubiger, erwirbt er kraft Gesetzes die Forderung gegen den Schuldner und die Bürgschaftsforderung (§§ 1225, 412, 401). Demnach käme es für die Frage, wer letztlich den Aus-fall zu tragen hat, darauf an, wer zuerst an den Gläubiger leistet; denn er würde die Forderung und das Sicherungsrecht erlangen. Das wäre unbestrit-ten ein unbilliges Ergebnis. Der Gesetzgeber hat dieses Problem nicht gese-hen. Es entspricht der gesetzlichen Wertung, Bürgen und Pfandeigentümer wie Mitbürgen, also wie Gesamtschuldner, zu behandeln, zumal auch § 1225 S. 2 auf § 774 II und dieser auf § 426 verweist. Demnach besteht auch zwi-schen Bürgen und Pfandeigentümern eine Ausgleichspflicht (BGHZ 108, 179; BGH NJW 1992, 3228; Larenz/Canaris, § 60 IV 3 a; MünchKomm/Haber-sack, § 774 Rdnr. 29). Eine andere Ansicht folgert aus § 776, dass der Bürge schutzwürdiger als der Pfandeigentümer sei, so dass der Pfandgläubiger dem Bürgen, nicht aber dieser dem Pfandgläubiger ausgleichspflichtig sei (Reinicke/Tiedtke, Kreditsicherung, Rdnr. 1118 ff.). Schließlich wird auch die Auffassung vertreten, dass überhaupt kein Ausgleich stattfinde (Becker, NJW 1971, 2151, 2154).

2. Ausfallbürgschaft

Bei der Ausfallbürgschaft verpflichtet sich der Bürge, nur im Fall 47 des endgültigen Ausfalls der Hauptforderung einzustehen. Er ist dann im Fall der Inanspruchnahme nicht auf die Einrede der Vorausklage (Rdnr. 27) angewiesen. Vielmehr ist es eine vom Gläubiger darzulegende und ggf. zu beweisende Anspruchsvoraussetzung, dass der Ausfall der Hauptforderung trotz Einhaltung der bei der Verfolgung des verbürgten Anspruches gebotenen Sorgfalt (rechtzeitige Zwangsvollstreckung, Verwertung anderer Sicherheiten) eingetreten ist oder auch bei Beachtung dieser Sorgfalt eingetreten wäre (BGH NJW 1999, 1467, 1470).

3. Nachbürgschaft

Die Nachbürgschaft sichert die Bürgschaftsverpflichtung des Vor- 48 oder Hauptbürgen. Der Nachbürge verbürgt sich dem Gläubiger für die Erfüllung der Bürgschaftsverpflichtung des Vorbürgen. Der Gläubiger soll sich also an den Nachbürgen halten können, wenn der Vorbürge seine Bürgschaftsverpflichtung nicht erfüllt. Der Nachbürge ist demnach – anders als bei der Mitbürgschaft – nicht Gesamtschuldner neben dem Vorbürgen. Vielmehr ist für ihn der Vorbürge der Hauptschuldner. Die Schuld des Nachbürgen ist akzessorisch im Verhältnis zur Schuld des Vorbürgen. Befriedigt der Nachbürge den Gläubiger, geht analog § 774 die Forderung des Gläubigers gegen den Schuldner auf den Nachbürgen über.

4. Rückbürgschaft

Die Rückbürgschaft sichert die Ersatzforderung des Hauptbürgen 49 gegen den Schuldner. Der Rückbürge verbürgt sich also dem Hauptbürgen. Dieser soll sich an den Rückbürgen halten können, wenn er an den Gläubiger geleistet hat und vom Schuldner nicht den ihm zustehenden Ersatz erlangt.

Befriedigt der Rückbürge seinen Gläubiger, also den Hauptbürgen, so soll die auf den Hauptbürgen übergegangene Forderung des Gläubigers gegen den Schuldner nicht kraft Gesetzes auf den Rückbürgen übergehen, weil es bei der Rückbürgschaft an der unmittelbaren Beziehung zur Hauptforderung fehle (RGZ 146, 67); der Rückbürge muss sich danach, um sich an den Hauptschuldner halten zu können, die Forderung vom Hauptbürgen abtreten lassen (Palandt/Sprau, Einf v § 765 Rdnr. 10). § 774 passt nach seinem Sinn und Zweck aber auch hier, so dass eine entsprechende Anwendung dieser Bestimmung vorzuziehen ist (Jauernig/Stadler, Vor § 765 Rdnr. 8; Reinicke/Tiedtke, Bürgschaftsrecht, Rdnr. 411).

5. Bürgschaft zur Zahlung auf erstes Anfordern

50   Verpflichtet sich der Bürge gegenüber dem Gläubiger „zur Zahlung auf erstes Anfordern", ist diese Klausel regelmäßig dahin auszulegen, dass der Bürge auf Verlangen des Gläubigers sofort zu zahlen hat, ohne sich gegen das Zahlungsbegehren mit Einwendungen oder Einreden aus dem Verhältnis des Schuldners zum Gläubiger erfolgreich wehren zu können. Eine Ausnahme gilt nur dann, wenn der Gläubiger seine formale Rechtsstellung offensichtlich missbraucht, weil die materiellen Voraussetzungen für die Inanspruchnahme des Bürgen eindeutig nicht vorliegen (BGH NJW 2002, 1493). Von diesem Ausnahmefall abgesehen soll dem Bürgen auch die Aufrechnung mit einer eigenen Forderung gegen den Gläubiger verwehrt sein, wenn diese nicht gerade mit dem Grundgeschäft zwischen Gläubiger und Hauptschuldner zusammenhängt. Durch eine solche Zahlungsklausel wird ein rasches Zugreifen des Gläubigers auf das Vermögen des Bürgen ermöglicht. Andererseits ist der Bürge nicht schutzlos. Denn er kann nach Zahlung an den Gläubiger von diesem den zuviel gezahlten Betrag nach § 812 I 1, 1. Fall zurückverlangen (vgl. BGHZ 74, 244; Horn, NJW 1980, 2153; Hahn, MDR 1999, 839).

Eine solche Bürgschaft kann nach Ansicht des BGH (WM 1990, 1410; NJW 2001, 1857, 1858) durch AGB nur von einem Kreditinstitut oder einer Versicherungsgesellschaft übernommen werden; in anderen Fällen ist sie als gewöhnliche Bürgschaft auszulegen (BGH NJW 1992, 1446).
Einzelh.: Reinicke/Tiedtke, Bürgschaftsrecht, Rdnr. 309 ff.

6. Sicherheitsbürgschaft

51   Eine zwischen Gläubiger und Bürgen vereinbarte Klausel, dass die Zahlung des Bürgen nur als Sicherheit gelte, bis der Gläubiger

wegen aller Ansprüche gegen den Hauptschuldner befriedigt sei, soll den Forderungs- und Sicherheitenübergang (§§ 774 I, 412, 401; Rdnr. 335) auf den zahlenden Bürgen (vorläufig) ausschließen. Die Forderung und die Sicherheiten stehen also trotz Zahlung des Bürgen weiterhin dem Gläubiger zu, weil die Zahlung nicht zur Befriedigung, sondern nur zur Sicherung des Gläubigers führt. Wenn dieser jedoch dem Bürgen gegenüber deutlich macht, dass er den gezahlten Betrag endgültig behalten will, tritt die Befriedigung und damit auch der Forderungsübergang ein (BGH WM 1986, 1550 f.).

§ 33. Vergleich, Schuldversprechen und Schuldanerkenntnis

Schrifttum: Bork, Der Vergleich, 1988; Coester, Probleme des abstrakten **1** und kausalen Schuldanerkenntnisses, JA 1982, 579; Crezelius, Konstitutives und deklaratorisches Schuldanerkenntnis, DB 1977, 1541; Dehn, Zur Form des Schuldbeitritts zu einem Schuldanerkenntnis gemäß § 781 BGB, WM 1993, 2115; Lange, Die Erlaß- bzw. Vergleichsfalle, WM 1999, 1301; Wellenhofer-Klein, Das Schuldanerkenntnis – Erscheinungsformen und Abgrenzungskriterien, Jura 2002, 505.

Fälle:

a) V hat seine Söhne A und B testamentarisch als Erben eingesetzt. Diese streiten sich darüber, ob sie je zur Hälfte als Erben eingesetzt sind und ob ein im Nachlass befindliches Gemälde echt ist. Schließlich vereinbaren sie, dass A das Bild und B den übrigen Nachlass des V haben soll. Kann B von A das Klavier des V verlangen, das sich in der Wohnung des A befindet?

b) Im Fall a wird nach der Vereinbarung ein später errichtetes Testament des V gefunden, wonach A Alleinerbe sein soll (vgl. § 2258).

c) Im Fall a stellt sich später heraus, dass das Bild, das A für ein Original gehalten hat, eine Fälschung ist. A hält den Vergleich für unwirksam; hilfsweise ficht er ihn wegen Irrtums an.

d) K, der dem V aus einem Kaufvertrag 5000 Euro schuldet, gibt V in dieser Höhe ein abstraktes Schuldanerkenntnis. K ficht den Kaufvertrag wirksam an und weigert sich zu zahlen.

e) Nach einem Verkehrsunfall erklärt der Autofahrer A dem sehr aufgeregten Radfahrer R: „Beruhigen Sie sich; ich komme für alles auf". Später im Prozess macht A geltend, den R treffe ein erhebliches Mitverschulden.

I. Vergleich

1. Begriff und Bedeutung

a) Begriff

Der Vergleich ist ein gegenseitiger Schuldvertrag, durch den der Streit oder die Ungewissheit der Parteien über ein Rechtsverhältnis im Wege des gegenseitigen Nachgebens beseitigt wird (§ 779 I).

b) Bedeutung

2 Der Vergleich dient dazu, einen aus tatsächlichen oder rechtlichen Gründen unklaren Rechtszustand im Einverständnis der Parteien neu zu regeln. Durch den Vergleich soll verhindert werden, dass die Parteien auf die ungewissen Rechtsbeziehungen zurückgreifen.

Beispiel: A hat den B angefahren. Sie streiten über den Umfang des dem B anzulastenden Mitverschuldens und die Höhe des entstandenen Schadens. Einigen sich beide dahin, dass A dem B zur Abgeltung aller Ansprüche aus dem Verkehrsunfall 5000 Euro zu zahlen hat, dann kann B nur diesen Betrag verlangen. Andererseits muss A diese Summe zahlen, ohne sich mit Erfolg auf ein mitwirkendes Verschulden des B berufen zu können.

3 Ein Vergleich im Sinne des § 779 ist auch der *Prozessvergleich* in einem anhängigen Rechtsstreit. Er ist aber zugleich Prozesshandlung und unterliegt insoweit den Regeln des Prozessrechts. Die besondere Bedeutung des Prozessvergleichs besteht darin, dass aus ihm die Zwangsvollstreckung betrieben werden kann (§ 794 I Nr. 1 ZPO; ZVR Rdnr. 84 ff.).

2. Voraussetzungen des Vergleichs

4 Der Vergleich setzt im Einzelnen voraus:
– Es muss *Streit oder Ungewissheit* der Parteien über ein Rechtsverhältnis bestehen. Dem gleichgestellt ist der Fall, dass die Verwirklichung eines Anspruchs – etwa wegen schlechter Vermögensverhältnisse des Schuldners – unsicher ist (§ 779 II).

Eine *vermeintliche* Ungewissheit unter den Parteien genügt; es ist nicht erforderlich, dass die Ungewissheit auch bei objektiver Beurteilung durch einen Dritten besteht.

– Die Parteien müssen durch *gegenseitiges Nachgeben* den Streit   5
oder die Ungewissheit beenden.

Dabei ist nicht erforderlich, dass sie sich „in der Mitte treffen". Ein Nachgeben liegt z.B. auch dann vor, wenn eine Partei lediglich das Zugeständnis
macht, dass die Zinsen herabgesetzt oder Teilzahlungen eingeräumt werden.

– Die Parteien müssen sich *vertraglich* geeinigt haben. Hierfür gel-   6
ten die allgemeinen Regeln der §§ 104 ff.

Eine Formvorschrift besteht für den Vergleich nicht. Er bedarf lediglich
dann der Form, wenn das in ihm enthaltene Geschäft formbedürftig ist (z.B.
wegen § 311 b I). Der Prozessvergleich ersetzt jede vorgeschriebene Form
(vgl. § 127 a).

– Der Vergleich darf nicht gegen zwingende gesetzliche Vorschrif-   7
ten verstoßen.

Beispiel: Verzicht des Teilzahlungskäufers auf unverzichtbare gesetzliche
Rechte (vgl. § 506 I).

3. Folgen des Vergleichs

a) Regelung des streitigen Rechtsverhältnisses

Der Vergleich ordnet die streitigen Rechtsbeziehungen der Par-   8
teien neu und schließt ein Zurückgreifen auf die bisherigen Streitpunkte aus.

Im **Fall a** ist der Streit über den Erbanteil und den Wert des Bildes beigelegt. Aufgrund des Vergleichs kann B von A das Klavier verlangen.

b) Schicksal des ursprünglichen Schuldverhältnisses

Ob der Vergleich nach dem Willen der Parteien an die Stelle des   9
alten Schuldverhältnisses treten soll, ist durch Auslegung zu ermitteln.

aa) Regelmäßig soll nach dem Willen der Parteien das ursprüngliche Rechtsverhältnis neben dem Vergleich bestehen bleiben (vgl.
RGZ 164, 212, 216; BGH NJW-RR 1987, 1426 f.). Dann werden
auch die für die ursprüngliche Schuld bestellten Sicherungsrechte
(z.B. Bürgschaften, Pfandrechte) durch den Vergleich in ihrem Bestand nicht berührt. Der Schuldner kann weiterhin gegenüber einem

Anspruch aus dem Vergleich Einwendungen aus dem ursprünglichen Schuldverhältnis erheben, soweit nicht gerade das Bestehen der Einwendung die Ungewissheit war, die zum Vergleich geführt hat.

Beispiele: War streitig, ob K die Kaufpreisschuld von 2000 Euro schon in Höhe von 500 Euro getilgt hat, und vergleichen sich die Parteien auf eine Zahlung von 1800 Euro, kann K gegenüber dem Anspruch auf Zahlung von 1800 Euro die Mangelhaftigkeit der Kaufsache geltend machen. Darauf vermag er sich jedoch dann nicht mehr zu berufen, wenn auch der Mangel der Kaufsache einer der Streitpunkte war, welche die Parteien zum Vergleich veranlasst haben.

Eine Nachforderung über die vereinbarte Vergleichssumme hinaus ist in aller Regel ausgeschlossen. Die Rechtsprechung (vgl. etwa BGH NJW 1956, 217) lässt aus Billigkeitsgründen nur dann eine Ausnahme zu, wenn später erhebliche Schäden auftreten, die bei Vergleichsschluss unvorhersehbar waren (z.B. eine leichte Gehirnerschütterung stellt sich später als eine schwere Gehirnverletzung heraus, die zu einem langen Siechtum führt). Es handelt sich hier um einen Anwendungsfall ergänzender Vertragsauslegung.

10   bb) Den Parteien steht es aber auch frei, das alte Schuldverhältnis durch den Vergleich zu ersetzen (Schuldersetzung, Novation; AS § 17 Rdnr. 4 ff.). Dann erlöschen die für die ursprüngliche Schuld bestellten Sicherungsrechte; ebenso sind Einwendungen aus dem alten Schuldverhältnis ausgeschlossen.

4. Irrtum beim Vergleich

11   Welche Rechtsfolgen ein Irrtum beim Vergleich hat, richtet sich vor allem danach, ob der Irrtum sich auf den unstreitigen oder bis dahin streitigen Sachverhalt bezieht.

a) Irrtum über unstreitigen Sachverhalt

Entspricht der unstreitige Sachverhalt nicht der Wirklichkeit und wäre der Streit oder die Ungewissheit bei Kenntnis der Sachlage nicht entstanden, so ist der Vergleich unwirksam (§ 779 I). Hier führt also ein beiderseitiger Motivirrtum zur Nichtigkeit des Vergleichs; es handelt sich um einen Spezialfall des Fehlens der Geschäftsgrundlage (dazu § 313).

Im **Fall b** war unstreitige Grundlage des Vergleichs, dass sich die Erbfolge nach dem ersten Testament richtete. Das entsprach nicht der Wirklichkeit; denn durch das spätere Testament war das frühere aufgehoben. Beide Parteien gingen bei Abschluss des Vergleichs von einem unrichtigen Motiv aus; bei Kenntnis des späteren Testaments wäre es zu diesem Streit nicht gekommen. Der Vergleich ist unwirksam.

Keine Unwirksamkeit nach § 779 liegt vor, wenn der unstreitige Sachverhalt der Wirklichkeit nicht entsprach, der Streit oder die Ungewissheit bei Kenntnis der Sachlage aber gleichwohl entstanden wäre; es können jedoch dann die allgemeinen Grundsätze über den Wegfall der Geschäftsgrundlage (§ 313) eingreifen (vgl. BGH LM Nr. 24 zu § 779 BGB).

b) Irrtum über streitigen oder ungewissen Sachverhalt

Bezieht sich der Irrtum auf einen streitigen oder ungewissen Umstand, so ist der Vergleich wirksam (arg. e § 779 I); denn es ist gerade der Sinn des Vergleichs, dass er diesen Streit oder diese Ungewissheit beenden soll. Aus diesem Grund scheidet auch eine nach allgemeinen Regeln zulässige Irrtumsanfechtung aus, wenn sich der Irrtum auf einen der streitigen oder ungewissen Punkte bezieht.   **12**

Im Fall c ist die Echtheit oder Unechtheit des Bildes ein Streitpunkt, der zum Vergleich geführt hat. Deshalb ist der Vergleich wirksam; auch eine Anfechtung nach § 119 scheidet aus. Jedoch wäre eine Anfechtung nach § 123 zulässig; denn eine arglistige Täuschung soll nicht belohnt werden.

II. Schuldversprechen und Schuldanerkenntnis

1. Begriff

Schuldversprechen und Schuldanerkenntnis sind einseitig verpflichtende Verträge, durch die der Schuldner dem Gläubiger gegenüber unabhängig von einem Schuldgrund eine Leistung verspricht bzw. eine Schuld als bestehend anerkennt (§ 780: *abstraktes Schuldversprechen*; § 781: *abstraktes Schuldanerkenntnis*).   **13**

Beide Vertragstypen unterscheiden sich voneinander nur durch den Wortlaut der getroffenen Vereinbarung („Ich verspreche, 1000 Euro zu zahlen"; „Ich erkenne an, 1000 Euro zu schulden"). Sie brauchen nicht näher gegeneinander abgegrenzt zu werden, da sie wirtschaftlich gleiche Sachverhalte erfassen und rechtlich sowohl bei der Entstehung als auch in den Rechtsfolgen keine Unterschiede aufweisen.

Kennzeichnend für beide Verträge ist es, dass sie in ihrem Bestand unabhängig von einem zugrunde liegenden Rechtsverhältnis sind. Es handelt sich also um abstrakte Verträge, so dass der Gläubiger gegen den Schuldner hieraus vorgehen kann, ohne auf das Kausalverhältnis zurückgreifen zu müssen (BGH ZIP 2000, 1260, 1261).

Beispiel für ein abstraktes Schuldversprechen: Die Zusage eines Kreditkartenunternehmens, bei Vorlage ordnungsgemäßer Belastungsbelege Zahlung an das Vertragsunternehmen zu leisten (BGH NJW 2002, 2234, 2236).

14   Vom abstrakten ist das *kausale Schuldanerkenntnis* zu unterscheiden. Darunter versteht man einen schuldbestätigenden Vertrag nach § 311 I; die §§ 780 ff. gelten nicht (str.; Rdnr. 22). Auch auf ein *negatives Schuldanerkenntnis*, durch das der Gläubiger anerkennt, dass ein Schuldverhältnis nicht besteht (§ 397 II), sind die Vorschriften nicht anwendbar. Die Erklärung des Beklagten im Prozess, er erkenne den Anspruch des Klägers an, ist kein Schuldanerkenntnis nach § 781; das *prozessuale Anerkenntnis* ist kein Vertrag, sondern eine einseitige Prozesshandlung des Beklagten.

2. Voraussetzungen

a) Vertrag zwischen Gläubiger und Schuldner

15   Konstitutives Schuldversprechen und -anerkenntnis setzen einen Vertrag zwischen Gläubiger und Schuldner voraus. Inhalt des Vertrages ist es, dass unabhängig von einem Schuldgrund der Schuldner eine Leistung verspricht oder eine Schuld anerkennt (§§ 780, 781).

Ob das gewollt ist, muss durch Auslegung ermittelt werden.

Bei einem nur *einseitigen Schuldanerkenntnis* fehlt es an dem erforderlichen Vertragsschluss. Das Anerkenntnis führt nur zum Neubeginn der Verjährung (§ 212 I Nr. 1) und ist im Prozess bei der Beweiswürdigung zu berücksichtigen.

b) Schriftform der Erklärung des Schuldners

16   Die Erklärung des Schuldners bedarf – soweit das Gesetz keine strengere Form (z. B. § 311 b I) vorschreibt – der Schriftform (§§ 780, 781). Diese Vorschriften haben Beweis- und Warnfunktionen (a. A. BGHZ 121, 4: keine Warnfunktion). Nur der Schuldner muss davor gewarnt werden, eine für ihn gefährliche Erklärung leichtfertig abzugeben.

17   Es bestehen folgende *Ausnahmen von der Schriftform:*
    aa) Die Erklärung des Schuldners ist dann formfrei gültig, wenn das Versprechen oder Anerkenntnis für ihn ein Handelsgeschäft ist; der *Schuldner* muss *Kaufmann* sein (§ 350 HGB; Brox, HR Rdnr. 330).
    bb) Eine Form ist ferner dann nicht vorgeschrieben, wenn das Versprechen oder Anerkenntnis im Wege eines *Vergleichs* oder aufgrund einer *Abrech-*

nung erfolgt (§ 782). Abrechnung ist ein Berechnungsvertrag zwischen Gläubiger und Schuldner, wodurch aus einer Reihe von einzelnen Rechnungspos-
ten ein Endbetrag festgestellt wird (Hauptbeispiel: Kontokorrent, § 355
HGB; Brox, HR Rdnr. 294 ff.). Der Gesetzgeber hat hier auf die Schriftform verzichtet, weil der Vergleich oder die Abrechnung mit voller Sicherheit ersehen lasse, dass eine bindende Feststellung gewollt sei (vgl. Prot. II,
509 f.).

3. Folgen

a) Einseitige Leistungsverpflichtung des Schuldners

Der Vertrag nach §§ 780, 781 begründet eine einseitige Leistungs- **18**
verpflichtung des Schuldners. Er hat also stets schuldbegründende
(konstitutive) Wirkung. Regelmäßig bleibt auch die Schuld aus dem
zugrunde liegenden Schuldverhältnis bestehen, da das Schuldversprechen oder -anerkenntnis im Zweifel erfüllungshalber gegeben
wird (§ 364 II; AS § 14 Rdnr. 7). Die Parteien können aber auch
vereinbaren, dass auf das ursprüngliche Schuldverhältnis nicht mehr
zurückgegriffen werden soll; dann erlischt es (§ 364 I; Schuldersetzung, Novation; AS § 17 Rdnr. 4 ff.).

b) Wirksamkeit trotz Mängeln beim Grundgeschäft

Da die Verpflichtung vom Kausalverhältnis losgelöst ist, berühren **19**
Mängel des Grundgeschäfts die Wirksamkeit des Leistungsversprechens grundsätzlich nicht.

aa) Ein Schuldversprechen oder -anerkenntnis, das für die Erfüllung eines
Ehemaklerlohns, einer *Spiel- oder Wettschuld* gegeben wird, ist nichtig
(§§ 656 II, 762 II). Hier soll auch durch Abschluss eines abstrakten Vertrages
keine Verbindlichkeit begründet werden können.
bb) Wenn das zu Grunde liegende Geschäft *gegen ein gesetzliches Verbot
oder gegen die guten Sitten verstößt* (§§ 134, 138), dann müssen auch
Schuldversprechen und -anerkenntnis nichtig sein (MünchKomm/Hüffer,
§ 780 Rdnr. 48 f.; a. A. Palandt/Sprau, § 780 Rdnr. 9); denn andernfalls
könnten durch sie die zwingenden Vorschriften der §§ 134, 138 umgangen
werden.

c) Bereicherungsausgleich beim Fehlen des Schuldgrundes

Beim Fehlen des Schuldgrundes kann das Schuldversprechen oder **20**
-anerkenntnis nach den Regeln der *ungerechtfertigten Bereicherung*
(§§ 812 ff.) zurückgefordert werden (BGH ZIP 2000, 1260, 1261;
NJW-RR 1999, 573, 574). Dieser Anspruch besteht allerdings dann

nicht, wenn der Schuldner bei der Eingehung der Leistungsverpflichtung den Mangel des Rechtsgrundes kannte (§ 814); diese Vorschrift ist insbesondere dann zu beachten, wenn durch die Leistungsverpflichtung die Mängel der Grundverpflichtung behoben werden sollten (BGH ZIP 2000, 1260, 1261 m. w. N.).

21   Gegenüber dem Erfüllungsanspruch aus dem abstrakten Vertrag kann der Schuldner die Bereicherungseinrede erheben (§ 821; **Fall d**). Hier zeigt sich die praktische Bedeutung eines Vertrages nach §§ 780, 781: Ohne einen solchen Vertrag müsste der Gläubiger aus dem Grundgeschäft klagen und dessen Voraussetzungen bei Bestreiten des Schuldners beweisen. Klagt dagegen der Gläubiger aus dem abstrakten Vertrag und erhebt demgegenüber der Schuldner die Bereicherungseinrede, so muss dieser bei Bestreiten des Gläubigers die Rechtsgrundlosigkeit des Leistungsversprechens beweisen. Der abstrakte Vertrag führt also letztlich zu einer Umkehr der Beweislast.

4. Abgrenzung von abstraktem und kausalem Schuldanerkenntnis

22   Durch ein kausales („bestätigendes", „deklaratorisches") Schuldanerkenntnis soll kein neues Schuldverhältnis begründet, sondern das alte bestätigt werden; insoweit hat es nur deklaratorische Wirkung. Mit dem kausalen Schuldanerkenntnis wird bezweckt, das alte Schuldverhältnis insgesamt (oder zumindest in bestimmten Beziehungen) dem Streit oder der Ungewissheit der Parteien zu entziehen und (insoweit) endgültig festzulegen (BGHZ 66, 250, 253; BGH NJW 1995, 961); es besteht also eine gewisse Ähnlichkeit mit dem Vergleich. Der Gläubiger wird durch das kausale Schuldanerkenntnis vor Einwendungen und Einreden des Schuldners geschützt, die dieser bei Abgabe der Erklärung kennt oder mit denen er rechnet (BGH JZ 1968, 633); denn in dem Schuldanerkenntnis liegt ein Verzicht des Schuldners auf diese Einwendungen und Einreden. Für das kausale Schuldanerkenntnis genügt es, dass das alte Schuldverhältnis möglicherweise besteht (BGHZ 66, 254; 98, 167); besteht es in Wirklichkeit nicht, kann das Schuldanerkenntnis konstitutive Wirkung haben.

23   Ob ein abstraktes oder kausales Schuldanerkenntnis vorliegt, richtet sich nach dem Parteiwillen. Wollten die Parteien einen neuen, selbstständigen, vom Schuldgrund losgelösten Anspruch begründen, dann handelt es sich um einen Vertrag nach § 780. Im Einzelfall ist die Auslegung oft schwierig. Wird in der Vereinbarung der Schuldgrund genannt („Ich erkenne an, dem G aus Kauf 700 Euro zu schulden"), so kann das ein Indiz gegen ein abstraktes Anerkenntnis

sein; ist der Schuldgrund nicht erwähnt, mag das für einen solchen Vertrag sprechen. Zwingend ist dies aber nicht. Vielmehr sind zur Erforschung des Willens alle erkennbaren Umstände heranzuziehen; vor allem ist der von den Parteien beabsichtigte Zweck des Vertrages zu beachten.

Bei einer Erklärung am Unfallort (**Fall e**) kann es sich um eine bloße un- **24** verbindliche Äußerung einer Rechtsansicht handeln (z.B. mündliche, in der ersten Aufregung abgegebene Erklärung). Möglicherweise wird nur eine Tatsache „anerkannt", was im Prozess bei der Beweiswürdigung zu berücksichtigen ist (z.B. Geständnis des Kraftfahrers, „bei Rot" in die Kreuzung gefahren zu sein). Eine Verbindlichkeit des Erklärenden wird nur dann begründet, wenn er für den Erklärungsempfänger erkennbar mit Rechtsbindungswillen gehandelt hat (z.B. er unterschreibt ein Schriftstück, wonach er für die Unfallschäden aufkomme, um den Geschädigten davon abzuhalten, die Polizei zu holen). Aber auch in diesem Fall soll regelmäßig kein neues, abstraktes Schuldverhältnis begründet, sondern lediglich das bestehende (§ 823; § 7 StVG) bestätigt werden. Damit verzichtet der Erklärende auf bekannte Einwendungen; er kann nicht mehr mit Erfolg ein Mitverschulden des Geschädigten geltend machen (str.; vgl. RGRK/Steffen, § 781 Rdnr. 19). Es kommt also auf die Umstände des Einzelfalls an (Näheres: BGH NJW 1984, 799).

§ 34. Spiel und Wette

Schrifttum: St. Lorenz, Gewinnmitteilungen aus dem Ausland: kollisions- **1** rechtliche und international-zivilprozessuale Aspekte von § 661 a BGB, NJW 2000, 3305.

Fälle:

a) A spielt in seiner Wohnung mit B „Siebzehn und vier"; er verliert und zahlt. Später verlangt er das Geld zurück, weil er zur Zahlung nicht verpflichtet gewesen sei.

b) Wie, wenn B zum Spiel gezinkte Karten mitgebracht hätte?

c) Wie, wenn im Fall a das Spiel in einer Gastwirtschaft stattfand und sich auch andere Gäste daran beteiligen konnten?

I. Begriff, Abgrenzung und gesetzliche Regelung

1. Begriff

Spiel und Wette sind Risikoverträge. Beim Spiel überwiegt der Zweck, sich zu unterhalten oder einen Gewinn zu erzielen; bei der Wette geht es vornehmlich um die Bekräftigung einer Behauptung.

Regelmäßig handelt es sich um gegenseitige Verträge, da sich beide Parteien unter entgegengesetzten Bedingungen gegenseitig Leistungen versprechen. Es kann aber auch sein, dass nur eine Partei etwas verspricht (z. B. einseitige Wette: „Du bekommst 50,– Euro, wenn ich Unrecht habe"; vgl. RGZ 61, 153, 156).

Spiele i. S. d. § 762 sind sowohl die Glücksspiele, bei denen der Zufall die entscheidende Rolle spielt (z. B. Würfeln), als auch die Geschicklichkeitsspiele, bei denen es auch auf die Fähigkeit der Spieler ankommt (z. B. Preiskegeln).

2. Abgrenzung

2 Nicht unter Spiel und Wette fallen Auslobung und sportliche Kampfspiele.

a) Auslobung

Der Auslobende, der sich durch einseitige öffentliche Erklärung (z. B. Zeitungsanzeige, Anschlag) zu einer Belohnung verpflichtet, will zu einer Handlung (etwa Wiederbringen einer verlorenen Sache) anspornen und nicht eine Behauptung bekräftigen (Einzelh.: §§ 657 ff.).

Nach § 661a muss ein Unternehmer (§ 14; dazu § 17 Rdnr. 39), der Verbrauchern (§ 13; dazu § 17 Rdnr. 39) Mitteilungen über Gewinne versendet und dabei den Eindruck erweckt, der Verbraucher habe einen Preis gewonnen, diesen Preis auch leisten. Dadurch soll die Praxis unterbunden werden, dass die angeblichen Gewinne nicht ausgehändigt werden und stattdessen versucht wird, den Verbraucher zur Abnahme von Waren zu bewegen, die er an sich nicht haben will. Die angeblichen Gewinne sind aber meist schon deshalb nicht realisierbar, weil der Unternehmer ohne ladungsfähige Anschrift (z. B. nur mit einer Postfachadresse im Ausland) auftritt.

b) Sportliche Kampfspiele

3 Sportliche Kampfspiele dienen nicht in erster Linie dem Vergnügen, sondern der körperlichen Ertüchtigung. Nach heutiger Verkehrsauffassung fallen sie nicht unter § 762, selbst wenn Gewinne winken.

3. Gesetzliche Regelung

a) Kein Erfüllungsanspruch

4 Aus einem Spiel- oder Wettvertrag ergibt sich kein Erfüllungsanspruch (§ 762 I 1). Der Grund für die Nichtklagbarkeit liegt nicht

darin, dass solche Verträge sittlich verwerflich oder gefährlich sind; denn dann wäre es auch dem Staat versagt, etwa staatliche Lotterien einzurichten. Entscheidend ist vielmehr, dass der Staat für solche Verträge wegen ihres mangelnden sittlichen und wirtschaftlichen Zwecks keine gerichtliche Hilfe zur Verfügung stellen will.

b) Kein Rückforderungsanspruch

Deshalb kann auch das aufgrund von Spiel und Wette Geleistete 5 nicht mit der Begründung zurückgefordert werden, eine Verbindlichkeit habe nicht bestanden (§ 762 I 2).

Im **Fall a** ist demnach ein Bereicherungsanspruch des A wegen § 762 I 2 nicht gegeben. Im **Fall b** kann A wegen arglistiger Täuschung anfechten und nach § 812 das Geleistete zurückverlangen; § 762 I 2 greift nicht ein, da hier nicht die Unverbindlichkeit der Spielschuld geltend gemacht wird. Im **Fall c** ist der Spielvertrag nach § 134 nichtig, da es sich um ein strafbares *öffentliches* Glücksspiel handelt (§ 284 I StGB); § 812 ist anwendbar, der Anspruch aber nach § 817, 2 ausgeschlossen.

c) Keine Aufrechnung, kein Zurückbehaltungsrecht

Aus dem Zweck des § 762 I folgt ferner, dass der Gläubiger einer 6 Spiel- oder Wettschuld nicht aufrechnen und auch ein Zurückbehaltungsrecht nicht geltend machen kann.

Dagegen kann der Schuldner einer Spiel- oder Wettschuld diese nicht nur durch Zahlung, sondern auch durch Aufrechnung (z. B. mit einer Kaufpreisforderung) erfüllen.

d) Unverbindlichkeit von Sicherungsrechten

Sicherungsrechte (Bürgschaft, Pfandrecht) für eine Spiel- oder Wett- 7 schuld sind wegen ihrer Akzessorietät zur Hauptschuld ebenfalls unverbindlich. Das muss auch für fiduziarische Rechtsübertragungen (z. B. die Sicherungsübereignung) gelten.

e) Neu eingegangene Verbindlichkeiten

Auch auf neue Verbindlichkeiten, die zum Zweck der Erfüllung 8 einer Spiel- oder Wettschuld eingegangen werden, ist § 762 anwendbar. Das ergibt sich für das Schuldanerkenntnis ausdrücklich aus

§ 762 II, gilt aber auch etwa für das Schuldversprechen (§ 780) und für die Vereinbarung, wonach die Spiel- oder Wettschuld nunmehr als Darlehen geschuldet sein soll (sog. Vereinbarungsdarlehen); denn § 762 II nennt das Schuldanerkenntnis nur als Beispiel.

II. Besonderheiten bei Lotterie- und Ausspielverträgen

9   Staatlich genehmigte Lotterie- oder Ausspielverträge sind verbindlich (§ 763 S. 1). Der Gewinner hat also einen klagbaren Rechtsanspruch auf den Gewinn.

Beispiele: Kauf eines Loses einer staatlichen Klassenlotterie; Abgabe und Annahme eines ausgefüllten Lotto- oder Totoscheins; Setzen bei einer öffentlichen Spielbank; Abschluss eines Prämiensparvertrages mit Auslosung.

Fehlt die staatliche Genehmigung, so ist § 762 anzuwenden (§ 763 S. 2). Bei einer nicht genehmigten öffentlichen Lotterie oder öffentlich veranstalteten Ausspielung sind die Verträge wegen Verstoßes gegen ein gesetzliches Verbot (§ 287 StGB) nichtig (§ 134).

Sechstes Kapitel

Geschäftsführung ohne Auftrag

§ 35. Geschäftsführung ohne Auftrag

Schrifttum: Batsch, Aufwendungsersatzanspruch und Schadensersatzpflicht 1
des Geschäftsführers im Falle berechtigter und unberechtigter Geschäftsfüh-
rung ohne Auftrag, AcP 171, 218; Coester-Waltjen, Das Verhältnis von
Ansprüchen aus Geschäftsführung ohne Auftrag zu anderen Ansprüchen,
Jura 1990, 608; Einsele, Geschäftsführung ohne Auftrag bei nichtigen Verträgen? – BGH, NJW 1997, 47, JuS 1998, 401; Giesen, Grundsätze der
Konfliktlösung im Besonderen Schuldrecht: Das Recht der fremdnützigen
Geschäftsbesorgung (Teil 2 a: Geschäftsführung ohne Auftrag: Die berechtigte GoA), Jura 1996, 225 u. 288; (Teil 2 b: Geschäftsführung ohne Auftrag:
Unberechtigte und unechte GoA), Jura 1996, 344; Gursky, Der Tatbestand
der Geschäftsführung ohne Auftrag, AcP 185, 13; Hau, Geschäftsführung
ohne Verbraucherauftrag, NJW 2001, 2863; Hauß, Ein strapaziertes
Rechtsinstitut – Zur Eingrenzung der Geschäftsführung ohne Auftrag, Festschrift f. Weitnauer, 1980, 333; Henssler, Grundfälle zu den Anspruchsgrundlagen im Recht der Geschäftsführung ohne Auftrag, JuS 1991, 924;
St. Lorenz, Gescheiterte Vertragsbeziehungen zwischen Geschäftsführung
ohne Auftrag und Bereicherungsrecht: späte Einsicht des BGH?, NJW 1996,
883; Martinek/Theobald, Grundfälle zum Recht der Geschäftsführung ohne
Auftrag, JuS 1997, 612, 805 u. 992; 1998, 27; Mellulis, Das Verhältnis von
Geschäftsführung ohne Auftrag zu ungerechtfertigter Bereicherung, 1972;
Oppermann, Konstruktion und Rechtspraxis der Geschäftsführung ohne
Auftrag, AcP 193, 497; Otto, Ausgleichsansprüche des Geschäftsführers bei
berechtigter Geschäftsführung ohne Auftrag, JuS 1984, 684; Reichard, Nego-
tium alienum und ungerechtfertigte Bereicherung, AcP 193, 567; Schreiber,
Das „auch-fremde" Geschäft bei der Geschäftsführung ohne Auftrag, Jura
1991, 155; Schubert, Der Tatbestand der Geschäftsführung ohne Auftrag,
AcP 178, 425; ders., Grenzen der Geschäftsführung ohne Auftrag, NJW
1978, 687; Schwark, Der Fremdgeschäftsführungswille bei der Geschäftsführung ohne Auftrag, JuS 1984, 321; Schwarz/Ernst, Ansprüche des Grund-
stücksbesitzers gegen „Falschparker", NJW 1997, 2550; H. Seiler, Über die
Vergütung von Dienstleistungen des Geschäftsführers ohne Auftrag, Festschrift f. H. Hübner, 1984, 239; ders., Grundfälle zum Recht der Geschäftsführung ohne Auftrag, JuS 1987, 368; Stamm, Die Rückführung der sog.
„auch fremden Geschäfte" von der Geschäftsführung ohne Auftrag auf die
Gesamtschuld, Jura 2002, 730; Weishaupt, Zur Geschäftsführung ohne
Auftrag bei vertraglicher Pflichtbindung des Geschäftsführers, NJW 2000,
1002; Wittmann, Begriff und Funktionen der Geschäftsführung ohne Auftrag, 1981; M. Wolf, Zur Anwendung der Geschäftsführung ohne Auftrag
neben Leistungsbeziehungen, Festschrift f. Mühl, 1981, 703; Wollschläger,
Die Geschäftsführung ohne Auftrag, 1976.

Fälle:

a) Durch Verschulden eines Feuerwerkers brennt beim Feuerwerk ein Kirchturm aus. Der Fiskus übernimmt aufgrund seiner vertraglichen Kirchenbaulast den Wiederaufbau und verlangt von dem Feuerwerker Ersatz der Kosten nach § 683.

b) S befährt mit seinem Pkw vorschriftsmäßig die Landstraße. Der entgegenkommende Radfahrer R gerät ohne Verschulden plötzlich unmittelbar vor den Pkw. S reißt den Wagen nach rechts, fährt in einen Acker und erleidet Verletzungen. Ansprüche des S gegen R?

c) B ist Anhänger einer Sekte, welche die Vornahme von Operationen an Menschen verbietet. Als B den Arzt A aufsucht, nimmt dieser trotz Widerspruchs des B eine kleine, unumgängliche Operation vor. Kann A von B hierfür das Honorar verlangen?

d) A findet den bei einem Autounfall verletzten B bewusstlos auf der Straße und bringt ihn ins Krankenhaus. Er möchte, dass B die Rechnung für die Reinigung der blutbefleckten Autopolster bezahlt.

e) Der Handelsvertreter A beteiligt sich, als er auf dem Wege zu einem Geschäftspartner ist, längere Zeit am Einfangen des entflogenen Vogels der B. Er erkennt dabei die Möglichkeit, dass durch seine Verspätung ein Vertragsschluss scheitern kann. Später verlangt er von B die ihm tatsächlich entgangene Provision.

f) E schreit beim Schwimmen zum Scherz laut um Hilfe. S, der E retten will, beschädigt beim eiligen Ablegen das Ruder seines Schiffes. Er begehrt von E Ersatz der Reparaturkosten.

A) Überblick

I. Begriff

Bei der Geschäftsführung ohne Auftrag (GoA) besorgt jemand (Geschäftsführer) das Geschäft eines anderen (Geschäftsherrn), „ohne von ihm beauftragt oder ihm gegenüber sonst dazu berechtigt zu sein" (§ 677). Die Bezeichnung „Geschäftsführung ohne Auftrag" ist zu eng: Nicht das Fehlen eines Auftragsvertrages, sondern das Fehlen jeden Rechtsverhältnisses zwischen den Beteiligten hinsichtlich der Geschäftsbesorgung kennzeichnet die GoA.

II. Bedeutung

2　　　Durch die Regelung der GoA will das Gesetz einen Interessenausgleich für jene nicht seltenen Fälle schaffen, in denen jemand eine Handlung vornimmt, welche in die Rechtssphäre eines anderen gehört. Das Vorgehen des Handelnden kann dem Betroffenen erwünscht und dienlich sein. Hier ist es angebracht, den Helfer zu privilegieren, Lasten und Risiken also auf den Geschäftsherrn zu verlagern. Andererseits muss der einzelne vor „Besserwissern" geschützt werden. Jeder hat grundsätzlich das Recht, seine eigenen Angelegenheiten selbst zu regeln.

III. Gesetzliche Regelung

1. Echte GoA

Echte GoA liegt vor, wenn jemand *für einen anderen* ein Geschäft   3
führt. Entsprechend der geschilderten Interessenlage unterscheidet das Gesetz zwischen *berechtigter* (Rdnr. 5 ff.) und *unberechtigter* (Rdnr. 150 ff.) GoA.

2. Eigengeschäftsführung

Behandelt jemand ein fremdes Geschäft *als eigenes,* spricht   4
man von Eigengeschäftsführung. Hier unterscheidet das Gesetz zwischen irrtümlicher (§ 687 I; Rdnr. 57) und unerlaubter (§ 687 II; Rdnr. 58 ff.) Eigengeschäftsführung.

B) Berechtigte Geschäftsführung ohne Auftrag

I. Voraussetzungen

Die berechtigte GoA setzt voraus, dass jemand ein Geschäft für   5
einen anderen besorgt, ohne von ihm beauftragt oder ihm gegenüber sonst dazu berechtigt zu sein (§ 677) und dass einer der in §§ 677 ff. genannten Berechtigungsgründe (Rdnr. 22 ff.) vorliegt.

1. Geschäftsbesorgung

Der Begriff der Geschäftsbesorgung in § 677 entspricht dem beim   6
Auftrag (§ 29 Rdnr. 2), so dass nicht nur rechtsgeschäftliche, sondern auch tatsächliche Handlungen erfasst werden.

Bei der GoA nimmt der Geschäftsführer Tätigkeiten im fremden Interesse und Sorgenkreis wahr. Daher fordert die überwiegende Auffassung über den Wortlaut von § 677 hinaus, es müsse sich bei der besorgten Angelegenheit um ein fremdes Geschäft handeln. Das Erfordernis der Fremdheit wird jedoch zunehmend in Frage gestellt (Soergel/Beuthien, § 677 Rdnr. 3). Für diese Ansicht spricht, dass der Fremdheit des Geschäfts neben dem Fremdgeschäftsführungswillen (Rdnr. 7 ff.) keine wesentliche Bedeutung zukommt, was insbesondere beim sog. subjektiv-fremden Geschäft offenbar wird.

2. Fremdgeschäftsführungswille

7   Die GoA setzt voraus, dass das Geschäft *für einen anderen* geführt wird (§ 677). Der Geschäftsführer muss also mit Fremdgeschäftsführungswillen handeln. Dazu gehören das Bewusstsein und der Wille, eine Angelegenheit, die eigentlich der Sorge eines anderen obliegt, weil sie in dessen Rechtskreis gehört, für diesen zu besorgen. Der Geschäftsführer muss wissen und wollen, dass die Vorteile des Geschäfts dem anderen zugute kommen. Ausgeschlossen ist ein Fremdgeschäftsführungswille bei solchen Geschäften, die lediglich den eigenen Interessenkreis des Geschäftsführers betreffen.

8   Bewusstsein und Wille, ein fremdes Geschäft zu führen, können auch vorliegen, wenn die Geschäftsbesorgung in einer reflexhaften Handlung besteht. So kann bei der „Selbstgefährdung im Straßenverkehr" (**Fall b**) ein Fremdgeschäftsführungswille selbst dann gegeben sein, wenn der Kraftfahrer in einer spontanen, also vom Bewusstsein nicht kontrollierten Reaktion das Steuer herumreißt, um einen anderen Verkehrsteilnehmer nicht zu schädigen, wobei er eine Eigenschädigung in Kauf nimmt. Nach BGHZ 38, 270 besorgt der Fahrer das Geschäft nur dann für einen anderen, wenn er zumindest auch den Zweck verfolgt, den anderen vor Schaden zu bewahren, und der Zusammenstoß ein durch höhere Gewalt verursachtes Ereignis (§ 7 II StVG) gewesen wäre, so dass der Fahrer nicht nur versucht, seiner eigenen Haftung nach § 7 I StVG zu entgehen.

9   Unerheblich ist, ob der Geschäftsführer den Geschäftsherrn kennt. Es genügt, dass er für einen anderen handeln will. Daher ist auch ein Irrtum über die Person des Geschäftsherrn unschädlich (§ 686).

Beispiel: Wenn A bei einem fremden Haus ausströmendes Gas bemerkt und die Feuerwehr anruft, liegt Geschäftsführung für einen anderen vor. A braucht sich keine Vorstellungen über die Person des Hauseigentümers zu machen. Hält er aber fälschlich den B für den Eigentümer, darf ihm daraus kein Nachteil (Versagung des Anspruchs auf Aufwendungsersatz; Rdnr. 44 ff.) entstehen.

Der Wille zur Fremdgeschäftsführung ist als innere Tatsache oft **10** schwer nachweisbar. Daher hat die Rechtsprechung folgende *Beweislastregel* entwickelt:

a) Objektiv fremdes Geschäft

Wenn das Geschäft bereits äußerlich erkennbar zu einer fremden Interessensphäre gehört (= objektiv fremdes Geschäft), ist der Fremdgeschäftsführungswille anzunehmen, wenn dem Geschäftsführer die Fremdheit des Geschäfts bewusst ist (vgl. § 687 I) und er das Geschäft nicht nur als eigenes führen will (vgl. § 687 II). Der Fremdgeschäftsführungswille wird also bei einem objektiv fremden Geschäft vermutet (BGHZ 98, 240; BGH DB 2000, 1560, 1561); für die Annahme, dass hier ausschließlich ein Eigengeschäft geführt werden soll, müssen schon besondere Umstände vorliegen.

Zu den objektiv fremden Geschäften sind regelmäßig diejenigen Handlungen zu zählen, die unmittelbar darauf abzielen, fremde Rechtsgüter vor Gefahr oder Schaden zu bewahren.

Beispiele: A rettet das Kind eines anderen vor einem heranfahrenden Auto. B repariert das Dach seines Nachbarn.

b) Subjektiv fremdes Geschäft

Bei Geschäften, die nach ihrem Inhalt keinen fremden Rechtskreis **11** betreffen, muss der Fremdgeschäftsführungswille äußerlich erkennbar in Erscheinung getreten sein (BGHZ 82, 323; BGH DB 2000, 1560, 1561; = subjektiv fremdes Geschäft).

Beispiel: Kauft A einen Kupferstich, so besteht objektiv keine Beziehung zu fremden Angelegenheiten. Wenn aber A dieses Bild erkennbar deshalb erwirbt, weil er es seinem Freud B, dem es zur Vervollständigung einer Serie fehlt, verschaffen will, handelt er i. S. d. § 677 „für einen anderen".

c) Auch-fremdes Geschäft

Wenn der Geschäftsführer neben der fremden Angelegenheit auch **12** eine eigene mitbesorgt (= auch-fremdes Geschäft), wird sein Fremdgeschäftsführungswille ebenso wie bei einem ausschließlich fremden

Geschäft vermutet (st. Rspr. des BGH, DB 2000, 1560, 1561 u. NJW 2000, 422 f., jeweils m. w. N.).

Beispiele: Der Mieter löscht den Wohnungsbrand. Der Eigentümer eines Reihenhauses löscht den Brand im Nachbarhaus.

13   Allerdings ist die Vermutung eines Fremdgeschäftsführungswillens dann zweifelhaft, wenn sich das Doppelinteresse aus einer *gesetzlichen oder rechtsgeschäftlichen Verpflichtung* des Geschäftsführers ergibt. Hier wird man mit der im Schrifttum und unter den Instanzgerichten verbreiteten Gegenansicht eine GoA – wenn überhaupt – allenfalls dann annehmen können, wenn konkrete Anhaltspunkte für den Fremdgeschäftsführungswillen vorliegen. Im Einzelnen ist wie folgt zu unterscheiden:

14   aa) Besteht für den Geschäftsführer eine *allgemeine öffentlichrechtliche Pflicht,* „für einen anderen" tätig zu werden (z. B. Hilfeleistungspflicht nach § 323 c StGB), wird der Wille, ein fremdes Geschäft zu führen, gegeben sein; denn mit der Erfüllung dieser Pflicht besorgt der Geschäftsführer gleichzeitig ein objektiv fremdes Geschäft (**Fall d**).

15   bb) Besteht eine *spezielle öffentlich-rechtliche Pflicht* des Geschäftsführers, erscheint es fraglich, ob er mit seinem pflichtgemäßen Handeln gleichzeitig ein Geschäft für einen anderen besorgt.

Beispiele: A reißt aufgrund einer Aufforderung des Ordnungsamtes die einsturzbedrohte freistehende Giebelmauer ab, die sein zerstörtes Haus mit dem Haus des B gemeinsam hatte (BGHZ 16, 12). Die Feuerwehr löscht einen Brand, der durch Funkenflug aus einer Lokomotive der Bundesbahn verursacht wurde (BGHZ 40, 28; vgl. auch BGHZ 63, 167).

Hier ist die Annahme einer GoA jedenfalls dann bedenklich, wenn es um eine Geschäftsführung durch die öffentliche Hand (z. B. zur Gefahrenabwehr) geht. Für das Verhältnis zwischen Staat und Bürger enthalten die Verwaltungsvollstreckungs- und Kostengesetze eine abschließende Regelung über die Erstattung der Kosten einer hoheitlichen Maßnahme (vgl. Staudinger/Wittmann, Vorbem. zu §§ 677 ff. Rdnr. 662; Maurer, JuS 1970, 563).

16   cc) Besorgt der Geschäftsführer ein Geschäft, wozu er *aufgrund eines Vertrages mit einem Dritten diesem gegenüber verpflichtet* ist, soll nach einer zum Teil vertretenen Ansicht ein Fremdgeschäftsfüh-

rungswille und damit eine GoA im Verhältnis zum Geschäftsherrn nicht ausgeschlossen sein, sofern der Geschäftsführer auch im Hinblick auf den Geschäftsherrn handelt (BGHZ 40, 31; 63, 169). Richtiger Ansicht nach stehen dem Geschäftsführer jedoch nur Ansprüche gegen seinen Vertragspartner zu. Selbst wenn der Vertrag nichtig sein sollte, kann sich der Geschäftsführer mit der Leistungskondiktion (dazu § 37) an den Partner halten. Ein nur subsidiärer Anspruch wegen Bereicherung in sonstiger Weise (dazu § 38) gegen den Geschäftsherrn scheidet aus. Diese gesetzliche Wertung würde umgangen, wenn man eine GoA bejahte.

dd) Sind *mehrere Schuldner verpflichtet,* den Schaden eines Drit- 17
ten zu ersetzen, so fragt sich, ob im Innenverhältnis der Schuldner die Grundsätze der GoA anwendbar sind, wenn einer die Schuld begleicht. Mit der Erfüllung der eigenen Schadensersatzpflicht nimmt der Leistende nach wohl h. L. (Medicus, BürgR, Rdnr. 415) nicht zugleich ein Geschäft des Mitschädigers vor, zumal dieser von seiner Leistungspflicht nicht befreit wird.

(1) Sind die Schädiger *Gesamtschuldner,* ist § 426 gegenüber den Vorschriften der GoA als abschließende Regelung des Ausgleichs im Innenverhältnis anzusehen (Erman/Ehmann, Vor § 677 Rdnr. 18 ff.; a. A. BGH NJW 1979, 598).

(2) Leistet einer von mehreren Verpflichteten, die *nicht Gesamt-* 18
schuldner sind, nimmt der Leistende kein Geschäft der anderen Schuldner vor.

Beispiel: A leiht ihrer Freundin B ihren Schmuck. Dieser wird der B infolge eines Verschuldens durch D gestohlen. Leistet D der A Schadensersatz, führt er kein Geschäft der B, da nicht B, sondern D den Schaden letztlich zu ersetzen hat (vgl. § 255). Leistet umgekehrt B, so wird D nicht von seiner Schadensersatzpflicht befreit (vgl. § 255); A muss den Schadensersatzanspruch gegen D an B abtreten.
Im **Fall a** führt der Fiskus entgegen RGZ 82, 206 (Dombrandfall) mit dem Wiederaufbau kein Geschäft des Feuerwerkers. Denn dieser wird von seiner Schadensersatzpflicht nicht frei. Der Fiskus muss sich entsprechend § 255 den Ersatzanspruch der Kirchengemeinde gegen den Feuerwerker abtreten lassen (str.; vgl. Selb, NJW 1963, 2056).

(3) Erbringt ein *Unterhaltspflichtiger* im Rahmen seiner Unterhalts- 19
pflicht *Leistungen zur Ausgleichung eines* dem Unterhaltsberechtigten entstandenen *Schadens,* für den der Schädiger einzustehen hat,

so führt der Unterhaltspflichtige kein Geschäft des Schädigers (str.).
Denn auch hier bleibt dessen Schadensersatzpflicht bestehen (z. B.
§ 843 IV; § 44 Rdnr. 5).

3. Ohne Auftrag oder sonstige Berechtigung

20   Eine GoA liegt nicht vor, wenn der Geschäftsführer vom Geschäftsherrn bereits mit der Geschäftsbesorgung „beauftragt oder ihm gegenüber sonst dazu berechtigt" (§ 677) ist. Dann wird nämlich das
Rechtsverhältnis zwischen den Beteiligten durch die Bestimmungen
des Auftrags- oder sonstigen Berechtigungsverhältnisses geregelt.

Unter Auftrag i. S. d. § 677 ist jeder verpflichtende Vertrag zu verstehen; sonstige Berechtigung ist jede gesetzlich eingeräumte Befugnis, die Geschäfte eines anderen zu besorgen (z. B. als Organ einer
jur. Person, Eltern gegenüber Kindern).

Kein Auftrags- oder sonstiges Berechtigungsverhältnis wird jedoch durch
allgemeine öffentlich-rechtliche Pflichten (z. B. Hilfeleistungspflicht gem.
§ 323 c StGB; **Fall d**) begründet; denn diese bestehen nur gegenüber der Allgemeinheit, nicht jedoch gegenüber dem Geschäftsherrn. Deshalb kommt
GoA in Betracht.

21   Nach h. M. finden die Regeln der GoA auch dann Anwendung,
wenn der zwischen Geschäftsherrn und Geschäftsführer geschlossene
Vertrag nichtig ist (BGHZ 37, 258; 39, 87; BGH BB 1993, 95).
Gegen diese Ansicht spricht neben dem Fehlen eines Fremdgeschäftsführungswillens, dass für die Rückabwicklung rechtsgrundloser
Leistungen vom Gesetz nur die Leistungskondiktion (§ 37) vorgesehen ist. Deshalb sind weitergehende Ansprüche aus GoA ausgeschlossen.

4. Berechtigung zur Übernahme der Geschäftsbesorgung

22   Die Übernahme der Geschäftsbesorgung ist nur berechtigt, wenn
einer der drei im Gesetz genannten Berechtigungsgründe vorliegt
(§§ 683 S. 1, 683 S. 2, 684 S. 2). Es reicht nicht aus, dass der Geschäftsführer irrig annimmt, die Voraussetzungen dieser Berechtigungsgründe seien gegeben.

a) Übernahme im Interesse und mit Willen des Geschäftsherrn

Nach § 683 S. 1 ist die GoA berechtigt, wenn die Übernahme der Geschäftsführung dem Interesse und dem wirklichen oder mutmaßlichen Willen des Geschäftsherrn entspricht.

aa) Diese Voraussetzungen müssen im *Zeitpunkt der Übernahme* gegeben sein. Denn die Rechtmäßigkeit der GoA soll nicht von der gesamten, möglicherweise umfangreichen Ausführung der Geschäftsbesorgung abhängen. Entscheidend ist bei § 683 S. 1, dass die Übernahme der *konkreten* Geschäftsführung durch *diesen* Geschäftsführer dem Interesse und dem Willen des Geschäftsherrn entspricht.

Beispiel: Brennt im Haus des verreisten A das Licht, so entspräche es zwar dem Willen und Interesse des A, wenn die Lampen ausgeschaltet würden. Berechtigte GoA liegt aber nur vor, wenn die konkrete Art, in der dieses Ziel zu erreichen ist (etwa Öffnen mit einem Nachschlüssel, nicht Einschlagen der Tür), und die Vornahme durch die bestimmte Person (etwa den zuverlässigen Nachbarn, nicht den Landstreicher) dem Willen und dem Interesse des A entsprechen.

bb) Soll die GoA nach § 683 S. 1 berechtigt sein, so muss die Über-   23
nahme dem *Interesse* und dem wirklichen oder dem mutmaßlichen *Willen* des Geschäftsherrn entsprechen.

(1) Die Übernahme muss im *objektiven Interesse* des Geschäftsherrn liegen. Denn aus der Gegenüberstellung von Wille und Interesse in § 683 ergibt sich, dass das Interesse nicht subjektiv gemeint sein kann. Wäre Interesse hier gleichbedeutend mit dem, was der Geschäftsherr für wünschenswert hält, dann bestünde im Ergebnis kein Unterschied zwischen Interesse und Wille.

Es ist also vom Standpunkt eines objektiven Betrachters aus festzustellen, ob die Übernahme dem Geschäftsherrn nützlich ist und daher in seinem wohlverstandenen Interesse liegt. Hierbei sind sämtliche Umstände zu beachten, die mit der Person des Geschäftsherrn, der Art der Geschäftsbesorgung und der Person des Geschäftsführers zusammenhängen.

(2) *Wirklicher Wille* i. S. d. § 683 S. 1 ist nur der vom Geschäfts-   24
herrn tatsächlich zum Ausdruck gebrachte Wille. Der Geschäftsführer braucht die Willensäußerung nicht zu kennen.

Im **Fall f** entspricht die Rettungsaktion zwar nicht dem inneren, wohl aber dem hier allein entscheidenden geäußerten Willen des E.

25   Der *mutmaßliche Wille* ist von Bedeutung, falls ein wirklicher
Wille nicht erkannt werden kann. Beim mutmaßlichen Willen ist danach zu fragen, ob der Geschäftsherr bei objektiver Beurteilung der
Gesamtumstände der Geschäftsübernahme zugestimmt hätte. Daher
wird der mutmaßliche Wille in der Regel mit dem objektiven Interesse übereinstimmen.

> **Beispiel:** Zahlt A die Schuld des B bei C, so erlischt die Forderung des C
> (§ 362 I, § 267 I). Gleichzeitig entfällt eine etwaige Aufrechnungsmöglichkeit
> des B; B könnte auch keine Verjährungseinrede mehr erheben. Regelmäßig
> wird daher die Zahlung einer fremden Schuld dem Interesse und dem mut-
> maßlichen Willen des Schuldners widersprechen. Das kann anders sein, wenn
> etwa der Schuldner durch die Zahlung einen „unangenehmen" Gläubiger
> verliert (vgl. BGHZ 47, 370); dann wäre die GoA berechtigt, und A hätte
> gegen B einen Aufwendungsersatzanspruch nach §§ 683, 670 (Rdnr. 43 ff.).

26   (3) Für das *Verhältnis von Wille und Interesse* ergibt sich Folgendes: Nach dem Gesetzeswortlaut ist die Geschäftsführung nur berechtigt, wenn die Übernahme dem Interesse *und* dem wirklichen
oder mutmaßlichen Willen des Geschäftsherrn entspricht. Zweifelhaft ist allerdings, ob die GoA unberechtigt ist, wenn sie zwar nicht
dem Interesse des Geschäftsherrn, wohl aber seinem wirklichen oder
geäußerten Willen entspricht. Hier ist das Vorliegen des Willens als
ausreichend anzusehen (Medicus, BürgR, Rdnr. 422; a. A. Larenz,
§ 57 I a).

> Im **Fall f** stellt also die Rettungsaktion eine berechtigte GoA dar. Zwar
> läuft sie dem objektiven Interesse des E zuwider; darauf kommt es aber nicht
> an, weil sie dem geäußerten Willen entspricht.

b) Übernahme im Widerspruch zum Willen des Geschäftsherrn

27   Widerspricht die Übernahme dem Willen des Geschäftsherrn, obwohl sie in seinem objektiven Interesse liegt, kann sie dennoch nach
§ 683 S. 2 i. V. m. § 679 berechtigt sein.

aa) Der erste Fall des § 679 ist gegeben, wenn durch die Geschäftsbesorgung einer *Pflicht des Geschäftsherrn, deren Erfüllung
im öffentlichen Interesse liegt* und die andernfalls nicht rechtzeitig
erfüllt worden wäre, nachgekommen wird.

Es muss sich stets um eine *Rechtspflicht* handeln. Über § 679 soll
nicht im Ergebnis die Erfüllung sittlicher Pflichten erzwingbar gemacht werden (Prot. II, 738 ff.).

Eine Pflicht, ärztliche Eingriffe an sich vornehmen zu lassen, besteht im allgemeinen nicht, so dass auch etwa die notwendige Operation eines Arztes gegen den Willen des Patienten keine berechtigte GoA ist. Im **Fall c** kann A aus GoA – vertragliche Ansprüche scheiden mangels Einigung aus – kein Honorar beanspruchen.

An der Pflichterfüllung muss ein *öffentliches Interesse* bestehen. **28** Dabei reicht ein nur allgemeines öffentliches Interesse an der Erfüllung nicht aus. Denn die Erfüllung von Rechtspflichten, d. h. die Wahrung der Rechtsordnung, liegt stets im Gemeininteresse. Vielmehr ist in § 679 ein gesteigertes öffentliches Interesse gemeint.

Beispiele: Zu den – selteneren – *privatrechtlichen* Pflichten, deren Erfüllung im öffentlichen Interesse liegt, zählen etwa Verkehrssicherungspflichten (vgl. § 41 Rdnr. 32 ff.), die Pflicht aus § 618, nicht dagegen regelmäßig die Pflicht zur Bezahlung von Schulden. *Öffentlich-rechtliche* Pflichten, an deren Erfüllung ein besonderes öffentliches Interesse besteht, sind beispielsweise die Pflichten des Störers nach dem Polizei- und Ordnungsrecht.

Nicht nur die Erfüllung der Rechtspflicht, sondern auch das *Eingreifen* des Geschäftsführers muss *im öffentlichen Interesse* liegen.

Beispiel: Ist jemand rechtskräftig zu einer Geldstrafe verurteilt, dann liegt es im öffentlichen Interesse, dass er sie bezahlt. Dem Zweck der Strafe, dessen Erreichung im öffentlichen Interesse liegt, läuft es zuwider, wenn ein anderer zahlt.

bb) *Gesetzliche Unterhaltspflichten* i. S. d. § 679 sind solche des **29** Familienrechts (vgl. etwa §§ 1360 f., 1601 ff.) und des Erbrechts (vgl. etwa § 1969). Unterhaltspflichten, die nur auf Vertrag beruhen, scheiden hier aus.

cc) Die Übernahme der Geschäftsführung ist nicht allein deshalb **30** berechtigt, weil ein entgegenstehender Wille des Geschäftsherrn gegen ein sittliches Gebot verstößt. Deshalb kommt eine analoge Anwendung des § 679 bei der Rettung eines Selbstmörders nicht ohne weiteres, sondern nur dann in Betracht, wenn dessen entgegenstehender Wille aufgrund einer Geistesstörung analog §§ 104 II, 105 unbeachtlich ist. Andernfalls kann der Retter allerdings einen Schadensersatzanspruch nach § 823 I wegen „Herausforderung" haben.

c) **Genehmigung durch den Geschäftsherrn**

Der dritte Grund, der eine GoA zur berechtigten macht, ist die **31** Genehmigung durch den Geschäftsherrn (§ 684 S. 2). Sie kann bei

Kenntnis des Geschäftsherrn von der Geschäftsbesorgung auch stillschweigend erfolgen, was insbesondere der Fall sein wird, wenn der
Geschäftsherr das aus der Geschäftsbesorgung Erlangte herausverlangt. Die in § 684 S. 2 angesprochene Genehmigung bezieht sich
auf die Übernahme des Geschäftes. Ob der Geschäftsherr damit
auch die Art und Weise der Ausführung des Geschäfts in die Genehmigung einbeziehen will (was für einen Schadensersatzanspruch
– 39 – von Bedeutung sein könnte), ist Tatfrage. Regelmäßig wird
man dies aber annehmen können, wenn dem Geschäftsherrn die
Umstände der Ausführung bekannt waren.

Von der Genehmigung der Übernahme der Geschäftsbesorgung (Innenverhältnis) ist die Genehmigung der Verträge, welche der Geschäftsführer als
Vertreter ohne Vertretungsmacht (§ 177) mit Dritten geschlossen hat (Außenverhältnis), zu trennen. Inwieweit die Genehmigung im Innenverhältnis sich
auch auf das Außenverhältnis beziehen soll, ist durch Auslegung zu ermitteln.

5. Geschäftsfähigkeit der Beteiligten?

a) Beim Geschäftsherrn

32   Berechtigte GoA kann auch gegenüber einem geschäftsunfähigen
oder beschränkt geschäftsfähigen Geschäftsherrn erfolgen (Mot. II,
865; Prot. II, 739). Soweit es dabei auf den Willen des Geschäftsherrn ankommt (§ 683, § 684 – Genehmigung), ist auf den Willen
des gesetzlichen Vertreters abzustellen.

b) Beim Geschäftsführer

33   Ob die berechtigte GoA Geschäftsfähigkeit des Geschäftsführers
voraussetzt, ist streitig. Die Übernahme wird ganz überwiegend als
geschäftsähnliche Handlung angesehen; auf eine solche Handlung
werden regelmäßig die §§ 104 ff. entsprechend angewandt. Deshalb
wird teilweise angenommen, dass jedenfalls dann, wenn die Geschäftsbesorgung rechtsgeschäftliches Handeln umfassen soll, eine Übernahme durch den *Geschäftsunfähigen* nicht wirksam erfolgen könne.
Der *beschränkt Geschäftsfähige* bedarf nach dieser Ansicht der Zustimmung des gesetzlichen Vertreters.

Diese Meinung überzeugt nicht. Eine entsprechende Anwendung der
§§ 104 ff. ist im Fall der Übernahme einer rechtsgeschäftlichen Geschäfts-

besorgung nicht erforderlich. Denn der Geschäftsunfähige oder beschränkt Geschäftsfähige kann sich selbst nicht wirksam rechtsgeschäftlich verpflichten; er haftet auch nicht als Vertreter ohne Vertretungsmacht (§ 179 III 2). Für die Übernahme rein tatsächlicher Handlungen (Rettung durch Minderjährige, Geisteskranke) erscheint eine entsprechende Anwendung der §§ 104 ff. ohnehin nicht geboten. Das Schuldverhältnis der berechtigten GoA kann daher auch mit dem Geschäftsunfähigen und dem beschränkt Geschäftsfähigen entstehen, ohne dass es einer Zustimmung des gesetzlichen Vertreters bedarf (vgl. auch § 682). Die abzulehnende Meinung führt zu einer unberechtigten Schlechterstellung des Geschäftsunfähigen und des beschränkt Geschäftsfähigen; denn ihnen stünde danach niemals ein Aufwendungsersatzanspruch gem. § 683 zu, weil ihre Geschäftsführung stets unberechtigt wäre. Im übrigen wird auch der Geschäftsherr hinreichend dadurch geschützt, dass bei der Prüfung der Frage, ob die Übernahme seinem Interesse entspricht, dieses Interesse sich auch auf die Person des Geschäftsführers erstrecken muss (vgl. Rdnr. 22).

II. Folgen der berechtigten Geschäftsführung ohne Auftrag

1. Pflichten des Geschäftsführers

a) Ordnungsgemäße Geschäftsführung

Nach § 677 hat der Geschäftsführer das Geschäft ordnungsmäßig   34
zu führen, nämlich so, wie es das Interesse des Geschäftsherrn mit Rücksicht auf dessen wirklichen oder mutmaßlichen Willen erfordert.

Interesse, wirklicher und mutmaßlicher Wille sind wie in § 683 (Rdnr. 22 ff.) zu verstehen. Im Vordergrund steht bei § 677 aber das *Interesse* des Geschäftsherrn. Das ergibt sich aus einem Vergleich des Wortlauts von § 677 und § 683. Grund für die geringere Berücksichtigung des Willens ist, dass der Geschäftsführer einer berechtigten GoA bei der Ausführung freier gestellt sein soll als bei der Übernahme.

Aus § 677 ergibt sich *keine Pflicht zur Fortführung* der einmal   35
übernommenen Geschäftsbesorgung. Sie kann lediglich im Einzelfall aus Treu und Glauben erwachsen.

Beispiel: Hat A die Ausweispapiere des B, die dieser auf einer Bank liegengelassen hat, an sich genommen, um sie ihm zurückzugeben, so ist er verpflichtet, die Papiere zu verwahren und alle notwendigen und zumutbaren Schritte zur Rückerstattung zu unternehmen.

b) Sonstige Pflichten

In § 681 werden, teils durch Verweisung auf das Auftragsrecht,   36
die wichtigsten sonstigen Pflichten des Geschäftsführers geregelt.

aa) Nach § 681 S. 1 trifft den Geschäftsführer der berechtigten GoA die Pflicht, die *Geschäftsübernahme anzuzeigen*, sobald es tunlich ist, und die Entschließung des Geschäftsherrn abzuwarten, soweit nicht Gefahr droht.

37   bb) Der Geschäftsführer hat *Nachricht zu geben, Auskunft zu erteilen und Rechenschaft abzulegen* (§§ 681 S. 2, 666).

38   cc) Ebenso wie der Beauftragte muss der Geschäftsführer der berechtigten GoA *das aus der Geschäftsbesorgung Erlangte herausgeben* (§§ 681 S. 2, 667); u. U. trifft ihn eine Verzinsungspflicht (§§ 681 S. 2, 668). Es gelten hier die gleichen Grundsätze wie im Auftragsrecht (§ 29 Rdnr. 16 ff.).

Eine Ausnahme gilt für den geschäftsunfähigen und den beschränkt geschäftsfähigen Geschäftsführer. Da sie nur nach den Vorschriften über den Schadensersatz wegen unerlaubter Handlung und über die Herausgabe einer ungerechtfertigten Bereicherung in Anspruch genommen werden können (§ 682), finden auf sie die Bestimmungen der §§ 681 S. 2, 667, 668 keine Anwendung.

Neben dem Herausgabeanspruch nach §§ 681 S. 2, 667 besteht kein Bereicherungsanspruch. Die berechtigte GoA bildet insoweit einen Rechtsgrund.

c) Schadensersatzpflicht

39   Verletzt der Geschäftsführer schuldhaft seine Pflichten aus § 677 oder § 681 und entsteht dem Geschäftsherrn hieraus ein Schaden, so ist der Geschäftsführer nach den allgemeinen Regeln zum Schadensersatz verpflichtet (§§ 280 ff., 823 ff.).

Verletzt der Geschäftsführer ohne Verstoß gegen seine Pflichten aus §§ 677, 681 ein Rechtsgut des Geschäftsherrn (der Nachbar drückt ein Fenster ein, um einen Wasserschaden zu verhindern), ist umstritten, ob die berechtigte GoA einen eigenen Rechtfertigungsgrund im Rahmen der §§ 823 ff. darstellt oder ob ein rechtfertigender Notstand anzunehmen ist (vgl. MüKo/ Seiler, Vor § 677 Rdnr. 17). Ein Schadensersatzanspruch des Geschäftsherrn wird in aller Regel jedenfalls mangels Schadens (Vorteilsausgleichung) scheitern.

40   aa) Eine Haftungsbeschränkung besteht nach § 682 für den geschäftsunfähigen oder beschränkt geschäftsfähigen Geschäftsführer, dessen Geschäftsführung der gesetzliche Vertreter nicht zugestimmt hat. Der Geschäftsführer muss hier für Pflichtverletzungen nur im

Rahmen der Vorschriften über die ungerechtfertigte Bereicherung und die unerlaubte Handlung einstehen.

Bei § 682 handelt es sich (nach allerdings umstrittener Ansicht) um eine Rechtsgrundverweisung. Es muss also der Tatbestand einer unerlaubten Handlung vorliegen und Verschuldensfähigkeit nach den §§ 827, 828 (§ 40 Rdnr. 7 f.) gegeben sein.

bb) Der Geschäftsführer hat *nur Vorsatz und grobe Fahrlässig-* 41 *keit* zu vertreten, wenn die Geschäftsführung die *Abwendung einer dem Geschäftsherrn drohenden dringenden Gefahr* bezweckt hat (§ 680).

(1) Die Haftungserleichterung nach § 680 setzt voraus, dass nach der *Vorstellung* des Geschäftsführers die Geschäftsführung zur Abwendung einer drohenden Gefahr dienen sollte. Nicht erforderlich ist, dass eine solche Gefahr tatsächlich bestand (str., **Fall f**). Der Geschäftsführer muss jedoch unter Anwendung der in der konkreten Situation möglichen Sorgfalt geprüft haben, ob die Gefahrenlage gegeben war. Unterließ er die gewissenhafte Prüfung, so greift § 680 nicht ein.

(2) Die dem Geschäftsherrn nach der Vorstellung des Geschäfts- 42 führers drohende Gefahr kann sich auf die *Person des Geschäftsherrn* oder auf sein *Vermögen* beziehen. Eine entsprechende Anwendung des § 680 ist gerechtfertigt, wenn der Geschäftsführer von einer Gefahr für die nächsten *Angehörigen des Geschäftsherrn* ausgehen durfte.

2. Pflicht des Geschäftsherrn zum Aufwendungsersatz

Der Geschäftsherr muss dem Geschäftsführer „wie einem Beauf- 43 tragten" Ersatz seiner Aufwendungen leisten (§ 683 S. 1).

a) Erstattung der erforderlichen Aufwendungen

Dem Geschäftsführer sind also vom Geschäftsherrn sämtliche freiwilligen Vermögensopfer, die er den Umständen nach für erforderlich halten durfte, zu erstatten (§ 670; dazu § 29 Rdnr. 25 ff.).

Für die *eigene Arbeit* kann der Geschäftsführer nach h. M. dann eine Ver- 44 gütung verlangen, wenn die Tätigkeit seinem Beruf oder Gewerbe angehört hat (vgl. BGHZ 69, 36). Die von der h. M. (Erman/Ehmann, § 683 Rdnr. 8) vorgenommene analoge Anwendung des § 1835 III ist hier, anders als im Auftragsrecht (vgl. § 29 Rdnr. 27), zu billigen. Der Geschäftsführer verpflichtet sich nicht wie ein Beauftragter zu einem unentgeltlichen Tun. Sein Verhalten liegt ähnlich dem des Vormunds letztlich im öffentlichen Interesse; oft wird es von der Rechtsordnung sogar als Pflicht gefordert (§ 323 c StGB). Auch kann der Geschäftsherr nicht erwarten, dass ihm Arbeitsleistungen, die er üblicherweise nur gegen Entgelt verlangen kann, umsonst erbracht werden. Allerdings darf eine Vergütung des Geschäftsführers nicht zu Wertungswidersprüchen führen. So bleiben nach allgemeinen Regeln eigene Aufwendungen im Vorfeld eines Vertragsschlusses unvergütet, wenn es nicht zu einem Vertragsschluss kommt; vielmehr trägt jede Seite selbst das Risiko eines Scheiterns der Vertragsverhandlungen. Aufgrund dieser Risikoverteilung hat auch der gewerbliche „Erbensucher", der aus eigenem Antrieb unbekannte Erben ermittelt, gegen diese keinen Vergütungsanspruch aus GoA, selbst wenn man insoweit eine Fremdgeschäftsführung bejaht (BGH DB 2000, 1560, 1561).

45   Erleidet der Geschäftsführer *Schäden,* so steht ihm unter den gleichen Voraussetzungen wie beim Auftrag ein Aufwendungsersatzanspruch entsprechend § 670 zu. Denn die Interessenlage unterscheidet sich bei der GoA insoweit nicht von der des Auftrags. Der Geschäftsherr hat also für jene Schäden Ersatz zu leisten, die (wie im **Fall d**) als Folge der typischen und erkennbaren Gefahrenlage der Geschäftsbesorgung aufgetreten sind (vgl. § 29 Rdnr. 32).

46   Der Geschäftsführer ist wie der Beauftragte gegen Schäden unfallversichert, wenn die Voraussetzungen des § 2 I Nr. 13 a SGB VII gegeben sind (vgl. § 29 Rdnr. 33). Der gleichzeitig bestehende Anspruch des geschädigten Geschäftsführers gegen den Geschäftsherrn gem. §§ 683, 670 geht nach h. M. nicht zu Lasten des Geschäftsherrn gem. § 116 I SGB X auf den Sozialversicherungsträger über, sondern er verringert sich im Umfang der Versicherungsleistungen (MüKo/Seiler, § 683 Rdnr. 21).

47   Wirtschaftliche Verluste, die der Geschäftsführer dadurch erleidet, dass er wegen der Geschäftsführung in seiner *Berufsausübung gehindert* wird, sind dann zu ersetzen, wenn es sich um Schäden handelt, in denen sich eine typische und erkennbare Gefahr verwirklicht hat. Besteht das Risiko unverhältnismäßig hoher Schäden für den Geschäftsführer, ist besonders zu prüfen, ob die Übernahme der Geschäftsbesorgung dem Interesse des Geschäftsherrn entspricht.

Im **Fall e** besteht demnach kein Aufwendungsersatzanspruch. Wenn A dagegen die B vor dem Ertrinken gerettet hätte, könnte er Ersatz des ihm entstandenen Schadens verlangen (keine Unverhältnismäßigkeit).

b) Wegfall oder Einschränkung der Aufwendungsersatzpflicht

Die Pflicht des Geschäftsherrn zum Aufwendungsersatz kann *ent-* 48
fallen oder eingeschränkt sein:

Kein Anspruch auf Ersatz der Aufwendungen besteht, wenn der
Geschäftsführer nicht die Absicht hatte, von dem Geschäftsherrn
Ersatz zu verlangen (§ 685).

Bestand an der Geschäftsbesorgung ein *Eigeninteresse* des Geschäftsführers, so kann er auch nur anteiligen Ersatz der Aufwendungen verlangen.

Mitwirkendes Verschulden des verletzten Geschäftsführers kann
zu einer Minderung seiner Ersatzansprüche wegen erlittener Schäden
führen (§ 254). Bezweckte die Geschäftsführung jedoch die Abwendung einer dem Geschäftsherrn drohenden Gefahr, so gilt die Haftungseinschränkung des § 680: Bei nur leichter Fahrlässigkeit kann
ein Mitverschulden nicht angenommen werden (BGHZ 43, 188,
194; BGH DB 1972, 721; **Fall f**). Dem Geschäftsführer soll das
Risiko eigener Verluste durch spontane Hilfeleistung abgenommen
werden.

Eine Schadensteilung kommt nach allerdings umstrittener Rechtsprechung 49
auch in den Fällen der sog. *Selbstaufopferung im Straßenverkehr* (**Fall b**) in
Betracht. Obwohl für den ausweichenden Kraftfahrer der Zusammenstoß
ein unabwendbares (ab 1. 8. 2002: ein durch höhere Gewalt verursachtes)
Ereignis (§ 7 II StVG) gewesen wäre, kann er nicht vollen Ersatz seines durch
das Ausweichmanöver entstandenen Schadens verlangen. Vielmehr ist zu
berücksichtigen, dass der Kraftfahrer durch den Betrieb des Kraftfahrzeuges
eine Ursache für die Gefahr gesetzt hat (BGHZ 38, 270; vgl. § 46
Rdnr. 3 ff.).

C) Unberechtigte Geschäftsführung ohne Auftrag

I. Voraussetzungen

Die unberechtigte GoA unterscheidet sich von der berechtigten 50
dadurch, dass ein Berechtigungsgrund fehlt; alle anderen Voraussetzungen der berechtigten GoA müssen auch hier vorliegen.

Ein Berechtigungsgrund fehlt, wenn die Übernahme dem wirklichen oder mutmaßlichen Willen des Geschäftsherrn nicht ent-

spricht (vgl. Rdnr. 22 ff.), § 679 nicht eingreift und eine Genehmigung nicht vorliegt.

II. Folgen

1. Ansprüche des Geschäftsherrn

51   Ob auch durch die unberechtigte GoA ein gesetzliches Schuldverhältnis zwischen Geschäftsführer und Geschäftsherrn entsteht, so dass auch die §§ 677, 681 anwendbar sind, wurde bisher überwiegend verneint. Für die zunehmend vertretene Gegenansicht spricht jedoch, dass ohne Anwendung der §§ 677, 681 der unberechtigte Geschäftsführer besser stehen würde als der berechtigte.

a) Ansprüche aus ungerechtfertigter Bereicherung und unerlaubter Handlung

52   Auf die Beziehungen zwischen den Beteiligten werden nach der bisherigen Ansicht nur die Vorschriften über die ungerechtfertigte Bereicherung (§§ 812 ff.) und über die unerlaubte Handlung (§§ 823 ff.) angewendet. Nach der im Vordringen befindlichen Gegenansicht ist der Geschäftsführer daneben zur Anzeige (§ 681 S. 1), zur Herausgabe des aus der Geschäftsführung Erlangten (§§ 681 S. 2, 667), zur Rechenschaftslegung (§§ 681 S. 2, 666) sowie zum Schadensersatz (§ 677, ggf. § 280) verpflichtet.

Die Vorschriften der §§ 680 und 682 zum Schutz des Geschäftsführers gelten auch bei der unberechtigten GoA.

b) Schadensersatz aus GoA

53   Darüber hinaus gibt § 678 einen selbstständigen Schadensersatzanspruch, wenn der Geschäftsführer erkennen musste, dass die Übernahme der Geschäftsführung mit dem wirklichen oder mutmaßlichen Willen des Geschäftsherrn in Widerspruch stand.

aa) Entsprach die Übernahme der Geschäftsführung überhaupt nicht oder nicht in der vom Geschäftsführer vorgesehenen Weise dem wirklichen oder mutmaßlichen Willen des Geschäftsherrn, so liegt ein Widerspruch mit dem Willen des Geschäftsherrn vor. Ein solcher Widerspruch besteht auch, wenn die Übernahme durch gerade diesen Geschäftsführer gegen den (wirklichen oder mutmaßlichen) Willen verstieß.

Weiter ist erforderlich, dass der Geschäftsführer sich bei der Übernahme des Geschäfts bewusst über den ihm bekannten Willen des Geschäftsherrn hinweggesetzt oder infolge Fehleinschätzung oder Nichtbeachtung der erkennbaren Umstände fahrlässig nicht auf den entgegenstehenden (wirklichen oder mutmaßlichen) Willen geschlossen hat. Regelmäßig genügt bereits leichte Fahrlässigkeit. Anders ist dies nur, wenn die Geschäftsübernahme die Abwehr einer dem Geschäftsherrn drohenden dringenden Gefahr (§ 680) bezweckte. In einem solchen Fall muss der Geschäftsführer zumindest grobfahrlässig gehandelt haben.

bb) Liegen die genannten Voraussetzungen vor, so hat der Ge- 54 schäftsführer jeden von ihm durch die Geschäftsführung adäquat verursachten Schaden zu ersetzen, selbst wenn er bei der Ausführung nicht schuldhaft handelte (§ 678).

2. Ansprüche des Geschäftsführers

Da bei der unberechtigten GoA ein Anspruch des Geschäftsfüh- 55 rers auf Aufwendungsersatz nicht besteht, wäre es unbillig, wenn der Geschäftsherr die Vorteile der Geschäftsführung behalten dürfte. Nach § 684 hat daher der Geschäftsherr dem Geschäftsführer alles, was er durch die Geschäftsführung erlangt hat, nach den Vorschriften über die ungerechtfertigte Bereicherung herauszugeben. Hierbei handelt es sich nach h. M. um eine Rechtsfolgenverweisung; die Voraussetzungen der §§ 812 ff. sind nicht zu prüfen (vgl. BGH WM 1976, 1060). Sofern die GoA im Dreipersonenverhältnis anwendbar ist (vgl. aber Rdnr. 17 ff.), dürfte allerdings eine Rechtsgrundverweisung anzunehmen sein (§ 38 Rdnr. 10).

D) Eigengeschäftsführung

In § 687 regelt das Gesetz die Sachverhalte, in denen jemand ein 56 *fremdes Geschäft als eigenes* führt. Dem Eigengeschäftsführer fehlt also der Fremdgeschäftsführungswille. Das gesetzliche Schuldverhältnis der GoA wird hier nicht begründet. Auch eine Genehmigung nach § 684 S. 2 scheidet aus, da diese Bestimmung jedenfalls das Handeln des Geschäftsführers für einen anderen voraussetzt.

Die Eigengeschäftsführung kann in zweifacher Weise geschehen: Entweder glaubt der Handelnde irrtümlich, er besorge ein eigenes Geschäft (§ 687 I), oder er erkennt die Fremdheit, behandelt aber das Geschäft unerlaubterweise als eigenes (§ 687 II). Aus Sinn und Wortlaut des § 687 folgt, dass es sich bei den fremden Geschäften stets nur um objektiv fremde (Rdnr. 10) handeln kann.

Beispiele: Eigentums- und Besitzverletzungen, Verletzungen von Patent-, Gebrauchs- und Urheberrechten. – Die unberechtigte Untervermietung durch den Mieter ist schon kein Geschäft des Vermieters, da dieser die Gebrauchsmöglichkeit dem Mieter eingeräumt hat (BGH NJW 1964, 1853; BGHZ 59, 51, 58). Es ist in diesem Zusammenhang bedeutungslos, daß der Mieter vertragswidrig handelt (vgl. § 11 Rdnr. 38).

I. Irrtümliche Eigengeschäftsführung

57   Für die irrtümliche Eigengeschäftsführung stellt § 687 I klar, dass die Vorschriften der §§ 677 bis 686 keine Anwendung finden. Vielmehr gelten für das Verhältnis zwischen dem Eigengeschäftsführer und demjenigen, dem das Geschäft objektiv zuzurechnen ist, die allgemeinen Bestimmungen über unerlaubte Handlung und ungerechtfertigte Bereicherung. Im Rahmen des § 687 I ist es unerheblich, ob der Irrtum des Handelnden verschuldet war.

II. Unerlaubte Eigengeschäftsführung

58   Bei der unerlaubten Eigengeschäftsführung (§ 687 II) führt der Handelnde ein objektiv fremdes Geschäft wissentlich ausschließlich zu seinem eigenen Vorteil.

1. Ansprüche des Geschäftsherrn

a) Ansprüche aus unerlaubter Handlung und ungerechtfertigter Bereicherung

Das Verhalten des Geschäftsführers ist nicht gerechtfertigt; er haftet daher nach den Vorschriften über unerlaubte Handlung und ungerechtfertigte Bereicherung. Letztere Bestimmungen können allerdings durch die §§ 987 ff. ausgeschlossen sein.

Beispiel: Verkauft D das von ihm bei E gestohlene Buch zu einem Preis, der weit über dem Wert liegt, so kann E von D nach § 992 i. V. m. § 823 I und § 823 II (§ 242 StGB) Schadensersatz verlangen; ein Anspruch aus §§ 812, 818 soll jedenfalls nach der Rechtsprechung neben den §§ 987 ff. nicht bestehen (§ 39 Rdnr. 3). E könnte daher nach den bisher erwähnten Vorschriften nur Ersatz seines Schadens erhalten, nicht jedoch den durch D erzielten Gewinn; insoweit kann aber ein Anspruch aus § 816 I gegeben sein (§ 38 Rdnr. 17 ff.).

b) Ansprüche aus GoA

Nach § 687 II 1 hat der Geschäftsherr die Möglichkeit, das Geschäft an sich zu ziehen, indem er die Rechte eines Geschäftsherrn der GoA (§§ 677, 678, 681, 682) geltend macht. Zu diesen Rechten gehört insbesondere der Anspruch auf Herausgabe des durch die Geschäftsbesorgung Erlangten (§§ 687 II 1, 681 S. 2, 667). 59

Im obigen Beispiel kann E daher nach § 687 II 1 Herausgabe des Gewinns fordern; dieser Anspruch wird nicht durch die §§ 987 ff. ausgeschlossen.

2. Ansprüche des Geschäftsführers

Macht der Geschäftsherr die in § 687 II 1 genannten Ansprüche geltend, so ist er seinerseits dem Geschäftsführer nach § 684 S. 1 verpflichtet (§ 687 II 2); danach haftet er dem Geschäftsführer nach den Vorschriften über die ungerechtfertigte Bereicherung. Dies bedeutet nun nicht, dass der Geschäftsherr die Vorteile, die ihm die Geschäftsbesorgung bringt, wieder verliert; denn dann wäre die Verweisung in § 687 II 1 insoweit sinnlos. Vielmehr wird der Geschäftsherr durch §§ 687 II 2, 684 S. 1 verpflichtet, die Aufwendungen des Geschäftsführers bis zur Höhe der Bereicherung zu ersetzen. 60

Siebtes Kapitel

Ungerechtfertigte Bereicherung

§ 36. Überblick über das Bereicherungsrecht

1   **Schrifttum:** Berg, Bereicherung durch Leistung und in sonstiger Weise in den Fällen des § 951 Abs. 1 BGB, AcP 160, 505; Costede, Dogmatische und methodologische Überlegungen zum Verständnis des Bereicherungsrechts, 1977; Gödicke, Bereicherungsrecht und Dogmatik, 2002; Gursky, 20 Probleme aus dem BGB-Bereicherungsrecht, 4. Aufl., 1997; Hager, Entwicklungsstadien der bereicherungsrechtlichen Durchgriffshaftung, in: Winter (Hrsg.), Ungerechtfertigte Bereicherung, 1984, 151 ff.; Kohler, Die gestörte Rückabwicklung gescheiterter Austauschverträge, 1989; ders., Geschäftsunfähigkeit und wechselseitiger Bereicherungsausgleich, NJW 1989, 1849; Koppensteiner/Kramer, Ungerechtfertigte Bereicherung, 2. Aufl., 1988; Kupisch, Ungerechtfertigte Bereicherung, 1987, ders., Rechtspositivismus im Bereicherungsrecht, JZ 1997, 213; Loewenheim, Bereicherungsrecht, 2. Aufl., 1997; Mehrtens, 20 Klausurprobleme aus dem BGB, Bereicherungsrecht, 3. Aufl., 1993; Reuter/Martinek, Ungerechtfertigte Bereicherung, 1983; Schildt, Konkurrenzprobleme im Bereicherungsrecht, JuS 1995, 953; Thier, Grundprobleme der bereicherungsrechtlichen Rückabwicklung gegenseitiger Verträge, JuS 1999, L 9; Walker, Die bereicherungsrechtliche Rückabwicklung des Weiterbeschäftigungsverhältnisses, DB 1988, 1596; Weitnauer, Zweck und Rechtsgrund der Leistung, in: Ungerechtfertigte Bereicherung, 1984, 25 ff.; Wieling, Bereicherungsrecht, 2. Aufl., 1998.

Fälle:

a) V hat dem K ein Bild verkauft und übereignet. Später ficht K den Kaufvertrag nach § 119 I wirksam an. V verlangt von K das Bild zurück.

b) Das Vieh des B dringt in die Weide des A ein und grast sie ab. A verlangt von B Ersatz.

c) A hat sein Buch dem B geliehen. Dieser verkauft und übereignet es für 20 Euro an C, der gutgläubig den B für den Eigentümer des Buches hält. Rechte des A?

I. Grundtatbestände

Die in §§ 812 ff. geregelten Bereicherungsansprüche dienen dem Ausgleich nicht gerechtfertigter Vermögensverschiebungen. Die Vorschriften gehen auf das römische Recht zurück; deshalb spricht man

auch heute noch von Kondiktionen. Bei der ungerechtfertigten Bereicherung geht es nicht wie beim Schadensersatz darum, die Einbuße,
die der „Entreicherte" an seinen Gütern erlitten hat, auszugleichen;
vielmehr soll die Vermögensmehrung beim „Bereicherten" zu Gunsten des „Entreicherten" wieder beseitigt werden.

§ 812 I 1 unterscheidet zwei Grundtatbestände, nämlich Bereicherung „durch die Leistung eines anderen" (= Leistungskondiktion)
und Bereicherung „in sonstiger Weise" (Eingriffs-, Rückgriffs- und
Verwendungskondiktion).

Von dieser Unterscheidung gehen das Gesetz und die heute herrschende
Lehre aus, die der BGH erstmals in BGHZ 40, 272 aufgegriffen hat. Man hat
zutreffend erkannt, dass es nicht möglich ist, einen einheitlichen Tatbestand
der ungerechtfertigten Bereicherung aufzustellen; insbesondere das Merkmal
„ohne rechtlichen Grund" kann nicht für die verschiedenen in Betracht
kommenden Fallgruppen einheitlich bestimmt werden. Die Leistungskondiktion hat grundsätzlich Vorrang vor der Bereicherung „in sonstiger Weise"; sie
ist daher stets zuerst zu prüfen (§ 38 Rdnr. 1).

1. Leistungskondiktion

Bei der Leistungskondiktion geht es darum, eine Leistung, die ohne   2
gültiges Kausalgeschäft erbracht oder die sonst fehlgeschlagen ist,
wieder rückgängig zu machen (Einzelheiten: § 37). Ein Hauptanwendungsfall ergibt sich aus der rechtlichen Trennung des (kausalen)
Verpflichtungsgeschäfts von dem Verfügungsgeschäft (Abstraktionsprinzip). Wegen dieser Trennung kann es vorkommen, dass das Verfügungsgeschäft (z. B. die Übereignung einer Sache) gültig ist, während
es an einem wirksamen Kausalgeschäft (z. B. Kaufvertrag) mangelt.

Im **Fall a** hat V keinen Kaufpreisanspruch nach § 433 II, weil es an einem
Kaufvertrag fehlt (§ 142 I). V kann das Bild auch nicht nach § 985 von K
herausverlangen, da dieser Eigentümer des Bildes geworden ist (§ 929 S. 1).
Auch Ansprüche aus § 1007, § 861 und § 823 scheiden aus. Es ist aber nicht
gerechtfertigt, dass K das Bild behalten darf, ohne dafür bezahlen zu müssen.
Hier hilft § 812 I 1: Da K durch die Leistung des V das Eigentum und den
Besitz am Bild ohne rechtlichen Grund (der Kaufvertrag ist nichtig) erlangt
hat, ist er dem V zur Herausgabe verpflichtet. K muss also dem V das Bild
zurückübereignen und zurückgeben.

2. Bereicherung in sonstiger Weise

Unter die Bereicherung in sonstiger Weise fallen ganz verschieden   3
artige Tatbestände. Sie haben gemeinsam, dass die Bereicherung

nicht auf einer Leistung beruht (sog. Nichtleistungskondiktionen). Die Bereicherung in sonstiger Weise kann durch den Bereicherten sowie den Entreicherten, aber auch durch einen Dritten und sogar ohne menschliches Zutun entstanden sein (§ 38).

Im **Fall b** besteht die Bereicherung des B darin, dass er Fütterungskosten erspart hat. Da das Vieh des B in die Weide eingedrungen ist, liegt eine Bereicherung in sonstiger Weise vor. Das gilt auch dann, wenn ein Dritter oder B selbst das Vieh auf die Weide des A gelassen hat, da es hier ebenfalls an einer Leistung des A fehlt. Selbst wenn A das Abweiden in der irrigen Annahme verursacht hat, es handele sich um sein eigenes Vieh, liegt eine Bereicherung in sonstiger Weise vor, da A keine Leistung an B erbringen wollte.

Bei der Bereicherung in sonstiger Weise hat der Bereicherte den Vermögensvorteil ohne rechtlichen Grund erlangt, wenn er ihn nach der Rechtsordnung gegenüber dem Entreicherten nicht endgültig behalten darf.

4   Einen wichtigen Sonderfall der Bereicherung in sonstiger Weise enthält § 816 I 1: Trifft ein Nichtberechtigter über einen Gegenstand eine Verfügung, die dem Berechtigten gegenüber wirksam ist, so ist er dem Berechtigten gegenüber zur Herausgabe des dabei Erlangten verpflichtet (§ 38 Rdnr. 17 ff.).

Im **Fall c** erwirbt C Eigentum an dem Buch (§§ 929, 932). A kann es also von ihm nicht nach § 985 herausverlangen. Ihm steht ein Bereicherungsanspruch auf Zahlung der 20 Euro gegen B zu (§ 816 I 1).

II. Umfang des Bereicherungsanspruchs

5   Das Gesetz regelt den Umfang des Bereicherungsanspruchs in §§ 818 ff. (dazu § 39). Es unterscheidet zwischen normaler und verschärfter Haftung des Bereicherungsschuldners. Diese Differenzierung ist für die Frage von Bedeutung, ob der Schuldner sich mit Erfolg auf den Wegfall der Bereicherung berufen kann.

III. Verweisungen auf das Bereicherungsrecht

6   Das Gesetz verweist verschiedentlich auf die Bereicherungsvorschriften. In einigen Fällen wird damit das Bestehen eines Anspruchs

vom Vorliegen der Voraussetzungen der §§ 812 ff. abhängig gemacht. Hier wird also nicht nur hinsichtlich des Umfangs, sondern
schon hinsichtlich der Voraussetzungen auf die Bereicherungsregeln
verwiesen *(Rechtsgrundverweisung)*.

Beispiel: B verwendet für seinen Hausbau versehentlich Steine des Nachbarn A. Dadurch verliert A das Eigentum an den Steinen zu Gunsten des B
(§ 946). Er kann von dem durch die Rechtsänderung bereicherten B Vergütung in Geld nach den Vorschriften über die Herausgabe einer ungerechtfertigten Bereicherung fordern (§ 951 I 1).

In zahlreichen anderen Gesetzesbestimmungen wird dagegen nur
für den Umfang des Anspruchs auf die Regeln der §§ 818 ff. verwiesen *(Rechtsfolgenverweisung;* **Beispiel:** § 682).

Im Einzelfall ist durch Auslegung zu ermitteln, welche Art der
Verweisung gemeint ist.

§ 37. Leistungskondiktion

Schrifttum: Bälz, Leistung – Rückgriff – Durchgriff, Festschrift f. Gern- 1
huber, 1993, 3; Baur/Wolf, Bereicherungsansprüche bei irrtümlicher Leistung
auf fremde Schuld – Das Wegnahmerecht des Nichtbesitzers – BGHZ 40,
272, JuS 1966, 393; Canaris, Der Bereicherungsausgleich im Dreipersonenverhältnis, Festschrift f. Larenz, 1973, 799; ders., Der Bereicherungsausgleich
bei Bestellung einer Sicherheit an einer rechtsgrundlos erlangten oder fremden
Sache, NJW 1991, 2513; ders., Der Bereicherungsausgleich bei Zahlung des
Haftpflichtversicherers an einen Scheingläubiger, NJW 1992, 868; Christian-
sen, Kondiktion des vorzeitig gezahlten Kaufpreises und der Zwischenzinsen,
MDR 1998, 1141; Dörner, Kondiktion gegen den Zedenten oder gegen den
Zessionar?, NJW 1990, 473; Flume, Der Bereicherungsausgleich in Mehrpersonenverhältnissen, AcP 199, 1; Giesen, Grundsätze der Konfliktlösung im
Besonderen Schuldrecht: Die ungerechtfertigte Bereicherung (Teil 1: Leis-
tungskondiktionen), Jura 1995, 169; Hadding, Der Bereicherungsausgleich
beim Vertrag zu Rechten Dritter, 1970; Jakobs, Die Rückkehr der Praxis zur
Regelanwendung und der Beruf der Theorie im Recht der Leistungskondiktion, NJW 1992, 2524 (dazu: Martinek, NJW 1992, 3141 und Canaris, NJW
1992, 3134); ders., Leistungskondiktion und Versicherungsbetrug, ZIP 1994,
9; Joost/Dikomey, Bereicherungsanspruch bei fehlgeleiteter Überweisung auf
ein überschuldetes Konto des Gläubigers – BGH, NJW 1985, 2700, JuS
1988, 104; Kamionka, Der Leistungsbegriff im Bereicherungsrecht, JuS 1992,
845, 929; Kupisch, Gesetzespositivismus im Bereicherungsrecht, JZ 1997,
213; ders., Leistungskondiktion bei Zweckverfehlung, JZ 1985, 101, 163;
ders., Zum Rechtsgrund i. S. des § 812 BGB bei Erfüllung, NJW 1985, 2370;
Lieb, Zur bereicherungsrechtlichen Rückabwicklung bei der Zession, Jura
1990, 359; Martinek, Der Bereicherungsausgleich bei veranlaßter Drittleistung auf fremde nichtbestehende Schuld, JZ 1991, 395; Eike Schmidt, Der

Bereicherungsausgleich beim Vertrag zu Rechten Dritter, JZ 1971, 601; Schnauder, Grundfragen zur Leistungskondiktion bei Drittbeziehungen, 1981; ders., Leistung ohne Bereicherung? – Zu Grundlagen und Grenzen des finalen Leistungsbegriffs –, AcP 187, 142; ders., Der Stand der Rechtsprechung zur Leistungskondiktion, JuS 1994, 537; ders., Der kausale Schuldvertrag im System der Güterbewegung, JZ 2002, 1080; Schreiber, Der Bereicherungsausgleich im Mehrpersonenverhältnis, Jura 1986, 539; Stolte, Der Leistungsbegriff: ein Gespenst des Bereicherungsrechts?, JZ 1990, 220; Tiedtke, Bereicherungsschuldner bei der Sicherungsabtretung einer nur vermeintlich bestehenden Forderung, WM 1999, 517; M. Weber, Bereicherungsansprüche wegen enttäuschter Erwartung?, JZ 1989, 25; Weitnauer, Altes und Neues zur Leistungskondiktion, Festschrift f. Schippel, 1996, 275; Weyer, Leistungskondiktion und Normzweck des Verbotsgesetzes, WM 2002, 627; Wieling, Drittzahlung, Leistungsbegriff und fehlende Anweisung, JuS 1978, 801; Wilhelm, „Upon the cases" bei der Leistungskondiktion in Dreiecksverhältnissen?, JZ 1994, 585.

Fälle:

a) Der unerkannt geisteskranke V verkauft, übereignet und übergibt sein Grundstück an K. Der später bestellte Betreuer will alles rückgängig machen.

b) A verkauft ein Gemälde an B, der es an C weiterverkauft. Auf Bitten des B übereignet A das Bild direkt an C. Später stellt sich heraus, dass der Kaufvertrag A – B nichtig war. Hat A Ansprüche gegen B oder C? Wie ist die Rechtslage, wenn der Kaufvertrag B – C nichtig war? Wie bei Nichtigkeit beider Kaufverträge?

c) K zahlt an V die aufgrund eines Kaufvertrages geschuldeten 500 Euro. Später fordert er sie zurück, weil er durch Betrug des V zum Vertragsschluss bewogen worden sei. Abgesehen davon stehe ihm die Einrede aus § 320 zu; schließlich sei die Kaufpreisforderung auch verjährt gewesen.

d) A schenkt dem für ihn zuständigen Beamten B des Finanzamtes ein Bild, weil B ihm bei der Abgabe einer ordnungsgemäßen Steuererklärung geholfen hat. Später verlangt er das Bild zurück. Wie, wenn B ihn zwecks Steuerhinterziehung bei einer falschen Steuererklärung unterstützt hat?

A) Grundtatbestand

Die Leistungskondiktion nach § 812 I 1 setzt voraus, dass jemand durch die Leistung eines anderen (II.) ohne rechtlichen Grund (III.) etwas erlangt hat (I.).

I. Bereicherung des Schuldners

2   Der Schuldner des Bereicherungsanspruchs muss *„etwas erlangt"* haben. Man versteht darunter gemeinhin jeden Vermögensvorteil.

Allerdings besteht weitgehend Einigkeit darüber, dass dem Bereicherungsgegenstand nicht notwendig ein materieller Wert zukommen
muss (Larenz/Canaris, § 71 I 1; a. A. noch BGH NJW 1952, 417 für
eine Ehrenerklärung). Er kann daher nicht im Wege einer abstrakten
Vermögensdifferenzrechnung, sondern nur konkret bestimmt werden.
Folgende Bereicherungsgegenstände kommen in Betracht:

1. Erwerb einer Rechtsposition

Hierher gehören vor allem der Erwerb eines dinglichen oder per- 3
sönlichen Rechts (z. B. Eigentum; Pfandrecht; Forderung; vertrag-
liches Schuldanerkenntnis, § 812 II). Es braucht sich aber nicht um
ein Vollrecht zu handeln; auch ein Anwartschaftsrecht oder die
bloße Verstärkung eines Rechts (z. B. Vorrangeinräumung für eine
Hypothek; RGZ 146, 355) stellen einen Vermögensvorteil dar. Ferner ist der (unmittelbare und mittelbare) Besitz zu nennen (**Fall a**),
selbst wenn man ihn nicht als Recht ansieht; denn jedenfalls handelt
es sich um eine rechtlich geschützte Position, durch die das Vermögen vergrößert wird. Das gilt schließlich auch für eine bloße
Buchposition wie etwa eine Eintragung als Eigentümer im Grundbuch (**Fall a**; vgl. § 891), da der Eingetragene über das Grundstück
wirksam verfügen kann (§ 892).

2. Befreiung von Schulden und Lasten

Das Vermögen wird nicht nur dadurch verbessert, dass ein Aktiv- 4
posten hinzukommt, sondern auch dadurch, dass ein Passivposten
verschwindet oder verkleinert wird. Zu nennen sind etwa Schulder-
lass, negatives Schuldanerkenntnis (§ 812 II), Befreiung des Schuldners von einer Verbindlichkeit oder einer dinglichen Last (z. B. Verzicht des Gläubigers auf sein Pfandrecht).

3. Gebrauchsvorteile und Dienstleistungen

Ein Vermögensvorteil ist nach früher h. M. (BGHZ 55, 128, 130 f.) 5
schließlich auch bei demjenigen gegeben, der ohne die Leistung des
anderen Aufwendungen gemacht hätte, um den gleichen Erfolg zu
erreichen. Man denke an die Ausnutzung fremder Arbeit (z. B. Aus-

schachten eines Grundstücks aufgrund nichtigen Vertrages). Ohne die Leistung des anderen hätte der Schuldner etwa Geld ausgeben, eine andere Leistung erbringen oder eine Schuld begründen müssen. Demgegenüber ist mit der heute h. L. davon auszugehen, dass Gebrauchsvorteile sowie geleistete Dienste immer als – nicht gegenständlicher – Vermögensvorteil i. S. d. § 812 I 1 anzusehen sind. Ob Aufwendungen erspart wurden, spielt erst beim Umfang des Bereicherungsanspruchs (§ 818; dazu § 39) eine Rolle.

Ist also jemandem eine Flugreise ohne Beförderungsvertrag geleistet worden (vgl. BGHZ 55, 128), hat er die Beförderungsleistung als Vermögensvorteil erlangt. Wenn er dadurch Aufwendungen erspart hat, ist das Erlangte wertmäßig noch in seinem Vermögen vorhanden, so dass er den Wert herauszugeben hat. Sofern er keine Aufwendungen erspart hat, fehlt es an einem bleibenden Vermögensvorteil, so dass ein Wegfall der Bereicherung in Betracht kommt (§ 818 III; dazu § 39 Rdnr. 6 ff.); im Fall des § 819 (vgl. § 39 Rdnr. 18) bleibt er jedoch zum Wertersatz verpflichtet. Der BGH, nach dessen Rechtsprechung schon gar nichts erlangt ist, kommt zum selben Ergebnis, da er bereits bei der Feststellung des Bereicherungsgegenstandes § 819 analog anwendet.

II. Leistung des Gläubigers

1. Begriff der Leistung

a) Bewusste und zweckgerichtete Mehrung fremden Vermögens

6   Die Bereicherung des Schuldners muss durch Leistung des Gläubigers eingetreten sein. Die Rechtsprechung und die h. M. verstehen heute unter einer Leistung i. S. d. § 812 I eine bewusste und zweckgerichtete Vermehrung fremden Vermögens (vgl. etwa BGHZ 58, 188; BGH ZIP 1999, 435, 437; Palandt/Sprau, § 812 Rdnr. 3 m. N.). Dabei wird im Gegensatz zur älteren Lehre, die eine gewollte Vermögensmehrung ausreichend sein ließ, entscheidend auf deren Zweckrichtung abgestellt. Für eine Leistung genügt es danach also nicht, dass der Gläubiger die Vermögensverschiebung bewusst herbeiführt (z. B. Zahlung eines Geldbetrages); erforderlich ist außerdem, dass er damit einen bestimmten Zweck verfolgt (z. B. Tilgung seiner Schuld).

Die Zweckbestimmung hat zumindest rechtsgeschäftsähnlichen Charakter (BGHZ 106, 163, 166; 111, 382, 386). Der Leistende muss daher geschäftsfähig sein.

Der Leistungszweck ist in mehrfacher Hinsicht von Bedeutung. 7
Zunächst kann die Leistung – abgesehen von § 817 S. 1 – nur dann
kondiziert werden, wenn der Leistungszweck verfehlt wurde. Zwei-
tens werden Gläubiger und Schuldner des Bereicherungsanspruchs
mit Hilfe des Leistungszwecks ermittelt. Das zeigt sich etwa im Fall
einer „Leistungskette":

Beispiel: A will eine ihm gehörende Sache verkaufen. Er schaltet den B ein
und übereignet ihm die Sache. B verkauft und übereignet die Sache im eigenen Namen für Rechnung des A (also als mittelbarer Stellvertreter) an C. Da
sich herausstellt, dass das Kausalgeschäft zwischen A und B nichtig ist, verlangt A die Sache von C nach § 812 I heraus. Ein solcher Anspruch besteht
nicht. Denn C ist schutzwürdig. Er darf auf die Wirksamkeit des Kaufvertrages zwischen ihm und B vertrauen; die Nichtigkeit des Kausalgeschäftes A – B
soll ihn nicht berühren.
Dieses interessengemäße Ergebnis ergibt sich aus dem zweckorientierten
Leistungsbegriff. Mit der Übereignung der Sache von A an B wird der Zweck
verfolgt, das Kausalverhältnis A – B zu erfüllen. Zweck der Übereignung von
B an C ist die Erfüllung des zwischen diesen Personen bestehenden Kaufvertrages. Ein „Leistungsverhältnis", das mit der Leistungskondiktion rückgängig gemacht werden könnte, besteht also zwischen A und B sowie zwischen B
und C, nicht aber zwischen A und C. Deshalb scheidet eine Leistungskondiktion zwischen A und C aus. Eine Nichtleistungskondiktion kommt ebenfalls
nicht in Betracht, weil sie gegenüber der Leistungskondiktion subsidiär ist
(§ 38 Rdnr. 1).

Auf der Grundlage dieses Leistungsbegriffs scheidet eine Leistungs- 8
kondiktion aus, wenn die Vermögensmehrung unbewusst oder ohne
Leistungszweck erfolgt.

Beispiele: Füttert A mit eigenem Futter das Vieh des B in der irrigen Annahme, das Futter gehöre dem B, so fehlt es an einer Leistung des A, weil
dieser unbewusst fremdes Vermögen mehrt. In Betracht kommt nur eine
Bereicherung „in sonstiger Weise".
Überweist die Bank B auf Weisung ihres Kunden, des Schuldners S, an die
Bank des Gläubigers G 500 Euro, so vermehrt B zwar bewusst das Vermögen
des G. Aber eine Leistung der B an G liegt nicht vor, weil B gegenüber G
keinen Leistungszweck verfolgt. Zweckgerichtet ist die Überweisung im
Verhältnis der B zu S, da B den Vertrag mit S erfüllen will. Eine Leistung liegt
auch im Verhältnis des S zu G vor, da S mit Hilfe der Bank z. B. seine Kaufpreisschuld gegenüber G tilgen will.

b) Kritik am Leistungsbegriff

Der von der h. M. vertretene Leistungsbegriff ist zunehmender 9
Kritik ausgesetzt, weil sich allein mit seiner Definition nicht alle
Fallgestaltungen bei Mehrpersonenverhältnissen sachgerecht lösen las-

sen (siehe nur Larenz/Canaris, § 70 VI 2). Dennoch spricht viel dafür, bei der Lösung eines bereicherungsrechtlichen Falles zunächst von diesem Leistungsbegriff auszugehen (siehe auch BGHZ 89, 376, 378). Allerdings muss bei der Bestimmung der Leistungsverhältnisse bei Mehrpersonenbeziehungen immer geprüft werden, ob Korrekturen des Leistungsbegriffs aufgrund gesetzlicher Wertentscheidungen erforderlich sind (s. z. B. Rdnr. 12).

2. Leistung bei Beteiligung Dritter

10	Gläubiger des Kondiktionsanspruchs ist der Leistende, Schuldner ist der Leistungsempfänger; zwischen beiden muss ein Leistungsverhältnis gegeben sein. Anspruchsberechtigt ist also nicht schon derjenige, der die Vermögensverschiebung tatsächlich vorgenommen hat, und als Anspruchsverpflichteter kommt nicht schon der in Betracht, welcher den Gegenstand in Empfang genommen hat. Daraus folgt:

a) Beteiligung einer Hilfsperson

11	Wird eine Hilfsperson bei der Vermögensverschiebung tätig, so ist sie nicht Leistende bzw. Leistungsempfängerin.

Beispiel: Der Bevollmächtigte X des V übereignet dem K das Bild, das V dem K verkauft hat. Ist der Kaufvertrag nichtig, so steht dem V der Bereicherungsanspruch zu. X ist nicht Leistender, weil er dem K gegenüber keinen eigenen Leistungszweck verfolgt. K ist auch dann Leistungsempfänger, wenn Y als Vertreter des K das Bild in Empfang genommen hat.

b) Beteiligung mehrerer bei einer Leistungskette

12	Im Falle der Leistungskette (Rdnr. 7) erfolgt die bereicherungsrechtliche Rückabwicklung im jeweils defekten Kausalverhältnis. Sind beide Kausalgeschäfte nichtig (Doppelmangel; dazu RGZ 86, 343, 347; BGHZ 48, 70, 72; BGH NJW 2001, 2880, 2881), kann A gleichfalls nur bei B kondizieren; denn nur an ihn hat er geleistet. Die Rückabwicklung in der jeweiligen Leistungsbeziehung („übers Eck") ist auch interessengerecht. Jeder Vertragspartner behält seine Einwendungen gegen den jeweils anderen und ist nur dessen Einwendungen ausgesetzt. Jeder trägt das Risiko der Zahlungsunfähigkeit seines gewählten Vertragspartners.

Streitig ist, ob der Anspruch des A gegen B gemäß § 818 I auf Abtretung des Bereicherungsanspruchs B gegen C (Kondiktion der Kondiktion) oder gemäß § 818 II auf den Wert der Sache gerichtet ist.

Sofern allerdings im Verhältnis A–B auch die Übereignung unwirksam ist und C wegen Abhandenkommens oder Bösgläubigkeit das Eigentum nicht gutgläubig erworben hat, hat A gegen C einen Herausgabeanspruch nach § 985. Hier sollte er auch direkt kondizieren können (§ 812 I 1, 2. Fall). Denn aus der Wertung der §§ 932 II, 935 folgt, dass A schutzwürdiger ist als C.

c) Beteiligung mehrerer im Dreiecksverhältnis

Wird der Leistungszweck gegenüber einem anderen verfolgt als dem, der die tatsächliche Zuwendung erhält (Leistung im Dreiecksverhältnis), richtet sich der Kondiktionsanspruch nicht gegen den Empfänger der Zuwendung, sondern gegen den Leistungsempfänger. Hier gilt Entsprechendes wie bei der Leistungskette. **13**

Im **Fall b** übereignet A das Bild an C. Damit will er aber den Kaufvertrag mit B erfüllen. Es erfolgt also keine Leistung von A an C. Deshalb kommt eine Leistungskondiktion zwischen A und C nicht in Betracht.

Bei Dreiecksverhältnissen sind drei Fallgestaltungen zu unterscheiden:

aa) Bei einem *„Anweisungsfall"* sind (wie bei der Leistungskette) mehrere Verträge über denselben Leistungsgegenstand hintereinandergeschaltet; der Schuldner erbringt die vertragliche Leistung aber nicht gegenüber seinem Gläubiger, sondern unmittelbar auf dessen Anweisung an einen Dritten, dem wiederum der Gläubiger zur Leistung verpflichtet ist (Übereignung des A an C im **Fall b**). Obwohl hier die unmittelbare Vermögensverschiebung im Verhältnis zwischen Schuldner und Drittem erfolgt, liegt gleichwohl eine Zweckvereinbarung im Verhältnis von Schuldner und Gläubiger vor; denn dieser wollte durch die Leistung an den Dritten von seiner Verpflichtung gegenüber dem Gläubiger frei werden. **14**

Im **Fall b** hat A also durch Übereignung an C eine Leistung gegenüber B erbracht.
(1) Bei Nichtigkeit des Vertrages A – B (Deckungsverhältnis) besteht ein Bereicherungsanspruch des A gegen B.

(2) Bei Nichtigkeit des Kaufvertrages B – C (Valutaverhältnis) ist dieses Kausalverhältnis rückabzuwickeln. Die Übereignung durch A an C ist im Verhältnis zwischen B und C als Leistung des B anzusehen; denn durch die Anweisung des A wollte B seinen Kaufvertrag mit C erfüllen. B kann also von C nach § 812 I 1 Übereignung des Bildes an sich verlangen.

(3) Sind beide Kaufverträge nichtig (Doppelmangel), so kann wie bei der Leistungskette der A nur gegen B kondizieren. Ein Durchgriff des A gegen C ist ausgeschlossen (str.; vgl. Palandt/Sprau, § 812 Rdnr. 63 ff.), da zwischen ihnen kein Leistungsverhältnis besteht; er führte zu einem ungerechtfertigten Ausschluss der Einwendungen des C gegen B und B gegen A. A hat einen Bereicherungsanspruch gegen B, dieser einen solchen gegen C (vgl. BGHZ 48, 70). Einen Durchgriff sieht das Gesetz *nur* in § 822 vor (dazu § 38 Rdnr. 24 ff.).

15   In den Fällen der *fehlerhaften Banküberweisung* sind ebenfalls zwei verschiedene Leistungsverhältnisse zu unterscheiden: Zum einen erbringt die angewiesene Bank eine Leistung im Verhältnis zu ihrem Kunden (dem Anweisenden); zugleich stellt sich die Gutschrift aus der Sicht des Inhabers des Empfängerkontos (des Anweisungsempfängers) als eine Leistung seines Schuldners (des Anweisenden) dar. Der Bereicherungsausgleich vollzieht sich innerhalb des jeweils gestörten Leistungsverhältnisses, also im Deckungsverhältnis zwischen dem Anweisenden und der angewiesenen Bank oder im Valutaverhältnis zwischen dem Anweisenden und dem Anweisungsempfänger (BGH NJW 2001, 2880, 2881 mit zahlreichen Nachw.). Beim Fehlen einer wirksamen Anweisung ist zu unterscheiden: Ein Direktanspruch der Bank aus Nichtleistungskondiktion gegen den Empfänger besteht jedenfalls dann, wenn es an einer Leistung des Anweisenden fehlt. Das ist etwa der Fall, wenn der Empfänger den Widerruf der Anweisung kennt (BGH ZIP 2003, 69, 71; NJW 2001, 2880, 2881; BGHZ 88, 232, 236); dann durfte er den Anweisenden nicht als Leistenden ansehen. Aber selbst wenn der Empfänger das Fehlen einer Anweisung nicht kannte, kann die Zahlung dem vermeintlich Angewiesenen nicht als Leistung zugerechnet werden (BGH ZIP 2003, 69, 71); dieser hat dann einen Direktanspruch aus § 812 I 1, 2. Fall (Nichtleistungskondiktion) gegen den Empfänger. An einer Leistung fehlt es auch bei Geschäftsunfähigkeit des Anweisenden (BGHZ 111, 382, 386); diesem kann die Zahlung des Angewiesenen nicht zugerechnet werden. Im Übrigen kommt es in wertender Ergänzung des Leistungsbegriffs darauf an, ob der Empfänger (so beim Widerruf der Anweisung ohne Kenntnis des Empfängers – BGHZ

87, 246, 250) oder der Anweisende schutzwürdig ist, weil ihm die Anweisung nicht zuzurechnen ist (so bei Fälschung des Überweisungsauftrages – Larenz/Canaris, § 70 IV 2 a). Nur im letzten Fall ist in Abweichung vom allgemeinen Grundsatz der Durchgriff der Bank zuzulassen.

Den Anweisungsfällen stehen wirtschaftlich die *Abtretungsfälle*   16 nahe. Hat der vermeintliche Gläubiger G seine Forderung gegen den Schuldner S sicherungshalber an den Dritten D abgetreten und stellt sich nach der Zahlung des S an D heraus, dass die Forderung des G gegen S überhaupt nicht bestand, so richtet sich der Bereicherungsanspruch des S grundsätzlich gegen den G und nicht gegen den D. Denn durch die Abtretung darf die Stellung des S nicht verschlechtert werden; S will regelmäßig mit der Leistung an D auch seine im Vertrag mit G vermeintlich übernommene Verpflichtung erfüllen (BGHZ 105, 365; 122, 46, 50 f.; Larenz/Canaris, § 70 V 1 m. N.).

bb) Bei der *Zahlung fremder Schulden* ist zu unterscheiden, ob die   17 fremde Schuld nicht besteht oder ob sie zwar besteht, der Leistende sich aber irrtümlich selbst für verpflichtet hält.

(1) Die Schuld besteht nicht: Wenn Onkel D, ohne hierzu verpflichtet zu sein, für seinen Neffen S bei dessen Vermieter G eine Mietzinsschuld bezahlt, die inzwischen schon getilgt worden war, so ist umstritten, ob dem S oder dem D ein Bereicherungsanspruch gegen G zusteht. D will mit der Zahlung nicht etwa eine eigene Verbindlichkeit gegenüber S erfüllen; vielmehr bezweckt er die Tilgung der Mietzinsschuld des S gegenüber G (§ 267). Er handelt dabei aus eigenem Antrieb, verfolgt also gegenüber G einen eigenen Leistungszweck. War dieser Zweck für den Empfänger (G) erkennbar, dann besteht zwischen D und G ein Leistungsverhältnis. Rechtsgrund der Leistung sollte die Schuld des S gegenüber G sein. Da sie nicht besteht, kann der Leistende (D) vom Leistungsempfänger (G) den Geldbetrag zurückverlangen. – War dagegen für G nicht erkennbar, dass D mit der Leistung einen eigenen Zweck verfolgte, ist aus der maßgeblichen Sicht des Empfängerhorizontes nicht D, sondern S Leistender.

(2) Die Schuld besteht, der zahlende Dritte (D) hält sich für den   18 Schuldner, während in Wirklichkeit ein anderer (S) dem Gläubiger (G) schuldet: Wenn etwa D meint, sein Hund habe den G gebissen,

deshalb Schadensersatz leistet und sich später herausstellt, dass der Hund des S den G gebissen hat, so besteht zwischen D und G ein Leistungsverhältnis. D will erkennbar eine eigene Verpflichtung erfüllen. Er hat deshalb wegen Fehlens des Rechtsgrundes einen Bereicherungsanspruch gegen G; dieser ist durch § 818 III (Wegfall der Bereicherung; dazu §39 Rdnr. 6 ff.) hinreichend geschützt. Eine andere, später noch zu behandelnde Frage ist es, ob D gegen S wegen dessen Bereicherung „in sonstiger Weise" vorgehen kann (vgl. § 38).

19   cc) Beim *echten Vertrag zu Gunsten Dritter* (§ 328 I) verfolgt der Versprechende (S) im Regelfall wegen § 335 gegenüber dem Versprechensempfänger (E) und wegen § 328 auch gegenüber dem Dritten (D) einen Leistungszweck. Nach den oben (Rdnr. 12) aufgezeigten Wertungen erfolgt bei Unwirksamkeit des Vertrages der Bereicherungsausgleich aber auch hier grundsätzlich nur im Verhältnis zwischen dem Versprechenden und dem Versprechensempfänger (Medicus, BürgR Rdnr. 681).

Beispiel: S vereinbart mit E in einem echten (Kauf-)Vertrag zu Gunsten des D, die Kaufsache dem D zu liefern, da E die Sache dem D weiterverkauft hat. Wird der Kaufvertrag S – E angefochten, hat S einen Bereicherungsanspruch nur gegen E, nicht gegen D (Fall der Leistungsverkürzung, ähnlich dem Anweisungsfall).

20   Ausnahmsweise kann ein Bereicherungsanspruch gegen den Dritten bestehen, wenn die Zweckrichtung der Leistung ausschließlich auf ihn bezogen ist. Das ist etwa der Fall, wenn der Versprechensempfänger nicht berechtigt sein soll, die Leistung an den Dritten zu fordern.

Beispiel: S schließt mit E einen Kaufanwärtervertrag und verpflichtet sich im Vertrag, dem D, der den Vertragsabschluss gefördert hat, eine Provision zu zahlen. Nach Anfechtung des Vertrages kann S von D die Provision zurückfordern (vgl. BGHZ 58, 184).

d) Leistungsbestimmung aus Sicht des Empfängerhorizontes

21   Im Einzelfall kann es zweifelhaft sein, zwischen welchen Personen ein Leistungsverhältnis besteht. Kauft beispielsweise K beim Installateur I einen Warmwasserspeicher, der in sein Haus eingebaut werden soll, und kauft I, ohne von K bevollmächtigt zu sein, als dessen Vertreter das Gerät beim Fabrikanten F, so geht dieser bei der Liefe-

rung davon aus, dass er damit seine Verpflichtung aus einem Kaufvertrag mit K erfülle; aus der Sicht des F ist also er selbst Leistender.

Andererseits muss K, wenn ihm nichts anderes bekannt ist, annehmen, F erbringe die Leistung gegenüber I; denn K hat nicht mit F, sondern mit I einen Vertrag geschlossen. Wenn F an K liefert, kann K davon ausgehen, damit wolle I seine Vertragspflichten ihm gegenüber erfüllen; aus der Sicht des K ist also I Leistender.

Nach h. M. (so z. B. BGHZ 40, 274; 72, 249; 105, 365, 369; 122, 46, 50 f.; BGH ZIP 1999, 435, 437) ist nicht die Sicht des Zuwendenden, sondern die eines objektiven Dritten in der Person des Empfängers entscheidend. Danach kommt es darauf an, wen der Empfänger (K) vernünftigerweise als Leistenden ansehen durfte. Es wird also entsprechend der gesetzlichen Wertung bei der Willenserklärung (§§ 133, 157) auf den Empfängerhorizont abgestellt. Somit scheidet eine Leistungskondiktion des F gegen K aus, wenn dieser die Zuwendung für eine Leistung des I halten durfte. F geht daher leer aus, wenn seine Ansprüche (etwa aus § 179) gegen I wegen dessen Vermögenslosigkeit nicht zu realisieren sind.

Diesem Ergebnis ist zuzustimmen, weil K schutzwürdiger ist als F, 22 wenn er (K) im Vertrauen auf die Leistung, die sich aus seiner Sicht als eine Leistung des I darstellt, an I gezahlt hat. F hat diese Vertrauenslage geschaffen, indem er es unterließ, bei der Leistung dem K gegenüber zum Ausdruck zu bringen, dass er an ihn (K) leisten wolle. Deshalb ist es berechtigt, wenn K nicht noch einmal (nämlich an F) zahlen muss.

Die h. M. geht aber zu weit, weil sie den Empfänger (K) vor einem Bereicherungsanspruch des F auch dann schützt, wenn er (K) noch nicht oder wenn er schon vor der Lieferung an I gezahlt hat. In beiden Fällen verdient K keinen Schutz, weil er in seinem Vertrauen nicht enttäuscht worden ist.

III. Mangel des rechtlichen Grundes

Die Leistungskondiktion setzt außer einer Bereicherung des Schuld- 23 ners durch Leistung des Gläubigers einen Mangel des rechtlichen Grundes voraus. Mit der Leistungskondiktion soll nur eine solche Leistung wieder rückgängig gemacht werden, die fehlgeschlagen ist.

Ob eine Leistung fehlgeschlagen ist, muss anhand des Leistungszwecks ermittelt werden.

Streitig ist, ob der Rechtsgrund mit der herkömmlichen Ansicht objektiv als das zu erfüllende Schuldverhältnis (z. B. Kaufvertrag) oder mit einer im Vordringen befindlichen Ansicht subjektiv als der vom Leistenden bestimmte Zweck (Erfüllungs-, Schenkungszweck) zu bestimmen ist (Nachw. bei Larenz/ Canaris, § 67 III 1 a). Für die Falllösung ist der Streit nicht ergiebig. Das zeigt sich bei der Leistung zwecks Erfüllung einer Verbindlichkeit. Hier ist nach beiden Theorien zu prüfen, ob das Schuldverhältnis, dessen Erfüllung der Leistende bezweckt, besteht.

Nicht erreicht ist der Leistungszweck einmal beim Fehlen des rechtlichen Grundes (§ 812 I 1: „ohne rechtlichen Grund"), zum anderen beim späteren Wegfall des rechtlichen Grundes und bei Nichteintritt des bezweckten Erfolges (§ 812 I 2).

Die gesetzliche Unterscheidung ist für einen etwaigen Ausschluss des Bereicherungsanspruchs (§§ 814, 815, 817 S. 2) und für eine Haftungsverschärfung (§§ 819 f.) bedeutsam.

1. Fehlen des Rechtsgrundes

a) Nichtbestehen oder Nichtdurchsetzbarkeit eines Anspruches

24   Der Rechtsgrund fehlt, wenn der Anspruch, der mit der Leistung erfüllt werden sollte, nicht besteht.

Beispiele: V übereignet die Kaufsache an K in Erfüllung eines nichtigen Kaufvertrages. A hat ein Huhn überfahren und zahlt Schadensersatz (§ 823 I) an B, weil er ihn irrtümlich für den Eigentümer des Huhnes hält.

Die Leistung ist also nicht rechtsgrundlos, wenn dem Leistungsempfänger gegen den Leistenden ein rechtsgeschäftlicher oder gesetzlicher Anspruch auf diese Leistung zustand.

25   Selbst wenn der Anspruch besteht, aber *mit einer dauernden Einrede behaftet* ist, kann das zum Zweck der Erfüllung Geleistete zurückgefordert werden (§ 813 I 1). Denn die mit einer dauernden (nicht einer bloß vorübergehenden) Einrede belastete Forderung ist, wenn der Schuldner die Einrede erhebt, so anzusehen, als ob die Forderung rechtlich nie bestanden hätte (Mot. II, 832). Allerdings begründet die Verjährungseinrede, obwohl sie eine dauernde ist, keinen Bereicherungsanspruch (§§ 813 I 2, 214 II).

Im **Fall c** kann K seinen Kondiktionsanspruch nur auf die Einrede stützen, dass V die Forderung durch eine unerlaubte Handlung erlangt habe (§ 853).

Die Einrede des nicht erfüllten Vertrages (§ 320) ist keine dauernde, die Einrede der Verjährung bleibt nach § 813 I 2 unberücksichtigt.

Die Erfüllung einer nur betagten Verbindlichkeit vor deren Fälligkeit begründet nach § 813 II keine Kondiktion, damit ein Hin- und Herschieben der Leistung vermieden wird.

b) Ausschluss der Leistungskondiktion

Trotz Nichtbestehens einer Verbindlichkeit ist in folgenden Fällen die Leistungskondiktion ausgeschlossen: 26

aa) Ein Bereicherungsanspruch besteht gem. § 814, 1. Fall nicht, wenn der Leistende im Zeitpunkt der Leistung *wusste, dass er zur Leistung nicht verpflichtet war.* Hier verdient der Leistende keinen Schutz.

Es schadet nur positive Kenntnis der Sach- und Rechtslage, nicht dagegen grobfahrlässige Unkenntnis oder Zweifel. Zahlt der Schuldner unter Vorbehalt, greift § 814 nicht ein.

bb) Die Leistungskondiktion ist gem. § 814, 2. Fall auch dann nicht gegeben, wenn die Leistung einer *sittlichen Pflicht* oder einer *auf den Anstand zu nehmenden Rücksicht* entsprach. 27

Beispiele: Jemand leistet Unterhalt an seine arme Schwester in der irrigen Annahme, dazu gesetzlich verpflichtet zu sein (sittliche Pflicht). Bei der Hingabe eines üblichen Trinkgeldes meint er, eine Rechtspflicht zu erfüllen (Anstandspflicht).

cc) Einen weiteren Ausschlussgrund enthält § 817 S. 2 (Rdnr. 43 ff.). 28

2. Späterer Wegfall des Rechtsgrundes

Ein Rechtsgrund fehlt auch dann, wenn er zwar zur Zeit der Leistung vorgelegen hat, später aber endgültig (nicht nur vorübergehend) wegfällt (§ 812 I 2, 1. Fall; condictio ob causam finitam). Folgende Fallgruppen gehören hierher: 29

a) Wegfall auf Grund Parteivereinbarung

Der Rechtsgrund ist auf Grund Parteivereinbarung weggefallen.

Beispiel: Beim Eintritt einer vereinbarten auflösenden Bedingung oder eines Endtermins ist die vorher erbrachte Leistung nach Bereicherungsrecht zurückzugewähren, wenn die Parteien das Rechtsverhältnis nicht den Rücktrittsregeln mit der strengeren Haftung unterstellen wollten.

b) Wegfall auf Grund einseitiger Erklärung

30   Die Willenserklärung einer Partei hat den Wegfall des Rechtsgrundes bewirkt.

Beispiele: Widerruf einer Schenkung (§§ 530, 531 II). Auch die Anfechtung
des der Leistung zugrunde liegenden Kausalgeschäfts gehört hierher
(Palandt/Sprau, § 812 Rdnr. 77). Zwar vernichtet die Anfechtung das
Rechtsgeschäft rückwirkend (§ 142 I), so dass auch ein Fehlen des Rechtsgrundes angenommen werden könnte; jedoch ist das Geschäft bis zur Anfechtungserklärung als wirksam zu behandeln. Im Übrigen spielt es für das Ergebnis keine Rolle, ob die Vernichtung des Rechtsgrundes durch Anfechtung
einer Willenserklärung beim Fehlen oder beim Wegfall des Rechtsgrundes
eingeordnet wird. Jedenfalls ist § 814 nicht anwendbar; denn trotz Kenntnis
der Anfechtbarkeit ist der Leistende bis zur Anfechtung zur Leistung verpflichtet. Wenn der Leistende selbst anfechtungsberechtigt ist und er in
Kenntnis dieses Rechts die Leistung erbringt, wird regelmäßig eine Bestätigung des anfechtbaren Rechtsgeschäfts vorliegen, so dass eine Anfechtung
ausgeschlossen ist (§ 144) und damit ein Bereicherungsanspruch entfällt. –
Bei Ausübung eines (vertraglichen oder gesetzlichen) Rücktrittsrechts durch
Rücktrittserklärung greifen die strengeren Vorschriften der §§ 346 ff.
(AS § 18) ein.

3. Nichteintritt des bezweckten Erfolges

31   Rechtsgrundlosigkeit des Erwerbs liegt schließlich auch dann vor,
wenn der mit einer Leistung nach dem Inhalt des Rechtsgeschäfts
bezweckte Erfolg nicht eintritt (§ 812 I 2, 2. Fall; condictio causa
data causa non secuta oder condictio ob rem).

a) Voraussetzungen

Folgende Voraussetzungen müssen vorliegen:

aa) Mit der Leistung muss ein Erfolg bezweckt sein. Damit ist
nicht der Erfolg „Schuldtilgung" gemeint, den jemand bezweckt,
wenn er zur Erfüllung einer Verbindlichkeit leistet; wird *dieser* Erfolg nicht erreicht, weil die Verbindlichkeit nicht besteht, greift
schon § 812 I 1 ein. Hierher gehört auch nicht der Fall, dass jemand
in Erfüllung eines gegenseitigen Vertrages leistet, um die Gegenleistung des Vertragspartners zu erlangen; dieser Tatbestand ist in
§§ 320 ff. speziell geregelt (Mot. II, 842).

32   Raum für einen Bereicherungsanspruch wegen Nichteintritts des
bezweckten Erfolges besteht nur dort, wo jemand eine Leistung

erbringt, die nicht der Erfüllung einer bestehenden Verpflichtung dienen soll, und wo der Leistende damit ein nicht geschuldetes Tun oder Unterlassen des Empfängers bezweckt.

Beispiele: A zahlt einen Geldbetrag dem B, um diesen zu einer Erbeinsetzung zu veranlassen. Der Mieter bebaut ein fremdes Grundstück in der berechtigten Erwartung des späteren Eigentumserwerbs (BGH NJW 2001, 3118).

bb) Die Parteien müssen sich über den Zweck (wenigstens still- 33
schweigend) verständigt haben (vgl. zur Zweckvereinbarung BGHZ 44, 321; BGH NJW 2001, 3118). Ein einseitiges Motiv des Leistenden reicht nicht aus. Es genügt aber, dass der Empfänger die Erwartung des Leistenden kennt und durch die Annahme zu verstehen gibt, dass er die Zweckbestimmung billigt.

Die Leistung erfolgt also nicht auf eine Verpflichtung hin. Der Empfänger ist nicht zu der bezweckten „Gegenleistung" verpflichtet. Er will sich nicht rechtlich verpflichten; vielfach kann er es auch gar nicht (z.B. Erbeinsetzung wegen § 2302).

Nach richtiger Ansicht gehören hierher nicht die Tatbestände, in 34
denen der bezweckte, über die Erfüllung hinausgehende Erfolg Vertragsinhalt geworden ist; dann greifen nämlich beim Nichteintritt des Erfolges die §§ 280 ff. (Unmöglichkeit wegen Zweckverfehlung) ein. Sofern der Zweck nicht zum Vertragsinhalt gehört, der Vertrag aber zu einem bestimmten Zweck geschlossen wurde und dieser Zweck entfällt (z.B. Schenkung zur bevorstehenden Heirat, die dann jedoch nicht stattfindet), sind die Regeln über die Geschäftsgrundlage (§ 313) heranzuziehen (Larenz/Canaris, § 68 I 3 d; vgl. auch BGH JZ 1975, 330).

Hat der Leistende bei der Zahlung zum Ausdruck gebracht, dass er den Empfänger damit zur Erbeinsetzung bewegen wolle, und nimmt der Empfänger die Leistung entgegen, ohne zum Ausdruck zu bringen, dass er sich für die Erbfolge nicht festlegen wolle, so liegt eine entsprechende Verständigung vor.

cc) Der bezweckte Erfolg darf nicht eingetreten sein. 35

Der Empfänger des Geldes setzt den Schenker nicht zum Erben ein.

b) Regeln über die Geschäftsgrundlage

Ein Bereicherungsanspruch aus § 812 I 2, 2. Fall scheidet aus, 36
wenn jemand zur Erfüllung einer bestehenden Verbindlichkeit leistet

und sich herausstellt, dass die Geschäftsgrundlage fehlte oder inzwischen weggefallen ist; denn die Leistung ist mit Rechtsgrund erbracht. Hier sind allein die Regeln über die Geschäftsgrundlage (§ 313) anwendbar.

Verkauft ein Förderer des Sports sein Grundstück zu einem besonders günstigen Preis an die Stadt und gehen beide Vertragsparteien davon aus, dass die Stadt auf dem Grundstück einen Sportplatz anlegt, so ist die Geschäftsgrundlage weggefallen, wenn der Sportplatzbau unterbleibt. Der Verkäufer kann das Grundstück nicht nach Bereicherungsrecht zurückfordern. Vielmehr kann er gem. § 313 I eine Anpassung des Vertrages an die veränderten Umstände verlangen. Wenn die Parteien vorausgesehen hätten, dass kein Sportplatz gebaut wird, wäre möglicherweise das Grundstück zum ortsüblichen Preis verkauft worden. Falls eine Anpassung des Vertrages nicht möglich oder einem Teil nicht zumutbar ist, kann der benachteiligte Teil (Verkäufer) vom Vertrag zurücktreten (§ 313 III 1).

c) Ausschluss der Leistungskondiktion

37   Trotz Nichteintritts des bezweckten Erfolges ist in zwei Fällen die Leistungskondiktion ausgeschlossen (§ 815):

aa) Wenn *der Erfolgseintritt von Anfang an unmöglich* war und der *Leistende dies gewusst hat.* Der Leistende handelt hier in einer Weise, die keinen Schutz verdient (Prot. II, 701).

bb) Wenn *der Leistende den Erfolgseintritt wider Treu und Glauben verhindert hat.* Der Gesetzgeber hat hier die gleiche Wertung getroffen, wie bei einer unzulässigen Verhinderung des Eintritts einer Bedingung (§ 162 I).

B) Sonderfall: Leistungskondiktion wegen verwerflichen Empfanges

38   **Schrifttum:** Canaris, Der Bereicherungsausgleich bei sittenwidrigen Teilzahlungskrediten, WM 1981, 978; Dauner, Der Kondiktionsausschluß gemäß § 817 Satz 2 BGB, JZ 1980, 495; H. Honsell, Die Rückabwicklung sittenwidriger und verbotener Geschäfte, 1974; Michalski, Die anologe Anwendbarkeit des § 817 Satz 2 außerhalb des § 817 Satz 1 BGB, Jura 1994, 113, 232; Tiedtke, Die gegenseitigen Ansprüche des Schwarzarbeiters und seines Auftraggebers, DB 1990, 2307.

Eine Leistungskondiktion ist auch dann gegeben, wenn der Leistungsempfänger durch Annahme der Leistung gegen ein gesetzliches

Verbot oder gegen die guten Sitten verstoßen hat (§ 817 S. 1; condictio ob turpem vel iniustam causam).

I. Bedeutung und Voraussetzungen

1. Bedeutung

Die Bedeutung des § 817 S. 1 ist sehr gering. Das einer Leistung 39 zugrunde liegende Kausalgeschäft, das gegen ein gesetzliches Verbot oder gegen die guten Sitten verstößt, ist regelmäßig nach §§ 134, 138 nichtig. In diesen Fällen ist die erbrachte Leistung wegen Fehlens des Rechtsgrundes schon nach § 812 kondizierbar, so dass § 817 S. 1 daneben keine selbstständige Bedeutung hat. Zwar kann der Bereicherungsanspruch nach § 812 wegen § 814 (Rdnr. 26 f.) oder § 815 (Rdnr. 37) ausgeschlossen sein, während diese Vorschriften einem auf § 817 S. 1 gestützten Anspruch nicht entgegenstehen (BGHZ 106, 169, 171). Aber § 817 S. 1 greift nur ein, wenn der Leistende bezweckt, dass der Empfänger gegen ein gesetzliches Verbot oder die guten Sitten verstößt. Bei einer solchen Zwecksetzung wird der Leistende in aller Regel auch selbst gegen ein gesetzliches Verbot oder gegen die guten Sitten verstoßen. Dann ist der Anspruch unabhängig davon, ob man ihn auf § 812 oder auf § 817 S. 1 stützt, gem. § 817 S. 2 ausgeschlossen (Rdnr. 43 ff.). Bei der Herbeiführung eines Vertrages durch Täuschung oder Drohung seitens des Leistungsempfängers verstößt zwar nur dieser gegen ein gesetzliches Verbot, so dass das Kausalgeschäft wirksam ist und § 812 I 1, 1. Fall nicht eingreift; in solchen Fällen wird jedoch der Leistende den Verstoß des Empfängers gegen ein gesetzliches Verbot nicht bezwecken, so dass die Voraussetzungen des § 817 S. 1 ebenfalls nicht vorliegen. Fälle, in denen der Anspruch aus § 817 S. 1 zu bejahen ist, dürften deshalb kaum vorkommen.

Früher wurde als Schulbeispiel zu § 817 S. 1 vor allem die Vorteilsannah- 40 me durch einen Beamten als Gegenleistung für eine bereits vorgenommene Diensthandlung genannt (**Fall d, 1. Frage**). In diesem Fall machte sich nur der Amtsträger gem. § 331 I StGB wegen Vorteilsannahme strafbar. Dagegen verstieß der andere Teil nicht gegen ein gesetzliches Verbot, weil § 333 I StGB a. F. nur die Vorteilsgewährung für künftige Diensthandlungen unter Strafe stellte. Dieses Beispiel passt heute jedoch nicht mehr. Denn seit der Neufassung des § 333 I StGB durch Gesetz vom 13. 8. 1997 (BGBl. I, 2038)

ist auch die Vorteilsgewährung für eine zurückliegende Dienstausübung
strafbar. Wenn aber bei einer solchen Vorteilsgewährung sowohl der Empfänger als auch der Leistende gegen ein gesetzliches Verbot verstoßen
(§§ 331 I, 333 I StGB), ist das zugrunde liegende Kausalgeschäft unwirksam,
so dass mangels Rechtsgrundes für die Leistung auch die Voraussetzungen
des § 812 I 1, 1. Fall vorliegen. Außerdem ist der Bereicherungsanspruch
gem. § 817 S. 2 ausgeschlossen.

2. Voraussetzungen

41   Der Schuldner muss eine *Leistung* des Gläubigers angenommen
haben.

„Leistung" ist auch hier als bewusste und zweckgerichtete Vermehrung
fremden Vermögens aufzufassen (Rdnr. 6).

Zweck der Leistung muss es gewesen sein, dass der Schuldner
*durch die Annahme gegen ein gesetzliches Verbot oder gegen die
guten Sitten verstieß.*

Beispiele: Der Amtsträger nimmt für eine Amtshandlung ein Geschenk an
(§ 331 I StGB). X lässt sich von Y ein Geschenk machen, damit er gegen ihn
keine Strafanzeige erstattet.

42   Streitig ist, ob der Empfänger bei der Annahme auch schuldhaft
gehandelt haben muss. Entgegen der Rechtsprechung ist eine positive Kenntnis des Schuldners vom Gesetzes- oder Sittenverstoß nicht
erforderlich. § 817 S. 1 hat keinen Strafcharakter. Die Vorschrift
will nur solche Leistungen zurückgewähren, die der Empfänger nicht
hätte annehmen dürfen. Ein objektiver Verstoß genügt (Münch-
Komm/ Lieb, § 817 Rdnr. 36).

II. Ausschluss des Bereicherungsanspruchs

43   Die Kondiktion wegen verwerflichen Empfangs ist ausgeschlossen,
wenn dem Leistenden gleichfalls ein Verstoß gegen ein gesetzliches
Verbot oder gegen die guten Sitten zur Last fällt (§ 817 S. 2; **Fall d,
Frage 1 u. 2**). Im Gegensatz zu Satz 1 ist diese Regelung praktisch
bedeutsam. Sie wird im Schrifttum vielfach als verfehlt angesehen.
Deshalb mangelt es nicht an Versuchen, ihren Anwendungsbereich
einzuschränken. Dabei sind eine Reihe von Streitfragen entstanden.
Sie müssen aus der Wertung gelöst werden, die der Gesetzgeber mit
§ 817 S. 2 getroffen hat.

1. Sinn des § 817 S. 2

Wie bei § 817 S. 1 ist auch hier der *Strafcharakter abzulehnen*, da   44
eine „bürgerlich-rechtliche Strafvorschrift" (so RGZ 161, 52, 60) im
Bereicherungsrecht nichts zu suchen hat. Richtiger Ansicht nach geht
es bei § 817 S. 2 um die Versagung eines Anspruchs. Die Rechtsordnung will demjenigen keinen Schutz gewähren, der sich selbst rechts-
oder sittenwidrig verhalten hat.

Ist das Verhalten beider Parteien gleich vorwerfbar und verdienen
sie deshalb keinen Schutz, so dürfte keine von ihnen bevorzugt werden; § 817 S. 2 trifft die Entscheidung aber immer zu Gunsten des
Leistungsempfängers, der die Leistung behalten darf.

Beispiel: Bei der Bestechung für eine pflichtwidrige Handlung des Beamten
(**Fall d, 2. Frage**) wiegt die Tat des Beamten schwerer als die des Schenkers
(vgl. § 332 I mit § 334 I StGB). Dennoch bevorzugt § 817 S. 2 den Beamten.

Ein solches Ergebnis ist im höchsten Maße unbefriedigend, wenn
den Empfänger gar ein größerer Vorwurf trifft als den Leistenden.
Im Einzelfall kann der Anwendung des § 817 S. 2 der Grundsatz von
Treu und Glauben (§ 242) entgegenstehen (BGHZ 111, 308).

2. Einzelfragen

– Das Gericht hat § 817 S. 2 nicht nur dann zu berücksichtigen,   45
wenn der Beklagte sich darauf beruft. Es handelt sich vielmehr um
eine (von Amts wegen zu beachtende) *Einwendung.*

– § 817 behandelt nicht den Fall, dass *nur der Leistende* gegen ein
gesetzliches Verbot oder gegen die guten Sitten verstoßen hat. Entsprechend seinem Sinn muss § 817 S. 2 hier analog angewandt werden.

– Die vom Gesetz bezweckte Versagung des materiellen Anspruchs
kann nicht dadurch umgangen werden, dass der Kläger, der bei der
Leistung gegen das Gesetz oder die guten Sitten verstoßen hat, seinen Bereicherungsanspruch auf § 812 stützt. Vielmehr schließt § 817
S. 2 als Spezialvorschrift nicht nur den Anspruch nach § 817 S. 1, sondern auch die Leistungskondiktion nach § 812 aus (Rdnr. 39). Auf die
Nichtleistungskondiktion gem. § 812 I 1, 2. Fall (§ 38 Rdnr. 3 ff.) findet § 817 S. 2 dagegen keine Anwendung (BGH ZIP 2003, 69, 71).

46   – Das Gesetz geht davon aus, dass das Erfüllungsgeschäft regelmäßig von der Nichtigkeit des Kausalgeschäfts unberührt bleibt.
Wenn nun aber nach § 134 beispielsweise nicht nur der Kaufvertrag,
sondern auch die Übereignung der Kaufsache nichtig ist, könnte der
Verkäufer die Sache vom Käufer nach § 985 herausverlangen, obwohl ihm ein Bereicherungsanspruch wegen § 817 S. 2 nicht zusteht.
Nach der Rechtsprechung soll § 817 S. 2 einen dinglichen Anspruch
nicht ausschließen (vgl. BGHZ 63, 369). Das lässt sich mit dem Sinn
des § 817 S. 2 nicht vereinbaren. Abgesehen davon führt die abge-
lehnte Meinung zu untragbaren Ergebnissen: Ist nur das Verpflichtungsgeschäft (Kaufvertrag) nichtig, scheidet ein Rückforderungsanspruch wegen § 817 S. 2 aus; ist aber ausnahmsweise auch das
Erfüllungsgeschäft (Übereignung) nichtig, also in besonders schweren Fällen, dann soll dem Leistenden ein Anspruch (§ 985) zustehen.

47   Folgendes ist jedoch zu beachten: Vermietet jemand einem anderen beispielsweise eine Wohnung zu einem wucherischen Mietzins, so ist der Mietvertrag nach § 138 II nichtig. Hier schließt § 817 S. 2 den Herausgabeanspruch nach § 985 nicht aus; denn die zweckgerichtete Leistung des
Vermieters besteht nicht in der dauernden Überlassung der Wohnung, sondern nur in der zeitweiligen Gebrauchsüberlassung. Aus § 817 S. 2 folgt also
nur, dass der Vermieter die Wohnung für die vereinbarte Mietzeit nicht
herausverlangen kann. Die vereinbarten Wuchermietzinsen stehen ihm nicht
zu, da der Mietvertrag nichtig ist. Sehr streitig ist, ob der Vermieter für die
zeitweilige Gebrauchsüberlassung wenigstens einen angemessenen „Mietzins"
verlangen kann; das dürfte zu bejahen sein, da anderenfalls dem § 817 S. 2
Strafcharakter zukäme (vgl. Rdnr. 44) und der Bewucherte eines so weitgehenden Schutzes nicht bedarf, dass er die Leistung des Wucherers unentgeltlich erhält (vgl. Medicus, BürgR, Rdnr. 700).

§ 38. Ansprüche wegen Bereicherung in sonstiger Weise

1   **Schrifttum:** Canaris, Das Verhältnis der §§ 994 ff. BGB zur Aufwen-
dungskondiktion nach § 812 BGB, JZ 1996, 344; Giesen, Grundsätze der
Konfliktlösung im Besonderen Schuldrecht: Die ungerechtfertigte Bereiche-
rung (Teil 2: Nichtleistungskondiktionen), Jura 1995, 234; Knütel, § 822
BGB und die Schwächen unentgeltlichen Erwerbs, NJW 1989, 2504;
Kupisch, Befreiungswert und Verfügungswert – Zur Rechtsfolge des § 816
Abs. 1 Satz 1 BGB, Festschrift f. Niederländer, 1991, 305; Merle, Risiko und
Schutz des Eigentümers bei Genehmigung der Verfügung eines Nichtberech-
tigten, AcP 183, 81; Schilken, Zur Bedeutung des § 822 BGB, JR 1989, 363;
Thielmann, Gegen das Subsidiaritätsdogma im Bereicherungsrecht, AcP 187,
23; H. P. Westermann, Bereicherungshaftung des Erwerbers gestohlener

Sachen: Zur „Subsidiarität" der Eingriffskondiktion – BGHZ 55, 176, JuS 1972, 18.

Fälle:

a) Firma F verwendet ein Bild des bekannten Schauspielers X ohne dessen Einverständnis zu Reklamezwecken. X verlangt eine Vergütung.

b) Da D irrtümlich annimmt, ein von seinem Haus herabgefallener Dachziegel habe G verletzt, zahlt er diesem Schadensersatz. Später erfährt er, dass der Ziegel vom Haus des Nachbarn S stammte. Gegen wen hat D einen Bereicherungsanspruch?

c) D, der das gestohlene Fahrrad des E angestrichen hat, verlangt von E Verwendungsersatz.

d) B hat die dem A gestohlene Uhr an den gutgläubigen C verkauft und veräußert. Rechte des A?

Unter den Begriff der Bereicherung in sonstiger Weise fallen alle Bereicherungstatbestände, die nicht zur Leistungskondiktion gehören.

A) Verhältnis zur Leistungskondiktion

Bevor untersucht wird, ob eine Bereicherung in sonstiger Weise gegeben ist, muss zunächst geprüft werden, ob nicht eine Bereicherung durch Leistung vorliegt; denn diese schließt nach h.M. hinsichtlich desselben Bereicherungsgegenstandes eine Bereicherung in sonstiger Weise grundsätzlich aus (*Vorrang der Leistungskondiktion;* vgl. BGHZ 40, 278; 56, 240).

Hat der Bauunternehmer (B) an den Grundstückseigentümer (E) dadurch geleistet, dass er von seinem Lieferanten (L) gelieferte Steine zum Bau des Hauses verwendet, so steht dem L – etwa bei Vermögenslosigkeit seines Vertragspartners B – kein Bereicherungsanspruch gegen E zu. Denn zwischen L und E besteht kein Leistungsverhältnis (vgl. § 37 Rdnr. 12). Durch Lieferung der Steine leistet L an seinen Vertragspartner B, und B leistet durch Einbau der Steine an E. Der Lieferant L hat sich B als seinen Vertragspartner selbst ausgesucht; deshalb kann er sich nur an B halten. L muss damit das Risiko tragen, dass B zahlungsunfähig wird. Auch wenn der Kaufvertrag L – B nichtig ist, kommt nur eine Rückabwicklung des fehlgeschlagenen Rechtsverhältnisses zwischen diesen beiden Personen im Wege der Leistungskondiktion in Betracht. Ein Bereicherungsanspruch des L gegen E ist ausgeschlossen.

Wenn aber dem B die eingebauten Steine nicht von L geliefert worden sind, sondern B sie vom Lagerplatz des L gestohlen hat, dann ist aus der Wertung des § 935 zu entnehmen, dass L gegen E einen Bereicherungsanspruch

(§§ 951 I 1, 812 I 1, 2. Fall) hat. Hätte nämlich B die Steine dem E übereignet, so wäre dieser wegen § 935 nicht Eigentümer geworden, so dass L die (noch nicht verbauten) Steine nach § 985 von E hätte herausverlangen können. E darf nicht besser stehen, wenn er durch den Einbau der Steine nach § 946 Eigentum erlangt hat.

2   Der Grundsatz vom Vorrang der Leistungskondiktion gilt – wie das letzte Beispiel zeigt – nicht uneingeschränkt. Vielmehr ist für die Erzielung sachgerechter Ergebnisse die Wertung zu berücksichtigen, die sich aus den §§ 932, 935, § 366 HGB ergibt (vgl. auch § 816 I 2).

B) Einzeltatbestände

3   Zu den Ansprüchen wegen Bereicherung in sonstiger Weise gehören vor allem die Eingriffs-, Rückgriffs- und Verwendungskondiktion.

I. Eingriffskondiktion

1. Begriff und Bedeutung

Eine Eingriffskondiktion kommt in Betracht, wenn der Bereicherte selbst durch eigene Handlung in das Recht eines anderen eingreift und auf diese Weise ohne rechtlichen Grund sein Vermögen vermehrt (§ 812 I 1, 2. Fall).

Eine Eingriffskondiktion ist aber auch dann gegeben, wenn der Eingriff durch einen Dritten oder ohne menschliches Zutun (Naturereignis) erfolgt (Beispiel: **Fall b** in § 36 Rdnr. 3).

Der Grund für einen Anspruch aus Eingriffskondiktion liegt nicht in der Rechtswidrigkeit des Eingriffs; denn es geht nicht darum, ob der Eingriff verboten ist, was u.a. Voraussetzung für einen Schadensersatzanspruch aus unerlaubter Handlung wäre. Entscheidend ist vielmehr, dass der erlangte Vorteil (etwa des Gebrauchs, Verbrauchs) von der Rechtsordnung einem anderen „zugewiesen" ist (h.M.; vgl. Reuter/Martinek, § 7 m.w.N.). So steht etwa dem Eigentümer einer Sache das Recht zu, mit dieser nach Belieben zu verfahren (§ 903), sie also zu nutzen, zu gebrauchen und zu verwerten.

2. Voraussetzungen

a) Etwas erlangt

Wie bei jedem Bereicherungsanspruch muss der Schuldner „etwas   4
erlangt" haben (*Bereicherung des Schuldners;* dazu § 37 Rdnr. 2 ff.).

b) In sonstiger Weise

Die Bereicherung muss „in sonstiger Weise" – also nicht durch   5
„Leistung" des Gläubigers (dazu § 37 Rdnr. 6 ff.) – und zwar hier
durch *Eingriff in das Recht des Gläubigers entgegen dem Zuweisungsgehalt* entstanden sein. Eingriffsobjekt können die Rechtspositionen sein, deren wirtschaftliche Verwertung nach der Rechtsordnung dem Gläubiger zusteht. Hierbei kann man sich am deliktischen
Güterschutz orientieren.

Beispiele: Der Schuldner gebraucht, verbraucht eine dem Gläubiger gehörende Sache. Gegenstand des Eingriffs können aber auch ein beschränkt
dingliches Recht (Nießbrauch), der Besitz und ein Immaterialgüterrecht
(Patentrecht, Urheberrecht) sein. Nach einer Mindermeinung löst ein Eingriff
in das allgemeine Persönlichkeitsrecht (dazu § 41 Rdnr. 21 ff.) keine
Eingriffskondiktion aus. Verkauft etwa ein Arzt die Krankengeschichte seines
prominenten Patienten an eine Illustrierte, so soll danach ein Bereicherungsanspruch des Patienten gegen den Arzt nicht bestehen. Das Ergebnis ist angesichts der fortschreitenden Kommerzialisierung des Persönlichkeitsrechts
zweifelhaft. Man könnte daran denken, einen Bereicherungsanspruch überall
dort zu geben, wo ein Ausschnitt aus dem allgemeinen Persönlichkeitsrecht
gegen Entgelt verwertet werden kann. – Im **Fall a** ist ein Bereicherungsanspruch zu bejahen (BGHZ 20, 345; BGH NJW 1992, 2084). Da entsprechend der in Künstlerkreisen weitgehend herrschenden Übung die Verwertung des eigenen Bildes nur gegen Zahlung einer Vergütung gestattet wird,
hätte F das Bild nur gegen Entgelt benutzen dürfen; diese Vergütung hat F auf
Kosten des X erspart.

c) Auf Kosten des Anspruchstellers

Anders als bei der Leistungskondiktion ist bei der Eingriffskondik-   6
tion stets zu prüfen, ob der Eingriff in das Recht eines anderen „auf
dessen Kosten" erfolgt ist. Damit ist nach richtiger Ansicht nicht gemeint, dass bei dem anderen eine Vermögensminderung eingetreten
sein muss. Denn beim Bereicherungsrecht geht es nicht – wie beim
Schadensersatzrecht – darum, eine Vermögensminderung auszugleichen, sondern eine Bereicherung rückgängig zu machen, die dem Be-

reicherten nicht gebührt. Das Merkmal „auf Kosten" dient also dazu, den Bereicherungsgläubiger bei der Eingriffskondiktion zu bestimmen. Das ist der Träger derjenigen Rechtsposition, in die eingegriffen wurde, dem also das Gut von der Rechtsordnung zugewiesen ist.

Beispiel: Hat A unbefugt die Räume des verreisten Mieters B benutzt, besteht ein Bereicherungsanspruch des B gegen A. Abzustellen ist auf den Wert des Erlangten (der Benutzung). A hat also dem B den Betrag zu entrichten, der für die Benutzung der Räume gewöhnlich gezahlt wird.

d) Ohne rechtlichen Grund

7　　Die Bereicherung muss „ohne rechtlichen Grund" erlangt sein. Das ist dann der Fall, wenn der erlangte *Vorteil nach der Rechtsordnung einem anderen gebührt.*

Wenn das Gesetz einen nicht rechtsgeschäftlichen Eigentumserwerb vorsieht, so ist zu prüfen, ob nur die sachenrechtliche Zuordnung der Sache zu einer Person geregelt werden soll oder ob damit gleichzeitig auch ein Rechtsgrund für den Erwerb bestimmt und folglich ein Bereicherungsanspruch ausgeschlossen ist. So erwirbt z.B. der Finder unter den Voraussetzungen des § 973 das Eigentum an der gefundenen Sache; er ist aber noch drei Jahre lang einem Bereicherungsanspruch ausgesetzt (§ 977). Auch die §§ 946 ff. stellen keinen Rechtsgrund dar, weil § 951 auf das Bereicherungsrecht verweist. Dagegen ist aus § 937 I zu entnehmen, dass der Eigentumserwerb bei der Ersitzung in dieser Vorschrift seinen Rechtsgrund hat und demnach eine Kondiktion ausscheidet (anders bei der Leistungskondiktion; vgl. RGZ 130, 69; Baur/Stürner, Sachenrecht, § 53 Rdnr. 91).

II. Rückgriffskondiktion

8　　Eine Rückgriffskondiktion kommt in Betracht, wenn ein Dritter den Schuldner von dessen Verbindlichkeit gegenüber dem Gläubiger befreit (Tilgung fremder Schuld; § 267, AS § 12 Rdnr. 2 ff.).

Für die Rückgriffskondiktion bleibt nur ein enger Anwendungsbereich. In vielen Fällen sichert das Gesetz den zahlenden Dritten dadurch, dass es den Anspruch des Gläubigers gegen den Schuldner auf den Dritten übergehen lässt (z.B. § 268 III, AS § 12 Rdnr. 6; § 774 I, dazu § 32 Rdnr. 37; § 1615b II). Einen besonderen Ausgleichsanspruch begründet das Gesetz in § 426 I für den leistenden Gesamtschuldner.

Hat der Dritte als Beauftragter des Schuldners oder als berechtig- **9** ter Geschäftsführer ohne Auftrag gehandelt, steht ihm ein Aufwendungsersatzanspruch gegen den Schuldner zu (§ 670; §§ 683, 670). Daneben kommt ein Bereicherungsanspruch gegen den Schuldner nicht in Betracht, weil ein Rechtsgrund für die Vermögensverschiebung gegeben ist. Beim Auftrag liegt dieser in dem Vertragsverhältnis. Die berechtigte GoA ist nach ihrer gesetzlichen Regelung Rechtsgrund für jede Vermögensmehrung, die durch das Tätigwerden des Geschäftsführers beim Geschäftsherrn eintritt.

Führt der Dritte mit der Zahlung einer fremden Schuld ein Ge- **10** schäft des Schuldners, ohne dass die Voraussetzungen einer berechtigten GoA (§ 683) vorliegen, so hat er nach §§ 684, 818 ff. einen Bereicherungsanspruch gegen den Schuldner. Dieser Anspruch wird als Rückgriffskondiktion bezeichnet; dabei handelt es sich jedoch nicht um eine Rechtsgrundverweisung, sondern um eine Rechtsfolgenverweisung (anders im Dreipersonenverhältnis; OLG Hamm NJW 1974, 951).

Will der Dritte mit der Zahlung für den Gläubiger erkennbar eine **11** eigene Schuld begleichen, weil er sich irrtümlich für den Schuldner hält (**Fall b**), hat er die Leistungskondiktion gegen den Gläubiger; eine Rückgriffskondiktion des Dritten gegen den Schuldner scheidet schon deshalb aus, weil dieser nicht bereichert ist, da seine Schuld durch die Zahlung des Dritten nicht getilgt wird.

Der Dritte, der eine vermeintlich eigene Schuld bezahlt (**Fall b**) und deshalb eine Leistungskondiktion gegen den Gläubiger hat, kann ein Interesse daran haben, statt des (z. B. jetzt zahlungsunfähigen) Gläubigers den wirklichen Schuldner in Anspruch zu nehmen. Diese Möglichkeit hätte er, wenn er seine irrtümliche Zahlung nachträglich als Erfüllung der Verbindlichkeit des Schuldners gelten lassen könnte. Deshalb wird von einem Teil des Schrifttums dem Dritten ein Wahlrecht eingeräumt: Dieser kann es bei der Leistungskondiktion gegen den Gläubiger belassen. Er darf aber auch erklären, dass die Zahlung als für den Schuldner bewirkt behandelt werden soll, so dass damit die Schuld des Schuldners getilgt ist. In diesem Fall käme eine Rückgriffskondiktion gegen den Schuldner in Betracht. Jedoch lässt sich ein solches Wahlrecht aus dem Gesetz nicht begründen. Zudem würde eine nachträgliche Änderung der Leistungsbestimmung durch den Dritten dem Schuldner eine Bereicherung aufdrängen, die den Interessen des Schuldners entgegensteht, wenn dieser seine Schuld gegenüber dem Gläubiger, z. B. durch Aufrechnung mit einer Gegenforderung gegen den Gläubiger, hätte tilgen können. Allenfalls ist an eine Anfechtung der rechtsgeschäftsähnlichen Tilgungsbestimmung zu denken, falls die Voraussetzungen eines Irrtums vorliegen (BGHZ 106, 163).

III. Verwendungskondiktion

1. Rechtsgrundlose Verwendungen

12   Verwendungen auf fremdes Gut können einen Bereicherungsanspruch auslösen, wenn das Vermögen des anderen ohne Rechtsgrund
vermehrt wird.

Das kann durch Aufwendung von Sachen (etwa bei Verbindung,
Vermischung; vgl. §§ 946 ff.), aber auch durch Einsatz der Arbeitskraft geschehen. In vielen Fällen wird eine solche Vermögensmehrung aufgrund einer vertraglichen Verpflichtung erfolgen; dann liegt
der Rechtsgrund in dem Vertrag, so dass ein Bereicherungsanspruch
ausscheidet. Ist der Vertrag nichtig, kommt eine Leistungskondiktion
in Betracht. Fehlt es dagegen an einem Rechtsgrund und ist die Vermögensmehrung des Bereicherten nicht durch „Leistung" entstanden,
ist der Tatbestand der Verwendungskondiktion gegeben. Daneben
können aber auch Verwendungsersatzansprüche aus dem Eigentümer-
Besitzer-Verhältnis (§§ 994 ff.) bestehen (str.; vgl. Baur/Stürner, Sachenrecht, § 11 Rdnr. 55).

Beispiele: Hat der Winzer A vom Hubschrauber aus nicht nur seinen
Weinberg, sondern aus Versehen auch den des Nachbarn N mit Schäd-
lingsbekämpfungsmitteln besprüht, so kann er aus dem Gesichtspunkt der
Verwendungskondiktion seine Aufwendungen von N vergütet verlangen.
§§ 994 ff. kommen nicht in Betracht, weil kein Eigentümer-Besitzer-Verhältnis gegeben war; denn A hat den Weinberg des N nicht in Besitz genommen.
Ansprüche aus GoA scheiden deshalb aus, weil A kein fremdes, sondern
gutgläubig ein eigenes Geschäft geführt hat (§ 687 I). Eine Leistungskondiktion ist mangels Leistung (= bewusste und zweckgerichtete Vermehrung fremden Vermögens) auszuschließen.

Falls der Beschenkte den geschenkten Gegenstand infolge Widerrufs der
Schenkung wegen groben Undanks wieder herausgeben muss (§§ 530 f.; dazu
§ 9 Rdnr. 21), kann er einen Verwendungsersatzanspruch gem. § 812 I 1,
2. Fall (Verwendungskondiktion) haben, wenn er den Wert des Gegenstandes
(z.B. durch Arbeitsleistung) erhöht hat und diese Wertsteigerung bei Rückgabe des Geschenks noch vorhanden ist (dazu BGH ZIP 1999, 659, 664).

2. Gesetzlicher Fall der Verwendungskondiktion

13   Einen Spezialfall der Verwendungskondiktion regelt § 951 I: Bei
Verbindung, Vermischung, Verarbeitung kann der Eigentümer einer
Sache sein Eigentum verlieren (vgl. §§ 946 ff.). Nach § 951 I hat er

dann das Recht, von dem, zu dessen Gunsten die Rechtsänderung eingetreten ist, Vergütung in Geld nach den Vorschriften über die Herausgabe einer ungerechtfertigten Bereicherung zu verlangen; die Wiederherstellung des früheren Zustandes kann jedoch nicht begehrt werden. Die Bestimmung gibt also einen Bereicherungsanspruch, wenn die infolge der §§ 946 bis 950 eingetretene Bereicherung ohne rechtlichen Grund erfolgte. Hatte der Grundstückseigentümer etwa einen vertraglichen Anspruch auf Lieferung der auf seinem Grundstück verbauten Steine eines anderen, dann hat er mit Rechtsgrund das Eigentum an den Steinen erworben. Fehlt es an einem Rechtsgrund und liegt auch keine Leistung vor, besteht ein Bereicherungsanspruch nach §§ 951, 812 (Rechtsgrundverweisung). Jedoch geht dieser nicht dahin, den früheren Rechtszustand wiederherzustellen. Das ist nämlich vielfach unmöglich (z. B. bei Vermischung) oder aber wirtschaftlich unvernünftig (z. B. Abbruch des mit fremden Steinen gebauten Hauses). Deshalb wird immer nur eine Vergütung in Geld geschuldet.

Streitig ist, ob §§ 951, 812 durch §§ 994 ff., die die Verwendungsansprü- **14** che des *Besitzers* einschränkend regeln, ausgeschlossen werden (so BGHZ 41, 157). Bei einem Ausschluss des Bereicherungsanspruchs nach § 951 würde der Besitzer schlechter behandelt als jemand, der als *Nichtbesitzer* Verwendungen macht; das ist aber nicht einzusehen (vgl. auch den Wortlaut des § 951 II 1; Medicus, BürgR, Rdnr. 895 ff.). Allerdings wird damit die stark differenzierende Regelung der §§ 994 ff. illusorisch (Baur/Stürner, Sachenrecht, § 11 Rdnr. 55).

3. Keine Verwendungskondiktion bei aufgedrängter Bereicherung

Hat jemand die Bereicherung einem anderen *aufgedrängt* (**Fall c**), **15** wollte dieser sie also gar nicht haben, so muss ein Bereicherungsanspruch regelmäßig entfallen. Dieses Ergebnis wird teilweise mit einer subjektiven Wertbestimmung nach § 818 II, von anderen mit § 818 III begründet. Teilweise wird aus § 996 und § 687 II der Grundsatz entnommen, dass der bösgläubige Besitzer sowie der unechte Geschäftsführer auch aus § 812 keinen Wertersatz verlangen können.

C) Sondertatbestände

16   Sondertatbestände der Eingriffskondiktion enthält § 816. Diese Vorschrift ist vor § 812 zu prüfen (Spezialität). Das Gesetz unterscheidet drei Tatbestände: entgeltliche Verfügung eines Nichtberechtigten (§ 816 I 1), unentgeltliche Verfügung eines Nichtberechtigten (§ 816 I 2) und Leistung an einen Nichtberechtigten (§ 816 II).

I. Entgeltliche Verfügung eines Nichtberechtigten

1. Bedeutung

17   In der Regel kann nur der Rechtsinhaber wirksam über sein Recht verfügen. Im Interesse der Sicherheit des Rechtsverkehrs sieht das Gesetz in manchen Fällen jedoch vor, dass auch die Verfügung eines Nichtberechtigten über ein fremdes Recht wirksam ist. Hier erleidet der Rechtsinhaber einen Vermögensverlust, während der Nichtberechtigte, wenn er gegen Entgelt verfügt hat, einen Vermögenszuwachs erlangt. Dieses unbillige Ergebnis soll durch § 816 I 1 korrigiert werden.

Verkauft und übereignet beispielsweise B das geliehene Buch des A an C (**Fall c**; § 36), erwirbt der gutgläubige C nach §§ 929, 932 das Eigentum, so dass A von ihm das Buch nicht nach § 985 herausverlangen kann. Ein Bereicherungsanspruch des A gegen C scheidet schon deshalb aus, weil C das Buch durch „Leistung" des B erlangt hat (Subsidiarität der Eingriffskondiktion; Rdnr. 1). Ein Schadensersatzanspruch des A gegen B würde ein Verschulden des B, ein Anspruch auf den Verkaufserlös aus § 687 II das Wissen des B voraussetzen, dass er ein Geschäft des A ohne Berechtigung führt. § 816 I 1 gibt dem A einen von diesen Voraussetzungen unabhängigen Bereicherungsanspruch gegen B: dieser hat als Nichtberechtigter über das Buch eine Verfügung getroffen, die dem Berechtigten (A) gegenüber wirksam ist; deshalb ist B dem A zur Herausgabe des durch die Verfügung Erlangten verpflichtet.

2. Voraussetzungen

a) Gläubiger und Schuldner des Anspruches

18   Gläubiger des Anspruchs ist der *Berechtigte,* also derjenige, der als Rechtsinhaber zu der Verfügung befugt gewesen wäre (z. B. der Eigentümer, Pfandgläubiger).

Schuldner des Anspruchs ist der *Nichtberechtigte,* also derjenige, der weder Inhaber des Rechts noch zur Verfügung über das Recht befugt war.

b) Verfügung des Nichtberechtigten

Der Nichtberechtigte muss über einen Gegenstand eine Verfügung 19 getroffen haben. Verfügung ist jedes Rechtsgeschäft, durch das unmittelbar auf den Bestand eines Rechts im Sinne einer Rechtsminderung oder eines völligen Rechtsverlustes eingewirkt wird (Übertragung, Aufgabe, Belastung oder Inhaltsänderung).

c) Wirksamkeit der Verfügung

Dem Berechtigten gegenüber muss die Verfügung wirksam sein. 20 In Betracht kommen die Fälle, in denen jemand kraft guten Glaubens vom Nichtberechtigten erwirbt (z. B. §§ 932 ff., 892 f., 1207 f., 2366 f.; § 366 HGB).

Im **Fall d** ist die Verfügung des B nicht wirksam, weil C wegen § 935 I kein Eigentum erworben hat. A kann also nach § 985 gegen C vorgehen. Das nützt aber dann nichts, wenn C die Uhr nicht mehr hat oder C nicht auffindbar ist. In einem solchen Fall wäre es für A besser, wenn die Verfügung des B wirksam gewesen wäre; denn dann könnte er von B den erlangten Kaufpreis nach § 816 I 1 verlangen. Die Wirksamkeit der Verfügung ist dadurch zu erreichen, dass A diese genehmigt (§ 185 II). Dann ist die Anwendung des § 816 I 1 interessengemäß (h. M.; Erman/H. P. Westermann, § 816 Rdnr. 7). Konstruktive Bedenken etwa derart, dass die Genehmigung rückwirkend den Verfügenden zum Berechtigten mache, müssen demgegenüber außer Betracht bleiben.

d) Entgeltlichkeit der Verfügung

Die Verfügung muss entgeltlich erfolgen. Ihr muss also z. B. ein 21 Kauf oder Tausch (nicht eine Schenkung) zugrunde liegen (arg. e § 816 I 2). Denn nur dann erlangt der Nichtberechtigte etwas, das er dem Berechtigten herausgeben kann.

3. Folgen

Nach § 816 I 1 ist der Nichtberechtigte „zur Herausgabe des 22 durch die Verfügung Erlangten verpflichtet". Die Formulierung ist insofern ungenau, als der Nichtberechtigte durch die Verfügung selbst nichts erlangt hat. Als erlangt ist vielmehr das anzusehen, was er durch das der Verfügung zugrunde liegende Geschäft (z. B. Kauf) erworben hat (das Entgelt). Zwei Fälle sind hier zu unterscheiden:

– Ist das Entgelt *geringer* als der Wert des Gegenstandes, so ist nur das herauszugeben; denn mehr hat der Nichtberechtigte nicht erlangt.

– Ist das Entgelt *größer* als der Wert des Gegenstandes, so ist streitig, ob das Entgelt oder nur der Wert herauszugeben ist. Schon der Wortlaut des § 816 I 1 spricht für die erste Lösung; denn das Entgelt ist das „Erlangte". Selbst wenn also der Nichtberechtigte beim Verkauf der fremden Sache aufgrund seiner Geschäftstüchtigkeit einen Preis erzielt hat, der über dem Wert der Sache liegt, hat er diesen Preis an den Berechtigten herauszugeben. Dieses Ergebnis hat das Gesetz bewusst in Kauf genommen (BGHZ 29, 157). In besonders krassen Fällen will der BGH mit § 242 helfen.

II. Unentgeltliche Verfügung eines Nichtberechtigten

1. Bedeutung und Voraussetzung des § 816 I 2

23 Hat der Nichtberechtigte unentgeltlich (z. B. aufgrund einer Schenkung) über den Gegenstand eines anderen verfügt, so scheidet ein Anspruch aus § 816 I 1 aus. Hier hat der Nichtberechtigte nichts erlangt, was er herausgeben könnte. Ist die Verfügung wirksam, weil z. B. der Beschenkte gutgläubig das Eigentum an der übereigneten Sache erworben hat, so kommt ein Herausgabeanspruch (§ 985) des bisherigen Eigentümers gegen den Erwerber nicht in Betracht. Auch ein Bereicherungsanspruch nach § 812 besteht nicht, weil der Beschenkte durch „Leistung" des Schenkers die Sache erworben hat. Da der Beschenkte aber selbst keine Vermögensaufwendungen für den Erwerb gemacht hat, wäre es unbillig, wenn er den Gegenstand behalten dürfte und der Eigentümer einen endgültigen Verlust hinnehmen müsste. Hier hilft § 816 I 2: Der Beschenkte ist zwar Eigentümer der Sache geworden; das Eigentum ist aber kondizierbar.

§ 816 I 2 setzt wie § 816 I 1 eine wirksame Verfügung des Nicht-berechtigten voraus (Rdnr. 19 f.); an die Stelle der Entgeltlichkeit (Rdnr. 21) tritt die Unentgeltlichkeit. Schuldner des Bereicherungs-anspruchs ist derjenige, der aufgrund der Verfügung unmittelbar einen rechtlichen Vorteil erlangt hat.

2. Abgrenzung des § 816 I 2 von § 822

§ 816 I 2 stellt einen Sonderfall im Bereicherungsrecht dar, weil   24
hier jemand, der aufgrund gültigen Kausalgeschäfts unentgeltlich et-was erlangt hat, einem Kondiktionsanspruch ausgesetzt ist. Einen ähnlichen Sonderfall enthält auch § 822. Nach dieser Bestimmung muss ein Dritter, der von einem Bereicherungsschuldner aufgrund wirksamen Kausalgeschäfts den Bereicherungsgegenstand unentgelt-lich (zur Unentgeltlichkeit i. S. v. § 822 siehe BGH NJW 2000, 134) erworben hat, dem Bereicherungsgläubiger das Erlangte herausge-ben. § 816 I 2 und § 822 ist gemeinsam, dass sich der Bereiche-rungsanspruch gegen einen Dritten richtet, der etwas durch Leis-tung, aber unentgeltlich erlangt hat. Beide Vorschriften beruhen auf der Erwägung, dass der unentgeltliche Erwerb nicht ebenso schutz-würdig ist wie der entgeltliche.

Sie unterscheiden sich dadurch, dass § 816 I 2 die unentgeltliche   25
Verfügung eines *Nichtberechtigten* voraussetzt, während nach § 822 die unentgeltliche Verfügung eines *Berechtigten* vorliegen muss.

Hat B das geliehene Buch des A an den gutgläubigen C verschenkt, so hat er als Nichtberechtigter über das Buch eine unentgeltliche Verfügung getrof-fen, die dem A gegenüber (wegen § 932) wirksam ist (Fall des § 816 I 2).
Wenn B das Buch dagegen aufgrund eines nichtigen Kaufvertrages von A zu Eigentum erworben hat und es an C verschenkt, so erwirbt C das Eigen-tum nach § 929 vom Berechtigten (Fall des § 822).

3. Voraussetzungen des § 822

§ 822 setzt also voraus: 26

– Der Gläubiger (A) muss gegen den ersten Empfänger (B) einen Bereiche-rungsanspruch haben. – Im letztgenannten Fall hat A gegen B die Leis-tungskondiktion, da B ohne Rechtsgrund (nichtiger Kaufvertrag) das Eigen-tum am Buch erworben hat.
– Der Bereicherungsschuldner (B) muss dem Dritten (C) das Erlangte un-entgeltlich zugewandt haben. – Im Beispielsfall hat B das Buch dem C schen-kungsweise übereignet.

– Durch die Zuwendung des Bereicherungsschuldners (B) muss gegen diesen der Bereicherungsanspruch des Gläubigers (A) ausgeschlossen sein; denn die Haftung des Dritten nach § 822 ist nur subsidiär. – In dem genannten Beispiel ist B wegen der unentgeltlichen Verfügung nicht mehr bereichert (§ 818 III; § 39 Rdnr. 6 ff.). Denn durch Übereignung an C hat er das Eigentum an dem Buch verloren, und er hat auch nichts dafür erlangt. – Kannte B dagegen bei der Veräußerung des Buches an C den Mangel des Rechtsgrundes (die Nichtigkeit des Kaufvertrages), so haftet er dem A nach §§ 812, 819 I, 818 IV (dazu § 39 Rdnr. 18 ff.). Deshalb besteht kein Bereicherungsanspruch des A gegen C.

4. Analoge Anwendung des § 816 I 2?

27   § 816 I 2 greift nach seinem Wortlaut nur ein, wenn der Nichtberechtigte unentgeltlich verfügt. Es fragt sich, ob eine rechtsgrundlose Verfügung (z. B. der zugrunde liegende Kaufvertrag ist nichtig) der unentgeltlichen gleichzustellen ist, weil der rechtsgrundlose Erwerber letztlich für seinen Erwerb kein Entgelt zu entrichten hat (so BGHZ 37, 368). Ein Teil der Literatur bejaht diese Frage und gibt dem Berechtigten gegen den Erwerber einen unmittelbaren Anspruch auf Herausgabe des erworbenen Gegenstandes analog § 816 I 2 (*Einheitskondiktion;* so etwa Grunsky, JZ 1962, 207 m. N.). Die Gleichsetzung von unentgeltlicher und rechtsgrundloser Verfügung ist abzulehnen. Es sind vielmehr bei diesen Fällen zwei Kondiktionsansprüche gegeben: Dem Nichtberechtigten steht aus § 812 I 1 ein Bereicherungsanspruch gegen den Erwerber zu; der Berechtigte hat gem. § 816 I 1 gegen den Nichtberechtigten einen Anspruch auf Herausgabe des Erlangten, d. h. auf Abtretung des dem Nichtberechtigten gegen den Erwerber zustehenden Bereicherungsanspruchs *(Doppelkondiktion;* Staudinger/Lorenz, § 816 Rdnr. 16 ff.).

Hat B das geliehene Buch des A aufgrund eines nichtigen Kaufvertrages an C übereignet, so kann A nach der abzulehnenden Ansicht gem. § 816 I 2 von C das Buch herausverlangen. Dieses Ergebnis berücksichtigt aber nicht die schutzwürdigen Belange des C. Hat dieser bereits den Kaufpreis an B gezahlt, so könnte er gegenüber einem Bereicherungsanspruch des B ein Zurückbehaltungsrecht wegen des zurückzuzahlenden Kaufpreises geltend machen, was ihm gegenüber einem eigenen Bereicherungsanspruch des A verwehrt ist. Interessengemäßer ist es, wenn A von B nach § 816 I 1 das durch die Verfügung Erlangte verlangen kann, also die Abtretung des Bereicherungsanspruchs des B gegen C. Macht A dann den ihm abgetretenen Anspruch des B gegen C geltend, so kann C sich wegen § 404 auch gegenüber A auf ein Zurückbehaltungsrecht wegen des Kaufpreises berufen. – Erhält B aufgrund seines Kondiktionsanspruchs das Buch von C zurück, so erwirbt er von C nicht das Eigentum, sondern nur den Besitz; das Eigentum fällt unmittelbar an A zurück (str.). B darf nämlich durch Rückabwicklung des fehlgeschlagenen Kausalgeschäfts mit C nicht mehr erhalten, als er vorher hatte.

III. Leistung an einen Nichtberechtigten

Bei einer Leistung an einen Nichtberechtigten, die dem Berechtig- 28 ten gegenüber wirksam ist, hat der Nichtberechtigte nach § 816 II dem Berechtigten das Geleistete herauszugeben.

Beispiel: Leistet der Schuldner in Unkenntnis der Abtretung an den bisherigen Gläubiger, so leistet er zwar an den falschen; aber der neue Gläubiger muss diese Leistung gegen sich gelten lassen (§ 407 I). Hier hat der alte Gläubiger auf Kosten des neuen Gläubigers etwas erlangt, was er herauszugeben hat.

§ 39. Umfang des Bereicherungsanspruchs

Schrifttum: Canaris, Der Bereicherungsausgleich bei Bestellung einer Si- 1 cherheit an einer rechtsgrundlos erlangten oder fremden Sache, NJW 1991, 2513; ders., Die Gegenleistungskondiktion, Festschrift f. W. Lorenz, 1991, 19; Flume, Die Saldotheorie und die Rechtsfigur der ungerechtfertigten Bereicherung, AcP 194, 427; ders., Die Rückabwicklung nichtiger Kaufverträge nach Bereicherungsrecht, JZ 2002, 321; Giesen, Grundsätze der Konfliktlösung im Besonderen Schuldrecht: Die ungerechtfertigte Bereicherung (Teil 3: Der Bereicherungsumfang), Jura 1995, 281; Gursky, Zur Mitherausgabe von Gebrauchsvorteilen bei der Sachkondiktion, JR 1998, 7; Th. Honsell, Die Saldotheorie – Erweiterung oder Restriktion des § 818 Abs. 3 BGB?, JZ 1980, 802; Kulms, Herausgaberegeln, Haftungsnormen und unentziehbare Rechte im Bereicherungsrecht, JZ 1998, 430; Lass, Die bereicherungsrechtliche Rückabwicklung des nichtigen Darlehnsvertrags, WM 1997, 145; Medicus, Die verschärfte Haftung des Bereicherungsschuldners, JuS 1993, 705; S. G. Müller, Die Bösgläubigkeit des Minderjährigen im Falle des § 819 BGB, JuS 1995, L 81; Probst, Rückabwicklung und Rechtskenntnis – zur Interpretation des § 819 Abs. 1 BGB, AcP 196, 225; Rengier, Wegfall der Bereicherung, AcP 177, 418; Reuter, Die Belastung des Bereicherungsgegenstandes mit Sicherungsrechten, Festschrift f. Gernhuber, 1993, 369; H. Roth, Gedanken zur Gewinnhaftung im Bürgerlichen Recht, Festschrift f. Niederländer, 1991, 363; Wandt, Zur Wertersatzpflicht des verschärft haftenden Bereicherungsschuldners, MDR 1984, 535.

Fälle:

a) B hat das aufgrund nichtigen Kaufvertrages von A erworbene Bild, das einen Wert von 700 Euro hat, für 800 Euro an C verkauft und übereignet. A selbst hätte es für 750 Euro verkaufen können. Was kann er von B verlangen?

b) S will G den aufgrund eines nichtigen Kaufvertrages erworbenen Pudel nur gegen Ersatz der Schurkosten und der Schäden, die der Hund in seiner Wohnung angerichtet hat, zurückgeben.

c) V hat an K ein Bild mit einem Wert von 700 Euro zum Preis von 800 Euro verkauft. Bei K wird das Bild durch Zufall vernichtet. Dann stellt sich heraus, dass der Kaufvertrag nichtig war.

I. Gegenstand der Bereicherung

Ist ein Bereicherungsanspruch gegeben, muss der Bereicherte das Erlangte herausgeben (§§ 812 I 1, 816, 817 S. 1, 818 I). Sofern das nicht möglich ist, hat er Wertersatz zu leisten (§ 818 II).

1. Herausgabe

a) Das Erlangte

Primär wird die Herausgabe des Erlangten in natura geschuldet (§§ 812 I 1, 816, 817 S. 1, Ausnahme: § 951 I).

Beispiele: Die rechtsgrundlos übereignete Sache ist zurückzuübereignen, die abgetretene Forderung zurückabzutreten. Ist der unmittelbare Besitz kondizierbar, muss dem Gläubiger die tatsächliche Sachherrschaft wieder eingeräumt werden.

b) Die gezogenen Nutzen

2   Herausgegeben werden müssen auch die aus dem erlangten Gegenstand vom Bereicherungsschuldner gezogenen Nutzungen (§ 818 I). Das sind nach § 100 die Früchte und Gebrauchsvorteile.

Beispiele: Das Kalb der Kuh; die Zinsen, welche die ohne Rechtsgrund abgetretene Forderung erbracht hat, aber auch der Gewinn eines Unternehmens (BGH LM Nr. 7 zu § 818 Abs. 2 BGB).

3   Streitig ist, ob § 818 I neben den Vorschriften über das Eigentümer-Besitzer-Verhältnis anwendbar ist. Das muss entgegen der Rechtsprechung (BGHZ 14, 7, 9; 41, 157) bejaht werden.

Wäre der Bereicherungsschuldner nur um den Besitz bereichert, könnte er bei Gutgläubigkeit die Nutzungen der Sache behalten (§ 993). Hat er dagegen außer dem Besitz auch das Eigentum an der Sache erlangt, liegt kein Eigentümer-Besitzer-Verhältnis vor, so dass in diesem Fall § 818 I nicht ausgeschlossen ist und demnach die Nutzungen herauszugeben sind. Allerdings gelangt die Rechtsprechung zur Anwendung des § 818 I, indem sie bei § 988 den rechtsgrundlosen Besitzerwerb dem unentgeltlichen gleichstellt (vgl. Baur/Stürner, Sachenrecht, § 11 Rdnr. 38).

c) Surrogate

Die Herausgabepflicht erstreckt sich auch auf die Surrogate, also   4 auf die Gegenstände, die an die Stelle des Erlangten getreten sind.

§ 818 I nennt einmal das, was der Empfänger aufgrund eines erlangten Rechtes erhält (z. B. die Geldsumme durch Einziehung der kondizierbaren Forderung). Ferner erwähnt das Gesetz das als Ersatz für die Zerstörung, Beschädigung oder Entziehung des erlangten Gegenstandes Erworbene (z. B. die Versicherungsforderung, Versicherungssumme, Schadensersatzforderung). – Nach h. M. gehört zu den Surrogaten nicht das, was der Bereicherungsschuldner durch ein von ihm abgeschlossenes Rechtsgeschäft (z. B. Verkauf, Tausch) anstelle des kondizierbaren Gegenstandes erworben hat (Soergel/ Mühl, § 818 Rdnr. 28 m. w. N.). Wenn er beispielsweise das ohne Rechtsgrund erlangte Pferd gegen einen Pkw getauscht hat, braucht er diesen nicht nach § 818 I herauszugeben; er hat Wertersatz für das Pferd nach § 818 II zu leisten.

2. Wertersatz

Bei Unmöglichkeit der Herausgabe hat der Bereicherungsschuld-   5 ner, sofern § 818 III nicht eingreift, nach § 818 II Wertersatz zu leisten. Geschuldet wird der gemeine Wert (Verkehrswert), nicht der Veräußerungserlös (anders: § 816; dazu § 38 Rdnr. 22) und erst recht nicht Ersatz des dem Gläubiger entstandenen Schadens.

Beispiele: Für geleistete Arbeit ist deren Wert (angemessene Vergütung) zu ersetzen. – An die Stelle der veräußerten Sache tritt deren objektiver Wert, nicht der erzielte Kaufpreis, wobei dieser allerdings einen Anhalt für den Verkehrswert geben kann. – Im **Fall a** kann A nach § 818 II nur 700 Euro verlangen. – Der Bereicherungsschuldner, der ein Grundstück zurückzuübereignen hat, das er zwischenzeitlich mit Grundpfandrechten belastet hat, muss für die Belastungen Wertersatz leisten (BGH WM 1991, 516). – Die Höhe des Wertersatzes für einen ungerechtfertigt erlangten Kundenstamm richtet sich insbesondere nach dem mit diesem in der Vergangenheit erzielten Umsatz (BGH ZIP 2002, 531, 533).

II. Wegfall der Bereicherung

1. Bedeutung und Voraussetzungen

a) Bedeutung des Wegfalls der Bereicherung

Die Bereicherungsvorschriften bezwecken, eine Vermögensmeh-   6 rung beim Bereicherten rückgängig zu machen; sie sollen nicht zu einer Vermögensminderung des Bereicherungsschuldners über den Betrag der Bereicherung hinaus führen (BGHZ 1, 75, 81). Deshalb ist die Verpflichtung zur Herausgabe oder zum Wertersatz ausgeschlossen, soweit der Empfänger nicht (oder nicht mehr) bereichert ist (§ 818 III).

b) Voraussetzungen für die Beachtlichkeit des Bereicherungswegfalls

7   § 818 III greift nur dann ein, wenn folgende Voraussetzungen gegeben sind:

aa) Der Schuldner darf nicht mehr bereichert sein. Das kann beispielsweise der Fall sein, wenn der erlangte Gegenstand untergegangen ist, der Schuldner ihn verbraucht oder verschenkt hat. Da die Bereicherung aber nach wirtschaftlichen Gesichtspunkten zu beurteilen ist, muss geprüft werden, ob das ursprünglich Erlangte selbst oder sein Wert im Vermögen des Bereicherungsschuldners ganz oder teilweise noch vorhanden ist.

Bei Veräußerung der Sache ist das Vermögen des Schuldners um den Veräußerungserlös vergrößert. Hat der Schuldner die erlangte Sache in seinem Haushalt verbraucht oder an einen Freund verschenkt, ist zu ermitteln, ob er dadurch Aufwendungen für seinen Haushalt bzw. für ein anderes Geschenk erspart hat. Wenn der Schuldner etwa nur ein billigeres Geburtstagsgeschenk für den Freund gekauft hätte, dann ist er nur insoweit bereichert.

Hat jemand eine Luxusreise erlangt, die er sonst nicht unternommen hätte (vgl. BGHZ 55, 128), ist ein Bereicherungsanspruch wegen § 818 III ausgeschlossen. Der mit der Reise erlangte Vermögensvorteil ist nämlich nicht mehr in seinem Vermögen vorhanden, weil er keine Aufwendungen erspart hat (§ 37 Rdnr. 5).

Bei Arbeitnehmern, die rechtsgrundlose Gehaltsüberzahlungen bekommen haben, ohne das zu erkennen, unterscheidet die Rechtsprechung (BGHZ 118, 383; BAG ZIP 2001, 1647, 1649): Arbeitnehmer mit kleinen und mittleren Einkommen brauchen die Entreicherung nicht konkret nachzuweisen. Bei ihnen wird vermutet, dass sie die Überzahlung zur Verbesserung ihres Lebensstandards ausgegeben haben, so dass keine Bereicherung verbleibt. Diese Erleichterung bei der Geltendmachung des Bereicherungseinwandes kommt dagegen den Besserverdienenden nicht zugute. Bei ihnen wird angenommen, dass sie die Überzahlung nicht verbraucht, sondern als noch vorhandene Bereicherung (z.B. durch Ersparnisse, Anschaffungen, Schuldentilgung) ihrem Vermögen einverleibt haben. Sie müssen im Streitfall beweisen, dass sich ihr Vermögensstand durch die Überzahlung nicht verbessert hat.

8   bb) Zu Gunsten des Schuldners ist der Wegfall der Bereicherung lediglich dann zu berücksichtigen, wenn der Schuldner schutzwürdig

ist. Dies ist er nicht, sofern der Bereicherungsanspruch bereits rechtshängig ist (§ 818 IV) oder der Schuldner den Mangel des rechtlichen
Grundes kennt (§ 819 I); in diesen Fällen greifen die Besonderheiten
der verschärften Haftung ein (Rdnr. 18 ff.).

2. Berücksichtigung von Einbußen des Schuldners

Da die Kondiktion beim Bereicherungsschuldner nicht zu einer Ver- 9
mögensminderung über den Betrag der Bereicherung hinaus führen
darf, sind zu Gunsten des Schuldners bestimmte Einbußen zu berücksichtigen, die im Zusammenhang mit dem Erwerb des Bereicherungsgegenstandes stehen. Mindestvoraussetzung für einen Wegfall der
Bereicherung ist ein adäquater Kausalzusammenhang zwischen Bereicherung und Vermögenseinbuße (BGHZ 118, 383, 386; BGH ZIP
1999, 659, 664). Danach sind im **Fall b** Schurkosten und Schäden zu
berücksichtigen. Eine reine Kausalitätsbetrachtung gewährleistet allerdings keine sachgerechte Begrenzung des Bereicherungswegfalls. Die
herrschende Lehre sieht daher den Bereicherungsschuldner nur insoweit als schutzwürdig an, als ihm die Nachteile wegen seines Vertrauens
auf die Endgültigkeit des Erwerbs entstanden sind (vgl. Palandt/
Sprau, § 818 Rdnr. 45; krit. dazu MünchKomm/Lieb, § 818
Rdnr. 59 ff.). Im **Fall b** wäre also der Hund Zug um Zug gegen Erstattung der Schurkosten, nicht der angerichteten Schäden, herauszugeben.

Hat jemand als Nichtberechtigter verfügt und muss er nach § 816 I 1 den 10
erzielten Erlös herausgeben, kann er nach h. M. nicht das abziehen, was er
für den Erwerb der Sache seinerseits als Entgelt an einen Dritten geleistet hat
(BGH NJW 1970, 2059; 1971, 612, 615). Wenn also der gutgläubige Uhrmacher U eine Uhr von einem Dieb erhalten und an einen unbekannten
Kunden veräußert hat, so kann der Eigentümer diese Veräußerung genehmi-
gen (§ 38 Rdnr. 20) und von U gem. § 816 I 1 den erzielten Erlös verlangen. U
kann den an den Dieb gezahlten Kaufpreis nicht als Wegfall der Bereicherung
abziehen. Dies folgt aus der Wertung des § 935 I: Der Eigentümer hätte die
Uhr von U vor dem Weiterverkauf nach § 985 (wegen § 935 I kein gutgläubiger Erwerb) herausverlangen können. Gleiches muss auch gelten, wenn der
Eigentümer statt der Sache selbst nach § 816 I 1 den Erlös herausverlangt.

3. Berücksichtigung der Gegenleistung

Ist ein gegenseitiger Vertrag nichtig und sind die Leistungen der 11
Vertragsparteien bereits erbracht worden, so fragt sich, ob bei der
Kondiktion der eigenen Leistung die empfangene Gegenleistung zu

berücksichtigen ist. Zwei Theorien stehen sich in dieser Frage gegenüber.

a) Zweikondiktionentheorie

Die (ältere, heute aber zunehmend wieder vertretene) Zweikondiktionentheorie geht davon aus, dass nach § 812 I 1 jede Partei einen selbstständigen Bereicherungsanspruch gegen den Partner hat.

So kann bei einem nichtigen Kaufvertrag der Verkäufer Rückübereignung und Rückgabe der gelieferten Sache und der Käufer Rückzahlung des geleisteten Kaufpreises verlangen.

Hat K wegen der Zerstörung der von ihm für 800 Euro von V gekauften Sache vom Schädiger 900 Euro als Schadensersatz erhalten, so richtet sich der Bereicherungsanspruch des V gegen K auf Zahlung von 900 Euro (§ 818 I). Daran ändert sich nichts dadurch, dass V seinerseits die als Kaufpreis gezahlten 800 Euro dem K nach § 812 I 1 zurückzuzahlen hat. Allerdings kann K (wie auch V) durch Aufrechnungserklärung bewirken, dass die Forderungen in Höhe von 800 Euro erlöschen und damit nur eine Forderung von 100 Euro des V gegen K übrig bleibt.

Die Zweikondiktionentheorie führt dann zu einem ungerechten Ergebnis, wenn bei einem nichtigen gegenseitigen Vertrag die Bereicherung einer Partei weggefallen ist (§ 818 III). So muss nach dieser Theorie im **Fall c** der V den bereits gezahlten Kaufpreis an K zurückzahlen, während dem V gegen K kein Bereicherungsanspruch zusteht, sofern K nicht verschärft haftet (dazu Rdnr. 18 ff.) oder wegen Vernichtung der Kaufsache einen Ersatzanspruch erworben hat. Solche unbilligen Ergebnisse können nach der Zweikondiktionentheorie nur dann vermieden werden, wenn dem Bereicherungsschuldner analog §§ 819 I, 818 IV eine Berufung auf den Wegfall der Bereicherung versagt wird.

b) Saldotheorie

12   Die (wohl noch herrschende) Saldotheorie wurde von der Rechtsprechung entwickelt. Sie geht davon aus, dass auch bei einem nichtigen gegenseitigen Vertrag die von den Parteien erbrachten Leistungen durch den Austauschzweck wirtschaftlich miteinander verknüpft sind. Deshalb müssen bei der Ermittlung der Vermögensmehrung des Bereicherten dessen erbrachte Gegenleistung sowie alle Vermögens-

minderungen, die mit dem Erwerbsvorgang in einem ursächlichen Zusammenhang stehen, als Abzugsposten mitberücksichtigt werden.

Im **Fall c** ist der Wert der Kaufsache (700 Euro) vom Kaufpreis (800 Euro) abzuziehen, so dass K nur den Saldo (100 Euro) verlangen kann. Dagegen hat V keinen Bereicherungsanspruch.

Im Gegensatz zur Zweikondiktionentheorie stehen sich also bei der Saldotheorie nicht zwei Kondiktionsansprüche gegenüber. Es besteht vielmehr von Anfang an nur *ein* Bereicherungsanspruch. Nur derjenige kann kondizieren, zu dessen Gunsten sich ein positiver Saldo ergibt (BGH NJW 1951, 270; 1995, 454; 2000, 3064; 2001, 1863, 1864; ZIP 2001, 747, 751; JZ 2002, 299 f.).

Betrug im **Fall c** der Wert des Bildes 1 000 Euro, war er also größer als der gezahlte Kaufpreis (800 Euro), so war allein K bereichert; da die Bereicherung des K wegen der Zerstörung des Bildes aber weggefallen ist (§ 818 III), hat V keinen Bereicherungsanspruch gegen K.

Stehen sich bei der Rückabwicklung eines fehlgeschlagenen gegen- 13 seitigen Vertrages nicht Geldbeträge, sondern ungleichartige Leistungen gegenüber (z. B. nichtiger Tausch eines Pferdes gegen einen Esel), so bleibt es dabei, dass jede Vertragspartei den Anspruch auf Rückgewähr ihrer Leistung hat, allerdings nur Zug um Zug gegen Rückgewähr der Gegenleistung.

Hat V durch nichtigen Kaufvertrag eine Sache, die 700 Euro wert ist, für 700 Euro an K verkauft, so ergibt sich zwar rechnerisch kein Saldo. Das heißt aber nicht, dass keine Partei kondizieren kann. Denn dann würden letztlich beide Parteien an dem nichtigen Vertrag festgehalten, was das Gesetz gerade nicht will. Richtig ist, dass V Rückübereignung der gelieferten Sache und K Rückzahlung der gezahlten 700 Euro verlangen kann.

c) Ausnahmen von der Saldotheorie

Selbst bei der Rückabwicklung gleichartiger Leistungen im Rah- 14 men gegenseitiger Verträge führt die Saldotheorie allerdings nicht immer zu sachgerechten Ergebnissen. Sie ist deshalb zunehmender Kritik ausgesetzt. Trotzdem spricht viel dafür, im *Grundsatz* an der *Saldotheorie* festzuhalten, allerdings in folgenden Fallgruppen *Ausnahmen* zu machen:

aa) Die Saldotheorie ist insbesondere dann *nicht anzuwenden,* wenn der Bereicherungsgläubiger *nicht voll geschäftsfähig* ist (Beispiel: K ist im **Fall c** minderjährig). Aus §§ 104 ff. ist zu entnehmen, dass derjenige, der nicht (voll) geschäftsfähig ist, vor den Folgen seines rechtsgeschäftlichen Handelns geschützt werden soll. Dieser gesetzlichen Wertung würde es nicht entsprechen, wenn der Bereicherungsanspruch um den Wert der Gegenleistung gekürzt würde (vgl. RGZ 86, 343; BGH ZIP 1994, 954; NJW 2000, 3562).

15   bb) Entsprechendes muss gelten, wenn der Bereicherungsgläubiger durch *arglistige Täuschung oder widerrechtliche Drohung* zum Vertragsabschluss bestimmt worden ist (**Beispiel:** V hat den K durch arglistige Täuschung zum Kauf eines Bildes bewogen, das später bei K durch Zufall untergeht). Ficht der Getäuschte oder Bedrohte den Vertrag wirksam an, so entstehen Bereicherungsansprüche wegen der erbrachten Leistungen. Würde hier der Wert der Gegenleistung bei der Berechnung der Bereicherung des Täuschenden oder Drohenden abgezogen, würde man dem Getäuschten oder Bedrohten den gesetzlichen Schutz nehmen (vgl. BGHZ 53, 144; BGH ZIP 2001, 747, 752). Der kriminelle Vertragspartner darf nicht besser stehen, als er beim Rücktritt stünde. Beim gesetzlichen Rücktrittsrecht schuldet der Berechtigte keinen Wertersatz, wenn der empfangene Gegenstand durch Zufall untergegangen ist (§ 346 III 1 Nr. 3; AS § 18 Rdnr. 27). Nur eine tatsächlich verbleibende Bereicherung ist herauszugeben (§ 346 III 2).

Ist beim arglistig getäuschten Bereicherungsgläubiger die übergebene Sache durch dessen Verschulden (Verletzung der eigenüblichen Sorgfalt; AS § 20 Rdnr. 19) untergegangen (Beispiel: Im **Fall c** wird das Bild durch grobe Fahrlässigkeit des von V arglistig getäuschten K zerstört), so darf diese Tatsache nach der Rechtsprechung des BGH bei der anzuwendenden Zweikondiktionentheorie nicht außer Betracht bleiben. In derartigen Fällen ist von dem zurückzuzahlenden Kaufpreis unter Anwendung des § 242 ein Betrag abzuziehen, dessen Höhe sich nach den Umständen des Einzelfalls richtet (BGHZ 57, 137). Hier wäre es richtiger, nach der Saldotheorie von dem Anspruch auf Rückzahlung des gezahlten Preises den Wert des Bildes abzuziehen. Das entspräche auch der Regelung beim gesetzlichen Rücktritt; in diesem Fall entfiele die Wertersatzpflicht des Berechtigten (§ 346 II 1 Nr. 3) nicht (vgl. § 346 III 1 Nr. 3).

16   cc) Wie bei der arglistigen Täuschung wendet der BGH die Saldotheorie nicht zum Nachteil desjenigen Bereicherungsgläubigers an, der durch ein wucherähnliches und nach &l; *138 sittenwidriges Geschäft,* das bereicherungsrechtlich rückabgewickelt wird, benachteiligt ist (BGH ZIP 2001, 747, 752 [extrem niedriger Preis für ein

verkauftes Grundstück]; zustimmend Bork, JZ 2001, 1138; kritisch Flume, ZIP 2001, 1621). Die benachteiligte Partei kann deshalb ihren Bereicherungsanspruch geltend machen und sich im Hinblick auf den Bereicherungsanspruch der anderen Partei auf § 818 III berufen.

Die Saldotheorie könne ebenso wie bei der arglistigen Täuschung keine Geltung beanspruchen, wenn die mit ihr verbundene Bevorzugung des Bereicherungsschuldners der Billigkeit widerspreche. § 138 bezwecke den Schutz des Übervorteilten vor einem Missbrauch der Vertragsfreiheit. Deshalb seien wucherähnliche Geschäfte unwirksam. Es gebe keinen nachvollziehbaren Grund, den Schutz der übervorteilten Partei durch die Anwendung der Saldotheorie und die mit ihr verbundene Einschränkung des Anwendungsbereichs von § 818 III zu schwächen.

dd) Die Saldotheorie ist schließlich in den sog. *Vorleistungsfällen* 17 nicht sachgerecht. Geht der vorgeleistete Kaufgegenstand durch ein Verhalten des Käufers unter, ist angesichts der Wertung in § 346 III 1 Nr. 3 nicht recht einzusehen, warum der Verkäufer dann leer ausgehen soll, nur weil es nichts zu „saldieren" gibt. Hier wird man dem Käufer die Berufung auf § 818 III verwehren müssen.

III. Besonderheiten bei verschärfter Haftung

1. Voraussetzungen

Das Gesetz nennt mehrere Tatbestände, in denen der Bereicherte 18 sich nicht auf den Wegfall der Bereicherung berufen kann, weil er nicht darauf vertrauen durfte, das Erlangte behalten zu können:

a) Kenntnis des Empfängers von der Rechtsgrundlosigkeit

Der Empfänger kennt den Mangel des rechtlichen Grundes oder erfährt ihn später (§ 819 I). Verlangt wird positive Kenntnis der Rechtsgrundlosigkeit oder der Anfechtbarkeit (§ 142 II); Kennenmüssen reicht nicht aus. Jedoch hat Kenntnis vom Mangel des rechtlichen Grundes bereits derjenige, der die für diesen Mangel maßgebenden Tatsachen kennt und sich der Einsicht in die Nichtigkeit des Verpflichtungsgeschäfts bewusst verschließt (BGH WM 1996, 1504).

Ist der Empfänger minderjährig, so ist bei einer an ihn erbrachten Leistung 19 analog §§ 106 ff. nicht auf die Kenntnis des Minderjährigen, sondern auf die des gesetzlichen Vertreters abzustellen. Nur so wird dem Minderjährigen-schutz Rechnung getragen. Aus den §§ 106 ff. lässt sich nämlich entnehmen, dass der Minderjährige nur bei Zustimmung seines gesetzlichen Vertreters vertraglichen Vergütungsansprüchen ausgesetzt ist. Dieser Wertung steht eine Belastung mit bereicherungsrechtlichen Wertersatzansprüchen entgegen, wenn der Minderjährige nicht bereichert ist.

Hat der Minderjährige die Bereicherung in sonstiger Weise (also nicht durch Leistung) erlangt, ist streitig, ob analog §§ 106 ff. im Rahmen des § 819 I auf die Kenntnis des gesetzlichen Vertreters oder entsprechend § 828 III (Fassung ab 1. 8. 2002) bei Deliktsfähigkeit des Minderjährigen auf dessen Kenntnis abzustellen ist. Der BGH (BGHZ 55, 128: erschlichene Flugreise) hat § 828 III analog zumindest dann bejaht, wenn der Minderjäh-rige den Bereicherungsgegenstand durch eine vorsätzliche unerlaubte Hand-lung erlangt hat. Die Anwendung des § 828 ist hier zweifelhaft, weil es im Bereicherungsrecht nicht um den Ausgleich von Schäden geht, die der Min-derjährige verschuldet hat. Deshalb geht es zu weit, über § 828 III eine Einstandspflicht des Minderjährigen dann anzunehmen, wenn es an einem Schaden fehlt (vgl. Medicus, BürgR, Rdnr. 176).

b) Rechtshängigkeit des Bereicherungsanspruches

20   Der Bereicherungsanspruch ist rechtshängig (§ 818 IV). Wenn dem Empfänger etwa die Klageschrift zugestellt worden ist (§§ 261, 253 ZPO), muss er damit rechnen, dass er herauszugeben oder zu zahlen hat.

c) Verstoß des Empfängers gegen die guten Sitten

21   Der Empfänger verstößt durch die Annahme der Leistung gegen ein ge-setzliches Verbot oder gegen die guten Sitten (§ 819 II).

d) Ungewisser Erfolgseintritt

22   Mit der Leistung war von beiden Teilen ein Erfolg bezweckt, dessen Ein-tritt als ungewiss angesehen wurde, und dieser Erfolg tritt nicht ein (§ 820 I 1). Dem steht der Fall gleich, dass die Leistung aus einem Rechtsgrund erfolgt, dessen Wegfall nach dem Inhalt des Rechtsgeschäfts als möglich angesehen wurde, und der Rechtsgrund tatsächlich wegfällt (§ 820 I 2).

2. Folgen

23   Liegt eine der genannten Voraussetzungen vor, haftet der Empfän-ger (auch bei Wegfall der Bereicherung) nach den allgemeinen Vor-schriften (§ 818 IV). Das bedeutet:

– Von einer *Geldschuld* wird der Bereicherungsschuldner nicht frei (vgl. § 276; BGHZ 83, 293 noch zu § 279 a. F.); er hat sie nach § 291 zu verzinsen (beachte auch § 820 II).

– Hat der Bereicherungsschuldner einen *bestimmten Gegenstand* herauszugeben, so hat er nach §§ 292, 989 Ersatz zu leisten, wenn der Gegenstand durch sein Verschulden verschlechtert wird, untergeht oder nicht herausgegeben werden kann; bei Verzug haftet er auch für Zufall (§ 287 S. 2). Sogar für schuldhaft nicht gezogene Nutzungen hat er einzustehen (§§ 292, 987; beachte § 820 II). Andererseits sind nur notwendige Verwendungen auf den Gegenstand anrechnungsfähig (§§ 292, 994 II).

IV. Bereicherungseinrede

Das Bereicherungsrecht gibt nicht nur einen Bereicherungsan- 24 spruch, sondern auch eine Bereicherungseinrede. Ist jemand ohne rechtlichen Grund eine Verbindlichkeit (z. B. abstraktes Schuldversprechen oder Schuldanerkenntnis) eingegangen, so kann er deren Erfüllung verweigern (dazu BGH ZIP 2000, 1260, 1262). Diese Einrede steht ihm auch dann zu, wenn der Bereicherungsanspruch auf Befreiung von der Verbindlichkeit bereits verjährt ist (§ 821).

Achtes Kapitel

Unerlaubte Handlungen

§ 40. Überblick über das Deliktsrecht

1   **Schrifttum:** v. Bar, Gemeineuropäisches Deliktsrecht, 1999; Coester-Waltjen, Die Naturalrestitution im Deliktsrecht, Jura 1996, 270; Deutsch/Ahrens, Deliktsrecht, 4. Aufl., 2001; Fuchs, Deliktsrecht, 2. Aufl., 1997; Geigel, Der Haftpflichtprozeß, 22. Aufl., 1997; Kötz, Ziele des Haftungsrechts, Festschrift f. Steindorff, 1990, 643; Kötz/Wagner, Deliktsrecht, 9. Aufl., 2001; Kreuzer, Prinzipien des deutschen außervertraglichen Haftungsrechts, Festschrift f. W. Lorenz, 1991, 123; Kupisch/Krüger, Deliktsrecht, 1983; Leßmann, Einführung und Überblick zum Recht der unerlaubten Handlungen, JA 1988, 57; Mertens/Reeb, Grundfälle zum Recht der unerlaubten Handlungen, JuS 1971, 409, 469, 525, 586; 1972, 35; Hans Stoll, Richterliche Fortbildung und gesetzliche Überarbeitung des Deliktsrechts, 1984; Stürner, Zur Gerechtigkeit richterlicher Schadenszuweisung, VersR 1984, 297; Wagner, Schuldrechtsreform und Deliktsrecht, in: Danner-Lieb/Konzen/Schmidt, Das neue Schuldrecht in der Praxis, 2003, 203; Wussow, Das Unfallhaftpflichtrecht, 14. Aufl., 1996.

I. Bedeutung

Beim Deliktsrecht geht es, anders als beim Bereicherungsrecht, nicht um die Beseitigung einer Vermögensvermehrung, sondern um die Wiedergutmachung eines Schadens. Die Schadensersatzpflicht wird ausgelöst, wenn unerlaubte Eingriffe in einen fremden Rechtskreis unter den Voraussetzungen der §§ 823 ff. oder einiger Sondertatbestände (z. B. § 18 I StVG) erfolgen. Diese Bestimmungen setzen kein bereits bestehendes Schuldverhältnis voraus; vielmehr begründen sie ein solches, wenn einer der genannten Tatbestände erfüllt ist. Schadensersatzpflichten kommen allerdings auch in Betracht, falls Pflichten aus einem Schuldverhältnis (z. B. Vertrag) verletzt werden. Ein bestimmter Sachverhalt kann sowohl einen Schadensersatzanspruch aus Vertrag, als auch einen solchen aus §§ 823 ff. auslösen (vgl. AS § 3 Rdnr. 15 f.; insoweit besteht Anspruchskonkurrenz.

Von unerlaubten Handlungen spricht man auch in den Fällen der sog. Gefährdungshaftung (dazu § 46). Die Tatbestände der Gefährdungshaftung begründen eine Ersatzpflicht für solche Schäden, die durch eine zwar erlaubte, aber für andere gefährliche Betätigung oder Anlage verursacht werden (z. B. Betrieb eines Kraftfahrzeugs; Kernkraftwerk). Ein Verschulden braucht nicht vorzuliegen.

II. Gesetzliche Regelung

Das BGB ist nicht dem Vorbild anderer Rechtsordnungen gefolgt, 2 die für das Deliktsrecht eine Generalklausel kennen, wonach derjenige ersatzpflichtig ist, der einem anderen rechtswidrig und schuldhaft einen Schaden zufügt. Vielmehr schuf der Gesetzgeber in den §§ 823 ff. einzelne Deliktstatbestände; er fürchtete Unsicherheiten in der Rechtsprechung, wenn dem Richter nur eine Generalklausel an die Hand gegeben würde. Das Gesetz enthält neben einer Reihe von Sondertatbeständen (dazu § 42) drei Grundtatbestände, nämlich:
– Verletzung bestimmter Persönlichkeitsgüter, des Eigentums und sonstiger absoluter Rechte (§ 823 I; dazu § 41 Rdnr. 1 ff.),
– Verstoß gegen ein Schutzgesetz (§ 823 II; dazu § 41 Rdnr. 65 ff.),
– Vorsätzliche sittenwidrige Schädigung (§ 826; dazu § 41 Rdnr. 75 ff.).
Nur im letzten Fall handelt es sich um eine Generalklausel.

Die Rechtsprechung hat den Tatbestand des § 823 I zu einer Generalklausel ausgedehnt, indem sie den Kreis der „sonstigen Rechte" weit gezogen hat. So sind beispielsweise das „Recht am eingerichteten und ausgeübten Gewerbebetrieb" (dazu § 41 Rdnr. 15 ff.) sowie das „allgemeine Persönlichkeitsrecht" (dazu § 41 Rdnr. 21 ff.) als sonstige Rechte i. S. d. § 823 I anerkannt. Außerdem hat die Rechtsprechung den Anwendungsbereich des § 823 I dadurch vergrößert, dass sie Verkehrssicherungspflichten (besser: Verkehrspflichten) entwickelte, deren schuldhafte Verletzung eine Schadensersatzpflicht auslöst (dazu § 41 Rdnr. 32 ff.).

III. Aufbau des Tatbestandes

Ein Schadensersatzanspruch aus §§ 823 ff. wird herkömmlicher- 3 weise in folgender Reihenfolge geprüft:

1. Objektiver Tatbestand

Erforderlich ist eine Verletzungshandlung, durch die ein Schaden des anderen verursacht worden ist.

Jemand muss durch sein Verhalten eines der in § 823 I genannten Rechtsgüter oder Rechte eines anderen verletzt haben.

a) Menschliches Verhalten

Tatbestandsmäßig kann jedes menschliche Verhalten (Tun oder Unterlassen) sein, sofern es vom Willen beherrschbar ist (vgl. BGHZ 39, 103).

Beispiele: Missachtung einer auf Rot geschalteten Verkehrsampel. Faustschlag in das Gesicht.

Wo eine Bewusstseinskontrolle und deshalb eine Willenslenkung nicht möglich ist (z. B. im Schlaf, Zustand der Bewusstlosigkeit), scheidet eine unerlaubte Handlung aus.

Eine rechtlich relevante Handlung kann jedoch schon darin liegen, dass der Schädiger einen Zustand schafft, in dem er sein Verhalten nicht mehr willentlich beeinflussen kann. Beschädigt beispielsweise der volltrunkene A im Hinfallen eine Vase, so liegt die „Handlung" nicht im Zerschlagen, sondern im Sichbetrinken. Eine Schadensersatzpflicht des A kann sich über § 827 S. 2 ergeben.

b) Rechts- oder Rechtsgutverletzung

4   Ein Verhalten ist nur dann tatbestandsmäßig, wenn es die Verletzung einer der durch §§ 823 ff. geschützten Rechtspositionen adäquat verursacht hat. Man spricht von Rechts- oder Rechtsgutverletzung (dazu § 41 Rdnr. 1 ff.).

Beispiele: Beschädigung eines fremden Pkw bei einem Verkehrsunfall. Körperverletzung durch Faustschlag.

c) Haftungsbegründende Kausalität

5   Zwischen dem Verletzungsverhalten und der Rechtsgutverletzung muss ein adäquater Kausalzusammenhang bestehen. Man spricht von haftungsbegründender Kausalität (dazu § 41 Rdnr. 28 ff.).

Beispiele: Verursachung der Beschädigung des Pkw durch die Nichtbeachtung der roten Ampel. Verursachung der Körperverletzung durch den Faustschlag.

2. Rechtswidrigkeit

Die Schadensersatzpflicht aus unerlaubter Handlung setzt außer 6 der Erfüllung des objektiven Tatbestands weiter voraus, dass die Verletzungshandlung widerrechtlich ist, was in § 823 I ausdrücklich hervorgehoben wird. Wenn aber der objektive Tatbestand gegeben ist, indiziert die Tatbestandsmäßigkeit regelmäßig (Einzelheiten: § 41 Rdnr. 50) die Rechtswidrigkeit. Diese ist jedoch zu verneinen, wenn ein Rechtfertigungsgrund (z. B. Notwehr, § 227; Notstand, § 228) vorliegt.

Beispiel: War der Faustschlag als Verteidigung erforderlich, um einen gegenwärtigen rechtswidrigen Angriff von sich abzuwehren, ist der Faustschlag nicht widerrechtlich (§ 227), so dass ein Schadensersatzanspruch aus § 823 I ausscheidet. Es wäre falsch, noch die weiteren Voraussetzungen (Verantwortlichkeit, Schaden) zu untersuchen.

3. Verantwortlichkeit

a) Verschuldenshaftung

Der Schädiger muss die tatbestandsmäßige und rechtswidrige 7 Handlung auch *zu vertreten* haben. Das setzt Verschuldensfähigkeit und Verschulden voraus.

aa) Bei der *Verschuldensfähigkeit* ist zwischen verschuldensunfähigen, beschränkt verschuldensfähigen und verschuldensfähigen Personen zu unterscheiden (§§ 827 f.; AS § 20 Rdnr. 4 f., Goecke, NJW 1999, 2305; Rolfs, JZ 1999, 233).

Beispiel: War der Faustschlag in das Gesicht eines anderen nicht gerechtfertigt, kommt es darauf an, ob der Schläger verschuldensfähig war. Dies ist nicht der Fall, wenn er jünger als sieben Jahre war (§ 828 I). Gleiches gilt, sofern er das siebente, aber nicht das achtzehnte Lebensjahr vollendet hat und bei Begehung der Handlung nicht die zur Erkenntnis der Verantwortlichkeit erforderliche Einsicht hatte (§ 828 III; vgl. BGH NJW 1984, 1958 [noch zu § 828 II a. F.]). In diesen Fällen braucht er den Schaden grundsätzlich nicht zu ersetzen (Ausnahme: § 829).

Nach dem neuen § 828 II, der am 1. 8. 2002 in Kraft getreten ist, sind Kinder vor Vollendung des 10. Lebensjahres von einer Haftung für Schäden bei einem Unfall mit einem Kraftfahrzeug, einer Schienen- oder Schwebebahn grundsätzlich freigestellt. Darin liegt eine partielle Heraufsetzung der

Deliktsfähigkeit. Eine Ausnahme gilt nur bei vorsätzlich herbeigeführten Schäden.

8   bb) Außer der Verschuldensfähigkeit ist *Verschulden* des Täters erforderlich. Es umfasst regelmäßig Vorsatz und Fahrlässigkeit. Bei § 826 genügt Fahrlässigkeit nicht; es muss Vorsatz gegeben sein. Vorsatz bedeutet Wissen und Wollen des Erfolges und Bewusstsein der Rechtwidrigkeit (AS § 20 Rdnr. 7 ff.). Fahrlässig handelt, wer die im Verkehr erforderliche Sorgfalt außer Acht lässt (§ 276 II; AS § 20 Rdnr. 14).

b) Billigkeitshaftung

9   Von der Regel, dass nur der Verschuldensfähige schadensersatzpflichtig ist, macht § 829 aus Billigkeitsgründen zugunsten des Geschädigten eine Ausnahme (Billigkeitshaftung). Danach ist zum Schadensausgleich auch derjenige verpflichtet, der für den von ihm verursachten Schaden nicht verantwortlich ist.

aa) § 829 setzt voraus, dass der Handelnde einen der Tatbestände der §§ 823 bis 826 erfüllt und die Handlung rechtswidrig ist. Ein Verschulden (Vorsatz oder Fahrlässigkeit) ist nicht erforderlich; hätte jedoch ein Schuldfähiger anstelle des Schuldunfähigen gehandelt und könnte man ihm keinen Schuldvorwurf machen, dann scheidet auch die Haftung des Schuldunfähigen nach § 829 aus.

10   bb) Die Billigkeitshaftung soll nur hilfsweise eintreten; deshalb fordert § 829, dass Schadensersatz nicht von einem aufsichtspflichtigen Dritten erlangt werden kann. Es ist unerheblich, weshalb ein Schadensersatz nicht zu erhalten ist. Daher spielt es keine Rolle, ob ein Aufsichtspflichtiger gar nicht vorhanden ist, ob er sich entlasten kann (§ 832 I 2) oder aber zur Schadensersatzleistung außerstande ist.

11   cc) Die Billigkeit muss nach den Umständen, insbesondere nach den Verhältnissen der Beteiligten, eine Schadloshaltung erfordern. Dem Schuldunfähigen dürfen jedoch nicht die Mittel entzogen werden, derer er zum angemessenen Unterhalt sowie zur Erfüllung seiner gesetzlichen Unterhaltspflichten bedarf.

4. Schaden

12   Durch die Rechtsgutverletzung muss ein Schaden entstanden sein.

a) Ersatzfähiger Schaden

Als ersatzfähiger Schaden kommt zunächst jeder *Vermögensschaden* in Betracht.

Beispiele: Reparaturkosten bei Beschädigung eines Pkw. Behandlungskosten bei Körperverletzung.

Nach dem geplanten § 253 II, der anlässlich der Reform des Schadensersatzrechts eingefügt werden soll (dazu § 44 Rdnr. 14), sind unter den dort genannten Voraussetzungen auch sog. *immaterielle Schäden* ersatzfähig.

Beispiele: Durch Verkehrsunfall verursachte Schmerzen, Schlaflosigkeit, Depression.

b) Haftungsausfüllende Kausalität

Zwischen Rechtsgutverletzung und Schaden muss ebenfalls ein   13
adäquater Kausalzusammenhang bestehen. Das ist die haftungsausfüllende Kausalität (dazu § 41 Rdnr. 60).

Beispiel: Die Kosten für die Reparatur beruhen auf der Beschädigung des Pkw, diejenigen für die ärztliche Behandlung auf der Körperverletzung.

§ 41. Grundtatbestände der Verschuldenshaftung

Schrifttum: Chr. *Becker,* Schutz von Forderungen durch das Deliktsrecht,   1
AcP 196, 439; *Canaris,* Schutzgesetze – Verkehrspflichten – Schutzpflichten, Festschrift f. *Larenz,* 1983, 27; ders., Der Schutz obligatorischer Forderungen nach § 823 I BGB, Festschrift f. *Steffen,* 1995, 85; *Coester-Waltjen,* Rechtsgüter und Rechte i. S. d. § 823 I BGB, Jura 1992, 209; *Deckert,* Grundprobleme und Einzelfragen zum Delikts- und Schadensrecht, JuS 1998, L 1, 17, 25 u. 33; *Deutsch,* Die Medizinhaftung nach dem neuen Schuldrecht und dem neuen Schadensrecht, JZ 2002, 588; ders., Das „sonstige Recht" des Sportlers aus der Vereinsmitgliedschaft, VersR 1991, 837; ders., Familienrechte als Haftungsgrund, Festschrift f. *Gernhuber,* 1993, 581; *Dörner,* Zur Dogmatik der Schutzgesetzverletzung – BGH, NJW 1982, 1037 und NJW 1985, 134, JuS 1987, 522; *Eckert,* Der Begriff Freiheit im Recht der unerlaubten Handlungen, JuS 1994, 625; *J. Hager,* Der Schutz der Ehre im Zivilrecht, AcP 196, 168; *Jansen,* Das Problem der Rechtswidrigkeit bei § 823 Abs. 1 BGB, AcP 2002, 517; *Jayme,* Die Familie im Recht der unerlaubten Handlung, 1971; *M. Junker,* Das „wirtschaftliche Eigentum" als sonstiges Recht im Sinne des § 823 Abs. 1 BGB, AcP 193, 348; *Koller,* Sittenwidrigkeit der Gläubigergefährdung und Gläubigerbenachteiligung, JZ 1985, 1013; *Löwisch,* Der De-

liktsschutz relativer Rechte, 1970; Medicus, Besitzschutz durch Ansprüche auf Schadensersatz, AcP 165, 115; ders., Die Forderung als „sonstiges Recht" nach § 823 Abs. 1 BGB ?, Festschrift f. Steffen, 1995, 333; Münzberg, Verhalten und Erfolg als Grundlagen der Rechtswidrigkeit und Haftung, 1966; Rosenbach, Eigentumsverletzung durch Umweltveränderung, 1997; Taupitz, Der deliktsrechtliche Schutz des menschlichen Körpers und seiner Teile, NJW 1995, 745; ders., Berufsständische Satzungen als Schutzgesetze i. S. des § 823 II BGB, Festschrift f. Steffen, 1995, 489; Teichmann, § 823 BGB und Verletzung eines anderen im Sport, JA 1979, 293, 347; Vogenauer, Die zivilrechtliche Haftung von Inlineskatern im Straßenverkehr, VersR 2002, 1345 u. 1478; Wussow/Küppersbusch, Ersatzansprüche bei Personenschaden, 7. Aufl., 2000; Zeuner, Störungen des Verhältnisses zwischen Sache und Umwelt als Eigentumsverletzung, Festschrift f. Flume, 1978, 775.

Zum Gewerbebetrieb:

Buchner, Die Bedeutung des Rechts am eingerichteten und ausgeübten Gewerbebetrieb für den deliktsrechtlichen Unternehmensschutz, 1971; Hager, Haftung bei Störung der Energiezufuhr, JZ 1979, 53; Schildt, Der deliktische Schutz des Rechts am Gewerbebetrieb, WM 1996, 2261; K. Schmidt, Integritätsschutz von Unternehmen nach § 823 BGB – Zum „Recht am eingerichteten und ausgeübten Gewerbebetrieb", JuS 1993, 985.

Zum Persönlichkeitsrecht:

Becker, Die Bedeutung des allgemeinen Persönlichkeitsrechts im Deliktsrecht, JuS 1998, L 9; Hubmann, Inhalt und Abgrenzung des zivilrechtlichen allgemeinen Persönlichkeitsrechts, Erlanger Festschrift f. Schwab, 1990, 3; Klippel, Der zivilrechtliche Persönlichkeitsschutz von Verbänden, JZ 1988, 625; Kutschera, Zur Frage der Vererblichkeit des Anspruchs auf eine Geldentschädigung bei einer schweren Persönlichkeitsverletzung, AfP 2000, 14; Neumann-Duesberg, Zum allgemeinen Persönlichkeitsrecht und zu den besonderen Persönlichkeitsrechten im Privatrecht, VersR 1991, 957; Pabst, Der postmortale Persönlichkeitsschutz in der neueren Rechtsprechung des BVerfG, NJW 2002, 999; Quante, Das allgemeine Persönlichkeitsrecht juristischer Personen, 1999; Schlachter, Der Schutz der Persönlichkeit nach bürgerlichem Recht, JA 1990, 33; Seifert, Postmortaler Schutz des Persönlichkeitsrechts und Schadensersatz – zugleich ein Streifzug durch die Geschichte des allgemeinen Persönlichkeitsrechts, NJW 1999, 1889; Seyfarth, Der Einfluß des Verfassungsrechts auf zivilrechtliche Ehrschutzklagen, NJW 1999, 1287; Siemes, Gewinnabschöpfung bei Zwangskommerzialisierung durch die Presse, AcP 2001, 202.

Zur Verkehrs(sicherungs)pflicht:

v. Bar, Verkehrpflichten, 1980; Berr, Verkehrssicherungspflichten in geschwindigkeitsbeschränkten Bereichen, DAR 1991, 281; Edenfeld, Grenzen der Verkehrssicherungspflicht, VersR 2002, 272; Fellmer, Die Haftung bei Sportveranstaltungen, MDR 1995, 541; Mertens, Verkehrpflichten und Deliktsrecht, VersR 1980, 397; Möllers, Verkehrspflichten gegenüber Kindern, VersR 1996, 153; ders., Verkehrpflichten des Händlers beim Vertrieb von gefährlichen Produkten, JZ 1999, 24; Raab, Die Bedeutung der Verkehrspflichten und ihre systematische Stellung im Deliktsrecht, JuS 2002,

1041; J. Schröder, Verkehrssicherungspflichten gegenüber Unbefugten, AcP 179, 567; Schwenzer, Sachgüterschutz im Spannungsfeld deliktischer Verkehrspflichten und vertraglicher Leistungspflichten, JZ 1988, 525; Vollmer, Haftungsbefreiende Übertragung von Verkehrssicherungspflichten, JZ 1977, 371.

Zur Produzentenhaftung:

Bremenkamp/Buyten, Deliktische Haftung des Zulieferers für Produktionsschäden?, VersR 1998, 1064; Foerste, in: Produkthaftungshandbuch, Bd. 1, 2. Aufl., 1997; ders., Die Produkthaftung für Druckwerke, NJW 1991, 1433; Franzen, Deliktische Haftung für Produktionsschäden, JZ 1999, 702; J. Hager, Zum Schutzbereich der Produzentenhaftung, AcP 184, 413; Kullmann, Die Rechtsprechung des BGH zum Produkthaftpflichtrecht, zuletzt NJW 2000, 1912; Lehmann, Produkt- und Produzentenhaftung für Software, NJW 1992, 1721; Littbarski, Herstellerhaftung ohne Ende – ein Segen für den Verbraucher?, NJW 1995, 217; Marburger, Grundsatzfragen des Haftungsrechts unter dem Einfluß der gesetzlichen Regelungen zur Produzenten- und zur Umwelthaftung, AcP 192, 1; Merkel, „Weiterfressende Mängel" ohne Ende?, NJW 1987, 358; Meyer, Die neue BGH-Rechtsprechung zur Produkthaftung gegenüber Kindern, DStR 1999, 1319; Sossna, Die Rechtsprechung des BGH zur Produkthaftung, Jura 1996, 587; Schmidt-Salzer, Produkthaftung, 3. Aufl., 1994; ders., Personeller Anwendungsbereich der Beweislastumkehr nach Gefahrenbereichen in der deliktsrechtlichen Produkthaftung, NJW 1992, 2871; Tiedtke, Zur Haftung des Herstellers eines fehlerhaften Produktes bei Schäden an der gelieferten Sache, ZIP 1992, 1446; ders., Die Haftung des Produzenten für die Verletzung von Warnpflichten, Festschrift f. Gernhuber, 1993, 471; Timme, Zur deliktischen Produzentenhaftung innerhalb komplexer Produktionsprozesse, JA 1999, 848; v. Westphalen, Leasing und Produkthaftung, BB 1991, Beil. 11, 6; ders., Neue Aspekte in der Produzentenhaftung, MDR 1998, 805.

Fälle:

a) Arzt A nimmt bei Frau F eine Bluttransfusion vor und infiziert sie dabei mit Lues. Drei Monate (ein Jahr) später bringt F ein luetisches Kind K zur Welt. F und K verlangen von A Schadensersatz.

b) Unternehmer U verlangt Schadensersatz wegen Produktionsausfall, weil seine Maschine von A beschädigt wurde, – weil sein Vorarbeiter von B bei einer Wirtshausrauferei krankenhausreif geschlagen wurde, – weil das zu seinem Betrieb führende fremde Stromkabel von C versehentlich zerrissen wurde, – weil 20 Streikposten drei Tage lang den Betrieb lahmlegten. U meint, sein Recht am Gewerbebetrieb sei verletzt worden.

c) A hält ohne Wissen des B dessen Telefongespräch auf einem Tonband fest. Später lässt er es im Freundeskreis abspielen. B verlangt Ersatz seines dadurch entstandenen immateriellen Schadens.

d) Die Frau des M ist mit D durchgebrannt. M verlangt von D Ersatz der Kosten, die ihm durch den Scheidungsprozess und die Einstellung einer Haushälterin entstanden sind.

e) A nimmt unbefugt das Fahrrad des B in Gebrauch und beschädigt bei einem Zusammenstoß den Mantel des Fußgängers C sowie das Fahrrad. B und C verlangen Schadensersatz nach § 823 II i. V. m. § 248 b StGB. A meint, eine Schadensersatzpflicht entfalle schon deshalb, weil eine Bestrafung mangels Strafantrags nicht erfolgen könne.

f) V verkauft und übereignet K ein Bild zum Preis von 200 Euro. Später stellt er fest, dass es sich um ein Originalgemälde mit einem Wert von 5000 Euro handelte. Beim Verkauf hatte er sich auf ein Gutachten des Sachverständigen S verlassen, von dem das Bild als Kopie bezeichnet worden war, obwohl S mit der Echtheit des Bildes rechnete. Dieser hatte die Unrichtigkeit seines Gutachtens in Kauf genommen, um dem V eins auszuwischen. Ansprüche des V gegen S?

A) Verletzung von Rechtsgütern und absoluten Rechten (§ 823 I)

Wer vorsätzlich oder fahrlässig das Leben, den Körper, die Gesundheit, die Freiheit, das Eigentum oder ein sonstiges Recht eines anderen widerrechtlich verletzt, ist nach § 823 I dem anderen zum Ersatz des daraus entstehenden Schadens verpflichtet. Die Vorschrift verlangt die Verletzung eines der genannten Rechtsgüter oder Rechte durch ein rechtswidriges und schuldhaftes Verhalten sowie einen dadurch verursachten Schaden.

I. Schutzobjekte des § 823 I

2   Nicht jeder Eingriff in den Bereich eines anderen führt zu einer Schadensersatzpflicht. § 823 I schützt vielmehr nur bestimmte Rechtsgüter sowie das Eigentum und sonstige Rechte.

1. Rechtsgüter

Das Gesetz nennt vier Rechtsgüter, bei deren Verletzung Schadensersatz in Betracht kommt, nämlich Leben, Körper, Gesundheit und Freiheit.

a) Leben

Verletzung des Lebens bedeutet Tötung eines Menschen. Schadensersatzberechtigt sind nur bestimmte mittelbar Geschädigte (§§ 844 f.; dazu § 44 Rdnr. 21 ff.).

b) Körper, Gesundheit

Eine Verletzung des Körpers bzw. der Gesundheit liegt bei jedem 3
äußeren Eingriff in die körperliche Unversehrtheit bzw. bei einer
Störung der inneren Lebensvorgänge vor. Eine genaue Abgrenzung
zwischen beiden Tatbestandsmerkmalen erübrigt sich, da keine unterschiedlichen Rechtsfolgen daraus hergeleitet werden.

Beispiele: Überfährt der Autofahrer ein Kind und erleidet dessen Mutter
beim Anblick des Kindes einen Nervenzusammenbruch, so verletzt er den
Körper des Kindes und außerdem die Gesundheit der Mutter. Dabei spielt
es keine Rolle, dass der Nervenzusammenbruch der Mutter erst durch den
Unfall des Kindes ausgelöst wird; entscheidend ist allein, ob auch der
Gesundheitszustand der Mutter dem Fahrer zuzurechnen ist. – Im **Fall a** hat
A sowohl den Körper der F als auch den des K verletzt. K erwirbt jedoch
einen Schadensersatzanspruch erst dann, wenn er lebend zur Welt kommt
(§ 1). Es ist unerheblich, dass A die Transfusion bereits vor der Geburt bzw.
der Zeugung des K vorgenommen hat; erforderlich ist nur, dass K ohne diese
Handlung gesund (d. h. ohne Lues) zur Welt gebracht worden wäre (vgl.
BGHZ 8, 243). – Eine HIV-Übertragung stellt schon dann eine Gesundheits-
beeinträchtigung dar, wenn es noch nicht zum Ausbruch von Aids gekommen
ist (BGH NJW 1991, 1948). – Erleidet eine Schwangere bei der Nachricht
von der lebensbedrohlichen Verletzung eines nahen Angehörigen einen
Schock und kommt deshalb das Kind mit einem Gesundheitsschaden zur
Welt, haftet der Verletzer auch für den Gesundheitsschaden des Kindes
(BGHZ 93, 351).

c) Freiheit

Eine Verletzung der Freiheit ist bei der Beeinträchtigung der kör- 4
perlichen Bewegungsfreiheit gegeben. Gemeint sind die Fälle, in
denen der objektive Tatbestand der Freiheitsberaubung (§ 239 StGB)
erfüllt ist. Schadensersatzpflichtig macht also nicht jede Beeinträchtigung der Willens- und Entschlussfreiheit (h. M.; Soergel/Zeuner,
§ 823 Rdnr. 28).

Wer einen anderen einschließt, fesselt oder hypnotisiert, hindert ihn an der
freiwilligen Ortsveränderung. Eine Verletzung der Freiheit kann auch bei
einer Strafanzeige, die zu einer Verhaftung führt, nicht aber bei einer Beeinträchtigung der wirtschaftlichen Betätigung gegeben sein.

2. Absolute Rechte

Den Rechtsgüterverletzungen stellt § 823 I die Verletzung des 5
Eigentums und eines „sonstigen Rechts" gleich.

a) Eigentum

Eine Verletzung des Eigentums liegt vor, wenn jemand den Eigentümer in einer diesem durch § 903 eingeräumten Befugnis beeinträchtigt. Nach dieser Bestimmung kann der Eigentümer mit der Sache grundsätzlich nach Belieben verfahren und andere von jeder Einwirkung ausschließen.

In Betracht kommen Einwirkungen auf die Substanz der Sache (Zerstören, Beschädigen, Verunstalten), aber auch dauernde oder zeitweilige Entziehung (Wegnehmen) und Gebrauchsbeeinträchtigung (z. B. durch Immissionen). Das Eigentum wird auch dadurch verletzt, dass ein Nichtberechtigter über die Sache verfügt und einem Dritten etwa ein Pfandrecht bestellt oder das Eigentum verschafft (§ 1207; §§ 929, 932; sog. Zuordnungsverletzung).

6   Ob eine Eigentumsverletzung vorliegt, wenn eine mangelhafte Kaufsache geliefert wird und der Mangel später zur Zerstörung der Sache führt, ist umstritten. **Beispiel:** ein gebrauchter Sportwagen wird mit vorschriftswidriger Bereifung verkauft, und später führt das Platzen eines Reifens zur Zerstörung des ganzen Fahrzeugs (BGHZ NJW 1978, 2241). Grundsätzlich begründet der Mangel einer Sache keine Eigentumsverletzung; der Käufer erwirbt das Eigentum vielmehr an einer von Anfang an mit einem Mangel behafteten Sache. Sofern der Mangel sich aber zunächst auf einen abgegrenzten Teil der Sache beschränkt und später zur Zerstörung der gesamten Sache führt (sog. *weiterfressender Mangel*), soll sich nach Auffassung des BGH ein Schadensersatzanspruch für den Verlust der Sache aus § 823 I ergeben (BGHZ 67, 359 – Schwimmschalterfall; vgl. auch BGHZ 86, 256 – Gaszugfall; BGH NJW 1983, 812 – Hebebühnenfall, dazu Schlechtriem, JA 1983, 255; Schmidt-Salzer, BB 1983, 534; BGH NJW 1985, 2420 – Kompressorfall, dazu Reinicke/Tiedtke, NJW 1986, 10; Foerste, VersR 1989, 455; noch weitergehend: BGHZ 117, 183 – Kondensatorfall, dazu Hinsch, VersR 1992, 1056; BGHZ 138, 230 – Transistorenfall, dazu Timme, JuS 2000, 1154). Der Käufer habe in diesen Fällen bereits teilweise mangelfreies Eigentum erworben, so dass hinsichtlich dieses Teils eine Verletzung des deliktsrechtlich geschützten Integritätsinteresses vorliege. Anders hat der BGH dagegen entschieden, wenn der Käufer ein von vornherein mangelhaftes (weil mit nicht raumbeständiger Schlacke aufgefülltes) Grundstück erwirbt und darauf ein Gebäude errichtet, das wegen des Grundstücksmangels später beschädigt wird (BGH JZ 2001, 876). Grund: Hier war der Schaden des Gebäudes bereits bei dessen Errichtung angelegt, so dass der Bauherr niemals Eigentümer eines mangelfreien Gebäudes war.

7   Eine Gebrauchsbeeinträchtigung kann eine Eigentumsverletzung oder nur eine – nicht durch § 823 I geschützte – Vermögensbeeinträchtigung darstellen. Entscheidend ist, ob der bestimmungsgemäße Gebrauch der Sache unmittelbar entzogen wird. Beispiel: Ein Reeder kann vertraglich übernommene Transporte von einer Mühle mit seinen Schiffen nicht mehr durchführen, weil die Mühle durch den Einsturz einer Ufermauer längere Zeit vom Wasserweg abgeschlossen ist. Ein Schiff wird zwischen Mühle und Einbruchstelle eingeschlossen; die anderen Schiffe sind vom Anlaufen der Mühle ausgeschlossen.

Nach BGHZ 55, 153 liegt eine Eigentumsverletzung nur hinsichtlich des eingeschlossenen Schiffes, nicht hinsichtlich der ausgeschlossenen Schiffe vor. Diese Unterscheidung ist gerechtfertigt, da es zum Schutzbereich des Eigentums an einem Schiff gehört, dass das Schiff überhaupt fahren kann, nicht aber, dass das Schiff für ganz bestimmte Transporte einsetzbar ist.

Liegt ein Eigentümer-Besitzer-Verhältnis vor, so ist bei Eigentumsverlet- 8 zungen zunächst zu prüfen, ob die Spezialvorschriften der §§ 989 ff. die Anwendung des § 823 ausschließen (vgl. § 992).

b) Sonstige Rechte

Die Verletzung eines „sonstigen Rechts" ist nicht bei der Beein- 9 trächtigung eines jeden Rechts gegeben. Wenn § 823 I „Eigentum" und „sonstiges Recht" nebeneinander aufführt, ist daraus zu folgern, dass das sonstige Recht dem Eigentum ähnlich sein muss. Da das Eigentum von jedermann zu beachten ist und von jedermann verletzt werden kann, sind auch nur solche Rechte, die diese Eigenschaft aufweisen (= absolute Rechte), sonstige Rechte i. S. d. § 823 I.

Aus diesem Grund scheiden Forderungs-, aber auch Gestaltungsrechte hier aus. – Das Vermögen als ganzes ist ebenfalls kein „sonstiges Recht" (BGHZ 41, 123). Das Gesetz will nicht jede Vermögensbeschädigung generalklauselartig erfassen. Vermögensschäden sollen nur dann ersetzt werden, wenn sie die Folge der Verletzung eines Rechtsguts oder Rechts (§ 823 I) bzw. eines Schutzgesetzes (§ 823 II; z. B. Betrug, § 263 StGB) sind oder wenn Vorsatz i. S. d. § 826 bzw. der Spezialfall des § 839 gegeben ist.

aa) Alle *dinglichen Rechte* sind „sonstige Rechte".   10

Beispiele: Hypotheken, Grund- und Rentenschulden, Reallasten, Erbbaurechte, dingliche Vorkaufsrechte, Dienstbarkeiten an Grundstücken, Pfandrechte an beweglichen Sachen und Rechten. – Da die dinglichen *Anwartschaftsrechte* ebenso wie die dinglichen Rechte unmittelbar gegen jedermann wirken, fallen sie ebenfalls unter § 823 I. Hauptbeispiel: Eigentumsanwartschaft des Vorbehaltskäufers (BGHZ 55, 20; siehe § 7 Rdnr. 31). Auch der anwartschaftsberechtigte Käufer eines Grundstücks ist deliktsrechtlich etwa gegen unzulässige Vertiefungen des Nachbargrundstücks geschützt (vgl. BGH NJW 1991, 2019). Ebenso sind ausschließliche *Aneignungsrechte* (wie im Jagd-, Fischerei- oder Bergrecht) als absolute Rechte anerkannt.

bb) *Immaterialgüterrechte* wie Patent-, Urheber- und Gebrauchs- 11 musterrechte sowie Marken fallen ebenfalls unter § 823 I.

Auch die Firma (= Name des Kaufmanns; § 17 HGB; Brox, HR Rdnr. 95 ff.), die gegenüber jedermann geschützt wird, gehört hierher.

cc) *Mitgliedschaftsrechte* wie Geschäftsanteile an einer GmbH, 12 Aktien oder Mitgliedschaftsrechte an einem Verein sind als „sons-

tige Rechte" anerkannt, die deliktsrechtlich gegen mitgliedschaftsbe-
zogene Eingriffe geschützt sind (BGH NJW 1990, 2877, 2878 f.;
MünchKomm/Mertens, § 823 Rdnr. 152; Palandt/Thomas, § 823
Rdnr. 27).

13   dd) Schließlich ist nach h. M. der unmittelbare sowie der mittelbare *Besitz* in bestimmten Fällen als „sonstiges Recht" anzusehen
(Medicus, BürgR Rdnr. 607 f.).
     Der unmittelbare Besitz als rein tatsächliche Herrschaft ist aller-
dings kein absolutes Recht. Es wäre nicht verständlich, wollte man
etwa dem Dieb, dessen Besitz an der gestohlenen Sache durch
§§ 858 ff. zwecks Erhaltung des Rechtsfriedens vor Entziehung und
Störung geschützt wird, bei Verletzung seines Besitzes einen Schadensersatzanspruch nach § 823 I geben. Jedoch ist nicht zu verkennen, dass der Besitzer in vielen Fällen die Sache auch gebrauchen
oder sonst nutzen darf (z. B. bei der Miete). Ein solcher Besitz ist
dem Eigentum ähnlich und deshalb einem absoluten Recht gleichzustellen. Demnach ist nicht der unmittelbare Besitz schlechthin, si-
cherlich aber der berechtigte unmittelbare Besitz ein „sonstiges
Recht". Das gilt auch für den bloßen Mitbesitz, und zwar nicht nur
im Verhältnis des Mitbesitzers gegenüber Dritten, sondern auch
gegenüber anderen Mitbesitzern (h. M.; BGHZ 62, 243, 248).

14   Der Schutz des § 823 I wird nach h. M. grundsätzlich auch
dem *mittelbaren Besitzer* (§ 868) zuteil (Soergel/Zeuner, § 823
Rdnr. 58). Das gilt jedoch nicht im Verhältnis des mittelbaren zum
unmittelbaren Besitzer (BGHZ 32, 194, 204 f.). Weil dem mittelbaren Besitzer gegen den unmittelbaren Besitzer keine Besitzschutzansprüche zustehen (vgl. § 869 S. 2), kann er auch nicht aus § 823 I
gegen ihn vorgehen. Der mittelbare Besitzer ist zudem durch die sich
aus den schuldrechtlichen Beziehungen zum unmittelbaren Besitzer
ergebenden Ansprüche hinreichend geschützt (vgl. Prot. III, 226,
332).

15   ee) Das *Recht am eingerichteten und ausgeübten Gewerbebetrieb* wird von der höchstrichterlichen Rechtsprechung seit langem
(RGZ 58, 24, 30) als „sonstiges Recht" aufgefasst. Durch dieses
Recht soll der Unternehmer in seinem gesamten gewerblichen Tätigkeitsbereich vor Störungen Dritter bewahrt werden. Geschützt sind

nach der Rechtsprechung etwa der Kundenstamm, die Geschäftsbeziehungen und die Organisationsstruktur.

(1) Die Rechtsprechung hat den Gewerbebetrieb als „sonstiges 16 Recht" anerkannt, weil der Gesetzgeber den Unternehmer nicht hinreichend geschützt hat. Wenn nämlich die schädigende Handlung nicht zu Wettbewerbszwecken erfolgt, ist das Wettbewerbsrecht (vor allem das UWG) nicht anwendbar. Liegt zudem eine kredit- oder erwerbsgefährdende unwahre Tatsachenbehauptung nicht vor, scheidet auch ein Ersatzanspruch nach § 824 (dazu § 42 Rdnr. 54 ff.) aus. Es bliebe lediglich ein Anspruch aus § 826 (dazu § 41 Rdnr. 75 ff.) übrig, der jedoch nur bei vorsätzlicher sittenwidriger Schädigung eingreift. Wird der eingerichtete und ausgeübte Gewerbebetrieb als sonstiges Recht i. S. d. § 823 I angesehen, so erhält der Unternehmer auch bei einer bloß fahrlässigen Schädigung einen Schadensersatzanspruch.

Beispiel: Die Pflicht zum Ersatz von Streikschäden wurde früher aus § 826 hergeleitet. Nun ist aber nicht jeder rechtswidrige Streik auch sittenwidrig. Ferner wird Vorsatz, der bei § 826 alle Schadensfolgen umfassen muss, nicht immer vorliegen (z. B. bei Rechtsirrtum) oder nicht nachweisbar sein, so dass in vielen Fällen ein Schadensersatzanspruch nach § 826 nicht gegeben ist. Da nach heute h. M. die fahrlässige, rechtswidrige Schädigung durch Streik als Verletzung des Rechts am Gewerbebetrieb angesehen wird (vgl. Brox, in: Brox/Rüthers, Arbeitskampfrecht, 2. Aufl., Rdnr. 335, 369), besteht nunmehr auch hier eine Schadensersatzpflicht, wenn ein Dritter durch einen rechtswidrigen Streik in den Gewerbebetrieb eingreift.

Im Schrifttum werden Bedenken gegen die Annahme eines Rechts 17 am Gewerbebetrieb geltend gemacht. Vor allem wird hervorgehoben, dass dieses Recht kaum eindeutig bestimmbar sei; da es weder übertragen noch gepfändet werden könne, sei es auch nicht eigentumsähnlich.

(2) Für einen Eingriff in das Recht am eingerichteten und ausge- 18 übten Gewerbebetrieb müssen nach der Rechtsprechung folgende *Voraussetzungen* vorliegen:

(a) Es darf *keine andere Rechtsgrundlage* für einen Schadensersatzanspruch gegeben sein. Die Haftung wegen Verletzung des Rechts am bestehenden Gewerbebetrieb hat subsidiären Charakter; sie greift nur ein, wenn eine Lücke besteht (BGHZ 36, 252, 257; 38, 200, 204; 45, 296, 307). Ist also ein in § 823 I genanntes Rechtsgut oder Recht verletzt, der Tatbestand des § 823 II oder des § 824 gegeben, scheidet eine Verletzung des Rechts am bestehenden Gewerbebetrieb aus. Auch die wettbewerbsrechtlichen Sondervorschriften gehen vor (BGHZ 36, 252, 257; 43, 359, 361).

Beispiele: Im **Fall b** hat A das Eigentum des U verletzt. Deshalb ist er, wenn die übrigen Voraussetzungen des § 823 I gegeben sind, zum Ersatz des Schadens verpflichtet, der dem U durch die Reparatur der Maschine sowie durch den Produktionsausfall entstanden ist. – C zerreißt ein fremdes Stromkabel, das zum Geflügelbrutbetrieb des U führt; infolge des Stromausfalls verderben die Bruteier in den Brutmaschinen. C haftet U aus § 823 I wegen Beschädigung der Bruteier (vgl. BGHZ 41, 123). Da eine Eigentumsverletzung vorliegt, braucht auf das Recht am Gewerbebetrieb nicht zurückgegriffen zu werden. Dagegen liegt im **Fall b** eine Verletzung des Eigentums des U wegen Zerstörung des Stromkabels nicht vor, so dass hier zu prüfen ist, ob das Recht am Gewerbebetrieb verletzt wurde.

19   (b) Es muss ein eingerichteter und ausgeübter *Gewerbebetrieb* vorliegen. Darunter versteht man einen auf Dauer angelegten und auf Gewinnerzielung gerichteten Betrieb.

Eine freiberufliche Tätigkeit (z. B. Praxis eines Arztes oder Anwalts) ist kein Gewerbebetrieb. Da die Tätigkeit in den freien Berufen aber auch auf Erwerb ausgerichtet ist, muss sie ebenso wie der eingerichtete Gewerbebetrieb geschützt werden (OLG Hamburg NJW-RR 1999, 1060; OLG München NJW 1977, 1106).

Wie das Eigentum soll auch das Recht am Gewerbebetrieb nicht nur in seinem Bestand, sondern auch in seinen einzelnen Erscheinungsformen vor Störungen geschützt werden (vgl. BGHZ 3, 270).

Beispiele: Außenstände, Geschäftsverbindungen, Kundenstamm, Warenbezeichnungen (BGHZ 28, 320). Jedoch darf der Schutzbereich des Rechts am Gewerbebetrieb nicht unangemessen ausgedehnt werden (BGH NJW 1969, 2047).

20   (c) Es muss sich um einen *unmittelbaren Eingriff* in den gewerblichen Tätigkeitskreis handeln (BGHZ 29, 65).

Könnte U im **Fall b** von B Schadensersatz verlangen, weil B durch die Verletzung des Vorarbeiters einen Gewinnausfall des U verursacht hat, so wäre ein nur mittelbar Geschädigter schadensersatzberechtigt. Damit würde aber die gesetzliche Wertung umgangen, wonach nur in eng begrenzten Ausnahmefällen ein Schadensersatzanspruch von besonders schutzwürdigen mittelbar Geschädigten (§§ 844 f.; dazu § 44 Rdnr. 21 ff.) zugelassen wird (vgl. BGHZ 7, 30).

Der Eingriff muss danach gegen den Betrieb als solchen gerichtet, also *betriebsbezogen* sein und darf nicht vom Gewerbebetrieb ohne weiteres ablösbare Rechte oder Rechtsgüter betreffen (vgl. BGHZ 86, 152, 156).

Im **Fall b** hat C das Eigentum des Elektrizitätswerks am Kabel fahrlässig verletzt. Das kann aber nicht auch als betriebsbezogener Eingriff in den Tätigkeitskreis des Gewerbebetriebs des U angesehen werden, weil dies über den Schutzbereich des Gewerbebetriebes hinausginge (BGHZ 29, 65). Durch den zeitweiligen Produktionsausfall ist dem U lediglich ein Vermögensschaden entstanden, dessen Ersatz nur bei Verletzung eines Schutzgesetzes i. S. d. § 823 II verlangt werden kann (siehe Rdnr. 65 ff.). – Bei der Tätigkeit der Streikposten im Fall b handelt es sich dagegen um einen betriebsbezogenen Eingriff.

ff) Das *allgemeine Persönlichkeitsrecht,* das seit 1954 (BGHZ 13,   21
334) von der höchstrichterlichen Rechtsprechung als „sonstiges Recht" anerkannt wird, ist als das Recht des einzelnen auf Achtung und Entfaltung seiner Persönlichkeit zu verstehen.

(1) Grund für die Anerkennung eines solchen Rechts ist, dass das BGB die Persönlichkeit des einzelnen nicht hinreichend schützt. So ist etwa die Ehre in § 823 I nicht genannt. Zwar können Ehrverletzungen unter § 823 II i. V. m. §§ 185 ff. StGB fallen; die Strafbestimmungen setzen aber Vorsatz des Täters voraus. Wenn § 823 I auch die Ehre als Teil des Persönlichkeitsrechts erfasst, besteht – über den Spezialfall des § 824 hinaus – bei jeder fahrlässigen Ehrverletzung eine Schadensersatzpflicht. Bestimmte Beeinträchtigungen der Persönlichkeit, etwa die des Namens oder des Rechtes am eigenen Bild, werden allerdings schon durch Sondervorschriften (§ 12 BGB; §§ 22 ff. des Kunsturhebergesetzes) erfasst. Nicht berücksichtigen konnte der Gesetzgeber aber solche Schädigungen, die erst durch die Fortschritte der Technik ermöglicht wurden (Abhöranlagen, Tonbandgeräte, Spezialkameras). Der Schutz durch § 826, der Vorsatz verlangt, reicht nicht aus. Deshalb bejaht die Rechtsprechung ein allgemeines Persönlichkeitsrecht, das sie als sonstiges Recht i. S. d. § 823 I ansieht.

Im Schrifttum wird die Verstärkung des Persönlichkeitsschutzes   22
begrüßt. Sie ist auch bei verfassungskonformer Rechtsanwendung unter Berücksichtigung der Art. 1 und 2 GG geboten, welche die Würde des Menschen und die freie Entfaltung der Persönlichkeit schützen. Zu Recht wird aber die Auffassung beanstandet, das allgemeine Persönlichkeitsrecht sei ein „sonstiges Recht". In Wirklich-

keit handelt es sich beim Persönlichkeitsrecht um die begriffliche Zusammenfassung einer Reihe schutzwürdiger Aspekte der Persönlichkeit (z. B. die Privatsphäre bei Tagebuchaufzeichnungen, Krankenblättern). Sie stehen den vier in § 823 I genannten Rechtsgütern näher als dem Eigentum oder den eigentumsähnlichen Rechten. Deshalb bietet sich eine Analogie zum Schutz von Leben, Körper, Gesundheit und Freiheit an, die auch Teile der Persönlichkeit sind.

Mit Hilfe einer solchen Analogie könnten schrittweise Einzeltatbestände zum Schutz einzelner Persönlichkeitsgüter entwickelt werden. Der BGH ist den umgekehrten Weg gegangen: Er hat ein allgemeines Persönlichkeitsrecht bejaht und damit eine Generalklausel geschaffen, die der Konkretisierung bedarf.

23   (2) Eine Verletzung des allgemeinen Persönlichkeitsrechts kommt nach der bisherigen Rechtsprechung bei folgenden Fallgruppen in Betracht (Einzelheiten: Palandt/Thomas, § 823 Rdnr. 175 ff.):

(a) Eindringen in die Privatsphäre

Beispiele: Heimliche Bildaufnahme im privaten Bereich (BGHZ 24, 200), der nicht auf den häuslichen Bereich beschränkt ist (BVerfG NJW 2000, 1021); unbefugtes Öffnen fremder Post (BGH WM 1990, 1167); Tonbandaufnahme ohne Zustimmung (BGHZ 27, 284; 33, 20). Zur Freiheit und Selbstbestimmung des Menschen gehört auch die Befugnis, selbst darüber zu bestimmen, ob seine Worte einzig seinem Gesprächspartner, einem bestimmten Kreis oder der Öffentlichkeit zugänglich sein sollen, und erst recht, ob seine Stimme mittels eines Tonträgers festgehalten werden darf (BGHZ 27, 284). Allerdings liegt schon tatbestandsmäßig keine Verletzung der Persönlichkeit vor, wenn die Tonbandaufnahme lediglich eine telefonische Durchsage wie Bestellungen oder Börsennachrichten festhalten soll; in einem solchen Fall steht das Moment der Feststellung einer objektiven Gegebenheit derartig im Vordergund, dass der Zusammenhang mit der Persönlichkeit des Sprechers weitgehend als gelöst erscheint (BGH a. a. O.). Von solchen Besonderheiten abgesehen, wird regelmäßig durch eine Tonbandaufnahme das allgemeine Persönlichkeitsrecht verletzt (**Fall c**). Besonders sorgfältig ist jedoch hier – wie in allen Fällen der Persönlichkeitsverletzung – die Frage der Widerrechtlichkeit durch Abwägung der sich gegenüberstehenden Interessen der Beteiligten zu prüfen (Rdnr. 52, 55).

24   ### (b) Weitergabe von Angelegenheiten aus fremder Privatsphäre

Beispiele: Veröffentlichung von Privatbriefen oder Tagebuchaufzeichnungen (BGHZ 13, 334; 15, 249); Bekanntgabe einer ärztlichen Bescheinigung über den Gesundheitszustand an einen Dritten, für den sie nicht bestimmt ist (BGHZ 24, 72); unbefugte Veröffentlichung der für ein Biologiebuch vorgesehenen Nacktfotos im Fernsehen (BGH NJW 1985, 1617); negative, insbesondere verfälschte Darstellung eines Lebensbildes in Presse, Funk oder

Fernsehen (BGHZ 31, 308; 36, 77; 50, 133); Verwendung von Bildern, Wappen, Namen zu Werbezwecken (BGHZ 26, 349; 30, 7; 35, 363; BGH NJW 1971, 698; NJW 2000, 2195, 2197).

(c) Verletzung der Ehre

Beispiele: In einer Zeitschrift wird über eine Fernsehansagerin geschrieben, 25 sie sehe aus wie eine ausgemolkene Ziege, bei deren Anblick den Zuschauern die Milch sauer werde (BGHZ 39, 124). In einer satirischen Zeitschrift wird ein Rollstuhlfahrer als Krüppel bezeichnet (BVerfG NJW 1992, 2073). In einem Presseartikel wird von einem bestimmten Anwalt behauptet, er bagatellisiere NS-Verbrechen und stehe den Gedankengängen des Nationalsozialismus heute noch nahe (BGHZ 31, 308, wo ausgeführt wird, dass der zivilrechtliche Deliktsschutz auch eingreifen könne, wenn Äußerungen eines anderen entstellt oder wesentlich verkürzt wiedergegeben werden).

(3) Umstritten ist, ob die Persönlichkeitswerte, die zu Lebzeiten 26 einer Person unter den Schutz des allgemeinen Persönlichkeitsrechts fallen, auch nach dem Tode des Rechtsträgers vor Beeinträchtigungen zu bewahren sind. Ein solcher *postmortaler Persönlichkeitsschutz* ist in gewissem Umfang zu bejahen (BGH NJW 2000, 2195, 2197 ff. – Marlene Dietrich; Einzelheiten: Brox, ErbR Rdnr. 16).

Die vermögenswerten Bestandteile des Persönlichkeitsrechts (z. B. kommerzielle Nutzbarkeit von Name und Bild) sind vererblich. Der Erbe hat daher bei einer Verletzung dieses Rechts nicht nur Abwehr-, sondern auch Schadensersatzansprüche (BGH NJW 2000, 2195, 2198 f.).

gg) Bestimmte *Familienrechte* wie das Recht der elterlichen Sorge 27 und das Recht auf eheliche Lebensgemeinschaft sind absolute Rechte i. S. von § 823 I (vgl. BGHZ 111, 168).

Deshalb umfasst der Schadensersatzanspruch wegen Verletzung des Sorgerechts die Detektivkosten, die der Ermittlung des Aufenthalts des dem Sorgeberechtigten entzogenen Kindes dienen (BGH a. a. O.).
Der BGH gibt zwar dem Ehepartner einen Beseitigungs- und Unterlassungsanspruch gegen den anderen Partner und dessen in die Ehewohnung aufgenommenen Geliebten (BGHZ 6, 360; 34, 80), aber er lehnt in ständiger Rechtsprechung Schadensersatzansprüche aus § 823 I wegen Verletzung des Rechts auf eheliche Lebensgemeinschaft ab. Er meint, die Ehe werde nur als ideelles Rechtsgut geschützt; die vermögensrechtlichen Ansprüche gegen den anderen Ehegatten seien im Familienrecht abschließend geregelt und der Dritte (Ehestörer) könne die nur zwischen den Ehegatten bestehenden persönlichen Verpflichtungen nicht verletzen (BGHZ 23, 215, 279; 57, 229). Dem BGH ist nicht zu folgen. Zwar wird man zum Schutz der Ehe während ihres Bestehens einen Schadensersatzanspruch gegen den Ehegatten ausschließen müssen. Das hindert aber nicht daran, einen Anspruch aus unerlaubter Handlung gegen den Dritten (Ehestörer) und nach Auflösung der Ehe auch gegen den Ehepartner zu geben (E. v. Hippel, NJW 1965, 664). Dieser

Anspruch kann jedoch nicht darauf gerichtet sein, wirtschaftlich so gestellt zu werden, als wenn die Ehegemeinschaft noch fortgeführt würde. Zu ersetzen sind nicht die „Bestands-", sondern nur die „Abwicklungsinteressen" (Gernhuber/Coester-Waltjen, Familienrecht, § 17 III). – Im **Fall d** kann M von D wohl die durch die Auflösung der Ehe entstandenen Kosten, nicht aber Ersatz des Verlustes von Vorteilen verlangen (str.).

II. Haftungsbegründende Kausalität

28   Ein Schadensersatzanspruch nach § 823 I setzt weiter voraus, dass die Rechtsgutverletzung (Rdnr. 1 ff.) durch ein Verhalten des Anspruchsgegners verursacht worden und diesem zuzurechnen ist (haftungsbegründende Kausalität). Bei diesem Verhalten kann es sich um eine Handlung oder um ein Unterlassen handeln (§ 40 Rdnr. 3).

1. Kausalität nach der Äquivalenztheorie

Kausalität ist nach der Äquivalenztheorie gegeben, wenn die Handlung nicht hinweggedacht werden kann, ohne dass die Rechtsgutverletzung entfiele (condicio sine qua non). Ein Unterlassen ist dann ursächlich, wenn die unterlassene Handlung nicht hinzugedacht werden kann, ohne dass der Erfolg mit an Sicherheit grenzender Wahrscheinlichkeit entfiele.

2. Objektive Zurechnung

29   Die Äquivalenztheorie führt zu einer besonders weitgehenden Zurechnung, da sie auch völlig unwahrscheinliche Kausalverläufe und weit entfernte Ursachen erfasst. Deshalb sind Kriterien entwickelt worden, die vorliegen müssen, damit dem Verursacher die Folgen seines Verhaltens auch wertungsmäßig zugerechnet werden können. So kann die objektive Zurechenbarkeit u. a. nach der Adäquanztheorie und der Lehre vom Normzweck, unter den Gesichtspunkten des rechtmäßigen Alternativverhaltens, der hypothetischen Kausalität, der Verursachungsbeiträge des Geschädigten selbst oder eines Dritten, aber auch aus sonstigen Gründen (vgl. Rdnr. 32 ff.) ausgeschlossen sein. Einzelheiten werden im Allgemeinen Schuldrecht im Kapitel über die Schadensersatzpflicht unter „Verursachung und Zurech-

nung des Schadens" erläutert. Folgende Zurechnungskriterien sind bei unerlaubten Handlungen häufiger von Bedeutung:

a) Adäquanztheorie

Nach der Adäquanztheorie ist dem Handelnden eine Rechtsgutver-   30
letzung nur dann zuzurechnen, wenn die von ihm gesetzte Bedingung im allgemeinen und nicht nur unter ganz besonders eigenartigen, ganz unwahrscheinlichen und nach dem regelmäßigen Verlauf der Dinge außer Betracht zu lassenden Umständen zur Herbeiführung der Rechtsgutverletzung geeignet war (vgl. RGZ 133, 126). Als alleiniges Zurechnungskriterium ist die Adäquanztheorie allerdings unzureichend; denn es gibt sowohl Fälle, in denen die Rechtsgutverletzung dem Verursacher trotz vorhandener Adäquanz nicht zuzurechnen ist, als auch solche, in denen die Zurechnung trotz fehlender Adäquanz zu bejahen ist.

So ist es etwa nach einem von A verursachten Unfall nicht außerhalb aller Wahrscheinlichkeit, dass die nachfolgenden Pkw, da die Straße blockiert ist, über den Rad- und Fußweg fahren und diesen erheblich beschädigen. Dennoch ist dem A diese Eigentumsverletzung nicht zuzurechnen (BGHZ 58, 162). Andererseits ist trotz fehlender Adäquanz die Zurechenbarkeit zu bejahen, wenn der Handelnde die inadäquate Folge gerade will, z. B. die gezielte Kugel trifft, obwohl dies bei der weiten Entfernung völlig unwahrscheinlich war.

Deshalb lehnt ein Teil der Lehre die Adäquanztheorie ganz ab (vgl. etwa Huber, JZ 1969, 683). Dagegen will die h. M. das Merkmal der Adäquanz als eines von mehreren Zurechnungskriterien beibehalten (BGH NJW 1968, 2287).

b) Schutzzweck der Norm

Die Lehre vom Schutzzweck der Norm ist deshalb neben der Adä-   31
quanztheorie als weiteres wertendes Zurechnungskriterium anerkannt. Wenn diese Lehre auch überwiegend im Rahmen der haftungsausfüllenden Kausalität (Rdnr. 60) entwickelt worden ist, muss sie doch auch bei der haftungsbegründenden Kausalität beachtet werden. Sie geht davon aus, dass das Gesetz den Rechtsgütern und deren Trägern keinen absoluten Schutz, sondern nur Schutz vor bestimmten Arten von Beeinträchtigungen gewähren will.

Flieht etwa der Schwarzfahrer S vor dem ihn verfolgenden Bahnbetriebsaufseher B und verletzt sich dieser bei der Verfolgung, so folgt aus dem

Schutzzweck des § 823 I, dass S sich nur solche Rechtsgutverletzungen des B
zurechnen lassen muss, die durch das gesteigerte Verfolgungsrisiko (z. B.
Sturz auf steiler Bahnhofstreppe; BGH NJW 1971, 1980), nicht jedoch durch
das allgemeine Lebensrisiko (Zerrung infolge besonderer Anfälligkeit) veranlasst sind.

c) Verkehrs(sicherungs)pflichten

32   Eine Einschränkung der objektiven Zurechnung der Rechtsgutverletzung zu dem Verhalten einer Person ist schließlich auch dann
erforderlich, wenn dieses Verhalten zwar adäquat zur Herbeiführung der Rechtsgutverletzung beigetragen hat, aber nicht die unmittelbar zur Verletzung führende Ursache war. Das gilt für die lediglich *mittelbare Herbeiführung des Verletzungserfolges* sowie für die
Verletzung durch Unterlassen.

   Beispiel für eine mittelbare Verletzung: Wer eine fehlerfreie, aber gefährliche Sache (Autos, Werkzeuge) in Verkehr bringt oder daran mitwirkt, setzt
zwar eine mittelbare und wegen der Gefährlichkeit auch adäquate Ursache
für eine mögliche Verletzung aufgrund eines späteren Unfalls mit dieser
Sache. Es wäre aber nicht sachgerecht, diesen Verletzungserfolg jeder Person,
die an dem Inverkehrbringen beteiligt war, zuzurechnen.
   Beispiel für eine Verletzung durch Unterlassen: Wenn ein Fußgänger bei
Glatteis stürzt, weil der Gehweg nicht gestreut war, wäre es sinnlos, die Körperverletzung jedem Menschen zuzurechnen, der ein Streuen unterlassen hat.

   In diesen Fallgruppen kann der Verletzungserfolg nur demjenigen
zugerechnet werden, der verpflichtet war, die Verletzungsgefahr zu
vermeiden (bei der mittelbaren Verletzung) oder den Verletzungserfolg zu verhindern (bei der Verletzung durch Unterlassen). Rechtsgrund dafür können insbesondere die von der Rechtsprechung entwickelten *Verkehrspflichten (= Verkehrssicherungspflichten)* sein.

33   aa) Mit dem *Begriff der Verkehrspflicht* bezeichnet man die
Pflicht dessen, der eine Gefahrenquelle schafft oder unterhält, die
notwendigen und zumutbaren Vorkehrungen zu treffen, um Schäden
anderer zu verhindern. Diese Pflicht kann auf ein positives Tun (z. B.
Streupflicht) oder auf ein Unterlassen (z. B. des Inverkehrbringens
eines fehlerhaft produzierten und wegen dieses Fehlers gefährlichen
Werkzeugs) gerichtet sein und dementsprechend durch Unterlassen
oder positives Tun verletzt werden.

   Der Gesetzgeber des BGB hat das Problem der allgemeinen Verkehrspflichten nicht gesehen. Er hat sich mit Regelungen von Teilbe-

reichen wie etwa in § 836 (dazu § 42 Rdnr. 25 ff.) und in § 823 II (Rdnr. 65 ff.) begnügt. Vor allem Schutzgesetze i. S. d. § 823 II können Pflichten zum Handeln enthalten (z. B. eine die Streupflicht regelnde Polizeiverordnung oder Gemeindesatzung). Die neben den Spezialregelungen bestehenden allgemeinen Verkehrspflichten sind heute gewohnheitsrechtlich anerkannt. Sie führen bei einer bloß mittelbaren Rechtsgutverletzung und bei einer Verletzung durch Unterlassen dazu, dass der Vorwurf der Erfüllung eines Deliktstatbestandes auf einen engeren Personenkreis als bei einer Bestimmung allein nach der Adäquanztheorie beschränkt wird.

bb) Es gibt zahlreiche, nicht abschließend aufzulistende *Gründe* 34 *für die Entstehung von Verkehrspflichten.* Je größer – u. a. infolge des raschen technischen Fortschritts – die Gefahren werden, desto umfangreicher wird die Zahl der Verkehrspflichten. Die Rechtsprechung ist kaum überschaubar. Einige Fallgruppen seien beispielhaft erwähnt:

(1) Wer Grund und Boden dem Verkehr für Menschen eröffnet, 35 hat ihn in gefahrlosem Zustand zu halten.

Beispiele: Straßen, Wege, Hauszugänge, das Innere von Gebäuden (Treppe, Fahrstuhl etc.). Zur Pflicht gehören etwa die Instandhaltung, Beleuchtung, Reinigung, das Streuen bei Glatteis. Welche Vorkehrungen erforderlich und zumutbar sind, richtet sich nach dem Einzelfall (Größe der Gefahr, örtliche und zeitliche Verhältnisse). Strenge Anforderungen sind an die Sorgfaltspflichten bei Kaufhäusern und Verbrauchermärkten hinsichtlich der Auswahl und der Unterhaltung des Fußbodens zu stellen (BGH NJW 1994, 2617). Mangelnde finanzielle Leistungsfähigkeit schließt die Zumutbarkeit nicht aus.

(2) Wer gefährliche Gegenstände gebraucht, hat – soweit es ihm 36 zumutbar ist – andere vor Gefahren zu bewahren.

Beispiele: Maschinen und gewerbliche Anlagen, Fahrzeuge, Starkstromleitungen, Gifte, Industriemüll.

(3) Wer einen Gewerbebetrieb oder Beruf ausübt, kann daraus 37 sich ergebende, besondere Verkehrspflichten haben.

Beispiele: Der Verkäufer eines giftigen Pflanzenschutzmittels verletzt seine Verkehrspflicht und handelt damit tatbestandsmäßig, wenn er das Mittel in einer Bierflasche abgefüllt verkauft. Er ist nach § 823 I jedem schadensersatzpflichtig, der aus der Flasche trinkt und dadurch einen Körperschaden erleidet (beachte aber § 254). – Der Konzertveranstalter hat die Verkehrspflicht, die Konzertbesucher vor Gehörschäden durch übermäßige Lautstärke der dargebotenen Musik zu schützen (BGH ZIP 2001, 931; OLG Koblenz NJW-RR 2001, 1604 f.). – Ein Bewachungsunternehmen muss sich vor der Einstellung eines Wachmannes, dem während des Dienstes eine Waffe ausgehändigt wird, einen lückenlosen Lebenslauf des Bewerbers vorlegen und belegen lassen, um die Zuverlässigkeit des Bewerbers überprüfen zu können (BGH NJW 2001, 2023 f.). – Dagegen braucht eine Brauerei nicht auf ihren Bierflaschen vor den Gefahren übermäßigen Alkoholkonsums zu warnen; denn diese Gefahren sind ohnehin allgemein bekannt (OLG Hamm NJW 2001, 1654 f.).

38   (4) Ein besonderer Fall der Haftung wegen Verletzung von Verkehrspflichten ist die sog. *Produzentenhaftung:* Der Produzent hat für Schäden einzustehen, die jemand durch Benutzung des Produkts erleidet. Wegen des gesteigerten Schutzbedürfnisses des Verbrauchers hat die Rechtsprechung besondere Regeln entwickelt, die an die Art der verletzten Verkehrspflicht anknüpfen.

39   (a) Einmal kann der Benutzer einer Ware dadurch Schäden erleiden, dass das vom Produzenten in Verkehr gebrachte *Produkt fehlerhaft* ist.

Der Fehler kann dabei konstruktionsbedingt (z. B. mangelhafte Bremsanlage bei einer bestimmten Kfz-Serie), materialbedingt (z. B. Verwendung abfärbenden Leders) oder fabrikationsbedingt (z. B. schadhafte Isolation einzelner Bügeleisen aus sonst fehlerfreier Produktion) sein. Dem ist der Fall gleichzustellen, dass das Produkt selbst zwar unschädlich, aber ungeeignet ist, seinen Zweck zu erfüllen, so dass der Verbraucher einen Schaden erleidet, weil es es unterlässt, ein wirksames Produkt zu verwenden (z. B. wirkungsloses Pflanzenschutzmittel; BGHZ 80, 186).

40   In diesen Fällen kann der Geschädigte das Verschulden des Produzenten bei der Verletzung der Verkehrspflicht regelmäßig nur schwer nachweisen. Daher ist für diesen Bereich die *Beweislast umzukehren;* das Verschulden des Produzenten wird vermutet, so dass nicht der Geschädigte das schuldhafte Handeln des Unternehmers zu beweisen braucht, sondern dieser sich entlasten muss (BGHZ 51, 91; 116, 104; BGH NJW 1993, 528; NJW 1999, 1028). Dabei gilt ein strenger Maßstab. Der Produzent muss beweisen, dass weder ihn noch einen verfassungsmäßig berufenen Vertreter oder ein Organ ein Verschulden trifft, dass kein Organisationsmangel vorliegt und dass jeder einzelne Bedienstete, der mit der Herstellung des fehlerhaften Produkts befasst war, sorgfältig ausgewählt und überwacht worden ist (BGH NJW 1973, 1602).

Eine Beweislastumkehr zu Gunsten des Geschädigten kann auch eingreifen, wenn streitig ist, ob ein Produktfehler im Bereich des Herstellers entstanden ist. Eine solche Umkehr der Beweislast ist gerechtfertigt, wenn der Hersteller im Interesse des Verbrauchers gehalten war, das Produkt auf seine fehlerfreie Beschaffenheit zu überprüfen und den Befund zu sichern, er dieser Verpflichtung aber nicht nachgekommen ist (BGH NJW 1988, 2611: Unaufklärbarkeit der Ursache für das Bersten einer Mehrweg-Limonadenflasche).

(b) Zum anderen kann sich eine Schädigung des Verbrauchers **41** daraus ergeben, dass das Produkt zwar fehlerlos ist, aber auch bei sachgerechter oder aber jedenfalls naheliegender Benutzung Gefahren aufweist, die der Verwender nicht ohne weiteres erkennen kann. Auf diese Gefahren muss der Produzent hinweisen (BGH NJW 1972, 2217; 1987, 372; BGHZ 116, 60: Milupa; BGH NJW 1994, 932; NJW 1995, 1286: Kindertee und Kinderfruchtsäfte). Das gilt auch dann, wenn sich die *Gefährlichkeit des Produkts* erst nach einer gewissen Benutzungszeit zeigt; denn den Produzenten und den Alleinimporteur ausländischer Artikel (BGH NJW 1987, 1009) treffen Produktbeobachtungspflichten. Unter Umständen kann dann auch eine Verpflichtung zum Rückruf des Produkts bestehen (BGH NJW 1990, 2560).

Die Instruktions- und Warnpflichten des Herstellers sind jedoch beim Inverkehrbringen solcher Produkte deutlich herabgesetzt, die nur von Fachpersonal bedient werden (BGH NJW 1992, 2016).

c) Der Abnehmer muss nur den objektiven Pflichtverstoß des Pro- **42** duzenten nachweisen (fehlender Hinweis trotz Gefährlichkeit). Das *Verschulden* wird dann *vermutet.* Zu seiner Entlastung muss der Produzent beweisen, dass er keine Erkenntnismöglichkeit über die Gefahr hatte und auch nicht haben konnte (zur Beweislast: Reinicke/ Tiedtke, Kaufrecht, Rdnr. 771 ff.).

(d) Ein Anspruch auf Ersatz von bloßen Vermögensschäden kann sich aus **43** § 823 II ergeben, wenn ein *Schutzgesetz verletzt* ist (Rdnr. 65 ff.); als Schutzgesetze kommen etwa die Vorschriften des Lebensmittel- und Arzneimittelgesetzes, der Straßenverkehrszulassungsordnung und des Gerätesicherheitsgesetzes in Betracht. Fehlt es jedoch am Verschulden, scheidet ein Anspruch aus unerlaubter Handlung aus.

Neben der Produzentenhaftung aus unerlaubter Handlung kann **44** auch ein Anspruch nach dem Produkthaftungsgesetz (§ 46 Rdnr. 28 ff.) bestehen. Trotz dieser verschuldensunabhängigen Haftung bleibt die Haftung aus § 823 schon deshalb weiterhin bedeut-

sam, weil die neue gesetzliche Regelung einen Haftungshöchstbetrag
vorsieht.

45   cc) Überträgt jemand die Erfüllung einer ihm obliegenden Verkehrspflicht auf einen Dritten (z. B. der Hauseigentümer überträgt
seine Streupflicht dem Hausmeister), so führt das nicht zu einer
Haftungsbefreiung; die Verkehrspflicht wandelt sich vielmehr nach
h. M. in eine *Aufsichts- und Überwachungspflicht* um (vgl. Soergel/
Zeuner, § 823 Rdnr. 214 m. N.). Wird diese verletzt, kommt eine
Schadensersatzpflicht nach § 823 I in Betracht.

Eine besonders umfassende Sorgfaltspflicht obliegt den Herstellern um-
weltgefährdenden Industriemülls bei der Auswahl und Überwachung von
Abfallbeseitigungsunternehmen (vgl. BGH NJW 1976, 46).
Ein Spezialfall der Aufsichtspflicht ist die Organisationspflicht, die vor allem bei Großbetrieben besteht. Hier muss die Erfüllung der Aufsichtspflicht
durch eine ausreichende Organisation gesichert werden. Liegt ein Organisationsmangel vor und wird deshalb eine Verkehrspflicht nicht erfüllt, kommt
für den Unternehmer eine Haftung nach § 823 I in Betracht; eine juristische
Person haftet nach §§ 31, 823 I.

46   dd) An welcher *Stelle im Fallaufbau* die Verkehrspflichten zu
prüfen sind, ist umstritten. Verbreitet werden sie im Rahmen der
Rechtswidrigkeit, teilweise im Rahmen des objektiven Tatbestandes und verschiedentlich an beiden Stellen geprüft (zum Meinungsstand siehe Medicus, BürgR Rdnr. 642 ff.; Musielak, Grundkurs
BGB Rdnr. 676 ff.). Nach hier vertretener Ansicht ist der objektive
Tatbestand die richtige Stelle, so dass bei einer mittelbaren Rechtsgutverletzung oder einer Verletzung durch Unterlassen schon tatbestandsmäßig nur derjenige schadensersatzpflichtig sein kann, der
eine Verkehrspflicht verletzt (ebenso Larenz/Canaris, § 75 II 3 c,
§ 76 III 2 d; Medicus, BürgR Rdnr. 647).

Wenn etwa ein Fußgänger sich durch einen Sturz verletzt, weil der Gehweg
nicht gestreut war, wäre es gekünstelt, für jeden, der nicht gestreut hat,
zunächst tatbestandsmäßig eine Rechtsgutverletzung durch Unterlassen zu
bejahen und erst auf der Ebene der Rechtswidrigkeit zu prüfen, bei wem
mangels Verpflichtung zum Streuen eine Haftung entfällt.

III. Rechtswidrigkeit

47   § 823 I setzt für einen Schadensersatzanspruch außer einer Verletzungshandlung und einem dadurch verursachten Schaden weiter vo-

raus, dass der Täter eine der geschützten Rechtspositionen „widerrechtlich verletzt" hat.

1. Erfolgsunrecht oder Verhaltensunrecht

Nach herkömmlicher Lehre und Rechtsprechung ist bei einem Eingriff in ein Rechtsgut, das Eigentum oder ein sonstiges Recht die Widerrechtlichkeit zu bejahen, sofern nicht ausnahmsweise ein Rechtfertigungsgrund (z. B. Notwehr) vorliegt *(Lehre vom Erfolgsunrecht)*. Die Tatbestandsmäßigkeit indiziert demnach die Rechtswidrigkeit.

Eine neuere Lehre beurteilt die Rechtswidrigkeit nicht nach dem   48
eingetretenen Verletzungserfolg, sondern prüft, ob die Handlung des Täters gegen die Rechtsordnung verstößt und deshalb rechtswidrig ist *(Lehre vom Handlungsunrecht;* vgl. Kupisch/Krüger, § 5). Rechtswidrigkeit liegt danach nur vor, wenn das Verhalten gegen ein Gebot, Verbot oder die im konkreten Fall zu beachtende Sorgfalt verstößt.

Beispiel: A fährt mit seinem Pkw in einer Rechtskurve ordnungsgemäß auf der rechten Straßenseite. Es kommt zum Zusammenstoß mit dem Fahrrad des entgegenkommenden B, der die Kurve schneidet. Wird B dabei verletzt, so scheidet ein Ersatzanspruch des B nach der neuen Auffassung deshalb aus, weil A die im Verkehr erforderliche Sorgfalt beachtet, also nicht rechtswidrig gehandelt hat. Der BGH spricht von „verkehrsrichtigem Verhalten" (BGHZ 24, 21). Die herkömmliche Lehre dagegen bejaht die Rechtswidrigkeit, weil A trotz verkehrsrichtigen Verhaltens nicht berechtigt ist, einen anderen Verkehrsteilnehmer zu verletzen. Aber auch sie verneint einen Schadensersatzanspruch, da den A kein Verschulden trifft.

Beide Ansichten führen – wie das Beispiel zeigt – bei § 823 I re-   49
gelmäßig nicht zu unterschiedlichen Ergebnissen. Die Lehre vom Handlungsunrecht schränkt die Rechtswidrigkeit ein und kommt deshalb in vielen Fällen mangels Rechtswidrigkeit nicht mehr zur Prüfung des Verschuldens. Die ältere Lehre vom Erfolgsunrecht bejaht die Rechtswidrigkeit, lässt aber einen Schadensersatzanspruch am Verschulden scheitern, wenn der Handelnde die im Verkehr erforderliche Sorgfalt angewandt hat. Die unterschiedlichen Auffassungen von der Rechtswidrigkeit spielen jedoch dann für das Ergebnis eine entscheidende Rolle, wenn es auf das Verschulden des Täters nicht ankommt (z. B. beim Anspruch auf Unterlassung oder

Beseitigung, dazu § 45, oder bei der Haftung für Verrichtungsgehilfen gem. § 831, dazu § 42 Rdnr. 3 ff.).

Für die neuere Lehre mag vieles sprechen. § 823 I unterscheidet aber deutlich zwischen Tatbestandsmäßigkeit, Rechtswidrigkeit und Schuld. Ob die im Verkehr erforderliche Sorgfalt beachtet oder außer Acht gelassen worden ist, darf nach dem Willen des Gesetzes nicht bei der Rechtswidrigkeit, sondern muss erst bei der Schuld des Täters geprüft werden (vgl. §§ 823 I, 276 I, II; AS § 20 Rdnr. 14). Wer also bei „verkehrsrichtigem Verhalten" einen Menschen verletzt oder tötet, führt diesen Erfolg nicht erlaubtermaßen, sondern rechtswidrig herbei. Aber dieses „Unrechtsurteil" enthält kein „Unwerturteil". Denn wer die im Verkehr erforderliche Sorgfalt anwendet, handelt nicht fahrlässig (§ 276 II), so dass mangels Verschuldens ein Anspruch aus § 823 I ausscheidet.

2. Fallgruppen

50   Bei der Rechtswidrigkeit sind m. E. folgende Fälle zu unterscheiden:

a) Unmittelbare Rechts(gut)verletzung

Der unmittelbare Eingriff in ein Rechtsgut, das Eigentum, ein beschränkt dingliches Recht, ein Immaterialgüterrecht oder den Besitz ist nach der Lehre vom Erfolgsunrecht widerrechtlich, sofern nicht ein Rechtfertigungsgrund vorliegt.

Als Rechtfertigungsgründe kommen etwa in Betracht:

aa) Notwehr (§ 227), Verteidigungsnotstand (§ 228), Angriffsnotstand (§ 904), Selbsthilfe (§ 229).

bb) Einwilligung des Verletzten (wichtig z. B. bei einem ärztlichen Eingriff; Rdnr. 62). Die Einwilligung in die Tötung rechtfertigt diese aber nicht, weil das Rechtsgut Leben nicht disponibel ist (vgl. § 216 StGB). Bei der Einwilligung zur Körperverletzung ist zu prüfen, ob die Tat trotzdem gegen die guten Sitten verstößt (vgl. § 228 StGB). Ist die Einwilligung (z. B. wegen Abwesenheit, Bewusstlosigkeit des Verletzten) nicht zu erlangen, kann die mutmaßliche Einwilligung (vgl. §§ 677 ff.) Rechtfertigungsgrund sein.

cc) Gesetzliche Ermächtigung. **Beispiel:** das Recht zur vorläufigen Festnahme, § 127 StPO. Dagegen lässt sich aus der heutigen Fassung des § 1631 ein Züchtigungsrecht der Eltern nicht mehr herleiten. § 1631 II räumt vielmehr den Kindern ein Recht auf gewaltfreie Erziehung ein und erklärt u. a. körperliche Bestrafungen ausdrücklich für unzulässig.

dd) Wahrnehmung berechtigter Interessen bei Ehrverletzungen (§ 193 StGB).

b) Mittelbare Rechts(gut)verletzung

Falls die Rechtsgutverletzung lediglich *mittelbar* oder *durch ein* 51
Unterlassen verursacht wurde, wird die Rechtswidrigkeit häufig davon abhängig gemacht, dass der Schädiger eine Verkehrs (sicherungs)-
pflicht verletzt hat. Das ist dann konsequent, wenn die Verkehrspflicht nicht bereits im Rahmen der objektiven Zurechenbarkeit auf
der Tatbestandsebene geprüft wurde. Falls man jedoch der hier
vertretenen Ansicht folgt und schon für die Tatbestandsmäßigkeit
einer lediglich mittelbaren Rechtsgutverletzung oder eines Unterlas-
sens den Verstoß gegen eine Verkehrssicherungspflicht verlangt
(Rdnr. 32 ff.), sind die Verkehrspflichten im Rahmen der Rechtswidrigkeit nicht noch einmal anzusprechen. Wenn jemand ein durch
§ 823 I geschütztes Recht oder Rechtsgut durch Verstoß gegen eine
Verkehrssicherungspflicht verletzt, wird die Rechtswidrigkeit indiziert; sie kann allenfalls durch Rechtfertigungsgründe entfallen (vgl.
Larenz/Canaris, § 75 II 3 c; Medicus, BürgR Rdnr. 647 a. E.).

c) Verletzung von Rahmenrechten

Die Regel, dass die Tatbestandsmäßigkeit die Rechtswidrigkeit 52
indiziert, passt nicht für die Erweiterungen des § 823 I auf das Recht
am eingerichteten und ausgeübten Gewerbebetrieb und das allgemeine Persönlichkeitsrecht, weil sie als *Rahmenrechte* weit gefasst
sind.

Beispiele: Wenn A ein Konkurrenzunternehmen zu dem des B aufmacht
und für sein Unternehmen wirbt, beeinträchtigt er den Gewerbebetrieb des B.
Hier darf aus der Tatbestandsmäßigkeit nicht die Rechtswidrigkeit gefolgert
werden; denn sonst würde man den freien Wettbewerb unterbinden. – Wäre
jede kritische Äußerung über eine Person in der Presse ohne Vorliegen eines
besonderen Rechtfertigungsgrundes eine rechtswidrige Verletzung des Persönlichkeitsrechts, würde das zu einer unerträglichen Einschränkung der
Meinungs- und Pressefreiheit führen.

Liegt ein Eingriff in das Recht am Gewerbebetrieb oder das Persönlichkeitsrecht vor, ist die Rechtswidrigkeit in jedem Einzelfall
besonders zu prüfen. Dabei sind unter Berücksichtigung des Grund-
gedankens von § 193 StGB (Wahrnehmung berechtigter Interessen)
die sich gegenüberstehenden Interessen und Pflichten gegeneinander
abzuwägen.

53   aa) Beim *Eingriff in den Gewerbebetrieb* stehen sich das Interesse des einen an ungestörter gewerblicher Betätigung und das des anderen an freier Betätigung und Entfaltung gegenüber.

Nicht jede geschäftsschädigende Kritik (z. B. negatives Urteil bei einem vergleichenden Warentest) ist bereits rechtswidrig. Zugunsten des Kritikers sind das Recht der freien Meinungsäußerung und die Pressefreiheit (Art. 5 GG) zu berücksichtigen. Das gilt bei berechtigter Kritik selbst dann, wenn sie scharf und überzogen formuliert ist (BGH NJW 2002, 1192). Ferner darf das Interesse der Öffentlichkeit an Information nicht außer Acht bleiben. Andererseits muss die Kritik auf einer sorgfältigen Prüfung beruhen; so dürfen bei Vergleichen nicht unterschiedliche Maßstäbe angelegt werden und Unterschiede (z. B. in den Preisen) nicht unberücksichtigt bleiben. Auch die Art der Darstellung darf nicht über das gebotene Maß hinausgehen (vgl. auch BGHZ 45, 296).

54   Ein Teil der Lehre hat den im Strafrecht entwickelten Begriff der Sozialadäquanz ins Zivilrecht übernommen. Danach sind Handlungen, die sich im Rahmen der geschichtlich gewordenen sozialethischen Ordnung des Gemeinschaftslebens bewegen und von ihr gestattet werden, sozialadäquat und damit nicht widerrechtlich. Zweifelhaft ist die Verwertbarkeit dieser Formel in der Praxis; jedenfalls erspart dieser Begriff nicht die Interessenabwägung im Einzelfall.

55   bb) Auch bei einem Eingriff in das *Persönlichkeitsrecht* muss im Einzelfall eine Güter- und Interessenabwägung vorgenommen werden. Geht diese zum Nachteil des Eingreifenden aus, ist die Widerrechtlichkeit gegeben.

Auf Seiten des Verletzten genießt z. B. die Intimsphäre einen größeren Schutz als die sonstige Privatsphäre. – Jemand, der im politischen Leben eine Rolle spielt, muss sich etwa hinsichtlich einer Veröffentlichung aus seinem privaten Bereich mehr als ein anderer gefallen lassen, zumal, wenn die in der Presse erörterte Angelegenheit für die Allgemeinheit eine große Bedeutung hat. Für den Verletzer ist vor allem das Recht zur freien Meinungsäußerung (evtl. Pressefreiheit) zu berücksichtigen (siehe nur BVerfG NJW 2000, 2189 ff.). Dieses Recht ist aber nicht schrankenlos. Bedeutsam ist etwa der Zweck einer Veröffentlichung (z. B. Information, Unterhaltung) sowie das Verhältnis zwischen dem erstrebten Zweck und der Beeinträchtigung des Verletzten (vgl. BVerfG NJW 2001, 1921, 1922 zur Veröffentlichung von Bildern von Ernst August von Hannover). Die Veröffentlichung einer Nacktaufnahme einer bekannten Sportlerin kann gerechtfertigt sein, wenn damit ein Informationszweck verfolgt wird und die abgebildete Person sich damit einverstanden erklärt hat, dass die Fotos – wenn auch auf anderem Weg – der Öffentlichkeit zugänglich gemacht werden (OLG Frankfurt a. M. NJW 2000, 594 f.). – Tatsachenbehauptungen dürfen nicht ungeprüft oder entstellt wiedergegeben werden. Selbst eine wahrheitsgemäße Berichterstattung kann durch die Art der Darstellung (z. B. Formalbeleidigung) widerrechtlich sein. Vom Fernsehen verlangt der BGH (JZ 1997, 784), dass es nicht einseitig über die von dritter Seite erhobenen Vorwürfe berichtet, ohne zugleich die entkräftenden Umstände zu recherchieren und mitzuteilen. Bereits das Verbreiten dessen, was ein Dritter geäußert hat, ist rechtlich als eigene Äußerung des Erklärenden zu werten, wenn es an einer eigenen und ernsthaften Distanzierung des Erklärenden fehlt (vgl. BGHZ 132, 13).

Beim Eingriff in ein Persönlichkeitsrecht können aber auch die klassischen **56** Rechtfertigungsgründe (z. B. Einwilligung des Verletzten, Notwehr, Wahrnehmung berechtigter Interessen) von Bedeutung sein. Liegt ein solcher Rechtfertigungsgrund vor, kann auf die geschilderte Abwägung verzichtet werden.

Eine heimliche Tonbandaufnahme (**Fall c**) dürfte in der Regel rechtswidrig **57** sein (vgl. auch § 201 I 1 Nr. 1 StGB). Etwas anderes könnte gelten, wenn damit z. B. eine Erpressung durch den Anrufer festgehalten werden sollte. Selbst wenn aber die Aufnahme (z. B. durch Einverständnis des B) rechtmäßig ist, muss weiter geprüft werden, ob das auch für das Abspielen im Freundeskreis gilt; die Einwilligung des B in die Aufnahme umfasst nicht ohne weiteres dieses Abspielen.

IV. Verantwortlichkeit

Ist der objektive Tatbestand des § 823 I erfüllt und liegt auch **58** Rechtswidrigkeit vor, muss noch ein Verschulden des Täters gegeben sein, wenn dem Geschädigten ein Schadensersatzanspruch nach § 823 I zustehen soll. Verschulden des Täters setzt dessen Verschuldensfähigkeit voraus (§ 40 Rdnr. 7). Als Formen des Verschuldens verlangt § 823 I Vorsatz oder Fahrlässigkeit (§ 40 Rdrn. 8). Beide müssen sich, wie sich aus dem Wortlaut der Bestimmung ergibt, auf die Verletzung eines der von der Vorschrift erfassten Rechtsgüter oder Rechte eines anderen beziehen, nicht dagegen auf den Schaden.

Hat A eine Sache des B in der irrigen Annahme beschädigt, es handele sich um seine eigene, scheidet Vorsatz aus, da der Vorsatz des A sich nicht auf das Tatbestandsmerkmal „eines anderen" bezog. Zu prüfen ist aber, ob § 823 I nicht deshalb erfüllt ist, weil A fahrlässig handelte. – Wusste A, dass es eine fremde Sache war, und nahm er irrig an, er sei zur Beschädigung der Sache berechtigt, fehlt es ebenfalls am Vorsatz, zu dem auch das Bewusstsein der Rechtswidrigkeit gehört (AS § 20 Rdnr. 11). Auch hier kommt möglicherweise Fahrlässigkeit in Betracht. – Wenn schon Fahrlässigkeit bejaht werden kann, brauchen keine Überlegungen zum Vorsatz angestellt zu werden, da nach § 823 I die Rechtsfolgen bei beiden Schuldformen gleich sind.

V. Schaden

59 Durch die rechtswidrig und schuldhaft verursachte Rechtsgutverletzung muss ein Schaden entstanden sein. Zur Ersatzfähigkeit des
Vermögensschadens und u. U. auch des immateriellen Schadens siehe
schon § 40 Rdnr. 12. Dazu gehört der Verletzungsschaden
(Primärschaden), aber auch der Schaden, der aus dem Verletzungsschaden folgt, also durch ihn verursacht ist. Man spricht insoweit
von einem Folgeschaden.

Beispiele: Wegen der Schusswunde am Bein (Verletzungsschaden) kann der
Verletzte seinen bisherigen Beruf nicht mehr ausüben, wodurch er einen
Verdienstausfall erleidet (Folgeschaden). Infolge der durch die Schussverlet-
zung verursachten Gehbehinderung kommt B zwei Jahre später zu Fall und
bricht sich dabei den Arm (Folgeschaden).

VI. Haftungsausfüllende Kausalität

60 Während es bei der haftungsbegründenden Kausalität (Rdnr. 28 ff.)
um die Ursächlichkeit des menschlichen Verhaltens für die Rechts-
(gut)verletzung geht, betrifft die haftungsausfüllende Kausalität den
Kausalzusammenhang zwischen der Rechts(gut)verletzung und dem
Schaden. Auch für die haftungsausfüllende Kausalität gelten die für
die haftungsbegründende Kausalität dargestellten Zurechnungskriterien (Rdnr. 29 ff.).

VII. Deliktische Arzthaftung

Schrifttum: Siehe § 27 Rdnr. 1.

61 Der ärztliche Eingriff erfüllt in jedem Fall den objektiven *Tatbestand der Körperverletzung,* selbst wenn er nach den Regeln der
ärztlichen Kunst vorgenommen wird (h. M.; BGHZ 29, 179 f.; a. A.
z. B. Laufs, NJW 1974, 2025).

62 Die Handlung des Arztes ist jedoch in der Regel durch *Einwilligung* des Patienten *gerechtfertigt.* Wegen der weittragenden

Folgen einer solchen Einwilligung und der häufigen Unkenntnis des
Patienten über medizinische Zusammenhänge setzt die Wirksamkeit
der Einwilligung eine Aufklärung über die beabsichtigte medizinische Maßnahme voraus (dazu: § 27 Rdnr. 23 f.). Sind Aufklärung
und Einwilligung nicht möglich (z. B. bewusstloses Unfallopfer),
kommt die mutmaßliche Einwilligung als Rechtfertigungsgrund in
Betracht.

Bei Verletzung der Aufklärungspflicht kommt eine Haftung des Arztes aus
§ 823 I selbst dann in Betracht, wenn der Eingriff erfolgreich war (vgl.
Deutsch, NJW 1965, 1985); jedoch wird es regelmäßig an einem materiellen
Schaden fehlen, so dass nur ein Anspruch auf Entschädigung wegen immaterieller Schäden nach § 253 II gegeben sein kann. Ist der Eingriff misslungen,
können Schadensersatzansprüche wegen der rechtswidrigen Körperverletzung
bestehen, weil infolge der unterbliebenen oder mangelhaften Aufklärung die
Einwilligung des Patienten unwirksam war.

Trotz wirksamer Einwilligung kommt eine Haftung des Arztes in   63
Betracht, wenn der Körperschaden auf einem Fehler bei der Diagnose, der Behandlung oder der Nachsorge beruht.

Beispiele: Der Arzt unterlässt eine erforderliche Blinddarmoperation; bei
einer Operation lässt er einen Tupfer in der Bauchhöhle zurück; er ver-
schreibt irrtümlich ein für den Patienten schädliches Medikament.
Den Beweis dafür, dass ein Behandlungsfehler vorliegt, hat der Patient zu
führen (BGH NJW 1969, 553). Dieser befindet sich aber häufig in einem
Beweisnotstand, da die Schadensursache im Gefahrenbereich des Arztes liegt.
Deshalb muss im Einzelfall geprüft werden, ob dem Patienten eine solche
Beweislastverteilung zugemutet werden kann (BGH NJW 1978, 2337; 1984,
1403; BVerfGE 52, 146 ff.; Palandt/Thomas, § 823 Rdnr. 169).

Falls der Patient im Krankenhaus stationär behandelt wird, kann   64
neben die deliktische Haftung des Arztes eine Schadensersatzpflicht
des Krankenhausträgers für vermutetes eigenes Verschulden gem.
§ 831 treten, wenn der Arzt Verrichtungsgehilfe des Trägers ist
(dazu § 42 Rdnr. 3; vgl. BGH NJW 1986, 776).

Das kommt in Betracht, wenn der Krankenhausträger neben der Unterbringung und Verpflegung auch die ärztliche Behandlung schuldet (sog.
totaler Krankenhausaufnahmevertrag; § 27 Rdnr. 6 f.). Dagegen ist der Arzt
kein Verrichtungsgehilfe, sofern er selbst dem Patienten die Behandlung
schuldet, während der Krankenhausträger die übrigen Leistungen zu erbringen hat (sog. gespaltener Krankenhausaufnahmevertrag; § 27 Rdnr. 9).

B) Verletzung eines Schutzgesetzes (§ 823 II)

65   Schadensersatzpflichtig ist nach § 823 II derjenige, der rechtswidrig und schuldhaft „gegen ein den Schutz eines anderen bezweckendes Gesetz verstößt" und dadurch dem anderen einen Schaden
zufügt. Mit dieser Bestimmung sollen vor allem die Fälle erfasst
werden, in denen der Täter gerade kein Rechtsgut oder Recht i. S. d.
§ 823 I verletzt, sondern das Vermögen eines anderen, allerdings
durch Verstoß gegen ein „Schutzgesetz", schädigt.

Der Betrüger beispielsweise erfüllt nicht den Tatbestand des § 823 I; denn
das Vermögen, das er verletzt, ist kein „sonstiges Recht" (Rdnr. 9). Er verstößt aber gegen ein „den Schutz eines anderen bezweckendes Gesetz", nämlich § 263 StGB, und ist deshalb nach § 823 II dem Betrogenen schadensersatzpflichtig.

I. Tatbestand

66   Der Täter muss durch Verstoß gegen ein Schutzgesetz einen Schaden verursacht haben.

1. Schutzgesetz

Schutzgesetz ist jede Rechtsnorm, die dem Schutz der Interessen
anderer dienen soll.

a) Rechtsnorm

Gemeint ist nicht nur ein Gesetz im formellen Sinn, sondern jede
Rechtsnorm (vgl. Art. 2 EGBGB).

In Betracht kommen also außer Bundes- und Landesgesetzen beispielsweise
auch Rechtsverordnungen (z. B. Polizeiverordnungen) und Ortssatzungen
(etwa über die Streupflicht).

b) Zweck: Schutz eines anderen

67   Die Norm muss den Schutz eines anderen bezwecken. Das ist
nach ständiger Rechtsprechung dann der Fall, wenn sie – sei es auch
neben dem Schutz der Allgemeinheit – gerade dazu dienen soll, dem

einzelnen Schutz vor Verletzung seiner Rechte, Rechtsgüter oder rechtlich geschützten Interessen zu gewähren (vgl. BGHZ 12, 146; 116, 13).

Auszuschließen sind danach solche Normen, die *nur* die Allgemeinheit, insbesondere den Staat, schützen sollen (wie etwa die Strafbestimmungen über Hoch- und Landesverrat), selbst wenn sie mittelbar auch dem einzelnen zugute kommen können. Maßgebend ist vielmehr, ob das Gesetz gerade einen Rechtsschutz, wie er wegen der behaupteten Verletzung in Anspruch genommen wird, zu Gunsten von Einzelpersonen oder Personenkreisen gewollt oder doch zumindest mit gewollt hat (vgl. BGHZ 12, 146).

aa) Zu den Schutzgesetzen gehören die meisten Strafvorschrif- 68
ten.

Beispiele: Hausfriedensbruch (§ 123 StGB), unerlaubtes Entfernen vom Unfallort (§ 142 StGB), falsche Verdächtigung (§ 164 StGB), Beleidigungsdelikte (§§ 185 ff. StGB), Körperverletzungen (§§ 223 ff. StGB), Delikte gegen die persönliche Freiheit (§§ 234 ff. StGB), Vermögensdelikte (§§ 242 ff., 263 StGB, also auch der unbefugte Gebrauch von Fahrzeugen, § 248 b StGB;
Fall e).

bb) Schutzgesetze können auch Vorschriften der Verfassung, des 69
bürgerlichen Rechts, des Handels- und Arbeitsrechts, ferner des Prozessrechts sowie des sonstigen öffentlichen Rechts sein.

Beispiele: Koalitionsfreiheit (Art. 9 III GG), Pressefreiheit (Art. 5 GG), Verbot von Beeinträchtigungen des Grundeigentums (§§ 906 ff.), Pflichten des Arbeitgebers gegenüber dem Arbeitnehmer nach der Gewerbeordnung, Verbot der Überpfändung in der Zwangsvollstreckung (§ 803 I 2 ZPO), Verbot der Benutzung eines nicht zugelassenen Kraftfahrzeuges (§§ 1, 22 StVG), Anzeigepflicht nach dem Viehseuchengesetz. – Keine Schutzgesetze zugunsten der einzelnen Abnehmer sind jedoch die Bestimmungen der Bauordnungen, welche Versorgungsleitungen (Stromkabel, Wasserleitung) betreffen (vgl. BGHZ 66, 388).

2. Verstoß gegen ein Schutzgesetz

Der Täter muss gegen ein Schutzgesetz verstoßen haben. Handelt 70
es sich dabei um ein Strafgesetz, ist nach den Regeln des Strafrechts zu prüfen, ob der Täter den objektiven Tatbestand der Strafnorm erfüllt hat und ob Rechtswidrigkeit sowie Schuld gegeben sind (siehe z. B. BGH NJW 2002, 1643).

Beispiele: Sachbeschädigung ist nur bei Vorsatz strafbar (§ 303 StGB), so dass bei bloß fahrlässiger Sachbeschädigung § 303 StGB nicht erfüllt ist; ein Schadensersatzanspruch nach § 823 II i. V. m. § 303 StGB scheidet somit bei Fahrlässigkeit aus. Hat der Täter einen fremden Mantel in der Annahme, es sei sein eigener, weggenommen, ist § 242 StGB nicht gegeben, da sich der Vorsatz des Täters nicht auf das Tatbestandsmerkmal „fremd" erstreckte. In beiden Fällen kann § 823 I (fahrlässige Eigentumsverletzung) in Betracht kommen. – Im **Fall e** hat A gegen die Bestimmung des § 248 b StGB verstoßen. Daran ändert auch die Tatsache nichts, dass kein Strafantrag (vgl. § 248 b III StGB) gestellt wurde und wegen Fehlens dieser Prozessvoraussetzung keine Bestrafung erfolgen darf. Denn für § 823 II ist allein entscheidend, dass A die strafbare Handlung des § 248 b StGB begangen hat.

Handelt es sich bei dem Schutzgesetz um eine Norm, die bloß auf einen objektiven Verstoß abstellt, so ist an dieser Stelle auch nur zu prüfen, ob ein solcher Verstoß vorliegt. Damit ist dann bereits der Verstoß gegen ein Schutzgesetz festgestellt (beachte aber Rdnr. 74).

3. Schadenszurechnung

a) Adäquat verursachter Schaden

71   Durch den Verstoß gegen das Schutzgesetz muss ein *Schaden adäquat verursacht* worden sein.

b) Persönlicher und sachlicher Schutzbereich des Schutzgesetzes

72   Der Schutz des § 823 II geht nicht weiter, als das Schutzgesetz schützen soll. Es ist also der *Schutzzweck* dieser Norm zu ermitteln (vgl. Palandt/Thomas, § 823 Rdnr. 141). Deren Schutzbereich muss die Person des Geschädigten und den erlittenen Schaden umfassen (vgl. Rdnr. 31).

aa) Bei dem *persönlichen Schutzbereich* geht es darum, welche Person oder Personengruppe durch das Schutzgesetz geschützt werden soll.

Beispiele: § 248 b StGB will den Gebrauchsberechtigten vor dem unbefugten Gebrauch des Fahrzeuges schützen, nicht aber den Verkehrsteilnehmer (BGHZ 22, 293). Das ergibt sich aus dem Wortlaut und der Stellung dieser Norm im Gesetz. Deshalb kann im **Fall e** nur B, nicht aber auch C aus § 823 II i. V. m. § 248 b StGB Schadensersatz verlangen.

73   bb) Durch den *sachlichen Schutzbereich* wird bestimmt, vor welchen Gefahren die Norm schützen soll.

Beispiel: § 323 StGB bezweckt die Abwendung von Gefahren für Leben oder Gesundheit, die infolge einer Verletzung von Regeln der Baukunst entstehen. Wer also durch eine solche Verletzung lediglich einen Sach- oder Vermögensschaden erlitten hat, kann seinen Ersatzanspruch nicht mit Erfolg auf § 823 II i. V. m. § 323 StGB stützen (vgl. BGHZ 39, 366).

II. Rechtswidrigkeit und Verantwortlichkeit

Vielfach sind Rechtswidrigkeit und Verantwortlichkeit schon im 74 Rahmen des Tatbestands zu prüfen. Handelt es sich bei dem Schutzgesetz beispielsweise um ein Strafgesetz, so hat der Täter nur dann gegen dieses Schutzgesetz verstoßen, wenn er den Straftatbestand erfüllt hat; dazu aber gehören außer der Tatbestandsmäßigkeit auch Rechtswidrigkeit und Schuld.

Im übrigen gilt für die Rechtswidrigkeit, dass sie in der Regel mit dem objektiven Verstoß gegen die Schutznorm vorliegt.

Setzt das Schutzgesetz kein Verschulden voraus, so kommt die Verschuldenshaftung nach § 823 II nur dann in Betracht, wenn den Täter ein Verschulden, also mindestens Fahrlässigkeit, trifft (§ 823 II 2). Das Verschulden braucht sich aber nur auf den Verstoß gegen das Schutzgesetz zu beziehen, nicht jedoch auf den dadurch verursachten Schaden.

C) Sittenwidrige Schädigung (§ 826)

Nach § 826 ist schadensersatzpflichtig, wer in einer gegen die gu- 75 ten Sitten verstoßenden Weise einem anderen vorsätzlich Schaden zufügt. Auch diese Bestimmung setzt Tatbestandsmäßigkeit, Rechtswidrigkeit und Verantwortlichkeit voraus. Zum Tatbestand gehört die Verursachung eines Schadens durch eine sittenwidrige Handlung. Daneben hat die Rechtswidrigkeit keine besondere Bedeutung. Ist nämlich ein Rechtfertigungsgrund gegeben, dürfte es regelmäßig schon an der Sittenwidrigkeit, also am Tatbestand, fehlen. Bei der Verantwortlichkeit verlangt § 826 außer der Verschuldensfähigkeit (§ 40 Rdnr. 7) Vorsatz des Täters. Demnach sind bei § 826 drei Voraussetzungen zu prüfen: Schadenszufügung (I.) durch eine sittenwidrige Handlung (II.) und Vorsatz (III.) des Täters.

I. Schaden

76   Der Anspruchsberechtigte muss einen Schaden erlitten haben. Es braucht hier nicht – wie nach § 823 I – ein Rechtsgut oder ein Recht und auch nicht – wie nach § 823 II – ein Schutzgesetz verletzt zu sein. Unter § 826 fällt vielmehr jeder Schaden, auch ein bloßer Vermögensschaden (**Fall f**). Insoweit ist also der Tatbestand des § 826 weiter als die Tatbestände des § 823.

II. Sittenwidrige Handlung

1. Begriff

77   Der Schaden muss durch eine sittenwidrige Handlung des Täters verursacht worden sein. Sittenwidrig ist eine Handlung, wenn sie gegen das „Anstandsgefühl aller billig und gerecht Denkenden" verstößt (Mot. II, 727). Damit soll zum Ausdruck gebracht werden, dass es nicht auf die moralisch besonders hochstehende Auffassung bestimmter Kreise ankommt, andererseits aber laxe Anschauungen ebenfalls nicht zum Maßstab genommen werden dürfen. Der zur Entscheidung angerufene Richter darf bei der Beurteilung auch nicht einfach von seinem eigenen Anstandsgefühl ausgehen. Er hat vielmehr auf die Anschauungen des „anständigen Durchschnittsmenschen" abzustellen. Bei der Bewertung einer konkreten Handlung, die nur für einen begrenzten Personenkreis bedeutsam ist (z.B. Wettbewerbshandlung), muss die Auffassung dieses Kreises (z.B. der Gewerbetreibenden) berücksichtigt werden. Hier bildet das Anstandsgefühl des betreffenden Personenkreises den Maßstab, sofern nicht die Allgemeinheit einen strengeren Maßstab anlegt. Diese Einschränkung ist deshalb geboten, weil sonst etwa die in einer Branche eingerissenen Unsitten entscheidend wären.

78   Nicht jede als unbillig erscheinende Handlung ist auch schon sittenwidrig. Die Bejahung der Sittenwidrigkeit enthält vielmehr einen moralischen Vorwurf. Bei der Beurteilung der Handlung sind alle Umstände des Einzelfalles zu einer Gesamtwürdigung heranzuziehen

(vgl. BGHZ 70, 277). Das Verwerfliche kann in dem *Zweck* der Handlung (z. B. Existenzvernichtung) sowie in dem angewandten *Mittel* (z. B. Täuschung) liegen. Aber auch aus der *Verknüpfung* eines an sich erlaubten Mittels mit einem nicht zu beanstandenden Zweck kann sich die Sittenwidrigkeit ergeben.

2. Fallgruppen

Die Rechtsprechung zur Generalklausel des § 826 ist kaum über-   79
schaubar. Es haben sich Fallgruppen herausgebildet, von denen einige erwähnt werden sollen.

a) Arglistiges Verhalten zwecks Abschlusses eines Vertrages

Bei arglistiger Täuschung ergibt sich eine Schadensersatzpflicht aus § 826, meist auch aus § 823 II, wenn nämlich ein Betrug (§ 263 StGB) vorliegt. Daneben kann der Vertrag nach § 123 angefochten werden.

b) Verleiten zum Vertragsbruch

Bewegt jemand den Eigentümer einer bereits an einen anderen verkauften   80
Sache, diese ihm zu überlassen, so reicht das allein für die Bejahung der Sittenwidrigkeit nicht aus (str.), da die Erfüllung eines abgeschlossenen Kaufvertrages nur Sache des Verkäufers, nicht aber des Dritten ist. Dessen Verhalten ist jedoch anstößig, wenn besondere Umstände (verwerfliche Mittel, verwerflicher Zweck) hinzukommen (Erman/Schiemann, § 826 Rdnr. 28; BGH FamRZ 1992, 1401, 1402).

c) Erteilen wissentlich falscher Auskünfte

Eine bewusst unrichtige Auskunft über die Kreditwürdigkeit veranlasst   81
eine Bank, einen Kredit zu geben. – Das falsche Gutachten über ein Gemälde (**Fall f**) beeinflusst den Inhalt eines Kaufvertrages über das Bild. – Ein unwahres Zeugnis über die Leistungen des Arbeitnehmers führt zur Einstellung bei einem anderen Arbeitgeber; diesem haftet der frühere Arbeitgeber jedoch u. U. auch nach vertragsähnlichen Grundsätzen (BGHZ 74, 281).

d) Ausnutzen einer formalen Rechtsstellung zur Schädigung

Dass die Ausübung eines Rechts nicht schrankenlos zulässig ist, folgt schon   82
aus § 226; eine Handlung, die nur den Zweck hat, einen anderen zu schädigen, ist sittenwidrig. Wer etwa eine ihm eingeräumte Vertretungsmacht zur Schädigung des Vertretenen missbraucht, handelt sittenwidrig.

Hat der Kläger in einem Zivilprozess gegen den Beklagten ein rechtskräftiges, aber unrichtiges Urteil erstritten und betreibt er daraus in Kenntnis der

Unrichtigkeit die Zwangsvollstreckung, erfüllt er den Tatbestand des § 826. Zwar hat die ZPO die Beseitigung falscher rechtskräftiger Urteile in den Bestimmungen über die Wiederaufnahme des Verfahrens geregelt. Danach ist die Durchbrechung der Rechtskraft im Interesse der Rechtssicherheit an enge Voraussetzungen geknüpft (vgl. §§ 580 ff. ZPO). Daneben ist in solchen Fällen aber die Anwendung des § 826 (ebenfalls unter engen Voraussetzungen) weitgehend (vor allem von der Rechtsprechung) anerkannt (vgl. BGHZ 13, 71; 26, 391; Brox/Walker, ZVR Rdnr. 1328; Walker, Festgabe 50 Jahre BGH, 2000, Bd. III, 368). Er kann auf Herausgabe des Urteils, Unterlassen der Zwangsvollstreckung oder Ersatz des durch die Vollstreckung erlittenen Schadens gehen.

e) Ausnutzen einer wirtschaftlichen Machtstellung

83 Infolge Fehlens von Konkurrenten beliefert ein Unternehmer die Kunden nur zu außerordentlich ungünstigen Bedingungen. – Die Ablehnung eines Vertragsangebots auf Versorgung mit lebenswichtigen Gütern (Wasser, Elektrizität) durch den Unternehmer kann nach § 826 zum Schadensersatz verpflichten und zum Abschlusszwang führen (AS § 4 Rdnr. 8, 10). – Ein Boykottaufruf, durch den unter Ausnutzung einer wirtschaftlichen Machtstellung eine Meinungsäußerung unterdrückt werden soll, kann sittenwidrig sein (BVerfGE 25, 256).

III. Vorsatz

84 § 826 setzt voraus, dass der Täter den Schaden vorsätzlich zufügt. Demnach reicht selbst grobe Fahrlässigkeit nicht aus. Der Vorsatz muss sich – im Gegensatz zu § 823 – auf den Schaden erstrecken, wobei es allerdings nicht erforderlich ist, dass der Täter die genaue Höhe des Schadens vorhergesehen hat. Es genügt auch bedingter Vorsatz (AS § 20 Rdnr. 9), dieser ist zu bejahen, wenn der Täter sich den Schaden als möglich vorgestellt und ihn billigend in Kauf genommen hat (**Fall f**).

Zum Vorsatz gehört auch die Kenntnis der Tatumstände, welche die Sittenwidrigkeit ausmachen. Reichen also die dem Täter bekannten Umstände für die Sittenwidrigkeit nicht aus, liegen die Voraussetzungen des § 826 nicht vor. Anderseits ist das Bewusstsein der Sittenwidrigkeit nicht zu fordern; denn dann wäre der Schädiger mit einer laxen Moralauffassung nicht nach § 826 schadensersatzpflichtig.

§ 42. Sondertatbestände der Verschuldenshaftung

Fälle:

a) Der Patient P wird in der Privatklinik des Augenarztes A behandelt, wo 1
das linke Auge operativ entfernt werden soll. Der mit der Operation beauftragte Assistenzarzt B entfernt versehentlich das rechte Auge. P verlangt von
A Schadensersatz, insbesondere Schmerzensgeld.

b) Das vierjährige Kind K, das von seiner Mutter M während eines Einkaufs bei der Oma O abgegeben worden ist, spielt mit einem Ball auf dem
Bürgersteig vor dem Haus der O. Als der Ball auf die stark befahrene Fahr-
bahn fliegt, rennt K ihm nach und bringt dabei den ordnungsgemäß fahrenden Radfahrer R zu Fall. R nimmt K, M und O auf Schadensersatz in Anspruch.

c) Infolge Motorenlärms scheut das Reitpferd, das der Reiter R für zwei
Stunden aus dem Reitstall des H gemietet hat. Das Pferd verletzt den Fußgänger F, der von H und R Schadensersatz verlangt.

d) Gerichtsvollzieher B pfändet aufgrund eines Urteils, wonach der Schuldner S an den Gläubiger G 3000 Euro zu zahlen hat, bei S nur ein Klavier, das
bei der Versteigerung 600 Euro erbringt. Wegen des erlittenen Schadens
nimmt G den Gerichtsvollzieher sowie den Justizfiskus in Anspruch.

e) A erzählt im Bekanntenkreis, B sei unverschuldet zahlungsunfähig geworden. Das stimmt nicht; doch A selbst glaubt es, weil ein anderer ihm das
mitgeteilt hat. Die Bank entzieht dem B wegen des Gerüchtes den Kredit, den
B zur Durchführung eines Geschäfts benötigt. Da das Geschäft unterbleibt,
verlangt B von A Schadensersatz.

Neben den Grundtatbeständen enthält das Gesetz eine Reihe von
Sondertatbeständen der Verschuldenshaftung, nämlich die Haftung
für vermutetes eigenes Verschulden (§§ 831 ff.; Rdnr. 3 ff.; § 18 I
StVG), für Amtspflichtverletzung (§ 839; Rdnr. 30 ff.) sowie für
Kredit- und Erwerbsschädigung (§ 824; Rdnr. 54 ff.) und Verletzung
der Geschlechtsehre (§ 825; Rdnr. 59).

A) Haftung für vermutetes eigenes Verschulden

Schrifttum: Baums, Haftung für Verrichtungsgehilfen nach deutschem und 2
schweizerischem Recht, Festschrift f. Lukes, 1989, 623; Brüggemeier, Orga-
nisationshaftung – Deliktsrechtliche Aspekte innerorganisatorischer Funk-
tionsdifferenzierung, AcP 191, 33; Kupisch, Die Haftung für Verrichtungsgehilfen (§ 831 BGB), JuS 1984, 250; Leßmann, Haftung für schädigendes
Drittverhalten, JA 1980, 193; ders., Besondere Deliktstatbestände, JA 1988,
585; Medicus, Zur deliktischen Eigenhaftung von Organpersonen, Festschrift

f. W. Lorenz, 1991, 155; Schreiber, Die Haftung für Hilfspersonen, Jura 1987, 647.

Ebenso wie die §§ 823 bis 826 setzen die §§ 831 bis 838 eine tatbestandsmäßige, rechtswidrige und schuldhafte Handlung voraus. Die §§ 831 bis 838 haben jedoch eine Besonderheit gemeinsam: Der Geschädigte braucht das Verschulden des Inanspruchgenommenen nicht zu behaupten und zu beweisen; vielmehr muss dieser nachweisen, dass ihn kein Verschulden trifft. Wenn also eine tatbestandsmäßige, rechtswidrige Handlung vorliegt, wird vom Gesetz ein Verschulden des Inanspruchgenommenen vermutet; dieser ist nur dann nicht schadensersatzpflichtig, wenn er sich entlasten (exculpieren) kann. Demnach halten auch die §§ 831 ff. am Verschuldensgrundsatz fest; sie sind (mit Ausnahme des § 833 S. 1) nicht Fälle einer bloßen Gefährdungshaftung.

I. Haftung für Verrichtungsgehilfen

3   Nach § 831 haftet derjenige, der einen anderen zu einer Verrichtung bestellt hat, für den Schaden, den der Verrichtungsgehilfe in Ausführung der Verrichtung einem Dritten widerrechtlich zufügt.

1. Voraussetzungen

a) Verrichtungsgehilfe

Der Täter muss Verrichtungsgehilfe des Geschäftsherrn sein. Verrichtungsgehilfe ist derjenige, dem vom Geschäftsherrn in dessen Interesse eine Tätigkeit übertragen worden ist und der von den Weisungen des Geschäftsherrn abhängig ist.

Die Tätigkeit kann sein: tatsächlicher (Decken eines Daches) oder rechtlicher (Abschluss eines Vertrages) Natur, entgeltlich oder unentgeltlich, auf Dauer (als Arbeitnehmer) oder vorübergehend (einmalige Besorgung), niederer (Umgraben eines Gartens) oder höherer (Operation; Fall a) Art.
Da die Haftung des Geschäftsherrn u. a. darauf beruht, dass er den Gehilfen nicht sorgfältig überwacht hat, muss dieser bis zu einem gewissen Grad den Weisungen des Geschäftsherrn unterworfen sein. Das ist vor allem beim Arbeitsverhältnis gegeben (Fall a). An der erforderlichen Abhängigkeit fehlt es demgegenüber regelmäßig bei Werkverträgen mit selbständigen Handwerkern und Unternehmern (vgl. auch BGHZ 45, 311).

b) Objektiv tatbestandsmäßige und rechtswidrige unerlaubte Handlung

Der Verrichtungsgehilfe muss den objektiven Tatbestand eines der   4
§§ 823 ff. rechtswidrig erfüllt haben. Ein Verschulden der Hilfsperson ist nicht erforderlich; denn § 831 begründet eine Haftung des Geschäftsherrn für *eigenes* Verschulden.

Im **Fall a** hat B den Körper des P rechtswidrig verletzt und dadurch den Schaden des P verursacht. Die Frage, ob B auch schuldhaft gehandelt hat, spielt im Rahmen des § 831 keine Rolle; sie ist selbstverständlich dann zu beantworten, wenn ein Schadensersatzanspruch gegen B nach § 823 geprüft wird.

c) In Ausführung der Verrichtung

In Ausführung der Verrichtung muss der Schaden verursacht sein.   5
Zwischen der aufgetragenen Verrichtung und der Schadenszufügung muss ein innerer Zusammenhang bestehen (BGHZ 11, 151; BGH NJW 1971, 31; NJW-RR 1989, 723).

Dabei ist nicht erforderlich, dass gerade die Handlung, die den Schaden verursacht hat, dem Gehilfen aufgetragen war; es genügt, dass die schädigende Handlung in den Kreis der Maßnahmen fällt, welche die Ausführung der Verrichtung darstellen (BGH MDR 1955, 282). So handelt auch im **Fall a** der Assistenzarzt in Ausführung der Verrichtung, wenn er anstelle des kranken linken Auges irrtümlich das gesunde rechte entfernt. – Auszuscheiden haben jedoch solche Schäden, die nicht in Ausführung, sondern nur *bei Gelegenheit der Ausführung* zugefügt werden (z. B. B bestiehlt den P bei der Behandlung).

2. Ausschluss der Haftung

a) Exculpationsbeweis

Die Ersatzpflicht tritt nicht ein, wenn den Geschäftsherrn kein   6
Verschulden trifft. Nach § 831 I 2 liegt kein Verschulden vor, wenn der Geschäftsherr bei der Auswahl des Verrichtungsgehilfen, bei der Beschaffung von Vorrichtungen und Gerätschaften und bei der Leitung der Ausführung der Verrichtung die im Verkehr erforderliche Sorgfalt beobachtet hat. Je größer die mit der Verrichtung verbundenen Gefahren sind, desto größere Anforderungen sind an die Sorgfaltpflichten des Geschäftsherrn zu stellen. Andererseits ist es dem Geschäftsherrn bei größeren Betrieben oft nicht möglich oder jeden-

falls nicht zumutbar, sein Personal selbst auszuwählen und zu überwachen. Hier muss es genügen, wenn der Geschäftsherr seinen Betrieb sorgfältig organisiert und die zur Auswahl und Überwachung
bestellten „Zwischenpersonen" (z. B. Abteilungsleiter, Meister) sorgfältig auswählt und überwacht (sog. dezentralisierter Entlastungsbeweis); diese Zwischenpersonen können aber nach § 831 selbst ersatzpflichtig sein (§ 831 II).

Im **Fall a** genügt es zur Entlastung des A nicht, dass B sein Staatsexamen
mit „sehr gut" bestanden hat; er muss auch die Facharztqualifikation haben.
A hat den B zu belehren, dass er vor der Operation das zu entfernende Auge
zu kennzeichnen hat, um Verwechslungen auszuschließen. A hat ferner durch
geeignete Maßnahmen zu überwachen, ob derartige Sicherungsvorkehrungen
eingehalten werden. Er hat den B von Operationen auszuschließen, wenn er
feststellt, dass B in letzter Zeit häufiger angetrunken zum Dienst erschienen
ist. Trifft A infolge Fahrlässigkeit eine solche Feststellung nicht, ist die Entlastung misslungen.

7   Die Tatsachen, die gegen ein Verschulden des Geschäftsherrn
sprechen, hat dieser zu behaupten und bei Bestreiten des Geschädigten auch zu beweisen. Deshalb spricht man vom *Exculpationsbeweis*
oder *Entlastungsbeweis* des Geschäftsherrn; dieser hat die Verschuldensvermutung des § 831 I 1 zu widerlegen. Da vor allem bei Großbetrieben der Entlastungsbeweis häufig gelingt, wird die Regelung
des § 831 I 2 vielfach als verfehlt angesehen. Deshalb versucht man,
die Entlastungsmöglichkeit zu erschweren oder gar auszuschalten.
Das geschieht einmal dadurch, dass bei den Auswahl- und Überwa-
chungpflichten höhere Anforderungen gestellt werden.

8   Außerdem werden die im Rahmen des § 823 zu prüfenden Verkehrspflichten des Geschäftsherrn (§ 41 Rdnr. 32 ff.) verschärft.

Ohne Entlastungsmöglichkeit haftet der Geschäftsherr direkt aus § 823 I,
wenn die sorgfältige Auswahl und Überwachung des Verrichtungsgehilfen
infolge mangelhafter Organisation unterblieben ist (sog. Organisationsverschulden; § 41 Rdnr. 40).

9   Ferner wird über weitgehende vertragliche Schutzpflichten der
Weg zu der Einstandsnorm des § 278 eröffnet. Schließlich versucht man, durch eine weite Auslegung des Begriffs „verfassungs-
mäßiger Vertreter" i. S. d. § 31 diese Vorschrift anzuwenden und
damit die Entlastungsmöglichkeit nach § 831 auszuschließen (vgl.
Rdnr. 12).

b) Widerlegung der Kausalitätsvermutung

Eine Ersatzpflicht tritt ferner dann nicht ein, wenn der Schaden 10
auch bei Anwendung der erforderlichen Sorgfalt entstanden wäre
(§ 831 I 2 a. E.).

Das Gesetz geht davon aus, dass die Sorgfaltspflichtverletzung den
Schaden verursacht hat. Diese Ursächlichkeitsvermutung hat der Geschäftsherr zu widerlegen, um nicht schadenersatzpflichtig zu sein.
Das kann etwa durch den Nachweis geschehen, dass auch ein sorgfältig ausgewählter und überwachter Gehilfe den Schaden angerichtet hätte.

3. Konkurrenzen

§ 831 kann mit anderen Vorschriften konkurrieren: 11

a) Verhältnis zu § 278

§ 278 setzt ein *bestehendes Schuldverhältnis* voraus und begründet eine Haftung für *fremdes* Verschulden (Gegenüberstellung der
Unterschiede zwischen § 278 und § 831: AS § 20 Rdnr. 39 ff.). Der
Anspruch aus einem bestehenden Schuldverhältnis i. V. m. § 278 und
der Anspruch aus § 831 können nebeneinander bestehen.

Im **Fall a** ist A dem P nach §§ 831, 823 schadensersatzpflichtig, wenn ihm
der Entlastungsbeweis nicht gelingt. Außerdem hat er wegen Vertragsverletzung für das Verschulden des B einzustehen. Schmerzensgeld erhält P von
A über §§ 831, 847 (bis 31. 7. 2002) bzw. über §§ 831, 253 II (ab 1. 8.
2002).

b) Verhältnis zu §§ 31, 89

§§ 31, 89 führen zu einem Schadensersatzanspruch *gegen eine* 12
juristische Person des privaten oder öffentlichen Rechts. Voraussetzung ist, dass der Vorstand, ein Vorstandsmitglied oder ein anderer
verfassungsmäßig berufener Vertreter in Ausführung der ihm zustehenden Verrichtungen eine zum Schadensersatz verpflichtende
Handlung (z. B. Vertragsverletzung, unerlaubte Handlung) begeht.
Eine Entlastungsmöglichkeit der juristischen Person besteht nicht.
Für die Anwendung des § 831 ist kein Raum.

c) Verhältnis zu § 839, Art. 34 GG

13   Zum Verhältnis von § 831 zu § 839, Art. 34 GG vergleiche Rdnr. 46, 52.

II. Haftung für Aufsichtsbedürftige

14   **Schrifttum:** Berning/Vortmann, Haftungsfragen bei von Kindern verursachten Schäden unter besonderer Berücksichtigung der Brandstiftung, JA 1986, 12; Großfeld/Mund, Die Haftung der Eltern nach § 832 I BGB, FamRZ 1994, 1504; Haberstroh, Haftungsrisiko Kind – Eigenhaftung des Kindes und elterliche Aufsichtspflicht, VersR 2000, 806; Hartmann, „Unmittelbare" und „mittelbare" Aufsichtspflicht in § 832 BGB – pflichtenbeschränkende Übertragung der Verkehrssicherung auf Dritte?, VersR 1998, 22; E. v. Hippel, Zur Haftung Aufsichtspflichtiger für durch Kinder verursachte Schäden, FamRZ 1968, 574; M. J. Schmid, Die Aufsichtspflicht nach § 832 BGB, VersR 1982, 822.

Nach § 832 haftet der kraft Gesetzes oder Vertrages Aufsichtspflichtige für den Schaden, den der Aufsichtsbedürftige einem Dritten widerrechtlich zufügt. Die Bestimmung enthält wie § 831, dem sie nachgebildet ist, eine Haftung für vermutetes Verschulden mit der Möglichkeit der Entlastung.

1. Voraussetzungen

15   – Ein Minderjähriger oder eine wegen ihres geistigen oder körperlichen Zustandes der Beaufsichtigung bedürftige Person muss einem anderen einen Schaden zugefügt haben (§ 832 I 1).

– Der Aufsichtsbedürftige muss den objektiven Tatbestand eines der §§ 823 ff. rechtswidrig erfüllt haben.

Im **Fall b** liegt eine rechtswidrige Körperverletzung des R durch K vor. Dass K mangels Verschuldensfähigkeit (§ 828 I) kein Verschulden trifft, ist bei § 832 unerheblich. – Wegen fehlenden Verschuldens ist K selbst nach § 823 nicht schadensersatzpflichtig; in Betracht kommt höchstens eine Billigkeitshaftung des K nach § 829, sofern von einem Aufsichtspflichtigen Schadensersatz nicht verlangt werden kann (§ 40 Rdnr. 9).

16   – Schuldner des Anspruchs aus § 832 ist der kraft Gesetzes oder Vertrages Aufsichtspflichtige (§ 832 I 1, II).

Bei Minderjährigen kommen als kraft Gesetzes aufsichtspflichtig die Eltern, der Vormund, bei Volljährigen der Betreuer in Betracht. Kraft Vertrages

können zur Aufsicht Stiefeltern, Pflegeeltern, Aufsichtspersonen eines Kinder-
gartens, Internats verpflichtet sein. – Bei beamteten Aufsichtspersonen ist
§ 839 zu beachten, der als Spezialvorschrift die Anwendung des § 832 ausschließt (vgl. BGHZ 13, 25). – Im **Fall b** ist O weder kraft Gesetzes noch
kraft Vertrages aufsichtspflichtig. Zwar kann ein Vertrag auch stillschweigend geschlossen worden sein; jedoch muss ein entsprechender Verpflichtungswille festgestellt werden können. Daran fehlt es bei kurzfristiger, rein
tatsächlicher Übernahme der Aufsicht durch Verwandte (vgl. BGH NJW
1968, 1874).

2. Ausschluss der Haftung

Die Ersatzpflicht tritt nach § 832 I 2 nicht ein, wenn der Auf-   17
sichtspflichtige seiner Aufsichtspflicht genügt hat (= Widerlegung der
Verschuldensvermutung) oder der Schaden auch bei gehöriger Auf-
sichtsführung entstanden sein würde (= Widerlegung der Ursächlichkeitsvermutung). Vergleiche die entsprechende Regelung in § 831 I 2
(Rdnr. 6 ff.).

Ob der Aufsichtspflichtige die erforderliche Sorgfalt angewandt hat, hängt
von den Umständen des Einzelfalles ab (vgl. BGH NJW 1980, 1044; 1984,
2574); dabei sind z. B. zu berücksichtigen das Alter des Kindes, dessen Unar-
ten, die Gefährlichkeit des Spielzeugs. Die Grenze der erforderlichen und
zumutbaren Maßnahmen richtet sich danach, was verständige Eltern nach
vernünftigen Anforderungen in der konkreten Situation tun würden, um
Schädigungen Dritter durch ihr Kind zu verhindern (BGHZ 111, 285; BGH
NJW 1993, 1003). So würde es z. B. im **Fall b** nicht ausreichen, dass die
Mutter das Kind auf die Gefährlichkeit des Straßenverkehrs aufmerksam
gemacht hat, wenn Belehrungen und Ermahnungen bisher wenig gefruchtet
haben. In diesem Fall wäre die Mutter nur dann entlastet, wenn sie ausreichende Vorsorge getroffen hätte, um das Ballspielen auf dem Bürgersteig zu
verhindern.

III. Haftung für Schäden durch Tiere

Schrifttum: Deutsch, Die Haftung des Tierhalters, JuS 1987, 673; Eberl-   18
Borges, Die Tierhalterhaftung des Diebes, des Erben und des Minderjährigen,
VersR 1996, 1070.

Nach § 833 haftet der Tierhalter, nach § 834 der Tierhüter für
Personen- und Sachschäden, die ein Tier verursacht. Wie sich aus
§ 833 S. 2 und § 834 S. 2 ergibt, handelt es sich bei der Haftung des
Tierhüters immer um eine Haftung für vermutetes Verschulden, bei
der des Tierhalters dagegen nur dann, wenn der Schaden von einem

Haustier herrührt, das dem Beruf, der Erwerbstätigkeit oder dem Unterhalt des Tierhalters zu dienen bestimmt ist. Denn nur in den genannten Fällen wird ein Entlastungsbeweis zugelassen. Demgegenüber bestimmt das Gesetz bei Tieren, die keine Haustiere oder nicht einem der genannten Zwecke zu dienen bestimmt sind, eine Gefährdungshaftung des Tierhalters. Neben der Haftung nach §§ 833 f. können auch Ansprüche nach §§ 823, 826 in Betracht kommen.

Nach Ansicht des BGH kommt die Tierhalterhaftung nach § 833 auch dem Reiter zugute, dem das Pferd aus Gefälligkeit überlassen wird (BGH NJW 1992, 2474; 1993, 2611). Jedoch passt die Vorschrift hier nicht, weil sie grundsätzlich nur vor solchen Risiken schützen soll, denen der Betroffene nicht ausweichen kann (Larenz/Canaris, § 84 II 1 e m. N.).

1. Voraussetzungen

a) Schadensverursachung durch ein Tier

19   Sowohl bei der Gefährdungshaftung als auch bei der Haftung für vermutetes Verschulden setzen § 833 S. 1 und § 834 S. 1 voraus, dass durch ein Tier ein Personen- oder Sachschaden verursacht worden ist.

Der Schaden muss auf der spezifischen Tiergefahr beruhen (z. B. Bellen; Anspringen; Beißen; Scheuen; Durchgehen; Entlaufen; Decken, BGHZ 67, 129). Dabei spielt es keine Rolle, ob der Ausbruch der tierischen Natur eine Reaktion auf äußere Reize (z. B. Motorengeräusche, flatternde Wäsche) ist. Von einer spezifischen Tiergefahr kann jedoch keine Rede sein, wenn das Tier nur wie ein mechanisches Werkzeug oder Hindernis wirkt (z. B. als „Wurfgeschoss" oder „Stolperstein"). Das gleiche gilt, wenn das Tier lediglich dem Willen und der Leitung einer Person folgt (z. B. der Reiter lenkt das Pferd in eine Menschenmenge, wobei jemand verletzt wird); in diesen Fällen sind allein die §§ 823, 826 zu prüfen. – Im Fall c ist das Pferd nicht dem Willen des Reiters gefolgt; der Schaden beruht also auf einer spezifischen Tiergefahr.

b) Tierhalter oder Tierhüter

20   Der Inanspruchgenommene muss Tierhalter oder Tierhüter sein.

aa) *Tierhalter* (§ 833 S. 1) ist nach der Verkehrsanschauung derjenige, der das Tier im eigenen Interesse in seinem Hausstand oder Wirtschaftsbetrieb – nicht nur ganz vorübergehend – verwendet (RGZ 62, 79; BGH NJW-RR 1988, 655). Das Eigentum ist für die Haltereigenschaft nicht ausschlaggebend.

Wer für Obdach und Unterhalt des Tieres sorgt, wird regelmäßig als Halter anzusehen sein. Demnach ist im **Fall c** allein H, nicht aber R Halter des Pferdes. – Da das Tierhalterverhältnis unmittelbaren oder mittelbaren Besitz voraussetzt, endet es mit dem Besitzverlust (z. B. durch Diebstahl).

bb) *Tierhüter* (§ 834 S. 1) ist, wer die Aufsicht über das Tier durch Vertrag übernommen hat.   21

Erforderlich ist ein gewisses Maß von Selbstständigkeit bei der Betreuung des Tieres. Wer nur auf Anweisung des Dienstherrn handelt (wie etwa ein Bierkutscher, Pferdeknecht), ist kein Tierhüter. – Im **Fall c** kommt für den Mieter R eine Haftung aus § 834 in Betracht.

2. Ausschluss der Haftung

a) Ausschluss der Tierhalterhaftung

Die Haftung des Tierhalters ist ausgeschlossen, wenn zwei Voraussetzungen vorliegen (§ 833 S. 2):   22

aa) Es muss sich um ein *Haustier* handeln, das dem Beruf, der Erwerbstätigkeit oder dem Unterhalt des Tierhalters zu dienen bestimmt ist (sog. Nutztier im Gegensatz zum sog. Luxustier).

Haustiere sind zahme Tiere, die vom Menschen in seiner Wirtschaft gezogen und gehalten werden (RGZ 79, 246). Gezähmte Tiere (z. B. Reh, Gepard) sind keine Haustiere, selbst wenn sie im Haus gehalten werden. – Das Haustier muss einem der in § 833 S. 2 genannten Zwecke zu dienen bestimmt sein (Beispiele: Jagdhund des Försters; Schlacht- und Zuchtvieh des Bauern). Wird das Tier zu anderen Zwecken gehalten, scheidet eine Haftung für vermutetes Verschulden aus, selbst wenn es sich um ein Haustier handelt (z. B. Luxusreitpferd); hier greift die Gefährdungshaftung nach § 833 S. 1 ein. – Im **Fall c** kommt ein Haftungsausschluss nur dann in Betracht, wenn H den Reitstall zu Erwerbszwecken und nicht ausschließlich aus Liebhaberei betreibt (vgl. BGH NJW 1986, 2501 f.).

bb) Der Tierhalter hat zu behaupten und bei Bestreiten zu beweisen, dass er bei der Aufsicht des Tieres die im Verkehr erforderliche Sorgfalt beobachtet hat (= *Widerlegung der Verschuldensvermutung*) oder der Schaden auch bei Anwendung dieser Sorgfalt entstanden wäre   23
(= *Widerlegung der Ursächlichkeitsvermutung*).

Auch hier kommt es auf die Umstände des Einzelfalls an. War im **Fall c** das Pferd etwa als leicht erregbar bekannt und wurde es nach längerer Ruhepause erstmalig wieder geritten, so mussten besondere Vorsichtsmaßnahmen getroffen werden.

b) Ausschluss der Tierhüterhaftung

24   Die Haftung des Tierhüters ist ausgeschlossen, wenn er die Vermutung seines Verschuldens oder die Ursächlichkeitsvermutung widerlegt (§ 834 S. 2), gleichgültig, ob es sich um ein Haustier handelt oder nicht.

IV. Haftung für Schäden durch Gebäude

25   Nach §§ 836 bis 838 können Personen- und Sachschäden ersetzt verlangt werden, die von Gebäuden herrühren. Es handelt sich um Sonderfälle der Verletzung von Verkehrspflichten (dazu § 41 Rdnr. 32 ff.). Der Schadensersatzanspruch kann hier auch auf § 823 I gestützt werden; nur muss der Geschädigte dann das Verschulden des Schädigers behaupten und beweisen, wogegen nach §§ 836 ff. das Verschulden vermutet wird.

1. Voraussetzungen

26   – Der *Einsturz* eines Gebäudes, eines anderen mit einem Grundstück verbundenen Werkes oder die *Ablösung von Teilen des Gebäudes* oder Werkes muss den Personen- oder Sachschaden verursacht haben (§ 836 I 1).

Beispiele: Einsturz einer Ruine, eines Baugerüstes; Umfallen einer Straßenlaterne, eines Grabsteins; Herabfallen eines Dachziegels; Einbrechen einer Zimmerdecke. – Nicht hierher gehören: herabfallende, noch nicht verbaute Steine, Dachlawinen, da sie nicht mit dem Grundstück verbunden sind (§ 823 ist zu prüfen!).

27   – Der Einsturz oder die Ablösung muss die *Folge fehlerhafter Errichtung oder mangelhafter Unterhaltung sein* (§ 836 I 1).

Es wird also nur für die Mangelhaftigkeit des Werkes gehaftet. – Außergewöhnliche Naturereignisse (z. B. Blitz, Überschwemmung) lösen keine Ersatzpflicht nach §§ 836 ff. aus; möglich ist die Haftung nach § 823 wegen Verletzung der Verkehrspflicht (z. B. bei Nichtanbringen eines Blitzableiters).

28   – Der Personenkreis der Ersatzpflichtigen ergibt sich aus §§ 836 bis 838.

2. Ausschluss der Haftung

Der Schadensersatzanspruch ist ausgeschlossen, wenn der Ver- **29** pflichtete zur Abwendung der Gefahr die im Verkehr erforderliche Sorgfalt beobachtet hat (§ 836 I 2). Das Verschulden des Verpflichteten wird also vermutet; er hat sich zu entlasten, um der Ersatzpflicht zu entgehen (Besonderheit für den früheren Eigenbesitzer in § 836 II, III).

B) Amtspflichtverletzung

Schrifttum: Bosch, Schadensersatz wegen nicht rechtzeitiger Mitwirkung **30** des Standesbeamten bei der Eheschließung?, FamRZ 1990, 578; Coester-Waltjen, Die Anspruchsgrundlagen und Abgrenzungen bei Amtshaftung und Organhaftung, Jura 1995, 368; Foerste, Amtshaftung bei Vereitelung redlichen Erwerbs – BGH, NJW 1986, 1687, JuS 1988, 261; Lörler, Die Subsidiaritätsklausel in der Amtshaftung, JuS 1990, 544; Nüßgens, Zur Rechtsfortbildung bei § 839 Abs. 1 Satz 2 BGB (Verweisungsklausel), Festschrift f. Geiger, 1989, 456; Ossenbühl, Staatshaftungsrecht, 5. Aufl., 1998; Rehbinder, Altlasten: Amtshaftung für fehlerhafte Bauleitplanung – BGH, NJW 1989, 976, JuS 1989, 885; Saenger, Staatshaftung wegen Verletzung europäischen Gemeinschaftsrechts, JuS 1997, 865; Schoch, Amtshaftung, Jura 1988, 585 u. 648; Smid, Zum prozeßrechtlichen Grund des Haftungsausschlusses nach § 839 Abs. 2 S. 1 BGB, Jura 1990, 225; Stangl, Die Subsidiaritätsklausel des § 839 I 2 BGB in der Rechtsprechung des Bundesgerichtshofes, JA 1995, 572; Tremml/Nolte, Amtshaftung wegen behördlicher Warnungen nach dem Produktsicherheitsgesetz, NJW 1997, 2265; Wurm, Drittgerichtetheit und Schutzzweck der Amtspflicht als Voraussetzungen für die Amtshaftung, JA 1992, 1.

I. Bedeutung des § 839 und des Art. 34 GG

Verletzt ein Beamter schuldhaft die ihm einem Dritten gegenüber obliegende Amtspflicht, so hat er dem Dritten den daraus entstehenden Schaden zu ersetzen (§ 839 I 1). Diese Haftung ist weiter als die nach §§ 823 ff., weil eine schuldhafte Amtspflichtverletzung auch dann vorliegen kann, wenn keiner der Tatbestände der §§ 823 ff. erfüllt ist. Andererseits ist die Haftung nach § 839 auch enger: Der Beamte, dem lediglich Fahrlässigkeit zur Last fällt, kann nur in Anspruch genommen werden, sofern der Verletzte nicht auf andere

Weise Ersatz zu erlangen vermag (§ 839 I 2). Die Ersatzpflicht ist
stets ausgeschlossen, wenn der Verletzte es schuldhaft unterlassen
hat, den Schaden durch Gebrauch eines Rechtsmittels abzuwenden
(§ 839 III).

31   § 839 muss im Zusammenhang mit Art. 34 GG gesehen werden.
Nach dessen Satz 1 ist dann, wenn jemand in Ausübung eines ihm
anvertrauten öffentlichen Amtes die ihm einem Dritten gegenüber
obliegende Amtspflicht verletzt, der Staat oder die Körperschaft, in
deren Dienst er steht, schadensersatzpflichtig. Diese Staatshaftung
kommt nur in Betracht, wenn der Beamte im hoheitlichen Bereich
tätig wird. Handelt der Beamte dagegen im rein fiskalischen Bereich,
scheidet Art. 34 GG aus, und es bleibt bei der Haftung nach § 839.
Die Unterscheidung ist deshalb wichtig, weil nach § 839 der Beamte
selbst schadensersatzpflichtig ist (*Eigenhaftung*), während nach
Art. 34 GG nur die Anstellungskörperschaft des Beamten an dessen
Stelle dem Geschädigten Ersatz zu leisten hat (*Staatshaftung*).

II. Haftung bei hoheitlichem Handeln

1. Allgemeine Voraussetzungen

a) Hoheitliches Handeln

32   Nach Art. 34 GG muss „jemand in Ausübung eines ihm anvertrauten öffentlichen Amtes" gehandelt haben. Ein solches Amt übt
aus, wer hoheitlich handelt. Deshalb scheiden für die Haftung nach
Art. 34 GG i. V. m. § 839 solche Tätigkeiten aus, die der Handelnde
in Wahrnehmung rein fiskalischer Interessen der öffentlich-rechtlichen Körperschaft ausübt.
     Zum hoheitlichen Handeln gehört nicht nur die Tätigkeit unter
Einsatz staatlicher Zwangsmittel (z. B. des Gerichtsvollziehers, **Fall d**;
des Polizeibeamten), sondern auch die Amtsausübung im großen
Bereich der Leistungsverwaltung (z. B. des Arztes beim Gesundheits-
amt, des Lehrers an einer öffentlichen Schule). Die Abgrenzung
zwischen hoheitlichem und fiskalischem Handeln kann im Einzelfall
schwierig sein. Nach höchstrichterlicher Rechtsprechung ist das
Verhalten dann als Ausübung eines öffentlichen Amtes i. S. d. Art. 34

GG zu werten, wenn die Zielsetzung der Tätigkeit dem Bereich hoheitlicher Betätigung zuzurechnen ist und zwischen dieser Zielsetzung und der schädigenden Handlung ein innerer Zusammenhang besteht (BGHZ 42, 176; 108, 232; BGH NJW 1992, 1227).

Beispiele: Fährt der Gerichtsvollzieher mit dem Pkw zum Schuldner, um dort zu pfänden, so gehört, da die Zielsetzung (Pfändung) hoheitsrechtlicher Art ist, auch die Teilnahme am Straßenverkehr zur Ausübung des öffentlichen Amtes. Denn der gesamte Tätigkeitsbereich muss als Einheit beurteilt werden; er darf nicht in Einzelakte (teils hoheitsrechtlicher, teils bürgerlichrechtlicher Art) aufgespalten werden (vgl. BGHZ 42, 176; str.). Verletzt also der Gerichtsvollzieher bei einem von ihm verschuldeten Verkehrsunfall einen Dritten, so ist das Land als Anstellungskörperschaft des Gerichtsvollziehers nach Art. 34 GG i. V. m. § 839 schadensersatzpflichtig. Dabei spielt es keine Rolle, ob der Gerichtsvollzieher einen Dienstwagen oder sein eigenes Fahrzeug benutzt (vgl. BGHZ 29, 38). Neben dem Anspruch aus Art. 34 GG i. V. m. § 839 kann ein Anspruch aus §§ 7, 12 StVG bestehen (BGHZ 50, 271).

Für die Haftung nach Art. 34 GG i. V. m. § 839 ist nicht erforderlich, dass der Handelnde Beamter im staatsrechtlichen Sinne ist; er braucht also nicht unter Aushändigung einer Urkunde in das Beamtenverhältnis berufen zu sein. Es genügt, dass er hoheitliche Aufgaben ausübt (sog. *Beamter im haftungsrechtlichen Sinne*). Obwohl ein Angestellter im öffentlichen Dienst kein Beamter im staatsrechtlichen Sinne ist, kann seinetwegen eine Haftung nach Art. 34 GG i. V. m. § 839 in Betracht kommen, wenn er in Wahrnehmung von Hoheitsaufgaben tätig wird.   33

b) In Ausübung eines öffentlichen Amtes

Der Täter muss in Ausübung eines öffentlichen Amtes gehandelt haben. An dieser Voraussetzung fehlt es, wenn er die schädigende Handlung lediglich bei Gelegenheit der Amtsausübung vorgenommen hat (vgl. Jauernig/Teichmann, § 839 Rdnr. 14).   34

Bestiehlt B im **Fall d** den S bei der Durchführung der Pfändung, so mag ein äußerer Zusammenhang zwischen der Amtshandlung und dem Diebstahl bestehen. Es fehlt jedoch ein erforderlicher innerer Zusammenhang, so dass Art. 34 GG insoweit nicht eingreift.

c) Verletzung einer Amtspflicht gegenüber dem Geschädigten

Der Beamte muss eine ihm gegenüber dem Geschädigten obliegende Amtspflicht verletzt haben.   35 aa) Die *Amtspflichten* ergeben sich aus Gesetzen, Dienst- und Verwaltungsvorschriften, dienstlichen Weisungen und Befehlen von Vorgesetzten. Der Beamte hat die Pflicht, die Vorschriften zu beachten, sein Amt sachlich und unparteiisch auszuüben sowie sich gegenüber jedem rücksichtsvoll zu verhalten.

Pflichtverletzungen liegen vor, wenn der Beamte seine Zuständigkeit überschreitet, die Amtsverschwiegenheit nicht beachtet, Strafgesetze verletzt oder sonst eine unerlaubte Handlung (§§ 823 ff.) begeht. – Hat der Beamte die Wahl zwischen mehreren Entscheidungsmöglichkeiten, so ist nicht schon dann eine Amtspflichtverletzung gegeben, wenn er eine zwar unzweckmäßige Entscheidung fällt, diese sich aber noch im Rahmen seines Ermessens hält (zum Ermessen vgl. Maurer, Allg. Verwaltungsrecht, 14. Aufl., 2002, § 7 Rdnr. 7 ff.).

36   bb) Die Amtspflicht muss *gegenüber* dem *geschädigten* Dritten bestehen. Ob das der Fall ist, muss aus dem Zweck entnommen werden, dem die Amtspflicht dienen soll. Besteht sie ausschließlich im öffentlichen Interesse, scheiden § 839 und Art. 34 GG aus. Eine im Interesse der Allgemeinheit liegende Pflicht kann aber gleichzeitig auch den Schutz einzelner, u. U. sogar verschiedener Personen (BGH NJW-RR 2002, 307 f.) bezwecken. Die Amtspflicht besteht gegenüber dem Geschädigten, wenn er zu dem Kreis der zu schützenden Personen gehört (vgl. BGHZ 110, 1, 9; BGH NJW 1991, 2696 m. N.).

Beispiele: Der Polizeibeamte hat die Amtspflicht zur Verhütung strafbarer Handlungen. Diese Pflicht besteht nicht nur im Interesse der Allgemeinheit, sondern auch gegenüber den gefährdeten Einzelnen. Schreitet der Polizeibeamte gegen eine ihm bekannte Räuberbande nicht ein und bricht diese in der nächsten Nacht bei X ein, hat der Beamte den Schaden des X durch Verletzung einer diesem gegenüber obliegenden Amtspflicht verursacht. – Im **Fall d** hatte B gegenüber G die Amtspflicht, für die Forderung des G soviel bei S zu pfänden, dass der Erlös aus der Versteigerung die Forderung des G und die Kosten der Zwangsvollstreckung deckte. Voraussetzung war selbstverständlich, dass S weitere pfändbare Sachen hatte.

d) Rechtswidrigkeit

37   Die Handlung muss rechtswidrig sein. Eine Amtspflichtverletzung ist regelmäßig widerrechtlich, wenn nicht ausnahmsweise ein Rechtfertigungsgrund vorliegt.

e) Verschulden

Der Täter muss schuldhaft (vorsätzlich oder fahrlässig) gehandelt 38
haben. Das Verschulden braucht sich nur auf die Amtspflichtverletzung, nicht aber auf den Schaden zu beziehen.

Liegt eine Amtspflichtverletzung vor, fehlt es aber am Verschulden, scheidet ein Schadensersatzanspruch nach Art. 34 GG i. V. m. § 839 aus. In diesen Fällen billigt die Rechtsprechung dem Geschädigten einen Entschädigungsanspruch aus enteignungsgleichem Eingriff oder aus Aufopferung zu, sofern es sich um eine Beeinträchtigung bestimmter geschützter Rechtspositionen (z. B. Eigentum, Gesundheit) handelt (Näheres: Maurer, Allg. Verwaltungsrecht, 14. Aufl., 2002, §§ 25 ff.).

f) Schaden

Die Amtspflichtverletzung muss einen Schaden verursacht haben. 39
Gemeint ist jeder Vermögensschaden, der eine adäquate Folge der Verletzungshandlung ist und vom Schutzzweck der Amtspflicht erfasst ist (BGH NJW-RR 2002, 307, 308).

Kann G im **Fall d** seine Restforderung von 2400 Euro gegen S nicht mehr realisieren, weil S jetzt kein pfändbares Vermögen mehr hat, so ist dieser Schaden des G durch B verursacht, wenn B bei der Pfändung des Klaviers weitere Sachen hätte pfänden können.

g) Sonderfall: Nicht rechtzeitige Umsetzung einer EG-Richtlinie

Ein Anspruch aus § 839 i. V. m. Art. 34 GG kann sich auch daraus 40
ergeben, dass der Gesetzgeber es unterlassen hat, eine EG-Richtlinie rechtzeitig in nationales Recht umzusetzen.

Beispiel: Nach der EG-Pauschalreise-Richtlinie v. 13. 6. 1990 hat der Reiseveranstalter die Rückzahlung von Anzahlungen und die Rückreise für den Fall seiner Zahlungsunfähigkeit sicherzustellen. Die Umsetzung in nationales Recht sollte spätestens bis zum 31. 12. 1992 geschehen sein, erfolgte aber erst durch Gesetz v. 14. 6. 1994. Inzwischen hatten einige tausend Touristen durch Konkurs ihres Reiseveranstalters Schäden erlitten; für diese haftete die Bundesrepublik Deutschland wegen nicht rechtzeitiger Umsetzung der Richtlinie (EuGH NJW 1996, 3141; vgl. auch Kemper, NJW 1993, 3293; Tonner, ZIP 1993, 1205).

2. Besondere Voraussetzungen

a) Unmöglichkeit anderweitigen Ersatzes

Bei Fahrlässigkeit des Beamten setzt § 839 I 2 als weiteres (ne- 41
gatives) Tatbestandsmerkmal die Unmöglichkeit eines anderweitigen

Ersatzes voraus. Die Haftung der Anstellungskörperschaft ist also bei bloßer Fahrlässigkeit nur subsidiär. Dabei kommt es nicht darauf an, nach welcher Rechtsgrundlage der Geschädigte Ersatz von einem anderen zu erlangen vermag.

Schuldet also im **Fall d** dem G außer dem S noch ein Dritter (D) den genannten Betrag und ist die Forderung gegen D realisierbar, scheidet ein Anspruch gegen das Land wegen Amtspflichtverletzung aus.
Die Unmöglichkeit anderweitigen Ersatzes hat im Streitfall der Geschädigte darzulegen und zu beweisen (dazu BGH NJW 2002, 1266).

42   Die *Subsidiaritätsklausel* des § 839 I 2 wird heute weithin als veraltet angesehen; deshalb besteht die Tendenz, sie einschränkend auszulegen (vgl. BGHZ 123, 102; Medicus, BürgR, Rdnr. 788). Nimmt der Beamte in Ausübung des öffentlichen Amtes am Straßenverkehr teil und verursacht er dabei fahrlässig einen Unfall, so gebührt dem Grundsatz der haftungsrechtlichen Gleichbehandlung aller Verkehrsteilnehmer der Vorrang gegenüber dem Privileg des § 839 I 2. Der mit dieser Klausel verfolgte Zweck, die Entschlussfreude des Beamten zu stärken, tritt ohnehin zurück, wenn der Beamte wie jeder andere Verkehrsteilnehmer den für alle gültigen Verkehrsregeln unterworfen ist und daher insoweit allen anderen Verkehrsteilnehmern gleichsteht (BGHZ 68, 217; 113, 164).

Beispiel: Der zwecks Pfändung zum Schuldner fahrende Gerichtsvollzieher stößt mit dem Pkw des A zusammen, wobei dessen Beifahrer B verletzt wird. Da der Unfall vom Gerichtsvollzieher und dem A fahrlässig zu gleichen Teilen verursacht worden ist, verweist das in Anspruch genommene Land den B auf eine andere Ersatzmöglichkeit, da er den A in Anspruch nehmen könne. Nach der zu billigenden Ansicht des BGH ist jedoch § 839 I 2 hier nicht anwendbar.

43   § 839 I 2 greift hingegen ein, wenn ein Amtsträger Sonderrechte wahrnimmt (z.B. Fahren mit Blaulicht); hier hat dieser nämlich gerade nicht die gleichen Rechte und Pflichten wie andere Verkehrsteilnehmer (BGHZ 85, 225; 113, 164).

b) Urteilsprivileg

44   Hat ein Richter beim Urteil eine Amtspflichtverletzung begangen, ist die Staatshaftung an noch engere Voraussetzungen geknüpft. Nach § 839 II 1 muss die Pflichtverletzung mit einer im Wege des

gerichtlichen Strafverfahrens zu verhängenden öffentlichen Strafe bedroht sein. Als Straftatbestände kommen Rechtsbeugung (§ 336 StGB) und Richterbestechlichkeit (§ 332 II StGB) in Betracht; beide setzen Vorsatz des Richters voraus.

3. Ausschluss der Haftung

Die Schadensersatzpflicht ist nach § 839 III ausgeschlossen, wenn 45 der Verletzte es schuldhaft unterlassen hat, den Schaden durch Gebrauch eines Rechtsmittels abzuwenden. Die Bestimmung ist eine Spezialvorschrift zu § 254 II. Sie lässt eine Abwägungsmöglichkeit, wie sie § 254 vorsieht, nicht zu, sondern führt stets zum völligen Haftungsausschluss. Rechtsmittel sind nicht nur die Rechtsmittel i. S. d. Prozessrechts (Berufung, Revision, Beschwerde), sondern „alle Rechtsbehelfe, die sich gegen die eine Amtspflichtverletzung darstellende Handlung oder Unterlassung richten und sowohl deren Beseitigung oder Berichtigung als auch die Abwendung des Schadens zum Ziel haben und herbeizuführen geeignet sind" (BGHZ 28, 104). Im Einzelfall ist besonders zu prüfen, ob der Verletzte schuldhaft (vorsätzlich oder fahrlässig) den Rechtsbehelf unterlassen hat und ob dieser den Schaden verhindert oder jedenfalls gemindert hätte. Wenn der Rechtsbehelf den Schaden nur teilweise hätte abwenden können, entfällt der Ersatzanspruch aber nur zu einem entsprechenden Teil (BGH NJW 1986, 1924).

Bei Verwaltungsakten kommen Widerspruch und Anfechtungsklage bzw. Verpflichtungsklage in Betracht. – Im Fall d hätte G Erinnerung gegen die Art und Weise der Zwangsvollstreckung einlegen können (§ 766 ZPO). Weil er das unterlassen hat, ist die Haftung ausgeschlossen.

4. Folgen

a) Schadensersatzpflicht des Staates oder der Anstellungskörperschaft

Schadensersatzpflichtig ist nicht der Täter, sondern nur der Staat 46 oder die Körperschaft, in deren Dienst er steht (Art. 34 S. 1 GG). Gemeint ist – von Sonderfällen abgesehen – die Anstellungskörperschaft (BGHZ 99, 330).

Im **Fall d** würde sich der Anspruch nicht gegen B, sondern gegen das Land, in dessen Dienst er steht, richten. Eine Klage wäre vor dem Landgericht zu erheben (Art. 34 S. 3 GG, § 71 II Nr. 2 GVG).

Hat der Schädiger hoheitlich gehandelt, kommt nur eine Haftung nach Art. 34 GG i. V. m. § 839 in Betracht. Diese Spezialregelung schließt die Anwendung insbesondere der §§ 31, 89, 831 aus.

b) Schadensersatz in Geld

47   Der Schadensersatzanspruch geht regelmäßig nur auf Ersatz in Geld, nicht auf Naturalrestitution. Denn der Staat haftet, soweit der Schädiger haften würde. Dieser aber könnte als Privatperson Schadensersatz in natura (z. B. Erlass des Hoheitsaktes) nicht leisten. Zudem könnte andernfalls im Prozess über Schadensersatz wegen Amtspflichtverletzung u. U. die Aufhebung eines rechtswidrigen Verwaltungsaktes oder die Vornahme eines rechtswidrig unterlassenen Verwaltungsaktes begehrt werden; dafür aber gibt es den Rechtsweg vor den Verwaltungsgerichten (vgl. ferner BGHZ 34, 99). Jedoch bestehen keine Bedenken gegen eine Naturalrestitution, wenn der Anspruch auf Lieferung vertretbarer Sachen gerichtet ist (BGHZ 5, 102).

c) Rückgriffsmöglichkeit des Staates

48   Der Staat oder die Körperschaft hat die Möglichkeit des Rückgriffs gegen den Beamten, wenn dieser vorsätzlich oder grobfahrlässig gehandelt hat (Art. 34 S. 2 GG; vgl. § 78 BBG sowie die Beamtengesetze der Länder).

III. Beamtenhaftung bei fiskalischem Handeln

1. Voraussetzungen

49   Die Voraussetzungen für eine Eigenhaftung des Beamten nach § 839 unterscheiden sich nur in zwei Punkten von denen der Haftung der öffentlichen Körperschaft nach Art. 34 GG i. V. m. § 839.

a) Beamter im staatsrechtlichen Sinne

Der Schädiger muss Beamter im staatsrechtlichen Sinne sein. Dazu ist erforderlich, dass ihm eine Urkunde ausgehändigt worden ist,

welche die Worte „unter Berufung in das Beamtenverhältnis" enthält
(vgl. z. B. § 6 II BBG). Die Einschränkung des Beamtenbegriffs ergibt
sich aus einer Gegenüberstellung von § 839 und Art. 34 GG.

Ist der Täter kein Beamter im staatsrechtlichen Sinne, sondern z. B. Angestellter im öffentlichen Dienst, kommen für sein Handeln im fiskalischen
Bereich Ansprüche aus §§ 823 ff. in Betracht.

b) Wahrnehmung fiskalischer Interessen

Der Schädiger muss in Wahrnehmung rein fiskalischer Interessen   50
der öffentlich-rechtlichen Körperschaft tätig geworden sein. Er darf
also keine hoheitlichen Aufgaben wahrgenommen haben (dazu
Rdnr. 32).

2. Folgen

a) Haftung des Beamten

Schadensersatzpflichtig ist der Beamte selbst. Der Anspruch rich-   51
tet sich regelmäßig auf Schadensersatz in Geld.

b) Haftung der Körperschaft

Neben dem Beamten haftet auch die Körperschaft aus § 831 bzw.   52
§§ 31, 89, sofern die pflichtwidrige Handlung des Beamten einen der
Tatbestände der §§ 823 bis 826 erfüllt. Denn beim fiskalischen
Handeln soll die Haftung der öffentlichen Hand nicht schärfer sein
als die einer Privatperson. Bei Verletzung eines bestehenden Schuldverhältnisses haftet die Körperschaft über § 278.

Diese Ansprüche gegen die Körperschaft schließen eine Haftung
des Beamten gegenüber dem Geschädigten aus, wenn der Beamte
lediglich fahrlässig seine Pflichten verletzt hat (§ 839 I 2).

IV. Haftung des gerichtlichen Sachverständigen

Nach § 839 a, der mit Wirkung zum 1. 8. 2002 eingefügt wurde,   53
haftet ein vom Gericht ernannter Sachverständiger für ein von ihm
vorsätzlich oder grob fahrlässig erstattetes unrichtiges Gutachten. Er

ist zum Ersatz des Schadens verpflichtet, der einem Verfahrensbeteiligten durch eine gerichtliche Entscheidung entsteht, die auf diesem unrichtigen Gutachten beruht. Die Schadensersatzpflicht des Sachverständigen ist ebenso wie diejenige wegen Amtspflichtverletzung ausgeschlossen, wenn der Verletzte es schuldhaft unterlassen hat, den Schaden durch Gebrauch eines Rechtsmittels abzuwenden (§§ 839 a II, 839 III; Rdnr. 45).

C) Sonstige Sondertatbestände

54   Schrifttum: E. Helle, Der Schutz der Persönlichkeit, der Ehre und des wirtschaftlichen Rufes im Privatrecht, 2. Aufl., 1969; J. Helle, Besondere Persönlichkeitsrechte im Privatrecht, 1990; Messer, Der Anspruch auf Geldersatz bei Kreditgefährdung, § 824 und Anschwärzung, § 14 UWG, Festschrift f. Steffen, 1995, 347; Neumann-Duesberg, Einschränkung des Geltungsbereichs des § 824 BGB durch die Meinungs- und Informationsfreiheit, NJW 1968, 81.

I. Kredit- und Erwerbsschädigung

§ 824 schützt vor Beeinträchtigungen des Kredits und vor Nachteilen für Erwerb oder Fortkommen. Werden solche Nachteile durch eine strafbare Ehrverletzung verursacht, kann sich eine Schadensersatzpflicht auch aus § 823 II i. V. m. §§ 185 ff. StGB ergeben.

§ 824 verlangt eine kredit- oder erwerbsschädigende Tatsachenäußerung, deren Unrichtigkeit der Handelnde schuldhaft nicht erkannt hat.

1. Objektiver Tatbestand

55   Es muss eine Tatsache behauptet oder verbreitet werden, die unwahr und objektiv geeignet ist, den Kredit eines anderen zu gefährden oder sonstige Nachteile für dessen Erwerb oder Fortkommen herbeizuführen.

Tatsachen i. S. d. § 824 sind objektiv feststellbare Vorgänge und Zustände (z. B. Zahlungsunfähigkeit; Fall e), nicht dagegen Werturteile (z. B. „Schwindelfirma", „billiger Schmarren"). Unwahr ist die Tatsache, wenn sie im Zeitpunkt der Äußerung mit der Wirklichkeit nicht übereinstimmt. Außerdem muss die Tatsache geeignet sein, wirtschaftliche Nachteile herbeizuführen; sie braucht jedoch nicht ehrenrührig zu sein (**Fall e:** unverschuldete Zahlungsunfähigkeit).

Um den Täter nicht einer Vielzahl von Schadensersatzansprüchen auszusetzen, verlangt der BGH, dass sich die Tatsachenbehauptung gerade mit dem Geschädigten befasst oder doch in enger Beziehung zu seinen Verhältnissen, seiner Betätigung oder seinen gewerblichen Leistungen steht (vgl. BGH NJW 1963, 1871; DB 1989, 921).

Wenn z. B. jemand behauptet, elektronische Orgeln seien für kirchliche Zwecke nicht geeignet, kann er von Herstellern und Händlern solcher Orgeln nicht nach § 824 in Anspruch genommen werden.

2. Rechtswidrigkeit

Wie bei allen Tatbeständen der unerlaubten Handlung ist auch 56 § 824 nur erfüllt, wenn die Handlung rechtswidrig ist. Daran fehlt es bei Wahrnehmung berechtigter Interessen (vgl. § 193 StGB; str.; vgl. MünchKomm/Mertens, § 824 Rdnr. 44 ff.). Der Täter handelt in Wahrnehmung berechtigter Interessen, wenn sein Interesse an der Äußerung gegenüber dem des Verletzten am Unterlassen der Äußerung überwiegt. Bei der Abwägung ist vor allem das Grundrecht der freien Meinungsäußerung (Art. 5 GG) zu berücksichtigen (BVerfGE 7, 198 – Lüth –).

Nach § 824 II, der über § 193 StGB hinausgeht, scheidet die Schadensersatzpflicht auch aus, wenn die Unwahrheit der Tatsache dem Täter unbekannt ist und dieser oder der Empfänger an der Mitteilung ein berechtigtes Interesse hat. Selbst (grobe) Fahrlässigkeit des Täters steht der Anwendung dieser Vorschrift nicht entgegen.

3. Verschulden

Subjektiv reicht *fahrlässige Unkenntnis* des Täters von der Un- 57 wahrheit der behaupteten Tatsache aus.

Im **Fall e** durfte A nicht auf die Mitteilung eines anderen vertrauen. Er hätte vielmehr Erkundigungen einziehen müssen, bevor er über eine Zahlungsunfähigkeit des B im Bekanntenkreis redete.

4. Schaden

Die Behauptung oder Verbreitung der Tatsache muss einen Scha- 58 den des anderen verursacht haben. Schadensersatz in natura führt zum Widerruf der Äußerung. Bei einem Vermögensschaden kommt Ersatz in Geld in Betracht.

Im **Fall e** kann B von A Widerruf der Äußerung und Ersatz des entgangenen Gewinns verlangen.

II. Verletzung der Geschlechtsehre

59   Nach § 825 (in der vom Deutschen Bundestag am 18. 4. 2002 beschlossenen und am 1. 8. 2002 in Kraft tretenden Fassung) begründet die Bestimmung zur Vornahme oder Duldung sexueller Handlungen durch unlautere Mittel (Hinterlist, Drohung, Missbrauch eines Abhängigkeitsverhältnisses) eine Schadensersatzpflicht. Für den immateriellen Schaden kann eine Geldentschädigung nach dem ebenfalls am 1. 8. 2002 in Kraft tretenden § 253 II, der den bisherigen § 847 ersetzt, verlangt werden. Voraussetzung ist eine vorsätzliche Verletzung oder eine nicht unerhebliche Schädigung.

Eine Schadensersatzpflicht kann sich auch aus § 823 II (i. V. m. §§ 174 ff., 176 ff. StGB) und aus § 823 I (Körper, Gesundheit, allg. Persönlichkeitsrecht) ergeben. Soweit § 825 erfüllt ist, geht er als Spezialvorschrift vor.

§ 43. Haftung mehrerer Personen

1   **Schrifttum:** Adam, § 830 Abs. 1 S. 2 und die Gefährdungshaftung, VersR 1995, 1291; Benicke, Deliktische Haftung mehrerer nach § 830 BGB, Jura 1996, 127; Bodewig, Probleme alternativer Kausalität bei Massenschäden, AcP 185, 505; Burkert/Kirchdörfer, Der doppelt gestörte Gesamtschuldnerausgleich – BGH, NJW 1987, 2669, JuS 1988, 341; Denk, Enthaftung zu Lasten des Arbeitnehmers bei gestörtem Gesamtschuldnerausgleich, NZA 1988, 265; Deutsch, Das Verhältnis von Mittäterschaft und Alternativtäterschaft im Zivilrecht, JZ 1972, 105; ders., Die dem Geschädigten nachteilige Adäquanz, NJW 1981, 2731; Dimski, Wer haftet für Tumultschäden?, VersR 1999, 804; Eberl-Borges, § 830 BGB und die Gefährdungshaftung, AcP 196, 491; dies., Vertragliche Haftungsbestände im Rahmen des § 830 I 2 BGB, NJW 2002, 949; Gemtos, Haftungsausschluß bei Schuldnermehrheiten, 1969; Heinze, Zur dogmatischen Struktur des § 830 I 2 BGB, VersR 1973, 1081; Heitmann, Massenunfälle als haftungsrechtliches Problem, VersR 1994, 135; Henne, Eine fragwürdige Karriere des § 830 Abs. 1 S. 2 BGB: Analoge Anwendung beim vertraglichen Schadensersatzanspruch?, VersR 2002, 685; Jung, Die sogenannte Gesamtursache, AcP 170, 426; Keuk, Die Solidarhaftung der Nebentäter, AcP 168, 175; G. Kirchhoff, Der Verkehrsun-

fall im Zivilprozess: Haftungseinheit und Gesamtschau, MDR 1998, 377;
Kornblum, Die folgenreiche Großdemonstration – BGH, NJW 1984, 1226,
JuS 1986, 600; G. Müller, Haftungsrechtliche Probleme des Massenschadens,
VersR 1998, 1181; T. Müller, Haftung von Erst- und Zweitschädiger bei
ungeklärtem Kausalverlauf, NJW 2002, 2841; Ries, Zur Haftung des Neben-
täters nach § 830 und § 840 BGB, AcP 177, 543; Schantl, Zum Anwendungsbereich des § 830 Abs. 1 S. 2 BGB, VersR 1981, 105; Steffen, Die
Verteilung des Schadens bei Beteiligung mehrerer Schädiger am Verkehrsunfall, DAR 1990, 41; Wurm, Das gestörte Gesamtschuldverhältnis, JA 1986,
177.

Fälle:

a) A, B und C lauern gemeinsam ihrem Feind D auf, um ihn zu verprügeln.
Als D kommt, hält A ihn fest, B schlägt zu und C steht „Schmiere“. Wer
muss den Schaden des D ersetzen?

b) A, B und C spucken um die Wette aus verschiedenen Fenstern Kirsch-
kerne auf die Straße. D kommt – womit A, B und C nicht gerechnet hatten – auf einem Kern zu Fall und verletzt sich. Wer muss ihm die Arztkosten
ersetzen?

In § 830 ist im Wesentlichen geregelt, wer für den aus einer unerlaubten Handlung entstandenen Schaden verantwortlich ist, wenn
mehrere Personen als Schädiger in Betracht kommen; § 840 legt fest,
wie die Verantwortlichen nach außen gegenüber dem Geschädigten
haften und wie ein Innenausgleich zwischen den Verantwortlichen
zu erfolgen hat.

I. Verantwortlichkeit von Teilnehmern, Beteiligten und Nebentätern

1. Teilnehmer

Jeder Teilnehmer einer unerlaubten Handlung ist dem Geschädig-   2
ten für den vollen Schaden verantwortlich (§ 830 I 1, II); Teilnehmer
sind Mittäter, Anstifter und Gehilfen.

a) Mittäter

Mehrere Personen begehen eine unerlaubte Handlung als Mittäter
(„gemeinschaftlich“, § 830 I 1), wenn sie in bewusstem und gewoll-
tem Zusammenwirken den angestrebten Erfolg herbeiführen (**Fall a;**

BGH NJW 1972, 40). Ebenso wie beim Mittäter im Strafrecht (§ 25 II StGB) ist also vorsätzliches Handeln erforderlich. Auf das „Gewicht" des Tatbeitrages des Einzelnen kommt es nicht an. So reicht es auch aus, wenn ein Mittäter lediglich geistigen Einfluss nimmt (Tatplan) oder einen psychischen Beitrag leistet (Sicherung der Handelnden, z. B. durch Schmierestehen).

b) Anstifter

3   Anstifter ist, wer vorsätzlich in einem anderen den Tatentschluss zu einer vorsätzlichen unerlaubten Handlung hervorruft (vgl. § 26 StGB).

c) Gehilfe

4   Gehilfe ist, wer, ohne einen eigenen Täterwillen zu haben, dem Täter in irgendeiner Form bei einer vorsätzlichen unerlaubten Handlung vorsätzlich Hilfe leistet (vgl. § 27 StGB).

Da Anstifter und Gehilfen nach § 830 II den Mittätern gleichgestellt sind, ist hier die im Strafrecht schwierige Abgrenzung zwischen den Teilnahmeformen bedeutungslos.

2. Beteiligte

5   Ist nicht zu ermitteln, wer von mehreren Beteiligten den Schaden durch seine Handlung verursacht hat, so ist nach § 830 I 2 jeder der Beteiligten für den Schaden verantwortlich. Mit dieser Bestimmung trägt das BGB der Tatsache Rechnung, dass bei einem gefährdenden Verhalten mehrerer Menschen nicht immer geklärt werden kann, wer letztlich die Ursache für den Schadenseintritt gesetzt hat. Der Geschädigte soll seinen Ersatzanspruch nicht dadurch verlieren, dass er den Kausalitätsnachweis einem Einzelnen gegenüber nicht führen kann. § 830 I 2 ist also eine Beweislastregel, aber keine selbstständige Anspruchsgrundlage (a. A. BGHZ 67, 14; 72, 355).

a) Kein Teilnehmer

6   Negative Voraussetzung für die Annahme einer Beteiligung i. S. d. § 830 I 2 ist, dass die in Frage kommenden Personen nicht als Mittä-

ter, Anstifter oder Gehilfen den Schaden verursacht haben und nicht festzustellen ist, wer den Schaden herbeigeführt hat.

Im **Fall b** scheidet eine Teilnahme aus, da die Körperverletzung des D nicht vorsätzlich verursacht wurde.

§ 830 I 2 ist auch nicht anwendbar, wenn einer der Beteiligten erwiesenermaßen haftet, da es hier an der typischen Beweisnot fehlt (BGHZ 72, 355, 363).

b) Rechtswidriges und schuldhaftes Handeln

Positiv setzt das Beteiligungsverhältnis ein selbstständiges, rechts- 7
widriges und schuldhaftes gefährliches Handeln mehrerer voraus. Es muss feststehen, dass der Schaden durch einen oder mehrere der Beteiligten herbeigeführt wurde und dass das Verhalten jedes Einzelnen den ganzen Erfolg möglicherweise verursacht hat.

aa) Beteiligt ist der, dessen gefährdendes Verhalten möglicherweise den Erfolg verursacht hat. Das Tun muss typischerweise zu solchen Schäden, wie sie eingetreten sind, führen können; der Schaden muss adäquate Folge der Gefährdung sein.

Eine Beziehung der Beteiligten zueinander ist nicht erforderlich, ebenso nicht, dass die möglichen Schädiger gleichzeitig handeln (BGHZ 33, 286; 55, 86; im Einzelnen sehr str.; vgl. Jauernig/Teichmann, § 830 Rdnr. 10).

bb) Eine Anwendung des § 830 I 2 kommt nur in Betracht, wenn 8
sicher ist, dass jedenfalls eine der gefährdenden Handlungen den Schaden herbeigeführt hat.

Im **Fall b** muss also feststehen, dass D auf einem Kirschkern ausgerutscht und nicht etwa nur auf holprigem Pflaster ins Stolpern geraten war.

cc) Die Verursachungsvermutung des § 830 I 2 kann jeder Betei- 9
ligte durch den Nachweis entkräften, dass sein Handeln den Schaden nicht herbeigeführt hat.

Weist A im **Fall b** nach, dass von seinem Fenster aus ein Kirschkern unmöglich an die Unglücksstelle gelangen konnte, haftet er nicht.

dd) § 830 I 2 ersetzt lediglich den Nachweis der Ursächlichkeit für 10
die Schadenszufügung durch eine unerlaubte Handlung (Zu den Grenzen der Verursachungsvermutung im Falle einer Großdemonstration vgl. BGH NJW 1984, 1226). Steht einem der möglichen Verursacher ein Rechtfertigungsgrund zur Seite (z.B. Notwehr), scheidet

seine Haftung gem. § 830 I 2 aus. Fehlt Verschuldensfähigkeit oder
Verschulden eines der Beteiligten, so haftet er nach § 830 I 2 nur,
sofern er im Falle seiner Verursachung des Schadens nach Deliktsrecht haften würde (Beispiel: Deliktsunfähiger nach § 829).

Soweit ein Beteiligter auch ohne Verschulden haftet (z. B. nach § 7 I StVG;
§ 46 Rdnr. 3 ff.), bleibt er nach § 830 I 2 zum Schadensersatz verpflichtet.
Denn § 830 I 2 gilt auch für die Gefährdungshaftung (str.; vgl. BGHZ 55, 96;
BGH NJW 1969, 2136).

11   ee) Ist nicht auszuschließen, dass der Geschädigte sich selbst verletzt hat, scheidet § 830 I 2 ebenfalls aus (BGH NJW 1973, 1283).
Diese Vorschrift setzt nämlich voraus, dass gegen jeden Beteiligten
– abgesehen von der Ursächlichkeit – ein Schadensersatzanspruch
bestünde; daran fehlt es, wenn die Möglichkeit besteht, dass der
Geschädigte sich selbst verletzt hat, da es einen Anspruch des Geschädigten gegen sich selbst nicht gibt.

3. Nebentäter

12   § 830 lässt jene Fälle ungeregelt, in denen mehrere Personen, ohne
Teilnehmer zu sein, jeweils durch unerlaubte Handlungen den Schaden verursacht haben (= Nebentäter).

Beispiel: A und B flößen, ohne voneinander zu wissen, dem C Gift ein,
woraufhin C stirbt. Es stellt sich heraus, dass der Tod des C auf die Gesamt-
menge des Giftes zurückzuführen ist; die Einzeldosen hätten nicht ausge-
reicht. A und B sind mangels gemeinschaftlichen Handelns nicht Mittäter;
Beihilfe scheidet ebenfalls aus, da keiner die Tat des anderen bewusst förder-
te. Beteiligung nach § 830 I 2 liegt nicht vor, denn es steht fest, dass sowohl
A als auch B den Tod des C verursacht haben.

Nach wohl allgemeiner Ansicht hat jeder Nebentäter als Gesamtschuldner den ganzen Schaden zu ersetzen.

Im Beispielsfall haften A und B den Hinterbliebenen nach §§ 844 f.

II. Gesamtschuldnerschaft

1. Außenverhältnis

13   Im Außenverhältnis gegenüber dem Geschädigten haften die Täter
einer unerlaubten Handlung, die nebeneinander verantwortlich sind,
nach § 840 I als Gesamtschuldner (vgl. § 421).

Der Begriff der unerlaubten Handlung in § 840 I ist weit zu verstehen. Er umfasst alle Fälle einer gesetzlich angeordneten Schadensersatzpflicht. Gesamtschuldnerisch können beispielsweise haften: Teilnehmer und Beteiligte nach § 830; Nebentäter nach §§ 823 ff., auch wenn der eine vorsätzlich, der andere fahrlässig gehandelt hat; Geschäftsherr nach § 831 und Verrichtungsgehilfe nach §§ 823 ff.; Kfz-Halter nach § 7 I StVG und -Führer nach § 18 StVG oder §§ 823 ff. Zu beachten ist aber, dass dort, wo eine Haftungsbegrenzung besteht (z. B. § 12 StVG), auch bei §§ 840 I, 421 ff. über diese Grenze hinaus nicht gehaftet wird.

2. Innenverhältnis

a) Anteilige Haftung aller Gesamtschuldner

§ 426 I begründet ein *Ausgleichsschuldverhältnis* unter den Gesamtschuldnern, damit nicht derjenige Schuldner, den der Gläubiger zufällig in Anspruch nimmt, letztlich den gesamten Schaden zu tragen hat. Nach der genannten Bestimmung sind die Gesamtschuldner im Verhältnis zueinander zu gleichen Anteilen verpflichtet, soweit das Gesetz nicht ein anderes bestimmt.   14

b) Alleinige Verpflichtung einzelner Gesamtschuldner

Von der Regel des § 426 I abweichende Bestimmungen sind für die Gesamtschuldner des § 840 I in § 840 II, III enthalten.   15

Beispiel: Dachdeckermeister M hat den Gesellen G mit dem Decken eines Daches betraut. G lässt grobfahrlässig Ziegel auf die Straße fallen und verletzt A. Hier haftet G nach § 823 I und M, sofern er sich nicht entlasten kann, nach § 831. Da G von M wegen seiner groben Fahrlässigkeit nicht Befreiung von den Schadensersatzansprüchen des A aus dem Gedanken der beschränkten Arbeitnehmerhaftung verlangen kann (vgl. § 20 Rdnr. 11), hat G im Verhältnis zu M nach § 840 II den Schaden allein zu tragen.

Aus dem *Rechtsgedanken des § 254* kann ebenfalls eine andere als die in § 426 I regelmäßig vorgesehene Schadensverteilung folgen.   16

Beispiel: A verbreitet, um seinen Konkurrenten C zu schädigen, bewusst unwahre Tatsachenbehauptungen über die Kreditwürdigkeit des C. B glaubt fahrlässigerweise daran und gibt die Äußerungen weiter. Erleidet C einen Schaden, so richtet sich sein Ersatzanspruch gegen A (etwa aus § 826) und B (etwa aus § 824) als Gesamtschuldner (§ 840 I). Im Innenverhältnis wiegt die vorsätzliche Handlung des A so schwer, dass er gegenüber dem fahrlässig handelnden B den ganzen Schaden zu tragen hat.

§ 44. Schadensersatz bei unerlaubter Handlung

Fälle:

1   a) A hat den Studenten S wider besseres Wissen einer Straftat beschuldigt, so dass S zu einer Freiheitsstrafe von mehreren Jahren verurteilt wurde. Nach seiner Freilassung kann S sein Studium aus wirtschaftlichen Gründen nicht mehr aufnehmen. Er verlangt nach Klärung seiner Unschuld von A als Schadensersatz eine Rente in Höhe des ihm entgehenden Mehrverdienstes.

b) Infolge einer von B verschuldeten Verletzung kann der wohlhabende Musikliebhaber K mehrere Monate nicht zusammen mit seinen Freunden musizieren. Nur wegen dieser Beeinträchtigung seines Wohlbefindens verlangt er Schmerzensgeld. B meint, K habe durch das neuangeschaffte Fernsehgerät genügend Anregung gehabt.

c) A wird bei einem von B verschuldeten Autounfall schwer verletzt. Drei Wochen nach dem Unfall kommt der erste Sohn (S 1) des A, zwei Jahre später der zweite Sohn (S 2) zur Welt. Ein halbes Jahr nach dessen Geburt stirbt A an den Nachwirkungen des Unfalls. Die Ehefrau E des A und die Söhne verlangen von B eine Rente nach § 844 II.

Ist ein Anspruch aus unerlaubter Handlung gegeben, richten sich Art und Umfang der Schadensersatzpflicht nach den allgemeinen Vorschriften der §§ 249 ff. Teilweise treffen jedoch die §§ 842 bis 851 Sonderregelungen. Hier ist zwischen den Ansprüchen wegen Personen- und wegen Sachschäden zu unterscheiden (§§ 842 bis 846 bzw. §§ 848 bis 851). Weitere Besonderheiten des deliktischen Schadensersatzanspruches ergeben sich aus den §§ 852, 853 und aus dem Zusammenspiel mit anderen Ansprüchen (= Anspruchsgrundlagenkonkurrenz).

I. Ersatzansprüche des unmittelbar Geschädigten bei Personenschäden

2   **Schrifttum:** v. Bar, Schmerzensgeld und gesellschaftliche Stellung des Opfers bei Verletzungen des allgemeinen Persönlichkeitsrechtes, NJW 1980, 1724; Foerste, Schmerzensgeldbemessung bei brutalen Verbrechen, NJW 1999, 2951; Chr. Huber, Schmerzensgeld ohne Schmerzen bei nur kurzzeitigem Überleben der Verletzung im Koma – eine sachlich gerechtfertigte Transferierung von Vermögenswerten an die Erben?, NZV 1998, 345; Jaeger, Höhe des Schmerzensgeldes bei tödlichen Verletzungen im Lichte der neueren Rechtsprechung des BGH, VersR 1996, 1177; ders., Schmerzensgeldbemessung bei Zerstörung der Persönlichkeit und bei alsbaldigem Tod, MDR 1998,

450; Katzenmeier, Die Neuregelung des Anspruchs auf Schmerzensgeld, JZ 2002, 1029; Kern, Die Genugtuungsfunktion des Schmerzensgeldes – ein pönales Element im Schadensrecht?, AcP 191, 247; Michel, Schmerzensgeldanspruch nach heimlichem Aids-Test?, NJW 1988, 2271; Müller, Zum Ausgleich des immateriellen Schadens nach § 847 BGB, VersR 1993, 909; Scheffen, Tendenzen bei der Bemessung des Schmerzensgeldes für Verletzungen aus Verkehrsunfällen, ärztlichen Kunstfehlern und Produzentenhaftung, ZRP 1999, 189; Scheffen/Pardey, Schadensersatz bei Unfällen mit Kindern und Jugendlichen, 1995; E. Schneider/Biebrach, Schmerzensgeld, 1994; Schulze/Stippler-Birk, Schmerzensgeldhöhe in Presse- und Medienprozessen, 1992; Slizyk, Beckische Schmerzensgeld-Tabelle, 3. Aufl., 1997; Steffen, Schmerzensgeld bei Persönlichkeitsverletzungen durch Medien, NJW 1997, 10; ders., Die Aushilfeaufgaben des Schmerzensgeldes, Festschrift f. Odersky, 1996, 723; Stürner, Der Unfall im Straßenverkehr und der Umfang des Schadensersatzes unter besonderer Berücksichtigung des Nichtvermögensschadens, DAR 1986, 7; Wussow/Küppersbusch, Ersatzansprüche bei Personenschaden, 7. Aufl., 2000.

1. Nachteile für Erwerb oder Fortkommen

Nach § 842 erstreckt sich die Schadensersatzpflicht wegen einer gegen die Person gerichteten unerlaubten Handlung auch auf die Nachteile, welche die Handlung für den Erwerb oder das Fortkommen des Verletzten herbeiführt. Die Bestimmung stellt klar, dass unter den nach §§ 249 ff. zu ersetzenden Vermögensschaden auch Nachteile für Erwerb oder Fortkommen des Verletzten fallen.

a) Unerlaubte Handlung gegen die Person

Eine unerlaubte Handlung ist gegen die Person gerichtet, wenn sie deren **3** persönliche Rechtsgüter (z. B. Gesundheit, Ehre, Freiheit, Persönlichkeitsrecht) verletzt. Trotz des Wortlauts von § 842 („gerichtet") ist nicht erforderlich, dass die Handlung des Schädigers auf eine Verletzung der Person abzielt; daher fällt auch die fahrlässige Begehung einer unerlaubten Handlung unter § 842.

b) Nachteile für den Erwerb oder das Fortkommen

Nach § 843 I ist der Schadensersatz in Form einer *Rente* zu leis **4** ten, wenn eine Körper- oder Gesundheitsverletzung zur Aufhebung oder Minderung der Erwerbsfähigkeit oder zur Vermehrung der Bedürfnisse des Verletzten geführt hat. Dieser kann nach § 843 III bei wichtigem Grund eine Kapitalisierung der Rente verlangen.

§ 843 behandelt zwar nur die Schäden wegen Beeinträchtigung der Erwerbsfähigkeit, muss aber auch für Schäden im Fortkommen gelten. Denn einmal sind beide Schadensarten nur schwer voneinander zu trennen. Zum anderen ist § 843, der nur die Art des Schadensersatzes näher regelt, im Zusammenhang mit § 842 zu sehen. Daher wird zu Recht angenommen, dass die Beschränkung des § 843 auf Körper- und Gesundheitsverletzungen zu eng ist. Man wird die genannte Bestimmung in jenen Fällen analog anwenden können, in denen die Verletzung eines anderen Rechtsguts zu dauernden Nachteilen führt. S kann daher im **Fall a** wegen der Freiheitsberaubung eine Rente verlangen.

c) Höhe und Dauer der Rente

5   Bei der Feststellung der Rentenhöhe wegen Beeinträchtigung des Erwerbs oder Fortkommens ist zu fragen, welches Einkommen der Verletzte ohne das schadenstiftende Ereignis nach dem regelmäßigen Verlauf der Dinge jetzt und künftig gehabt haben würde (zur Berechnung BGH NJW 1999, 3711). Im Prozess erfolgt hier zumeist eine Schätzung nach § 287 I ZPO. Von der ermittelten Summe sind die tatsächlich erzielten oder – wegen der Schadensminderungspflicht nach § 254 II – zumutbarerweise erzielbaren Einnahmen abzuziehen.

Beispiel: Ist die Erwerbsfähigkeit des Verletzten abstrakt auf 50% vermindert, so erhält er nach § 843 dennoch keine Rente, wenn er bei gleichem Verdienst und zu gleichen Bedingungen weiterhin tätig ist.

Soweit es um die *Höhe der Rente wegen Vermehrung von Bedürfnissen* geht, muss geprüft werden, ob die Verletzung auf Dauer erhöhte Bedürfnisse verursacht, zu deren Befriedigung Mehraufwendungen erforderlich sind.

Beispiel: Kosten für eine Pflegerin; unter engen Voraussetzungen auch Ersatz für Betreuungsleistungen durch nahe Angehörige (BGH NJW 1999, 2819).

Erhält der Geschädigte von Dritten zur Ausgleichung der in § 843 I genannten Nachteile Zuwendungen, so können diese nach allgemeinen Regeln auf die Rentenzahlungspflicht des Schädigers angerechnet werden. Eine Anrechnung erfolgt nur, wenn die *Vorteilsausgleichung* dem Sinn und Zweck der Schadensersatzpflicht entspricht. Für Unterhaltsleistungen schließt § 843 IV bereits ausdrücklich eine Anrechnung aus.

6   Die *Dauer* der Rentenzahlung richtet sich danach, wie lange die Erwerbsfähigkeit ohne das schadenstiftende Ereignis voraussichtlich bestanden hätte.

2. Ersatz immaterieller Schäden (Schmerzensgeld) nach § 253 II

Die Schadensersatzpflicht geht nach § 249 I auf Naturalrestitu- 7
tion. Diese ist bei Verletzung einer Person regelmäßig nicht möglich.
Daher kann hier der Geschädigte vom Schädiger gem. § 249 II 1 den
Betrag verlangen, der zur Wiederherstellung erforderlich ist (z.B.
Arztkosten). Nach § 251 I ist der Schuldner gehalten, dem Verletzten
Ersatz in Geld zu leisten, wenn die Herstellung nicht – auch nicht
über § 249 II 1 – möglich oder genügend ist. Eine Geldentschädigung für immaterielle Schäden (Schmerzensgeld) kann allerdings
gem. § 253 I nur in den durch das Gesetz bestimmten Fällen gefordert werden. Ein solcher Fall ist in § 253 II geregelt. Diese Vorschrift
ist am 1. 8. 2002 an die Stelle des früheren § 847 getreten. Dadurch
hat sich die Rechtslage hinsichtlich der Ersatzfähigkeit immaterieller
Schäden wesentlich geändert.

a) Begriff des immateriellen Schadens

Nach § 253 I ist der immaterielle Schaden ein solcher, der nicht 8
Vermögensschaden ist. Das sind Einbußen am körperlichen oder
seelischen Wohlbefinden. Hierher gehören körperliche Schmerzen,
Kummer, Ängste, Einschränkung des Lebensgefühls durch Beeinträchtigung der Sinne oder den Verlust der Möglichkeit, Tätigkeiten
(z.B. Musizieren; **Fall b)** auszuüben, welche bis zur Verletzung ausgeübt wurden.

b) Funktion des Schmerzengeldes

Das Schmerzensgeld als Ersatz eines immateriellen Schadens hat 9
nach h.M. (seit BGHZ 18, 149) zwei Funktionen: In erster Linie soll
es die *Einbußen am Wohlbefinden ausgleichen*. Außerdem soll es der
Genugtuung des Verletzten für das erlittene Unrecht dienen (vgl.
BGH NJW 1976, 1147).

In seiner *Ausgleichsfunktion* soll das Schmerzensgeld dem Verletzten zu ma- 10
teriellen Mitteln verhelfen, mit denen er sich erhöhten Lebensgenuss verschaffen kann. Zur *Genugtuung* ist eine Entschädigung insbesondere dann zu leisten,
wenn der Verletzte selbst die erforderlichen Sachmittel hat, mit denen er sich
mehr Lebensfreude verschaffen kann (**Fall b**). Das Genugtuungsbedürfnis fällt
auch dann nicht weg, wenn der Schädiger wegen der Tat zu einer Freiheitsstrafe

verurteilt wird (BGHZ 128, 117, 122: Bankraub); denn der Strafanspruch dient in erster Linie dem Interesse der Allgemeinheit, den Täter strafrechtlich zur Verantwortung zu ziehen, während die Genugtuungsfunktion die besondere Beziehung des Geschädigten zum Schädiger berücksichtigt.

11   Das Abstellen auf die Ausgleichs- und Genugtuungsfunktion darf entgegen der bisherigen Rechtsprechung nicht dazu führen, dass nur eine symbolhafte Entschädigung gewährt wird, wenn es etwa zu einem schweren Hirnschaden mit weitgehendem Verlust von Wahrnehmungs- und Empfindungsfähigkeit und damit zu einer Zerstörung der Persönlichkeit kommt. Vielmehr ist auch dieser immaterielle Schaden durch eine Geldentschädigung auszugleichen. Das folgt aus Art. 1 und 2 GG. Beeinträchtigungen von solchem Ausmaß verlangen nach einer eigenständigen Bewertung dessen, was als Entschädigung für diesen immateriellen Verlust i. S. v. § 253 II „billig" ist (so noch zu § 847 a. F. BGHZ 120, 1, 5). In einem solchen Fall kann der Richter bei der Schmerzensgeldberechnung das Verschulden des Schädigers und dessen wirtschaftliche Leistungsfähigkeit berücksichtigen (BGH NJW 1993, 1531).

Daneben können auch die wirtschaftliche Situation sowie persönliche Eigenschaften des Geschädigten (Alter, Schmerzempfindlichkeit) und andere Umstände des Einzelfalles in die Berechnung einfließen.

c) Voraussetzungen

12   Die Ersatzfähigkeit eines immateriellen Schadens setzt gem. § 253 II voraus, dass wegen einer Verletzung des Körpers, der Gesundheit, der Freiheit oder der sexuellen Selbstbestimmung Schadensersatz zu leisten ist. Unerheblich ist, auf welcher Rechtsgrundlage diese Schadensersatzpflicht beruht. Der Schmerzensgeldanspruch kommt also sowohl bei einer von einem Verschulden abhängigen deliktischen und vertraglichen Schadensersatzhaftung als auch bei der (verschuldensunabhängigen) Gefährdungshaftung (dazu § 46) in Betracht; das ist durch zahlreiche Verweisungen in anderen Gesetzen (z. B. § 87 AMG; § 11 S. 2 StVG; § 6 S. 2 HPflG; § 36 LuftVG; § 32 V GenTG; § 8 ProdHaftG; § 13 UmweltHaftG; § 29 II AtomG) auf den § 253 II sichergestellt.

Im Gesetzgebungsverfahren zu § 253 II war noch vorgesehen, dass die Verletzung entweder vorsätzlich herbeigeführt sein oder einen Schaden verursacht haben muss, der unter Berücksichtigung seiner Art und Dauer nicht unerheblich ist. Diese Erheblichkeitsschwelle oder Bagatellgrenze bei nicht vorsätzlichen Verletzungen hätte ein Schmerzensgeld etwa für Kopfschmerzen, Schürfwunden, einfache Prellungen und Zerrungen ausgeschlossen. Der Gesetzgeber hat auf diese Voraussetzung dann aber bewusst verzichtet.

In der Gewährung des Schmerzensgeldanspruches auch bei der   13
Haftung wegen vertraglicher Pflichtverletzungen liegt ein wesentlicher Unterschied zwischen § 253 II und dem früheren § 847, der ein Schmerzensgeld nur bei der Haftung wegen unerlaubter Handlung vorsah. Diese Erweiterung wirkt sich insbesondere bei der Einschaltung eines Gehilfen aus. Wenn die Voraussetzungen für eine deliktische Haftung wegen des nach § 831 I 2 möglichen Exculpationsbeweises (§ 42 Rdnr. 6 f.) nicht vorliegen, wohl aber die Voraussetzungen für eine vertragliche Haftung, weil im Rahmen von § 278 eine Exculpation nicht möglich ist, muss der Schädiger gem. § 253 II auch den immateriellen Schaden ersetzen. Dagegen hätten die Voraussetzungen des § 847 a. F. bei einer nur vertraglichen Haftung nicht vorgelegen.

d) Rechtsfolge

Die Rechtsfolge des § 253 II besteht darin, dass auch wegen eines   14
Schadens, der nicht Vermögensschadens ist, eine *billige Entschädigung in Geld* gefordert werden kann.

Die Genugtuungsfunktion des Schmerzensgeldes spielt zwar bei der verschuldensunabhängigen Gefährdungshaftung keine Rolle. Aber im Bereich der verschuldensabhängigen vertraglichen Haftung kann sie bei der Bemessung der Entschädigung berücksichtigt werden.

3. Geldentschädigung bei Verletzungen des allgemeinen Persönlichkeitsrechts

a) Anspruchsgrundlage

Nach dem Wortlaut des § 253 II kann Schmerzensgeld nur bei der   15
Verletzung der dort genannten, abschließend aufgezählten Rechtsgüter verlangt werden. Das inzwischen anerkannte allgemeine Persön-

lichkeitsrecht (§ 41 Rdnr. 21 ff.) ist nicht erwähnt. Ersatz in Geld wegen eines Schadens „am Persönlichkeitsrecht" könnte daher wegen der Regelung in § 253 I eigentlich nicht gefordert werden. Das wird von der Rechtsprechung und der Lehre schon seit langem als unbillig angesehen.

Beispiel: In einer Zeitung werden Tatsachen aus der Intimsphäre des Charakterdarstellers X veröffentlicht, die geeignet sind, ihn lächerlich zu machen. Erleidet X aus Erregung hierüber einen Herzinfarkt, so hat er Anspruch auf Ersatz der Arztkosten wegen einer Gesundheitsverletzung nach §§ 823 I, 249. Für die erlittenen körperlichen Schmerzen kann er nach § 847 (ab 1. 1. 2002: § 253 II) Schmerzensgeld verlangen. Würde X aufgrund des Artikels lediglich kein Engagement erhalten, so führt die Anerkennung des allgemeinen Persönlichkeitsrechts als sonstiges Recht oder Rechtsgut i. S. d. § 823 I dazu, dass er diesen Schaden gem. § 842 ersetzt bekommt. Geldentschädigung wegen der Beeinträchtigung seines seelischen Wohlbefindens durch den Verlust an Ansehen stünde ihm jedoch in keinem Fall zu.

16   Der BGH hat sich über die durch § 253 I gezogene Grenze hinweggesetzt und erkennt seit langem in ständiger Rechtsprechung einen Anspruch auf Geldentschädigung auch bei Verletzung des allgemeinen Persönlichkeitsrechts an. Das Schrifttum folgt zumindest im Ergebnis überwiegend dieser Rechtsprechung, die verfassungsrechtlich nicht zu beanstanden ist (BVerfGE 34, 269).

Begründet hat der BGH dieses Ergebnis zunächst mit einer Analogie zu § 847, indem er die freie Selbstbestimmung der Persönlichkeit dem Rechtsgut der körperlichen Freiheit gleichsetzte (BGHZ 26, 349 – „Herrenreiter"-Urteil: „Freiheitsentziehung im Geistigen"). Später (z. B. in BGHZ 35, 363 – „Ginsengwurzel"-Urteil) betrachtete er das Gebot des § 253, nur in den gesetzlich bestimmten Fällen für immaterielle Schäden Geldersatz zu gewähren, als nicht mehr zwingend, nachdem das Grundgesetz in Art. 1 und 2 eine Entscheidung für Wert und Schutz der Persönlichkeit getroffen habe. Der Schutz durch § 823 I sei zu gering, wenn die Verletzung des allgemeinen Persönlichkeitsrechts keine der ideellen Beeinträchtigung adäquate Sanktion, d. h. keinen Entschädigungsanspruch, zur Folge hätte.
Der Anspruch auf Geldentschädigung wegen Persönlichkeitsrechtsverletzung hat seine *Grundlage also in § 823 I i. V. m. Art. 1 und 2 I GG* (BVerfG NJW 2000, 2187; BGH NJW 2000, 2195, 2197; NJW 1996, 984, 985; NJW 1996, 985, 987). Diese dogmatische Einordnung des Anspruchs hat die Bundesregierung auch veranlasst, in dem seit 1. 8. 2002 geltenden neuen § 253 II (Rdnr. 14) das allgemeine Persönlichkeitsrecht nicht bei den Rechtsgütern zu nennen, deren Verletzung einen Schmerzensgeldanspruch auslösen kann. Der Anspruch ergibt sich unabhängig von § 253 auch künftig unmittelbar aus § 823 I i. V. m. dem Schutzauftrag aus Art. 1 und 2 I GG.

b) Voraussetzungen

Folgende Voraussetzungen müssen nach der Rechtsprechung des 17
BGH gegeben sein:

aa) Der Schädiger muss das Persönlichkeitsrecht rechtswidrig und
schuldhaft verletzt haben (§ 41 Rdnr. 21 ff., 55 ff.).

bb) Nur schwerwiegende Beeinträchtigungen des Persönlichkeits- 18
rechts können den Entschädigungsanspruch auslösen (so z. B. BGHZ
35, 363; 39, 124). Diese Einschränkung ist erforderlich, da der Tatbestand der Persönlichkeitsverletzung viel unbestimmter ist als etwa der
einer Körperverletzung, so dass Grenzfälle häufiger auftreten werden.

Schwerwiegend ist die Beeinträchtigung, wenn den Schädiger schwere
Schuld trifft oder das Persönlichkeitsrecht in erheblichem Grade verletzt wird
(BGHZ 35, 363). Es sind die gesamten Umstände des Einzelfalles, z. B. auch
die Beweggründe des Verletzers, zu würdigen.

cc) Der Anspruch auf Geldentschädigung ist jedoch ausgeschlos- 19
sen, wenn der Geschädigte auf andere Weise ausreichend Genugtuung vom Schädiger erlangen kann.

Dies wird bei Ehrverletzungen, insbesondere in Presseveröffentlichungen,
durch Widerruf (vgl. § 45 Rdnr. 10 f.) der aufgestellten Behauptung häufig
möglich sein (vgl. aber auch BGHZ 66, 182).

c) Maßstab für die Höhe des Anspruches

Liegen die Voraussetzungen für den Anspruch vor, so ist eine bil- 20
lige Entschädigung in Geld zu gewähren. Für die schwierige Bemessung gelten zum Teil andere Grundsätze als bei § 253 II. Insbesondere soll die Höhe der Entschädigung *präventiv* wirken und einen
echten Hemmeffekt für eine rücksichtslose Verletzung des Persönlichkeitsrechts entfalten. Deshalb fallen solche Entschädigungsansprüche insbesondere in medienbezogenen Prozessen oft höher aus
als Schmerzensgeldansprüche z. B. wegen psychischer Gesundheits-
beeinträchtigungen (gebilligt von BVerfG NJW 2000, 2187).

Wenn der Einbruch in das Persönlichkeitsrecht durch eine Illustrierte vorsätzlich mit dem Ziel der Auflagensteigerung und Gewinnerzielung erfolgt,
dann gebietet der Gedanke der Prävention, die Gewinnerzielung als Bemes-
sungsfaktor in die Entscheidung über die Höhe der Geldentschädigung einzu-
beziehen (BGHZ 128, 1, sowie BGH NJW 1996, 984: Caroline von Monaco;
BVerfG NJW 2000, 2187, 2188).

II. Ersatzansprüche mittelbar Geschädigter
bei Personenschäden

21   **Schrifttum:** Eckelmann, Die Berechnung des Schadensersatzes bei Tötung unterhaltspflichtiger Personen, 1978; G. Fischer, Zur Schadensberechnung im Rahmen des § 844 Abs. 2 BGB beim Tode des Familienernährers, VersR 1970, 21; Chr. Huber, Familienrechtsreform und Schadensrecht – § 845 BGB, eine normative Ruine, Augsburger Rechtsstudien 27, 1996, 35; Kilian, Schadensersatzansprüche wegen Beeinträchtigung der Haushaltsführung, AcP 169, 443; Monstadt, Unterhaltsrenten bei Tötung eines Ehegatten einer Hausfrauenehe, 1991; Odersky, Schmerzensgeld bei Tötung naher Angehöriger, 1989; Scheffen, Erwerbsausfallschaden bei verletzten und getöteten Personen (§§ 842 bis 844 BGB), VersR 1990, 926; Scheffen/Pardey, Die Rechtsprechung des BGH zum Schadensersatz beim Tod einer Hausfrau und Mutter, 3. Aufl., 1994; Schubel, Ansprüche Unterhaltsberechtigter bei Tötung des Verpflichteten zwischen Delikts-, Familien- und Erbrecht, AcP 198, 1.

Auch im Bereich der unerlaubten Handlung ist regelmäßig nur derjenige berechtigt, Schadensersatz zu fordern, in dessen Person der Tatbestand einer die Schadensersatzpflicht aussprechenden Vorschrift erfüllt ist (= unmittelbar Geschädigter). Die §§ 844, 845 bilden daher eine Ausnahme im Schadensrecht, wenn sie bei einer Personenverletzung bestimmten nur *mittelbar Geschädigten* einen Anspruch zubilligen.

Es handelt sich um Spezialregelungen, die nur für den Bereich der unerlaubten Handlungen nach §§ 823 ff. und nur für die in §§ 844 f. genannten Personen und Rechtsgüter gelten. Sie sind jedoch in verschiedenen Fällen für entsprechend anwendbar erklärt (z. B. in § 618 III).

1. Beerdigungskosten (§ 844 I)

22   Nach § 844 I hat im Fall einer Tötung der Ersatzpflichtige die Beerdigungskosten demjenigen zu ersetzen, der diese Kosten zu tragen hat. In der Regel wird das der Erbe sein (§ 1968).

2. Unterhalt (§ 844 II)

23   Wurde durch eine unerlaubte Handlung jemand getötet, der einem anderen gegenüber aufgrund Gesetzes unterhaltspflichtig war oder werden konnte, so muss der Ersatzpflichtige dem Dritten, dem durch die Tötung das Recht auf Unterhalt entzogen ist, Schadenser-

satz in Form einer Rente leisten. § 843 II–IV ist entsprechend anwendbar (§ 844 II 1).

a) Gesetzliche Unterhaltspflicht des Getöteten

Der Anspruch auf Rente nach § 844 II steht nur solchen Personen zu, denen gegenüber der Getötete kraft Gesetzes unterhaltspflichtig war oder werden konnte.

Eine gesetzliche Unterhaltspflicht sehen z. B. § 1360 für den Ehegatten und §§ 1601 ff. für Verwandte in gerader Linie vor. Musste etwa der Getötete seinem Kind wegen dessen Bedürftigkeit Unterhalt leisten, so hat statt seiner jetzt der Schädiger für den Unterhalt aufzukommen (§ 844 II 1). Brauchte der Getötete seinem Kind wegen Fehlens der Bedürftigkeit im Zeitpunkt der Verletzung keinen Unterhalt zu gewähren, wird der Schädiger erst dann ersatzpflichtig, wenn das Kind bedürftig wird (§ 844 II 1).

b) Im Zeitpunkt der Verletzung

Die Unterhaltspflicht muss im Zeitpunkt der Verletzung bestan- 24
den haben; der Augenblick des Todes ist also nicht entscheidend. War jedoch zu diesem Zeitpunkt ein Kind bereits gezeugt (wie S 1 im **Fall c**), so ist es berechtigt, Schadensersatz zu fordern, selbst wenn der verletzte Elternteil vor oder nach der Geburt des Kindes stirbt (§ 844 II 2).

Der Anspruch nach § 844 II steht daher nicht dem Kinde zu, das erst nach der Verletzung gezeugt wurde (S 2 im **Fall c**), und auch nicht der Ehefrau, die der Verletzte nach der Verletzung geheiratet hat.

c) Unerheblichkeit der Unterhaltspflicht einer anderen Person

Wird durch die Tötung eine andere Person unterhaltspflichtig, 25
so ändert dies an der Schadensersatzpflicht des Verletzers nichts (§§ 844 II 1, 843 IV).

d) Höhe der Schadensersatzrente

Die Höhe des in Form einer Rente zu leistenden Schadensersatzes 26
richtet sich danach, welche Unterhaltsleistungen der Verpflichtete mit einer gewissen Wahrscheinlichkeit erbracht hätte. Obere Grenze ist die gesetzliche Unterhaltspflicht.

Ist bei einem Unfall die Ehefrau eines Körperbehinderten getötet worden, kann sich der Anspruch des Ehemanns aus § 844 II auf den Aufwand für die erforderliche und besondere Pflege und Betreuung erstrecken, welche die Frau ihrem behinderten Mann bisher unentgeltlich geleistet hat; solche Leistungen können im Rahmen der einverständlich geregelten Lebensgestaltung der Eheleute einen Teil des gesetzlich geschuldeten Beitrags der nicht erwerbstätigen Frau zum Familienunterhalt darstellen (BGH NJW 1993, 124).

3. Entgangene Dienste (§ 845)

27   Der Schadensersatzanspruch des mittelbar Geschädigten nach § 845 wegen entgangener Dienste, die zu leisten der Verletzte gesetzlich verpflichtet war, enthält insoweit eine Erweiterung gegenüber § 844, als nicht nur eine Tötung den Anspruch auslösen kann. Vielmehr reichen auch Körper- oder Gesundheitsverletzungen oder eine Freiheitsentziehung aus.

a) Pflicht zur Dienstleistung gegenüber dem Verletzten

Der Anspruch auf die nach § 845 zu leistende Rente kann nur dem zustehen, dem gegenüber der Verletzte aufgrund Gesetzes zur Leistung von Diensten verpflichtet war. Hier kommen vor allem die zum elterlichen Hausstand gehörenden Kinder in Betracht (vgl. § 1619). Die Frage, ob Ehegatten gegenseitig zur Leistung von Diensten verpflichtet sind, ist umstritten.

Die Haushaltstätigkeit der Ehefrau ist vom BGH zu Recht nicht als Dienstleistung i.S.d. § 845 angesehen worden (BGHZ 50, 304; 51, 109); denn nach §§ 1356, 1360 stellt die Haushaltstätigkeit des Ehegatten einen Beitrag zum Unterhalt der Familie dar. Der Ehemann kann im Fall der Tötung seiner Frau aber einen Anspruch aus § 844 haben. Wurde die Ehefrau nicht getötet, sondern nur verletzt, hat allein sie einen Anspruch aus § 843 (BGHZ 38, 55; 50, 304).

b) Wertersatz für die entgehenden Dienste

28   Nach § 845 S. 1 ist der Wert der entgehenden Dienste in Form einer Geldrente zu ersetzen; es gilt die Regelung des § 843 II–IV (§ 845 S. 2). Bei der Bemessung der Rente kommt es nicht auf die tatsächlich geleisteten, sondern auf die vom Verletzten gesetzlich geforderten Dienste an.

4. Mitverschulden und Schadensminderungspflicht

Für die Renten nach § 844 und nach § 845 bestimmt § 846 die   29
Anwendbarkeit des § 254, wenn bei der Entstehung des Schadens,
den der mittelbar Geschädigte erleidet, ein Verschulden des Verletzten mitgewirkt hat. Soweit der mittelbar Geschädigte selbst den
Schaden mitverursacht oder er es unterlassen hat, den Schaden zu
mindern, greift § 254 unmittelbar ein.

III. Ersatzansprüche bei Sachschäden

Die §§ 848 bis 851 enthalten einige von den allgemeinen Bestim-   30
mungen abweichende Vorschriften über den Ersatz von Sachschäden, die durch unerlaubte Handlungen entstanden sind.

IV. Verjährung

Schrifttum: Mansel/Budzikiewicz, Das neue Verjährungsrecht, 2002.   31

Die Verjährung von Schadensersatzansprüchen aus unerlaubten
Handlungen war bis zum 31. 12. 2001 in § 852 besonders geregelt.
Danach verjährten diese Ansprüche in drei Jahren von dem Zeitpunkt an, in welchem der Verletzte von dem Schaden und der Person
des Ersatzpflichtigen Kenntnis erlangt, ohne Rücksicht auf diese
Kenntnis in dreißig Jahren von der Begehung der Handlung an. Seit
Inkrafttreten des Schuldrechtsmodernisierungsgesetzes am 1. 1. 2002
unterfallen auch Deliktsansprüche den allgemeinen Verjährungsregeln der §§ 195 ff.

1. Regelverjährung

Nach § 195 beträgt auch für Ansprüche aus unerlaubten Hand-   32
lungen die regelmäßige Verjährungsfrist 3 Jahre. Die Frist beginnt
grundsätzlich mit dem Schluss des Jahres, in dem der Anspruch entstanden ist und der Gläubiger von den den Anspruch begründenden

Umständen und der Person des Schuldners Kenntnis erlangt oder ohne grobe Fahrlässigkeit erlangen müsste (§ 199 I).

Der Verjährungsbeginn hängt also von einer objektiven und einer subjektiven Voraussetzung ab. Mit der „Entstehung" des Anspruches ist dessen Fälligkeit gemeint (BT-Drucks. 14/7052, S. 178).

Die positive „Kenntnis" von den anspruchsbegründenden Umständen muss sich auf alle Tatsachen erstrecken, die für eine erfolgreiche Schadensersatzklage (oder einen Klage auf Feststellung der Ersatzpflicht; BGH DB 2000, 1512, 1513) vorliegen müssen. Dazu gehört auch die Kenntnis vom Vorliegen eines Schadens; insoweit genügt es, wenn der Geschädigte wenigstens in Grundzügen von ihm weiß (vgl. BGH WM 1991, 2136). Beispiel: Wird dem schlafenden A während einer Bahnfahrt die Brieftasche gestohlen, so hat A mit der Entdeckung des Verlustes Kenntnis vom Schaden. A muss weder den genauen Geschehensablauf kennen, noch wissen, wie groß die erlittene Einbuße ist. Bei unvorhersehbaren Spätschäden beginnt die Verjährung erst, wenn der Geschädigte Kenntnis von diesen Schaden erlangt (BGH NJW 2000, 861). Kenntnis von der Person des Schuldners hat der Anspruchsberechtigte dann, wenn ihm der Name und die ladungsfähige Anschrift des Schuldners bekannt sind (BGH ZIP 1998, 328).

„Grob fahrlässige Unkenntnis" liegt vor, wenn der Gläubiger die im Verkehr erforderliche Sorgfalt in ungewöhnlich hohem Maße verletzt und dasjenige nicht beachtet hat, was im gegebenen Fall jedem hätte einleuchten müssen. Beispiel: dem Gläubiger ist die Person des Schuldners nicht bekannt, obwohl er sich dessen Name und Anschrift ohne besondere Mühe und ohne langwierige Nachforschungen hätte besorgen können.

Die Jahresschlussverjährung statt des taggenauen Verjährungsbeginns bedeutet eine Erleichterung für den Rechtsverkehr, weil eine ständige Fristenkontrolle während des gesamten Jahres nicht erforderlich ist.

33   Solange der Schuldner und der Gläubiger über den Anspruch aus unerlaubter Handlung Verhandlungen führen (zum Begriff der Verhandlungen BGH DB 2001, 2649), ist die Verjährung gehemmt (§ 203). Gleiches gilt u.a. dann, wenn der Anspruch bei Gericht eingeklagt wird (§ 204 I). Die Wirkung der Hemmung besteht darin, dass der Zeitraum, während dessen die Verjährung gehemmt ist, in die Verjährungsfrist nicht eingerechnet wird (§ 209).

2. Verjährungshöchstfristen

34   Falls der Geschädigte ohne grobe Fahrlässigkeit die nach § 199 I erforderliche Kenntnis von den anspruchsbegründenden Umständen und der Person des Schuldners nicht erlangt, verjährt der Anspruch dennoch innerhalb bestimmter Höchstfristen. Nach § 199 II beträgt diese Verjährungshöchstfrist für Schadensersatzansprüche, die auf der

Verletzung des Lebens, des Körpers, der Gesundheit oder der Freiheit beruhen, 30 Jahre. Diese Frist beginnt mit der Begehung der unerlaubten Handlung. Für sonstige Schadensersatzansprüche aus unerlaubten Handlungen, die auf einer Verletzung anderer als der in § 199 II genannten Rechtsgüter beruhen, beträgt nach § 199 III 1 Nr. 1 die Verjährungshöchstfrist 10 Jahre ab Entstehung des Anspruchs oder 30 Jahre ab Begehung der unerlaubten Handlung. Maßgeblich ist die früher endende Frist (§ 199 III 1 Nr. 2). Diese Verjährungshöchstfristen beginnen nicht erst am Ende des Jahres, sondern taggenau.

Beispiel zu § 199 II: Stürzt das 1968 erbaute Haus des A im Jahr 2000 in Folge fehlerhafter Errichtung ein und erleidet B dadurch eine Körperverletzung, so ist die Verjährung eingetreten. Daran ändert nichts, dass der Schadensersatzanspruch des B gegen A aus § 836 bei Ablauf der Verjährungshöchstfrist (1998) noch gar nicht entstanden war.

3. Verjährung bei Anspruchskonkurrenz

Wenn bei der Abwicklung eines Vertragsverhältnisses der eine   35
Vertragspartner ein durch § 823 geschütztes Rechtsgut des anderen Vertragspartners verletzt, hat dieser sowohl einen Schadensersatzanspruch aus § 823 I als auch einen solchen aus § 280 I. Beide Ansprüche unterliegen der Regelverjährung nach den §§ 195, 199 I. Für beide gilt die Verjährungshöchstfrist des § 199 II.

Wenn dagegen ein deliktischer Schadensersatzanspruch mit einem   36
kaufrechtlichen Schadensersatzanspruch wegen eines Sachmangels konkurriert, stellt sich die Frage, ob die besondere Verjährungsregelung des § 438 auch für den deliktischen Anspruch gilt und die Vorschriften über die Regelverjährung insoweit verdrängt (Anw-Kom-Mansel, § 195 Rdnr. 53 f.). Diese Problematik stellt sich etwa in den Fällen, in denen der deliktische Anspruch durch einen sog. weiterfressenden Mangel ausgelöst wird (dazu § 4 Rdnr. 142). Bis zum Inkrafttreten der Schuldrechtsreform am 1. 1. 2002 wurde allgemein vertreten, dass Mängelansprüche und deliktische Ansprüche getrennt voneinander nach ihren eigenen Regeln verjähren (BGHZ 66, 315, 319), zumal Sachmangel und Eigentumsverletzung keinesfalls typischerweise, sondern nur ausnahmsweise zusammenfallen. Es spricht einiges dafür, dass die Rechtsprechung auch nach der Neuregelung des Sachmängelrechts daran festhalten wird.

4. Deliktischer Bereicherungsanspruch

37   Eine Sonderregelung für die Verjährung eines Schadensersatzanspruches aus unerlaubter Handlung enthält § 852. Wenn der Ersatzpflichtige durch eine unerlaubte Handlung auf Kosten des Verletzten
etwas erlangt hat, ist er nach § 852 S. 1 auch nach Eintritt der Verjährung des Schadensersatzanspruches zur Herausgabe nach den Vorschriften über die ungerechtfertigte Bereicherung verpflichtet. Der
Geschädigte hat also einen „deliktischen Bereicherungsanspruch". Dadurch soll verhindert werden, dass der Schädiger die Vorteile, die er
aus einer unerlaubten Handlung gezogen hat, nach Eintritt der Verjährung behalten kann.

Bei dem Anspruch nach § 852 S. 1 handelt es sich trotz der Verweisung auf
das Bereicherungsrecht um einen Schadensersatzanspruch aus unerlaubter
Handlung. Die Vorschrift ist eine Rechtsfolgenverweisung. Die §§ 812 ff.
finden also nur hinsichtlich des Anspruchsumfangs Anwendung; ihre tatbe-
standlichen Voraussetzungen brauchen nicht vorzuliegen.

Für den Anspruch aus § 852 enthält Satz 2 eine eigene Verjäh-
rungsregelung, die von der Regelverjährung abweicht. Danach ver-
jährt der Anspruch in 10 Jahren von seiner Entstehung an, ohne
Rücksicht auf die Entstehung in 30 Jahren von der Begehung der
Verletzungshandlung oder dem sonstigen, den Schaden auslösenden
Ereignis an.

V. Konkurrenzen

1. Anspruch aus Vertrag und Delikt

38   Ein Schadensersatzanspruch kann sowohl aus Vertrag (z. B. wegen
Pflichtverletzung, § 280 I) als auch aus unerlaubter Handlung begründet sein.

a) Grundsatz: Anspruchskonkurrenz

Regelmäßig bestehen die Ansprüche nebeneinander. Jede Anspruchsgrundlage ist zu prüfen; denn es kann sein, dass die eine für
den Geschädigten günstiger ist als die andere.

Beispiele: Bei der Haftung aus Delikt hat der Verletzte bei Bestreiten des Gegners das Vorliegen aller Tatbestandsmerkmale, also regelmäßig auch des Verschuldens, zu beweisen; bei der Haftung wegen Pflichtverletzung enthält § 280 I 2 hinsichtlich des Verschuldens eine andere Verteilung der Beweislast. Die vertragliche Haftung für Gehilfen richtet sich nach § 278, die deliktische nach § 831, der einen Entlastungsbeweis vorsieht (AS § 20 Rdnr. 39). Die Verjährungsfristen für Ansprüche aus unerlaubter Handlung (§§ 195, 199) und solche aus Vertrag (z. B. § 438 bei Mängelansprüchen im Kaufrecht) können verschieden sein.

b) Auswirkungen des Vertragsverhältnisses auf die deliktische Haftung

In folgenden Fällen wirkt sich das Vertragsverhältnis auf die Haf- **39** tung aus unerlaubter Handlung aus:

aa) Ist nach dem Vertrag der vorgenommene Eingriff gestattet, entfällt wegen fehlender Rechtswidrigkeit auch ein Anspruch aus Delikt.

bb) Besteht beim vertraglichen Anspruch kraft Vereinbarung oder kraft Gesetzes eine mildere Haftung (z. B. nur für Vorsatz und grobe Fahrlässigkeit; vgl. etwa §§ 521, 599, jeweils i. V. m. § 276 I 1), so muss das auch beim Anspruch aus unerlaubter Handlung gelten; andernfalls würde die Haftungsmilderung vereitelt.

2. Anspruch aus Geschäftsführung ohne Auftrag und Delikt

a) Berechtigte GoA

Da die berechtigte GoA (§ 35 Rdnr. 5 ff.) einen Rechtfertigungs- **40** grund für die Übernahme des Geschäfts darstellt, ist insoweit ein deliktischer Anspruch mangels Rechtswidrigkeit ausgeschlossen. Verletzt der Geschäftsführer jedoch bei der Durchführung des Geschäfts schuldhaft seine Pflichten, kann sich ein Schadensersatzanspruch aus §§ 280 ff., aber auch aus Delikt ergeben (§ 35 Rdnr. 39 ff.).

b) Unberechtigte GoA

Bei unberechtigter GoA (§ 35 Rdnr. 50 ff.) entsteht das gesetzliche Schuldverhältnis der berechtigten GoA nicht. Schadensersatzansprüche aus Delikt kommen in Betracht (§ 35 Rdnr. 52). Außerdem gibt § 678 einen selbstständigen Schadensersatzanspruch (§ 35 Rdnr. 53).

c) Irrtümliche Eigengeschäftsführung

Auf die irrtümliche Eigengeschäftsführung (§ 35 Rdnr. 57) finden die Vorschriften der §§ 677 bis 686 keine Anwendung (§ 687 I), so dass sich kein Konkurrenzproblem ergibt.

d) Unerlaubte Eigengeschäftsführung

Bei der unerlaubten Eigengeschäftsführung hat der Geschäftsherr die Wahl, ob er aus §§ 687 II, 678 oder aus Delikt Schadensersatz verlangt (§ 35 Rdnr. 58 f.).

3. Anspruch aus Bereicherung und Delikt

41   Ein Anspruch (z. B. auf Rückgabe einer bestimmten Sache oder auf Zahlung eines Geldbetrages) kann als Schadensersatzanspruch aus Delikt sowie als Anspruch auf Herausgabe des Erlangten aus Bereicherung begründet sein. Auch hier sind beide Anspruchsgrundlagen zu prüfen; sie schließen sich nicht gegenseitig aus.

4. Anspruch aus §§ 989 ff. und Delikt

42   Die schwierigen Konkurrenzprobleme zwischen den Ansprüchen des Eigentümers aus dem Eigentümer-Besitzer-Verhältnis (§§ 989 ff.) und aus Delikt sind erst nach Kenntnis des Sachenrechts verständlich. Hier soll nur folgendes angedeutet werden:

a) Kein Konkurrenzproblem bei Nichtvorliegen eines EBV

Das Problem stellt sich nicht, sofern kein Eigentümer-Besitzer-Verhältnis vorliegt.

aa) Verletzt der *rechtmäßige Besitzer* das Eigentum eines anderen, kommen die Spezialregeln der §§ 989 ff. nicht in Betracht. Diese Bestimmungen setzen *unrechtmäßigen* Besitz voraus. Denn nur der unrechtmäßige Besitzer kann in Bezug auf die Nichtberechtigung zum Besitz redlich oder unredlich sein, und auf diesen Unterschied stellen die §§ 990 ff. entscheidend ab. Bei einem rechtmäßigen Besitzer wäre die Unterscheidung sinnlos.

bb) Wird durch eine unerlaubte Handlung das Eigentümer-Besitzer-Verhältnis erst begründet, scheiden die §§ 989 ff. aus, da sie ein solches Verhältnis bereits voraussetzen (vgl. auch § 992).

b) Konkurrenzverhältnis bei Vorliegen eines EBV

Liegt ein Eigentümer-Besitzer-Verhältnis vor, so ist das Konkurrenzproblem wie folgt zu lösen: **43**

aa) Der *redliche (gutgläubige und unverklagte) Besitzer* haftet weder aus §§ 989 ff. noch aus Delikt. Dass ein Anspruch aus dem Eigentümer-Besitzer-Verhältnis ausgeschlossen ist, ergibt sich aus den §§ 989, 990. Diese Bestimmungen wollen den redlichen Besitzer vor Schadensersatzansprüchen bewahren. Den Schutz würde man ihm versagen, wenn man ihn einem Schadensersatzanspruch aus unerlaubter Handlung aussetzte. Wer redlicherweise auf sein vermeintliches Besitzrecht vertraut, soll eben mit der fremden Sache verfahren können, wie es ihm beliebt, ohne dass er sich schadensersatzpflichtig macht. Deshalb bestimmt § 993 I a. E., dass der redliche Besitzer „im Übrigen" (also auch nach § 823) nicht zum Schadensersatz verpflichtet ist.

Beispiel: K hat von dem geisteskranken V eine Vase erworben, die er in einem Wutanfall zerschlägt. V ist Eigentümer geblieben (§§ 104 f.); K haftet dann nicht auf Schadensersatz, wenn er die Geisteskrankheit infolge nur leichter Fahrlässigkeit nicht erkannt hat und sich deshalb für den Eigentümer und damit für besitzberechtigt hielt (= redlicher Besitzer).

bb) Der *unredliche Besitzer* haftet nach §§ 990, 989 für den Schaden, der dem Eigentümer durch schuldhafte Verschlechterung der Sache oder daraus entsteht, dass die Herausgabe schuldhaft unmöglich geworden ist. Ob daneben die Ansprüche aus Delikt bestehen, ist umstritten. Nach der wohl h. M. sind die §§ 989 ff. für Schadensersatzansprüche gegen den unredlichen Besitzer abschließend (Ausschließlichkeitstheorie; z. B. Jauernig, vor §§ 987–993 Rdnr. 10, 12). Gute Gründe sprechen für die Gegenansicht (z. B. Schwab/Prütting, Sachenrecht, Rdnr. 542). Die Regelung der §§ 990, 989 ist nämlich nicht deshalb getroffen worden, um den unredlichen Besitzer vor   **44**

Schadensersatzansprüchen aus unerlaubter Handlung zu bewahren, sondern um eine Schadensersatzverpflichtung auch für solche Fälle festzulegen, in denen eine unerlaubte Handlung nicht vorliegt (Brox, JZ 1965, 516). Lediglich der redliche (und unverklagte) Besitzer soll nicht den deliktischen Ansprüchen ausgesetzt sein. Nach dieser Ansicht kann beim unredlichen Besitzer also auch ein Anspruch aus §§ 823 ff. in Betracht kommen.

45   cc) In den Fällen des sog. *Fremdbesitzerexzesses* sind nach h. M. die §§ 823 ff. anwendbar (vgl. Baur/Stürner, Sachenrecht, § 11 Rdnr. 27, 32).

Beispiel: Der Mieter ist rechtmäßiger Fremdbesitzer. Verschlechtert er schuldhaft die Mietsache, ist er aus Vertrag und Delikt schadensersatzpflichtig. Ist der Mietvertrag aus irgendeinem Grunde nichtig und weiß der „Mieter" das nicht, so ist er redlicher unrechtmäßiger Fremdbesitzer. Er darf aber bei einer Verschlechterung der „Mietsache" nicht besser stehen als der aufgrund eines gültigen Mietvertrages (also rechtmäßig) Besitzende. Er stünde aber besser, wenn § 993 I a. E. eingreifen würde. Deshalb wendet man die §§ 823 ff. an.

§ 45. Unterlassungs- und Beseitigungsanspruch

1   **Schrifttum:** Buchholz/Radke, Negatorische Haftung und Billigkeit, Jura 1997, 454; Gursky, Zur neueren Diskussion um § 1004 BGB, JR 1989, 397; Herrmann, Der Störer nach § 1004 BGB, 1987; dies., Die Haftungsvoraussetzungen nach § 1004 BGB – Neuere Entwicklung und Lösungsvorschlag, JuS 1994, 273; Lohse, § 1004 BGB als Rechtsgrundlage für Zahlungsansprüche, AcP 201 (2001), 902; Picker, Zur Beseitigungshaftung nach § 1004 BGB – Eine Apologie, Festschrift f. Gernhuber, 1993, 315; Ritter, Zum Widerruf einer Tatsachenbehauptung, ZZP 84, 163; E. Schneider, Der Widerruf von Werturteilen, MDR 1978, 613; Seyfarth, Der Einfluß des Verfassungsrechts auf zivilrechtliche Ehrschutzklagen, NJW 1999, 1287; Stickelbrock, Angleichung zivilrechtlicher und öffentlichrechtlicher Haftungsmaßstäbe beim Störerbegriff des § 1004 BGB, AcP 197 (1997), 456; Waas, Zur Abgrenzung des Beseitigungsanspruchs gem. § 1004 Abs. 1 S. 1 BGB von dem Anspruch auf Schadensersatz wegen unerlaubter Handlung, VersR 2000, 1205.

Fälle:

a) A behauptet wahrheitswidrig, aber ohne fahrlässig zu handeln, der Geschäftsmann B habe bereits zweimal „Konkurs" angemeldet. Im Schadensersatzprozess des B gegen A erklärt dieser, er sei im Besitz so überzeugender Unterlagen, dass er auch in Zukunft alle seine Bekannten vor dem „Konkursmacher" B warnen werde. B klagt nun zusätzlich auf Unterlassung. Mit Erfolg?

b) Kunsthändler A hat ein Gemälde, das B in lächerlicher Pose zeigt, ins Schaufenster gestellt. B verlangt von A Entfernung des Bildes.

I. Unterlassungsanspruch

1. Überblick

Die Ersatzansprüche nach §§ 823 ff. bezwecken, einen eingetretenen Schaden wiedergutzumachen. Sie bieten somit keine Möglichkeit, den Eintritt drohender Verluste bereits vorher abzuwehren.

Beispiel: Benutzt A häufig die Grundstückseinfahrt seines Nachbarn B zum Wenden seines Pkw und beschädigt er dabei mehrfach die Rosenbeete des B, so kann dieser den ihm jeweils entstandenen Schaden ersetzt verlangen. Das Interesse des B an einem Schutz vor künftigen Wendemanövern des A wird hierdurch jedoch nicht befriedigt.

Das Gesetz gibt daher, um dem Schadenseintritt bereits vorzubeugen, in verschiedenen Fällen einen Unterlassungsanspruch gegen drohendes gefährdendes Verhalten. Derart geschützt sind etwa der Name (§ 12 S. 2), der Besitz (§ 862 I 2), das Eigentum (§ 1004 I 2) und andere Rechte. Hier kann der Rechtsinhaber, sofern eine künftige Beeinträchtigung seines Rechts zu befürchten ist, auf Unterlassung klagen (negatorische Klage).

Im Beispielsfall wird B mit der Klage auf Unterlassung des Befahrens der Einfahrt Erfolg haben (§ 1004 I 2). Folge seines obsiegenden Urteils ist, dass das Gericht den A zu einer Geldstrafe oder Haft verurteilen kann, wenn dieser wieder in gleicher Weise auf das Grundstück des B fährt (§ 890 ZPO; dazu Brox/Walker, ZVR, Rdnr. 1092 ff.).

Es besteht ein Bedürfnis, den Schutz, welchen die Unterlassungs- 2 klage bietet, auch auf die gesetzlich nicht geregelten Fälle (z. B. drohende Gesundheits-, Ehr-, Persönlichkeitsverletzung) zu erstrecken. Daher ist ein Unterlassungsanspruch auch dann zu gewähren, wenn eine rechtswidrige Verletzung der durch §§ 823 ff. geschützten Rechte, Rechtsgüter oder rechtlichen Interessen droht.

Die Begründung dieses Unterlassungsanspruchs ist umstritten. Insbesondere die Rechtsprechung sieht heute seine Grundlage in dem Rechtsgedanken, der in den §§ 1004 I 2; 862 I 2; 12 S. 2 und einer Reihe anderer Bestimmungen (z. B. § 139 I PatG) seinen Ausdruck findet. Man wird nunmehr auch von einer gewohnheitsrechtlichen Anerkennung sprechen können. – Die Frage, ob die drohende Verletzung rechtswidrig sein müsse, wird im Schrifttum eben-

falls nicht einheitlich beantwortet. Sie ist mit der h. M. zu bejahen (Palandt/ Bassenge, § 1004 Rdnr. 9).
Begrifflich unterscheidet man meist zwischen dem *negatorischen* und dem *quasinegatorischen* Unterlassungsanspruch. Ersterer ist gegeben bei der drohenden Beeinträchtigung absoluter Rechte, Letzterer bei drohender Beeinträchtigung von Rechtsgütern und rechtlich geschützten Interessen. Abgesehen von dieser Verschiedenheit des Schutzobjekts sind die Voraussetzungen und Folgen jedoch gleich.

2. Voraussetzungen des Unterlassungsanspruchs

3   Der Inhaber einer durch §§ 823 ff. geschützten Rechtsposition kann erfolgreich gegen denjenigen, von dem ein objektiv rechtswidriger Eingriff in die geschützte Rechtsposition droht (= Störer), auf Unterlassung zukünftiger Störungen klagen.

a) Betroffenheit absoluter Rechte oder Rechtsgüter

Durch die Unterlassungsklage werden die von den §§ 823 ff. erfassten absoluten Rechte, Rechtsgüter und Interessen geschützt.

Beispiele: Leben, Gesundheit, Freiheit, Persönlichkeitsrecht (§ 823 I, Rechtsgut); eingerichteter und ausgeübter Gewerbebetrieb (§ 823 I, sonstiges Recht); Interesse, vor behördlichen Nachforschungen aufgrund falscher Anschuldigungen bewahrt zu werden (§ 823 II, § 164 StGB); Kreditehre (§ 824; **Fall a**).

b) Wiederholungs- oder Erstbegehungsgefahr

4   Die Verletzung der Rechtsposition muss ernsthaft drohen. Die §§ 1004 I 2; 862 I 2; 12 S. 2 sprechen zwar davon, dass weitere Störungen oder Beeinträchtigungen zu besorgen sein müssen (Wiederholungsgefahr). Es ist jedoch nicht einzusehen, warum der vorbeugende Rechtsschutz vor Beeinträchtigungen nur dann möglich sein soll, wenn die Rechtsverletzung bereits einmal stattgefunden hat. Deshalb kann auch eine Erstbegehungsgefahr ausreichen. Falls eine Rechtsgutverletzung bereits einmal oder mehrmals erfolgt ist, wird man beim Hinzukommen weiterer Anzeichen allerdings eher eine ernsthaft drohende Beeinträchtigung annehmen können.

Beispiel: Sagt A seinen Bekannten, er werde den B bei nächster Gelegenheit zusammenschlagen, so kann dies unter Berücksichtigung aller Umstände eine Prahlerei oder eine ernsthafte Drohung sein. Ist A bereits mehrmals auf B losgegangen, so werden Zweifel an der Ernsthaftigkeit des Drohens kaum bestehen.

c) Rechtswidriges Verhalten des Störers

Die analoge Anwendung der genannten Bestimmungen führt da- 5
zu, dass bereits ein rechtswidriges Verhalten des Störers den Unterlassungsanspruch begründet; Verschulden ist nicht erforderlich.
Eine solche Verringerung der Anspruchsvoraussetzungen gegenüber
einem auf Schadensersatz gerichteten Anspruch nach den §§ 823 ff.
ist interessengemäß. Die weniger belastende Sanktion (Unterlassung
oder Beseitigung) gegen den Störer rechtfertigt die Abweichung vom
Verschuldenserfordernis der §§ 823 ff. Bei der Unterlassungsklage
muss daher das zu erwartende Verhalten des Störers im Falle seiner
Verwirklichung den objektiven Tatbestand einer unerlaubten Handlung nach §§ 823 I, 824 ff. erfüllen. Rechtfertigungsgründe dürfen
dem Störer nicht zur Seite stehen. Bei § 823 II muss der objektive
Tatbestand des Schutzgesetzes vorliegen.

Im **Fall a** wird die Schadensersatzklage des B nach § 824 mangels Verschuldens des A abgewiesen. Die Unterlassungsklage dagegen wird erfolgreich sein, da A den Tatbestand des § 824 I erfüllt hat und ein Rechtfertigungsgrund (insbesondere der nach § 824 II) nicht vorliegt.

II. Beseitigungsanspruch

1. Überblick

Wie die Unterlassungsklage ist auch die Beseitigungsklage in ver- 6
schiedenen Vorschriften gesetzlich geregelt (z. B. § 12 S. 1; § 862 I 1;
§ 1004 I 1). Mit ihr kann der Rechtsinhaber von demjenigen, der
rechtswidrig das Recht bereits beeinträchtigt hat, Beseitigung der
noch fortwirkenden Störung verlangen.

Beispiel: Hat A seinen Abfall unerlaubt, aber ohne Verschulden auf das
Grundstück des B geworfen, so steht B der Anspruch auf Beseitigung des
Unrats nach § 1004 I 1 zu.

Rechtsprechung und Lehre haben in gleicher Weise wie bei der
Unterlassungsklage den Anwendungsbereich des Beseitigungsan-
spruchs auf die nicht geregelten Fälle der Beeinträchtigung absoluter
Rechte, Rechtsgüter und rechtlich geschützter Interessen erstreckt.
Begründet wird dies mit der analogen Anwendung der genannten
Vorschriften oder mit der Berufung auf Gewohnheitsrecht.

2. Voraussetzungen des Beseitigungsanspruchs

7   Der Inhaber eines absoluten Rechts, eines Rechtsguts oder rechtlich geschützter Interessen kann im Fall einer bereits eingetretenen
Beeinträchtigung seiner Rechtsposition von dem Verletzer Beseitigung der Beeinträchtigung verlangen, wenn diese noch andauert.

a) Betroffenheit absoluter Rechte oder Rechtsgüter

Schutzobjekte sind wie bei der Unterlassungsklage (Rdnr. 3) die in
den §§ 823 ff. geschützten Rechtspositionen, für die nicht bereits
ausdrücklich ein gesetzlicher Beseitigungsanspruch besteht.

b) Störung

8   Die *Verletzung* des Rechts *muss bereits eingetreten sein und fort-
wirken;* für den Verletzten muss „eine stetig sich erneuernde Quelle"
(RGZ 170, 317; vgl. auch BGH NJW 2001, 1069) der Rechtsverlet-
zungen vorliegen.

Im **Fall b** wirkt die Verletzung des Persönlichkeitsrechts ständig fort,
solange das Bild im Fenster steht. Mit der Beseitigungsklage kann B die
Herausnahme des Bildes aus dem Schaufenster erreichen.

c) Rechtswidrige Verursachung

9   Auch für die Beseitigungsklage ist lediglich erforderlich, dass
der Verletzer durch sein Verhalten den beeinträchtigenden Zustand
rechtswidrig verursacht hat. Es muss der objektive Tatbestand einer
unerlaubten Handlung nach §§ 823 ff. gegeben sein. Die allgemeinen
Regelungen über Verursachung und Rechtswidrigkeit gelten; Verschulden ist nicht erforderlich.

Beispiel: Hat A im **Fall b** ohne Verschulden angenommen, der auf dem Bild
Dargestellte sei eine Phantasiefigur des Malers, ist ein Schadensersatzanspruch des B nicht gegeben. Beseitigung dagegen kann B verlangen.

d) Beseitigung

10   Der Anspruch ist auf Beseitigung der Störung gerichtet. Werden
Ehre oder Kredit durch weiterwirkende Äußerungen beeinträchtigt,
so richtet sich der Beseitigungsanspruch auf *Widerruf.* Dieser An-

spruch setzt voraus, dass die Aussage eine *unrichtige Tatsachenbe-hauptung* enthält. Müsste sich jemand von seinen wertenden Äuße-rungen lossagen, wäre das Grundrecht der freien Meinungsäußerung (Art. 5 GG) gefährdet (vgl. BGH MDR 1965, 35).

Beispiel: Erklärt A überall, er halte B für einen unseriösen Geschäftsmann (Wertung), so kann B sich wegen der Beleidigung mit einer Schadensersatz-klage oder mit strafrechtlichen Mitteln gegen A wenden. Eine Widerrufser-klärung des Inhalts, er halte B nicht für einen unseriösen Geschäftsmann, kann von A nicht verlangt werden.

Der Widerrufsanspruch ist nicht ausgeschlossen, wenn der Täter 11 die Behauptung in Wahrnehmung berechtigter Interessen (§ 193 StGB; siehe auch § 824 II) aufgestellt hat und die Unwahrheit der (weiterwirkenden) Aussage sich später herausstellt. Über die Be-gründung dieses Ergebnisses herrscht Streit. Diejenigen, die für den Beseitigungsanspruch eine widerrechtliche Störung verlangen, sehen zum Teil § 193 StGB und § 824 II als Schuldausschließungsgründe an. Die Rechtsprechung zieht aus § 904 S. 2, der im Fall des An-griffsnotstandes dem rechtmäßig in das Eigentum Eingreifenden einen Ersatzanspruch aufbürdet, den Schluss, dass jedenfalls unter den Voraussetzungen des § 193 StGB trotz Rechtmäßigkeit ein Be-seitigungsanspruch besteht (BGH MDR 1960, 371).

Von dem Widerrufsanspruch ist der in den Landespressegesetzen geregelte presserechtliche Anspruch auf Gegendarstellung zu unterscheiden.

e) Abgrenzung des Beseitigungs- vom Schadensersatzanspruch

Schwierigkeiten bereitet die Abgrenzung des Beseitigungsanspruchs 12 vom Schadensersatzanspruch. Die Unterscheidung, Schaden sei eine Gütereinbuße, die (zu beseitigende) Beeinträchtigung dagegen ein Zustand des fortwirkenden erzwungenen Verzichts auf Gütergenuss, führt nicht weiter. Denn auch der Schaden erzwingt einen fortwir-kenden Verzicht. Da das Gesetz Schadensersatzansprüche in der Regel nur bei Verschulden gibt, muss der Inhalt des Beseitigungsan-spruchs, weil er kein Verschulden voraussetzt, begrenzt werden. Da-her ist der Störer lediglich verpflichtet, die Störungsquelle zu besei-tigen (vgl. Baur, AcP 160, 489; str.).

Beispiel: Macht A schuldlos kreditschädigende Äußerungen, muss er gem. § 1004 nur die Äußerungen widerrufen, nicht dadurch entgangene Gewinne ersetzen.

§ 46. Gefährdungshaftung

1   **Schrifttum:** Blaschczok, Gefährdungshaftung und Risikozuweisung, 1993;
Coester-Waltjen, Beweiserleichterungen und Gefährdungshaftungen, Jura
1996, 608; Deutsch, Das neue System der Gefährdungshaftungen: Gefährdungshaftung, erweiterte Gefährdungshaftung und Kausal-Vermutungshaf-
tung, NJW 1992, 73; Geigel, Der Haftpflichtprozeß, 22. Aufl., 1997; Groß,
Die Entwicklung der höchstrichterlichen Rechtsprechung im Haftungs- und
Schadensrecht, VersR 1996, 657; Mattis, Die Haftung des Fahrzeughalters
und Fahrzeugführers nach §§ 7, 18 StVG, JA 1997, 45; ders., Mitverursachung und Mitverschulden beim Straßenverkehrsunfall mit einzelnen Haf-
tungsquoten, JA 1997, 141; Medicus, Gefährdungshaftung im Zivilrecht,
Jura 1996, 561; Hans Stoll, Adäquanz und normative Zurechnung bei der
Gefährdungshaftung, VersR 1983, Beih. Karlsruher Forum, 184; Will, Quel-
len erhöhter Gefahr, 1980.

Fälle:

a) E leiht sein Auto gegen Erstattung der Benzinkosten dem F für eine
Fahrt in die 10 km entfernte Stadt. F beschädigt dort auf einem Parkplatz
durch unachtsames Öffnen der Wagentür den Pkw des A. Dieser verlangt
Schadensersatz von E und F.

b) H wird am Steuer seines Lkw plötzlich und unvorhersehbar bewusstlos.
Der Lkw fährt in die Schaufensterfront eines Kaufhauses. Inhaber A verlangt
von H 310 000 Euro Schadensersatz.

c) Fahrgast A kommt im Gedränge auf dem Bahnsteig zu Fall und verletzt
sich. Ist die Deutsche Bahn AG schadensersatzpflichtig?

d) Haftet der Betriebsunternehmer, wenn A durch eine bei voller Fahrt von
einem Fahrgast aus der Straßenbahn geworfene Bierdose verletzt wird?

e) Infolge eines Sprengstoffanschlags entgleist eine Straßenbahn. Dabei
wird der Fußgänger A verletzt. Der Betriebsunternehmer der Straßenbahn
weigert sich, Ersatz zu leisten.

f) A und B sind Zulieferer des C, der Kraftfahrzeuge herstellt. A liefert
Bremsanlagen, B Benzintanks. Die Bremsen weisen einen Konstruktionsfehler
auf. Infolgedessen verursacht X, der bei C einen Pkw gekauft hatte, einen
Unfall. Dabei werden X schwer verletzt, der Pkw und ein darin befindlicher
Koffer (Wert 1000 Euro) zerstört. Von wem kann X Schadensersatz verlangen?

g) Durch Explosion einer Zeitbombe verliert ein Flugzeug während des
Fluges ein Triebwerk. Ein herabfallendes Triebwerksteil verletzt den Fußgänger A schwer. Muss der Halter des Flugzeugs Schadensersatz leisten?

I. Grundgedanke der Gefährdungshaftung

Neben der bisher behandelten Haftung für rechtswidriges und
schuldhaftes Verhalten kennt unser Recht auch eine Ersatzpflicht für

solche Schäden, die durch eine rechtmäßige, aber für andere mit Gefahren verbundene Betätigung verursacht werden (Gefährdungshaftung).

Beispiele: Haftung des Kraftfahrzeughalters (§ 7 I StVG), des Bahnbetriebsunternehmers (§ 1 HaftpflG), des Inhabers einer Atomenergieanlage (§ 25 AtomG), des Herstellers eines Produkts (§ 1 ProdHaftG).

Die Gefährdungshaftung beruht auf dem Gedanken, dass derjenige, der erlaubterweise eine gefährdende Betätigung ausübt oder eine gefährliche Anlage betreibt und daraus Nutzen zieht, auch die Schäden zu tragen hat, die Außenstehende dadurch erleiden, dass die Gefahr sich verwirklicht.

Wenn in einer modernen Industriegesellschaft das Wirtschaftsleben und der technische Fortschritt nicht übermäßig behindert werden sollen, müssen bestimmte Tätigkeiten und Anlagen (z. B. der Betrieb eines Kraftfahrzeuges, einer Eisenbahn, einer Energieanlage) zugelassen werden, auch wenn damit gewisse Gefahren für die Umwelt verbunden sind. Verwirklicht sich jedoch die mit diesen Betätigungen verbundene Gefahr und werden dabei Rechtsgüter eines Dritten verletzt, so wäre es unbillig, diesen den Schaden tragen zu lassen. Hier ist es ein Gebot der ausgleichenden Gerechtigkeit, dass für diese Schäden derjenige einzustehen hat, der die Gefahrenquelle beherrscht und dem die wirtschaftlichen Vorteile der gefährlichen Betätigung zufließen.

Die Gefährdungshaftung bedarf jedoch einer Begrenzung, um für   2
den Verpflichteten tragbar zu sein. Es geht nicht an, den Halter oder Betriebsunternehmer für alle Unglücksschäden haften zu lassen, die irgendwie in einem Zusammenhang mit der Gefahrenquelle stehen. Die Haftung ist daher in vielen Fällen auf die dem Betriebskreis eigenen Risiken beschränkt; sie besteht in der Regel nicht, wenn der Schaden durch eine betriebsfremde Ursache hervorgerufen wurde. So entfällt z. B. die Haftung des Kraftfahrzeughalters, wenn der Unfall durch höhere Gewalt verursacht wurde (§ 7 II StVG). Auch der Eisenbahnunternehmer haftet nicht, wenn der Schaden durch höhere Gewalt verursacht wurde (§ 1 II HaftpflG; Rdnr. 23).

Das den Halter oder Betriebsunternehmer treffende Haftungsrisiko wird in der Regel auch dadurch eingeschränkt, dass eine Schadensersatzpflicht nur für solche Schäden besteht, die durch Tötung oder Verletzung eines Menschen oder durch Beschädigung einer Sache entstanden sind. Der Risikobegrenzung dient schließlich auch die Beschränkung der Haftung auf bestimmte Höchstbeträge (vgl. etwa § 12 StVG, § 10 HaftpflG, § 31 AtomG). Diese Begrenzung der Schadensersatzpflicht ermöglicht es dem Halter oder Betriebsinhaber, zu wirtschaftlich tragbaren Bedingungen eine Haftpflichtversicherung abzuschließen, damit er den Schaden nicht selbst zu tragen braucht.

Die Gefährdungshaftung ist in einer Reihe von Einzelvorschriften gesetzlich geregelt, die keinen Schmerzensgeldanspruch vorsehen.

II. Haftung des Kraftfahrzeughalters

3   **Schrifttum:** Becker/Böhme/Dittrich, Kraftverkehrs-Haftpflicht-Schäden, 21. Aufl., 1999; Greger, Haftungsrecht des Straßenverkehrs, 3. Aufl., 1997; Groß, Die Entwicklung der höchstrichterlichen Rechtsprechung im Haftungs- und Schadensrecht, VersR 1996, 657; Kuckuk/Werny, Straßenverkehrsrecht, 8. Aufl., 1996; Hentschel, Straßenverkehrsrecht, 36. Aufl., 2001; Gerda Müller, Besonderheiten der Gefährdungshaftung nach dem StVG, VersR 1995, 489; Schopp, Betriebsgefahr (§ 7 StVG) im ruhenden Verkehr, MDR 1990, 884; Vogel, „Höhere Gewalt“ und Haftungsbeschränkungen im StVG nach der Schadensersatzreform, ZGS 2002, 400.

Nach § 7 I StVG (Schönfelder Nr. 35) hat der Halter eines Kraftfahrzeuges die Schäden zu ersetzen, die dadurch entstanden sind, dass bei dem Betrieb des Fahrzeuges ein Mensch getötet oder verletzt oder eine Sache beschädigt worden ist. Diese Ersatzpflicht des Kraftfahrzeughalters ist ein Fall der Gefährdungshaftung. Bei der Schadensersatzpflicht des Fahrzeugführers nach § 18 I StVG handelt es sich dagegen um eine Haftung für vermutetes Verschulden.

1. Voraussetzungen der Halterhaftung

a) Halter eines Kraftfahrzeuges

4   Der Inanspruchgenommene muss Halter eines Kraftfahrzeuges sein.

aa) *Kraftfahrzeuge* i. S. d. § 7 I StVG sind nach § 1 II StVG alle Landfahrzeuge, die mit Maschinenkraft bewegt werden und nicht an Bahngleise gebunden sind. Die Gefährdungshaftung gilt jedoch nicht für Kraftfahrzeuge, die auf ebener Bahn nicht schneller als 20 km in der Stunde fahren können (§ 8 StVG).

5   bb) *Halter* des Kraftfahrzeuges ist, wer die tatsächliche Verfügungsgewalt über das Fahrzeug besitzt und es für eigene Rechnung gebraucht (BGHZ 13, 351). Die Eigentumsverhältnisse sind für die

Haltereigenschaft nicht entscheidend; sie können aber einen wesentlichen Anhaltspunkt für die Bestimmung des Halters geben. Die tatsächliche Verfügungsgewalt setzt keinen unmittelbaren Besitz voraus; mittelbarer Besitz reicht aus. Für eigene Rechnung gebraucht derjenige ein Kraftfahrzeug, der die Betriebskosten trägt und die Vorteile aus dem Betrieb zieht.

Im **Fall a** ist E und nicht F Halter des Pkw, weil F das Fahrzeug nur für kurze Zeit und lediglich für eine bestimmte Fahrt erhalten hat (vgl. BGHZ 32, 331).

b) Personen- oder Sachschaden

Es muss ein Personen- oder Sachschaden bei dem Betrieb des   6
Kraftfahrzeuges verursacht worden sein. Ein reiner Vermögensschaden begründet keine Ersatzpflicht des Halters. Auch Personen- und Sachschäden sind nicht immer zu ersetzen:

War der Verletzte bei dem Betrieb des Kraftfahrzeuges tätig (z. B. als Arbeitnehmer, aber auch als freiwilliger Helfer), so ist der Halter nicht ersatzpflichtig (§ 8 StVG).
War der Verletzte ein Insasse des Kraftfahrzeuges und handelte es sich um eine unentgeltliche, nicht geschäftsmäßige Personenbeförderung, so haftet der Halter ebenfalls nicht nach § 7 I StVG (§ 8 a I StVG).
Bei entgeltlicher, geschäftsmäßiger Personenbeförderung greift der Haftungsausschluss nicht ein. In diesen Fällen kann die Haftung des Halters wegen Tötung oder Verletzung beförderter Personen auch nicht durch Vereinbarung ausgeschlossen oder beschränkt werden (§ 8 a II StVG).

c) Schadensverursachung bei dem Betrieb eines Kraftfahrzeuges

Der Schaden muss bei dem Betrieb des Kraftfahrzeuges entstanden   7
sein. Erforderlich ist also, dass das Kraftfahrzeug zur Zeit des Unfalls in Betrieb war und ein ursächlicher Zusammenhang zwischen Betrieb und Schadensereignis besteht. Entsprechend dem Zweck des § 7 I StVG, die Verkehrsteilnehmer vor den Gefahren des Kraftverkehrs zu schützen, ist mit der h. L. und der Rechtsprechung das Tatbestandsmerkmal „bei dem Betrieb" weit auszulegen (vgl. BGHZ 29, 163; 105, 66; 107, 366).

Die Haftung des Halters setzt nicht voraus, dass der Unfall sich auf öffentlichen Straßen oder Plätzen ereignet (vgl. BGHZ 5, 318).

8   aa) In *Betrieb* ist ein Kraftfahrzeug so lange, wie der Betriebsvorgang, also die Fahrt, noch nicht endgültig abgeschlossen ist (h. M.; Medicus, BürgR, Rdnr. 633). Unterbrechungen der Fahrt zählen noch zum Betrieb, auch wenn der Motor abgestellt wird. Der Betrieb endet erst dann, wenn das Fahrzeug am Ende der geplanten Fahrt angelangt ist und dort endgültig in Ruhe versetzt wird.

Der Betrieb eines Kraftfahrzeuges dauert also fort, wenn dieses zum Be- oder Entladen hält oder wenn es infolge Motorschadens auf der Straße liegenbleibt. Mit dem Abstellen des Motors ist der Betriebsvorgang noch nicht beendet; denn zum Betrieb gehört auch das Aussteigen (**Fall a**), nicht mehr jedoch das Entladen, auch wenn dies mit Motorkraft erfolgt (BGHZ 71, 212).

9   bb) *Bei dem Betrieb* des Kraftfahrzeuges ist der Schaden entstanden, wenn der Unfall in einem unmittelbaren, örtlichen und zeitlichen Zusammenhang mit den Betriebsvorgängen oder mit bestimmten Betriebseinrichtungen des Fahrzeuges steht. Es genügt jeder ursächliche Zusammenhang (**Fall a**); der Unfall braucht also nicht auf Gefahren zu beruhen, die nur dem Kraftfahrzeugbetrieb eigentümlich, anderen Verkehrsmitteln aber fremd sind.

2. Ausschluss der Halterhaftung

a) Höhere Gewalt

10   Die Halterhaftung war nach der bis zum 31. 7. 2002 geltenden Fassung des § 7 II StVG ausgeschlossen, wenn der Unfall durch ein unabwendbares Ereignis verursacht wurde.

Ein unabwendbares Ereignis lag dann vor, wenn der Unfall durch Vorgänge verursacht wurde, die von außen auf den Kraftfahrzeugbetrieb einwirkten, und weder der Halter noch der Fahrer selbst bei der höchstmöglichen Sorgfalt den Unfall verhindern konnten. Schon ein geringfügiges Verschulden des Halters oder Fahrers (**Fall a**) schloss die Annahme eines unabwendbaren Ereignisses aus.

Ein unabwendbares Ereignis war etwa gegeben, wenn ein Fußgänger vor ein Kraftfahrzeug läuft, ohne dass damit gerechnet werden musste. Dagegen wurde das schuldlose Versagen des Kraftfahrzeugführers, wenn es nicht auf äußere Einwirkungen zurückzuführen war, nicht als unabwendbares Ereignis anerkannt (BGHZ 23, 90; str.; **Fall b**).

11   Nach der zum 1. 8. 2002 geänderen Fassung des § 7 II StVG ist die Voraussetzung des „unabwendbaren Ereignisses" durch diejenige

der „höheren Gewalt" ersetzt. Damit ist nicht nur eine terminologische Änderung, sondern eine Haftungsverschärfung verbunden. Als höhere Gewalt wird nämlich nur ein betriebsfremdes, von außen durch elementare Naturkräfte oder durch Handlungen dritter Personen herbeigeführtes Ereignis anerkannt, das nach menschlicher Einsicht und Erfahrung unvorhersehbar ist, mit wirtschaftlich erträglichen Mitteln auch durch die äußerste nach der Sachlage vernünftigerweise zu erwartende Sorgfalt nicht verhütet oder unschädlich gemacht werden kann und auch nicht wegen seiner Häufigkeit in Kauf zu nehmen ist (BT-Drucks. 14/7752, S. 30; vgl. auch BGHZ 7, 338, 339; 62, 351, 354 [jeweils zum Haftpflichtgesetz]).

Der früher als unabwendbares Ereignis anerkannte Fall, dass ein durch ein **12** parkendes Fahrzeug verdeckter Fußgänger auf die Straße läuft und von einem fahrenden Pkw erfasst wird, ist keine höhere Gewalt. Der Halter kann sich in solchen Fällen also seit dem 1. 8. 2002 nicht mehr auf den Haftungsausschluss des § 7 II StVG berufen. Erst recht wurde im **Fall b** der Unfall nicht durch höhere Gewalt verursacht.

b) Schwarzfahrt

Die Haftung des Halters aus § 7 I StVG ist ferner dann ausge- **13** schlossen, wenn jemand das Fahrzeug ohne Wissen und Wollen des Halters benutzt (§ 7 III 1 StVG, Schwarzfahrt). In diesem Fall haftet der Schwarzfahrer anstelle des Halters.

Der Halter bleibt aber neben dem Schwarzfahrer zum Ersatz des Schadens verpflichtet, wenn er die unbefugte Ingebrauchnahme des Kraftfahrzeuges schuldhaft ermöglicht hat (z.B. durch Nichtabschließen des Tür- und Lenkradschlosses). Der Ausschluss der Halterhaftung nach § 7 III 1 StVG greift auch dann nicht ein, wenn der eine Schwarzfahrt vornehmende Fahrzeugführer von dem Fahrzeughalter für den Betrieb des Kraftfahrzeuges angestellt worden ist oder der Halter ihm das Kraftfahrzeug überlassen hat (§ 7 III 2 StVG).

c) Versäumung rechtzeitiger Schadensanzeige

Der Anspruch aus § 7 I StVG erlischt bei nicht rechtzeitiger Scha- **14** densanzeige des Geschädigten (Einzelheiten: § 15 StVG).

3. Mitverschulden des Verletzten

15   Hat der Verletzte bei der Entstehung oder Vergrößerung des Schadens schuldhaft mitgewirkt, so ist § 254 anwendbar (§ 9 StVG). Ist eine Sache beschädigt worden, so steht ein Verschulden desjenigen, der die tatsächliche Gewalt über die Sache ausgeübt hat, dem Verschulden des Geschädigten gleich (§ 9 StVG).

§ 9 StVG und damit § 254 greifen jedoch erst dann ein, wenn der Halter (§ 7 I StVG) oder der Fahrer (§§ 18 I, 7 I StVG) ersatzpflichtig sind; das Verhalten des Verletzten darf also keine höhere Gewalt darstellen. Ist der Verletzte selbst Halter eines am Unfall beteiligten Kraftfahrzeuges, so ist bei der Bestimmung seines Schadensersatzanspruchs auch noch § 17 I 2 StVG zu beachten. Danach muss sich der geschädigte Halter nicht nur ein eigenes Mitverschulden oder ein Verschulden seines Fahrers, sondern auch die Betriebsgefahr seines Fahrzeuges anrechnen lassen. Die Anrechnung entfällt jedoch, wenn für den geschädigten Halter der Unfall ein unabwendbares Ereignis (höhere Gewalt) war. – Im **Fall a** kann A, da er den Unfall nicht mitverschuldet hat, vollen Ersatz seines Schadens von E (§ 7 I StVG) und F (§§ 18 I, 7 I StVG) als Gesamtschuldner verlangen.

Für die Haftung von Kindern vor Vollendung des zehnten Lebensjahres bei Unfällen mit Kraftfahrzeugen ist der Haftungsausschluss nach dem am 1. 8. 2002 in Kraft getretenen § 828 II (§ 40 Rdnr. 7) zu beachten.

4. Umfang des Ersatzanspruchs

16   Der Umfang des Schadensersatzanspruchs aus § 7 I StVG ist in §§ 10 ff. StVG geregelt. Nach §§ 10, 11 StVG sind bei Tötung oder Verletzung eines Menschen nur bestimmte Schäden zu ersetzen. Nach dem seit 1. 8. 2002 geltenden neuen § 11 S. 2 StVG besteht auch bei der Gefährdungshaftung nach § 7 I StVG ein Entschädigungsanspruch für immaterielle Schäden auf Grund des gleichzeitig in Kraft getretenen neuen § 253 II. Die Schadensersatzansprüche nach dem StVG sind auf *Höchstbeträge* beschränkt (vgl. § 12 StVG). Wurden bei einem Kraftfahrzeugunfall mehrere geschädigt und übersteigen die Ansprüche zusammen die Haftungssumme, so sind die Ansprüche der Geschädigten verhältnismäßig herabzusetzen (vgl. § 12 II StVG).

Im **Fall b** kann A nur 300 000 Euro Schadensersatz von H verlangen (vgl. § 12 I Nr. 3 StVG). Werden gefährliche Güter befördert und verursacht deren Gefährlichkeit den Schaden, gelten besondere Höchstbeträge nach § 12 a StVG.

5. Konkurrenzen

Schadensersatzansprüche nach dem BGB oder aus anderen Geset- 17
zen werden durch die Ansprüche nach dem StVG *nicht ausgeschlos-*
sen (§ 16 StVG). Trifft den Halter oder Fahrer also ein Verschulden,
so kommt neben der Haftung nach dem StVG eine Schadensersatzpflicht aus §§ 823 ff. und u. U. auch aus § 280 I in Betracht. Ist eine
Schadensersatzpflicht aus § 823 begründet, kann schon nach gelten-
dem Recht auch ein Schmerzensgeldanspruch gegeben sein.

6. Ausgleichspflicht mehrerer Haftpflichtiger

Erleidet jemand durch mehrere Kraftfahrzeuge einen Personen- oder Sach- 18
schaden und sind ihm alle Halter zum Ersatz verpflichtet, haften diese als
Gesamtschuldner. Im Verhältnis der Halter untereinander ist ausschlaggebend, in welchem Ausmaß das einzelne Fahrzeug für das Schadensereignis
ursächlich geworden ist (§ 17 I StVG). Das Gleiche gilt, wenn der Schaden
außer von einem Kraftfahrzeug auch noch von einem Tier oder einer Eisenbahn verursacht worden ist (§ 17 II StVG).

III. Haftung nach dem Haftpflichtgesetz

Schrifttum: Filthaut, Haftpflichtgesetz, Kommentar, 5. Aufl., 1999; ders., 19
Die Zustandshaftung für ordnungswidrige Anlagen nach § 2 Abs. 1 S. 2
HpflG, VersR 1997, 145.

Die Gefährdungshaftung des Schienen- und Schwebebahnunter-
nehmers und des Inhabers von Elektrizitäts- und Rohrleitungsanlagen ist im HaftpflG (Schönfelder Nr. 33) geregelt. Sie ähnelt der
Haftung des Kraftfahrzeughalters. Hinsichtlich der Voraussetzungen
bestehen jedoch einige Unterschiede zur Kraftverkehrshaftpflicht.

1. Haftung des Bahnunternehmers

a) Voraussetzungen der Haftung

Nach § 1 I HaftpflG haftet der Betriebsunternehmer einer Schie- 20
nen- oder Schwebebahn für alle Schäden, die dadurch entstanden
sind, dass bei dem Betrieb der Bahn ein Mensch getötet oder verletzt
oder eine Sache beschädigt worden ist.

aa) *Betriebsunternehmer* ist, wer die Bahn für eigene Rechnung betreibt und wem die Verfügung über den Bahnbetrieb zusteht (RGZ 75, 7).

21   bb) *Schienen- oder Schwebebahnen* sind alle dem öffentlichen Verkehr dienenden Transportmittel, die sich auf oder in Schienen bewegen. Für die dem privaten Verkehr dienenden Bahnen (z.B. Werksbahnen) gilt das HaftpflG, wenn mit ihrem Betrieb die gleichen Gefahren verbunden sind wie mit dem öffentlicher Bahnen.

22   cc) Der Unfall muss sich *bei dem Betrieb der Bahn* ereignet haben. Der Bahnbetrieb umfasst den gesamten technischen Betrieb und den Beförderungsvorgang. Der Betriebsbegriff ist weit auszulegen. Beim Bahnbetrieb ist ein Unfall dann entstanden, wenn ein unmittelbarer, zeitlicher und örtlicher Zusammenhang mit den Betriebsvorgängen oder Einrichtungen der Bahn besteht.

b) Haftungsausschluss bei höherer Gewalt

23   Die Haftung des Betriebsunternehmers ist grundsätzlich ausgeschlossen, wenn der Unfall durch höhere Gewalt verursacht worden ist (§ 1 II 1 HaftpflG). Wird die Bahn innerhalb des Verkehrsraumes einer öffentlichen Straße betrieben (z.B. Straßenbahnen in der Stadt), ist die Haftung gem. § 1 II 2 HaftpflG i.V.m. § 7 II StVG ausgeschlossen, wenn der Unfall durch „höhere Gewalt" verursacht worden ist; denn der Betreiber einer Straßenbahn soll nicht schlechter stehen als der Halter eines Kraftfahrzeuges. Höhere Gewalt ist gegeben, wenn folgende Voraussetzungen erfüllt sind:

24   aa) Es muss ein *Ereignis von außerhalb auf den Bahnbetrieb eingewirkt* haben, das nicht mit den Betriebsvorgängen in ursächlichem Zusammenhang steht (z.B. Erdbeben, Blitzschlag). Das Versagen von technischen Einrichtungen ist somit niemals höhere Gewalt. Handlungen dritter Personen können betriebsfremde Ereignisse sein, soweit diese Personen nicht am Bahnbetrieb beteiligt sind. Das Hinauswerfen von Gegenständen aus der Bahn durch Fahrgäste steht in einem ursächlichen Zusammenhang mit dem Bahnbetrieb und ist daher keine höhere Gewalt (**Fall d**). Ein Attentat (**Fall e**) ist dagegen ein von außen wirkendes Ereignis.

25   bb) Es muss sich um ein *außergewöhnliches Ereignis* gehandelt haben, also um einen Zwischenfall, mit dem der Betriebsunternehmer und sein Personal nicht zu rechnen brauchten. Ein außergewöhnliches Ereignis ist z.B. ein Blitzschlag oder ein Sprengstoffattentat (**Fall e**). Zu den normalen Zwischen-

fällen, mit denen der Unternehmer rechnen muss, gehören dagegen etwa kopfloses Verhalten von Fußgängern oder Fahrgästen und ein Gedränge auf dem Bahnsteig (**Fall c**). Sind in einer Gegend häufig Überschwemmungen, so ist auch eine Beschädigung der Bahnanlage durch Hochwasser kein außergewöhnliches Ereignis.

Weitere Haftungsausschließungsgründe: § 1 III HaftpflG.

c) Haftungshöchstbeträge

Ebenso wie die Haftung nach dem StVG ist auch diejenige nach dem HaftpflG auf *Höchstbeträge* begrenzt (§§ 9, 10 HaftpflG). In dem am 1. 8. 2002 in Kraft getretenen § 6 S. 2 HaftpflG ist vorgesehen, dass auch Entschädigung für einen immateriellen Schaden nach § 253 II beansprucht werden kann. **26**

2. Haftung bei Elektrizitäts- und Rohrleitungsanlagen

Auch für Unfälle bei Elektrizitäts- und Rohrleitungsanlagen ordnet § 2 HaftpflG eine Gefährdungshaftung des Inhabers der Anlage an. Der Unfall muss auf den Wirkungen der Elektrizität, der Gase, Dämpfe oder Flüssigkeiten beruhen, die von einer Anlage zur Fortleitung der Elektrizität oder einer Rohrleitung ausgehen. Die Haftung kann nach § 2 III HaftpflG ausgeschlossen sein. **27**

IV. Haftung nach dem Produkthaftungsgesetz

Schrifttum: B. Buchner, Die Produkthaftung der Tabakindustrie, VersR 2000, 28; Cahn, Produkthaftung für verkörperte geistige Leistungen, NJW 1996, 2899; Deckert, Die Produkthaftung nach dem ProdHaftG, JA 1995, 282; Deutsch, Fallgruppen der Produkthaftung: gelöste und ungelöste Probleme, VersR 1992, 521; Foerste, Das neue Produkthaftungsrecht, JA 1990, 177; Franzen, Deliktische Haftung für Produktionsschäden, JZ 1999, 702; Frietsch, Das Gesetz über die Haftung für fehlerhafte Produkte und seine Konsequenzen für den Hersteller, DB 1990, 29; M. Fuchs, Arbeitsteilung und Haftung, JZ 1994, 533; Häsemeyer, Das Produkthaftungsgesetz im System des Haftungsrechts, Festschrift f. Niederländer, 1991, 251; Hommelhoff, Teilkodifikation im Privatrecht – Bemerkungen zum Produkthaftungsgesetz –, Festschrift f. Rittner, 1991, 165; Hoppmann, Produkthaftung: Rechtsprechung seit 1992, VuR 1995, 301; Kullmann, Produkthaftungsgesetz, 2. Aufl., 1997; ders., Aktuelle Fragen der Produkthaftpflicht, 4. Aufl., 1993; ders., Die Rechtsprechung des BGH zum Produkthaftpflichtrecht, NJW 2000, 1912; Kunz, Die Produktbeobachtungs- und die Befundsicherungspflicht als Ver- **28**

kehrssicherungspflichten des Warenherstellers, BB 1994, 450; Landscheidt, Das neue Produkthaftungsrecht, 2. Aufl., 1992; Lehmann, Produkt- und Produzentenhaftung für Software, NJW 1992, 1721; Marburger, Herstellung nach zwingenden Rechtsvorschriften als Haftungsausschlußgrund im neuen Produkthaftungsrecht, Festschrift f. Lukes, 1989, 97; ders., Grundsatzfragen des Haftungsrechts unter dem Einfluß der gesetzlichen Regelungen zur Produzenten- und zur Umwelthaftung, AcP 192, 1; Michalski, Das Produkthaftungsgesetz, Jura 1995, 505; Rolland, Produkthaftungsrecht, 1990; Rohlfing/Thiele, Die Haftung des Tabakwarenproduzenten, VersR 2000, 289; Schlechtriem, Dogma und Sachfrage – Überlegungen zum Fehlerbegriff des Produkthaftungsgesetzes, Festschrift f. Rittner, 1991, 545; Schmidt-Salzer/Hollmann, Produkthaftungsgesetz Deutschland, 3. Aufl. 1994; Taschner/Frietsch, Produkthaftungsgesetz und EG-Produkthaftungsrichtlinie, 2. Aufl., 1990; G. Wagner, Das neue Produktsicherheitsgesetz: Öffentlich-rechtliche Produktverantwortung und zivilrechtliche Folgen, BB 1997, 2489, 2544; von Westphalen (Herausg.), Produkthaftungshandbuch, 2. Aufl., Bd. 1, 1997; Bd. 2, 1999; ders., „Weiterfressende" Schäden und kein Ende? – Anmerkungen zur Interpretation von § 1 Abs. 1 Satz 2 ProdHaftG –, Jura 1992, 511; Wieckhorst, Bisherige Produzentenhaftung, EG-Produkthaftungsrichtlinie und das neue Produkthaftungsgesetz, JuS 1990, 86; ders., Vom Produzentenfehler zum Produktfehler des § 3 ProdHaftG, VersR 1995, 1005.

Das Produkthaftungsgesetz (ProdHaftG vom 15. 12. 1989, Schönfelder Nr. 27) bestimmt eine verschuldensunabhängige Haftung des Herstellers für Produktschäden. Die Ersatzpflicht nach diesem Gesetz ist unabdingbar; sie darf im Voraus weder ausgeschlossen noch beschränkt werden (§ 14 ProdHaftG).

1. Voraussetzungen

a) Hersteller eines fehlerhaften Produkts

29   Der Inanspruchgenommene muss Hersteller eines fehlerhaften Produkts sein (§ 1 I ProdHaftG).

aa) *Produkte* i. S. d. ProdHaftG sind nach § 2 S. 1 ProdHaftG alle beweglichen Sachen, auch wenn sie einen Teil einer anderen (beweglichen oder unbeweglichen) Sache bilden, sowie die Elektrizität. Auf eine besondere Gefährlichkeit, die Herstellungsart oder den Verwendungszweck kommt es nicht an.

Unter den Begriff fallen auch Gas, Leitungswasser, Blutkonserven, Maschinen sowie jedes ihrer Einzelteile (**Fall f:** Pkw, Bremsanlage, Benzintank).

30   Keine Produkte i. S. d. ProdHaftG sind jedoch landwirtschaftliche Naturprodukte sowie Jagderzeugnisse, die noch nicht einer ersten

Verarbeitung unterzogen worden sind (§ 2 S. 2 ProdHaftG). Sie sind als Rohprodukte von der Haftung ausgenommen.

Beispiele: Pilze, Beeren, Fische, nicht aber etwa Kondensmilch, Butter oder Käse, weil sie in ihrem Zustand verändert und damit einer ersten Verarbeitung unterzogen worden sind.

bb) *Fehler* bedeutet hier nicht mangelnde Gebrauchstauglichkeit 31 des Produkts; es geht vielmehr darum, den Verbraucher in seiner körperlichen Integrität und in seinem persönlichen Eigentum zu schützen. Deshalb ist ein Produkt dann fehlerhaft, wenn es nicht die Sicherheit bietet, die unter Berücksichtigung aller Umstände berechtigterweise erwartet werden kann (§ 3 I ProdHaftG).

Das Gesetz nennt als mögliche erwartungsbegründende Umstände: die Darbietung des Produkts (z. B. Werbung, Gebrauchsanweisung), den Gebrauch, mit dem billigerweise gerechnet werden kann (einschl. des vorhersehbaren oder üblichen Fehlgebrauchs), den Zeitpunkt, in dem das einzelne Produkt in den Verkehr gebracht wurde (geringerer Sicherheitsgrad bei einem älteren gegenüber einem neueren Produkt).

Ein späteres Inverkehrbringen eines verbesserten Produkts (durch denselben oder einen anderen Hersteller) führt nicht dazu, das frühere Produkt nunmehr als fehlerhaft anzusehen (§ 3 II ProdHaftG).

cc) Als *Hersteller* bestimmt § 4 ProdHaftG den tatsächlichen Hersteller, den Quasi-Hersteller, den Importeur und den Lieferanten. 32

(1) *Tatsächlicher Hersteller* ist derjenige, der das Endprodukt, einen Grundstoff oder ein Teilprodukt hergestellt hat (§ 4 I 1 ProdHaftG).

Der Hersteller eines Teilprodukts haftet für den Schaden, der durch einen Fehler dieses Teilprodukts verursacht worden ist (**Fall f:** A als Hersteller der Bremsanlage). Da das fehlerhafte Teilprodukt durch seinen Einbau auch das Endprodukt (**Fall f:** den Pkw) fehlerhaft macht, haftet der Endhersteller für den Schaden (**Fall f:** C als Hersteller des Autos); dagegen haftet der Produzent eines fehlerfreien Teilprodukts nicht (**Fall f:** B als Hersteller des Benzintanks).

(2) *Quasi-Hersteller* (= „Als ob"-Hersteller) ist, wer sich durch 33 das Anbringen seines Namens, seiner Marke oder eines anderen unterscheidungskräftigen Kennzeichens als Hersteller ausgibt (§ 4 I 2 ProdHaftG). Er wird dem tatsächlichen Hersteller gleichgestellt, weil er durch sein Verhalten den Eindruck erweckt, dass er der Hersteller sei.

Beispiel: Das Warenhaus W verkauft Waschmaschinen, die von A hergestellt und von W mit seinem Namen und Zeichen versehen worden sind.

34   (3) *Importeur* ist, wer ein Produkt zum Zweck des Vertriebs im
Rahmen seiner geschäftlichen Tätigkeit in den Geltungsbereich des
Abkommens über den Europäischen Wirtschaftsraum aus einem
Land außerhalb dieses Raumes einführt oder verbringt (§ 4 II Prod-
HaftG). Diese Haftung des Importeurs soll dem Geschädigten die
Rechtsverfolgung erleichtern, weil diese in Drittstaaten regelmäßig
unüberwindbare Probleme bereitet.

Als Vertrieb im Rahmen einer geschäftlichen Tätigkeit können das Verkaufen, Vermieten, Verleasen, nicht aber das Verschenken oder Verleihen
anzusehen sein.

35   (4) Wenn der Hersteller nicht festgestellt werden kann, gilt sogar
der *Lieferant* als Hersteller (§ 4 III ProdHaftG). Dadurch soll der
Verbraucher davor geschützt werden, dass er seinen Anspruch nicht
durchsetzen kann, weil ihm der Hersteller unbekannt ist.

Die Regelung ist als Druckmittel gegen den Lieferanten gedacht,
damit er den Hersteller oder wenigstens den Vorlieferanten preis-
gibt. Er kann sich von der sog. Auffanghaftung entlasten, wenn er
dem Geschädigten innerhalb eines Monats nach dem Zugang einer
entsprechenden Aufforderung den Hersteller oder Vorlieferanten be-
nennt.

Entsprechendes gilt, wenn sich der Importeur (Rdnr. 34) nicht feststellen
lässt, selbst wenn der in einem Drittstaat ansässige Hersteller bekannt ist (§ 4
III 2 ProdHaftG).

b) Tötung oder Verletzung eines Menschen oder Beschädigung einer Sache

36   Durch den Fehler des Produkts muss ein Mensch getötet, an Körper oder Gesundheit verletzt oder eine Sache beschädigt worden sein
(§ 1 I 1 ProdHaftG). Ein Verschulden ist nicht erforderlich.

Die Behauptungs- und Beweislast für den Fehler, den Schaden und die Ursächlichkeit des Fehlers für den Schaden trägt der Geschädigte (§ 1 IV 1
ProdHaftG).

aa) Bei *Tötung, Körper- oder Gesundheitsverletzung* wird jeder
Geschädigte geschützt; dabei ist es ohne Bedeutung, ob dieser etwa
ein gewerblicher oder privater Käufer, ein mit dem Produkt arbei-
tender Arbeitnehmer oder gar ein zufällig betroffener Dritter ist.

bb) Bei einer *Sachbeschädigung* ist die Haftung durch § 1 I 2   37
ProdHaftG mehrfach eingeschränkt:

(1) Es muss *eine andere Sache* als das fehlerhafte Produkt beschädigt worden sein. Die Ersatzpflicht nach dem ProdHaftG gilt also nicht für solche Schäden, die an dem Produkt selbst eintreten; diese werden von den Sachmängelregeln etwa des Kauf- oder Werkvertragsrechts erfasst.

Es liegt keine andere Sache vor, wenn von Anfang an ein Teil des Produkts fehlerhaft ist (**Fall f**: Bremsanlage) und dieser Teil später das ganze Produkt zerstört (**Fall f**: Pkw). Dagegen ist der Fall anders zu beurteilen, wenn das Teil erst später in die restlichen Teile einer Sache eingefügt worden ist; denn dann bestand vor dem Einbau bereits eine schützenswerte Rechtsposition des später Geschädigten.

(2) Die andere Sache muss gewöhnlich *für den privaten Ge- oder*   38
Verbrauch bestimmt und hierzu von dem Geschädigten hauptsächlich verwendet worden sein. Geschützt wird also nur der Verbraucher in seinem privaten Bereich.

Bei einem Gebrauch im beruflichen oder gewerblichen Bereich kann der Geschädigte seinen Schadensersatzanspruch auf die deliktische Produkthaftung (§ 41 Rdnr. 38 ff.) stützen (§ 15 II ProdHaftG).

(3) Das Gesetz sieht eine *Selbstbeteiligung des Geschädigten* bis zu   39
einer Höhe von 500 Euro (§ 11 ProdHaftG in der ab 1. 8. 2002 geltenden Fassung) vor. Dadurch soll die verschuldensunabhängige Haftung auf große Schäden beschränkt werden.

Im **Fall f** kann X wegen des Schadens am Koffer nach dem ProdHaftG nur (1000 Euro – 500 Euro =) 500 Euro verlangen.
In diesen Fällen besteht die Möglichkeit, den Schadensersatzanspruch – auch in Höhe des Selbstbeteiligungsbetrages – auf andere Vorschriften zu stützen (§ 15 II ProdHaftG).

2. Ausschluss der Haftung und Erlöschen des Anspruchs

a) Ausschluss

Ausgeschlossen ist die Ersatzpflicht des Herstellers, wenn dieser   40
behauptet und bei Bestreiten beweist (vgl. § 1 IV 2 ProdHaftG), dass einer der folgenden, in § 1 II, III ProdHaftG genannten Tatbestände erfüllt ist:

aa) Der Hersteller hat das Produkt *nicht in den Verkehr gebracht* (§ 1 II Nr. 1 ProdHaftG). Wenn ihm das Produkt etwa gestohlen oder auf andere Weise seiner Verfügungsmacht entzogen wurde, dann ist dem Hersteller die Schädigung nicht zurechenbar.

41   bb) Der Hersteller hat das Produkt zwar in den Verkehr gebracht, es hatte aber *beim Inverkehrbringen noch nicht den Fehler,* der den Schaden verursacht hat (§ 1 II Nr. 2 ProdHaftG). Beweist also der Hersteller, dass der Fehler nach dem Inverkehrbringen etwa durch unsachgemäße Behandlung von einem Dritten oder dem Geschädigten verursacht wurde, haftet er nicht. Weil dieser Beweis oft schwer zu erbringen ist, genügt der Nachweis einer überwiegenden Wahrscheinlichkeit, dass der Fehler beim Inverkehrbringen der Sache noch nicht vorlag.

42   cc) Der Hersteller hat das Produkt *weder* für einen Vertrieb *mit wirtschaftlichem Zweck noch im Rahmen seiner beruflichen Tätigkeit hergestellt oder vertrieben* (§ 1 II Nr. 3 ProdHaftG). Der Ausschlusstatbestand ist nur erfüllt, wenn keines der beiden Merkmale vorliegt. Das ist etwa der Fall, wenn eine Hausfrau selbstgebackenen Kuchen für eine Wohltätigkeitsveranstaltung stiftet. Stellt dagegen ein Bäcker Kuchen für diesen Zweck zur Verfügung, erfolgt die Herstellung im Rahmen seiner beruflichen Tätigkeit, so dass § 1 II Nr. 3 ProdHaftG nicht eingreift.

43   dd) Der *Fehler des Produkts beruht auf einer zwingenden Rechtsvorschrift* (§ 1 II Nr. 4 ProdHaftG). Wenn der Hersteller eine solche Norm befolgt und infolgedessen fehlerhaft produziert, kann ihm kein Vorwurf pflichtwidrigen Verhaltens gemacht werden.

44   ee) Als der Hersteller das Produkt in den Verkehr brachte, *konnte der Fehler nach dem Stand der Wissenschaft und Technik nicht erkannt werden* (§ 1 II Nr. 5 ProdHaftG). Das Entwicklungsrisiko soll der Hersteller (anders als der Hersteller von Arzneimitteln gem. §§ 84 ff. AMG) nicht tragen.

§ 1 II Nr. 5 ProdHaftG schließt also nur die Haftung für sog. Entwicklungsrisiken (= Konstruktionsfehler), nicht dagegen für Fabrikationsfehler aus (BGHZ 129, 353; Mineralwasserflasche).

45   ff) Der Fehler ist *durch die Konstruktion des Produkts, in welches das Teilprodukt eingearbeitet wurde, oder durch die Anleitungen des*

Endherstellers des Produkts verursacht worden (§ 1 III 1 Prod-HaftG). Im ersten Fall haftet der Hersteller nicht, weil sein Teilprodukt nicht fehlerhaft ist, und im zweiten Fall ist der Hersteller des Endprodukts für den Fehler des Teilprodukts verantwortlich. Entsprechendes gilt für den Hersteller eines Grundstoffs in Bezug auf das Teilprodukt.

b) Erlöschen

Der Anspruch nach dem ProdHaftG erlischt zehn Jahre nach dem 46
Zeitpunkt, in dem der Hersteller das Produkt in den Verkehr gebracht hat (§ 13 I 1 ProdHaftG). Jedoch gilt das nicht, wenn über den Anspruch ein gerichtliches Verfahren anhängig, er rechtskräftig festgestellt oder über ihn eine außergerichtliche Einigung erzielt worden ist (§ 13 I 2, II ProdHaftG).

Vom Erlöschen ist die *Verjährung* des Anspruchs zu unterscheiden. Gemäß § 12 ProdHaftG verjährt der Anspruch nach dem ProdHaftG in drei Jahren. Das entspricht der regelmäßigen Verjährungsfrist nach § 195. Die Verjährungsfrist beginnt nicht nur bei Kenntnis von dem Schaden, dem Fehler und der Person des Ersatzpflichtigen, sondern auch schon bei fahrlässiger Unkenntnis (§ 12 I ProdHaftG).

3. Mitverschulden des Geschädigten

Hat bei der Entstehung des Schadens ein Verschulden des Geschädigten mitgewirkt, ist *§ 254* anwendbar (§ 6 I, 1. HS Prod-HaftG). Bei einer Sachbeschädigung steht – wie gem. § 9 StVG (Rdnr. 15) – dem Verschulden des Geschädigten das Verschulden dessen gleich, der die tatsächliche Gewalt über die fehlerhafte Sache ausübt (§ 6 I, 2. HS ProdHaftG).

4. Umfang des Ersatzanspruchs

Der Umfang des Schadensersatzanspruchs richtet sich danach, ob 48
ein Mensch getötet oder verletzt worden ist oder ob eine Sache beschädigt worden ist.

a) Bei der Tötung eines Menschen

Bei der Tötung eines Menschen können Ansprüche wegen Kosten der Krankenhausbehandlung, Minderung der Erwerbsfähigkeit und

Vermehrung der Bedürfnisse während der Krankheit entstehen (vgl. § 7 I 1 ProdHaftG); solche Ansprüche des Getöteten gehen kraft Erbrechts auf die Erben über (§ 1922 I).

In zwei Fällen stehen auch dem mittelbar Geschädigten (vgl. § 44 Rdnr. 21 ff.) Schadensersatzansprüche zu: Die Beerdigungskosten sind dem zu ersetzen, der diese Kosten zu tragen hat (§ 7 I 2 Prod-HaftG). Vor allem aber haben die Personen, denen der Getötete kraft Gesetzes unterhaltspflichtig war (z. B. Ehegatte, Kinder), einen Schadensersatzanspruch wegen Entziehung des gesetzlichen Unterhaltsanspruchs (§ 7 II ProdHaftG). Dieser Schadensersatz ist durch eine Geldrente zu leisten (§ 9 I ProdHaftG).

b) Bei der Verletzung eines Menschen

49   Bei Verletzung des Körpers oder der Gesundheit sind gem. § 8 ProdHaftG die Heilungskosten sowie die Vermögensnachteile wegen Aufhebung oder Minderung der Erwerbstätigkeit und wegen Vermehrung der Bedürfnisse zu ersetzen.

Nach dem seit 1. 8. 2002 geltenden § 8 S. 2 ProdHaftG kann auch eine Entschädigung für immateriellen Schaden nach § 253 II verlangt werden.

Zu (a) und (b): Die Haftung für Personenschäden ist auf einen Höchstbetrag von 85 Millionen Euro begrenzt (§ 10 I Prod-HaftG). Sind mehrere Personen geschädigt und überschreitet die Gesamtschadenssumme den Höchstbetrag, verringern sich die Ansprüche der einzelnen Geschädigten verhältnismäßig (§ 10 II Prod-HaftG).

c) Bei Sachbeschädigungen

50   Für Sachbeschädigungen gilt die Höchstbetragsregelung des § 10 ProdHaftG nicht; jedoch sieht § 11 ProdHaftG eine Selbstbeteiligung vor (Rdnr. 39).

5. Konkurrenzen

51   Das ProdHaftG ist nicht anzuwenden, wenn die Arzneimittelhaftung nach dem AMG (Rdnr. 74 ff.) eingreift (§ 15 I ProdHaftG). Das gilt auch für die Haftung nach dem Atomgesetz.

Im Übrigen werden Schadensersatzansprüche nach dem BGB oder aus anderen Gesetzen durch die Ansprüche nach dem ProdHaftG nicht ausgeschlossen (§ 15 II ProdHaftG).

In Betracht kommen ein Anspruch wegen Verletzung einer Vertragspflicht (§ 280), aus §§ 823 ff. sowie aus einer anderen Gefährdungshaftung. Eine solche Haftung hat besondere Bedeutung, wenn das ProdHaftG ausscheidet, weil z. B. die durch ein fehlerhaftes Produkt beschädigte Sache zum nicht-privaten Bereich des Geschädigten gehört (vgl. § 1 II ProdHaftG; Rdnr. 38), Ersatz auch in Höhe des Selbstbeteiligungsbetrages von 500 Euro verlangt wird (vgl. § 11 ProdHaftG; Rdnr. 39) oder bei der Körperverletzung der Schaden den Höchstbetrag übersteigt (vgl. § 10 ProdHaftG; Rdnr. 49). Ein Anspruch auf Schmerzensgeld besteht unter den Voraussetzungen des § 253 II.

6. Ausgleichspflicht mehrerer Hersteller

Mehrere schadensersatzpflichtige Hersteller haften dem Geschä- 52 digten als Gesamtschuldner (§ 5 S. 1 ProdHaftG). Im Verhältnis der Hersteller untereinander hängt der Ausgleich und die Höhe des Ausgleichsanspruchs von den Umständen, insbesondere davon ab, in-wieweit der Schaden vorwiegend von dem einen oder anderen Teil verursacht worden ist (§ 5 S. 2 ProdHaftG).

Hat im **Fall f** der Endhersteller C dem X den Schaden ersetzt, wird er bei A Rückgriff nehmen, da der Fehler des Autos auf dem Fehler der Bremsanlage beruht.

V. Sonstige Fälle der Gefährdungshaftung

1. Tierhalter- und Wildschadenshaftung

Schrifttum: Baumgärtel, Neue Tendenzen der Beweislastverteilung bei der 53 Tierhalterhaftung, VersR 1983, Beih. Karlsruher Forum, 85; Deutsch, Die Haftung des Tierhalters, JuS 1987, 673; Eberl-Borges, Die Tierhalterhaftung des Diebes, des Erben und des Minderjährigen, VersR 1996, 1070; Terbille, Der Schutzbereich der Tierhalterhaftung nach § 833 S. 1 BGB, VersR 1994, 1151.

a) Haftung des Tierhalters

Bei der Haftung des Tierhalters nach § 833 S. 1 (vgl. § 42 Rdnr. 18, 20) handelt es sich um den einzigen Fall der Gefährdungs-haftung, der heute noch im BGB geregelt ist.

b) Haftung für Wildschäden

54   Die Haftung für Wildschäden nach §§ 29 ff. des Bundesjagdgesetzes ist kein typischer Fall der Gefährdungshaftung. Sie beruht nämlich nicht auf dem Gedanken, dass jemandem die Folgen seiner rechtmäßigen, aber für andere gefährlichen Betätigung zugerechnet werden. Die Ersatzpflicht stellt vielmehr einen Ausgleich dafür dar, dass es dem Geschädigten aufgrund des allgemeinen Jagdverbotes untersagt ist, sich selbst vor Wildschäden zu schützen.

2. Luftverkehrshaftpflicht

55   **Schrifttum:** Giemulla/Schmid, Recht der Luftfahrt, 3. Aufl., 1999; Schleicher/Reymann/Abraham, Das Recht der Luftfahrt, Bd. 2, 3. Aufl., 1966.

Bei der in §§ 33 ff. LuftVG geregelten Haftung für Unfälle im Luftverkehr ist zwischen der Haftung des Halters eines Luftfahrzeuges und der des Luftfrachtführers zu unterscheiden.

a) Haftung des Halters eines Luftfahrzeuges

Der Halter eines Luftfahrzeuges haftet nur für Schäden solcher Personen und Schädigungen solcher Sachen, die nicht mit dem Luftfahrzeug befördert werden (§ 33 LuftVG). Die strenge Gefährdungshaftung greift nur gegenüber solchen Geschädigten ein, die am Betrieb des schadenstiftenden Luftfahrzeugs in keiner Weise beteiligt sind (BGH NJW-RR 1991, 281). Deshalb scheidet eine Haftung für Schäden der Passagiere oder des Betriebspersonals bzw. für Beschädigungen der beförderten Sachen aus.

Die Gefährdungshaftung des Luftfahrzeughalters geht noch weiter als die des Eisenbahnunternehmers. Der Halter ist nämlich selbst dann ersatzpflichtig, wenn der Unfall auf höherer Gewalt beruht (**Fall g**). Die Haftung gilt jedoch nur für Unfallschäden; sie greift also z.B. nicht ein, wenn durch ständige Schalleinwirkungen von Flugzeugen Schäden an Häusern entstehen.

b) Haftung des Luftfrachtführers

56   Der Luftfrachtführer haftet für die Schäden, die Passagiere beim Betrieb erleiden oder die am Frachtgut entstehen (§ 44 LuftVG). Hier handelt es sich um eine Haftung für vermutetes Verschulden des Luftfrachtführers oder seines Personals (§ 45 LuftVG). Der Luftfrachtführer hat also die Möglichkeit, sich zu entlasten.

c) Schmerzensgeld und Haftungshöchstbeträge

Nach dem seit 1. 8. 2002 geltenden § 36 S. 2 LuftVG kann auch 57 für immaterielle Schäden eine Entschädigung nach § 253 II verlangt werden kann. Der Haftungsumfang nach dem LuftVG ist in verschiedenen Vorschriften auf *Höchstbeträge* begrenzt.

3. Haftung nach dem Atomgesetz

Schrifttum: Fischerhof, Deutsches Atomgesetz und Strahlenschutzrecht, 58 Bd. 1, 2. Aufl., 1978; Weitnauer, Die Haftpflichtproblematik des Atomrisikos, Karlsruher Forum, 1960, 8; Ziegler, Atomgesetz mit Verordnungen, 23. Aufl., 2001.

Eine Haftung für Schäden durch *Kernenergie* bestimmen die §§ 25 ff. AtomG (Sartorius Nr. 835). Hier sind zwei Haftpflichttatbestände zu unterscheiden.

a) Haftung des Inhabers einer ortsfesten Anlage

Den Inhaber einer ortsfesten Anlage zur Erzeugung, Spaltung oder Aufbereitung von Kernbrennstoffen trifft eine Gefährdungshaftung für alle Personen- und Sachschäden, die durch die Wirkung des Kernspaltungsvorganges oder durch Strahlen radioaktiver Stoffe verursacht werden (§ 25 AtomG). Für den Inhaber besteht keine Entlastungsmöglichkeit; er haftet selbst für höhere Gewalt.

b) Haftung des Besitzers von radioaktiven Stoffen

Der Besitzer von radioaktiven oder Kernspaltungsstoffen haftet 59 für Personen- und Sachschäden, sofern diese Schäden außerhalb fester Anlagen durch solche Stoffe entstanden sind (§ 26 AtomG). Der Besitzer haftet nicht, wenn der Unfall auf einem unabwendbaren Ereignis beruht.

4. Haftung nach dem Wasserhaushaltsgesetz

Schrifttum: Czychowski, Wasserhaushaltsgesetz, 7. Aufl. 1998; Dinkler, 60 Das Wasserhaushaltsgesetz und die Anlagenverordnung, 2. Aufl., 2001; Larenz, Die Schadenshaftung nach dem Wasserhaushaltsgesetz im System der zivilrechtlichen Haftungsgründe, VersR 1963, 593; Sieder/Zeitler, Wasserhaushaltsgesetz, Loseblatt.

§ 22 des Wasserhaushaltsgesetzes (WHG; Sartorius Nr. 845) bestimmt eine Schadensersatzpflicht für solche Schäden, die jemand (z. B. ein Fischereiberechtigter) durch eine nachteilige Veränderung des Wassers oberirdischer Gewässer oder des Grundwassers erleidet. § 22 WHG unterscheidet zwischen einer Handlungshaftung (Abs. 1, Einbringen oder Einleiten von schädlichen Stoffen) und einer Anlagenhaftung (Abs. 2). In beiden Fällen handelt es sich um eine Gefährdungshaftung. Zu ersetzen sind nicht nur Personen- und Sachschäden, sondern auch reine Vermögensschäden. Eine Haftung ist ausgeschlossen, wenn der Schaden durch höhere Gewalt verursacht wurde.

5. Haftung nach dem Umwelthaftungsgesetz

61   **Schrifttum:** Deutsch, Umwelthaftung: Theorie und Grundsätze, JZ 1991, 1097; Diederichsen, Umwelthaftung – zwischen gestern und morgen, Festschrift f. Lukes, 1989, 41; Gottwald, Die Schadenszurechnung nach dem Umwelthaftungsgesetz, Festschrift f. Herm. Lange, 1992, 447; G. Hager, Das neue Umwelthaftungsgesetz, NJW 1991, 134; Kreuzer, Das neue Umwelthaftungsgesetz, JA 1991, 209; Landsberg/Lülling, Das neue Umwelthaftungsgesetz, DB 1990, 2205; Lytras, Zivilrechtliche Haftung für Umweltschäden, 1995; Marburger, Grundsatzfragen des Haftungsrechts unter dem Einfluß der gesetzlichen Regelungen zur Produzenten- und zur Umwelthaftung, AcP 192, 16; ders., Vereinbarungen über den Ersatz ökologischer Schäden nach § 16 UmweltHG, Festschrift f. Steffen, 1995, 319; Mayer, Das neue Umwelthaftungsrecht, MDR 1991, 813; Medicus, Zum Schutzbereich des Umwelthaftungsgesetzes, Festschrift f. Gernhuber, 1993, 299; A. Reuter, Das neue Gesetz über die Umwelthaftung, BB 1991, 145; Salje, Umwelthaftungsgesetz, 1993; ders., Die Entscheidungspraxis zum UmweltHG, VersR 1998, 797; Schmidt-Salzer, Umwelthaftpflicht und Umwelthaftpflichtversicherung (III): das Umwelthaftungsgesetz 1991, VersR 1991, 9; (IV): Umwelthaftung in der westlichen Industriegesellschaft – Deutschland und Westeuropa, VersR 1992, 389; Steffen, Verschuldenshaftung und Gefährdungshaftung für Umweltschäden, NJW 1990, 1817; Taupitz, Das Umwelthaftungsgesetz als Zwischenschritt auf dem Weg zu einem effektiven Umwelthaftungsrecht, Jura 1992, 113.

Das Gesetz über die Umwelthaftung vom 10. 12. 1990 (Schönfelder Nr. 28) begründet eine anlagenbezogene Haftung und soll eine Lücke schließen, die bisher wegen des beschränkten Regelungsbereichs der § 2 HaftPflG (Rdnr. 27), §§ 25 ff. AtomG (Rdnr. 58 f.), § 22 WHG (Rdnr. 60), § 114 Bundes-BergG, § 14 Bundes-ImmissionsschutzG und § 906 bestand.

a) Voraussetzungen der Haftung

Die Haftung setzt voraus, dass durch eine Umwelteinwirkung, **62** die von einer bestimmten Anlage ausgeht, jemand getötet, sein Körper oder seine Gesundheit verletzt oder eine Sache beschädigt worden ist; schadensersatzpflichtig ist der Inhaber der Anlage (§ 1 Umwelt-HG).

Welche *Anlagen* der Umwelthaftung unterliegen, ergibt sich aus Anhang 1 zu § 1 UmweltHG. Zu den Anlagen gehören nicht nur ortsfeste Einrichtungen wie Betriebsstätten und Lager, sondern auch Nebeneinrichtungen und sogar etwa Maschinen sowie Fahrzeuge, sofern sie im technischen Zusammenhang mit einer im Anhang 1 genannten Anlage stehen (§ 3 II, III UmweltHG). Selbst für eine noch nicht fertiggestellte oder nicht mehr betriebene Anlage kann eine Haftung in Betracht kommen (§ 2 UmweltHG).

Der Schaden muss durch Stoffe, Erschütterungen, Geräusche, **63** Druck, Strahlen, Gase, Dämpfe, Wärme oder sonstige Erscheinungen über einen „Umweltpfad" (Boden, Luft, Wasser) verursacht worden sein (§ 3 I UmweltHG). Die Haftung umfasst nicht nur Störfallschäden, sondern auch solche Schäden, die infolge eines rechtmäßigen Normalbetriebs (vgl. § 6 II UmweltHG) entstehen, und – im Gegensatz zu § 1 Nr. 5 ProdHaftG (Rdnr. 44) – sogar Entwicklungsrisiken (BT-Drucks. 11/7104, S. 15).

Zur Feststellung, ob ein Schadensersatzanspruch nach dem UmweltHG besteht, gibt § 8 UmweltHG dem Geschädigten einen *Auskunftsanspruch* sowie ein *Einsichtsrecht* gegen den Inhaber der Anlage (Einzelheiten: §§ 8, 9 UmweltHG).

Im Störfallbetrieb hilft dem Geschädigten eine *Ursachenvermu-* **64** *tung* (nicht im Normalbetrieb; vgl. § 6 II UmweltHG): Wenn unstreitig oder vom Geschädigten bewiesen ist, dass die Anlage nach den Gegebenheiten des Einzelfalls geeignet ist, den entstandenen Schaden zu verursachen, wird nach § 6 I UmweltHG vermutet, dass der Schaden durch diese Anlage verursacht ist. Diese Vermutung gilt nach § 7 I UmweltHG jedoch nicht, wenn der Schädiger nachweist, dass ein anderer Umstand nach den Gegebenheiten des Einzelfalls geeignet ist, den Schaden zu verursachen (Einzelheiten: §§ 6, 7 UmweltHG).

b) Ausschluss der Haftung

65   Ausgeschlossen ist die Haftung, soweit der Schaden durch höhere Gewalt verursacht wurde (§ 4 UmweltHG). Auch die Haftung für Sachschäden ist ausgeschlossen, wenn die Anlage bestimmungsgemäß betrieben worden ist (Normalbetrieb gem. § 6 II UmweltHG) und die Sache nur unwesentlich oder in einem (nach den örtlichen Verhältnissen) zumutbaren Maß beeinträchtigt wurde (§ 5 UmweltHG).

c) Mitverschulden

66   Bei Mitverschulden ist § 254 BGB anwendbar; bei einer Sachbeschädigung steht dem Verschulden des Geschädigten das Verschulden desjenigen gleich, der die tatsächliche Gewalt über die Sache ausübt (§ 11 UmweltHG). Der *Umfang des Schadensersatzanspruchs* richtet sich nach §§ 249 ff. und §§ 12 ff. UmweltHG; die Haftungshöchstgrenze beträgt 85 Millionen Euro (Einzelheiten: § 15 UmweltHG). Die Haftung umfasst gem. § 253 II auch *Schmerzensgeld*. Mehrere Ersatzpflichtige haften als *Gesamtschuldner*. Die *Verjährung* des Anspruchs richtet sich nach §§ 195, 199 (§ 17 UmweltHG).

d) Haftung nach anderen Vorschriften

67   Eine Haftung aufgrund anderer Vorschriften bleibt unberührt (§ 18 I UmweltHG). Zu denken ist vor allem an Ansprüche aus §§ 823 ff. und aus § 22 WHG (wegen des Ersatzes reiner Vermögensschäden).

6. Haftung nach dem Gentechnikgesetz

68   **Schrifttum:** Brocks/Pohlmann/Senft, Das neue Gentechnikgesetz, 1991; Deutsch, Haftung und Rechtsschutz im Gentechnikrecht, VersR 1990, 1041; Fritsch/Haverkamp, Das neue Gentechnikrecht der Bundesrepublik Deutschland, BB 1990, Beil. 31, 19; Hirsch/Schmidt-Didczuhn, Gentechnik-Gesetz, 1991; Koch, Aspekte der Haftung für gentechnische Verfahren und Produkte, DB 1991, 1815; Luttermann, Gentechnik und zivilrechtliches Haftungssystem, JZ 1998, 174; Müllensiefen, Die Entwicklung des Gentechnikrechts seit der Novellierung 1993, NJW 1999, 2564; Simon/Weyer, Die Novellierung des Gentechnikgesetzes, NJW 1994, 759.

a) Voraussetzungen der Haftung

Das Gesetz zur Regelung von Fragen der Gentechnik vom 20. 6. 1990 (Sartorius Nr. 270) bestimmt wegen der besonderen Gefahren im Bereich der Gentechnik eine *Gefährdungshaftung des Betreibers*

(§ 32 I GenTG). Die Haftung greift ein, wenn infolge von Eigenschaften eines Organismus, die auf gentechnischen Arbeiten beruhen, ein Mensch getötet, an Körper oder Gesundheit verletzt oder eine Sache beschädigt worden ist. Betreiber ist nach § 3 Nr. 9 GenTG diejenige Person oder Personenvereinigung, die eine gentechnische Anlage (vgl. § 3 Nr. 4 GenTG) errichtet oder betreibt, gentechnische Arbeiten (vgl. § 3 Nr. 5 u. 6 GenTG) oder Freisetzungen (vgl. § 3 Nr. 7 GenTG) durchführt oder Produkte, die gentechnisch verändertes Material enthalten, erstmalig in Verkehr bringt (vgl. § 3 Nr. 8 GenTG).

Der Schaden muss *durch gentechnisch veränderte Organismen* 69 *verursacht* worden sein, was vom Geschädigten bei Bestreiten nachgewiesen werden muss. Erst wenn das unstreitig oder bewiesen worden ist, greift die Vermutung des § 34 I GenTG ein, dass der Schaden gerade durch solche Eigenschaften dieser Organismen verursacht wurde, die auf genetischen Arbeiten beruhen; diese Vermutung ist jedoch nach § 34 II GenTG entkräftet, wenn es wahrscheinlich ist, dass der Schaden auf anderen Eigenschaften dieser Organismen beruht.

b) Ersatzfähige Schäden

Zu ersetzen sind die *Schäden, die sich aus der Verletzung der* in 70 § 32 I GenTG genannten *Rechtsgüter* ergeben, nicht jedoch reine Vermögensschäden. Insgesamt ist die Haftung auf 85 Millionen Euro begrenzt (§ 33 GenTG). Ab dann ist auch eine Entschädigung für immaterielle Schäden nach dem ebenfalls neuen § 253 II vorgesehen (§ 32 V 2 GenTG).

c) Auskunftsanspruch

Damit der Geschädigte prüfen kann, ob ihm ein Anspruch nach § 32 71 GenTG zusteht, räumt ihm § 35 GenTG einen *Auskunftsanspruch* gegen Betreiber und Behörden ein.

d) Mitverschulden

Bei mitwirkendem Verschulden des Geschädigten ist § 254 anzuwenden 72 (§ 32 III GenTG). – Mehrere zum Schadensersatz verpflichtete Betreiber haften als Gesamtschuldner (§ 32 II GenTG).

e) Haftung nach anderen Vorschriften

73 Eine Haftung aufgrund anderer Vorschriften bleibt unberührt (§ 37 III GenTG). Jedoch schließt die Haftung nach dem Arzneimittelgesetz (Rdnr. 74 ff.) eine Haftung nach § 32 I GenTG aus (Einzelheiten: § 37 GenTG).

7. Haftung nach dem Arzneimittelgesetz

74 Schrifttum: Deutsch, Arztrecht und Arzneimittelrecht, 2. Aufl., 1991; ders., Fortschreibung des Medizinprodukterechts, NJW 1999, 817; Deutsch/ Lippert, Kommentar zum Arzneimittelgesetz, 2001; Etmer/Lundt/Schiwy, Arzneimittelgesetz, Kommentar, Loseblattausgabe; Kloesel/Cyran/Feiden/ Pabel, Arzneimittelrecht, Kommentar, 3. Aufl., Loseblattausgabe; Körner, Betäubungsmittelgesetz, Arzneimittelgesetz, 5. Aufl., 2001; Pfeiffer, Fünftes Gesetz zur Änderung des Arzneimittelgesetzes, VersR 1994, 1377; Rehmann, Arzneimittelgesetz, 1999.

a) Voraussetzungen der Haftung

§ 84 des Arzneimittelgesetzes (AMG) bestimmt eine *Haftung für Arzneimittelschäden.* Danach haftet der pharmazeutische Unternehmer, wenn infolge der Anwendung eines zum Gebrauch bei Menschen bestimmten Arzneimittels ein Mensch getötet oder der Körper oder die Gesundheit eines Menschen nicht unerheblich verletzt wird, auf Ersatz des daraus entstandenen Schadens. Pharmazeutischer Unternehmer ist, wer das Arzneimittel unter seinem Namen in Verkehr bringt. Das kann der Hersteller, aber auch der Vertriebsunternehmer und sogar der Apotheker sein, der eine sog. Hausspezialität abgibt.

Es haftet derjenige, dessen Namen etwa auf dem Arzneimittel bzw. auf der Verpackung angegeben ist oder der sonstwie gegenüber dem Abnehmer zum Ausdruck bringt, dass er für das Inverkehrbringen die Verantwortung übernimmt. Die Haftung greift auch dann ein, wenn das Arzneimittel im Ausland hergestellt und im Inland an den Verbraucher abgegeben wird.

75 Die Ersatzpflicht besteht jedoch nur in *zwei Fällen:*

aa) Das Arzneimittel hat bei bestimmungsgemäßem Gebrauch schädliche Wirkungen, die über ein nach den Erkenntnissen der medizinischen Wissenschaft vertretbares Maß hinausgehen (§ 84 I 2 Nr. 1 AMG). In diesem Fall ist die Ersatzpflicht aber ausgeschlossen, wenn nach den Umständen davon auszugehen ist, das die schädlichen Wirkungen des Arzneimittels ihre Ursache nicht im Bereich der Entwicklung und Herstellung haben (§ 84 III AMG).

bb) Der Schaden ist infolge einer nicht den Erkenntnissen der medizinischen Wissenschaft entsprechenden Kennzeichnung, Fachinformation oder Gebrauchsinformation eingetreten (§ 84 I 2 Nr. 2 AMG).

b) Verursachungsvermutung

Wenn das angewendete Arzneimittel nach den Gegebenheiten des Einzelfalles geeignet ist, den Schaden zu veursachen, wird die Verursachung kraft Gesetzes vermutet (§ 84 II AMG). 76

c) Mitverschulden

Bei mitwirkendem Verschulden des Geschädigten gilt § 254 (§ 85 AMG). – Mehrere Ersatzpflichtige haften als Gesamtschuldner (§ 93 AMG). 77

d) Umfang der Ersatzpflicht

Der Umfang der Ersatzpflicht bei Tötung (§ 86 AMG) und bei Körperverletzung (§ 87 AMG) entspricht dem gem. §§ 7 f. ProdHaftG (Rdnr. 48). Das gilt auch für die Erstreckung auf Schmerzensgeld nach § 253 II. 78

§ 88 AMG setzt *Höchstbeträge für die Haftung* fest: Kapitalbetrag von 600 000 Euro oder jährlicher Rentenbetrag von 36 000 Euro bei Tötung bzw. Verletzung eines einzigen Menschen; Kapitalbetrag von 120 Millionen Euro oder jährlicher Rentenbetrag von 7,2 Millionen Euro bei Tötung bzw. Verletzung mehrerer Menschen durch dasselbe Medikament.

e) Haftung nach anderen Vorschriften

Eine weitergehende Haftung aufgrund anderer Vorschriften (z. B. § 823) bleibt unberührt (§ 91 AMG). Jedoch schließt die Haftung aus § 84 AMG die aus ProdHaftG und GenTG aus (Rdnr. 51, 73). 79

Paragraphenregister

Die Zahlen verweisen auf die Paragraphen (Fettdruck) und
Randnummern des Buches.

BGB §§	§ Rn.	BGB §§	§ Rn.
1	**41** 3	126 b	**7** 11, **17** 52, **18** 7, 11, 23
12	**41** 21, **45** 1–2, 4, 6	127	**10** 10
13	**1** 3, **7** 1, 39, 41–42, 67,	127 a	**33** 6
	15 21, **17** 7, 37, 39, **18** 2,	130	**4** 57, **7** 58, **29** 41
	16, **19** 22, **29** 73, **34** 2	133	**2** 15, 16, **37** 21
14	**1** 3, **7** 1, 39, 41, 67, **15**	134	**19** 25, **33** 19, **34** 5, 9, **37**
	21, **17** 7, 37, 39, **18** 2, 16,		39, 46
	19 22, **29** 73, **34** 2	135	**7** 52
27	**29** 4	138	**7** 32, 34, 64, **17** 13, **19**
31	**27** 8, **41** 45, **42** 9, 12, 46, 52		25, **32** 9, 13, **33** 19, **37**
89	**27** 8, **42** 12, 46, 52		39, 47, **39** 16
90	**10** 3, **11** 46	139	**4** 32, **9** 29
90 a	**1** 4	140	**32** 20
91	**17** 8	142	**32** 33, **36** 2, **37** 30, **39** 18
93	**11** 7	144	**37** 30
99	**14** 1–2	145	**1** 3, **7** 58, **19** 16, **29** 53
100	**4** 42, 59, **39** 2	151	**4** 117, **29** 10, 53
104	**1** 3, **19** 16, **32** 8, **33** 6, **35**	154	**19** 18
	30, 33, **39** 14, **44** 43	155	**19** 18
105	**29** 39, **35** 30	157	**2** 15, 16, **37** 21
106	**39** 19	158	**7** 23, 26, 43
107	**7** 50	162	**37** 37
116	**1** 3	164	**27** 3, **29** 9
119	**19** 19, **32** 8, 26, 33, **33**	167	**17** 49, **32** 18
	12, **36** 1	168	**29** 41
121	**32** 33	169	**29** 41
122	**4** 19	177	**32** 18, **35** 31
123	**32** 26, **33** 12	179	**35** 33, **37** 21
124	**32** 33	185	**7** 33, **38** 20
125	**7** 71, **15** 21, **18** 5, **27** 23,	194	**24** 45, 48
	32 8, 26	195	**17** 19, **24** 44–46, 50–52,
126	**10** 11, **17** 46, **18** 22, **32** 18		**44** 31–32, 35, 38, **46** 46,
126 a	**17** 46, **18** 22		66

BGB §§	§ Rn.	BGB §§	§ Rn.
199	**24** 46, 52, **44** 32, 34–35, 38, **46** 66	273	**25** 7
200	**7** 18	275	**2** 4, **3** 2, 5–6, 9–10, 17, 37, 39, **4** 43–44, 47–48, 56, 61, 73, 80, 84, 97, 99, 102, **8** 3, **11** 3, 20, 33, **23** 3–5, 16, **24** 16, 22, 36–37, **29** 39
203	**44** 33		
204	**44** 33		
209	**32** 27, **44** 33		
212	**33** 15		
214	**37** 25	276	**4** 81, 82, 84, 88, 89, 99, 102, 110, 122, **9** 16, **16** 7, **20** 11, **24** 41, **27** 20, **29** 35, 39 23, **40** 8, **41** 49, **44** 39
216	**7** 30		
218	**24** 48		
226	**41** 82		
227	**40** 6, **41** 50	277	**30** 17
228	**40** 6, **41** 50	278	**3** 18, 29, **13** 12, **23** 1, **24** 42, 52, **27** 8, 19, 32, **29** 21, 48, 57, **30** 16, **42** 9, 11, 52, **44** 38
229	**11** 52, **41** 50		
232	**11** 55, **22** 9, **25** 9		
241	**2** 15, 21, 23, 29, **4** 120, **6** 2, 5, 7, **11** 8, 21, **16** 6, **20** 5, 23, **23** 2, **25** 1, **29** 34, **30** 14	280	**3** 30–31, **4** 2–3, 25, 79–81, 83–84, 88–89, 93, 101–102, 105–106, 108, 110–111, 113, 120, 122, **5** 3, 5, **6** 3, 5, 7, **7** 7, 21, 54, 69, **8** 3, **11** 9, 20–21, 36, 41, 43, **15** 9, 20, 24, **17** 57, **20** 10–11, 26, **23** 3, 11, 13–14, **24** 8–9, 35–37, 40–42, 50–51, **25** 15, **27** 19, **28** 15, **29** 19, 29, 35, **30** 16, 23, **35** 39, 52, 37 34, **44** 35, 38, 40, **46** 17, 51
241 a	**1** 3		
242	**2** 15, **4** 68, **11** 31, **16** 6, **17** 17, **20** 5, **23** 2, **30** 19, **32** 9, 13, **37** 44, **38** 22, 39 15		
246	**17** 23, 51, 58		
249	**28** 24, **44** 1–2, 7, 9, 14–15, **46** 66		
251	**44** 7		
253	**20** 27, **27** 19, **40** 12, **41** 62, **42** 11, 59, **44** 7 f., 11 ff., 20, **46** 16, 26, 49, 51, 57, 66, 70, 78	281	**3** 30, **4** 2, 79–80, 90–91, 93–96, 103, 108, 111, 113, 122, **5** 5, **6** 3, **7** 14, 21, 31, **11** 20–21, 43, **15** 17, **23** 13, **24** 35–36, 38–39, 41
254	**4** 72, **20** 11, **24** 30, **35** 48, **41** 37, **42** 45, **43** 16, **44** 5, 29, **46** 15, 47, 66, 71, 77		
255	**35** 18	282	**6** 5, **11** 21, **15** 24, **29** 35
257	**29** 26	283	**3** 31, **4** 2, 79, 80, 83, 84, 101, 102, 103, 113, 122, **8** 3, **11** 20, 41, **23** 14, **24** 35, 37, 42
258	**7** 48, **11** 7		
259	**29** 14		
266	**18** 17		
267	**35** 25, **37** 17, **38** 8	284	**3** 30, 33, **4** 2, 112, 113, 114, **23** 13, **24** 8, 43
268	**32** 40, **38** 8		
269	**3** 22, 23	285	**3** 7, 12, **23** 7
271	**2** 17, **18** 3, 17		

BGB §§	§ Rn.
286	3 30, 4 105, 106, 111, 5 3, 11 18, 17 57, 23 13, 24 18, 40, 25 15–16, 32 23
288	17 57, 25 15
291	39 23
292	39 23
293	3 16, 36, 4 1, 5 4, 20 15, 23 9, 24 6, 25 16
294	3 16
295	25 17
296	3 16
300	5 4
304	25 17
305	27 23, 32 8
305 c	22 7
307	4 35, 7 6–7, 32, 17 16, 22 7, 27 23, 29 45, 67, 70, 32 24
309	2 16. 4 35, 15 13, 17 16, 24 10
310	4 35
311	4 31, 120, 7 25, 10 4, 11 21, 15 24, 17 11, 64, 21 13, 24 50, 26 5, 33 14
311 a	2 4, 3 32 f., 4 2, 79, 88, 98–99, 102, 113, 122, 9 16, 23 14, 24 8–9, 35, 37
311 b	1 11, 7 45, 49, 71, 33 6, 16
312	7 39–40, 17 52, 29 75, 32 14
312 b	7 41, 18 11, 19 22
312 c	7 41, 19 22
312 d	7 41, 19 22
312 e	7 42
312 f	7 40–41
313	3 6, 9 12, 17 35, 32 13, 33 11, 37 34, 36
314	17 35
315	19 20
316	19 20, 30 10
320	1 2, 2 17, 3 2, 9, 4 1, 5 2, 7 21, 11 32–33, 15 9, 18, 16 1, 17 20, 64, 20 9, 15,

BGB §§	§ Rn.
	26, 23 3–4, 25 15, 29 69, 30 7, 37 1, 25, 31
323	2 20, 3 9, 34–36, 38–39, 4 2–3, 49–51, 59, 61, 64– 67, 69–70, 78, 96, 5 6, 6 6, 7 14, 21, 28, 31, 36, 11 9, 20, 33, 15 11, 14, 17 1, 20 10, 23 4, 15, 24 9, 19, 23–24, 26–27, 29, 34, 38, 25 15, 28 15–17, 19
324	6 7
325	4 2, 60, 112, 28 23
326	3 10, 11, 12, 16, 17, 18, 31, 37, 38, 39, 4 2, 49, 56, 73, 8 3, 9 25, 11 14, 20, 15 14, 17, 20 9, 15, 23 5–7, 16
328	27 3, 37 19
335	37 19
346	3 9, 4 42, 49, 59, 76, 95, 7 36, 15 14, 18 13, 23 4, 24 15, 26, 32, 28 20, 37 30, 39 15, 17
347	4 59, 76, 24 32
348	4 59, 24 26
349	4 57
351	4 57, 24 25
355	7 40–41, 69, 72, 15 22, 17 52, 18 7, 12, 21, 23, 19 22, 29 75, 32 14–15
356	7 40–41, 18 12, 21
357	7 72, 17 52
358	17 44
359	17 44
362	4 42, 29 36, 35 25
363	4 7
367	17 59
387	24 21
397	33 14
398	2 11
401	32 38, 40, 46, 51
404	17 54, 32 39, 38 27
406	12 20, 17 54
407	38 28

BGB §§	§ Rn.
409	**12** 11
412	**32** 37–40, 46, 51
414	**17** 38
418	**32** 44
421	**43** 13
422	**32** 3, 45
425	**32** 3
426	**9** 20, **32** 45, **35** 17, **43** 14–16
433	**vor 1** 1, **1** 2, 4, 9, **2** 1–2, 7, 9–11, 13, 16, 19, **3** 3–4, 8, 11, 14, 30, 34, 37, **4** 1, 3–4, 28, 33, 40, 42, 48, 51–52, 80, 110, **5** 1, 3, 6, **7** 1–2, 21, 29, 48, **8** 1, **15** 8, **23** 3, 14, **24** 1, **36** 2
434	**2** 8, **4** 6, 8–10, 12–14, 16–21, 24–27, 33, 64–65, 67, 86, 96, 99, 102, 109, **7** 9, 19, **24** 2–3
435	**2** 10, **3** 3, **4** 6, 28–30, 33, 99, 102, 109
436	**4** 30
437	**2** 7, **3** 2, **4** 2–4, 6, 11, 28, 31 33, 40, 42, 46, 49, 56, 59–61, 64–70, 77–80, 88–91, 93, 96–99, 101–102, 105, 108–115, 122, **7** 7–9, 11, 14–15, **8** 1, **15** 14, **24** 9–10, 23, 28, 43
438	**7** 8, 15, **24** 48, **44** 36, 38
439	**4** 2, 3, 33, 40–42, 45–48, 53, 70, 92, **7** 7, 17, **24** 14–15
440	**4** 2, 3, 33, 46, 49, 52–55, 79, 91–92, 113, 122, **7** 7, **24** 23
441	**4** 2, 3, 33, 62, 70–73, 76–78, **7** 7, **8** 2, **24** 28
442	**4** 33, 36, 37, 38
443	**4** 33, 89, 115–119, 121–122, **7** 11
444	**4** 31, 32, 33, 122, **24** 10
445	**4** 38, **7** 4
446	**3** 11, 13–21, 27, **4** 21–22, 67, 101, **7** 4, 27, 43, **15** 11
447	**3** 13, 19, 20, 21, 22, 24, 25, 27, 28, **4** 21, 23, **7** 4–5, **15** 11, **23** 10
448	**2** 15, 23, 112
449	**7** 23–24, 28, 30, 32, 36
453	**2** 11, 13, 14, 15, 23, **4** 4, **7** 67
454	**7** 23, 43
455	**7** 43
456	**4** 57, **7** 45–46, 48
457	**7** 47–48
458	**7** 47
459	**7** 48
461	**7** 46
462	**7** 46
463	**7** 49–50, 55
464	**7** 51, 53
465	**7** 54
466	**7** 50, 53
467	**7** 53
468	**7** 53
469	**7** 52
470	**7** 50
471	**7** 50
472	**7** 52
473	**7** 52
474	**4** 21, 33, 35, 120, **7** 1–4
475	**4** 31, 33, 34, 35, **7** 6–8, 20
476	**4** 21, **7** 9–10, 19
477	**4** 120, **7** 11–12
478	**7** 1, 13–14, 17, 19–20
479	**7** 13, 15, 18
480	**4** 5, **8** 1
481	**7** 67, 69
482	**7** 69, 72
483	**7** 70
484	**7** 71
485	**7** 69, 72
486	**7** 73

BGB §§	§ Rn.	BGB §§	§ Rn.
487	7 69	534	9 14, 20, 30
488	**vor 10** 1, **17** 1, 3, 6–10, 20–24, 26–27, 37, **30** 8	535	**vor 10** 1, **10** 2–3, 5, 9, **11** 1, 3, 10, **11** 22, **13** 1, 15
489	**17** 28–30, 33		10, 16, **16** 6, **17** 3
490	**17** 30, 32–35	536	**11** 9, 11–15, 19, **14** 8, **15**
491	**15** 21, **17** 7, 36–38, 41– 44, **18** 2, 16, **29** 73, **32** 15	536 a	12–13 **11** 5, 11, 15–19, 21, **12**
492	**15** 21, **17** 7, 37, 43–44, 46–50, **18** 5, 7, 11, 22	536 b	9–10, **28** 23 **11** 13, 19
493	**17** 48, 52	536 c	**11** 13, 30, 42
494	**15** 21, **17** 50–51, **18** 5	536 d	**11** 13
495	**15** 22, **17** 52, **18** 7, 12, **29** 75, **32** 15	537	**11** 34–35
		538	**11** 3, 28
496	**15** 23, **17** 53–56, **18** 7	539	**11** 5–7, **13** 35
497	**15** 23, **17** 57–59, **18** 7	540	**11** 28–29, 36, **13** 2, 32
498	**15** 23, **17** 60–62, **18** 7, 13	541	**11** 28, 37
499	7 36, 38, **15** 21, **17** 45, **18** 1–6, 17	542	**13** 1–2, 6
		543	**11** 11, 19–20, 28, 33, 38,
500	**15** 21, **17** 45, **18** 4–5		**13** 2, 12, 33–34, **15** 11,
501	7 38, **17** 45, **18** 3, 6–7, 12		17, **28** 20
502	**18** 6, 8–11	544	**13** 2, 32
503	**18** 12–13, 21	545	**13** 1, 6
504	**18** 14	546	**11** 32, **12** 4, **13** 35
505	**18** 16–17, 21–23	546 a	**11** 41
506	**17** 36, 33 7	547	**13** 36–37
507	**17** 41	548	**11** 36
515	**vor 1**	549	**10** 9, **13** 8, 19, 24, 26–27,
516	**vor 1**, 9 1–2, 6, 9, **17** 5, **29** 8		29
		550	**10** 2, 11–13, **13** 3
517	9 7	551	**11** 56–58
518	9 1, 3–4, 9, 29	552	**11** 7
519	9 15	553	**11** 29
521	9 16, **29** 20, **44** 39	554	**11** 31
522	9 16	556 b	**10** 4, **11** 23
523	9 17–19	557	**11** 25
524	9 18–19	557 a	**11** 27
525	9 22	557 b	**11** 27
526	9 26	558	**11** 25, 27, **13** 16
527	9 25	558 a	**11** 25
528	9 20	558 b	**11** 25, **13** 16
529	9 20	558 c	**11** 25
530	9 21, 30, **37** 30, **38** 12	558 d	**11** 25
531	**37** 30	558 e	**11** 25
532	9 21	559	**11** 26–27

BGB §§	§ Rn.
559 b	11 26
561	11 27
562	11 44–45, 49, 55
562 a	11 51
562 b	11 51–52, 54
562 d	11 54
563	13 22–23, 32
563 a	13 22–23, 32
564	13 23, 32
565	13 39
566	4 28, 10 11, 12 5–7, 9–12, 13 39, 20 4
566 a	11 59, 12 9
566 b	12 12–14
566 c	12 12, 15–17, 19–20
566 d	12 20
566 e	12 11
567	12 8
568	13 8, 26
569	11 19, 13 34
571	11 41
572	13 11
573	11 25, 13 8, 11–18, 20, 26, 29
573 a	13 17
573 b	13 18
573 c	13 9–10, 25–26
574	13 8, 13, 19–20, 26
574 a	13 19–20
574 b	13 20
574 c	13 21
575	13 4–5, 21
576	13 30
576 b	13 31
577	13 14
577 a	13 14–15
578	10 2, 9, 11–12, 11 31, 44, 51, 12 5, 7–8, 13 3, 34
579	10 4, 11 23
580	13 22, 14 6
580 a	10 2, 13, 13 9
581	4 28, vor 10 1, 14 1, 3
582	14 7–9
582 a	14 8–9

BGB §§	§ Rn.
584 a	14 6
585	14 10
594 a	14 6
598	9 7, vor 10 1, 16 1–2, 17 3
599	16 4, 29 20, 44 39
600	16 4
601	16 3, 6
602	16 5
603	16 5
604	16 5, 8
605	16 7–8
606	16 3, 7
607	vor 10 1, 17 1, 3, 8, 36–37, 63–66, 30 8
608	17 66–67
609	17 66
611	19 1–2, 5, 8, 16, 18, 20 1, 29 30, 68
611 a	19 5, 20 24
611 b	19 5, 20 24
612	19 5, 18–20, 20 13, 24, 22 5–6, 27 23, 30 10
612 a	20 24
613	20 3, 13, 21 15, 29 48
613 a	20 4
614	20 14, 21 8
615	20 15–16, 26 1
616	20 17–21
617	19 8, 20 23
618	20 27, 25 1, 29 34–35, 35 28, 44 21
620	21 14
621	21 3
622	21 3–5
623	21 2, 13–14
624	19 8, 21 3, 6
625	21 14
626	20 10, 26, 21 8–10
627	21 8, 11–12, 27 1
628	20 10, 26, 21 12
629	19 8, 21 16
630	19 8, 21 17
631	19 14, 22 1, 4, 12, 23 1, 4, 25 2, 28 1, 29 58

BGB §§	§ Rn.
632	22 5–8, 25 2, 29 58, 30 10
632a	22 3, 9, 25 3, 5
633	22 10, 24 1–3, 5, 9, 25 10
634	24 5, 8–12, 17, 23, 26, 28, 33, 35–37, 40, 41, 43–45, 50–52, 25 12, 28 20, 23
634a	19 14, 24 44–52, 25 12
635	24 8–9, 12, 14–16, 22, 24, 28 16
636	24 8–9, 23–24, 29, 35–36, 28 17, 19
637	24 8, 17, 19, 21–22, 28 16
638	24 8, 28–29, 31–32, 34, 28 17–18, 29
639	24 10
640	24 11, 46, 25 10, 12, 16
641	24 6–7, 25 3, 5, 12
641a	25 3, 16
642	25 14, 17
643	25 17, 26 4
644	23 8–10
645	23 8, 10–12, 26 2, 4
646	23 8, 25 10, 12
647	25 6–7
648	25 8–9
648a	25 9
649	26 1, 3
650	23 2, 26 2–3
651	4 5, 22 10–11, 23 10
651a	28 1, 3, 5, 7, 10–11
651b	28 4, 12
651c	28 14–16, 32
651d	28 17–18
651e	28 19–21, 26, 35
651f	28 22, 24
651g	28 15
651h	28 25
651i	28 13, 33
651j	28 26, 35
651k	28 27-29
651l	28 7, 30–35
651m	28 5

BGB §§	§ Rn.
652	29 65–66, 70
653	29 65, 30 1
654	29 65, 71
655a	29 73
655b	29 74
655c	29 75–76
655d	29 76
655e	29 73
656	29 77, 33 19
657	34 2
661a	34 2
662	9 7, 19 15, 19, 29 1–2, 4, 11, 29 24, 32 36
663	29 1, 10
664	29 13, 21, 48, 57
665	29 12, 29 22, 52
666	29 12, 14, 35 37, 52
667	29 15, 17–18, 23, 35 38, 52, 59
668	29 18, 35 38
669	29 24, 58
670	20 12, 29 24–25, 27–28, 30, 32–33, 41, 49, 58, 32 5, 36, 35 25, 43, 45–46, 38 9
671	29 24, 36–37, 50, 32 5
672	29 38, 40
673	29 38
674	29 41
675	22 4, 29 4, 6–7, 42–44, 47–50, 52, 58, 32 36
675a	29 44, 46, 51–52
676	29 46, 56, 64
676a	29 54–55, 58–59, 61
676b	29 56–57, 61
676c	29 45, 57, 61
676d	29 60–61
676e	29 60–61
676f	29 62
676g	29 63
676h	29 49, 63
677	27 5, 32 36, 35 1, 5–7, 11, 20, 34–35, 39, 51–52, 57, 59, 41 50, 44 40

BGB §§	§ Rn.
678	35 53–54, 59, **44** 40, **44** 40
679	35 27–30, 50
680	27 5, 35 41–42, 48, 52–53
681	35 36–39, 51–52, 59
682	35 33, 38, 40–41, 52, 59, 36 6
683	27 5, **29** 4, **32** 36, 35 22–25, 27, 32–34, 43, 46, **38** 9–10
684	35 22, 31–32, 55–56, 60, 38 10
685	35 48
686	35 9
687	35 4, 10, 56–60, **38** 12, 15, 17, **44** 40
688	30 1, 4, 11, **17** 4
689	30 9–10, 20
690	**29** 20, **30** 17
691	30 12, 16, 18
692	30 13–14
693	30 6, 20
694	30 21, 23
695	30 8, 15
696	30 22
697	30 8, 15, 22
698	30 14
699	30 20
700	**17** 4, **30** 8
701	31 2–4
702	31 4
703	31 4
704	31 2
713	29 4
762	33 19, **34** 1, **34** 3–6, 8–9
763	34 9
765	32 1, 21, 26
766	32 16–19, 25–26, 28
767	32 21, 23, 25, 33
768	32 29, 31
769	32 45
770	32 33–34
771	32 27
772	32 27
773	32 28
774	32 37–40, 44–46, 48–49, 51, **38** 8
775	32 41–42
776	32 8, 44, 46
777	32 44
778	32 5
779	33 1, 3–4, 11–12
780	**9** 4, **33** 13–16, 18, 21, 23, **34** 8
781	**9** 4, **17** 12, **33** 13–16, 18, 21
782	33 17
812	**9** 2, 23, **11** 6, 39, **12** 3, **15** 15, **17** 19, **24** 15, **32** 50, **33** 20, **34** 5, **35** 52, 55, 58, **36** 1–2, 6, **37** 1, 3–7, 12, 14, 23, 29, 31, 36, 39–40, 45, **38** 1, 3, 12–16, 23, 26–27, **39** 1, 11, **44** 37
813	37 25
814	33 20, **37** 23, 26–27, 30, 39
815	37 23, 37, 39
816	**11** 39, **35** 58, **36** 4, **38** 2, 16–17, 20–25, 27–28, **39** 1, 5, 10
817	**17** 19, **34** 5, **37** 7, 23, 28, 38–40, 42–47, **39** 1
818	**9** 20, **19** 24, **35** 58, **36** 5–6, **37** 5, 12, 18, **38** 10, 15, 26, **39** 1–8, 11–12, 16–17, 20, 23
819	**37** 5, 23, **38** 26, **39** 8, 11, 18–19, 21
820	39 22–23
821	33 21, **39** 24
822	**9** 20, **37** 14, **38** 24–26
823	**7** 31, **12** 3, **20** 11, **24** 52, 28 24, **33** 24, **35** 30, 39, 52, 58, **36** 2, **37** 24, **40** 1–4, 6, 9, **41** 1–2, 5–11, 13–14, 16, 18, 20–22, 27–28,

BGB §§	§ Rn.	BGB §§	§ Rn.
	31, 33, 37, 43–45, 47, 49,	854	2 5, 11 1
	51–52, 58, 62, 65, 70,	858	12 3, 41 13
	72–74, 76, 84, 42 2, 4, 8,	859	12 2
	11, 15, 18–19, 25, 27, 30,	861	12 2, 36 2
	35, 49, 54, 59, 43 13, 15,	862	12 2, 45 1–2, 4, 6
	44 8, 15–16, 21, 35, 44–	866	11 1
	45, 45 1–3, 5, 7, 9, 46 17,	868	7 30, 41 14
	51, 67, 79	869	7 30, 41 14
824	41 16, 18, 21, 42 1, 54–	873	2 3, 11, 7 55, 12 5, 25 8
	55, 43 16, 45 3, 5, 11	891	37 3
825	42 1, 59	892	2 3, 10, 4 29, 37 3, 38 20
826	21 18, 40 2, 8, 41 9, 16,	903	38 3, 41 5
	21, 75–76, 79, 82, 83–84,	904	41 50, 45 11
	42 18–19, 43 16	906	41 69, 46 61
827	35 40, 40 3, 7	925	2 3, 7 24, 12 5
828	35 40, 39 19, 40 7, 42 15,	929	1 2, 2 3, 5, 6, 16, 3 15, 7
	46 15		23, 26, 31, 33, 12 4–5, 36
829	40 7, 9–10, 42 15, 43 10		2, 4, 38 17, 25, 41 5
830	43 1–2, 4–6, 8–13	930	2 3, 6, 3 15
831	3 29, 24 52, 27 19, 22, 41	931	2 3, 6, 12 4
	49, 64, 42 1–4, 6–7, 9–14,	932	2 3, 11 50, 36 4, 37 12,
	17, 46, 52, 43 13, 15, 44		38 2, 17, 20, 25, 41 5
	38	935	2 4, 3 3, 37 12, 38 1–2,
832	40 10, 42 14–17		20, 39 10
833	42 2, 42 18–20, 22, 46 53	936	11 50
834	42 18–19, 21, 24	937	38 7
836	41 33, 42 25–29, 44 34	946	11 7, 36 6, 38 1, 7, 12–13
839	41 9, 42 1, 13, 16, 30–33,	950	7 35
	36, 38, 40–46, 49, 52–53	951	11 6, 36 6, 38 1, 7, 13–
839 a	42 53		14, 39 1
840	43 1, 13, 15–16	956	14 4
842	20 27, 44 1–4, 9, 15	973	38 7
843	35 19, 44 4–5, 23, 25,	977	38 7
	27–28	985	2 4, 7 30–31, 11 32, 12 1,
844	41 2, 20, 43 12, 44 1, 21–		4, 36 2, 4, 37 12, 46–47,
	27, 29		38 1, 17, 20, 23, 39 10
845	44 21, 27–29	986	7 30, 12 1, 4–5
846	44 29	987	35 58–59, 39 23
847	20 27, 27 19, 41 62, 42	988	39 3
	11, 59, 44 7–9, 10–11,	989	39 23, 41 8, 44 42–44
	13–15	990	44 42–44
848	44 1, 30	992	35 58, 41 8, 44 42
852	44 1, 31, 37	993	39 3, 44 45
853	37 25, 44 1	994	38 12, 14, 39 23

BGB §§	§ Rn.
996	38 15
1004	7 31, 45 1–2, 4, 6
1007	36 2
1030	12 8
1036	2 12
1059	2 12
1093	2 12
1094	7 55
1154	2 11
1184	25 8
1204	11 44, 32 2
1205	7 22, 31
1207	11 48, 25 7, 38 20, 41 5
1225	32 46
1228	11 53, 25 6
1235	4 38
1236	4 38
1242	11 50
1252	11 50
1255	11 50
1257	11 44, 50, 53, 25 6–7
1356	44 27
1357	27 3
1360	35 29, 44 23, 27
1601	35 29, 44 23
1615 b	38 8
1618 a	32 11
1619	44 27
1631	41 50
1835	27 5, 29 4, 27, 35 44
1922	32 31, 46 48
1967	32 31
1968	44 22
1969	35 29
1975	32 31
2034	7 49
2218	29 4
2258	33 1
2301	9 5
2302	37 33
2366	38 20
2371	1 11

§§	§ Rn.
AMG	
84	46 44, 74–76, 79
85	46 77
86	46 78
87	44 14, 46 78
88	46 78
91	46 79
93	46 77
AtomG	
25	46 1, 58, 61
26	46 59
29	44 14
31	46 2
BauGB	
24	7 49
BGB-InfoV	
1	19 22
2	7 69, 72
3	7 42
4	28 6
BSHG	
90	9 20
CISG	
Art.	
1	7 57
14	7 58
25	7 58
45	7 58
46	7 58
74	7 58
Erbbau	
VO	
1	2 12, 14
GenTG	
3	46 68
32	44 14, 46 68, 70–73

§§	§ Rn.
33	**46** 70
34	**46** 69
35	**46** 72
37	**46** 73

GG
Art.

1	**41** 22, **42** 46, **44** 11, 16
2	**41** 22, **42** 48, **44** 11, 16
3	**20** 24, **42** 46
5	**41** 53, 69, **42** 56, **45** 10
6	**13** 27
9	**19** 6, **41** 69
14	**12** 1
34	**42** 13, 30–34, 36, 38, 40, 46, 48–49

HGB

17	**41** 11
93	**29** 66
251	**32** 7
343	**4** 39, **32** 28
349	**24** 25, **32** 28
350	**32** 17, **33** 17
352	**17** 23
355	**33** 17
362	**29** 53
364	**33** 18
366	**2** 3, **38** 2, 20
377	**4** 27, 39
383	**22** 12
407	**22** 12
421	**3** 28, **32** 45
426	**32** 45–46, **38** 8
453	**22** 12
467	**30** 7

HPflG

1	**46** 1, 2, 20, 23, 26
2	**46** 27, 61
6	**44** 14, **46** 26
9	**46** 26
10	**46** 2, 26

§§	§ Rn.

LuftVG

33	**46** 55
36	**44** 14, **46** 57
44	**46** 56
45	**46** 56

ProdHaftG

1	**46** 1, 29, 36–37, 40–45, 51, 63
2	**46** 29–30
3	**46** 31
4	**4** 16, 18, **46** 32–35
5	**46** 52
6	**46** 47
7	**46** 48, 78
8	**44** 14, **46** 49
9	**46** 48
10	**46** 49–51
11	**46** 39, 50–51
12	**46** 46
13	**46** 46
14	**46** 28
15	**46** 38–39, 51

StGB

25	**43** 2
26	**43** 3
27	**43** 4
73	**29** 17
123	**41** 68, 79
142	**19** 23–24, **41** 68
164	**41** 68, **45** 3
174	**42** 59
176	**42** 59
185	**41** 21, 68, **42** 54
193	**41** 50, 52, **42** 56, **45** 11
216	**41** 50
223	**41** 68
228	**41** 50
234	**41** 68
239	**41** 4
242	**35** 58, **41** 68, 70
248 b	**41** 1, 68, 70, 72
263	**41** 9, 65, 68, 79

§§	§ Rn.	§§	§ Rn.
284	34 5	7	46 64
287	34 9, 39 23	8	46 63
303	41 70	9	46 63
323	41 73	11	46 66
323 c	34 14, 35 20, 44	13	44 14
331	37 40–41	12	46 66
332	37 44, 42 44	15	46 66
333	37 40	17	46 66
334	37 44	18	46 67
336	42 44		

UWG

StVG		1	4 120
1	41 69, 46 4	3	4 120
7	33 24, 35 8, 49, 42 32, 43		
	10, 13, 46 1–4, 6–7,	**WHG**	
	10 ff., 23	22	46 60–61, 67
8	46 4, 6		
9	46 15, 47	**ZPO**	
10	46 16	253	39 20
11	44 14, 46 16	261	39 20
12	42 32, 43 13, 46 2, 16	287	44 5
12 a	46 16	292	4 119
15	46 15	580	41 82
16	46 17	766	42 45
17	46 15, 18	794	33 3
18	40 1, 42 1, 43 13, 46 3, 15	803	41 69
22	41 69	806	4 38
		808	11 54
UKlaG		811	11 49, 55
2	4 120, 7 12	850	32 9
		887	20 8
UmweltHG		888	20 8
1	46 62	890	45 1
2	46 62		
3	46 62–63	**ZVG**	
4	46 65	3	4 38
5	46 65	56	4 38
6	46 63–65	57	12 7

Sachregister

Die Zahlen verweisen auf die Paragraphen (Fettdruck) und
Randnummern des Buches.

Abgaben öffentlich-rechtliche **4** 30
Ablehnungsanzeige 29 10
Abmahnung 21 9
Abnahme
– Kaufvertrag **2** 19 f.
– Kosten **2** 23
– -verweigerung **24** 6, **25** 16
– VOB **25** 13
– Werkvertrag **23** 8 ff., **25** 10 ff.
Abonnementverträge 18 19
Abrechnung 33 17
Abschlagszahlungen 22 9
Abschlussgebote 19 17
Abschlussverbote 19 17
Abtretung Darlehen **17** 54
Abzahlungsgesetz 7 37
Additionstheorie 17 15
ärztliche Kunst 27 20, **41** 61
AGB
– Ausschluss von Mängelrechten
  beim Kauf **4** 35
– Bürgschaft **32** 8
Akzessorietät Bürgschaft **32** 2, 21
aliud
– Kaufvertrag **4** 26
– Werkvertrag **24** 4
Alleinauftrag 29 69
allgemeines Persönlichkeitsrecht 41
  21 ff., **55** ff., **44** 8
– Anspruchsgrundlage **44** 15
– Caroline von Monaco **44** 20
– Ehrverletzungen **41** 25
– Fallgruppen **41** 23 ff.
– Familienrechte **41** 27
– Freiheitsentziehung im Geistigen
  44 16

– Geldentschädigung **44** 15 ff.
– Ginsengwurzelfall **44** 16
– Herrenreiterfall **44** 16
– Höhe des Anspruchs **44** 20
– Marlene Dietrich **41** 26
– postmortaler Persönlichkeits-
  schutz **41** 26
– Präventionsgedanke **44** 20
– Widerruf **44** 19
Amtspflichtverletzung 42 30 ff.
– Ausübung eines öffentlichen
  Amtes **42** 34
– Beamter im haftungs-/staatsrecht-
  lichen Sinn **42** 33, 49
– EG-Richtlinie verspätete Umset-
  zung **42** 40
– Handeln hoheitlich/fiskalisch **42**
  32 f., **49** ff.
– Rückgriff gegen den Beamten **42**
  48
– Schadensersatz **42** 46 ff.
– Subsidiaritätsklausel **42** 42
– Unmöglichkeit anderweitigen
  Ersatzes **42** 41
– Urteilsprivileg **42** 44
Amtssprache Teilzeit-Wohnrechte-
  verträge **7** 70
Andienung Recht des Käufers zur
  zweiten A. **4** 40
Aneignungsrechte 41 10
Anfechtung
– Bereicherung **37** 30
– Bürgschaft **32** 33
– und Gewährleistung im Kaufrecht
  4 135 ff.
Angemessenheit der Nachfrist **4** 51

Anlagepflicht bzgl. der Mietkaution
11 58

Annahmeverzug
– Ausschluss des Rücktritts des
Käufers 4 67
– Werkvertrag 23 9, 24 27
– Gefahrübergang 3 16, 4 22

Anstandspflicht 37 27

Anstifter 43 3

Anwartschaftsrecht
– als absolutes Recht 41 10
– beim Vorbehaltskauf 7 31

Anweisung des Werkbestellers 23
11

Anweisungsfall (Bereicherungsrecht)
37 14

Anzahlungsverbot Teilzeit-Wohnrechteverträge 7 73

Anzeigepflicht
– des Mieters 11 42
– bei der GoA 35 36

Arbeitgeberkredite 17 43

Arbeitnehmerhaftung, eingeschränkte 20 11 f.

Arbeitsrecht 19 5 ff., 20 12, 22

Arbeitsunfall 20 28

Arbeitsvertrag 19 3, 5 ff., 21, 20 2,
4, 13 ff., 22, 21 2, 4 ff.

Architekt 19 14, 22 11

Arglist
– Angaben „ins Blaue hinein" 4
127
– Verschweigen von Mängeln
(Verjährung) 4 127
– Täuschung und Gewährleistungs-
recht 4 138
– Schenkung 9 18
– Werkvertrag 24 45

Arzneimittelgesetz 46 74 ff.
– Fachinformation 46 75
– Gebrauchsinformation 46 75
– Höchstbeträge 46 78
– Kennzeichnung 46 75
– Konkurrenzen 46 79
– schädliche Wirkungen 46 75

Arzt
– als Organ des Krankenhausträgers
27 8
– ärztlicher Eingriff 41 61
– Aufklärungspflicht 41 62
– Behandlungsfehler 41 63
– Beweislast 27 21, 41 63
– Bewusstlose 27 5
– Delikt 41 61 ff.
– Einwilligung 41 62
– Hilfspersonen 27 22
– Kassenpatient 27 4, 24
– Krankenhaus 27 6 ff., 41 64
– Pflichten 27 12 ff.
– Privatpatient 27 2, 23
– Regeln der ärztlichen Kunst 27
20, 41 61
– Verrichtungsgehilfen 41 64
– Vertrag 27 1 ff.

Atomgesetz 45 58

Aufbewahrung als Nebenleistungs-/
Schutzpflicht 30 5

Aufgabe von Sicherheiten 32 44

Aufgedrängte Bereicherung 38 15

Aufhebungsvertrag 21 13

Aufklärungspflicht Arztvertrag 27
13 f.

Auflage Schenkung unter 9 22 ff.

Auflassung Kosten 2 23

Aufnahme 31 2, zur Beherbergung
31 3

Aufrechnung
– Bürgschaft 32 34
– Wette/Spiel 34 6

Aufsichtsbedürftige 42 14

Aufsichtspflicht 41 45, 42 16

Auftrag Vor 29, 29 1 ff.
– Abgrenzung 29 5 ff.
– Aufwendungsersatz 29 25 ff. (vgl.
dort)
– Beendigung 29 36 ff.
– Bereicherung 38 9 f.
– Haftungsminderung 29 20
– Herausgabepflicht 29 15 ff.
– Schadensersatz 29 22 f.

– Schmiergelder 29 17
– Vollmacht 29 9
Aufwendungsersatz 29 25 ff.
– allgemeines Lebensrisiko 29 32
– Begriff der Aufwendungen 29 26
– eigene Arbeit 29 27
– Geschäftsbesorgungsrisiko 29 32
– Geschäftsbesorgungsvertrag 29 49
– Geschäftsführung ohne Auftrag 35 43 ff.
– Gewerblicher Auftragnehmer 29 27
– Hilfeleistung 29 33
– Kaufvertrag 4 112 ff.
– Mietvertrag 11 5 f., 18
– Schäden 29 29
– Unglücksfälle 29 33
– Verwahrung 30 20
– Werkvertrag 24 17 ff., 24 43
Ausfallbürgschaft 32 47
Ausgleich mehrerer Kreditsicherer 32 45 f.
Auskunftspflicht GoA 35 37
Auslieferung der Kaufsache an Transportperson 3 26
Auslobung 34 2
Außenhaftung des Arbeitnehmers 20 12
außergewöhnliches Ereignis 46 25
Äußerungen, öffentliche
– Berichtigung 4 20
– Beschaffenheit der Kaufsache 4 16 ff.
Austauschtheorie
– beim Kauf 3 31
– beim Tausch 8 3

Bagatellgrenze
– Quantitätsmangel 4 64 f.
– Rücktritt Kaufvertrag 4 61 ff.
– Rücktritt Werkvertrag 24 27
Bahnunternehmer 46 20
Bankbürgschaft 22 9

Banküberweisung 37 15
Barkaution 11 55 ff., **13** 38
Baubetreuungsvertrag 22 12
Baukostenzuschuss des Mieters **12** 17, **13** 37
Bauträgervertrag 22 12
Bauwerk Verjährung **4** 125, 127
Bearbeitungsgebühren Darlehen **17** 62
Bedingung
– doppelt bedingter Kauf 7 52
– Vorkauf 7 52
Bedürftigkeit des Schenkers **9** 20
Beendigung
– Dienstvertrag 21 1 ff.
– Leihvertrag 16 8
– Mietvertrag 13 1 ff.
– Werkvertrag 26 1 ff.
Beerdigungskosten 44 22
Befreiungsanspruch 32 41 f.
Befristung
– Dienstvertrag 21 14
– Mietvertrag 13 1 ff.
Behandlungspflicht Arztvertrag **27** 12
Beherbergung
– Vertrag 31 1
– gewerbsmäßige 31 3
Belohnung 34 2
Bereicherung ungerechtfertigte **36** 1 ff., **37** 1 ff.
– Bereicherung in sonstiger Weise 36 4 f. (vgl. dort)
– Grundtatbestände 36 1 ff.
– Leistungskondiktion 36 2, 37 1 ff. (vgl. dort)
– Überblick 36 1 ff.
– Umfang der Bereicherung 36 5 (vgl. dort)
Bereicherungsanspruch, deliktischer 44 37
Bereicherung in sonstiger Weise 38 1 ff.
– auf Kosten 38 6
– aufgedrängte Bereicherung 38 15

– Doppelkondiktion 38 27
– Eingriffskondiktion 12 3, 38 3 ff.
– Einheitskondiktion 38 27
– Genehmigung der Verfügung 38 20
– Herausgabe des Mehrerlöses 38 22
– Leistung an einen Nichtberechtigten 38 28
– Rückgriffskondiktion 38 8 ff.
– Sondertatbestände 38 16 ff.
– Spezialität 38 16
– Subsidiarität 38 1 f.
– Verfügung eines Nichtberechtigten 38 17 ff.
– Verwendungskondiktion 38 12 ff.
– Vorrang der Leistungskondiktion 38 1 f.
– Zuweisungsgehalt 38 5
Bereicherungseinrede 39 24
Berichtigung von Werbeaussagen 4 20
Beschäftigungspflicht 20 25
Beschaffenheit
– Garantie 4 115 ff.,
– Kaufvertrag 4 9 ff. 21,
– Werkvertrag 24 2
Beseitigungsanspruch 45 7 ff.
– Abgrenzung Beseitigung/Schadensersatz 45 12
– berechtigtes Interesse 45 11
– Gegendarstellungsanspruch 45 11
– Störung 45 8
– unrichtige Tatsachenbehauptung 45 10
– Widerruf 45 10
Besitz
– Delikt 41 13
– mittelbarer 41 13
– Schutz des Mieters 12 1 ff.
– Stellung des Mieters 12 1 ff.
– Übergabe und Gefahrübergang 3 15 ff.
Beteiligte 43 5 ff.
Betriebsausfallschäden (Kauf) 4 106

Betrieb
– Begriff 46 22
– Betriebsunternehmer 46 20
– von KFZ 46 7
Betriebsfrieden 20 7
Betriebsrisiko 20 11, 16
Betriebsstörung 20 16
Betriebsübergang 20 4
Beurkundung
– Kosten (Kaufvertrag) 2 23
– notarielle (Schenkung) 9 4
Beweislast
– Arztvertrag 27 21
– Garantiefall 4 119
– GoA 35 10 ff.
– Mängel der Kaufsache 4 7
– Rückgriff des Unternehmers in Lieferkette 7 19
– Umkehr 7 9, 41 40
Bewusstlose Arztvertrag 27 5
Bezugsverpflichtung wiederkehrende 18 20
Bierlieferungsvertrag 18 20
Bringschuld 3 21 ff.
Buchclub 18 20
Bürgschaft 32 1 ff.
– Abgrenzung 32 3 ff.
– Akzessorietät 32 2, 21
– als Mietsicherheit 11 55 ff.
– Anfechtbarkeit 32 33
– Arten 32 45 ff.
– Aufgabe von Sicherheiten 32 44
– Ausgleich mehrerer Kreditsicherer 32 45 f.
– Befreiungsanspruch 32 41 f.
– berechtigtes Interesse 32 12
– cessio legis 32 37 ff.
– Darlehen 17 38
– drohende Vermögensverlagerung 32 12 f.
– Einrede der Vorausklage 32 27 f.
– Erteilung 32 19
– Form 32 16 ff.
– Geschäftsgrundlage 32 13

– gesetzlicher Gläubigerwechsel 32 37 ff.
– Globalhaftung 32 8
– Handelsgeschäfte 32 17, 28
– Haustürgeschäfte 32 14
– künftiger Vermögenszuwachs 32 12
– Sittenwidrigkeit 32 9 ff.
– Tod des Schuldners 32 31
– Treu und Glauben 32 9
– Umdeutung 32 20
– Wette/Spiel 34 7
– Widerruf 32 14 f.

cessio legis Bürgschaft 32 37 ff.
c. i. c. Konkurrenzen zur Mängelhaftung beim Kauf 4 140
CISG 7 56 ff.
commodum stellvertretendes
– Gegenleistungspflicht (Kauf) 3 12
– Werkvertrag 23 7
Computerprogramme 1 7
condictio
– causa data causa non secuta 37 3, 1
– ob rem 37 31
culpa in contrahendo siehe c. i. c.

Darlehensvermittlung 29 73 ff.
Darlehensvertrag Vor 10 1, 17 1 ff.
– (Konto-)Überziehungskredit 17 48
– Abgrenzung 17 3 ff., 30 4
– Additionstheorie 17 15
– Arten 17 6
– Einwendungen 17 53
– Existenzgründerkredite 17 41
– Finanzierungshilfen 17 45 ff.
– Form 17 46 ff., 50 f.
– Gelddarlehen 17 6 f., 9 ff.
– Gesamtfälligstellung 17 61
– grundpfandrechtlich gesicherte Darlehen 17 44
– Kündigung 17 26 ff., 60 ff., 67
– kursrisikobehaftete 17 44

– Pflichten 17 22 ff.
– Sachdarlehen 17 8, 63 ff.
– Sittenwidrigkeit 17 13 ff.
– Verbraucherdarlehensvertrag 17 7, 36 ff., 46 ff.
– Vorfälligkeitsentschädigung 17 34
– Widerruf 17 52
– Wirksamkeit 17 13
– Wucher 17 13
– Zahlungsaufschub 17 45 ff.
Delikt s. Unerlaubte Handlungen
depositum irregulare 30 8
Dienste entgangene 44 27 ff.
Dienstleistung
– Bereicherung 37 5
– erfolgsbezogene 22 4
Dienstvertrag 19 1 ff., 20 1 ff., 21 1 ff.
– Abgrenzung 19 9 ff., 15, 29 7
– abhängiger 19 3, 17
– Abmahnung 21 9
– Abschluss 19 16 ff.
– Abschlussmängel 19 23 ff.
– Annahmeverzug 20 15
– Arbeitnehmerhaftung, eingeschränkte 20 11 f.
– Arbeitsrecht 19 5 ff., 20 12, 22
– Arbeitsunfälle 20 28
– Arbeitsvertrag 19 3, 5 ff., 21, 20 2, 4, 13 ff., 22, 21 2, 4 ff.
– Architekt 19 14
– Arzt 19 14
– Aufhebungsvertrag 21 13
– Außenhaftung des Arbeitnehmers 20 12
– Beendigung 21 1 ff.
– Befristung 21 14
– Begriff 19 1 ff.
– Begründung 19 1 ff.
– Beschäftigungspflicht 20 25
– Betriebsfrieden 20 7
– Betriebsrisiko 20 11, 16
– Betriebsstörung 20 16
– Betriebsübergang 20 4
– Dienste 19 2

- Direktionsrecht 20 2
- Dissens 19 18
- Entgeltfortzahlung 20 18, 22
- Erfolgsrisiko 19 9
- Erfüllungsklage 20 8, 26
- Fälligkeit der Vergütung 20 14
- Fernabsatzgeschäfte 19 22
- Form 19 21
- freier 19 2, 17
- Freistellungsanspruch 20 12
- Freizeitgewährung zur Stellensuche 21 16
- Geschäftsfähigkeit 19 25
- Gewerkschaften 19 6
- Gleichbehandlung 19 5, 20 24
- Haftungsbeschränkung 20 11 f.
- Handlungspflicht 20 6
- Informationspflichten 19 22
- innerbetrieblicher Schadensausgleich 20 12
- Irrtumsanfechtung 19 19, 23 ff.
- Koalitionen 19 6
- Konkurrenztätigkeit 20 7
- Krankheit 20 17 f., 22
- Kündigung 20 10, 26, 21 1 ff.
- Kündigungsfrist 21 3 ff., 10
- Kündigungsschutz 21 7, 14
- Lohnzahlungsverweigerung 20 9
- Mitbestimmung von Arbeitnehmern 19 7
- Mutterschutz 21 7
- Nebenleistungspflichten 20 5 ff., 23 ff.
- Nichtigkeit 19 23 ff.
- persönliche Diensterbringung 20 3
- persönliche Verhinderung 20 17
- Pflichten des Dienstberechtigten 20 13 ff.
- Pflichten des Dienstverpflichteten 20 1 ff.
- Pflichtverletzung des Dienstberechtigten 20 26 ff.
- Pflichtverletzung des Dienstverpflichteten 20 8 ff.
- Probezeit 21 4
- Rückabwicklung 19 24
- Rücktritt 20 10
- Schadensausgleich, innerbetrieblicher 20 12
- Schadensersatzansprüche 20 10 ff., 26 f.
- Schadensquotelung 20 11
- Schmerzensgeld 20 27
- Schutzpflichten 20 5 ff., 23 ff.
- Sittenwidrigkeit 19 25
- Stellensuche, Freizeitgewährung zur 21 16
- Tarifverträge 19 6, 17, 21 5
- Taxe 19 20
- Tod 21 15
- Treu und Glauben 20 5, 15
- Unmöglichkeit der Dienstleistung 20 9
- (Un-) Selbständigkeit 19 12
- Unterlassungspflichten 20 7
- Unzumutbarkeit 21 9
- Vergütung 19 4, 11, 18 ff., 20 13 ff.
- Verschwiegenheitspflicht 20 7
- Vertragsfreiheit 19 5 ff., 17
- Vertragsübernahme, gesetzliche 20 4
- Vertrauensstellung 21 11
- Vollstreckung 20 8
- Vorleistungspflicht 20 14
- Weisungsrecht 20 2
- wichtiger Grund 21 9
- Widerrufsrecht 19 22
- Zeitablauf 21 14
- Zeugniserteilung 21 17

Differenztheorie (Schadensberechnung)
- Kauf 3 31
- Tausch 8 3

Direktionsrecht 20 2

Disagio 17 20

Dokumentationspflicht Arztvertrag 27 15

Dombrandfall 35 18

Doppelkondiktion 38 27
Doppelmakler 29 71
Doppelmangel Bereicherung 37 14
Doppelvermietung 11 12
Dreiecksverhältnisse 37 13
Drittschadensliquidation 3 28
Drohung Saldotheorie 39 15
Duldungspflicht des Mieters 11 31

EC-Karte 29 63
e-commerce 7 42
Ehemaklerlohn
– Schuldanerkenntnis 33 19
– Schuldversprechen 33 19
Ehemaklervertrag finanzierter 29 77
Eigenbedarf 13 13 f.
Eigengeschäftsführung 35 4, 56,
  Delikt 44 40
Eigenschaften Begriff 4 86
Eigentransport des Verkäufers beim
  Versendungskauf 3 29
Eigentum 41 5
Eigentümer-Besitzer-Verhältnis
  Delikt 44 43 ff.
Eigentumsherausgabe Schutz des
  Mieters 12 1
Eigentumsverschaffung Pflicht zur 2
  2 ff.
Eigentumsvorbehalt
– bedingte Übereignung 7 26
– erweiterter 7 32
– Kauf unter 7 21 ff.
– Kollision mit Factoring 7 63 ff.
– Kontokorrent- 7 32
– Konzern- 7 32
– Verarbeitungsklausel 7 35
– verlängerter 7 33
– Vorausabtretungsklausel 7 33
– Wirkungen 7 27 ff.
Einbußen Bereicherung 39 9 f.
Einbringung von Sachen bei Gast-
  wirten 31 1 ff.
– Aufnahme 31 2
– Beherbergungsvertrag 31 1
– eingebrachte Sachen 31 3

– gesetzliche Haftpflicht 31 2
– Haftungsbeschränkungen 31 4
Eingriffskondiktion 12 3, 38 3 ff.
Einheitskondiktion 38 27
Einrede
– Bereicherung 37 25
– Bürgschaft 32 26 ff., 33 ff.
– der Minderung 4 75
– der Vorausklage 32 27 f.
– des nicht erfüllten Vertrages 4
  1 ff., 5 2, 23 4
Einsicht in Krankenakten 27 16
Eintragung Kosten der E. ins
  Grundbuch 2 23
Eintritt von Familienangehörigen in
  Mietvertrag 13 22 f.
Einwendung
– Abtretung 17 54
– Bereicherung 37 45
– Bürgschaft 32 26, 39
– Darlehen 17 53
– Einwendungsverzicht 33 24
– Leasing 15 23
– Scheckverbindlichkeiten 17 56
– Wechselverbindlichkeiten 17 55
Elektrizität 1 7
Elektrizitätsanlagen 46 27
elektronischer Geschäftsverkehr 7
  42
Empfängerhorizont Bereicherung 37
  21 f.
Entbehrlichkeit der Nachfrist 4 52 ff.
Entgeltfortzahlung 20 18, 22
Entlastungsbeweis 42 6 f.
Entwicklungsrisiko 46 44, 63
Erbenhaftung beschränkte 32 31
Erbensuche 35 44
Erfolg
– Arbeitserfolg 22 3
– durch Dienstleistung herbeizufüh-
  render 22 4
Erfolgsrisiko 19 9
Erfolgsunrecht Lehre vom 41 47
Erfolgsverhinderung Bereicherung
  37 37

Erfüllungsanspruch
- Kaufvertrag 3 4 ff., 5 1
- Mietvertrag 11 10
- Schenkung 9 15
- Werkvertrag 23 3

Erfüllungsinteresse
- Kaufvertrag 4 111
- Werkvertrag 24 38

Erfüllungsort 3 21 ff.

Erfüllungsverweigerung Nachfrist 4 52

Erhaltungskosten Leihe 16 6

Erheblichkeit des Mangels
- Rücktritt (Kauf) 4 61 f.
- „großer" Schadensersatz (Kauf) 4 94, 96
- Quantitätsabweichungen (Kauf) 4 64, 96

Erklärung des Rücktritts 4 57 f.

Erklärungsirrtum Konkurrenzen zur Sachmängelgewährleistung beim Kauf 4 139

Ersatzfähigkeit von Aufwendungen 4 114

Erstattung des Minderungsbetrages 4 76

Erstbegehungsgefahr 45 4

Erwerbsschädigung 42 54 ff.

Erwerbsverpflichtung wiederkehrende 18 20

Eviktionshaftung 4 126

Existenzgründer Kredite 17 41

Factoring 7 59 ff.
- Bedeutung 7 59
- Abschluss 7 61
- Arten (echt/unecht) 7 61
- Kollision (verlängerter Eigentumsvorbehalt) 7 63 ff.

Fahrlässigkeit 40 8

Fahrnismiete 10 3

Fälligkeit
- Darlehen 17 25
- Gesamtfälligstellung 17 61
- Miete 11 23

- Vergütung beim Werkvertrag 25 1

Falschlieferung 4 26

familiäre Rücksichtnahmepflicht 32 11

Familie
- Eintritt in Mietvertrag 13 22 f.
- möblierter Wohnraum 13 27

Fehler 46 31
- subjektiver Fehlerbegriff 4 9, 24 2

Fehlschlagen der Nacherfüllung 4 54

Fernabsatz
- Gesetz 7 39
- und Dienstvertrag 19 22
- Verträge über 7 41

fiduziarische Rechtsübertragungen Wette/Spiel 34 7

Finanzierungshilfen 17 45 ff., 18 1 ff.
- Leasing 15 1 ff.
- Mietkauf 18 4
- Stundung 18 3
- Teilzahlungsgeschäfte 18 6
- Teilzahlungskauf 7 36 ff.
- Zahlungsaufschub 18 3

Finanzierungs-Leasing 15 4 ff., 21, 18 5

Firma 41 11

Fixgeschäft Werkvertrag 24 19

Flugreisefall 39 19

Forfaitierung 15 8

Form
- Bürgschaft 32 16 ff.
- Darlehensvertrag 17 46 ff., 50 f.
- Dienstvertrag 19 21
- Garantieerklärungen 7 11 f.
- Kauf 1 11
- Kündigung 13 9 f.
- Leasing 15 21
- Mietvertrag 10 10
- Ratenlieferungsverträge 18 22
- Schenkung 9 2 ff.
- Schuldanerkenntnis/-versprechen 33 16
- Teilzeit-Wohnrechteverträge 7 71

– Vollmachtserteilung des Darlehensnehmers 17 49 ff.
– Widerspruch des Mieters 13 20, 26
Formalbeleidigung 41 55
Frachtgeschäft 22 12
freier Dienstvertrag 19 2, 17
Freiheit 41 4
Freiheitsentziehung im Geistigen 44 16
Freistellungsanspruch 20 12
Freizeitgewährung zur Stellensuche 21 16
Fremdbesitzerexzess 44 45
Fremdgeschäftsführungswille 35 7 ff.
Früchte Pacht 14 2
Fruchtgenuss Gewährung bei der Pacht 14 3 f.

Garantie
– (un-)selbstständige 4 89, 117 ff.
– Abgrenzung 4 118, 32 4
– Abschluss 4 117
– Beschaffenheitsgarantie 4 115 ff.
– Beweislast 4 119
– des Verkäufers 4 84 ff., 99, 102
– Formelle Voraussetzungen 7 11 f.
– Haltbarkeitsgarantie 4 115 ff.
– Inhalt 4 118, 121
– Rechte des Käufers im Garantiefall 4 121 f.
– Verbrauchsgüterkauf 4 120
Gaszugfall 41 6
Gebäude Haftung für Schäden durch 42 25 ff.
Gebrauch vertragsgemäßer
– Mietvertrag 11 2, 28 f.
– Pachtvertrag 16 5
Gebrauchserhaltung (Miete) 11 2, (Leasing) 15 10
Gebrauchsüberlassung
– Abgrenzung vom Darlehensvertrag 17 3 ff.
– Leasing 15 10 f.
– Leihe 16 2

– Mietvertrag Vor 10 1, 10 3, 11 1 ff.
– Pachtvertrag 14 3
Gebrauchsmusterrechte 41 11
Gebrauchsvorteil Bereicherung 37 5
Gefahr dringende GoA 35 41 f., 48
Gefährdung des Werks 23 12
Gefährdungshaftung 46 1 ff.
– Grundgedanke 46 1 f.
– Höchstbeträge 46 2, 16
– Schmerzensgeld 46 2, 16
Gefahrtragung besondere Arten des Kaufs 7 4
Gefahrübergang
– Kauf 3 13 ff., 4 9 ff., 21, 7 9 f.
– Versendungskauf 3 19 ff.
– Werkvertrag 23 8 ff.
Gefälligkeit Abgrenzung
– Verwahrung 30 2
– Auftrag 29 5
Gegendarstellungsanspruch 45 11
Gegenleistungen Bereicherung 39 11
Gegenleistungspflicht
– Gefahrübergang 3 13 ff.
– Kaufvertrag 3 8 ff.
– Werkvertrag 23 4 ff.
Gehaltsüberzahlungen Bereicherung 39 7
Gehilfen 29 13, 43 4
Gelddarlehensvertrag 17 6 f., 9 ff., 37
Geldleistung beim Mietvertrag 10 5
gemischte Schenkung 9 27 ff.
Genehmigung Bürgschaft 32 18, GoA 35 31
Gentechnikgesetz 46 68 ff.
– Auskunftsanspruch 46 72
– Konkurrenzen 46 73
Gesamtfälligstellung 17 61
Gesamtschuld
– Bereicherung 38 8
– Bürgschaft 32 45 f.
– Delikt 43 13 ff.
– GoA 35 17 f.
Geschäft
– auch fremdes 35 12

– objektiv fremdes 35 10
– subjektiv fremdes 35 11
Geschäftsausführung sorgfältige 29 11
Geschäftsbesorgung 29 2, 35 6
Geschäftsbesorgungsrisiko 29 32
Geschäftsbesorgungsvertrag Vor 29, 29 42 ff.
– Aufwendungsersatz 29 49 (vgl. dort)
– Girovertrag 29 62 ff.
– Übertragbarkeit 29 48
– Übertragungsvertrag 29 64
– Überweisungsvertrag 29 52 ff.
– Zahlungsvertrag 29 60
Geschäftsfähigkeit
– Auftrag 29 39 f.
– Dienstvertrag 19 25
– GoA 35 32 f., 40
– Saldotheorie 39 14
Geschäftsführung ohne Auftrag 35 1 ff.
– (un)berechtigte 35 3, 5 ff., 34 ff., 50 ff.
– Arzt 27 5
– Berechtigung zur Übernahme 35 22
– Bereicherung 38 9 f.
– Beweislast 35 10 ff.
– Delikt 44 40
– Dombrandfall 35 18
– Eigengeschäftsführung 35 4, 56
– Eigeninteresse 35 48
– fremdes Geschäft 35 10 ff.
– Fremdgeschäftsführungswille 35 7 ff.
– Genehmigung 35 31
– Geschäftsfähigkeit 35 32 f., 40
– Herausforderung 35 30
– Herausgabe 35 38
– Interesse des Geschäftsherrn 35 22 ff.
– mitwirkendes Verschulden 35 48
– Nichtigkeit von Verträgen 35 21
– öffentliches Interesse 35 27 f.

– ohne Auftrag oder sonstige Berechtigung 35 20 f.
– Rechtfertigung 35 39
– rechtliche Verpflichtung 35 13 ff., 19 f., 27 f., 29
– Reflexe 35 8
– Rettung 35 26, 30
– Selbstaufopferung im Straßenverkehr 35 8, 49
– sittliches Gebot 35 30
– Untervermietung unberechtigte 35 56
– Wille des Geschäftsherrn 35 24 ff.
Geschäftsgrundlage
– Bereicherung 37 35 ff.
– Bürgschaft 32 13
Geschäftsverkehr, elektronischer 7 42
Geschlechtsehre Verletzung 42 59, 44 8
Gesellschaft bürgerlichen Rechts 17 40
gesetzlicher Gläubigerwechsel Bürgschaft 32 37 ff.
gesetzliches Verbot
– Schuldanerkenntnis 33 19
– Schuldversprechen 33 19
Gestaltungsrecht
– Bürgschaft 32 33
– Minderung 4 73 f.
– Rücktritt 4 57 f.
Gesundheit 41 3
– -sverletzung 46 36
Getränkebezugsvertrag 18 20
Gewährleistungsausschluss Leasing 15 13
gewerbliche Weitervermietung 13 39
Gewerkschaften 19 6
Gewinn entgangener 4 111
Gewinnmitteilung 34 2
Ginsengwurzelfall 44 16
Girovertrag 29 62 ff.
Gleichbehandlung 19 5, 20 24
Globalhaftung 32 8
Globalzession 7 34

grobes Missverhältnis Werkvertrag
24 22
Grundbuch Kosten der Eintragung 2
23
Grundpfandrecht
– Bestellung 17 38
– gesichertes Darlehen 17 44
Grundstücksmiete 10 3
Gutachten 22 11
Güter, verkehrsfähige 1 7
gutgläubiger Erwerb des Unterneh-
merpfandrechts 25 7
Gutschrift 29 63

Haftpflicht gesetzliche 31 2
Haftpflichtgesetz 46 19 ff.
Haftung
– Aufsichtsbedürftige 42 14
– Erwerbsschädigung 42 54 ff.
– fiskalisches Handeln 42 49 ff.
– gesetzlicher Sachverständiger 42
53
– hoheitliches Handeln 42 32
– Kreditschädigung 42 54 ff.
– mehrere Personen 43 1 ff.
– Schäden durch Gebäude 42
25 ff.
– Schäden durch Tiere 42 18 ff.
– Verletzung der Geschlechtsehre
42 59
– vermutetes eigenes Verschulden
42 2 ff.
– Verrichtungsgehilfen 42 3 ff.
Haftungsausschluss Schenkung 9
17
Haftungsbegrenzung besondere
Arten des Kaufs 7 4
Haftungsbeschränkung
– Auftrag 29 20
– Beherbergungsvertrag 31 4
– Dienstvertrag 20 11 f.
– GoA 35 40 f.
– Leihe 16 4
– Schenkung 9 16
– Werkvertrag 24 10

Haltbarkeitsgarantie 4 115 ff.
Handelsgeschäft
– Bürgschaft 32 17, 28
– Schuldversprechen/-anerkenntnis
33 17
– Rügepflicht (Kauf) 4 39
Handschenkung 9 2
Härtefälle Widerspruchsrecht des
Mieters 13 19, 26
Haustürgeschäfte 7 40
– Bürgschaft 32 14
Haustürwiderruf Gesetz 7 39
Hebebühnenfall 41 6
Heiratsvermittlung 29 77
Herabsetzung des Kaufpreises 4 71
Herausforderung GoA 35 30
Herausgabe
– Auftrag 29 15
– des Mehrerlös (Bereicherung) 38
22
– GoA 35 38
– Schmiergelder 29 17
Herrenreiterfall 44 16
Hersteller Begriff 4 18, 46 32 f.
Hersteller-Leasing 15 7
Herstellung(-spflicht) Werkvertrag
22 4, 23 1 ff.
Hilfeleistung 29 33, 35 14, 20
Hinderungsgrund persönlicher des
Mieters 11 34
Hinterlegungsdarlehen 30 8
Höchstbetragsbürgschaft 32 24
Höchstpersönlichkeit Geschäftsbe-
sorgungsvertrag 29 48
höhere Gewalt 46 10, 23 ff.
Holschuld 3 21 ff.

Idealfahrer 46 11
IKEA-Klausel, sog. 4 25
Immaterialgüterrechte 41 11
immaterieller Schaden 44 8 ff.
Immobiliendarlehensverträge 17
57 ff.
Importeur 46 34
Indexmiete 11 27

Informationspflichten 7 41 f.
- beim Dienstvertrag 19 22
innerbetrieblicher Schadensausgleich 20 12
Irrtumsanfechtung 19 19, 23 ff.
Insolvenz Bürgschaft 32 32
Instandhaltung Leasing 15 10
- -spflicht 11 3
Instruktionspflicht 41 41
Integritätsinteresse Werkvertrag 24 41
Interesse berechtigtes 32 12
Interessewegfall
- großer Schadensersatz 4 96
- Rücktritt bei 4 69
Inventar mitverpachtetes 14 7
Inverkehrbringen 46 40 f.
Irrtum
- Konkurrenzen zur Gewährleistung (Kauf) 4 135 ff.
- Vergleich 33 11 ff.

Just-in-time-Verträge und Entbehrlichkeit der Nachfristsetzung 4 91

Kappungsgrenze Mieterhöhung 11 25
Kassenpatient Arztvertrag 27 4, Pflichten 27 24
Kauf bricht nicht Miete 12 5
Kauf Vor 1 1 ff. – 7 1 ff.
- (un)behebbare Mängel 4 80 ff., 97 ff.
- Abnahmepflicht 2 19 f.
- Aufwendungsersatz 4 112 ff.
- besondere Arten 7 1 ff.
- besondere Vertriebsformen 7 39 ff.
- doppelt bedingter 7 52
- Erlöschen des Nacherfüllungsanspruchs 4 93
- Factoring 7 59 ff.
- Fernabsatzverträge 7 41
- Form 1 11
- Garantie 4 84 ff.

- Gefahrtragung 7 4
- großer/kleiner Schadensersatz 4 93 f., 103
- Haustürgeschäfte 7 40
- Informationspflichten 7 41 f.
- internationaler (CISG) 7 56 ff.
- Mangelfolgeschaden 4 107 ff.
- Mängelrechte 4 1 ff.
- Minderung 4 70 ff.
- Nacherfüllung 4 40 ff., 54 ff., 90 ff., 105, 124 ff.
- Nebenleistungspflichtverletzungen 6 3 ff.
- Pflichten 2 1 ff., 3 1 ff.
- Pflichtverletzung 4 108, 110
- Rücktritt 3 34 ff., 4 49 ff., 5 6
- Schadensersatz 3 30 ff., 4 79 ff., 5 3 ff.
- Schadensersatz statt der Leistung 4 80 ff., 98
- Schutzpflichtverletzung 6 5
- Teilzahlungskauf 7 36 ff.
- Teilzeit-Wohnrechteverträge 7 67 ff.
- Umtauschvorbehalt 7 44
- Unmöglichkeit 3 31 ff.
- Eigentumsvorbehalt 7 21 ff.
- Untergang/Verschlechterung der Kaufsache 4 95
- Versendung auf Verlangen des Käufers 3 25
- Verjährung 4 124 ff.
- Verletzung sonstiger Rechtsgüter 4 107 ff.
- Verspätungsschaden 5 3 ff.
- Vertretenmüssen/Verschulden des Verkäufers 4 81 f.
- Verzögerung 3 30, 4 104
- Vorkauf 7 49 ff.
- Wiederkauf 7 45 ff.
Kaufentscheidung Beeinflussung 4 20
Kaufgegenstand 1 4 ff.
- Rechte 1 6
- Sachen 1 4 f.

– sonstige verkehrsfähige Güter 1 7
– Untergang 3 17 f.
– Unternehmen 1 8
Kaufmann Bürgschaft 32 17, 28
Kaufpreis 1 9
– Herabsetzung 4 71
– Minderung 4 70 ff.
– -zahlung 2 16 ff.
Kaufsache
– Auslieferung an Transportperson 3 26
– Mangel der 4 6 ff.
– Untergang 3 17 f.
– Verschlechterung 4 95
Kenntnis
– der Rechtsgrundlosigkeit 39 8, 18
– des Käufers vom Mangel 4 36 ff.
– vom Fehlen der Leistungspflicht 37 26
Kennzeichnung und Beschaffenheit der Kaufsache 4 16 ff.
Kernenergie 46 58
KFZ-Leasing 15 10
Koalitionen 19 6
Kommissionsgeschäft 22 12
Kondensatorfall 41 6
Konkurrenzen 46 17, 51
– c. i. c. 24 50
– Gewährleistung (Kauf) 4 134 ff.
– Unerlaubte Handlung 24 52
– Verletzung eines anderen Rechtsguts 24 51
– Werkvertrag 24 50
Konkurrenztätigkeit 20 7
Kontokorrent 33 17
– -eigentumsvorbehalt 7 32
Konzerneigentumsvorbehalt 7 32
Körper 41 1 3
Körperverletzung 46 36
Kosten
– Abnahme 2 23
– Auflassung 2 23
– Beurkundung des Kaufvertrages 2 23
– Eintragung im Grundbuch 2 23

– unverhältnismäßige (Kauf) 4 43 ff.
– unverhältnismäßige (Werkvertrag) 24 16, 22
– Versendung 2 23
Kostenanschlag 22 7 f., Überschreitung 26 2 f.
Kraftfahrzeughalterhaftung 46 3 ff.
Krankenhaus
– Arzt als Organ des -trägers 27 8
– Arztzusatzvertrag 27 10
– Aufnahmevertrag 27 6 f. 9 f.
– Behandlung 27 6 ff.
Krankheit beim Dienstvertrag 20 17 f., 22
Kreditauftrag Abgrenzung zur Bürgschaft 32 5
Kreditkartenunternehmen
– abstraktes Schuldversprechen 33 13
Kreditschädigung 42 54 ff.
Kreditsicherungsvertrag 32 1
Kündigung
– Auftrag 29 37
– Darlehensvertrag 17 26 ff., 30 ff., 34, 60 ff., 67
– Dienstvertrag 20 10, 26, 21 1 ff., 10
– Leasing 15 17
– Leihe 16 8
– Mietvertrag 11 19 f., 33, 38, 13 6 ff., 11 ff., 19 ff., 24 ff. 32 ff., 38
– Pacht 14 6
– Werkvertrag 26 1 ff.
Kündigungsschutz 21 7, 14

Lagergeschäft 30 7
Lagerraummiete Abgrenzung von Verwahrung 30 3
Landpacht 14 10
Lasten öffentlich-rechtliche 4 30
Lastschriften 29 63
Leasing 15 1 ff.
– Arten 15 3 ff.
– Begriff und Bedeutung 15 1 ff.
– Einwendungsverzicht 15 23

– Finanzierungshilfen **15** 6
– Forfaitierung **15** 8
– Form **15** 21
– Gebrauchserhaltung **15** 10
– Gebrauchsüberlassung **15** 10 f.
– Gewährleistungsausschluss **15** 13
– Instandhaltung **15** 10
– Kündigung **15** 17
– Rechtsmangel **15** 12
– Rücktritt **15** 14
– Sachmangel **15** 13
– Schadensersatz **15** 17
– Sicherung **15** 23
– Verbaucherschutz **15** 6, 21 ff.
– Vertragspflichten **15** 8 ff.
– von KFZ **15** 10
– vorläufiges Rückholrecht **15** 18 f.
– Widerruf **15** 22
Leben 41 2
Lebensrisiko allgemeines **29** 32
Leihe Vor 10 1, **16** 1 ff.
– Abgrenzung (Verwahrung) **30** 3, (Darlehen) **17** 3
– Beendigung **16** 8
– Erhaltungskosten **16** 6
– Gebrauchsgestattung **16** 2
– Haftungserleichterung **16** 4
– Vertragsgemäßer Gebrauch **16** 5
– Verwendungsersatz **16** 3
Leistung
– an einen Nichtberechtigten **38** 28
– Begriff **37** 6 ff.
– Schadensersatz statt der **4** 80 ff., 98
Leistungsgefahr Werkvertrag **23** 8
Leistungsinteresse, grobes Missverhältnis zum Aufwand und Nacherfüllung **4** 47
Leistungskette 37 7, 12
Leistungskondiktion 37 1 ff.
– Abtretungsfälle **37** 16
– Anfechtung **37** 30
– Anstandspflicht **37** 27
– Anweisungsfall **37** 14
– Ausschluss der Leistungskondiktion **37** 26

– Banküberweisung fehlerhafte **37** 15
– Bereicherung des Schuldners **37** 2 ff.
– Beteiligung Dritter **37** 10 f.
– condictio causa data causa non secuta **37** 3 1
– condictio ob rem **37** 31
– Dienstleistungen **37** 5
– Dingliche Herausgabeansprüche **37** 46
– Doppelmangel **37** 14
– Dreiecksverhältnisse **37** 13
– echter Vertrag zu Gunsten Dritter **37** 19 f.
– Erfolgsverhinderung **37** 37
– Fehlen des rechtlichen Grundes **37** 23 ff.
– Gebrauchsvorteile **37** 5
– Geschäftgrundlage **37** 35 ff.
– Kenntnis vom Fehlen der Leistungpflicht **37** 26
– Leistung **37** 6 ff.
– Leistungsbestimmung aus Sicht des Empfängerhorizontes **37** 21 f.
– Leistungskette **37** 7, 12
– Leistungszweck **37** 7 f.
– Nichtdurchsetzbarkeit eines Anspruchs **37** 24 ff.
– Nichteintritt des bezweckten Erfolges **37** 31 ff.
– Rücktritt **37** 30
– sittliche Pflicht **37** 27
– späterer Wegfall des Rechtsgrundes **37** 29
– Strafcharakter **37** 44
– Vermögensvorteile **37** 3
– Vorteilsannahme **37** 40
– wegen verwerflichen Empfanges **37** 38 ff.
– Wucherische Miete **37** 47
– Zahlung fremder Schulden **37** 17 f.
Leistungsort 3 21 ff.

Leistungsstörungen
- Dienstvertrag **20** 8 ff., 15 ff.,
  26 ff., **21** 9
- Kaufvertrag **3** ff.
- Mietvertrag **11** 9 ff., 33 ff.
- Schenkung **9** 16 ff.
- Werkvertrag **23** 3 ff., **24** 6 ff., **25**
  15 ff.
Leistungszweck 37 7 f.
Lieferant
- Aufwendungsersatzanspruch **7**
  17 f.
- Delikt **46** 35
- erleichterter Rückgriff **7** 14 f.
Lieferkette Rückgriff des Unterneh-
mers **7** 13 ff.
Luftverkehrshaftpflicht 46 55 ff.

Maklervertrag Vor 29, 29 65 ff.
- Abgrenzung vom Auftrag **29** 7
- Alleinauftrag **29** 69
- Darlehensvermittlung **29** 73 ff.
- Doppelmakler **29** 71
- Ehemaklervertrag finanzierter **29**
  77
- Heiratsvermittlung **29** 77
- Nachweismakler **29** 65
- Partnerschaftsvermittlung **29** 77
- Vermittlungsmakler **29** 65
- Wohnungsvermittlung **29** 72
Mängel
- (Un-)Kenntnis des Käufers **4** 36 ff.
- Beweislast **4** 7, **7** 9 f.
- Delikt **41** 6
- Kauf **4** 6 ff.
- Rücktritt **4** 61 f.
- Schadensersatz **4** 80 ff., 97 ff.
- Verbrauchsgüterkauf **7** 9
- weiterfressende **4** 142, **41** 6
- Werkvertrag **24** 36 f.
Mängeleinrede
- beim Kaufvertrag **4** 133
- beim Werkvertrag **24** 49
Mangelfolgeschaden
- Ersatzfähigkeit **4** 111

- Kaufvertrag **4** 107 ff.
- reiner **4** 111
- Werkvertrag **24** 41 ff.
Mängelrechte
- Einschränkungen **4** 31 ff.
- Kaufvertrag **4** 1 ff.
- Mietvertrag **11** 11
- Werkvertrag **24** 8 ff.
Mangelschaden, sog. Ersatz des **4**
  93, 100
Marken 41 11
Marlene Dietrich 41 26
Mediendienst 7 42
Meinungsäußerungsfreiheit 41 53,
  55
Mengenabweichungen
- beim Kaufvertrag **4** 26
- beim Werkvertrag **24** 4
Mieterdarlehen 12 18
Mieterhöhung 11 25 ff.
Mietkauf 18 4
Mietkaution 11 55 ff.
- Anlagepflicht **11** 58
- Veräußerung der Mietsache **11** 59
Mietrecht, soziales 10 8, Reform
  2001 **10** 9
Mietsicherheiten 11 44 ff.
Mietspiegel 11 25
Mietvertrag Vor 10 1–13 1 ff.,
- Abgrenzung (Darlehen) **17** 3,
  (Verwahrung) **30** 3
- Aufwendungsersatz **11** 5 f., 18
- außerordentliche Kündigung **13**
  32 ff.
- Barkaution **11** 55 ff., **13** 38
- Baukostenzuschuss des Mieters **12**
  17, **13** 37
- Beendigung **13** 1 ff.
- Befristung **13** 1 ff.
- berechtigtes (Kündigungs-) Inte-
  resse **13** 11 ff.
- Doppelvermietung **11** 12
- Eigenbedarf **13** 13 f.
- Eintritt von Familienangehörigen
  13 22

- Entfernung von Sachen **11** 51
- Entgelt **10** 5, **11** 14
- Fälligkeit der Miete **11** 23
- Form **10** 10, der Kündigung **13** 8
- Härtefälle **13** 19, 26
- Kappungsgrenze **11** 25
- Kauf bricht nicht Miete **12** 5
- Kündigung **11** 19 f., 33, 38, Wohnraum **13** 11, 18
- Kündigungsfrist **13** 9 f., -grund **13** 8
- Mängelhaftung **11** 11 ff.
- Miete **10** 5, **11** 14, 22 ff., **24** ff.
- Mieterhöhung **11** 25 ff.
- Mietkaution **11** 55 ff., **13** 38
- Mietsicherheiten **11** 55 ff.
- Mietspiegel **11** 25
- Mietvorauszahlungen **12** 17, **13** 36
- Modernisierungsmaßnahmen **11** 26
- ordentliche Kündigung **13** 6 ff.
- ortsübliche Vergleichsmiete **11** 25
- Rechte und Pflichten **11** 1 ff.
- Rückgabe der Mietsache **11** 32, 41
- Rücktritt **11** 20
- Schadensersatz **11** 15 ff., 36, 20, **12** 3
- Schönheitsreparaturen **11** 4, 43
- soziales Mietrecht **10** 8
- Sozialklausel **13** 21, 26
- Tod des Mieters **13** 22
- Überbelegung **11** 40
- Untermiete **11** 39
- Veräußerung der Mietsache **12** 4 ff.
- Vermieterpfandrecht **11** 44 ff.
- wichtiger Grund **13** 33
- Widerspruch gegen Kündigung **13** 8, 19
- Wohnraum **13** 24 ff.
Mietvorauszahlungen 12 17, **13** 36
Milupa-Fall 41 41

Minderjährige Bereicherung **39** 19
Minderung
- Berechnung **4** 71 f., **24** 30
- Einrede der **4** 75
- Folgen **4** 73 ff., **24** 30 ff., für andere Mängelrechte **4** 77
- Kauf **4** 70 ff.
- Mietvertrag **11** 14
- Tausch **8** 2
- Werkvertrag **24** 28 ff.
Minderwert 4 111
Mindestinhalt Teilzahlungsgeschäfte **18** 8
Mitbürgschaft 32 45 f.
Mitgliedschaftsrechte 41 12
Mittäter 43 2
Modernisierung Mieterhöhung **11** 26
Montage
- -anleitung **4** 24
- -fehler **4** 24
Mutterschutz 21 7

Nachbesserung 4 41
Nachbürgschaft 32 48
Nacherfüllung
- Kauf **4** 40 ff., 54 ff., 90 ff., 105, 124 ff.
- Werkvertrag **24** 12 ff., 16, 19, 22
Nachforderungen Vergleich **33** 9
Nachfrist
- Ausnahmen **4** 52 ff.
- Kauf **4** 49 ff., 70, 90 f.
- Werkvertrag **24** 17 ff., 24
Nachlieferung 4 41
Nachmieter Zahlungspflicht des Vormieters **11** 35
Nachteile für Erwerb oder Fortkommen **44** 2
Nachweismaklervertrag 29 65
Nebenleistungspflichten
- Kauf **2** 15, 21 ff.
- Mietvertrag **11** 5 ff., 28 ff.
- Verletzung **6** 1 ff.
Nebenräume mitvermietete N. und Kündigung **13** 18

Nebentäter 43 12
Nichtigkeit von Dienstverträgen 19
23 ff.
Nichtklagbarkeit Wette/Spiel
34 4
Notar notarielle Beurkundung der
Schenkung 9 4
Novation 17 12, 33 10
Nutzungen Bereicherung 39 2
Nutzungsausfall mangelbedingter 4
111

Obhut Pflicht des Mieters 11 30
Obliegenheit
– des Bestellers zur Mitwirkung bei
der Werkherstellung 25 14
– Verletzung 25 17
öffentliches Glücksspiel 34 5
Operating-Leasing 15 3
Organisationspflicht 41 45

Pachtvertrag Vor 10 1, 14 1 ff.
– Begriff 14 1 ff.
– Früchte 14 2
– Gebrauchsgewährung 14 3
– Gewährung von Fruchtgenuss 14
3 f.
– Kündigung 14 6
– Landpacht 14 10
– mitverpachtetes Inventar 14 7
– Pachtobjekte 14 1
– Rechte und Pflichten 14 3 ff.
Parkplätze/-häuser 30 3
Partnerschaftsvermittlung 29 77
Patente 41 11
Patronatserklärung Abgrenzung zur
Bürgschaft 32 6
Personenschäden
– Ersatzansprüche mittelbar Ge-
schädigter 44 21 ff.
– Ersatzansprüche unmittelbar
Geschädigter 44 2 ff.
Pfandrecht
– Bürgschaft 32 2
– Vermieterpfandrecht 11 44 ff.
– Wette/Spiel 34 7

Pfandverkauf durch öffentliche
Versteigerung 4 38
Pflichten
– Arztvertrag 27 12 ff., 23 f.
– Darlehensvertrag 17 22 ff
– Kaufvertrag 2 1 ff., 3 1 ff., 4 1 ff.,
5 1 ff.
– Leasing 15 8, 10 ff., 16, 24
– Leihe 16 2, 5
– Mietvertrag 11 1 ff., 28 ff., 42
– Werkvertrag 23 1 ff. 24 1 ff., 25 1 ff.
Pflichtverletzung
– Abnahmepflicht 25 16
– Mitwirkungsobliegenheit 25 17
– Vergütungspflicht 25 15
– des Bestellers 25 1 ff., 15 ff.
– des Vermieters 11 20 f.
– Ersatz des Mangelfolgeschadens 4
108, 110
– Nebenleistungs– und Schutz-
pflichten (Kauf) 6 1 ff.
Platzgeschäft 3 23
postmortaler Persönlichkeitsschutz
Delikt 41 26
Präventionsgedanke 44 20
Preisgefahr
– Kaufvertrag 3 14, 4 21 f.
– Werkvertrag 23 8 ff.
Pressefreiheit 41 53, 55
Prioritätsgrundsatz 7 34
Privatpatient
– Arztvertrag 27 2
– Pflichten 27 23
Probe Kauf auf 7 43 f.
Probezeit beim Dienstvertrag 21 4
Produkthaftungsgesetz 41 44, 45
28 ff.
– Entwicklungsrisiko 46 44
– Fehler 46 31
– Hersteller 46 32 f.
– Importeur 46 34
– Inverkehrbringen 46 40 f.
– Konkurrenzen 46 51
– Lieferant 46 35
– privater Ge-/Verbrauch 46 38

– Produkt **46** 29 f.
– Selbstbeteiligung **46** 39
– Stand der Wissenschaft und Technik **46** 44
Produzentenhaftung 41 38 ff.
– Aufsichtspflichten **41** 45
– Beweislastumkehr **41** 40
– Instruktionspflichten **41** 41
– Milupa- Fall **41** 41
– Organisationspflicht **41** 45
– Produkthaftungsgesetz **41** 44
– Schutzgesetzverletzung **41** 43
– Überwachungspflichten **41** 45
– Verschuldensvermutung **41** 42
– Warnpflichten **41** 41
Prospektpflicht Teilzeit-Wohnrechteverträge **7** 69
prozessuales Anerkenntnis 33 14
Prozessvergleich 33 3
Prüfungskauf 7 44

Qualitätsmangel s. Beschaffenheitsabweichung
Quantitätsmangel 4 26
– Bagatellgrenze und Rücktritt **4** 64 f.
– Erheblichkeit beim großen Schadensersatz **4** 96

radioaktive Stoffe 46 59
Rahmenrechtsverletzungen 41 52
Rat/Empfehlung Abgrenzung vom Auftrag **29** 6
Ratenlieferungsverträge 18 1 ff., 15
– Abonnementverträge **18** 19
– Begriff **18** 16
– Bierlieferungsvertrag **18** 20
– Buchclub **18** 20
– Form **18** 22
– Getränkebezugsvertrag **18** 20
– Mitteilung
– regelmäßige Lieferung von Sachen gleicher Art **18** 18
– Sukzessivlieferungsverträge **18** 18 f., 20
– Teillieferungsverträge **18** 18

– über Lieferung von Teilleistungen **18** 17
– Verbraucherschutz **18** 21
– Vertragsinhalt **18** 23
– Widerruf **18** 21
– wiederkehrende Erwerbs-/Bezugsverpflichtung **18** 20
Raummiete 10 3
Rechenschaftspflicht GoA **35** 37
Recht am eingerichteten und ausgeübten Gewerbebetrieb 41 15 ff., 53 f.
– Gewerbebetrieb **41** 19
– Subsidiarität **41** 18
– unmittelbarer Eingriff **41** 20
– betriebsbezogner Eingriff **41** 20
Rechtfertigung
– Delikt **41** 50
– GoA **35** 39
Rechtsfolgenverweisung
– Bereicherung **36** 6
– GoA **35** 55
Rechtsgeschäfte des veräußernden Vermieters über zukünftige Mietansprüche **12** 12 ff.
Rechtsgrund 37 23 ff.
Rechtsgrundverweisung
– Bereicherung **36** 6
– GoA **35** 40
Rechtsgüter Verletzung sonstiger **4** 107 ff.
Rechtshängigkeit Bereicherung **39** 8, 20
Rechtskauf 2 11 ff.
Rechtsmangel
– Kauf **2** 10, **4** 28 ff.
– Leasing **15** 12
– Mietvertrag **11** 12
– öffentliche Abgaben und Lasten **4** 30
– Schenkung **9** 17
– Werkvertrag **24** 5
Rechtswidrigkeit 41 47 ff.
– (un)mittelbare Rechts(gut)verletzung **41** 50 f.

- Lehre vom Erfolgsunrecht 41 47
- Lehre vom Handlungsunrecht 41 48
- Rahmenrechtsverletzungen 41 52
- Rechtfertigungsgründe 41 50
- Unterlassen 41 51
- verkehrsrichtiges Verhalten 41 48 f.
- Warentests 41 53

Reflexe GoA 35 8

Reisevertrag 28 1 ff.
- Ausschlussfrist 28 15
- Ferienwohnung/-haus 28 8
- Frankfurter Tabelle 28 18
- Gastschulaufenthalte 28 30 ff.
- Haftungsbeschränkungen 28 25
- Hauptleistungspflichten 28 7 ff.
- höhere Gewalt 28 26
- Informationspflichten 28 6
- Insolvenzsicherungspflicht 28 27 ff.
- Jachtchartervertrag 28 8
- Kündigung 28 19 ff.
- Mängelanzeige 28 17, 22
- Minderung 28 17
- nutzlos aufgewendete Urlaubszeit 28 24
- Reisebüro 28 2
- Reisemangel 28 14 ff.
- Reisender 28 4
- Reisepreis 28 9
- Reiseveranstalter 28 2
- Rückbeförderung 28 21
- Rücktritt 28 11 ff., 20
- Schadensersatz 28 22 f.
- Schüleraustausch 28 7
- Sicherungsschein 28 27 ff.
- Vermittlerklausel 28 3
- vertane Urlaubszeit 28 24
- Vertragsänderungen 28 10 ff.

Rente 44 5

Restschuldbefreiung 32 9

Rettung vor Selbstmord GoA 35 30

Rettungsaktionen GoA 35 26

Rohrleitungsanlagen 46 27

Rückabwicklungsschuldverhältnis 4 59, 24 26

Rückbürgschaft 32 49

Rückerstattungspflicht Darlehen 17 24

Rückgabe der Mietsache 11 32, 41

Rückgabepflicht Schenkung 9 20 f., Verwahrung 30 15

Rückgaberecht Teilzahlungsgeschäfte 18 12

Rückgriff erleichterter
- bei Lieferanten 7 14 f.
- des Unternehmers in Lieferkette 7 13 ff.

Rückgriffskondiktion 38 8 ff.

Rückholrecht vorläufiges (Leasing) 15 18 f.

Rücknahme Verwahrung 30 22

Rücktritt
- Annahmeverzug 4 67, 24 27
- Ausschluss 4 61, 132, 24 27
- Bagatellgrenze 4 61, 64 f., 24 27
- Bereicherung 37 30
- Kaufvertrag 3 34 ff. 4 49 ff., 5 6
- Leasing 15 14
- Mietvertrag 11 20
- Rechtsfolgen 4 59 f., 24 26
- Rückabwicklungsschuldverhältnis 24 26
- Teilrücktritt 4 69
- Teilzahlungsgeschäfte 18 13
- Treu und Glauben 4 68
- Verantwortlichkeit des Berechtigten 24 27
- VOB 24 23
- Werkvertrag 23 15 ff., 24 23 ff.

Rügepflicht Verletzung beim beiderseitigen Handelsgeschäft 4 39

Sachbeschädigung 46 37

Sachdarlehensvertrag 17 8, 37, 63 ff.
- Arten 17 64
- Begründung 17 63 ff.
- Kündigung 17 67
- Rechte und Pflichten 17 65 f.

Sache 1 4 f.
– eingebrachte **31** 3
– Mietvertrag **10** 3
Sachmängel
– Beschaffenheitsabweichung **4** 9 ff.
– Kauf **2** 8 f., **4** 6 ff.
– Leasing **15** 13
– mangelhafte Montageanleitung **4**
  24
– Mietvertrag **11** 11
– Montagefehler **4** 24
– Schenkung **9** 17
– Werkvertrag **24** 2 f.
Sachschäden
– Ersatzansprüche **44** 30
– Verjährung **44** 31 ff.
Sachverständige Haftung des ge-
  richtlichen **42** 53
Saldotheorie 39 12 ff.
Schaden
– Berechnung/Differenztheorie
  (Kauf) **3** 31
– Betriebsausfallschaden (Kauf)
  4 106
– ersatzfähiger **4** 111
– GoA **35** 45
Schadensanzeige 46 14
Schadensausgleich, innerbetriebli-
  cher **20** 12
Schadensersatz
– Auftrag **29** 22 f.
– Delikt **44** 1 ff.
– Dienstvertrag **20** 10 ff., 26 f.
– Garantie **4** 84 ff.
– GoA **35** 39
– großer **4** 94 ff.
– Kaufvertrag **3** 30 ff. **4** 79 ff., 93 ff.,
  97 ff., 103 f., 107 ff., 124 ff., **5**
  3 ff., 6 3 ff.
– kleiner **4** 93
– Leasing **15** 17
– Mietvertrag **11** 15 ff., 20, 36
– Tausch **8** 3
– Werkvertrag **23** 13 ff., **24** 35 ff.
Schadensminderungspflicht 44 29

Schadensquotelung 20 11
Schätzung der Minderung
– Kaufvertrag **4** 72
– Werkvertrag **24** 30
Scheck 29 63
– zur Sicherung beim Leasing **15**
  23
Scheckverbindlichkeiten 17 56
Schenkung Vor **1** 1, **9** 1 ff.
– Abgrenzung Auftrag **29** 8, Darle-
  hensvertrag **17** 5
– Arglist **9** 18
– Auflage **9** 22 ff.
– Bedürftigkeit des Schenkers **9** 20
– Form **9** 2 ff.
– gemischte **9** 27 ff.
– grober Undank **9** 21
– Haftungsausschluss **9** 17
– Haftungsmaßstab **9** 16
– Hand- **9** 2
– Rechtsmängel **9** 17
– Rückgabepflicht **9** 20 f.
– Sachmängel **9** 17
– Sonderformen **9** 22 ff.
– Unterlassen eines Vermögenser-
  werbs **9** 7
– Vertrags- **9** 3 f.
– von Todes wegen **9** 4
– Widerruf **9** 21
– Zweck- **9** 23
Schickschuld 3 21 ff.
Schienenbahnen 46 21
Schließfächer 30 3
Schlussrechnung nach VOB **25** 4
Schlusszahlung nach VOB **25** 4
Schmerzensgeld
– Ausgleichsfunktion **44** 9 f.
– Billigkeit **44** 14
– Delikt **44** 7 f
– Dienstvertrag **20** 27
– Genugtuungsfunktion **44** 9 f.
– Hirnschäden **44** 11
– Berechnung **44** 11
– Voraussetzungen **44** 12 f.
Schmiergelder 29 17

Schönheitsreperaturen 11 4, Unter-
lassung 11 43
Schuldanerkenntnis 33 13 ff.
– Abgrenzung abstraktes/kausales
33 22 ff.
– Arten 33 13 ff., 22 ff., 17 12
– Erklärung am Unfallort 33 24
– Form 33 16
– prozessuale Anerkenntnis 33 14
– Wette/Spiel 34 8
– Wirksamkeit 33 19
Schuldbeitritt 17 38
– Abgrenzung zur Bürgschaft 32 3
Schuldersetzung 17 12
– Vergleich 33 10
Schuldnerverzug Werkvertrag 24
40
Schuldnerwechsel Bürgschaft 32 44
Schuldübernahme 17 38, 32 20
Schuldversprechen 33 13 ff.
– abstraktes 33 13
– Form 33 16
– konstitutives 33 15
– Wette/Spiel 34 8
– Wirksamkeit 33 19
Schutzgesetz 41 66 ff.
– Arbeitsrecht 41 69
– BGB 41 69
– Handelsrecht 41 69
– öffentliches Recht 41 69
– persönlicher Schutzbereich 41 72
– Prozessrecht 41 69
– Rechtsnorm 41 66
– sachlicher Schutzbereich 41 73
– Schadenszurechnung 41 71 ff.
– Schutz eines anderen 41 67
– Schutzzweck der Norm 41 72
– Strafgesetze 41 68
– Verfassung 41 69
– Verstoß 41 43, 70
Schutzpflichten
– Kauf 2 15, 21 ff. 2 15, 6 1 ff.
– Klagbarkeit 6 2
– Leasing 15 20
– Leihe 16 5

– Miete 11 5 ff., 28 ff.
– Werkvertrag 24 42 ff.
Schwarzfahrt 46 13
Schwebebahnen 46 21
Schweigepflicht 27 17
Schwimmschalterfall 41 6
Selbstbestimmungsaufklärung Arzt-
vertrag 27 13 f.
Selbstbeteiligung 46 39
Selbstgefährdung im Straßenverkehr
35 8
Selbsthilferecht des Vermieters 11
52
Selbstmord Rettung vor GoA 35 30
Selbstschuldnerische Bürgschaft 32
28
Selbstvornahme 24 17 ff.
Sicherheiten Aufgabe von 32 44
Sicherheitsbürgschaft 32 51
Sicherheitsleistung 25 9
Sicherung
– des Vergütungsanspruchs
(Werkvertrag) 25 5
– durch Scheckentgegennahme
(Leasing) 15 23
Sicherungshypothek 25 8
Sicherungsübergang Bürgschaft 32
38
Sittenwidrige Schädigung 41 75 ff.
– Betrug 41 79
– Fallgruppen 41 79 ff.
– formale Rechtsstellung 41 82
– sittenwidrige Handlung 41 77 ff.
– Verleiten zum Vertragsbruch 41
80
– wirtschaftliche Machtstellung 41
83
– wissentlich falsche Auskünfte 41
81
Sittenwidrigkeit
– Bereicherung 39 21
– Bürgschaft 32 9 ff.
– Darlehensvertrag 17 13 ff.
– Dienstvertrag 19 25
– Saldotheorie 39 16

- Schuldanerkenntnis 33 19
- Schuldversprechen 33 19
sittliche Pflicht 37 27
Software 1 7
Sorgfalt Pflicht des Mieters 11 30
Sozialklausel Miete 13 21, 26
Speditionsgeschäft 22 12
Spezialität Bereicherung 38 16
Spiel 34 1 ff.
- Abgrenzung 34 2
- Ausspielverträge 34 9
- Erfüllungsanspruch 34 4
- Gewinnmitteilung 34 2
- Lotterieverträge 34 9
- neu eingegangene Verbindlichkei-
  ten 34 8, 33 19
- Nichtklagbarkeit 34 4
- Rückforderungsanspruch 34 5
- Sicherungsrechte 34 7
- sportliche Kampfspiele 34 3
- staatliche Genehmigung 34 9
Staffelmiete 11 27
Stellensuche, Freizeitgewährung zur
  21 16
stellvertretendes commodum
- Gegenleistungspflicht (Kauf) 3 12
- Werkvertrag 23 7
Stoff des Werkbestellers 23 11
Störfallschäden 46 63,
Strafcharakter Bereicherung 37 44
Studentenwohnraum 13 29
Stundung 17 42, 18 3
Sukzessivlieferungsverträge 18 18 f.,
  20
Surrogate Bereicherung 39 4
Surrogationstheorie
- beim Kauf 3 31
- beim Tausch 8 3

Tarifverträge 19 6, 17, 21 5
Tatsachen
- Anerkenntnis 33 24
- -behauptung 45 10
Tausch Vor 1 1, 8, 1 ff.

Täuschung arglistige
- Bürgschaft 32 26
- Konkurrenzen zum Gewährleis-
  tungsrecht (Kauf) 4 138
- Saldotheorie 39 15
Taxe 19 20, 22 6
Teilleistung 4 26
- Rücktritt bei 4 64 f.
- Verträge über Lieferung von 18
  17
Teillieferungsverträge 18 18
Teilnehmer 43 2 ff.
Teilrücktritt 4 69
Teilzahlungsgeschäfte 18 6
- Anwendbarkeit Verbraucherdar-
  lehensrecht 18 7
- Kaufvertrag 7 36 ff.
- Mindestinhalt 18 8
- Rückgaberecht 18 12
- Rücktrittsrecht 18 13
- vorzeitige Zahlung 18 14
- Widerruf 18 12
Teilzeit-Wohnrechteverträge 7 67 ff.
- Anzahlungsverbot 7 73
- Form 7 71
- Prospektpflicht 7 69
- Teilzeitwohnrechtegesetz 7 68
- Verbraucherschutz 7 69 ff.
- Widerruf 7 72
Teledienst 7 42
Telefax Bürgschaft 32 19
Tiere Haftung für Schäden durch 42
  18 ff.
Tierhalterhaftung 42 18 ff., 46 53
- Kausalitätsvermutung 42 23
- Luxustier 42 22
- Nutztier 42 22
- Verschuldensvermutung 42 23
Tierhüter 42 21, 24
Tilgungsreihenfolge Darlehen 17
  59
Tod
- beim Dienstvertrag 21 15
- des Beauftragten 29 38
- des Mieters 13 22 f.

– des Schuldners bei Bürgschaft **32**
  31
– Schenkung von Todes wegen **9** 4
Tötung 46 36
Transistorenfall 41 6
Transportperson Auslieferung der
  Kaufsache an **3** 26
Treu und Glauben
– Ausschluss des Rücktritts **4** 68
– Bürgschaft **32** 9
– Dienstvertrag **20** 5, 15

Überbelegung der Mietwohnung **11**
  40
Überforderung Bürgschaft **32** 10 f.
Übergabe 3 15
– Gefahrübergang **3** 13 ff. **4** 21 ff.
– Pflicht zur **2** 5 f., 12
– Preisgefahr **3** 14 ff. **4** 21 ff.
Übertragbarkeit
– Auftrag **29** 13
– Dienstvertrag **20** 3
– Geschäftsbesorgungsvertrag **29**
  48
Übertragungsvertrag 29 64
Überweisungsvertrag 29 52 ff.
Überziehungskredit 17 48,
Umdeutung Bürgschaft **32** 20
Umfang des Bereicherungsanspruchs
  39 1 ff.
– Bereicherungseinrede **39** 24
– Drohung **39** 15
– Einbußen **39** 9 f.
– Flugreisefall **39** 19
– Gegenleistungen **39** 11
– Gegenstand der Bereicherung
  39 1
– Gehaltsüberzahlungen **39** 7
– Kenntnis der Rechtsgrundlosigkeit
  39 8, 18
– Minderjährige **39** 19
– Nutzungen **39** 2
– Rechtshängigkeit **39** 8, 20
– Saldotheorie **39** 12 ff.
– Sittenverstoß **39** 21

– Sittenwidrigkeit **39** 16
– Surrogate **39** 4
– Täuschung **39** 15
– ungewisser Erfolgseintritt **39** 22
– Verkehrswert **39** 5
– verminderte Geschäftsfähigkeit **39**
  14
– verschärfte Haftung **39** 8, 18 ff.
– Vorleistungsfälle **39** 17
– Wegfall der Bereicherung **39** 6 ff.
– Wertersatz **39** 5
– Wucher **39** 16
– Zweikondiktionentheorie **39** 11
Umschuldungsdarlehen 29 75
Umtauschvorbehalt 7 44
Umwelthaftung(sgesetz) 46 61 ff.
– Auskunftsanspruch **46** 63
– Einsichtsrecht **46** 63
– Konkurrenzen **46** 67
– Umfang **46** 66
Umweltpfad 46 63
Unabwendbares Ereignis 46 10, 23 ff.
Undank, grober Widerruf der
  Schenkung **9** 21
Unentgeltlichkeit
– der Schenkung **9** 9 ff.
– der Verfügung eines Nichtberech-
  tigten **38** 23 ff.
Unerheblichkeit des Mangels und
  Rücktritt **4** 61 f.
Unerlaubte Handlung 40 1 ff.
– Adäquanz **40** 5
– Anspruch des Mieters **12** 3
– Billigkeitshaftung **40** 9 ff.
– haftungsausfüllende Kausalität **40**
  13
– haftungsbegründende Kausalität
  40 5
– Handlung **40** 3 f.
– Konkurrenzen **4** 141 f., **44** 38 ff.
– Rechts(gut)verletzung **40** 4
– Rechtswidrigkeit **40** 6
– Schaden **40** 12
– Tatbestandsaufbau **40** 3
– Überblick **40** 1 ff.

– Unterlassen **40** 13, **41** 51
– Verschulden **40** 8
– Verschuldensfähigkeit **40** 7
– Verschuldenshaftung **40** 7 ff. (vgl.
   dort)
– weiterfressender Mangel **4** 142
Unfallversicherung 29 33, **35** 46
Ungerechtfertigte Bereicherung s.
   Bereicherung
Unglücksfälle 29 33
Unkenntnis des Käufers vom Mangel **4** 36 ff.
Unmöglichkeit
– Ausschluss der Nacherfüllung
   (Kauf) **4** 43 ff.
– der Neuherstellung **24** 37
– der Dienstleistung **20** 9
– beim Mietvertrag **11** 20
– Rücktritt (Kauf) **3** 37 ff.
– Schadensersatz (Kauf) **3** 31 ff.
– Werkvertrag **23** 3 ff. 14, 16
Untergang
– der Kaufsache **3** 17 f.
– und großer Schadensersatz **4** 95
– zufälliger **3** 27
Unterhalt Delikt **44** 23 ff.,
Unterlassen Delikt **41** 51
Unterlassung
– Anspruch des Vermieters auf **11** 37
– eines Vermögenserwerbs als
   Schenkung **9** 7
– von Schönheitsreparaturen
   11 43
Unterlassungsanspruch 45 1 ff.
– Erstbegehungsgefahr **45** 4
– negatorischer **45** 2
– quasinegatorischer **45** 2
– Verwendung von Garantieerklä-
   rungen **4** 120, **7** 12
– Wiederholungsgefahr **45** 4
Unterlassungspflichten beim Dienst-
   vertrag **20** 7
Untermiete
– Herausgabe der **11** 39
– unberechtigte **35** 56

Unternehmen 1 8
– Darlehen Begriff **17** 39
– Rückgriff in Lieferkette **7** 13 ff.
– Sachmangel beim U.-skauf **4** 15
Unternehmerpfandrecht 25 6 f.
Unterrichtungspflicht Verwahrung
   30 21
Unverhältnismäßge Kosten Aus-
   schluss des Nacherfüllungsan-
   spruchs **4** 43 ff.
Unzumutbarkeit
– Dienstvertrag **21** 9
– Nacherfüllung (Kauf) **4** 48, 55
– Werkvertrag **24** 22
Urheberrechte 41 11

Verarbeitung Bereicherung **38** 13
Verarbeitungsklausel 7 35
Verbindung Bereicherung **38** 13
Verbraucher im Darlehensrecht
– Begriff **17** 39
– Existenzgründer **17** 41
– GbR **17** 40
Verbraucherdarlehen 17 7, 36 ff.,
   46 ff., **29** 75
Verbraucherkreditgesetz 7 37
Verbraucherschutz
– Arbeitgeberkredite **17** 43
– Bagatellfälle **17** 43
– Bürgschaft **17** 38
– Darlehen **17** 36 ff.
– Existenzgründerkredite **17** 41
– GbR **17** 40
– grundpfandrechtlich gesicherte
   Darlehen **17** 44
– Grundpfandrechtsbestellung **17**
   38
– kursrisikobehaftete Geschäfte **17**
   44
– Leasing **15** 6, 21 ff.
– Mitwirkung Gericht/Notar **17**
   44
– Ratenlieferungsverträge **18** 21
– Schuldbeitritt **17** 38
– Schuldübernahme**17** 38

– Teilzahlungsgeschäfte 18 6
– Teilzeit-Wohnrechteverträge 7 69 ff.
Verbrauchsgüterkauf 7 1 ff.
– Beweislastumkehr 7 9 f.
– Garantie 4 120
– gesetzliche Vermutung bzgl. Sachmängel 4 21, 7 9 f.
– vertraglicher Ausschluss der Mängelrechte 4 33
Vereinbarungsdarlehen 17 11 f.
– Wette/Spiel 34 8
Verfügung eines Nichtberechtigten 38 17 ff.
Vergleich 33 1 ff.
– Irrtum 33 11 ff.
– Nachforderungen 33 9
– Novation 33 10
– Prozessvergleich 33 3
– Schuldanerkenntnis 33 17
– Schuldersetzung 33 10
– Schuldversprechen 33 17
Vergleichsmiete ortsübliche 11 25
Vergütung
– Dienstvertrag 19 4, 11, 18 ff., 20 13 ff.
– Werkvertrag 22 5 f.
– Verweigerung der 24 7
Verhaltensunrecht Lehre vom 41 47
Verjährung
– Bauwerk 4 125
– Dauer 4 124 ff., 24 44
– Beginn 4 128, 24 46
– Erhalt der Mängeleinrede 24 49
– Folgen für Rücktritts- und Minderungsrecht 24 48 f.
– Mangelfolgeschäden (Werkvertrag) 24 45
– Sachmängelansprüche beim Kauf 4 123 ff.
– Schutzpflichtverletzungen (Werkvertrag) 24 45
– Vereinbarung 4 130, 24 47
– VOB 24 44

Verkauf durch öffentliche Versteigerung 4 38
Verkehrs(sicherungs)pflichten 41 32 ff.
– Aufbaufragen der Verkehrspflichten 41 46
– Aufsichtspflichten 41 45
– Instruktionspflichten 41 41
– Organisationspflicht 41 45
– Übertragung von Verkehrspflichten 41 45
– Überwachungspflichten 41 45
– Warnpflichten 41 41
verkehrsfähige Güter 1 7
verkehrsrichtiges Verhalten 41 48 f.
Verkehrswert Bereicherung 39 5
Verlagsvertrag 22 12
Vermieterpfandrecht 11 44 ff.
– Entfernung der Sache 11 51
– Entstehung 11 45 ff.
– Erlöschen 11 50 f.
– Selbsthilferecht 11 52
– sonstige Mietsicherheiten 11 55 ff.
– Verwertungsrecht 11 53
– vorzugsweise Befriedigung 11 54
Vermischung Bereicherung 38 13
Vermittlungsmaklervertrag 29 65
Vermögenserwerb, Unterlassen als Schenkung 9 7
Vermögensverlagerung drohende 32 12 f.
Vermögensvorteil 37 3
Vermögenszuwachs künftiger 32 12
vermutetes eigenes Verschulden Haftung für 42 2 ff.
Vermutung Mangelhaftigkeit bei Gefahrübergang 7 9
Verrichtungsgehilfen Haftung für 42 3 ff.
– Amtshaftung 42 13
– bei Gelegenheit der Ausführung 42 5
– dezentralisierter Entlastungsbeweis 42 6

– Erfüllungsgehilfen **42** 11
– Exculpationsbeweis **42** 6 f.
– in Ausführung der Verrichtung **42** 5
– Kausalitätsvermutung **42** 10
– Konkurrenzen **42** 11
– Organhaftung **42** 12
Verschaffung Pflicht zur mangelfreien **2** 7 ff., 13 f.
– des Eigentums **2** 2
– des Rechts **2** 11
verschärfte Haftung Bereicherung **39** 8, 18 ff.
Verschlechterung der Kaufsache und großer Schadensersatz **4** 95
Verschuldenshaftung 41 1 ff.
– (un)mittelbare Rechts(gut)verletzung **41** 50 f.
– absolute Rechte **41** 5 ff., 9
– Adäquanztheorie **41** 30
– allgemeines Persönlichkeitsrecht **41** 21 ff., 55 ff.
– Äquivalenztheorie **41** 28
– Arzthaftung aus Delikt **41** 61 ff.
– dingliche Rechte **41** 10
– Eigentümer-Besitzer-Verhältnis **41** 8
– Folgeschaden **41** 59
– haftungsausfüllende Kausalität **41** 60
– haftungsbegründende Kausalität **41** 28 ff.
– Lehre vom Erfolgsunrecht **41** 47
– Lehre vom Handlungsunrecht **41** 48
– objektive Zurechnung **41** 28 ff., 32
– Produzentenhaftung **41** 38 ff.
– Rahmenrechtsverletzungen **41** 52
– Recht am eingerichteten und ausgeübten Gewerbebetrieb **41** 15 ff., 53 f.
– Rechtsgüter **41** 2 ff.
– Rechtswidrigkeit **41** 47 ff.
– Schaden **41** 59 ff.

– Schutzgesetzverletzung **41** 65 ff.
– Schutzobjekt **41** 2 ff.
– Schutzzweck der Norm **41** 31
– sittenwidrige Schädigung **41** 75 ff.
– sonstige Rechte **41** 9
– Verantwortlichkeit **41** 58
– Verfolgungsrisiko **41** 31
– Verkehrs(sicherungs)pflichten **41** 32 ff.
– Verschulden **41** 58
– Warentests **41** 53
Verschwiegenheitspflicht 20 7
Versendung
– durch eigene Leute **3** 29
– Eigentransport des Verkäufers **3** 29
– Gefahrübergang **3** 19 ff. **4** 23
– Kaufvertrag Kosten **2** 23
– Werkvertrag **23** 10
Verspätungsschaden Ersatz des **5** 3 ff.
Versteigerung, Verkauf durch öffentliche **4** 38
Vertrag
– gemischter (Miet-) **10** 4
– -sbruchtheorie **7** 34
– -sfreiheit Einschränkung **7** 20
– -spfandrecht Erlöschensgründe **11** 50
– -sschenkung **9** 3 f.
– -sübergang gesetzlicher (Mietvertrag) **12** 9 f.
– über Mängelrechte **4** 31 ff., **7** 6
– über Verjährung **4** 130
– und Delikt **44** 38 ff.
– zu Gunsten Dritter (Bereicherung) **37** 19 f.
Vertragsfreiheit 19 5 ff., 17
Vertragsübernahme, gesetzliche **20** 4
Vertrauensstellung 21 11
Vertretenmüssen des Verkäufers **4** 81 f., 99, 102
Vertriebsformen beim Kauf **7** 39 ff.

Verursachungsvermutung Delikt 43 5, 9 f.

Verwahrung Vor 29 1, 30 1 ff.
- Abgrenzung 17 4, 30 2
- Arten 30 6 ff.
- Aufbewahrungsart 30 12 f.
- Aufwendungsersatz 30 20 (vgl. dort)
- Rückgabepflicht 30 15
- Rücknahme 30 22
- Vergütung 30 9 f., 19

Verweisungen Bereicherung 36 6

Verwendung
- gewöhnliche 4 13
- rechtsgrundlose 38 12
- vertraglich vorausgesetzte 4 12

Verwendungsersatz Leihe 16 3

Verwendungskondiktion 38 12 ff.

Verwertung Kündigung von Wohnraum zur angemessenen wirtschaftlichen V. 13 15

Verzug
- Darlehen 17 57
- Kaufvertrag 3 30, 34 ff., 4 104
- Mietvertrag 11 33
- Werkvertrag 23 13, 15, 24 40

VOB
- Abnahme 25 13
- Abschlagszahlungen 22 9
- Rücktritt 24 23
- Schadensersatz 24 38
- Schlussrechnung/-zahlung 25 4
- Verjährung 24 44

Vollmacht
- Abgrenzung vom Auftrag 29 9
- Bürgschaft 32 18

Vorarbeiten 22 8

Vorausabtretungsklausel 7 33

Vorausverfügungen des veräußernden Vermieters 12 12 ff.

Vorauszahlungen der Miete 12 17, 13 36

Vorbehalt Umtausch- 7 44

Vorkauf 7 49 ff.
- Ausübung 7 51
- Begründung des -rechts 7 49
- Beziehungen der Beteiligten 7 53 ff.
- doppelt bedingter Kauf 7 52
- Folgen 7 53 ff.
- -sberechtigter 7 53 ff.
- -sverpflichteter 7 53 ff.
- Vorkaufsfall 7 50

Vorleistung Saldotheorie 39 17

Vorleistungspflicht beim Dienstvertrag 20 14

Vorsatz 40 8

Vorschuss Werkvertrag 24 21

Vorteilsannahme Bereicherung 37 40

Vorteilsausgleichung GoA 35 39, Delikt 44 5

Wahlrecht des Käufers
- zwischen Nachbesserung und Nachlieferung 4 41
- zwischen kleinem/großem Schadensersatz 4 94, 103

Warenkauf, internationaler 7 56 ff.

Warentests 41 53

Warnpflichten 41 41

Wasserhaushaltsgesetz 46 60

Wechselverbindlichkeit 17 55
- Verpflichtung beim Leasing 15 23

Wegfall
- der Bereicherung 39 6 ff.
- der Gegenleistungspflicht 3 10

Wegnahme von Einrichtungen Duldungspflicht des Vermieters 11 7

Weisungen Auftrag 29 12

weiterfressender Mangel 4 142

Weitervermietung gewerbliche 13 39

Werbeaussagen Werkvertrag 24 3

Werbung
- Berichtigung 4 20
- Beschaffenheit der Kaufsache 4 16 ff.
- Unkenntnis des Verkäufers 4 19

Werk 22 3

Werkdienstwohnung 13 31
Werklieferungsvertrag 22 10
Werkmängel 24 1 ff.
Werkmietwohnung 13 30
Werkvertrag 22 1 ff., 23 1 ff., 24 1 ff.
– Abgrenzung 22 10, 29 7
– Abnahme 23 8, 24 11
– Abnahme nach VOB 25 13
– Abnahmepflicht 25 10
– Abnahmeverweigerung 24 6
– Abschlagszahlungen 22 9
– aliud 24 4
– Annahmeverzug 24 27, 23 9
– Anweisung des Bestellers 23 11
– Arbeitserfolg 22 3
– Arglist 24 45
– Aufwendungsersatz 24 17 ff., 43
– Bagatellgrenze 24 27
– Beschaffenheitsabweichung 24 2
– Erfolg 22 4
– Einrede des nichterfüllten Vertrages 23 4
– Erfüllungsinteresse 24 38
– Erhalt der Mängeleinrede 24 49
– Fälligkeit der Vergütung 25 1
– Fixgeschäfte 24 19
– Gefährdung des Werks 23 12
– Gefahrübergang 23 8 ff.
– Gegenleistungspflicht 23 4 ff.
– großer/kleiner Schadensersatz 24 38
– Haftungsbeschränkungen 24 10
– Hauptpflichten des Unternehmers 23 1 f. 24 1 ff.
– Herstellung eines Werkes 22 3 f., 23 1 ff.
– Integritätsinteresse 24 41
– Konkurrenzen 24 50
– Kostenanschlag 22 7 f., 26 2 f.
– Kündigung des Bestellers 26 1 ff.
– Kündigung des Unternehmers 26 4
– Leistungsgefahr 23 8
– Mangelfolgeschaden 24 41, 45
– Mängelrechte 24 8 ff.

– Mengenabweichungen 24 4
– Minderung 24 28 ff.
– Nacherfüllung 24 12 ff.
– Neuherstellung 24 13, 15, 37
– Obliegenheit des Bestellers 25 14
– Pflichten des Bestellers 25 1 ff.,
  Verletzung 25 15 ff.
– Preisgefahr 23 8 ff.
– Rechtsmangel 24 5
– Rücktritt 23 15 ff., 24 23 ff.
– Sachmängel 24 2 f.
– Schadensersatz 23 13 ff., 24 35 ff.,
  40 f.
– Schlussrechnung/-zahlung nach
  VOB 25 4
– Schuldnerverzug 24 40
– Schutzpflichtverletzung 24 42, 45
– Selbstvornahme 24 17 ff.
– Sicherung des Vergütungsan-
  spruchs 25 5 ff.
– stellvertretendes commodum 23 7
– Stoff des Bestellers 23 11
– subjektiver Fehlerbegriff 24 2
– Taxe 22 6
– (un)behebbarer Mangel 24 36 f.
– Unmöglichkeit 23 3 ff., 14, 16
– Unternehmerpfandrecht 25 6 f.
– Vergütung 22 5 f., 24 7, 25 2 ff.
– Verjährung 24 44
– Versendung 23 10
– Verweigerung der Nacherfüllung
  24 19, 22
– Verzögerung der Leistung 23 13,
  15
– VOB 22 9, 24 23, 38, 25 4, 13
– Vorarbeiten 22 8
– Vorschuss 24 21
– vorzeitige Beendigung 26 1 ff.
– Werbeaussagen 24 3
– Werklieferungsvertrag 22 10
– Werkmängel 24 1 ff.
Wertersatz 39 5
Wertpapierdepot 30 7
Wertstellung 29 63
Wette s. Spiel

Widerruf
- Auftrag **29** 36
- Bürgschaft **32** 14 f.
- Darlehensvertrag **17** 52
- Fernabsatzverträge **7** 41
- Haustürgeschäfte **7** 40
- Leasing **15** 22
- Ratenlieferungsverträge **18** 21
- Schenkung **9** 21
- Teilzahlungsgeschäfte **18** 12
- Teilzeit-Wohnrechteverträge **7** 72
Wiederholungsgefahr 45 4
Wiederkauf 7 45 ff.
- Ausübung **7** 46
- Folgen **7** 47 f.
- Vereinbarung **7** 45
Wildschadenshaftung 46 54
Wohnraum
- möblierter **13** 24 ff., 27
- Studenten- **13** 29
- vorübergehend überlassener **13** 24 ff.
Wohnrechte Teilzeit- **7** 67 ff.
Wohnungsvermittlung 29 72
Wohnungszwangswirtschaft 10 7
Wucher
- Darlehen **17** 13
- Saldotheorie **39** 16

Wucherische Miete Bereicherung **37** 47
Zahlungsaufschub 17 45 ff., **18** 3
Zahlungsvertrag 29 60
Zeitablauf
- Mietvertrag **13** 1 ff.
- Bürgschaft **32** 44
Zins 29 18
- Berechnung **29** 63
- Darlehen **17** 20 f.
- Zahlungspflicht **17** 23
Zufall 3 27, Untergang der Kaufsache **3** 18
Zurückbehaltungsrecht Wette/Spiel **34** 6
Zuviellieferung 4 27
Zuweisungsgehalt 38 5
Zuwendung 9 6 ff.
- ehebezogene **9** 12
- Schenkung **9** 6 ff.
- unbenannte **9** 12
- unentgeltliche **9** 9 ff.
Zuweniglieferung 4 26,
- Rücktritt bei **4** 64 f.
Zweckschenkung 9 23
Zweikondiktionentheorie 39 11
Zwischensaldo 29 63